Hirschberger · Geschichte der Philosophie

I. TEIL

JOHANNES HIRSCHBERGER

# GESCHICHTE DER PHILOSOPHIE

Altertum und Mittelalter

HERDER

FREIBURG · BASEL · WIEN

SONDERAUSGABE
der 14. Auflage


Herstellung: Freiburger Graphische Betriebe 1991
ISBN 3-451-22408-9

# VORWORT ZUR 1. AUFLAGE

Was den Verfasser veranlaßte, die vorliegende Philosophiegeschichte zu schreiben, war der oft ausgesprochene Wunsch seiner Hörer nach einem Buch, das nicht zu umfangreich, um bewältigt werden zu können, doch auch wieder nicht zu klein wäre, um noch als Handreichung für das Studium der Geschichte der Philosophie und insbesondere als Hilfsbuch für akademische Vorlesungen dienen zu können. Das war der äußere Anlaß. Der innere war gegeben mit der Erkenntnis, daß für die Philosophiegeschichte etwas getan werden müsse. Auf diesem Gebiet sind seit einiger Zeit die Dinge etwas aus den Fugen geraten. Die Situation ist da heute so, daß philosophiegeschichtliche Themen in einer Weise behandelt werden, die entweder viel Literargeschichte und wenig Philosophie oder viel Philosophie und wenig Geschichte bietet. Beide Methoden haben ihre Verdienste, aber beide sind einseitig. Darum wurde hier der Versuch unternommen, das Werden des philosophischen Gedankens in historischer Treue sichtbar werden zu lassen um dieses philosophischen Gedankens selbst willen. Diese Philosophiegeschichte möchte nicht bloß referieren, sondern philosophieren, doch nicht so, daß Phantasien über ein Thema vorgetragen werden, sondern so, daß Rankes Forderung an die historische Wissenschaft auch hier erfüllt wird: zu zeigen, was war und wie es war.

Die gesamte Philosophiegeschichte des Abendlandes auf beschränktem Raum zu entwickeln bereitet keine geringen Schwierigkeiten. Das größere Kopfzerbrechen macht eigentlich nicht, was man schreiben, sondern was man auslassen muß. Ich verstehe es, wenn man bald dies, bald das vermissen wird. Ich vermisse selber vieles. Für positive Kritik bin ich darum dankbar, nur möchte ich wünschen, daß mir nicht bloß wieder in Erinnerung gerufen wird, was ich ohnehin mit Selbstüberwindung habe verabschieden müssen.

Daß ein so weit ausgreifendes Werk von vielen anderen Arbeiten seiner Art dankbar Nutzen gezogen hat, versteht sich von selbst. Der Fachmann weiß, was hier von bleibendem Wert ist und darum auch jederzeit verwertet werden kann. Er dürfte ebenso aber auch merken, wieso das vorliegende Buch seinen eigenen Weg gegangen ist, um den großen Stoff gerade an entscheidenden Stellen neu zu durchdenken und zu verstehen.

Zu ganz besonderem Dank ist Verfasser verpflichtet H. H. Prälaten Martin Grabmann, der den Abschnitt über das Mittelalter durchgesehen, sowie H. Studienrat Hans Kunz, Eichstätt, der die gesamten Korrekturen mitgelesen hat.

Eichstätt, im Juli 1948 Dr. Johannes Hirschberger

## AUS DEM VORWORT ZUR 4. AUFLAGE

Die vorausgehenden Auflagen brachten beide noch den Text der Erstausgabe. Nur die wichtigste neue Literatur wurde, neben einigen Verbesserungen, nachgetragen. Die vorliegende 4. Auflage ist eine weitgehende Neubearbeitung. Die Angaben über Quellen und Literatur wurden erheblich erweitert; viele Formulierungen präziser gefaßt; eine Reihe neuer, mehr oder weniger großer Abschnitte eingefügt, schon für das Altertum, besonders aber für das Mittelalter; und gewisse Grundbegriffe, wie Teilhabe, Analogie, Chorismos, Transzendenz, Seinsmodalität, nach Sinn und Zusammenhang noch deutlicher als bisher herausgestellt, um die Zielsetzung des Buches zu intensivieren. Die ideengeschichtliche Forschung der letzten Jahrzehnte hat da viel Vorarbeit geleistet, allerdings mehr für die antike Philosophie als für das Mittelalter, wo immer noch das nur literarhistorische Element überwiegt, wenngleich auch hier die Fülle der Untersuchungen mehr und mehr den Boden bereitet für eine das Geflecht der treu tradierten Worte sprengende ideengeschichtliche Erschließung des tieferen Denkens und Wollens dieser Epoche. Außerdem wirkt sich ja die Analyse der antiken Begriffs- und Problemgeschichte immer auch für die Interpretation der mittelalterlichen Philosophie aus. Unter diesen ideengeschichtlichen Forschungen war nun von größter Tragweite das in den letzten 30 Jahren erarbeitete neue Aristotelesbild, das in Aristoteles nicht einfach nur den Gegensatz zu Platon sieht, wie dies im 19. Jahrhundert und auch im Mittelalter üblich war, sondern ebensosehr, ja vielleicht noch mehr, das nie aufgegebene platonische Erbe. Damit ist für das Verständnis der mittelalterlichen Philosophie, sofern sie Aristoteles rezipiert hat, eine vollständig neue Situation entstanden. Der Begriff „thomistisch-aristotelische Philosophie“ muß grundsätzlich neu gefaßt werden und ebenso auch das Verhältnis dieser Philosophie zum platonisch-augustinischen Denken. Manche Neuscholastiker haben noch nicht gemerkt, was geschehen ist; andere wollen es offenbar nicht merken. Daß W. Jaegers Aristoteles-Buch für das sachphilosophische Denken, genauer für die erkenntnistheoretische und metaphysische Spekulation der Neuscholastiker, keine Folgen gehabt hat, ist höchst erstaunlich. Die hier vorliegende Philosophiegeschichte hat von Anfang an aus den Forschungsergebnissen die entsprechenden Konsequenzen gezogen, auch für Thomas von Aquin. Diese Konsequenzen betreffen aber nicht nur das Mittelalter an und für sich, sondern, und das ist vielleicht noch bedeutsamer, auch sein Verhältnis zur neuzeitlichen Philosophie, besonders zu Kant und zum Deutschen Idealismus. Nachdem wir das platonische Erbe des Mittelalters wieder sehen, auch in seinem „Aristotelismus“, ist für eine positive Begegnung ein ganz anderer Ausgangspunkt gegeben als mit jenem mittelalterlichen „Aristotelismus“, von dem alle Welt sprach, den man in seinem Sinn aber nicht analysierte. Das Wissen um ein tieferes Selbstverständnis des Mittelalters auf Grund seines platonischen Erbes bildet einen der wesentlichen Gedanken dieses Werkes. Mit einer gewissen Genugtuung kann ich feststellen, daß seine Erkenntnis sich immer mehr durchsetzt. Aber nicht nur mit dieser Spezialthese, sondern auch als Ganzes hat das Werk sich durchgesetzt. Nachdem innerhalb von 10 Jahren 4 Auflagen erscheinen konnten und dazu eine spanische Übersetzung (1954—56, davon Bd. 1 im Neudruck 1959), eine amerikanische (1958—59) und eine portugiesische (1957 ff.), darf man das wohl sagen. Ich danke meinen Lesern für ihr Interesse und ihr Verständnis. Was mich am meisten gefreut hat, war das nur so nebenbei gesprochene Wort eines Studenten: „Mit diesem Buch kann man arbeiten." Dazu zu verhelfen war in der Tat meine Absicht. Es war aber nicht die einzige. Daß diese Philosophiegeschichte nicht nur eine Einführung ist, wie sie auch nicht nur Geschichte ist, geht freilich erst dann auf, wenn man gut zu lesen versteht.

Frankfurt am Main
Johann Wolfgang Goethe-Universität
November 1959 Johannes Hirschberger

## VORWORT ZUR 8. AUFLAGE

In relativ kurzer Zeit erscheint nach der Neubearbeitung des Werkes in der 4. Auflage von 1960 nun schon die 8. Auflage. Sie bringt den Text der Neubearbeitung, ergänzt ihn aber durch den Nachtrag der inzwischen erschienenen neuen Literatur. Um dafür Raum zu gewinnen, mußten leider einige ältere Werke gestrichen werden. Für sie sei auf die vorausgehenden Auflagen verwiesen.

Frankfurt am Main
Februar 1965 Johannes Hirschberger

## VORWORT ZUR 12. AUFLAGE

Bei der Bearbeitung der 12. Auflage wurde verfahren, wie oben im Vorwort zur 8. Auflage dargelegt ist. Erwähnt darf noch werden, daß außer den auf S. VII verzeichneten Übersetzungen des Werkes inzwischen auch noch eine japanische erschienen ist.
Frankfurt am Main
November 1980 Johannes Hirschberger

*Der II. Teil des Werkes enthält die Geschichte der Philosophie der Neuzeit und der Gegenwart*

# Inhalt - Band I

## II. ABSCHNITT

## Die Philosophie des Mittelalters

## *1. Kapitel: Die Philosophie der Patristik*

## 2. *Kapitel: Die Philosophie der Scholastik*



### I. DIE FRÜHSCHOLASTIK

## III. DIE SPÄTSCHOLASTIK

*EINLEITUNG*

# VOM WESEN UND WERT DER PHILOSOPHIEGESCHICHTE ÜBERHAUPT

## a) Philosophiegeschichte als Wissenschaft

Geschichte der Philosophie ist Geschichtswissenschaft und Philosophie zugleich und verbindet so zwei Aufgabenkreise in einem. Als Geschichtswissenschaft verfolgt sie die Absicht, uns bekanntzumachen mit dem wesentlichen Ideengut der Philosophen in Vergangenheit und Gegenwart. Sie vermittelt darum, was es zu wissen gilt über Leben, Werke und Lehren dieser Denker. Sie wird aber dabei nicht nur einfach darstellen, was war, sondern wird auch das Verständnis dieses Ideengutes erschließen, indem sie die je auftretenden Begriffe und Gedanken klärt. Dies geschieht dadurch, daß man sie in ihrem Entstehen verfolgt, daß man sie hineinstellt in größere Gedankenreihen, in systematische Zusammenhänge und in umfassende geistige Strömungen, besonders der Zeiten und Völker, und daß man schließlich die zugrunde liegenden Voraussetzungen und letzten Annahmen aufdeckt, aus denen Begriffe, Probleme und Lehren der Philosophie erwachsen wie aus einem Mutterboden.

Will die Philosophiegeschichte die Dinge darstellen, so wie sie wirklich waren, dann ist damit von selbst eine bestimmte Methode gegeben: Einmal das ständige Schöpfen aus den Quellen und dann die Forderung der Objektivität oder Voraussetzungslosigkeit. Das Zurückgehen auf die Quellen ist eine Errungenschaft speziell der neuzeitlichen Geschichtswissenschaft. Altertum und Mittelalter haben weithin nur von Berichten aus zweiter und dritter Hand gelebt. Heute dagegen lesen wir nicht nur die Quellen selbst, sondern vergewissern uns auch noch mit kritischer Sorgfalt, ob die Schriften, die unter dem Namen eines bestimmten Philosophen gehen, ihm auch wirklich zugehören, ob sie unverfälscht erhalten sind und in welcher Periode seines Schaffens sie geschrieben wurden (Quellenkritik und Chronologie). Philosophiegeschichte ist darum immer ein Hinführen zu den Werken der Philosophen selbst. Die Objektivität unserer Geschichtsdarstellung sodann suchen wir zu erreichen, indem wir uns bemühen, zu berichten, was wirklich gesagt wurde und wie es wirklich gemeint war, ohne dabei die Dinge durch die gefärbte Brille eines subjektiven Standpunktes anzuschauen. Wir dürfen z. B. in Platon nicht den Neukantianismus oder in Aristoteles nicht die Scholastik hineinlesen. Allerdings, eine absolute Voraussetzungslosigkeit hat es nie gegeben und wird es nie geben, da jeder Geisteswissenschaftler ein Kind seiner Zeit ist, sein eigenes Maß nicht überschreiten kann und insbesondere immer von letzten weltanschaulichen Wertungen und Stellungnahmen heraus urteilen wird, die ihm vielleicht selbst nie ganz zum Bewußtsein kommen. Daraus folgt aber nicht, daß man auf Voraussetzungslosigkeit überhaupt verzichten müßte. Man wird die Objektivität vielmehr als ein Ideal festhalten, von dem man sich, wie von jedem Ideal, klar ist, daß man es noch nicht erreicht hat, das man aber als eine unendliche Aufgabe in ständiger Lern- und Diskussionsbereitschaft im Auge behält und unbeirrt anstrebt. Die wissenschaftlich-kritische Beschäftigung mit der Philosophiegeschichte bewahrt das Philosophieren vor einer Reihe von verhängnisvollen Fehlern: vor dem Abgleiten in die nur ästhetisierende Betrachtung; vor jener subjektiven „Interpretation", die mehr hineinlegt als auslegt; vor dem Ausweichen in eine oft geistvolle, im Grunde aber unverbindliche und nichtssagende Dialektik; vor einer „Spekulation", die sich für tief hält, aber in Wirklichkeit Pseudoprobleme wälzt, weil sie die Begriffe nicht durchschaut, um die sie sich müht, sondern nur an den Worten hängen bleibt; und vor allem vor einer „Philosophie", die bloß Literaturbetrieb ist und Geschäftigkeit im sogenannten geistigen Leben der Zeit.

### b) Philosophiegeschichte als Philosophie

α) Philosophiegeschichte nur Geschichte des Irrtums?

Philosophiegeschichte ist aber auch reine und wirkliche Philosophie. Sie ist nicht, wie Uneingeweihte gern annehmen, eine historia errorum. Mit Recht hat Hegel sich dagegen gewendet, daß man in ihr nur einen „ungeordneten Haufen von Meinungen" sieht. Der tiefer Schauende sieht in der Geschichte der Philosophie sehr bald ein ehrliches Ringen um Wahrheit. Und nicht nur ein ehrliches, sondern auch ein kontinuierliches Ringen, das einen inneren Zusammenhang besitzt. Andererseits trifft es freilich auch nicht zu, daß sie, wie Hegel, nun in das andere Extrem verfallend, sagte, schon gleich „System in der Entwicklung“ wäre, d. h., daß sie die allmählich fortschreitende Selbstoffenbarung des Geistes und der Wahrheit darstellte, in der alles so streng logisch aufeinanderfolgte, daß man das Spätere aus dem Früheren vorausberechnen könnte, weil man wissen könnte — wenigstens die weltgeschichtlichen Persönlichkeiten könnten das —, was an der Zeit, was notwendig, was im Innern schon angelegt ist. Philosophiegeschichte ist wohl ein Heranwachsen und Zu-sich-selbst-Finden des Geistes; allein dieser Weg ist weder ein geradliniger noch ein immer folgerichtiger und allein sachlich bestimmter. Neben den Meilensteinen der Wahrheit gibt es hier auch die Umwege des Mißverstehens, die Abwege des Irrtums und das störende Spiel des Zufalls. Wie politische Geschichte nicht immer ein Prozeß sachlich notwendiger Taten ist, sondern auch vorwärtsgetrieben werden kann durch den Machtwillen eines Diktators oder die Launen einer Maitresse, so greift auch in die Philosophiegeschichte der Zufall ein und alles Irrationale, das aus der Subjektivität und Freiheit des philosophierenden Menschen entspringt. Da hilft auch nicht die berühmte „List der Idee“; denn sie „erklärt“ zuviel, indem sie alles notwendig sein läßt. So war es aber nicht. An nicht wenigen Philosophemen ließe sich zeigen, daß sie entstanden sind aus persönlichen Gegensätzen oder aus der Rivalität der Schulen und vielen anderen Unzulänglichkeiten. Sowenig man darum sagen kann, daß die Philosophiegeschichte eine Geschichte des Irrtums sei, so wenig läßt sich auch behaupten, daß sie die ganze Wahrheit selber wäre. β) oder die Wahrheit im Ganzen?

Und sie wäre das auch dann nicht, wenn man in einer modernen Variation der Hegelschen Auffassung jene Gesamtwahrheit als philosophische Existenz interpretierte; denn die Philosophie hat sich bisher nicht bloß als ein Tun verstanden, sondern hat immer theoretische Wahrheiten angestrebt, nicht nur „die Wahrheit“, und wird das auch in Zukunft tun müssen. γ) oder Existenz?

Es ist etwas anderes, was die Philosophiegeschichte zu wirklicher Philosophie macht. Einmal sprengen wir durch die Kenntnis anderer Meinungen den engen Rahmen persönlicher, zeitlicher und räumlicher Bedingtheiten, werden damit frei von vielen subjektiven Voraussetzungen und nähern δ) Selbstbesinnung des Geistes uns mehr und mehr einer Betrachtung der Wahrheit sub specie aeterni: „Nur durch die Geschichte kommen wir von der Geschichte los“ (Rickert). Es gibt etwas Zeitloses in der Philosophie. Ihre Probleme veralten nicht; wenn sie nur echt empfunden waren, können sie jederzeit wieder aktuell werden. „Die Gedanken der Großen im Reiche der Philosophie sind dem Gehalt nach den Gedanken der Philosophen, die Jahrhunderte vor ihnen gelebt haben, unmittelbar benachbart“ (W. Cramer). Aber diese zeitlosen Gehalte fallen uns nicht in den Schoß. Es gibt nur selten den Blick auf die „Sache selbst“. Wir brauchen vielmehr die Ideengeschichte, um unseren Begriffen auf den Grund zu sehen. In ihr wird die Philosophiegeschichte zu einer historisch unterbauten Kritik der menschlichen Vernunft. Die Werkzeuge des menschlichen Geistes, seine Anschauungsformen, seine Begriffe, Ideenrichtungen, Probleme, Hypothesen, Theorien offenbaren ihr Wesen und Können erst im Laufe der Zeiten. Jahrzehnte- und jahrhundertelang hat man oft mit Problemen gerungen, um endlich konstatieren zu müssen, daß das Problem in seinen Grundbegriffen von Anfang an falsch gestellt war. Auf Grund vieler solcher Erfahrungen müssen wir damit rechnen, daß in unser Denken oft falsche Ansätze eingehen. Begriffe wie Ruhe und Bewegung, Kontinuierliches und Diskretes, Materie und Form, Sinnlichkeit und Geistigkeit, Leib und Seele, um nur einige zu nennen, gehen heute in die subtilsten Erörterungen ein. Sind wir uns dabei immer bewußt, daß sie in grauer Vorzeit gebildet wurden auf Grund eines Anschauungsmaterials, das uns heute nicht mehr beweisen könnte, was es damals bewiesen hat? Trotzdem behalten diese Begriffe ihren ursprünglichen Sinn. H. Poincaré hat einmal geschrieben: „Allgemein bekannt sind jene feinen Gefüge von Kieselnadeln, die das Skelett gewisser Schwämme bilden. Wenn die organische Materie vergangen ist, bleibt nichts als ein zerbrechliches und zierliches Spitzengewebe. Es ist in Wirklichkeit nichts als Kieselsäure; was aber interessant ist, das ist die Form, die diese Kieselsäure angenommen hat, und wir können sie nicht verstehen, wenn wir nicht den lebenden Schwamm kennen, der ihr gerade diese Form aufgeprägt hat. So ist es auch bei den alten intuitiven Begriffen unserer Väter, die, selbst wenn wir sie aufgegeben haben, ihre Form immer noch dem logischen Gerüst aufdrücken, das wir an ihre Stelle gesetzt haben." Wenn wir Geschichte der Philosophie treiben, werden wir darum in die Lage versetzt, dem eigentlichen Sinn und Wert unserer Denkmittel auf den Grund zu kommen: Begriffe werden gereinigt, Probleme richtiggestellt, der Weg zu den Sachen selbst wird freigemacht. Philosophiegeschichte wird damit von selbst zur Erkenntniskritik und ist insofern Philosophie im Vollsinn des Wortes; denn jetzt ist man auf dem Wege zu dem zeitlosen Gehalt ihrer Probleme. Und jetzt zeigt sich auch, daß Philosophiegeschichte in Wirklichkeit Sachphilosophie ist.

**ε) Historismus?**

Darum hat die Philosophiegeschichte nicht den Vorwurf des Historismus zu fürchten. Es hat wohl in den vergangenen Jahrzehnten so etwas gegeben, was man als Alexandrinismus hätte bezeichnen können: ein Anhäufen einer Menge musealen Stoffes, der zwar Wissen war, aber nicht Weisheit, weil es hier bei der Anhäufung des historischen Ballastes blieb und die Ergebnisse für die systematische philosophische Wahrheitsfrage selbst nicht ausgewertet wurden. Wenn wir aber Philosophiegeschichte pflegen als Selbstbesinnung des Geistes, dann besteht diese Gefahr nicht mehr, und wir haben wirkliche Philosophie vor uns; denn nunmehr können wir weiterschreiten zur sachlich-systematischen Lösung der philosophischen Probleme selbst, was ohne genügende philosophiegeschichtliche Fundierung nicht selten zu einem Gefecht mit Windmühlen wird. Die Unterscheidung zwischen „Systematik" und „Geschichte" der Philosophie ist also vordergründig und manchmal auch schülerhaft; dann nämlich, wenn man glaubt, sich „der Sachen selbst" bemächtigen zu können, ohne sich kritisch Rechenschaft zu geben über die Worte und Begriffe, die man gebraucht, die oft genug ein Problem nicht stellen, sondern verstellen. Wohl die Hälfte der philosophischen Literatur wäre nicht geschrieben worden, wenn ihre Autoren die Vorgeschichte der Worte und Probleme, in denen und über die sie sprechen, wirklich gekannt hätten.

Für wissenschaftliches Philosophieren sind darum alle Unternehmungen wertvoll, die dieser Aufgabe dienen. Beispielhaft das von der Zeitschrift für philosophische Forschung einst inaugurierte, jetzt im Auftrag der Kommission für Philosophie in der Akademie der Wissenschaften und Literatur zu Mainz erscheinende „Archiv für Begriffsgeschichte“ (1955 ff.).

### Literatur

N. Hartmann, Zur Methode der Philosophiegeschichte (1910; jetzt Kleinere Schriften III). J. Hirschberger, Geschichte der Philosophie als Erkenntniskritik. Geisteswelt des Mittelalters. Grabmannfestschrift (1935) 131—148. W. Cramer, Die Philosophie und ihre Geschichte. Blätter für deutsche Philosophie 14 (1941). E. Hoffmann, Über die Problematik der philosophiegeschichtlichen Methode (1937); jetzt in E. Hoffmann, Platonismus und christliche Philosophie (1960) 5—41.

*ERSTER ABSCHNITT*

# DIE PHILOSOPHIE DES ALTERTUMS

## VORBEMERKUNGEN

### a) Bedeutung der alten Philosophie

Man kann sich fragen, warum wir heute noch antike Philosophie studieren. Diese Frage nach der Bedeutung der antiken Philosophie kann man mit dem Satz beantworten: Die antike Philosophie liefert die geistige Erbmasse, von der das abendländische Denken heute noch lebt. Schon rein quantitativ gesehen, erstreckt sich die alte Philosophie ungefähr über die Hälfte der europäischen Geistesgeschichte; denn sie reicht vom 6. Jahrhundert v. Chr. bis zum 6. Jahrhundert nach Chr. Mehr noch ist die intensive Größe dieser Philosophie von Gewicht. Die alte Philosophie ist niemals veraltet. Wenn man mittelalterliche Autoren liest, findet man Aristoteles mehr zitiert als irgendeinen der damals lebenden Philosophen. Und platonische, neuplatonische und stoische Ideen gehören zu den tragenden Grundgedanken der mittelalterlichen Weltanschauung. Und heute? Wesentliche Begriffe unseres heutigen Philosophierens und wissenschaftlichen Denkens überhaupt entstammen dem Geiste der Antike. Begriffe wie Prinzip, Element, Atom, Materie, Geist, Seele, Stoff und Form, Potenz und Akt, Substanz und Akzidens, Sein und Werden, Ursächlichkeit, Ganzheit, Sinn, Zweck, Begriff, Idee, Kategorie, Urteil, Schluß, Beweis, Wissenschaft, Hypothese, Theorie, Postulat, Axiom usw. wurden von den Griechen ausgebildet, und wir gebrauchten sie blind und ohne rechte Einsicht, würden wir nicht ihren ursprünglichen Sinn studieren. Aber nicht nur einzelne philosophische Grundbegriffe verdanken wir der alten Philosophie, auch die wesentlichen philosophischen Disziplinen, wie Logik, Metaphysik, Ethik, Psychologie und Kosmologie, wurden hier ausgebildet. Und auch die verschiedenen Typen des philosophischen Denkens sind hier bereits entwickelt: Idealismus, Realismus, Skeptizismus, Materialismus, Sensualismus und deren Mischformen. Und so verstehen wir, daß E. Hoffmann ein Kapitel über die griechische Philosophie als Vergangenheit und Gegenwart mit dem Satz schließen konnte: „Es wird sich zeigen, daß in der griechischen Philosophie die weltanschaulichen Denkmöglichkeiten grundsätzlich erschöpft, die bis heute gültigen Probleme aufgefunden und diejenigen Wege zu ihrer Lösung gewiesen sind, die wir heute noch gehen."

b) Gliederung

Um uns einen Überblick über unsere Epoche zu verschaffen, gliedern wir sie in vier Abschnitte. Die erste Periode umfaßt die Zeit vor Sokrates: „Vorsokratische Philosophie". Sie wird im wesentlichen bestritten nicht im Mutterlande, sondern in den griechischen Kolonien, in Ionien, Unteritalien und Sizilien. Das Hauptinteresse gilt der Naturphilosophie, die aber hier mehr eine Philosophie des Seins überhaupt ist. Erst gegen Ende, in der Sophistik, tritt auch der Mensch als Problem auf. — Die zweite Periode kann man als „Attische Philosophie" bezeichnen, weil jetzt das Mutterland selbst philosophiert. Sokrates, Platon und Aristoteles sind die führenden Gestalten, und in ihnen erreicht die griechische Philosophie ihren klassischen Höhepunkt. Der gesamte philosophische Fragenkreis, Natur, Sittlichkeit, Staat, Geist und Seele werden in gleicher Weise bearbeitet. Diese philosophische Blütezeit fällt zusammen mit der politischen Hochblüte im perikleischen Zeitalter und erstreckt sich bis auf Alexander den Großen. — Die dritte Periode, die „Philosophie des Hellenismus", liegt zwischen Alexander dem Großen und dem Zusammenbruch seiner Nachfolgestaaten, also etwa zwischen 300 bis 30 v. Chr. Hier stehen die großen Philosophieschulen im Mittelpunkt: die Akademie, der Peripatos, die Stoa und der Garten Epikurs. — Die vierte Periode umfaßt die „Philosophie der römischen Kaiserzeit", von der Mitte des Jahrhunderts v. Chr. bis zum Jahre 529 n. Chr., wo Justinian die platonische Akademie zu Athen schloß, ihr Vermögen beschlagnahmte und verbot, daß weiterhin in Athen philosophiert werde. Diese Epoche ist nicht mehr schöpferisch, sie lebt vom Ausklange dessen, was einst war.

c) Quellen

Ein besonderes Problem in der antiken Philosophiegeschichte bildet die Quellenfrage. Von einer großen Reihe von Philosophen sind uns Werke selber im wesentlichen erhalten.

So von Platon, Aristoteles, Plotin, Philo, Cicero, Seneca, Proklus. Von den anderen besitzen wir Fragmente oder die doxographischen Berichte ihrer Schüler und Späterer. Viel solches Material steht bei Aristoteles, Theophrast, Athenäus, Älian, Diogenes Laertius, Stobäus und vielen anderen. Das Wichtigste davon wurde ausgewertet in mehreren wissenschaftlich hervorragenden Werken: H. Diels, Doxographi Graeci (1879, ³1958); Ders., Fragmente der Vorsokratiker (1903, ⁸1956); H. v. Arnim, Stoicorum veterum fragmenta (1903 ff.); H. Usener, Epicurea (1887); O. Kern, Orphicorum fragmenta (1922); F. Wehrli, Die Schule des Aristoteles. Texte und Kommentare (Basel 1944 ff.).

d) Literatur

Standardwerk ist immmer noch Ed. Zeller, Die Philosophie der Griechen in ihrer geschichtlichen Entwicklung. Ursprünglich, 1844—1852, in drei Bänden erschienen, liegt das Werk heute in sechs Bänden in verschiedenen Auflagen und Neubearbeitungen vor. (Nachdruck der 5. Aufl. 1963). Ueberweg-Praechter, Die Philosophie des Altertums (¹²1926, Nachdruck 1951). W. Windelband, Geschichte der abendländischen Philosophie im Altertum (1888, ⁴1923). O. Willmann, Geschichte des Idealismus I (1894, ²1907). R. Hönigswald, Die Philosophie des Altertums. Problemgeschichtliche und systematische Untersuchungen (1916, ²1924). Cassirer-Hoffmann in Dessoirs Lehrbuch der Philosophie (1925). J. Stenzel, Metaphysik des Altertums (1931). W. Jaeger, Paideia I (1936, ³1954), II (1944, ²1954), III (1947, ²1955). H. Meyer, Geschichte der abendländischen Weltanschauung I (1947, ²1953). Fr. Copleston, A History of Philosophy I (London 1948). C. J. de Vogel, Greek Philosophy. 3 Bde. (Leiden 1950—59). W. K. C. Guthrie, A History of Greek Philosophy (Cambridge 1962). W. Totok, Handbuch d. Gesch. d. Philos. I (1964).

Bibliographische Hilfsmittel

Bis 1926 die umfassenden Literaturnachweise bei Ueberweg-Praechter. Für später: G. A. de Brie, Bibliographia Philosophica 1934—1945. Vol. I: Bibliographia Historiae Philosophiae (Bruxelles 1950). J. M. Bocheński, Bibliographische Einführungen in das Studium der Philosophie (Bern 1948 ff.). Die Sammlung enthält Sonderhefte über Antike Philosophie im allgemeinen von O. Gigon (1948), über Platon, ebenfalls von O. Gigon (1950), und über Aristoteles von M.-D. Philippe (1948). Die Angaben sind systematisch geordnet, so daß man rasch die Literatur für ein bestimmtes Sachgebiet überschauen kann. Sie greifen auch weit genug zurück.

Über alle Neuerscheinungen berichtet laufend und vollständig das mit der Revue philosophique de Louvain verbundene Répertoire bibliographique de la Philosophie sowie die Bibliographie de la Philosophie, hrsg. vom Institut International de Philosophie (Paris 1954 ff.).

Sprachlich-begriffliche Hilfsmittel

F. H. Fobes, Philosophical Greek (Chicago 1957). Philosophische Wörterbücher wie z. B. Eisler, Brugger, Hoffmeister u. a., insbesondere J. Ritter, Historisches Wörterbuch der Philosophie (1971 ff.) und H. Krings, Handbuch philosophischer Grundbegriffe (1973 f.).

# DIE PHILOSOPHIE DER VORSOKRATIKER

Das philosophische Denken von heute ist an den Vorsokratikern besonders interessiert, vor allem wegen ihres ursprünglichen Fragens und ihrer allgemeinen ontologischen Einstellung. Früher sah man in ihnen nur die Naturphilosophen, wobei man unter Natur die Körperwelt verstand. Heute wissen wir, daß jene „Physiker" weiter geschaut haben. Wenn sie von der Natur sprachen, dachten sie auch noch an den Geist und an das Sein im Ganzen. Sie waren also mehr Metaphysiker als Physiker. Den Durchbruch zu dieser neuen Sicht brachten die Arbeiten von K. Reinhardt, W. Jaeger und M. Heidegger.

## Quellen

H. Diels, Fragmente der Vorsokratiker ([12]1966). W. Kranz, Vorsokratische Denker. Auswahl aus dem Überlieferten. Griechisch und deutsch ([2]1949). W. Nestle, Die Vorsokratiker in Auswahl übersetzt und herausgegeben ([4]1956). K. Freeman, The Pre-Socratic Philosophers. A Companion to Diels (Oxford 1953).

## Literatur

J. Burnet, Early Greek Philosophy (1892, [4]1930, Neudruck 1957). Deutsch von E. Schenkl unter dem Titel: Die Anfänge der griechischen Philosophie ([2]1913). K. Reinhardt, Parmenides und die Geschichte der griechischen Philosophie (1916). W. Nestle, Vom Mythos zum Logos. Die Selbstentfaltung des griechischen Denkens von Homer bis auf die Sophistik und Sokrates (1940). O. Gigon, Der Ursprung der griechischen Philosophie. Von Hesiod bis Parmenides ([2]1968). E. Wolf, Griechisches Rechtsdenken I (1950). W. Jaeger, Die Theologie der frühen griechischen Denker (1953). M. Heidegger, Vorträge und Aufsätze (1954) 207—282. Kirk-Raven, Presocratic Philosophers. A Critical History (London 1957). J. Kerschensteiner, Kosmos. Quellenkrit. Unters. zu den Vorsokratikern (1962). H.-G. Gadamer, Um die Begriffswelt der Vorsokratiker (1968). L. Sweeney, Infinity in the Presocratics. A bibliographical and philosophical study (The Hague 1972).

## 1. ZUR VORGESCHICHTE

### Philosophie und Mythos

a) Begriff des Mythos

An der Schwelle der griechischen Philosophie steht etwas an sich Unphilosophisches, der Mythos. Er ist der Glaube der Gemeinschaft in den großen Fragen von Welt und Leben, Göttern und Menschen, der dem Volk angibt, was es hier zu denken und zu tun hat. Man übernimmt ihn aus der Überlieferung des Volkes, unreflektiert, gläubig und blind. Wie Aristoteles bemerkt, ist aber der Freund des Mythos trotzdem in gewisser Hinsicht auch schon ein Philosoph; deswegen, weil er sich im Mythos mit Problemen beschäftigt, die auch wieder die Probleme der Philosophie sind. Und darum erwähnt Aristoteles, wenn er die Vorgeschichte einer philosophischen Frage und ihrer Lösungsversuche anführt, gerne auch die Meinungen der „ganz Alten", die „einst am Anfang theologisierten" (οἱ πρῶτοι θεολογήσαντες).

b) Mythologie Homers und Hesiods

In Frage kommen hier zunächst Homer und Hesiod und ihre Lehren über die Herkunft der Götter (Theogonien) und die Entstehung der Welt (Kosmogonien). So wäre nach der Mythologie Homers die Ursache für alles Werden zu suchen in den Meergottheiten Okeanos und Tethys sowie in dem Wasser, bei dem die Götter zu schwören pflegen und das die Dichter Styx heißen. Bei Hesiod erscheinen das Chaos, der Äther und der Eros als die Uranfänge des Alls. Aber auch andere Probleme werden angeschnitten: Die Vergänglichkeit des Lebens, der Ursprung des Übels, die Frage von Verantwortung und Schuld, Schicksal und Notwendigkeit, das Leben nach dem Tode und ähnliches. Immer wirkt sich dabei ein ganz und gar bildhaftes Denken aus, das einen konkreten Einzelfall intuitiv mit den hellen Augen des Dichters erlebt und dann die Intuition verallgemeinernd auf Leben und Welt überhaupt überträgt und so das ganze Sein und Geschehen deutet.

c) Orphik

Im 6. Jahrhundert kam von den Bergen Thrakiens herab eine neue Mythologie nach Griechenland. In ihrem Mittelpunkt steht der Gott Dionysos, ihr Priester ist Orpheus, der thrakische Sänger und Wundermann. Nietzsche hat später Dionysos zum Symbol des Lebens und des Jasagens zum Leben in allen seinen Höhen und Tiefen gemacht. Der Weingott Dionysos war auch tatsächlich ein Gott des Lebens, nämlich der zeugenden Natur, und wurde in den Bacchanalien in enthusiastischer Erdnähe verehrt. Die Dogmatik der Orphiker war aber alles andere als Lebensbejahung. Wir haben es hier vielmehr zu tun mit einer seltsamen Mischung von Askese und Mystik, Seelenkult und Jenseitshoffnung, wie das dem Volke Homers noch ganz fremd war. Die Seele ist jetzt nicht mehr Blut, sondern Geist; stammt aus einer anderen Welt; ist auf diese Erde verbannt zur Strafe für eine alte Schuld; ist an den Leib gefesselt und muß mit ihm eine weite Wanderung durchmachen, bis sie von der Sinnlichkeit erlöst wird. Ein Weg zu der erstrebten Reinigung von der Sinnlichkeit waren eine Reihe von Speiseverboten, so von Fleisch und Bohnen. Goldplättchen, die man dem Toten mit ins Grab gab, bestätigten seiner Seele, daß sie „als Reine von den Reinen“ kommt und „dem beschwerlichen Kreise der Geburten entflogen“ sei. Die Anschauungen der Orphiker über das Schicksal der Seele nach dem Tode werden widergespiegelt in den großen eschatologischen Mythen in den platonischen Dialogen Gorgias, Phaidon und Politeia. Die orphische Dogmatik besaß auch bereits eine gut ausgebildete Theologie und Kosmogonie. Danach stehen am Anfang das Chaos und die Nacht. „Chaos“ ist dabei wörtlich als gähnende Leere oder Kluft zu nehmen. Die Nacht habe ein Ei, das Weltei, erzeugt und daraus sei ein geflügelter Eros hervorgegangen. „Und dieser, mit der gähnenden Kluft gepaart, der geflügelten, nächtlichen, im weiten Tartaros, heckte unser Geschlecht aus und führte es empor ans Licht. Vorher war nicht ein Geschlecht der Unsterblichen, bevor Eros alles miteinander verband; wie sich aber verband das eine mit dem anderen, entstanden Himmel und Ozean und Erde und aller Götter unsterblich Geschlecht.“ Nach einer späteren Quelle wäre der Uranfang des Kosmos ein Drache mit den Köpfen eines Stieres und Löwen; in der Mitte aber

α) Weltflucht

β) Kosmogonie

habe er das Gesicht eines Gottes und an den Schultern Flügel. Bekannt sei er als der nichtalternde Zeitgott. Der Drache erzeuge einen dreifachen Samen, den feuchten Äther, die grenzenlose, gähnende Kluft und das neblige Dunkel, dazu auch wieder ein Weltei.

All dies ist phantasievolle, dichterische Intuition. Man hat in der orphischen Mythologie „handgreiflich" orientalische Tradition gesehen. Insbesondere wäre der Dualismus von Leib und Seele, Diesseits und Jenseits und überhaupt die weltflüchtige Lebensform „ein Tropfen fremden Blutes" im Griechentum. Ursprungsland dieser Anschauungen mag tatsächlich Indien gewesen sein, wo solche Ideen nach 800 v. Chr. in den Upanishaden, den theologischen Erklärungsschriften zu den Veden, auftreten. Sie finden sich auch in der Religion Zoroasters auf der Hochebene des Iran, wie sich aus den ältesten Gâthas des Zendavest ergibt. Diese Anschauungen wären dann aber immer noch arisches Geistesgut.

d) Mythos und Logos

Viel wichtiger jedoch als die Frage der Herkunft ist das Nachleben dieser Begriffe. Aristoteles hat gegenüber dem Mythos mit Recht gesagt (Met. *B*, 4), daß er nicht Wissenschaft wäre, weil diese archaischen „Theologen" nur das traditionelle Lehrgut weitergaben, aber keine Beweise lieferten. Er stellt ihnen jene gegenüber, „die auf Grund von Beweisen reden" (οἱ δι' ἀποδείξεως λέγοντες), von denen man darum ein echtes „Überzeugen" erwarten kann. Damit sind die Philosophen gemeint. Durch dieses methodische Moment des Zweifels, des Beweisens und Begründens unterscheidet er nun doch Mythos und Philosophie, obwohl er zunächst zugegeben hatte, daß der Freund des Mythos in gewisser Hinsicht auch Philosoph sei. Die Philosophie ist gegenüber dem Mythos wirklich etwas Neues. Man lebt nicht mehr blindgläubig aus dem Geistesgut der Gemeinschaft, sondern das Individuum wird ganz auf sich selbst gestellt und muß sich frei und mündig nun allein erarbeiten, prüfend und beweisend, was es denken und für wahr halten will. Das ist eine andere Geisteshaltung als die des Mythos. Trotzdem darf nicht übersehen werden, daß die Fragestellungen des Mythos, wie auch seine begrifflichen Intuitionen, die in grauer, unkritischer Vorzeit entstanden sind, auch in der philosophischen Begriffssprache noch weiterleben. Für die philosophische Erkenntniskritik entsteht hier die Aufgabe, zu prüfen, ob die vermeintlichen rationalen Denkmittel der Philosophie auch wirklich alle rational begründet sind. Vielleicht sind sie es nicht; und zwar nicht nur aus einem Versagen, sondern auch deswegen, weil der Geist weiter ist als das „Wissen" und den Mythos in einem positiven Sinn als einen eigenen Weg zur Weisheit einschließt, so daß nur der Wissenschaftsgläubige der Aufklärung entmythologisieren will, während Aristoteles mit Recht sagt, daß auch der Mythos — auf seine Weise — philosophiere.

Literatur
O. Gruppe, Griechische Mythologie und Religionsgeschichte (1906). M. P. Nilsson, Geschichte der griechischen Religion I (1941, ²1955), II (1950). U. v. Wilamowitz-Moellendorff, Der Glaube der Hellenen (1931, ²1955). K. Prümm, Die Orphik im Spiegel der neueren Forschung. Zeitschrift für Katholische Theologie 78 (Innsbruck 1956). F. Buffière, Les mythes d'Homère et la pensée grecque (Paris 1957).

## 2. DIE MILESIER UND PYTHAGOREER

### Stoff und Form

Die Wiege der griechischen Philosophie stand in Ionien, an der kleinasiatischen Küste. Es ist in Milet, Ephesus, Klazomenai, Kolophon, Samos, wo wir die meisten der Vorsokratiker antreffen, und man nennt darum die vorsokratische Philosophie auch ionische Philosophie. Speziell diese ionische Philosophie hat man immer als Naturphilosophie bezeichnet. Die Naturbetrachtung steht hier faktisch im Vordergrund. Richtiger wäre es trotzdem, statt von Naturphilosophie von Metaphysik zu reden; denn die Rede von den Urgründen und Elementen meint die Prinzipien des Seins überhaupt; es soll damit das Wesen des Seienden als solchen geklärt, nicht aber nur Aufschluß gegeben werden etwa über das letzte Baumaterial bloß der Naturkörper.

## A. DIE MILESIER

Den Reigen eröffnet Milet. Es stellt die drei ersten Vorsokratiker: Thales, Anaximander und Anaximenes.

### a) Thales von Milet (ca. 624—546).

Die Antike rechnet ihn unter die sieben Weisen; Aristoteles nennt ihn (Met. *A*, 3; 983 b 20) den Vater der Philosophie, und Platon erzählt von ihm (Theait. 174 a) die Geschichte mit der thrakischen Magd, die ihn ausgelacht haben soll, weil er, in die Betrachtung überirdischer Dinge versunken, in eine Grube fiel und so eine schlechte Figur gemacht habe: Er wolle die Menschen das Höchste lehren und sehe nicht einmal, was vor den Füßen liege. Ein Omen für das ganze Geschlecht der Philosophen? Aber er war gar nicht so unpraktisch. Er leitete in Milet eine nautische Schule, baute einen Kanal, um das Wasser des Halys abzuleiten, und gab recht brauchbare politische Ratschläge.

α) Wasser als „Archē“

Und seine Philosophie? Aristoteles berichtet: Die meisten unter denen, die zuerst angefangen haben zu philosophieren, suchten die Urgründe (ἀρχαί, principia) im Bereich des Materiellen. Diese Urgründe sollen das eigentliche Wesen (οὐσία) der Dinge ausmachen; aus ihnen würden sie entstehen und in sie wieder zurückkehren. Sie wären darum die „Elemente“ (στοιχεῖα). Alles einzelne wäre nur ein Geschehen (πάθος) an diesem eigentlichen Urwesen. Was die Archē wäre, darüber hätten die einzelnen Denker jeweils Verschiedenes gelehrt. Thales aber hätte das Prinzip von allem im Wasser gesehen (Met. *A*, 3). Warum gerade im Wasser, wußte Aristoteles selbst nicht mehr sicher. Das ist aber auch nicht sehr wichtig.

β) „Weisheit“

Was die Tat des Milesiers ausmacht, ist vielmehr der Begriff des Urgrundes für alles Sein, der von ihm erstmals aufgestellt wurde. Aristoteles hat von der Metaphysik gesagt (Met. *A*, 2), daß sie sich nicht mehr wie die Spezialwissenschaften bloß mit Ausschnitten des Seins befasse, sondern mit dem Sein als solchem in seiner Allgemeinheit, daß sie nach den ersten Gründen suche, daß sie damit in ein verborgenes und schwieriges Gebiet vorstoße und ein Wissen darstelle, das nicht um praktischer Zwecke willen verfolgt wird, sondern um des Wissens selbst willen. Eben das hätte Thales angestrebt, und darum sei seine Wissenschaft nicht mehr gewöhnliches Wissen, sondern Weisheit, Metaphysik,

Philosophie gewesen. War es ein unpraktisches Unternehmen? Vielleicht war es das praktischste von allem Wissen. Denn immer macht sich der Mensch, auch der Mann des Alltags und der Einzelwissenschaftler, der nicht direkt Philosophie treiben will, doch sein Bild über das Ganze von Welt und Leben; ohne solche Überlegungen findet man sich weder in der Welt zurecht, noch kommt das Handeln in Gang, noch das Gefühl zur Ruhe; aber man tut es gewöhnlich auf den ersten Anhieb und unmethodisch. Daß Thales den Anstoß gegeben hat, diese Überlegungen in wissenschaftlicher Form zu vollziehen, das macht ihn in der Tat zum Vater der Philosophie.

**γ) Hylozoismus**

Mit dem Satz, daß alles Wasser sei, muß man den zweiten Satz des Thales zusammenhalten, daß alles voll von Göttern wäre. Man braucht darin nicht ein förmliches Bekenntnis zum Pantheismus oder Monismus zu sehen, obwohl diese Einstellungen natürlich anklingen. Vielmehr wird man aus dieser Äußerung entnehmen, wie das archaische Philosophieren immer — wir werden noch mehr Beweise dafür sehen — geneigt ist, die Welt vom Menschen her zu deuten, d. h. durch Kategorien zu ordnen, die dem Menschen von seinem spezifischen Eigenleben her bekannt sind. Die „Götter" des Thales sind ja nur übermenschliche Wesen, „Dämonen", wie er auch sagt. Man sieht diese Einstellung besonders, wenn Thales erklärt, der Magnet habe eine Seele, d. h. Leben, weil er das Eisen anziehe. Nur vom Leben her kann Thales das Anziehen verstehen. Dieser sogenannte Hylozoismus ist weniger eine naturphilosophisch, als vielmehr erkenntnistheoretisch typische Haltung. Wir haben es zu tun mit einer Deutung des Seins durch anthropomorphe Begriffe. „Das Lebendige ist noch Grundkategorie allen Seins" (Stenzel). Man versucht, Gott und Welt, Leben und Körper zwar auseinanderzuhalten, kann die Scheidung aber nicht reinlich durchführen. Hat man sie je absolut durchführen können?

**δ) Theologik**

Trotzdem besteht das Göttliche als eine eigene Realität. Die Welt ist für Thales wirklich voll des Göttlichen. Man kann es wie mit Händen greifen. Eben das Archē-Denken führt darauf hin. Die Götter des Volksglaubens kann der denkende Verstand nicht bestätigen, aber die neue Erfahrung der Wirklichkeit der Physis verbürgt wieder ein Göttliches, von dem alles voll ist. Heraklits Wort „Tretet ein, auch hier sind Götter“ ist nur eine Anwendung der Lehre des Thales (Heraklit A, 9). „Die Geschichte ist symbolisch für den geistigen Vorgang des Ursprungs der griechischen Philosophie, ganz besonders aber für seine Bedeutung in religiöser Hinsicht. Über dem Eingangstor zu der philosophischen Erkenntnis des Seins, die mit Thales beginnt, steht, dem Auge des Geistes weithin sichtbar, die Inschrift: ‚Tretet ein, auch hier sind Götter.‘ Diese Worte werfen ihr Licht auf unseren Weg durch die griechische Philosophie“ (W. Jaeger).

b) Anaximander (ca. 610—545)

Er lebt ebenfalls in Milet, fast gleichzeitig mit Thales. Von ihm stammt die erste philosophische Schrift des Abendlandes. Sie trug den Titel ‚Über die Natur“ (περὶ φύσεως), was aber nicht Naturphilosophie im modernen Sinne meint, sondern allgemeine Philosophie oder Metaphysik, so ähnlich wie auch die aristotelische Physik eigentlich Metaphysik ist. Auch Anaximander steht wie Thales mit der Einzelwissenschaft in guter Verbindung. Er soll eine Erdkarte, einen Himmelsglobus und eine Sonnenuhr angefertigt haben.

α) Apeiron

In der Bestimmung des Seinsprinzips geht er andere Wege. Archē ist nach ihm das Apeiron, was man als das unbestimmte Unendliche oder unendlich Unbestimmte übersetzen kann, weil damit sowohl an das logisch nicht näher Bestimmte wie auch an das räumlich und zeitlich Unendliche, Ewige und Allgegenwärtige gedacht ist. Anaximander faßte damit das Seinsprinzip allgemeiner als Thales, was nur konsequent war; denn wenn man schon einmal einen für alles Sein geltenden Urgrund haben will, dann muß er möglichst unbestimmt sein, um allen alles werden zu können. Anaximander führt darum den Abstraktionsprozeß radikal durch. Er sieht von allem Speziellen ab, und so kommt er zu seinem Apeiron. Er schreitet hier auf dem Weg weiter, den Thales angebahnt hat. Aber vielleicht ist er zu weit gegangen; denn das gänzlich Unbestimmte kann wohl nicht mehr etwas Reales sein und dann auch nicht die Realität erklären. Erst recht aber ist das indefinitum nicht schon ein infinitum. Hier werden die logische und ontologische Sphäre verwechselt. Denkt man sich aber das Apeiron als irgendeine, wenn auch noch so verdünnte materielle Substanz, was Anaximander vielleicht im Auge hatte, dann ist es wieder nicht mehr richtiges Apeiron. Aber vielleicht darf man das archaische Denken noch nicht allzusehr logisieren. Die besten antiken Erklärer jedenfalls fassen das Apeiron des Anaximander als den unendlichen, unerschöpflichen Vorrat, aus dem sich alles Werden speist, und zugleich als etwas Göttliches, Unsterbliches und Unvergängliches. Einfach schon als Archē muß das Apeiron diese Eigenschaften haben. So bereits Aristoteles: „Es umfaßt alles und steuert alles, wie diejenigen sagen, die nicht außer dem Apeiron noch andere Ursachen annehmen, wie den Geist oder die Liebe; und dies, so sagen sie, sei das Göttliche. Denn es sei unsterblich und unverderblich, wie Anaximander und die meisten Naturphilosophen lehren" (Phys. Γ, 4; 203 b 6). Noch in dem feierlichen und hymnischen Stil der ganzen Diktion verraten sich die theologisierenden Hintergründe des Apeiron.

β) Weltbildung

Von umfassender und tiefforschender Beobachtungsgabe spricht die Weltbildungslehre des Anaximander. Aus dem Apeiron hätten sich in einem fortschreitenden Prozeß die darin enthaltenen Gegensätze ausgegliedert: Warmes und Kaltes, Feuchtes und Trockenes. Im Verlaufe dieses Aussonderungsprozesses entstehen unendlich viele Welten und ihre Inhalte. Diese Welten werden bereits als „Kosmos" gedacht, wie man deutlich aus dem symmetrisch geordneten Weltbild des Anaximander ersieht. Die Erde ist nämlich für ihn ein Zylinder, dessen Durchmesser dreimal so groß ist wie seine Höhe. Um ihn kreise in $3 \times 3 = 1 \times 9$ Erdhalbmesser Entfernung die Sphäre der Sterne, in $2 \times 9$ die Sphäre des Mondes, in $3 \times 9$ die Sphäre der Sonne. Auf unserer Erde, die ursprünglich flüssig war, ging der Ausgliederungsprozeß so vor sich, daß sich aus dem Feuchten die Lebewesen herausgebildet hätten. Sie wären zuerst mit einer stacheligen Rinde umgeben gewesen, diese Rinde zerriß, und andere Formen traten hervor. Auch der Mensch sei aus anfänglich primitiven Formen entstanden. Seine unmittelbaren Vorfahren wären Fische gewesen, die ehedem wie Haie im Wasser lebten und erst, als sie auf dem Trockenen zu existieren vermochten, ans Land stiegen. Ein erstes Anklingen der Deszendenztheorie! All diese unendlich vielen Welten dachte Anaximander als lebende Wesen, als Dämonen und Götter; was auch wieder mehr archaischer Anthropomorphismus ist als Hylozoismus und Pantheismus.

In einem uranfänglichen Ersten alle Gegensätze aufgehoben zu sehen und alles Viele dann daraus abzuleiten ist eines der großen Motive der Philosophiegeschichte. Wir finden es wieder bei Platon, Plotin, Eriugena, Cusanus, Hegel. Anaximander muß ein bedeutender Denker gewesen sein.

c) Anaximenes (ca. 585—528)

Er war Schüler des Anaximander. Als Archē betrachtet er die Luft. Die hohe Abstraktionsstufe des anaximandrischen Apeiron wird wieder zurückgeschraubt; vielleicht um die Realität zu retten. Aus Luft wäre durch Verdichtung und Verdünnung (πύκνωσις—μάνωσις) alles entstanden: „Gelokkert wird die Luft Feuer, verdichtet Wind; dann Wolke, weiter durch noch stärkere Verdichtung Wasser, dann Erde, dann Stein; alles übrige aber entstehe aus diesem“ (13 A 5). Zugleich erscheint die Luft auch wieder als etwas Lebendiges und Göttliches. Das liegt ganz in der Linie, die wir schon bei Tales und Anaximander kennenlernten.

Literatur

Fr. Dirlmeier, Der Satz des Anaximander von Milet. Rheinisches Museum 87 (1938). Dazu Hermes 75 (1940). M. Heidegger, Der Spruch des Anaximander, in: Holzwege (1949). W. Kranz, Kosmos. Archiv für Begriffsgeschichte Bd. II, 1 und 2 (1955). A. Lumpe, Der Terminus ἀρχή von den Vorsokratikern bis auf Aristoteles. Ebendort Bd. I (1955). K. v. Fritz, Die ἀρχαί in der griechischen Mathematik. Ebendort Bd. I (1955).

## B. DIE PYTHAGOREER

Mit ihnen wenden wir uns von Ost- nach Westgriechenland. Aber die Zusammenhänge mit Ionien bleiben gewahrt; denn Pythagoras kommt auch aus Ionien. Er stammt aus Samos. Unter dem Begriff Pythagoreer geht nun in den alten Berichten ziemlich Verschiedenes einher, und wir müssen daher zuvorderst die äußere Geschichte der Pythagoreer klären.

a) Äußere Geschichte

α) Pythagoras

Pythagoras ist 570 in Samos geboren, emigriert etwa 40jährig nach Kroton in Unteritalien, wo er seine Haupttätigkeit entfaltet haben muß, übersiedelt schließlich nach Metapont und stirbt dort um 496. Heraklit anerkennt, daß er „von allen Menschen am meisten gewußt habe", nennt ihn aber „der Schwindeleien Ahnherrn". Das scharfe Wort mag aus dem Gegensatz der Weltanschauungen entsprungen sein. Der Vater des Satzes, daß alles fließe, hat nichts übrig für eine Welt ewiger Wahrheiten, wie es das Reich der Zahlen ist. So hat später auch Nietzsche allen Idealismus „höheren Schwindel" genannt. Platon dagegen bezeugt: „Pythagoras selbst genoß auf Grund seiner Lebensführung große Verehrung. Und auch seine Nachfahren, die noch jetzt von pythagoreischer Lebensordnung sprechen, erscheinen irgendwie als etwas Besonderes unter den übrigen Menschen" (Rep. 600 b). Genaueres aber wissen wir über Pythagoras nicht. Seine Gestalt ist von der Legende umrankt. Geschrieben soll er nichts haben. Aber einen Kreis von Menschen sammelte er um sich, in einer Art Geheimbund oder Orden, der die Meinungen des Meisters konservativ festhielt und mündlich weitergab. Der Bund war philosophisch-wissenschaftlich und religiös-ethisch ausgerichtet mit stark asketischem Einschlag. Aus der geistigen Haltung dieses Kreises darf man rückschließend annehmen, daß Pythagoras sich in der Richtung des orphischen Dualismus bewegte, die orphische Seelenwanderungslehre übernommen hat, allseitige wissenschaftliche Interessen pflegte und eine ausgesprochene sittliche und politische Führernatur gewesen sein muß.

β) Der ältere Bund

Den Bund, den Pythagoras noch selber in Kroton gegründet und geleitet hat, heißen wir den „älteren pythagoreischen Bund". Zu ihm gehört der berühmte Arzt Alkmaion von Kroton, der bereits das Gehirn als das psychische Zentralorgan erkannt hatte, sowie der Astronom Philolaos, der schon lange vor Beginn der Neuzeit wußte, daß die Erde nicht im Mittelpunkt des Kosmos steht. In der zweiten Hälfte des 5. Jahrhunderts wurde dieser Bund, der eine betont aristokratische Geisteshaltung an den Tag legte und sich großer Autorität erfreute, von der demokratischen Partei gesprengt, jedoch bald darauf wieder erneuert.

γ) Der jüngere Bund

Dieser „jüngere pythagoreische Bund" hatte seinen Sitz in Tarent und bestand dort bis Ende des 4. Jahrhunderts. Die Leute dieses jüngeren Bundes, und nur sie, meint Aristoteles, wenn er von den „sogenannten Pythagoreern" in Italien spricht. Man hat dabei wieder zwei Richtungen auseinanderzuhalten: einmal die „Akusmatiker" oder „Pythagoristen" (πυθαγορισταί), die konservativ nur auf die überkommenen Lebensregeln hörten, diese streng asketisch befolgten, sich von Fleisch, Fisch, Wein und Bohnen enthielten, kein Bad nahmen, auf Kultur und Wissenschaften nichts gaben und ein Wander- und Bettelleben führten; und dann die „Mathematiker", die die einstige Geistesaristokratie des alten

Bundes weiter pflegten und Philosophie und Wissenschaft hochhielten, besonders Musik, Mathematik, Geometrie, Astronomie und Medizin. Zu ihnen zählen Archytas von Tarent, mit dem Platon befreundet war, Hiketas von Syrakus sowie der Pythagoreer Ekphantos und Herakleides Pontikus aus der älteren Akademie, welch letztere drei schon lehrten, daß die Erde sich um ihre eigene Achse drehe. Von Herakleides wird dann später über Straton von Lampsakos der Peripatetiker Aristarch von Samos beeinflußt sein, der nicht nur die Achsendrehung der Erde, sondern auch ihre Fortbewegung in der Ekliptik lehrt, eine Theorie, die Seleukos von Seleukeia (um 150 v. Chr.), der „Kopernikus des Altertums", dann wissenschaftlich erhärtete.

b) Pythagoreischer Lebensstil

Die innere geistige Haltung der Pythagoreer bildet einen förmlich eigenen Lebensstil (βίος πυθαγόρειος). Hintergrund dieses Lebensstils ist die von den Orphikern kommende Lehre von der Seelenwanderung: Die Seele stammt aus einer anderen Welt, ist sündig geworden, muß nun, an den Leib gekettet, ein Buß- und Wanderleben führen, bis es ihr gelingt, vom Leib und seiner Sinnlichkeit frei und wieder ganz Geist zu werden. Der Leib ist das Grab der Seele (σῶμα—σῆμα). Darum gilt es, den Weg der Reinigung zu beschreiten. Zu diesem Weg gehörten: die Askese (Speiseverbote, Schweigegebote, allabendlich Selbstprüfung über seine täglichen guten und schlechten Taten), die geistige Arbeit, besonders Philosophie und Mathematik, wodurch der Mensch entsinnlicht und vergeistigt werden soll, die Pflege der Musik, die weniger durch ihren Wohllaut zu erfreuen als durch ihre Harmonie und Gesetzmäßigkeit den Menschen auch wieder harmonisch zu formen hat, und die Gymnastik, die Gelegenheit gibt, den Leib in die Zucht des Geistes zu nehmen. Charakteristisch für den pythagoreischen Lebensstil ist ferner das Ideal der Freundschaft und Verbrüderung aller Menschen. Auch das ergibt sich aus der Kultur der Werte der Seele und des Geistes. Aus all dem spricht eine starke und ideale Lebensauffassung.

c) Metaphysik der Pythagoreer

α) Zahl; Peras und Apeiron; Harmonie und Kosmos

In der Metaphysik haben die Pythagoreer sich einen Namen gemacht durch ihre Lehre, daß die Zahl Archē aller Dinge sei. Damit wird das Prinzip des Seienden nicht mehr wie bisher im Stoff, sondern in der Form gesehen. Die Zahl ist das Formgebende, wodurch das Unbestimmte zu einem Bestimmten wird. Das wenigstens wird man aus dem Bericht des Aristoteles über die Pythagoreer (Met. *A*, 5), der nicht ganz eindeutig ist, mit Sicherheit folgern dürfen; denn seine Angaben über die letzten Elemente der Zahl, das Bestimmende (πέρας) und das Unbestimmte (ἄπειρον), weisen in diese Richtung. Wir haben also jetzt zwei Prinzipien, Peras und Apeiron. Das Ausschlaggebendere aber ist das Peras. Dies macht die Zahl zur Zahl, und sie ist nunmehr das Prinzip, mit dem die Pythagoreer ihre Metaphysik bestreiten: „Groß, allvollendend, allwirkend und himmlischen wie menschlichen Lebens Urgrund und Führerin, teilhabend an allem, ist die Kraft der Zahl ... ohne diese ist alles unbegrenzt, unklar und unsichtbar" (44 B 11). Ganz schlicht mag die Beobachtung gewesen sein, die auf diesen Gedanken führte. In der Musik konnte man sehen, wie die verschiedenen Töne je in einem bestimmten Verhältnis zur Saitenlänge standen und besonders die Harmonien der Töne durch feste, zahlenmäßige Verhältnisse charakterisiert sind. Die Schwingungszahlen der Oktave verhalten sich zum Grundton wie 2 : 1, die der Quint wie 3 : 2, die der Quart wie 4 : 3. Kühn und genial war aber die Übertragung dieser Theorie auf das gesamte Sein. „Nach den Pythagoreern", so berichtet Aristoteles (Met. *A*, 5; 986 a 3), „ist das ganze Himmelsgebäude Harmonie und Zahl." Diese Theorie war der erste Anstoß für die in der Geistesgeschichte immer wieder auftretende Rede von der Sphärenharmonie.

β) Das große Weltenjahr

Ganz markant tritt uns der Harmoniegedanke gegenüber in der pythagoreischen Lehre vom großen Weltenjahr. Der Weltprozeß ist nach ihr kein geradliniger, sondern vollzieht sich in großen Zyklen. Die Gestirne und Weltsysteme kehren immer wieder an ihren Ort zurück, und die Weltenuhr läuft von neuem ab, von Ewigkeit zu Ewigkeit. Bis in das kleinste erstrecke sich diese ewige Wiederkunft aller Dinge. „Ich werde einst mit meinem Stabe wieder vor euch stehen und euch lehren", soll Pythagoras gesagt haben. In der Lehre vom ewigen Kreislauf aller Dinge ist der Kosmosgedanke am schärfsten entwickelt. Er wird aber ausgedehnt auch auf andere Gebiete, auf Psychologie, Ethik, Rechts- und Staatsphilosophie: „Die Weisen lehren, daß

Himmel und Erde, Götter und Menschen Gemeinschaft zusammenhält und Freundschaft und Ordnung und Maß und Gerechtigkeit; und darum nennen sie das alles Kosmos" (Platon, Gorg. 508a). Die Grundlage aber des Kosmosbegriffes ist bei den Pythagoreern die Zahl.

γ) Das spezifisch Neue

Wie fruchtbar das Prinzip der Zahl in der Geistesgeschichte gewesen ist, zeigt die Entwicklung der modernen Naturwissenschaft, die mehr und mehr von der Zahl lebt. „Die pythagoreische Entdeckung gehört zu den stärksten Impulsen menschlicher Wissenschaft... wenn in einer musikalischen Harmonie ... die mathematische Struktur als Wesenskern erkannt wird, so muß auch die sinnvolle Ordnung der uns umgebenden Natur ihren Grund in dem mathematischen Kern der Naturgesetze haben" (Heisenberg).

Daß die Dinge aber nur Zahl seien, haben die Pythagoreer nicht gelehrt. Berichte, die davon sprechen, daß die Pythagoreer die Dinge als Zahlen betrachteten, drücken sich nur verkürzt aus und dürfen nicht gepreßt werden. Denn die Pythagoreer setzen ausdrücklich neben das Begrenzende das Begrenzte in der Überlegung, daß, wo immer Zahl und Form ist, auch Gezähltes und Stoff sein müsse, wenn Zahl und Form einen Sinn haben soll.

Gegenüber den Milesiern bedeuten die Pythagoreer eine notwendige Ergänzung. Jene sprechen immer nur von dem Gemeinsamen, das allen Dingen zugrunde liegt, sehen aber nicht, daß auch die individuelle Eigenart der einzelnen Dinge erklärt werden muß. Man soll nicht nur fragen, woraus die Dinge wurden, sondern auch, was aus dem Urstoff wurde und wie sich dieses Was erklärt. Letzteres haben die Pythagoreer nachgeholt, ohne ersteres zu übersehen. Sie haben erstmals der Form, die den Stoff gestaltet, zu ihrem Recht verholfen.

Literatur

E. Frank, Plato und die sogenannten Pythagoreer ([2]1962). K. Kerényi, Pythagoras und Orpheus (Amsterdam [2]1939). K. v. Fritz, Pythagorean Politics in Southern Italy (New York 1940). E. Schrödinger, Die Natur und die Griechen. Kosmos und Physik (1956). M. Timpanaro-Cardini, I Pitagorici. Testimonianze e frammenti (Firenze 1958).

## 3. HERAKLIT UND DIE ELEATEN

### Werden und Sein

Bisher haben die Vorsokratiker immer nur gefragt nach dem Seienden: Was macht den Urstoff aus, aus dem alles besteht, und was macht die Dinge zu dem, was sie sind? Anfang und Ende wurden betrachtet, aber der Übergang, das Werden selbst, war noch nicht erörtert worden. Dieses Problem kommt nunmehr in Fluß, und es wird sofort eine sensationelle Thesis aufgestellt: Das Werden, die Bewegung soll überhaupt alles sein, soll auch das ausmachen, was man bisher als Seiendes ansah. Indem Heraklit diese extreme Position einnimmt, fordert er den Gegensatz heraus, den dann die Eleaten vertreten. Nach ihnen gibt es das nicht, was man als Werden und Bewegung ansieht. Indem wir beide Richtungen konfrontieren, wird um so deutlicher sichtbar, was in Frage steht.

### A. HERAKLIT VON EPHESUS

(ca. 544—484)

Die Alten hießen ihn den Dunklen. Unzugänglich war seine Persönlichkeit. Er hielt aristokratische Distanz von den Allzuvielen; denn „was ist ihr Sinn oder Verstand? Bänkelsängern glauben sie, und zum Lehrer haben sie den Pöbel, denn sie wissen nicht, daß die meisten Schlechte und nur wenige Gute sind" (frg. 104). „Einer gilt mir zehntausend, falls er der Beste ist" (frg. 49). Schwer zugänglich ist auch seine Lehre. Die überkommenen Fragmente und Sprüche sind wie seltene Edelsteine, hart und voll dunklen Feuers.

#### a) Heraklits Denken

Als grundlegenden Gedanken der Philosophie Heraklits berichtet Aristoteles (De coelo $\Gamma$, 1; 298 b 30) den Satz, daß alles fließe und nichts in beständigem Sein verharre (πάντα ῥεῖ). „Man kann nicht zweimal in denselben Fluß hinabsteigen" (frg. 91); andere Wasser sind da und wir selbst sind auch anders geworden. Dieses Ewig-im-Fluß-Sein würde das eigentliche Wesen der Welt ausmachen. Archē α) „Alles fließt" ist weder Wasser noch Luft, noch Apeiron, sondern das Werden: „Diese Welt hat kein Gott und kein Mensch erschaffen, sondern sie war immer und ist und wird sein ein ewig lebendiges Feuer, nach Maßen (μέτρα) erglimmend und nach Maßen erlöschend“ (frg. 30). Feuer ist für Heraklit nicht ein besonderer körperlicher Urstoff, wie noch Zeller und Burnet auf Grund ihrer naturphilosophischen Deutung meinten, sondern ist Symbol für die ewige Unruhe des Werdens mit seinem ständigen Auf und Ab, und zwar für das „nach Maßen“ geregelte Auf und Ab; ist darum Symbol für das „Eine Weise“ (ἓν τὸ σοφόν), für die eine „Weltvernunft“. Dafür ist Feuer Erscheinungsform. Das Werden ist ja immer eingespannt β) Die Gegensätze zwischen Gegensätze, und sie sind es, die Bewegung in Fluß bringen: „Es ist immer ein und dasselbe, Lebendiges und Totes, das Wache und Schlafende, Jung und Alt. Wenn es umschlägt, ist es jenes, und jenes wieder, wenn es umschlägt, dieses“ (frg. 88). Das Werden Heraklits ist nicht ein Vorübergleiten von immer Neuem, sondern ist das Sichdarleben von Gegensätzen: „Sie verstehen nicht, wie es zwieträchtig doch miteinander übereinstimmt. Es ist gegenstrebige Fügung wie von Bogen und Leier“ (frg. 51). „Es zerstreut sich und sammelt sich wiederum; es naht sich und entfernt sich“ (frg. 91). Der Gegensatz wird somit nach Heraklit fruchtbar und ist voll Leben und zeugender Kraft, und in diesem Sinne versteht sich sein Wort: „Der Krieg ist der Vater aller Dinge, ist aller Dinge König“ (frg. 53).

γ) Ewige Wiederkunft

Mitten in allem Werden und Verströmen sieht Heraklit Ordnung und Fügung, Sinn und Einheit. Oder wäre die gegenstrebige Fügung an Bogen und Leier nicht eine Einheit? So ist es nicht Widerspruch und nicht verwunderlich, wenn Heraklit von großen Weltjahren spricht, die Zyklen des Geschehens darstellen, je 10 800 Sonnenjahre umfassen sollen und eine ewige Wiederkunft aller Dinge bedeuten.

δ) Logos

Damit zeigt sich zugleich, daß Heraklit den Logosbegriff zu einem seiner tragenden Grundgedanken macht. Logos ist ihm das Gemeinsame in der Verschiedenheit, das Maß des Sichentzündens und Erlöschens im ewigen Werden, das eine göttliche Gesetz, das alles regiert und von dem auch „alle menschlichen Gesetze sich nähren“, d. h. ihre Rechtskraft erhalten müssen (frgg. 2, 30, 114). Der Logos ist ihm aber auch Gott. Ähnlich wie Jahrhunderte später der Theologe von Ephesus, Johannes der Evangelist, erklärt: καὶ θεὸς ἦν ὁ λόγος, erklärt auch der Philosoph von Ephesus: Das eine allein Weise sprechen wir als Zeus an. Nur daß ihm das Göttliche noch zusammenfällt mit dem ewig werdenden All: „Gott ist Tag und Nacht, Winter und Sommer, Krieg und Friede, Sattheit und Hunger; er wandelt sich aber; so wie das Feuer, wenn es vermengt wird mit Gewürz, genannt wird nach dem Duft eines jeden" (frg. 67). „Logos" ist also bei Heraklit das Weltgesetz, das das Werden regelt. Auch Weltvernunft ist dieser Logos. Ein transzendenter persönlicher Geist ist er aber nicht, sondern immanente Werdegesetzlichkeit.

### b) Aristoteles über den Relativismus der Herakliteer

Aristoteles hat gegenüber Heraklit behauptet, daß es, wenn alles im Flusse sei, keine Wissenschaft und keine Wahrheit mehr geben könne (Met. *A*, 6; *M*, 4). Natürlich, unsere Begriffe und wissenschaftlichen Urteile sind etwas Bleibendes, sind Schemata. Wenn aber alles fließt, dann rinnt uns, was sie ergreifen wollen, durch die Finger, und sie sind leere Worte, denen keine Wirklichkeit entspricht. Wäre dann Heraklit Nominalist? Das Fragment 102 scheint in diese Richtung zu weisen. Es behauptet, daß vor Gott alles schön und gerecht sei; nur die Menschen hätten das eine als ungerecht, das andere als gerecht angenommen. Wirkliche Nominalisten sind indes nur die Herakliteer, wie z. B. Kratylos, die ein absolutes Werden im Auge haben, in dem Sinne, daß es überhaupt nichts Gemeinsames mehr gäbe. Einen solchen absoluten Relativismus vertritt auch die moderne Lebensphilosophie, so z. B. Nietzsche und Klages. Wie sehr sie sich aber auch auf Heraklit berufen, in Wirklichkeit ist er ihr Ahnherr nicht, denn bei allem Fluß der Dinge, sah er immer noch die gegenstrebige Fügung (ἁρμονία), das Gesetz und den Logos. Und darum ist für ihn Wissenschaft wohl möglich; Aristoteles muß mit seiner Äußerung mehr an die Herakliteer als an Heraklit selbst gedacht haben.

Wie werden wir aber dann des ruhenden Pols in der Erscheinungen Flucht gewiß? Darauf erhalten wir Antwort von Seiten der Eleaten. Ihr Haupt, Parmenides, hat von Heraklit schon Kunde und beschäftigt sich mit seinen Problemen.

Literatur

E. Weerts, Heraklit und die Herakliteer (1927). O. Gigon, Untersuchungen zu Heraklit (1935). W. Rauschenberger, Parmenides und Heraklit (1941). K. Reinhardt, Heraclitea. Hermes 77 (1942). Ders., Heraklits Lehre vom Feuer. Hermes 77 (1942). H. Blass, Gott und die Gesetze. Ein Beitrag zur Frage des Naturrechts bei Heraklit (1958). W. Kelber, Die Logoslehre von Heraklit bis Origenes (1958).

## B. DIE ELEATEN

Drei Männer haben Elea in Unteritalien berühmt gemacht: Xenophanes, Parmenides, Zenon.

### a) Xenophanes (ca. 570—475)

Er stammt aus Kolophon in Ionien. Nach langem Wanderleben gerät er schließlich nach Elea. Durch ihn wird die kleine Stadt zum Sitz einer Philosophenschule. Er ist ein ganz selbständiger Kopf; der Weitgereiste hat gelernt, selbst und frei zu denken. Mit kritischem Blick sieht er, daß die Götter der alten Mythologie nach Bild und Gleichnis der Menschen geschaffen sind: „Die Äthiopier behaupten, ihre Götter seien schwarz und stumpfnasig, die Thraker, blauäugig und rothaarig" (frg. 16). Das ist früheste kritische Religionsphilosophie. Das Problem, das sie anschneidet, ist kein geringeres als die Frage der möglichen Erkennbarkeit eines transzendenten Gottes. Das erste Ergebnis ist eine Überwindung des Polytheismus. Das Göttliche muß man sich nach Xenophanes anders denken. „Ein einziger Gott, von allem, was man sich vorstellen kann, das Größte, weder an Gestalt den Sterblichen ähnlich noch an Gedanken ... er ist ganz Auge, ganz Geist, ganz Ohr ... stets am selbigen Ort verharrt er, sich nirgends bewegend, und es geziemt ihm nicht, bald hierhin und bald dorthin zu wandern" (frgg. 23, 24, 26). Das ist sicher kein Polytheismus mehr. Ob es aber schon Monotheismus ist? Wahrscheinlicher wird der Ausspruch pantheistisch zu verstehen sein, wenn man hier überhaupt schon so scharf scheiden und moderne Begriffe anwenden soll; denn Aristoteles berichtet: „Xenophanes blickte zum Weltgebäude auf und sagte, das Eine sei Gott" (τὸ ἓν εἶναι τὸν θεόν) (21 A 30). Das liegt auch in der allgemein pantheistischen Linie, die die Vorsokratiker einschlagen. Und aus dem „einen, am selbigen Ort verharrenden und sich nicht bewegenden Gott“ des Xenophanes hören wir nun bereits das Wort vom „einen, zusammenhängenden, in sich ruhenden All“ des Parmenides heraus.

b) Parmenides (ca. 540—470)

Er stammt aus Elea selbst und soll seiner Vaterstadt Staatsgesetze gegeben haben. Immer wieder zeigt sich, daß die Philosophen der Frühzeit Männer des praktischen Lebens waren. Xenophanes soll sein Lehrer gewesen sein. Aber der Schüler ist größer; er eigentlich repräsentiert die eleatische Philosophie. Das Verhältnis zu Heraklit ist umstritten. Manche lassen Parmenides bewußt auf Heraklit antworten (Zeller, Burnet); andere setzen Heraklit nach Parmenides an (Reinhardt); wieder andere meinen, daß weder Parmenides den Heraklit gekannt habe, noch umgekehrt (Gigon). Platon sieht in beiden jedenfalls die sachliche Antithese. Daß er in seinem Dialog Parmenides (127 a; cf. Theait. 183 e; Soph. 217 c) den alten Parmenides noch mit dem jungen Sokrates zusammenbringt, ist zeitlich kaum möglich, wäre aber wohl nicht fingiert worden, wenn Parmenides noch vor Heraklit läge.

Die Schrift des Parmenides trug den herkömmlichen Titel „Über die Natur“. Sie war in schwer und würdig einherschreitenden Hexametern abgefaßt. Der erste Teil des Gedichtes, von dem erhebliche Bruchstücke erhalten sind, legt den Weg der Wahrheit dar. Er führt zum Sein; ihn begehen Parmenides und die Philosophie. Der zweite Teil des Gedichtes zeigt den Weg der Meinung; er führt zum Schein; ihn beschreiten die gewöhnlichen Sterblichen.

α) Weg der Wahrheit

αα) „Seiendes ist“

Für den Weg der Wahrheit sind drei Sätze charakteristisch. 1. „Man muß immer denken und sagen, daß nur Seiendes ist; es ist nämlich Sein; ein Nichts dagegen ist nicht“ (frg. 6, 1). Das ist nicht eine simple Tautologie; aber auch kaum die Erkenntnis des Identitätsprinzips der Logik, sondern einfach eine Polemik gegen die heraklitische Ontologie des Werdens, wie sich besonders aus dem παλίντροπος κέλευθος (6, 9) ergibt, das deutlich auf das in Gegensätzen sich bewegende Werden Heraklits antwortet (vgl. Heraklit, frg. 51). Parmenides will sagen: Ein Werden gibt es nicht, nur ein Sein gibt es. Wenn wir schon in unseren Urteilen die Ist-Aussage gebrauchen, dann ist doch damit von einem Sein die Rede. Parmenides betont in seinem Satz das Wort „Seiendes" und denkt es im Gegensatz zum heraklitischen „Werden", das für Parmenides ein Nichtsein darstellt, weil es fließt und nicht bestehen bleibt. Man sieht, hier spricht sich ein archaisches Denken aus, das voraussetzt, daß „Sein" etwas Statisches ist und den Sinn von Ruhen hat; so ähnlich, wie heute noch ein unkritisches Denken zu sagen pflegt, „was ist, das ist", und damit auch ein Bestehenbleiben meint. Das schließt natürlich auch Identität ein; logische und noch mehr ontische. „Sein" ist das immer mit sich selbst Identische, wofür es weder Entwicklung gibt noch überhaupt Zeit. Formell gewollt aber ist der Gegensatz zu Heraklit. Und er ergibt sich aus dieser archaischen Fassung des Seinsbegriffs bei Parmenides. Erst in den platonischen Dialogen Sophistes und Parmenides wird der Seinsbegriff geklärt und herausgestellt, daß das Sein einen weiteren Sinn hat und auch die Bewegung in sich begreifen muß, nicht nur das Ruhende und immer mit sich selbst Identische. — 2. „Dasselbe ist Denken und Sein" (frg. 3). Oder wie die parallele Formulierung lautet: „Dasselbe ist der Gedanke und worüber wir denken; denn nicht ohne das Seiende, wo es ausgesprochen ist, wirst Du das Denken antreffen" (frg. 8, 34 f.). Das besagt nicht irgendeinen Monismus, etwa des Sinnes, daß es nur materielles Sein gäbe und der Geist nichts Eigenes wäre (Burnet) oder daß es nur Geist gäbe und die Materie nichts Eigenes wäre (Cohen), sondern drückt die realistische Erkenntnistheorie des gesunden Menschenverstandes aus, wonach unser Denken ein Wiedergeben der Gegenstandswelt und insofern mit dem Sein identisch ist, als es einen Gegenstand so widerspiegelt, wie eben überhaupt eine Kopie das Kopierte widerspiegelt. Nicht ein Monismus wird hier vertreten, dazu sind wir noch zu früh daran, sondern ein Dualismus; ein Dualismus, der noch so wenig vom Zweifel angekränkelt ist, daß er ein Sichdecken von Gedankeninhalt und Sachverhalt für selbstverständlich hält. In diesem Sinne erklärt noch Aristoteles: Die Wahrheit ergreift man dann, wenn man vom Seienden sagt, daß es ist, und vom Nichtseienden, daß es nicht ist (Met. Γ, 7). Dahinter steht die metaphysische Überzeugung, daß Denken und Sein einander koordiniert sind und das Sein nicht, wie die Herakliteer zu glauben schienen, als ein ewig Fließendes dem zum Schema erstarrten Begriff entrinne. Der Logos hat sein

ββ) „Denken ist Sein"

Gegenüber im Ontischen. Ganz so nimmt Aristoteles wieder an, daß die Kategorien des Geistes zugleich Kategorien der Realität seien. Die weltanschauliche Tragweite dieser Einstellung leuchtet auf, wenn wir uns die gegensätzliche Haltung vorstellen durch das Wort Nietzsches: „Parmenides hat gesagt, man denkt das nicht, was nicht ist, wir sind am andern Ende und sagen, was gedacht werden kann, muß sicherlich eine Fiktion sein.“ — 3. „Es gibt ein zusammenhängendes Sein, das Eines ist und Alles“ ἔστιν ὁμοῦ πᾶν συνεχές: frg. 8, 5 f.). Parmenides vertritt die Einheit des Kosmos in extremster Weise. Es gibt nicht nur nicht mehrere Welten, sondern das Sein überhaupt ist nur ein eines, allgemeines und überall gleiches. Man kann es nicht aufteilen in Verschiedenes und Vieles, Individuelles und Substantielles; man kann daran auch nicht Intensitätsunterschiede feststellen. Es ist ohne Veränderung und ohne Bewegung, kennt kein Werden und kein Vergehen. In ewiger Ruhe liegt es starr vor uns, der Form einer wohlgerundeten Kugel vergleichbar, gleichmäßig umschlossen von seinen Grenzen. Die Begründung für die Unmöglichkeit des Werdens ist interessant: „Wie könnte Seiendes zugrunde gehen, wie könnte es entstehen? Denn entstand es, so ist es nicht, und ebensowenig, wenn es erst in Zukunft sein sollte. So ist Entstehen verlöscht und verschollen Vergehen“ (frg. 8, 19 ff.). Das scheint ein Spiel mit Worten zu sein, und man ist versucht, bereits die Redeweise der Eristik herauszuhören; in Wirklichkeit haben wir es aber mit einem archaischen Denken zu tun, das nicht Herr wird über die im Seinsbegriff mitgemeinte Bedeutung des Fortbestehens nach vorwärts und rückwärts. Seiendes kann nicht entstehen, weil Sein für dieses Denken besagt: ist immer schon und wird immer sein. Läßt man dann doch etwas entstehen oder vergehen, so leugnet man nach dieser Ansicht eo ipso das Sein, das man doch annimmt, wenn man davon spricht, und begeht somit einen Widerspruch in sich. Schließlich müßte man sogar annehmen, daß etwas aus etwas anderem wird; dann wäre der Widerspruch noch eklatanter. Die gleiche Schwierigkeit wird Anaxagoras haben (vgl. unten S. 47). Aristoteles führt später zur Bereinigung dieser Schwierigkeit den Begriff der στέρησις und seine Unterscheidung von Potenz und Akt ein.

**γγ) „Eines und Alles“**

Das parmenideische, immer gleiche, starre, in ewiger Ruhe

verharrende Sein ist wieder Polemik gegen Heraklit, bei dem der Gegner nur Werden und nur Verschiedenes, nicht aber auch Bleibendes und Allgemeines sehen will. Was Parmenides zu seiner Thesis verführte, war eine Abstraktionswut, die von schlechthin aller spezifischen Bestimmtheit absah und darum auch zu einem ganz Unbestimmten kommt, ähnlich dem anaximandrischen Apeiron; nur daß es hier noch Sein geheißen wird. So erklärt sich die allgemeine Gleichheit dieses Seins und seine Leugnung der Vielheit. Die Ruhe aber ergibt sich wieder aus jener archaischen Grundannahme, daß Sein immer das mit sich selbst identische Fortbestehen meine.

(δ) Wirklichkeit und Denken

Parmenides hat sich bewußt auf das Denken als den einzigen Weg zur Wahrheit festgelegt. Mit Emphase läßt er in seinem Gedicht uns durch die Göttin warnen vor der Sinneserfahrung: „Halte du von diesem Weg der Forschung den Gedanken fern, und es soll dich nicht vielerfahrene Gewohnheit auf diesen Weg zwingen, walten zu lassen das blicklose Auge und das dröhnende Gehör und die Zunge; nein, mit dem Denken bringe zur Entscheidung die streitreiche Prüfung“ (frg. 6). Diese Unterscheidung von Sinneserkenntnis und Verstandeserkenntnis wird im ganzen späteren Verlauf der Philosophiegeschichte festgehalten werden. Aller Rationalismus speziell wird immer den parmenideischen Weg des Denkens einschlagen. Gegenüber Heraklit hat Parmenides den Weg gezeigt, der zu feststehenden, mit sich selbst immer identischen Wahrheiten führt: das abstrahierende Denken. Damit kommen wir zu einem ruhenden Pol in der Erscheinungen Flucht. Indem aber Parmenides noch nicht durchschaute, daß alle Begriffe des abstrahierenden Denkens ein künstliches Erstarrenlassen und Schematisieren von künstlich herausgehobenen Seiten und Teilsachverhalten aus einer immer fließenden und unendlich viel reicheren Wirklichkeit sind, mögen diese Seiten und Sachverhalte auch grundlegend und wesenhaft sein, indem er seine Begriffswelt für die eigentliche Welt selbst ansah, verwechselte er die Welt des Logos mit der Realität und kam so zu seinem eigenartigen Seinsbegriff. Aristoteles hat jene φυσικοί, für die das Allgemeine alles und das Einzelne nichts ist, die alles Individuelle, alle Vielheit, Veränderung und alles Werden leugnen und die Welt in einem ewig gleichen, eingestaltigen Einerlei erstarren lassen, mit Recht ἀφυσικοί genannt: Naturforscher, für die es keine Natur mehr gibt, weil sie die Welt glücklich weggedeutet haben (Akosmismus). Ganz in diesem Geiste entwerten später Spinoza und Hegel das Individuelle, weil auch ihnen das Ganze alles und das Einzelne nur ein „Moment" im Weltprozeß ist, aber keine eigene Substanz. Nur das Allgemeine ist für Parmenides wesentlich. Für die Herakliteer ist es nur das Individuelle. Wer hat recht? Was ist die wahre Welt: die im ewigen Fluß der Zeit stehende, aber auch selbst vorüberziehende Sinnenwelt der konkreten Realität mit ihrer individuellen Vielheit und Fülle, oder die überzeitliche, abstrakte Begriffswelt des Logos und der Wissenschaft mit ihren zwar blassen, aber weithin gültigen Universalien? Und wenn das Wesentliche im Allgemeinen zu suchen ist, in welchem Allgemeinen ist es dann zu suchen, in der Art oder in der Gattung oder in noch höheren Allgemeinheiten? Wenn nach dem Wesen eines bestimmten Hundes gefragt wird, was ist dann richtiger, zu sagen, das ist der Rolly, oder das ist ein Dackel, oder das ist ein Hund, oder das ist ein Lebewesen, oder das ist ein Seiendes? Parmenides hält das letztere für richtig. Aristoteles hat auf dieses Problem geantwortet mit seiner Unterscheidung von erster und zweiter Substanz, womit er dem Individuellen sowohl wie dem Allgemeinen zu seinem Recht verhilft, und mit seiner Lehre, daß das Sein nicht ein Genusbegriff ist, weil es nicht univok, sondern analog verstanden werden muß, womit die Vielgestaltigkeit des Seins gewahrt und doch wieder Vergleichbarkeit möglich gemacht wird.

β) Weg der Meinung

Auch Parmenides scheint mit dem Weg der Wahrheit nicht ganz zufrieden gewesen zu sein. Er läßt nämlich auch den Weg der Meinung (δόξα) noch in etwa gelten. Von diesem Teil des Gedichtes ist nicht viel erhalten. Doch ersehen wir wenigstens so viel, daß die Meinung nicht von der Verstandes-, sondern von der Sinneserkenntnis lebt. Auf Grund dieser Sinnlichkeit entsteht das Bild des Werdens und der Vielheit der Welt. Es ist in Wirklichkeit Trug und Einbildung, „Imagination", wie später hierfür Spinoza sagen wird, der ganz auf diesem Weg des Parmenides einherschreitet. Ideal ist die Sinneserkenntnis nach Parmenides nicht; immerhin, die große Masse mag mit Meinung und Schein auskommen.

Als Endresultat wird man bei Parmenides die Erkenntnis verzeichnen können, daß die wissenschaftliche Wahrheit, wenn sie wirklich Wahrheit ist, ewig bleibt, während man Heraklit die Einsicht verdankt, daß die wirkliche Welt, soweit sie in Raum und Zeit steht, ewig fließt. Jene ist die Welt des Denkens, diese ist die Welt der Sinne.

### c) Zenon (um 460)

Auch er stammt aus Elea selbst und soll der Lieblingsschüler des Parmenides gewesen sein. Zenon ist der erste unter einer nicht unerheblichen Reihe von Philosophen, die im Kampf für die Freiheit des Geistes das Opfer von Tyrannen wurden. Seine Schrift trug den üblichen Titel „Über die Natur". Die eleatische Philosophie hat durch ihn jene typische Form erhalten, durch die sie in der Geschichte bekannt wurde und die man kurzweg als Dialektik oder Eristik bezeichnet.

α) Beweise gegen die Bewegung

Zenon will die Lehre des Parmenides, daß es keine Vielheit gibt und keine Bewegung, sondern nur das eine ruhende Sein, begründen. Er versucht dies mit seinen vier berühmten Beweisen gegen die Bewegung (29 A 25—28). 1. Bewegung kann es nicht geben, weil man dabei immer eine bestimmte Strecke durchlaufen müßte. Jede Strecke aber kann als etwas Ausgedehntes in unendlich viele kleine Teile geteilt werden. Eine Serie von unendlich vielen Teilen durchmessen zu wollen, heißt aber an das Ende von etwas kommen wollen, was kein Ende hat. — 2. Achilles kann eine Schildkröte nicht einholen. Bis er nämlich ihren Vorsprung hinter sich gebracht hat, braucht er eine bestimmte Zeit; inzwischen ist die Schildkröte auch wieder weitergekommen; bis er diesen Vorsprung einholt, ist die Schildkröte neuerdings weitergekommen. Und so immer zu. — 3. Der fliegende Pfeil ruht. Nur scheinbar bewegt er sich, in Wirklichkeit ist er in jedem Augenblick in einem bestimmten Raumteil. Da aber das augenblickliche An-einem-Orte-Sein als „Sein" eigentlich Ruhen heißt und da die Flugbahn aus unendlich vielen solchen Augenblicken besteht, ist der Pfeil nicht in Bewegung. — 4. Alle Bewegung ist Täuschung; denn wenn zwei Körper sich mit gleicher Geschwindigkeit in entgegengesetzter Richtung durch den gleichen Raum bewegen, passieren sie einen ruhenden Körper in diesem Raum mit einer anderen Geschwindigkeit als sich selbst, wenn sie sich kreuzen.

Verglichen mit der erfahrbaren Wirklichkeit sind die Beweise Zenons paradox. Sie disputieren, so will es scheinen, das Blaue vom Himmel herunter. Wohl deswegen hat Aristoteles in Zenon den Erfinder der Dialektik gesehen, wobei hier Dialektik den Sinn von Streitkunst (Eristik) hat. β) „Dialektik“

Zenon muß aber gar nicht die Absicht gehabt haben, uns durch Trugschlüsse irrezuführen, sondern brauchte nur den Voraussetzungen zu erliegen, die in seinen archaischen, mehr am Wort als an der Sache orientierten Seinsbegriff eingingen. Indem Zenon diesen Seinsbegriff mit erstaunlichem Scharfsinn ausdenkt, werden diese Voraussetzungen besonders evident. Es sind ihrer drei: 1. Die Welt des Gedankens ist auch schon die Welt des Seins. Die Sphären des Logischen und des Realen werden so verwechselt. Die unendlich vielen kleinsten Teile auf einer zu durchmessenden Linie existieren als unendlich viele nur im Denken, nicht aber in der Wirklichkeit. Ebenso ist es mit den unendlich vielen augenblicklich eingenommenen Orten auf der Flugbahn des Pfeiles. — 2. Bei der Rede von einem Seienden wird hier immer sofort an eine positive, reale Seinsgröße gedacht. Sein kann aber auch etwas Negatives meinen, denn auch davon sprechen wir in der Ist-Aussage. Und der Vorsprung der Schildkröte wird ziemlich rasch zu einer solchen negativen Größe. Da aber die Eleaten zu sehr am Worte „Sein“ kleben, insinuieren sie den Gedanken, es müßte die Schildkröte immer einen positiven, realen Vorsprung beibehalten. — 3. Seiendes ist für Zenon ein in sich selbst ruhendes, aus sich allein erkennbares Wirklichkeitsklötzchen, das man unmittelbar wahrnehmen kann. Daß das Denken mit verschiedenen indirekten Mitteln und von verschiedenen Standpunkten her ein Seiendes bestimmen kann, ist dem Eleaten noch fremd, und darum will ihm nicht einleuchten, daß eine Bewegungsgröße verschieden gemessen werden kann. γ) Zenons Voraussetzungen

Als eigentliches und letztes Problem wird aber hier die Frage des Verhältnisses von Denken und Sein sichtbar. Die Eleaten operieren immer unter Voraussetzung der Abbildtheorie und nehmen dabei eine totale Identität von Erkennen und Gegenstand der Erkenntnis an. Daraus ergeben sich alle Schwierigkeiten. Es wird noch vieler Erörterungen bedürfen, bis die Einsicht reift, daß der Geist auch eine eigene Gesetzlichkeit hat; daß er oft nur bestimmte Seiten und Momente am Sein ergreift; daß er das Sein oft auch nur indirekt bestimmen kann und daß er gelegentlich auch ganz vorbeigehen und eine wirklichkeitsfremde Welt reiner Gedanken allein aufrichten kann.

Texte und Literatur

M. Untersteiner, Senofane. Testimonianze e frammenti (Firenze 1956). K. Reinhardt, Parmenides und die Geschichte der griechischen Philosophie (1916). F. M. Cornford, Plato and Parmenides (London 1939). J. E. Raven, Pythagoreans and Eleatics (Cambridge 1948). H. Fraenkel, Wege und Formen des frühgriechischen Denkens (1955). M. Untersteiner, Parmenide. Testimonianze e frammenti. Introduzione, traduzione e commento (Firenze 1958). E. Jüngel, Zum Ursprung der Analogie bei Parmenides und Heraklit (1964). K. Bormann, Parmenides (1971).

Speziell zu Zenon: W. D. Ross, Aristotle's Physics (1936) 71—85. H. D. P. Lee, Zeno of Elea. A Text with Translation and Notes (Cambridge 1936). W. Schramm, Die Bedeutung der Bewegungslehre des Aristoteles für seine beiden Lösungen der zenonischen Paradoxien (1962).

## 4. DIE MECHANISTEN UND ANAXAGORAS

### Materie und Geist

Heraklit und die Eleaten hatten in ihren Ansichten extremste Haltungen eingenommen. Es wäre verwunderlich, wenn in der Folgezeit nicht Versuche unternommen würden, die Gegensätze auszugleichen. Das geschieht denn auch, und wir haben daran sofort ein Beispiel dafür, wie Heraklits Anschauung sich bewahrheitet, daß der Gegensatz fruchtbar ist.

### A. DIE MECHANISTEN

Wir fassen unter diesem Titel drei Philosophen zusammen, bei denen ein neues Moment auftaucht, der Gedanke des Mechanischen. Er wird von hier ab in der abendländischen Geistesgeschichte immer wieder seine Anhänger finden. Wir werden diese Idee besser durchschauen, wenn wir sie schon in ihren ersten Ursprüngen kennenlernen, bei Empedokles, Leukipp und Demokrit.

a) Empedokles (ca. 492—432)

Er stammt aus Akragas, dem heutigen Agrigento in Sizilien, und war ein seltsamer Mensch, teils Reinigungspriester, Seher und Mystiker, teils Wanderprediger und Wundermann, und dann wieder Politiker, Arzt, Dichter und nüchterner Wissenschaftler. Seine Zeit erlebte ihn als ein Ereignis, wie ein Gott ging er durch die Welt. Noch Hölderlin hat sich für ihn begeistert und ihm ein schwärmerisches Denkmal gesetzt. Namhafte Bruchstücke sind erhalten von seinen „Sühneliedern" (Καθαρμοί) und seinem Werk über die Natur. Beides war in Versen geschrieben.

Erste Frage für Empedokles ist wieder das Archē-Problem. Während die Milesier nur einen Grundstoff annahmen, stellt er vier Ursubstanzen auf: Feuer, Wasser, Luft und Erde. Es sind die vier „Wurzeln" (ῥιζώματα) des Seins. Durch Mischung und Trennung sei aus ihnen alles geworden, was es an Seiendem gibt. Sie selbst aber sind in ihrer Qualität etwas Letztes; sind weder geworden, noch werden sie vergehen; nur Teilchen splittern sich von ihnen ab und gehen mit Teilchen anderer Wurzeln neue Verbindungen ein. Was die Menschen Werden und Vergehen heißen, ist also nur Mischen und wieder Trennen: „Geburt gibt es von keinem einzigen unter allen sterblichen Dingen, auch nicht ein Ende im verwünschten Tod, sondern nur Mischung und Austausch der vermischten Stoffe" (frg. 8). Alles Werden ist also für Empedokles nur Ortsveränderung. Empedokles hat in seinen vier Wurzeln zugleich etwas Dämonisch-Göttliches gesehen; sie heißen auch Zeus, Here, Nestis und Adoneus. Die Alchimisten der Renaissance rufen diese „Geister", und noch bei Goethe treten sie auf als Salamander, Undene, Sylphe und Kobold. Das hat sich überlebt; geblieben aber ist der Begriff von Wurzeln des Seins, der Begriff des „Elementes", wie wir heute dafür sagen. Denn das ist es, was Empedokles mit seiner Lehre von letzten, qualitativen Baubestandteilen der Natur herausgestellt hat. Waren es auch keine wirklichen Elemente, was er dafür hielt, und hat er auch deren wirkliche Zahl nicht ahnen können, die Idee des Elementes hat er doch richtig gesehen. Und ebenso bedeutend ist seine zweite damit verbundene Idee von der Ewigkeit des letzten

α) Elemente

Baustoffes der Welt. „Gesetz von der Erhaltung der Substanz“ sagen dafür die Späteren.

β) Liebe und Haß

Dem Stoff stellt Empedokles die Kraft an die Seite. Die Ursubstanzen müssen ja irgendwie in Bewegung kommen. Das geschehe durch zwei Urkräfte, durch die Liebe und den Haß (φιλία—νεῖκος): „Ein Doppeltes will ich dir künden; bald wächst ein Einziges aus Mehreren zusammen, bald scheidet es sich wieder ... und dieser beständige Wechsel hört niemals auf. Bald vereinigt sich alles zu einem in Liebe, bald auch trennen sich die einzelnen Dinge im Hasse des Streites“ (frg. 17). Das könnte man hylozoistisch auffassen; richtiger aber ist es, darin wieder den Versuch zu sehen, das Sein zu erklären unter Zugrundelegung von Begriffen des menschlich-seelischen Lebens.

γ) Mechanismus

Es wird aber daraus kein unkritischer Anthropomorphismus wie in der Mythologie, wo die Gottheit in das Weltgeschehen nach Lust und Laune eingreift. Das ständige Mischen und Trennen vollzieht sich nämlich „abwechselnd“, „im Umschwung des Kreises“, „im Umschwung der Zeit“ (frgg. 26, 1; 17, 29). Es geschieht durch das Gesetz, das das Sein selbst ist; geschieht darum von selbst, geschieht automatisch.

δ) Weltbildung

So lösen einander regelmäßig im Umschwung des Kreises die vier großen Weltperioden ab. In der ersten dieser vier Perioden, der des kugeligen Sphairos, herrscht nur die Liebe; alles ist eins, es gibt keine Besonderungen. In der zweiten Periode mischt sich der Streit ein; die Einheit wird gesprengt, die Elemente werden getrennt, und die Vielheit wird immer größer. Jetzt entstehen die Welten. Auch wir leben in dieser Zeit. Schließlich obsiegt der Streit, und es gibt nur noch Verschiedenes ohne jede Einheit: dritte Weltperiode. Dann aber, in der vierten Periode, setzt die Liebe wieder ein, und wenn sie sich am Ende durchgesetzt hat, gibt es nur wieder Einheit und Harmonie. Wir haben wieder die Weltzeit des kugeligen Sphairos und der Prozeß beginnt damit von neuem.

Interessant ist dabei besonders, wie Empedokles bei der Erklärung der Weltentstehung die Gedanken der Wirbelbildung, der Urzeugung und der morphologischen Entwicklung verwendet. Indem die Liebe die getrennten Elementarteilchen in einem Wirbel zusammenführte, kam es zur Bildung der ersten Weltkörper. Durch weitere Wirbelbildung sonderten sich ab das Himmelsgewölbe, die Luft, der Äther; und durch den Umschwung aus der Erde das Wasser. Durch Einwirkung der Sonnenstrahlen entstanden auf der Erde die ersten Lebewesen. Ihre Urformen wären Ungeheuer gewesen; erst später bildeten sich die heutigen Formen heraus.

Neben der Körperwelt beschäftigt Empedokles auch die Welt der Geister oder Seelen. Sie sollten an sich bei den Göttern zuhause sein. Aber durch eine Freveltat stürzen die Geister zur Erde nieder und müssen nun eine weite Seelenwanderung durch eine Reihe von Inkarnationen durchmachen, bis sie wieder gereinigt (Καθαρμοί lautet der Titel eines seiner Werke) und frei vom Leibe ins Jenseits eingehen können. Es sind orphisch-pythagoreische Vorstellungen, die Empedokles hier vorträgt. Ja, die Katharmoi sind sogar das einzige greifbare Werk frühgriechischer Dichtung, in dem uns orphische Frömmigkeit entgegentritt, wenn auch bereits überformt durch die geistige Gestalt einer einmaligen Persönlichkeit. Die Weite dieser Persönlichkeit ist so groß, daß sie orphische Mystik und ionische Physik, und sogar eine mechanistische, zugleich umfassen kann. Es spiegelt sich hier in dem Akragantiner die Vielschichtigkeit der Kultur Siziliens, in der neben großartigen Tempeln nicht weniger große Zeugnisse irdischer Macht stehen. ε) Geisterwelt

Beachtenswert ist besonders die Erkenntnislehre des Empedokles. In ihrem Mittelpunkt steht der Gedanke, daß wir immer Gleiches durch Gleiches erkennen: „Mit unserem Erdstoff erblicken wir die Erde, mit unserem Wasser das Wasser, mit unserer Luft die göttliche Luft, mit unserem Feuer das vernichtende Feuer, mit unserer Liebe die Liebe der Welt und ihren Haß mit unserem traurigen Haß" (frg. 109). Was damit gemeint ist, wird sofort sichtbar, wenn wir uns erinnern, daß wir fremdes Seelenleben nur aus eigenem heraus recht verstehen können, oder wenn wir daran denken, daß die Philosophie immer wieder fordert, daß die Kategorien des Geistes und des Seins irgendwie gleichgeschaltet sein müssen. Auch hier steht im Hintergrund das Problem des Verhältnisses von Denken und Sein. ζ) Erkenntnis

Das Denken des Empedokles bildet, wie man sieht, eine interessante Synthese von Heraklit und den Eleaten. In der Richtung der eleatischen Philosophie bewegt sich seine

Lehre, daß es ein ungewordenes, unzerstörbares, qualitativ unveränderliches Sein gibt, die Elemente. Insbesondere wird die erste Weltperiode ganz eleatisch gedacht. In der Richtung Heraklits aber liegt das ständige sich Mischen und Trennen, das das Werden ausmacht und die übrigen Weltperioden beherrscht. Trotz eines konstanten Seins gibt es bei Empedokles auch Werden und Bewegung. Neu ist der Versuch, das Werden sich zurechtzulegen als ein regelmäßiges und automatisches Geschehen. Darin sowie in der Zurückführung des Werdens auf bloße Ortsveränderung der Elementarteilchen erblicken wir die ersten Ansätze eines mechanistischen Denkens.

b) Leukipp und Demokrit (ca. 460—370)

Die antiken Berichte fassen gewöhnlich beide zusammen als die typischen Vertreter des Atomismus und Materialismus. Glanz und Leistung Demokrits haben aber Leukipp vollständig verdeckt, so daß wir von ihm nicht viel mehr als nur den Namen wissen. Um so größer steht Demokrit aus Abdera vor uns, ein universaler Geist, dem Aristoteles mindestens ebenbürtig. Man sehe sich nur die lange Liste seiner Schriften an über Weltordnung, die Natur, die Planeten, den Menschen, den Geist, die Sinneswahrnehmungen, die Farben, die verschiedenen Atomformen, Denkregeln, Kreis- und Kugelberührungen, verhältnislose Linien und Atome, Zahlen, Rhythmen und Harmonie, die Dichtkunst, ärztliche Erkenntnisweise, Landbau, Malerei, Taktik, die Seelenverfassung des Weisen, das Leben nach dem Tod u. a. Hier wird ein allumfassender Forschergeist sichtbar. Aber bis auf eine Reihe von Fragmenten ist alles verloren. Demokrit war theoretisch Materialist; praktisch ist er einer der größten Idealisten aller Zeiten gewesen. Einen ursächlichen Zusammenhang zu entdecken, hielt er für beglückender, als den Thron des Perserreiches einzunehmen. Darüber fand er die Ruhe seiner Seele. Man hat ihn den lachenden Philosophen genannt.

α) Das Sein
αα) Die Atome

Grundgedanke seiner Philosophie ist die Lehre von den Atomen. Auch für Demokrit gibt es ein eingestaltiges Sein, ohne jede qualitative Unterschiedlichkeit. Aber es ist nicht mehr ein zusammenhängendes Ganzes. Demokrit zerschlägt das parmenideische eine Sein in lauter letzte kleinste Teilchen, die nicht mehr teilbar sind und darum Atome heißen. Wie Empedokles den Begriff des Elementes, bildet Demokrit den Begriff des Atoms aus. Das Atom ist raumerfüllend, undurchdringlich, schwer, es ist ewig und unzerstörbar. Die Zahl der Atome ist unendlich. Es hat keine Qualitäten; alle Atome sind von gleicher Art. Aber es gibt Unterschiede der Form, sichel-, haken- und kugelförmige Atome, und Unterschiede der Größe. Dazu können die Atome verschieden angeordnet sein und eine verschiedene Lage einnehmen. Damit, d. h. durch rein quantitative Momente, erklären sich alle Verschiedenheiten unter den Dingen.

Demokrit kehrt in der Frage der Seinsqualitäten wieder mehr zu Parmenides zurück. Auch Empedokles hatte keine qualitative Veränderung der Elemente mehr zugelassen, sondern nur eine quantitative, aber er hatte immerhin vier verschiedene Grundqualitäten des Seins angenommen. Für Demokrit ist, wie für Parmenides, das Sein wieder eingestaltig; es gibt keine qualitativen Unterschiede, weil die Atome alle gleich sind. Entgegen dem Parmenides nimmt aber Demokrit andere Unterschiede an, solche der Quantität und der Ortsveränderung. Die Atome haben verschiedene Formen und Größen, verändern stets ihre Ordnung und Lage im Raum und damit auch die aus ihnen bestehenden Dinge. So ändern sich, wenn z. B. die Atome näher beisammenliegen, Härte und Schwere der Dinge.

Was ist dann mit den verschiedenen Qualitäten der Dinge in der Erscheinungswelt, von denen unsere Sinneswahrnehmungen uns Kunde geben, dem Süßen, Bitteren, Warmen, den verschiedenen Farben usw.? Demokrit ist konsequent und erklärt diese Sinneswahrnehmungen als subjektiv (νόμῳ), d. h., so wie sie uns erscheinen, sind sie nicht objektive Realität. In ihrer im Bewußtsein erlebten Empfindungsqualität gehen sie auf das Konto unsrer Sinnesorgane, die den Text der Natur in ihre eigene subjektive Sprache übersetzen. Nur soweit die Sinne uns Kunde geben von Unterschieden der Quantität (Ausdehnung, Form, Masse, Schwere, Härte), sind sie naturgetreu (φύσει). Demokrit nimmt damit die Unterscheidung von sekundären und primären Sinnesqualitäten vorweg, die in der Neuzeit Descartes und Locke vertreten haben.

Hat die Entwicklung ihm auch in seiner Auffassung vom Atom recht gegeben? Zunächst nicht, denn wir rechnen mit über 90 Elementen und damit ebenso vielen verschiedenen Grundqualitäten des materiellen Seins. Wenn man aber an die Theorie denkt, daß alle Elemente auf den Kern des Wasserstoffatoms und eine entsprechende Anzahl von Elektronen zurückführbar seien, dann sieht man, daß Demokrit auch damit eine geniale Idee ausgesprochen hat.

ββ) Der Raum

Zum Atombegriff gehört der Begriff des leeren Raumes. Er muß angenommen werden, sobald es nicht mehr ein einziges zusammenhängendes Sein gibt. Zwischen dem aufgebrochenen Sein liegt dann das Nichtseiende; der leere, nicht erfüllte Raum. Er ist für Demokrit so notwendig wie das Atom: „Das Etwas ist nicht mehr als das Nichts" (frg. 156). Dieser leere Raum ist teils in den Körpern, weil sie poröser Natur sind, teils außerhalb der Körper.

γγ) Die Bewegung

Die dritte Komponente in der Welterklärung Demokrits ist der Bewegungsbegriff. Die Atome bewegen sich im leeren Raum. Dreierlei ist für die Bewegung charakteristisch. Sie ist ewig, geschieht „gewaltsam" (βίᾳ), d. h. unter Druck und Stoß, und sie ist von selbst (ἀπὸ ταὐτομάτου). Simplikios berichtet darüber: „Sie behaupteten, ewig bewegten sich die von ihnen angenommenen ersten Körper, die Atome, im Unendlich-Leeren, und zwar durch Gewalt" (67 A 16); und Aristoteles sagt: „Es sind einige, welche für unser Himmelsgebäude und für alle kosmischen Dinge überhaupt das Automaton verantwortlich machen; von selbst nämlich würde der Wirbel entstehen und jene Bewegung, welche das All durch Scheidung und Zusammenfügung in die jetzt bestehende Ordnung versetzt haben" (68 A 69). Dem hier wie bei Empedokles schon auftauchenden Wirbelbegriff liegt eine ganz schlichte Beobachtung zugrunde: „Man kann es sehen bei dem Durchsieben von Samen und bei Steinen an der Brandung; denn dort ordnen sich durch das Wirbeln des Siebes gesondert Linse zu Linse, Gerste zu Gerste, Weizen zu Weizen; hier dagegen werden durch den Wogenschlag die länglichen Steine zu den länglichen gerollt, die runden zu den runden, als ob die Ähnlichkeit der Dinge eine gewisse Vereinigung auf sie ausübte" (68 B 164). Wie schlicht auch diese Beobachtung ist, der Wirbelbegriff hat sich gehalten bis in die kosmogonischen Theorien der Neuzeit.

Das alles ist typisch mechanistische Welterklärung. Die Natur ist nicht mehr voller Götter wie im Mythos und noch bei Heraklit, wir haben auch keine anthropomorphen Kategorien mehr, wie noch bei Empedokles, nichts von Überlegung, Streben und Wollen, sondern nur Körper und Bewegung und, was damit von selbst gegeben ist, Druck und Stoß.

δδ) Quantitativ-mechanistische Naturbetrachtung

Das automatische Geschehen besagt nicht Zufall, wie die Stoiker tadelnd einwerfen, wenn unter Zufall soviel wie Ursachlosigkeit verstanden wird; im Gegenteil, alles ist streng kausal determiniert durch die Körper und die in ihnen liegenden Gesetze. „Nichts entsteht planlos, sondern alles aus Sinn und unter Notwendigkeit", wie Leukipp sagt (frg. 2). Die Natur wird darum ein einziger Kausalnexus. Und da Körper, Raum und Bewegung quantitativ gemessen werden können, wird auf Grund dieser kausalen Determination das ganze Weltgeschehen rational durchschaubar. Man kann nachrechnen und kann vorausberechnen. Die Atomlehre Demokrits eröffnet die sogenannte quantitativ-mechanistische Naturbetrachtung, die den Grund legt für die moderne Naturwissenschaft und Technik und ihre Beherrschung der Welt. Von Galilei und Gassendi, den Begründern dieser modernen Anschauung, geht eine direkte Verbindung über Epikur, seinen Lehrer Nausiphanes und dessen Lehrer Metrodor von Chios zurück zu Demokrit von Abdera.

εε) Kritik des Aristoteles

Der Versuch, mit ein paar Begriffen — „Natur: Atome, die im leeren Raume umhergeschleudert werden", heißt es in klassischer Kürze frg. 168 — den ganzen Weltprozeß zu erklären, ist grandios. Seine schwache Seite berührt Aristoteles, wenn er bemerkt, daß die Atomisten leichtfertigerweise unterlassen hätten, zu sagen, was der Ursprung der Bewegung sei (67 A 6). Damit, daß man die Bewegung für ewig erkläre, ist man noch nicht der Verpflichtung enthoben, auch für diese ewige Bewegung den Grund namhaft zu machen, denn nicht alles, was ewig ist, ist ohne Grund (Phys. Θ, 1). Ferner wird sehr bald die Frage aufgeworfen werden, ob die mechanische Ursächlichkeit allein schon die ganze Ursächlichkeit ist; ob wir nicht auch noch andere Ursachen brauchen, wenn wir das Sein voll verstehen wollen. Und schließlich wird man unschwer einsehen, daß die Theorie Demokrits zwar die Teile sieht, in die man das Sein zerschlagen kann, daß aber alle einheitsbildenden Faktoren übersehen werden. Goethe würde sagen: „Ihr habt die Teile in der Hand; fehlt leider das geistige Band."

β) Die Erkenntnis

Demokrit glaubt aber mit den Atomen allein auszukommen. Und wie sehr er auf sein Prinzip eingeschworen ist, ersieht man daraus, daß er auch die Seelen aus Atomen bestehen läßt. Ebenso ist das Denken Atombewegung. Erst recht natürlich die Sinneserkenntnis, die dadurch zustande kommt, daß von den Gegenständen sich kleine Bildchen (εἴδωλα) ablösen, in die Sinnesorgane einströmen, so den Seelenatomen begegnen und damit die Erkenntnis bewerkstelligen. Der Unterschied zwischen sinnlicher und geistiger Erkenntnis ist nur ein gradueller; das Denken weist eine feinere und raschere Atombewegung auf als die Sinneswahrnehmung. Hier liegt der Materialismus auf der Hand. Es gibt nichts anderes auf der Welt als nur Körperliches, Seele und Geist sind nichts Eigenes, sondern auch nur Atome und Atombewegung.

γ) Die Ethik

Anders scheint es um die Ethik Demokrits zu stehen. Seine praktischen Lebensregeln sind von einem hohen Idealismus getragen. „Wer sich wohlgemut zu Taten hingetrieben fühlt, die gerecht und gesetzlich sind, der ist Tag und Nacht froh und stark und unbekümmert; doch wer die Gerechtigkeit vernachlässigt und nicht tut, was er soll, dem ist all dies Unlust, wenn er sich daran erinnert, und er ist in Angst und peinigt sich selber" (frg. 174). „Mannhaft ist nicht nur, wer die Feinde, sondern auch wer die Lüste überwindet. Manche aber sind Herren über Städte und Knechte von Weibern" (frg. 214). „Nicht jede Lust, sondern nur die Lust am Schönen soll man erstreben" (frg. 207). Die Theorie des sittlichen Prinzips scheint allerdings damit nicht recht zusammenzustimmen. Denn wenn Demokrit sich nach dem letzten Wesen des Guten fragt, lautet die Antwort: Gut besagt letzten Endes Annehmlichkeit. Demokrits „Wohlgemutheit" (εὐθυμία) ist im Grunde ein hedonistischer Begriff. Die Epikureer können daher auf ihm weiterbauen. Alle Gefühle sind ja, wie auch alles Denken, Atombewegung. Hier sehen wir wieder den Materialisten, wenn auch nur in der Theorie. Diese Ethik paßt ganz konsequent zum Atomismus, und das Ganze: Metaphysik, Erkenntnislehre und Ethik, rundet sich zu einem geschlossenen Bild.

Literatur

C. Bailey, The Greek Atomists and Epicurus (Oxford 1928).
H. Langerbeck, Studien zu Demokrits Ethik und Sittenlehre

(1935). V. E. Alfieri, Gli Atomisti. Frammenti e testimonianze. Traduzione e note (Bari 1935). E. Loew, Empedokles, Anaxagoras und Demokrit (1937). Th. Cole, Democritus and the sources of Greek anthropology (1967).

## B. ANAXAGORAS (ca. 500—428)

Man muß Anaxagoras, obwohl er zeitlich früher ist, nach den Atomisten lesen. Dann wird die mit dem Materialismus gegebene Problematik besonders evident. Anaxagoras trug die Philosophie von Ionien (Klazomenai) nach Athen, das auf seinen ersten Philosophen allerdings damit reagierte, daß es ihm den Asebie-Prozeß machte. Er hatte nämlich erklärt, die Sonne wäre kein Gott, sondern ein glühender Steinhaufen. Anaxagoras kam dem Urteil zuvor und floh nach Lampsakos, wo er hochverehrt starb. Als man ihn beklagte, daß er auf fremder Erde sterben müsse, soll er gesagt haben, der Weg in die Unterwelt ist von überall her gleich weit. Seine Schrift über die Natur wurde in Athen, wie Sokrates erzählt, um eine Drachme verkauft.

### a) Homoiomerien

**α) Das Baumaterial der Welt**

An Anaxagoras kann man deutlich sehen, welche Anstrengungen die vorsokratische Philosophie machte, um das Problem von Sein und Werden ins reine zu bringen. Bei ihm tritt wieder eine ganz neue Lösung hervor. Ausgangspunkt ist die Erkenntnis, daß unmöglich etwas aus dem Nichts entstehen oder in das Nichts vergehen kann. Man sollte darum nicht von einem Werden, sondern besser von einem neuen Mischen, und nicht von einem Vergehen, sondern von einem Trennen reden. Aber was ist das, was überall dem Werden zugrunde liegt? Was ist das letzte Baumaterial der Welt? Die Lösung ging ihm bei einer ganz einfachen Beobachtung auf. Die großen Ideen der vorsokratischen Philosophie gehen immer wieder auf solch schlichte Überlegungen zurück. Die Pythagoreer kamen auf den Harmoniebegriff durch die Beobachtung des Verhältnisses von Ton und Saitenlänge. Demokrit kam auf die Idee des weltenbildenden Wirbels und seiner formenden Kraft angesichts der Vorgänge beim Sieben von Getreide und des Wogenschlages am Meeresstrand. Anaxagoras denkt über die menschliche Ernährung nach und fragt sich: „Wie sollte aus Nicht-Haar Haar entstehen und Fleisch aus Nicht-Fleisch?“ (frg. 10.) Darum nimmt er an, daß der Stoff, aus dem etwas wird, keimweise das selbst schon ist, was daraus wird. Die letzten Baustoffe (σπέρματα) sind Keimanlagen und darum qualitativ wesensgleich mit dem fertigen Produkt; sie sind Homoiomerien (ὁμοιομερῆ), wie Aristoteles treffend dafür gesagt hat. Wie es bei Demokrit unendlich viele qualitativ gleichartige Atome gibt, gibt es hier unendlich viele qualitativ verschiedene Homoiomerien, weil ja auch die Wesenheiten der fertigen Dinge qualitativ unendlich verschieden sind. Diese Homoiomerien sind ewig, unzerstörbar und unveränderlich. Durch das Überwiegen einer bestimmten Qualitätsform erhält das Einzelding seine Eigenart. „Wovon am meisten in einem Dinge enthalten ist, dies, als das deutlichst Erkennbare, ist und war das eine Einzelding" (frg. 12).

β) Anaxagoras und Demokrit

Anaxagoras nimmt eine Demokrit diametral entgegengesetzte Haltung ein. Bei letzterem haben wir es mit einem auf die Analyse, bei ersterem mit einem auf die Synthese eingestellten Geist zu tun. Bei Anaxagoras steht das Gestaltete als wesentlich im Vordergrund, wie später auch bei Aristoteles; darum müssen auch die Homoiomerien schon gestaltet sein; bei Demokrit das noch Ungeformte, Allerallgemeinste, wie bei den Milesiern und bei Parmenides. Die Frage geht letztlich wieder um das Problem, wo das Wesentliche zu suchen sei, im Besonderen oder im Allgemeinen, und wenn in letzterem, ob dann vielleicht im Allerallgemeinsten, im Einen, das eben „alles" ist und „eines"?

b) Nous

α) Welt mehr als Materie

Dieses an den Sinneinheiten, Ganzheiten, Substanzen orientierte Denken zeigt sich auch bei dem zweiten tragenden Gedanken des Anaxagoras, seiner Lehre vom Geist (νοῦς) und seiner Aufgabe am Sein und seinen Gestaltungen. Damit wird Demokrits Lehre wesentlich ergänzt. Aristoteles hat die Problem-Situation scharf umrissen. Wir haben in der Welt, so fragt er, doch auch das Schöne und Gute. Sollten so große Wirkungen erreicht werden können, wenn es nur das gibt, wovon man vor Anaxagoras immer sprach, materielle Prinzipien, mechanische Kausalität und Zufall? „Als darum einer behauptete (Anaxagoras), es sei ein Verstand, wie er in den Sinnenwesen ist, auch in der Natur Urheber des Kosmos und aller Ordnung in ihr, mußte er unter seinen

Vorgängern wie ein Nüchterner unter Faselnden erscheinen" (Met. *A*, 3). Etwas konkreter noch hat den Gedanken Platon entwickelt, wenn er seinen Sokrates im Kerker fragen läßt: Sitze ich vielleicht deswegen hier, weil ich Fleisch und Knochen und Sehnen habe, die sich bewegen können, oder sitze ich nicht vielmehr deswegen hier, weil ich einen bestimmten Zweck im Kopf habe, nämlich die Strafe über mich ergehen zu lassen? (Phaid. 98 d e.) Also, die materielle, mechanische Ursächlichkeit genügt nicht. Es gibt Vorgänge, die nur zustande kommen, weil eine Ziel- oder Zweckursache wirksam wird. Neben die analysierende und nur auf die materiellen Teile allein bedachte Methode der Seinsbetrachtung wird jetzt die auf Sinneinheiten, Ganzheiten, Zweck- und Ordnungszusammenhänge bedachte synthetische Methode gestellt. Diese eidetisch-teleologische Seinserhellung ist nur möglich unter Voraussetzung eines Prinzips, das sowohl etwas Logisches als etwas Dynamisches ist (γνώμην . . . ἴσχει καὶ ἰσχύει μέγιστον, frg. 12). Anaxagoras findet dieses Prinzip im Geist, der Denk- und Willensmacht zugleich ist. Sein Nous ist Ursprung der Bewegung im All (frgg. 12, 13) und zugleich Ordnungsprinzip. Er ist etwas Unendliches, Selbstherrliches, existiert für sich, ist allwissend, allmächtig und beherrscht alles. Anaxagoras hat allerdings, wie Aristoteles ihm vorhält, von seiner neuen Methode keinen sehr ausgiebigen Gebrauch gemacht. Aber es ist doch sein Verdienst, daß er 1. eine neue Kausalität entdeckt hat, die ordnende, Ganzheiten stiftende Sinn- und Zweckursache; daß er 2. eine neue Art von Sein herausgestellt hat, den Geist; und 3. einen eigenen Ursprung der Bewegung namhaft gemacht hat. Anaxagoras ist der erste Dualist, wenn es ihm auch nicht gelungen ist, den Geist vollkommen vom Körperlichen zu scheiden, denn er ist ihm immer noch „feinster und reinster Stoff".

β) Ganzheit, Sinn, Geist

c) Weltbildung

Was Anaxagoras sonst noch zur Kosmogonie zu sagen hat, ist nicht mehr wesentlich. Zu Anfang, als die ewigen σπέρματα alle noch durcheinanderlagen, greift der Geist ein, erzeugt die Bewegung (Umdrehung) und leitet damit eine Scheidung des einen vom andern ein und begründet so die Ordnung des Kosmos (59 A 42; B 13). Damit ist seine Rolle

aber auch ausgespielt; er ist nicht Weltschöpfer, sondern nur Weltbaumeister und auch das nicht vollständig; denn sofort walten wieder die mechanischen Ursachen ihres Amtes: Durch Umdrehung sondern sich Warmes, Trockenes, Lichtes, Dünnes auf der einen, Kaltes, Feuchtes, Dunkles und Dichtes auf der anderen Seite. Diese Sonderung geht immer weiter, bis die heutige Körperwelt ausgegliedert ist; aber immer ist sie eine mechanische. Aber der Mechanismus ist nicht alles. Es bedarf noch eines Anstoßes von außen, um überhaupt Bewegung zu bekommen. Man hat das mit Newton verglichen, der auch durch einen, jetzt göttlichen Eingriff seine Kosmologie ermöglichen wollte.
Der Telos-Begriff entsteht zwar erst in der Sokratik, und erst in der Philosophie des Platon und Aristoteles werden Idee und Geist zu einer alles durchdringenden und bis in das Kleinste reichenden seinsgestaltenden Macht. Aber Anaxagoras war doch der Philosoph, der den Geist und seine Tätigkeit, Überlegung und Willensmacht, als erster gesehen hat.

### d) Diogenes von Apollonia

α) Teleologische Naturerklärung

Dieser Schüler und jüngere Zeitgenosse des Anaxagoras hat versucht, zu leisten, was Aristoteles als eine Unterlassung bei Anaxagoras getadelt hatte, den Nachweis nämlich der Teleologie im gesamten Naturgeschehen. Dabei diente die Zweckmäßigkeit in der Einrichtung des menschlichen Körpers als Modell: die Augenwimpern sind ein Sieb, die Augenbrauen wirken wie ein Dach, die Augenlider wie Türen, die Gedärme sind ein Kanalsystem. Es ist ähnlich wie in der iatromathematischen Schule der modernen Aufklärung, wo man auch von einer zweckmäßigen Mechanik des menschlichen Körpers wußte: das Herz war eine Pumpe, die Lunge ein Blasebalg, der Arm ein Hebel. Diogenes verfährt dabei empirisch-beschreibend. Er will Physiker sein. Aber er ist auch Metaphysiker. Er macht seine Aussagen über die Reichweite des Geistes. Es gibt Geist nicht nur im Menschen, sondern auch in der Natur. Nur für den Menschen die Werte der Techne anzunehmen erschiene dem Griechen dieser Zeit als Hybris. Und der Geist ist der Welt immanent. Er beseelt sie; ist vielleicht das eine und einzige Urelement, das alles wissend und ordnend aus sich hervorbringt, so daß alles daran teilhat (frg. 5).

β) Teleologie als natürliche Theologie

Und dieser Geist ist Gott. Jetzt theologisiert Diogenes, und seine Sprache nimmt dabei auch jenen hymnischen Stil an, den wir schon in der Rede des Anaximander über das Apeiron bemerkten: „Eben dieses scheint nur Gott zu sein, und es erstreckt sich überallhin und verwaltet alles und ist in allem enthalten. Und es gibt nichts, was nicht an ihm teilhätte" (frg. 5). Daß Diogenes die Pluralität der Prinzipien wie z. B. bei Empedokles oder Anaxagoras aufgibt und wieder zu einem einzigen Prinzip zurückkehrt, macht es ihm schwer, Körper und Geist zu scheiden. Aber er ist unterwegs zu etwas, was anders ist und mehr als das nur Materielle. Seine Gründe für das Dasein des göttlichen Geistes lauten: Man erkennt ihn aus seinen Werken, selbst wenn er unsichtbar ist. Man erkennt ja auch die Seele aus ihren Werken, aus ihrer Techne. Und warum sollte es Techne und Geist nur beim Menschen geben und nicht in der gesamten Natur? Sind wir nicht ein Teil davon, geartet wie sie? (Xenophon, Mem. I, 4; IV, 3. Nicht über Anaxagoras, sondern über Diogenes wird da berichtet.)

Diese Gedanken haben ungeheuer nachgewirkt. Schon Platon benutzt sie (Phileb. 28 c ff.) in seiner Lehre vom Nous und wohl auch Nom. 896 d, wonach die Seele früher ist als der Körper. Besonders aber haben sie über Xenophon auf die Stoa Einfluß genommen, wie man aus Ciceros De natura deorum ersehen kann und besonders schön aus der pseudoaristotelischen, in Wirklichkeit stoischen Schrift De mundo. Wenn es dort (399 b 14 ff.) heißt, daß die Seele auch unsichtbar ist und wir sie trotzdem aus ihren Werken erschauen und so auch Gott erkennen, „den Führer und Erzeuger aller Dinge" (399 a 31), so erinnert das auffallend an Röm. 1, 20. Wenn dieser Gedanke auch im Alten Testament steht (Sap. 8, 1), so ist die Parallelität mit De mundo doch frappierend, und wir können wenigstens für den sachlichen Gehalt eine Kontinuität der natürlichen Theologie von Diogenes bis zum Vaticanum I feststellen.

Literatur

W. Theiler, Zur Geschichte der teleologischen Naturbetrachtung bis auf Aristoteles (Zürich 1925). W. Jaeger, Die Theologie der frühen griechischen Denker (1953). O. Gigon, Kommentar zum 1. Buch von Xenophons Memorabilien (Basel 1953).

## 5. DIE SOPHISTIK

### Umwortung und Umwertung

Verglichen mit der Weisheit der Ionier ist der Geist der Sophistik etwas ganz Neues. Nicht nur weil er sich mit anderen Gegenständen befaßt — an die Stelle der Welt tritt der Mensch —, sondern weil er in seinem ganzen Wesen anders geartet ist. Er verhält sich zur alten Zeit wie der Redner zum Gelehrten, der Artist zum Künstler, der Advokat zum Richter.

Die Sophisten

Der erste, der Zeit und der Bedeutung nach, unter den Sophisten ist Protagoras von Abdera (ca. 481—411). Wie alle Sophisten, führt auch er ein Wanderleben, taucht in Athen auf, kommt in Verbindung mit ersten politischen Kreisen und greift sofort in das öffentliche Leben ein. Wegen seiner Schrift über die Götter wird er in einen Asebie-Prozeß verwickelt. Auf der Flucht findet er den Tod. Seine Schrift über die Wahrheit enthält den berühmten Homo-Mensura-Satz. Etwas jünger als Protagoras ist Prodikos von Julis. Auch er war als Politiker tätig. In seiner Schrift „Über die Lebensalter“ stand der schöne Mythos von Herakles am Scheidewege. Ein weiterer jüngerer Zeitgenosse ist Hippias von Elis, der Polyhistor, Weltreisende, Prunkredner, Tausendkünstler und Diplomat. Einer der bekanntesten Namen ist Gorgias von Leontinoi (483—375), ein hervorragender Redner und Lehrer der Rhetorik. Er steht auch mitten im politischen Leben. Seine Schüler sind Kallikles und Kritias, beide typische Vertreter der Theorie vom Recht des Stärkeren. Der letztere ist ein Verwandter Platons. Bei der Machtergreifung der Oligarchen 404 v. Chr. ist er Anführer der Dreißig. Um 427 ist Thrasymachos in Athen bekannt. Er erscheint im ersten Buch des platonischen Staates. Auch dem Protagoras, Gorgias und Hippias hat Platon eigene Dialoge gewidmet. Nie dagegen erwähnt er den Antiphon aus Athen, von dem uns die meisten sophistischen Fragmente erhalten sind.

a) Politik und Rhetorik

Was wollten die Sophisten? Tugendlehrer, hat man häufig gesagt, wären sie gewesen. Aber die Arete, von der sie immer reden, ist nicht mit Tugend, sondern im Ursinn des Wortes mit Tüchtigkeit wiederzugeben, und zwar handelt es sich dabei um politische Tüchtigkeit. Wir leben im Zeitalter des perikleischen Imperialismus. Man braucht Männer, die den neuen Raum erobern und auswerten, Männer, die sich durchsetzen, die etwas leisten und etwas werden wollen. Sophistik heißt wohl Bildung, wie immer gesagt wird; aber nicht Volksbildung, sondern politische Führerbildung. Die neuen Aussichten, die die Sophisten eröffnen, haben natürlich die Jugend begeistert. Nicht viel fehlte, und man hätte die Männer dieses neuen Lebensstils auf Händen getragen.

Der Weg zum Ziel war die Rede. Aber welche Rede? Glänzen mußte sie natürlich. Man mußte auch versiert sein allüberall und reden können über was nur immer. Aber vor allem mußte die Rede überzeugen. Die Überzeugungskunst (πειθώ) ist die Arete des Sophisten. Wovon überzeugen? Protagoras antwortet: „Man muß die schwächere Sache zur stärkeren machen können (τὸν ἥττω λόγον κρείττω ποιεῖν). Und Gorgias meint, die Rede ist wie ein Gift, mit dem man alles tun kann, vergiften und bezaubern. Also, die „Überzeugung" dient nicht einfach der Wahrheit, sondern was immer man braucht, soll durchgesetzt werden. Das aber heißt man nicht überzeugen, sondern überreden. Die Sophisten nannten ihre Kunst „Seelenführung" (ψυχαγωγία); Platon antwortet, nicht Seelenführung, sondern Seelenfang. Bloße Streitkunst (Eristik) ist das, Wortverdrehung und Spiegelfechterei. Nicht um die objektive Wahrheit geht es, sondern um ein subjektives Interesse. So kam das Wort Sophistik zu der üblen Bedeutung, die es heute hat.

### b) Sophistische Weltanschauung

Ist die Sophistik auch Philosophie? Weisheit im Stile der vorsokratischen Metaphysik ist sie nicht, Wissenschaft im strengen Sinne auch nicht. Es war aber trotzdem nicht verkehrt, wenn man ihr in den Darstellungen der Philosophiegeschichte immer einen eigenen Abschnitt widmete, wenn ihr auch etwas zuviel Ehre angetan wurde durch die Erklärung, daß in der Sophistik die Philosophie sich nun dem Menschen zuwende und große erkenntnis- und werttheoretische Probleme erörtere. Die Sophistik kennt keine Probleme, sie kennt nur Propaganda. Es ging nicht um eigentlich philosophische Interessen. Das Erste waren praktische Aspirationen. „Es ist geradezu eine Verzerrung der geschichtlichen Perspektive, die Lehrer der Arete neben Weltdenker vom Stile des Anaximander, Parmenides oder Heraklit zu stellen" (Jaeger). Aber man hat ja auch Marx neben Hegel gestellt. Vielleicht können wir von einer „Weltanschauung" der Sophisten sprechen; denn zu einer Weltanschauung reicht es auch bei den Politikern. Hinter der Weltanschauung aber steckt wenigstens indirekt noch Philosophie. Und diese Art, durch Weltanschauung und Lebenshaltung praktisch zu philosophieren, wirkt oft mehr in die Breite als die bewußte θεωρία, wenn sie auch weniger begründet und gesichert ist. Außerdem haben die Sophisten schon auch gelegentlich direkte philosophische Reflexionen angestellt. So aufgefaßt, kann man bei ihnen zwei Grundgedanken ihrer Geisteshaltung herausstellen: ihren skeptischen Relativismus und ihre Lehre von der Macht.

α) Skepsis und Relativismus

Die Ionier hatten philosophiert, ohne sich von einem Zweifel an der Wahrheitsbefähigung der menschlichen Vernunft stören zu lassen. Jetzt tritt dieser Zweifel auf. Protagoras behauptet, es gibt keine allgemein gültigen, objektiven Wahrheiten. Die Wahrheit hängt nicht vom Gegenstand ab; es werden nicht objektive Sachverhalte in unseren Geist hereingenommen, von jedem Geist in gleicher Weise; sondern es spricht sich immer nur das Subjekt selbst aus. Man kann die Dinge so und so anschauen. „Wie alles einzelne mir erscheint, so ist es für mich, wie dir, so ist es für dich" (frg. 1). Damit wird der Mensch maßgebend für alles, was als Wahrheit gelten soll; aber auch für alles, was Wert, Norm, Gesetz, Idee und Ideal sein soll: „Der Mensch ist das Maß aller Dinge, der seienden, daß sie sind, und der nichtseienden, daß sie nicht sind" (frg. 1).

αα) Individualismus

Welcher Mensch? Der Mensch als Gattung? Eine Antizipation also des kantischen transzendentalen Subjekts? Diese Deutung wäre unhistorisch, wäre eine Modernisierung. Oder ein kollektiver Mensch? Eine Gruppe, ein Volk, eine Rasse? Auch das ist zu früh; so denkt man in dieser Epoche noch nicht. Gemeint ist vielmehr das individuelle Subjekt, wie sich aus Fragment 1 ergibt: Wie etwas mir erscheint, so ist es für mich, wie Dir, so für Dich. Wir können weiterfahren: Wie einem Dritten, Vierten usw., so für diese. Das bedeutet einen absoluten Relativismus auf allen Gebieten, in der Logik, Metaphysik, Ethik, Ästhetik, in Recht, Staat und Religion. Für politische Aspirationen ist so etwas sehr praktisch. In derselben Richtung bewegt sich Gorgias. Er stellt drei Sätze auf: „Nichts ist. Wenn aber etwas wäre, wäre es doch für den Menschen nicht erkennbar. Und wäre es erkennbar, dann wäre es jedenfalls nicht mitteilbar“ (frg. 3). Schärfer kann man den Skeptizismus nicht mehr formulieren. Hier gibt es wirklich keine Wahrheit mehr. Platon hat (Theait. 170 a – 171 d) entgegengefragt: Sind diese Sätze wenigstens wahr? Wenn nein, warum spricht dann Gorgias überhaupt?

ββ) „Satzung“

Ganz konkret begegnet uns dieser Relativismus in der schlagwortartigen Antithese von „Satzung“ und „Natur“ (Nomos und Physis). In der alten Zeit ist der Nomos etwas Sakrosanktes, das Götter sowohl wie Menschen zeitlos und allüberall bindet. Die Sophisten aber sind weltbereiste Männer. Sie haben die Verschiedenheit der Sitten und Gesetze kennengelernt und erklären nun: Der Nomos ist weder ewig, noch ist er allgemein gültig. Er ist entstanden durch Satzung (ϑέσει), besteht durch Konvention, aber nicht ist er von Natur (φύσει), und er ist hier so und dort so. Ein zusammenfassender, übrigens auch kulturhistorisch lesenswerter Bericht über die sophistischen Lehren schließt mit dem Satz: „Ich glaube, wenn jemand alle Menschen auffordern würde, das Unschickliche an einem Punkt zusammenzutragen — was die einzelnen dafür halten — und wiederum aus dieser Gesamtmasse das Schickliche herauszunehmen — was wieder die einzelnen so ansehen —, so würde auch nicht ein Stück übrigbleiben, sondern alle würden alles unter sich aufteilen“ (frg. 90, 2). So erhält der Nomos den Sinn, etwas ist nur durch Satzung (νόμῳ). Das führte zu einschneidenden Konsequenzen. Antiphon erklärt, man kann den Nomos ruhig übertreten; nur darf es niemand sehen. Auch die nationalen Bindungen hält er für nichtig, alle Menschen sind nach ihm gleich. Hippias von Elis denkt ebenso (Platon, Prot. 337 c). Und Alkidamas fügt hinzu, auch die Sklaven sind gleichberechtigt. Schließlich werden auch die religiösen Normen noch zersetzt. „Über die Götter habe ich keine Möglichkeit zu wissen, weder daß sie sind, noch daß sie nicht sind“, meint Protagoras (frg. 4). „Man hat immer nur das für göttlich erklärt, was dem Menschen gut und brauchbar war“, sagt Prodikos. Und Kritias verkündet, die Götter und die gesamte Religion sind überhaupt nur Erfindungen eines klugen Kopfes, der mit diesen Schreckgespenstern und Dämonen, die angeblich ins Verborgene schauen, die Menschen einschüchtern wollte, damit sie die Staatsgesetze halten, auch wenn keine Polizei in der Nähe wäre.

γγ) Naturrecht? Aber enthält vielleicht der andere Begriff, die Rede nämlich von dem, was kraft Natur (φύσει) in Geltung sei, eine wirkliche Bindung? Die Sophisten kennen auch eine „naturhafte Gerechtigkeit" (φύσει δίκαιον). Nachdem Antiphon erklärt hat, daß man sich an bloße Menschensatzung nicht zu halten brauche, fährt er fort: „Wer dagegen eines der von Natur mit uns verwachsenen Gesetze zu vergewaltigen sucht, für den ist, auch wenn es vor allen Menschen verborgen bleibt, das Unheil um nichts geringer und, wenn alle es bemerken, um nichts größer; denn der Schaden beruht nicht auf bloßer Meinung, sondern auf Wahrheit" (frg. 44). Fragt sich nur, wie der sophistische Physis-Begriff zu verstehen ist. Wäre das „der Natur Entsprechende" das „Naturrecht", das „ungeschriebene göttliche Gesetz, das nicht von heute und gestern ist, sondern immer gilt", an das man appelliert angesichts menschlicher Willkür von Sophokles (Antigone 450 ff.) bis Hugo Grotius und das jene ewigen Gesetze meint, die das ideelle Gerüst der Natur selbst bilden, nach denen Welt und Mensch, Leben und Geschichte sich entwickeln sollen? Hippias spricht von einem solchen ungeschriebenen Gesetz (Xenoph., Mem. IV, 4, 19). Oder verbirgt sich dahinter weiter nichts als Gesetzesmüdigkeit (Jaeger), die der vielen sich überholenden und widersprechenden Bestimmungen der Parteiwirtschaft überdrüssig ist und sich auf das beruft, was von Natur und nicht von der Parteien Willkür ist? Man könnte das aus Antiphon (frg. 44) vielleicht herauslesen. Man könnte aber auch gerade aus Antiphon, wenn er das Naturhafte mit dem Begriff des Zuträglichen (ξυμφέρον) erklärt (87 B 44, frg. A, coll. 3 u. 4), auf die Idee kommen, daß das sophistische Naturrecht wesentlich mit dem Begehren zusammenhängt und also cupiditas naturalis ist.

β) Machtidee In diese letztgenannte Richtung weist der zweite Grundgedanke der Sophistik, ihre Rede von der Machtidee. Die Machtidee kommt am stärksten zum Ausdruck bei Kallikles und Kritias. Kallikles erklärt im platonischen Gorgias: Von Natur aus ist es immer so, daß der Stärkere mehr hat als der Schwächere. Das ist sein Recht, das Naturrecht. Nur die Schwachen, die Allzuvielen, die Sklavennaturen erfinden Sitten und Gesetze, um damit sich selbst zu schützen. Unsere Erziehung und Kultur übernimmt diese Fiktionen und schränkt damit die Starken ein. Tritt aber einmal der ganz Starke auf, dann ergreift er die Macht, zerbricht alle diese Satzungen, macht sich zum Ersten, sorgt für sich und die Seinen, befriedigt seine Begierden großzügig und hemmungslos und lebt so ein herrliches Herrenleben „und hier leuchtet dann das von Natur aus Gerechte auf" (483 d). Dieses Naturrecht besagt nicht mehr Recht, sondern nur noch Natur; ist Individualismus und Naturalismus, weil es keine ideellen, über der Natur stehenden Bindungen mehr gibt, sondern nur noch Fleisch und Blut, Begierden und Instinkte. Das ist in Wirklichkeit Chaos und Anarchie. Ganz deutlich sieht man das bei Kritias, der für diese Weltanschauung die entwicklungsgeschichtliche Theorie beisteuert. Es gab einen Urzustand, „da war ungeordnet des Menschen Leben und tierhaft und der Stärke untertan; da gab es keinen Preis des Edlen, noch ward Züchtigung dem Schlechten zuteil. Erst dann scheinen mir die Menschen Gesetze aufgestellt zu haben" (88 B 25). Wir finden also hier bereits den „Urzustand" des Thomas Hobbes, in dem der Krieg aller gegen alle (bellum omnium contra omnes) herrscht und die naturhafte Begierde (cupiditas naturalis) regiert, während alle hemmenden Normen nur künstliche Erfindungen sein sollen, bloße Satzungen, die auf Konvention beruhen; wie wir andererseits in der Rede des Kallikles von den Schwachen, den Allzuvielen, dem Herrenmenschen, seinem Machtwillen, seinen Begierden und Instinkten und seinem Anspruch auf das Mehr- und Bessersein Nietzsche heraushören, wenigstens in seiner Terminologie. Und daraus mag man ersehen, daß auch die Sophistik noch nicht reine Vergangenheit ist, sondern nach wie vor zu betören vermag.

Man wird sagen, was hier auseinandergesetzt wurde, ist nicht die ganze Sophistik, sie hat doch auch grundlegende Verdienste um das ornate dicere, die schönen Künste, den Humanismus, die Kulturwissenschaft und die große Politik. Die Antwort darauf steht im platonischen Phaidros: Vieles heißt man schön und groß, aber leicht erliegt man hier der Täuschung und dem falschen Schein. Um die wahre

Schönheit und die echte Größe zu ergreifen, müßte man zuerst wissen, was das wahre Wesen des Menschen ist. Das herauszufinden ist Sache echter Philosophie. Echt philosophiert aber haben die Sophisten nie. Der Schein und das Wort sind ihnen mehr als das Wesen und das Sein. Man muß gründlicher werden, tiefer hinabsteigen. Und das geschieht in der nächstfolgenden Periode, in der attischen Philosophie.

Literatur

H. Gomperz, Sophistik und Rhetorik (1912). H. v. Arnim, Gerechtigkeit und Nutzen in der griechischen Aufklärung. Frankfurter Rektoratsreden (1916). J. Mewaldt, Kulturkampf der Sophisten (1928). W. Jaeger, Paideia I ($^3$1954). O. Gigon, Gorgias über das Nichtsein. Hermes 71 (1936). G. Saita, L'illuminismo della sofistica greca (Milano 1938). H. Raeder, Platon und die Sophisten (Kopenhagen 1939). W. Nestle, Vom Mythos zum Logos (1940). E. Wolf, Griechisches Rechtsdenken II (1952). A. Capizzi, Protagora. Le testimonianze e i frammenti. La vita, le opere, il pensiero e la fortuna (Firenze 1955).

*ZWEITES KAPITEL*

# DIE ATTISCHE PHILOSOPHIE

Höhe und Tiefe liegen im Leben oft nahe beisammen. Vielleicht mußte der griechische Geist durch die Niederungen der Sophistik gehen, durch ihre Oberflächlichkeit, ihre leichten Reden, ihre zersetzende Kritik, ihren Relativismus und Skeptizismus, um, im innersten erschüttert und bedroht, nun zu reagieren mit allem, was an Kraft und Leben in ihm verborgen war. Und es war eine gewaltige Reaktion. Die Männer, die im Mittelpunkt der neuen Periode stehen, Sokrates, Platon und Aristoteles, führen die griechische Philosophie zu ihrem klassischen Höhepunkt empor und schaffen ein Werk, von dem auch wir Heutigen noch leben. Zum Teil sprechen sie noch mit den Sophisten und setzen sich mit ihnen auseinander. Aber der eigentliche Klang ihrer Worte dringt über den ephemeren Gegner hinaus in eine zeitlose Zukunft. Es ist ewige Philosophie.

## 1. SOKRATES UND SEIN KREIS

**Wissen und Wert**

### A. SOKRATES

Von der Sophistik reden heißt auch von Sokrates reden. Man hat ihn selbst für einen Sophisten gehalten, und äußerlich hat er tatsächlich manches mit ihnen gemein. In Wirklichkeit aber ist er der Überwinder der Sophistik. In seinem Leben und Reden wird offenkundig, daß es doch objektive, allgemeingültige Wahrheiten und Werte gibt.

#### Der Mensch Sokrates

Sokrates ist ca. 470 zu Athen geboren. Sein Vater war Bildhauer, die Mutter Hebamme. Ihn selbst interessierte nicht der Erwerb, sondern die Philosophie. Aber es ist nicht mehr die Philosophie der alten Ionier. Für ihn steht der Mensch im Mittelpunkt des

Denkens, und zwar der Mensch, für den es Wahrheiten gibt und Werte. Sokrates hat nichts geschrieben. Dafür betrieb er eine lebendige Philosophie. Er sprach mit allen, die ihm über den Weg liefen. Und er sprach immer wieder über das gleiche: Ob sie über sich selbst im klaren wären („Erkenne dich selbst"); ob sie wüßten, was die Wahrheit ist und das Wissen; und ob sie die Werte des Menschen schon geschaut und ergriffen hätten. Die Menschen redeten und redeten über philosophische Dinge. Sokrates griff die Worte auf, die sie gebrauchten, und fragte: Wie meint ihr das eigentlich; was denkt ihr euch darunter; wie wollt ihr das beweisen; habt ihr die Konsequenzen schon gesehen und darüber nachgedacht, ob sie mit euren Grundannahmen übereinstimmen? Wieder und wieder mußte er dabei feststellen, daß man nichts wußte. Das war seine Überprüfungskunst, seine Elenktik oder Exetasis. Bei denen, die guten Willens waren, führte das zur Selbstbesinnung, zur Klärung bislang verworrener Vorstellungen und zur Geburt neuer Einsichten. Das war seine „Hebammenkunst", seine Maieutik. Diese Kunst habe er von seiner Mutter gelernt, pflegte er zu erzählen. Immer ließ er fühlen, daß man sich ja nicht überschätzen soll, daß man noch lange nicht am Ende des Wissens und der Tugend angelangt sei. Auch von sich selbst sagte er: „Ich weiß, daß ich nichts weiß." Das war seine Ironie. Sie regte auf, regte aber auch an. Die Ironie war sein großes Erziehungsmittel im Umgange mit den Menschen.

Allerdings, wer unheilbar festgefahren war in seinen herkömmlichen Geleisen, fühlte sich gestört durch Sokrates und wurde unwillig über den ewigen Kritiker. Und rasch griff man zu dem immer bereiten Tadelwort des Neuerers und Umstürzlers. Auch die Komödie zog ihn herunter. Immerhin mußte sie zugeben, „zum Schmeichler hat der Hunger ihn niemals erniedrigt" (Ameipsias). Sokrates war unbequem; aber er war ein Charakter, den nichts umwarf. Xenophon erzählt von seiner Tapferkeit vor dem Feinde und dem Winterfrost, und Platon von seinem Stehvermögen in einer durchzechten Nacht. Im Arginusen-Prozeß behauptete er seine Meinung gegenüber der wütenden Volksmenge, und als die Dreißig aus Gründen der Staatsräson seine Beihilfe zu einem politischen Mord verlangten, weigerte er sich, obwohl Stellung und Leben dadurch bedroht waren. Doch Haß und Hetze der Aufgestörten ruhten nicht. Und im Hintergrund stand die Politik. Sokrates war Freund des Alkibiades gewesen. So machte man ihm 399 den Asebie-Prozeß, weil er die Jugend verderbe und neue Götter einführe. Er hätte aus dem Kerker fliehen können, tat es aber nicht, weil seine innere Stimme, sein Daimonion, ihn davor zurückhielt, der ihm von dem delphischen Gott übertragenen Aufgabe, sich selbst und seine Mitbürger zu prüfen, untreu zu werden. „Meine Mitbürger", spricht er in seiner Verteidigung, „ihr seid mir lieb und wert, gehorchen aber werde ich mehr dem Gott als euch. Und so lange ich atme und Kraft habe, werde ich nicht aufhören, der Wahrheit nachzuforschen und euch zu mahnen und aufzuklären und jedermann von euch in meiner gewohnten Weise ins Gewissen zu reden: Wie, mein Bester, du, ein Bürger der größten und durch Geistesbildung hervorragendsten Stadt, schämst dich nicht, für möglichste Füllung deines Geldbeutels zu sorgen und auf Ruhm und Ehre zu sinnen, aber um sittliches Urteil, Wahrheit und Besserung deiner Seele kümmerst du dich nicht und machst dir darüber keine Sorge?" (Apol. 29 d). Aber er mußte sterben. Sokrates trank den Schierlingsbecher in Ruhe und Gelassenheit, bis zuletzt mit seinen Freunden philosophierend über die Unsterblichkeit der Seele. Platon hat ihm in der Apologie, im Kriton und Phaidon sowie in der Alkibiades-Rede des Symposion ein unvergängliches Denkmal gesetzt.

Sokrates war die gestaltgewordene Philosophie selbst. Er hat nicht nur mit dem Verstand philosophiert, sondern mit Fleisch und Blut. In seinem ganzen Wesen erleben wir konkret, was Wahrheit ist und Wert. Seine Philosophie war existentielle Philosophie.

### Quellenfrage

Für unser Sokrates-Bild kommen als Hauptquellen in Frage Xenophon, Platon und Aristoteles. Je nachdem man die Quellen bewertet und dieser oder jener den Vorzug gibt, erhält das Sokrates-Bild je sein eigentümliches Gesicht. Es differieren darum die einzelnen Sokrates-Darstellungen, etwa die von Joel, Döring, Maier, Busse, Burnet, Stenzel, Taylor, Ritter, Gigon, Festugière u.a. nicht unerheblich. Die Hauptschwierigkeit liegt darin, daß Platon, abgesehen von der Idealisierung seines Meisters, auch noch seine eigenen Gedanken dem Sokrates in den Mund legt und es darum nicht leicht wird, zwischen dem platonischen und dem historischen Sokrates zu unterscheiden. Eine absolute Sicherheit über den historischen Sokrates wird man wohl überhaupt nicht mehr erreichen können. Möglich aber bleibt trotzdem der Versuch, in einer vertieften Durchdringung die Quellen zusammenzuschauen und so ein ausgeglichenes Bild über sein Denken und Wollen zu geben. In dieser Richtung wird die folgende Darstellung sich bewegen. Wir können dabei zwei Kernpunkte herausschälen, um die das ganze Denken und Tun des Sokrates kreist, das Problem des Wissens und das Problem des Wertes.

Literatur

H. Maier, Sokrates. Sein Werk und seine geschichtliche Stellung (1913). A.-J. Festugière, Socrate (Paris 1934, deutsch 1950). H. Kuhn, Sokrates. Ein Versuch über den Ursprung der Metaphysik (1934, ²1959). A. E. Taylor, Socrates (London 1935). O. Gigon, Sokrates. Sein Bild in Dichtung und Geschichte (Bern 1947). A. H. Chroust, Socrates. Man and Myth. The Two Socratic Apologies of Xenophon (London 1957). G. Nebel, Sokrates (1969).

a) Das Wissen

α) Die Allgemeinbegriffe

Die Stellung des Sokrates zum Wissensproblem hat Aristoteles kurz mit dem Satz umrissen: „Zweierlei ist es, was man mit Recht Sokrates zuschreiben muß, einmal die ἐπακτικοὶ λόγοι und dann das ὁρίζεσθαι καθόλου (Met. *M*, 4; 1078 b 27). Gemeint ist damit die Bildung von und das Denken in Allgemeinbegriffen. Man hat im ἐπακτικὸς λόγος das Induktionsverfahren und den Induktionsbeweis sehen wollen. Diese Auffassung geht nicht ganz fehl, besagt aber eine typisch moderne Nuance insofern, als mit dem Induktionsbegriff immer die betonte Gegnerschaft zu allem Rationalismus und Apriorismus mitgesetzt ist, ein Gesichtspunkt, über den bei Sokrates noch nichts entschieden wird. Seine Bildung von Allgemeinbegriffen besagt vielmehr, wie Aristoteles das in der Topik (*A*, 18) erläutert, nur ganz schlicht: Wir gehen in unserem Erkennen aus von den konkreten Einzelfällen der Erfahrung, studieren diese Einzelfälle in ihrer Eigentümlichkeit, stoßen dabei auf immer Gleiches und heben nun, was an gleichen Merkmalen vorliegt, heraus. Damit haben wir den Allgemeinbegriff. Platon hat in Dutzenden von Fällen dieses sokratische Verfahren vorgeführt und bestätigt damit die Richtigkeit der aristotelischen Angabe. Sokrates fragt z. B. nach der Arete. Man antwortet ihm, die Arete haben wir vor uns, wenn man im Staate herrschen kann, seinen Freunden nützen, den Feinden schaden kann, wenn man tapfer ist, besonnen, klug usw. Seine Erwiderung darauf ist immer dieselbe: Das sind nur Beispiele von Arete, nur Einzeltugenden, nicht die Tugend schlechthin, schaut sie euch doch im einzelnen an, dann werdet ihr entdecken, daß all diesen Einzelfällen ein immer Gleiches zugrunde liegt: „Eine gemeinsame, überall gleiche Gestalt (Eidos) haben sie alle und dadurch sind sie Arete" (Men. 72 c). Daraufhin bewegen sich wieder und wieder die sokratischen Überlegungen (λόγοι), so daß man ἐπακτικὸς λόγος wiedergeben könnte mit: das den Allgemeinbegriff herausholende Denken und Forschen. Mit dem so gewonnenen allgemeinen Eidos denkt Sokrates dann Wirklichkeit und Leben. Darin besteht sein ὁρίζεσθαι καθόλου. Es ist ein Umreißen, Umgrenzen, Bestimmen (definire) des Einzelnen mit Hilfe des Allgemeinen.

β) Begriff und Wirklichkeit

Sokrates erfaßt die Welt nicht mit der Plastik der dichterischen Phantasie oder der konkreten Fülle der ewig fließenden Bilder, sondern mit der allgemeinen Typik des nüchternen, blassen, schematischen Gedankens. Das führt zu einer Verarmung unseres Weltbildes. Es werden aber dafür zwei große Vorteile erreicht. Einmal ist dieses Erkennen ein vertieftes Erkennen. Das Allgemeine ist nichts Vorübergehendes, Nebensächliches, sondern das, was immer da ist. Es ist darum das Wesentliche, das, wodurch eine Arete Arete ist. Und dann hat er in seinem Allgemeinbegriff ein sicheres Wissen. Die Allgemeinbegriffe besagen nämlich nicht eine Vorstellung, die hier so und dort so erscheint, sondern bilden einen Wissensinhalt, der überall mit dem gleichen Bestand auftritt, welches Subjekt ihn auch denken mag. Und er ist nicht erfunden und erdichtet aus Stimmungen und Standpunkten heraus, sondern er wird aufgefunden in der erfahrbaren Wirklichkeit. Damit überwindet Sokrates den Relativismus und Skeptizismus der Sophistik.

γ) „Erkenntnistheorie"

Wie man sieht, hat Sokrates am Wissen ein formales Interesse. Aristoteles berichtet ausdrücklich, daß Sokrates nicht über die Natur in ihrer Gesamtheit philosophiert hätte, wie die Ionier das taten. Diesen ging es um das Wissensmaterial. Sokrates dagegen geht es um die methodisch logische Frage, wie wir zu echtem und sicherem Wissen überhaupt kommen. Er ist der erste wirkliche Erkenntnistheoretiker und insofern ein moderner Mensch.

### b) Der Wert

Umgekehrt ist es beim Wertproblem. Hier steht für ihn die materielle Seite im Vordergrund. Er will wissen, was das Gute, inhaltlich gesehen, ist, und zwar das sittlich Gute. Das Wertproblem ist für ihn ein ethisches Problem.

α) Gegen die Gütermoral

Dabei hatte er zunächst eine negative Arbeit zu leisten. Er mußte mit den falschen Anschauungen über das sittlich Gute aufräumen. Wenn seine Zeit das Wertproblem anschnitt, geschah dies mit Hilfe der Begriffe des Guten (ἀγαθόν), der Tüchtigkeit und Tugend (ἀρετή), der Glückseligkeit (εὐδαιμονία). Diese Begriffe konnten in einer dreifachen Richtung interpretiert werden. Man konnte das „Gute“ verstehen im Sinn des Utilitarismus als das Zweckmäßige, Nützliche, Brauchbare (συμφέρον, χρήσιμον, ὠφέλιμον), oder im Sinn des Hedonismus als das Angenehme, der Neigung und Lust Entsprechende (ἡδύ), oder im Sinn des Naturalismus als das Überlegen- und Mächtigsein des Herrenmenschen (πλέον ἔχειν, κρείττων εἶναι). Hiervon sind der Utilitarismus und Naturalismus keine letzte Antwort, weil das Brauchbar- und Stärkersein ja im Dienste eines übergeordneten Zweckes steht. Und das ist für die Zeit um Sokrates, besonders bei den Sophisten, aber auch in der Volksmoral, das, was wohltut. Deswegen erstrebt man Nutzen und Macht. Die letzte Antwort gibt darum nur der Hedonismus. Damit muß sich Sokrates auseinandersetzen. Wie er dies tat, sehen wir aus seiner Diskussion des Wertproblems mit Kallikles, wie sie Platon in seinem Gorgias schildert (488 b — 509 c). Hier führt er Kallikles Schritt für Schritt dazu, daß dieser selbst einsieht und zugesteht, daß nicht jede Lust und Neigung bejahenswert ist, weil sonst auch die Lust am Gemeinen und Niedrigen gebilligt werden müßte, die Lust etwa, die man empfindet, wenn man die Krätze hat und sich sein Leben lang kratzen könnte. Das kann auch Kallikles nicht zugeben, und er unterscheidet jetzt zwischen einer guten und schlechten Lust. Damit aber ist der Hedonismus überwunden; denn nicht mehr Lust und Neigung schlechthin werden nunmehr als Prinzip des sittlich Guten erkannt, sondern ein neues Kriterium wird angegeben, das über der Lust steht und sie scheidet in eine gute und eine schlechte.

β) Das Gute als Wissen

Was ist dieses neue Kriterium? Sokrates hat nun positiv zu zeigen, worin das Wesen des ethischen Wertes bestehe. Aus den platonischen Jugenddialogen ersehen wir, daß seine Antwort immer wieder lautete, man soll weise und verständig sein (σοφός, φρόνιμος). Im Laches wird die Tapferkeit, im Euthyphron die Frömmigkeit, im Charmides die Besonnenheit, im Protagoras die Tugend überhaupt als

Wissen erklärt. „Der Wissende ist weise, der Weise ist gut“, heißt es kurz und bündig im ersten Buch des Staates (350 b). Das stimmt mit Aristoteles überein, nach dem Sokrates des Glaubens war, „daß alle Tugenden in der Einsicht bestünden“ (Eth. Nik. *Z*, 13). Man hat diese Interpretation des sittlichen Wertbegriffs als Intellektualismus bezeichnet. Was ist damit gemeint? Die Ethik und Pädagogik der Aufklärungszeit hatten diesen „Sokratismus“ auf ihre Fahne geschrieben, hatten den Satz „Tugend ist Wissen“ für ein umkehrbares Identitätsurteil gehalten, hatten darum geschlossen: „Wissen ist Tugend“, und geglaubt, mit Wissen und Aufklärung allein den Menschen erziehen zu können. Im vorigen Jahrhundert wollte man dem Gedanken des Sokrates durch die Begriffe „Nookratie“ und „Idealwissen“ näherkommen. Die „Vernunft“ und ein „richtig verstandenes Wissen“ würden immer zur rechten Tat führen. In jüngster Zeit hat Stenzel die Deutung vorgetragen, daß das „Wissen“, das Sokrates im Auge hatte, in den Kern der Dinge vordringe und dadurch eine geheimnisvolle, magische Anziehungskraft und Gnade aus der Substanzialität der Wirklichkeit fließen lasse, die uns in die Ordnung der Dinge hineinzöge und so die Arbeit des Willens ersetze. Das alles ist unhistorisch und typisch moderne Umdeutung. In Wahrheit ist der sogenannte sokratische Intellektualismus überhaupt kein Intellektualismus im modernen Sinn, sondern Ausdrucksform des griechischen Techne-Denkens. Sokrates operiert nämlich, wenn er das ethische Wertproblem erörtert, ständig mit Beispielen aus dem Bereich der Techne. „Von Schustern, Walkern, Köchen und Ärzten redest du immer“, heißt es im platonischen Gorgias (491 a). In der Techne aber ist das Wissen schlechthin alles. Das Verstehen (ἐπίστασϑαι) ist hier auch schon das Können (δύνασϑαι) und das Werk (ἔργον). Der gescheite Werkmeister (σοφὸς δημιουργός) ist auch der gute Werkmeister (ἀγαϑὸς δημιουργός). Wissen und Wert fallen hier zusammen. Noch wir Heutige sagen ganz im Stil dieser Terminologie: „Der versteht sein Handwerk“, und verlegen damit auch das ganze Können in die intellektuelle Seite. Dies und nichts anderes meint der sokratische Intellektualismus in der Ethik. Ethische Sachverhalte werden ganz parallel zu technischen Sachverhalten aufgefaßt. Wer das Bauhandwerk erlernt hat und versteht, ist ein Baumeister und baut; und wer die Tugend erlernt hat und versteht, so wird analog fortgefahren, ist tugendhaft und übt die Tugend. Man sieht sofort, wie von hier aus die Tugend als lehrbar erscheinen kann, was eines der von Sokrates viel erörterten Probleme ist. Von diesem Hintergrund aus erhält auch der berühmte Satz des Sokrates: „Niemand tut freiwillig Böses", seinen Sinn. Wörtlich übersetzt, scheint der Satz ein Bekenntnis zum Determinismus zu sein. Aber man muß eben überall die Zusammenhänge sehen. Und diese liegen wieder im Bereich des Techne-Denkens. Dort ist dieser Satz zu Hause. Denn wenn in der Techne etwas falsch gemacht wird, dann immer deswegen, weil man nicht das nötige Wissen und Können hat. Und dann allerdings muß es falsch gemacht werden. Der Zwang kommt nicht von einem irgendwie determinierten Willen her, sondern davon, daß man eben seine Sache nicht besser versteht, nicht besser „kann". Nur deswegen wird „unfreiwillig" gehandelt.

γ) Eudämonismus?

Mit der Herkunft aus der Techne erhält der sittliche Wertbegriff des Sokrates den Charakter eines Relationswertes. Denn jeder technische Wertbegriff besagt Zwecktauglichkeit. „Wenn du mich fragst, ob ich von einem Wert weiß, der nicht zu etwas brauchbar ist, so kenne ich nichts Derartiges, noch will ich es kennen", heißt es ganz bezeichnend bei Xenophon (Mem. III, 8, 3). Das stimmt ganz mit Platon zusammen, wo Hipp. I, 295 c gesagt wird: Wir sprechen von einem Wert, wenn die Augen zum Sehen fähig und brauchbar sind, der Körper zum Laufen und Ringen und so bei allen Lebewesen. In diesem Sinn haben wir ein gutes Pferd, einen guten Hahn, gute Wachteln, gute Geräte, Werkzeuge für Musik und andere Künste, gute Tätigkeiten, gute Gesetze und alle dergestaltigen Dinge. So schlittert, unter dem Zwang ihrer Termini, die sokratische Ethik nun doch in den Utilitarismus hinein und gerät sogar in nächste Nähe zur Wohlfahrtsmoral, wie man besonders aus Xenophon ersehen kann. Sokrates, heißt es dort (Mem. I, 2, 48), verkehrt mit jungen Leuten in der Absicht, „sie gut und tüchtig zu machen, damit sie das Hauswesen, Diener und Hausbewohner, Freunde, Staat und Staatsbürger richtig behandeln können". Will man diese Wohlfahrtsmoral, wie es herkömmlich ist, als Eudämonismus bezeichnen, so kann man das, wenn man zugleich erklärt, daß Eudämonismus Wohlfahrtsmoral heißen soll, denn an sich ist der Eudaimonia-Begriff vieldeutig und ein Vehikel für alle möglichen ethischen Prinzipien. Auch die stoische Ethik gebraucht diesen Terminus, obwohl ihre Prinzipien mit Wohl und Wehe nichts zu tun haben. Richtiger müßte man Hedonismus sagen; denn was uns im Utilitarismus und in der Wohlfahrtsmoral als ein Wohl erscheint, hängt, wie Kant richtig bemerkt hat, von unserem Begehrungsvermögen ab, also von Lust und Neigung, auch wenn man von einem summum bonum spricht. Obwohl Sokrates, wie wir bereits sahen, Lust und Neigung als ethisches Prinzip ablehnt und obwohl er die Autarkie des Weisen lehrt: Man braucht keine äußeren Güter zu seinem Glück, sondern nur die Tugend, war es nicht unbegründet, wenn man in Sokrates einen Utilitaristen, einen Eudämonisten und gelegentlich sogar einen Hedonisten sah. Aber er war dies nur infolge der Verwurzelung seiner ethischen Grundbegriffe im Bereich des Techne-Denkens und seiner Begriffswelt. Gewollt hat er etwas anderes: das reine Ideal wirklicher Ethik. Kann man es noch reiner ausdrücken als mit den Worten, die im Gorgias fallen: Das größte aller Übel ist nicht das Unrechtleiden, sondern das Unrechttun? Und in seinem Leben hat er auch etwas anderes verkörpert als Utilitarismus und Hedonismus. So klafft bei ihm ein Widerspruch zwischen seiner Persönlichkeit und seinem Wollen einerseits und seiner ethischen Begriffswelt andrerseits.

Das aber war es, was seinen großen Schüler, Platon, auf das nachhaltigste anregte. Sollten die Begriffe der Techne, der Zwecktauglichkeit, der Neigung und des Wohlgefallens wirklich geeignet sein, die Idealität im Leben und Wollen seines Meisters wiederzugeben? Mußte hierfür nicht eine neue Sprache, eine neue Ideenwelt erschlossen werden, um das alles richtig fassen zu können? Hier galt es tatsächlich, einen Mangel zu beheben. Übersieht man diesen Mangel der sokratischen Ethik und bessert diese künstlich auf nach modernen Gesichtspunkten, dann geht der ganze Problemhintergrund verloren, auf dem das platonische Denken sich abhebt.

## B. DIE SOKRATIKER

Die Eigenart des sokratischen Philosophierens fühlen wir nochmals, wenn wir den Kreis um Sokrates, die sogenannten sokratischen Schulen, ins Auge fassen. Hier sieht man deutlich, daß es dem Meister weniger darauf ankam, bestimmte Schuldogmen weiterzugeben, als vielmehr darauf, zum Philosophieren überhaupt anzuregen. Insbesondere sieht man, daß seine Erörterung des ethischen Wertproblems mehrdeutig ist und keine endgültige Lösung darstellt. Die sokratischen Schulen gehen daher auffallend stark auseinander. Wir unterscheiden die megarische, die elisch-eretrische, die kynische und die kyrenaische Schule.

### a) Megarische Schule

Gründer der megarischen Schule ist Eukleides von Megara (ca. 450—380). Er versuchte eine Synthese von Eleatismus und Sokratismus. Das eine unbewegliche, unveränderliche Sein der Eleaten ist ihm das Gute, von dem Sokrates immer gesprochen hat, womit der Sokratismus eine auffallende Wendung in die Metaphysik erfährt. Bekannter wurde die megarische Richtung durch Eubulides, einen der ältesten Schüler des Sokrates, durch Diodoros Kronos († 307) und durch Stilpon († ca. 300). Sie sind die Männer der megarischen Dialektik, die sich mehr und mehr zur reinen Rabulistik entwickelt und vom Trugschluß lebt. Bezeichnend dafür ist z. B. der „Gehörnte": Was du nicht verloren hast, hast du noch; Hörner hast du nicht verloren; also hast du Hörner. Dazwischen liegen aber sehr ernsthafte Gedanken; so das dem Diodoros Kronos von Aristoteles zugeschriebene „Zentralargument" (κυριεύων λόγος), das behauptet, möglich ist nur, was wirklich ist oder wirklich wird, womit nicht mehr, wie bei Aristoteles, neben der Welt des Wirklichen noch eine andere, schattenhafte Welt der Possibilien steht, sondern das Mögliche nur ein Modalmoment am Wirklichen selbst ist; sowie das Autarkie-Ideal des Sokrates: Zum Glück genügen Weisheit und Tugend, das Stilpon hochhält und an die Stoa weitergibt, denn Zenon, der Gründer der Stoa, ist Schüler des Stilpon. Aber auch die Dialektik könnte vielleicht mehr als Eristik gewesen sein. Die moderne Logistik will heute in den Megarikern eine wichtige Entwicklungsstufe in der Geschichte der Logik sehen.

b) Elisch-eretrische Schule

die elisch-eretrische Schule wurde von Phaidon eröffnet, einem ehemaligen Sklaven, der durch Sokrates die Freiheit erlangte. Seitdem ist ihm Philosophie das Heil der Seele und der Weg zur wahren Freiheit. Der Anschluß an Sokrates scheint in dieser Schule am engsten gewesen zu sein. Bei Menedem kehrt seine ganze intellektualistische Terminologie wieder.

c) Kyniker

**α) Antisthenes**

Bedeutsamer sind die Kyniker. An ihrer Spitze steht Antisthenes von Athen (445—365). Er lehrt im Gymnasion Kynosarges und wird damit der ganzen Schule den Namen gegeben haben. Als das Wichtigste am Sokratismus erscheint ihm das Autarkie-Ideal. Nichts in der Welt ist ihm wertvoll als nur die Tugend. Sie allein genügt. Er steigert die Verachtung der äußeren Güter bis zum Extrem. „Lieber will ich verrückt werden als Lust genießen." Das führt zu einer Verachtung auch der Kultur, der Wissenschaft, der Religion, der nationalen Bindungen, und besonders auch der Sitte und des Anstandes. Was die Menschen sonst aus diesen Gründen scheuen, wird hier ohne Scham getan, um seine Unabhängigkeit von äußeren Dingen zu demonstrieren. Damit erhält der heutige Begriff „Zyniker" seine Nuance. Um so größerer Nachdruck liegt auf der Pflege der „sokratischen Stärke" (Σωκρατικὴ ἰσχύς), d. h. des schmalen und steilen Weges zur Tugend, die zum Ideal der Überwindung, Mühe und Standhaftigkeit (πόνος) wird, wie Herakles dies vorgelebt hat. „Herakles" lautet auch der Titel des Hauptwerkes des Antisthenes. Von hier führt wieder ein direkter Weg zum sustine et abstine des stoischen „Weisen". Merkwürdigerweise kleidet sich diese ausgesprochen voluntative Einstellung in die Terminologie des Intellektualismus: Wer so lebt, ist der Weise, der Einsichtige und Wissende. Die sokratische Terminologie erhält sich, und man sieht wieder einmal, wie man in der Geschichte der Philosophie zu unterscheiden hat zwischen Wort und Gedanke. Was wir sogleich nochmals erfahren.

**ββ) Sensualismus**

γγ) Materialismus

Antisthenes ist nämlich, erkenntnistheoretisch gesehen, Sensualist und metaphysisch Materialist, wie man aus einem Wortwechsel mit Platon entnehmen kann, von dem uns die Alten erzählen. Antisthenes habe da gesagt: Ja, mein lieber Platon, ein Pferd sehe ich wohl, aber eine Pferdheit (Idee des Pferdes, allgemeiner Begriff des Pferdes) sehe ich nicht, worauf Platon erwidert hätte, das komme daher, daß Antisthenes zwar Augen habe, aber keinen Verstand. Die Anekdote will besagen, Antisthenes kennt die sinnliche Vorstellung, allgemeine Begriffe aber oder Ideen sind ihm nur leeres Geflunker (ψιλαὶ ἐπίνοιαι). Es habe darum keinen Sinn zu sagen: Sokrates ist ein Mensch. Man könnte nur sagen: Sokrates ist Sokrates, der Sokrates nämlich, den ich sehe. Das hat den Vorteil, daß es keine Meinungsverschiedenheiten mehr geben kann: „Man kann nicht widersprechen." Mit diesem Sensualismus ist Antisthenes auch Materialist. „Sie behaupten steif und fest", sagt Platon von diesen Leuten im Sophistes (246 a ff.), „nur das habe Sein, was irgendwie Betastung oder Berührung zulasse; denn Körper und Sein ist ihrer Begriffsbestimmung nach ein und dasselbe." Eine wahre Gigantomachie tobe um dieses Problem. Wie lebhaft es dabei zuging, ersehen wir aus der temperamentvollen Äußerung Platons gegenüber Protagoras, in dem er den Vater dieses Sensualismus und Materialismus erblickte. Wenn alle Erkenntnis nur sinnlich sei, dann ist kein Unterschied zwischen Protagoras und einem jungen Frosch, denn Sinnlichkeit habe ein junger Frosch auch. Protagoras hätte darum gar nicht zu sagen brauchen, der Mensch ist das Maß aller Dinge; er hätte ruhig auch sagen können, das Schwein oder der Affe seien das Maß aller Dinge. Warum dann Protagoras für seinen Unterricht noch teures Geld genommen habe, sei überhaupt nicht mehr ersichtlich. Auch dieser Materialismus des Kynikers wirkt sich in der Stoa weiter aus.

β) Diogenes

Weniger durch seine Ideen als durch seine Originalität hat Diogenes von Sinope († 324) Aufsehen erregt. Um ganz Ernst zu machen mit der Idee der Autarkie, wird er zum Bettler, wohnt in einem Faß und wirft auch noch seinen Becher weg, als er an einem Knaben sieht, daß man auch aus der hohlen Hand trinken kann. Er distanziert sich von der kulturellen Tradition und lebt geschichtslos. „Ich präge die geltenden Werte um", war seine oft wiederholte Rede.

Er war ein antiker Vorläufer des Mottos: „Zurück zur Natur!“ Ein anderer Kyniker ist Krates von Theben. Er war einer der reichsten Männer seiner Vaterstadt, achtete aber die „Tugend“ für höher, verzichtete auf Hab und Gut, schloß sich den Kynikern an und führte ein Bettelleben. γ) Krates

d) Kyrenaiker

In der entgegengesetzten Richtung bewegt sich die kyrenaische Schule. Sie geht zurück auf Aristipp von Kyrene (ca. 435—355). Hier herrscht der Hedonismus. Der Wert ist ausschließlich zu finden in der Lust, und zwar der Lust, die in der körperlichen Empfindung spürbar wird. Aber nicht, um in erster Linie das Leben eines Lüstlings zu rechtfertigen, hat Aristipp diese Lehre vorgetragen, sondern als einen Versuch, in der Frage nach der Wertbegründung zu einer evidenten Lösung zu kommen. Als zweifelloser Wert erscheint ihm nicht etwas, was durch Begriffe und Ideen spekulativ begründet wird, sondern was im unmittelbaren Erlebnis unmittelbar gespürt wird: „Nur das Erlebbare ist uns einsichtig“ (μόνον τὸ πάθος ἡμῖν ἐστι φαινόμενον: Sext. Emp., Adv. math. 7, 191 ff.); deswegen einsichtig, weil es sich um eine gegenwärtige sinnliche Affektion (παρὸν πάθος) handelt. Und dies ist für Aristipp gerade die Lust. Er versteht sie ganz subjektivistisch und sensualistisch im Stil des Protagoras: „Man hat den Maßstab für den Wert in sich selbst und hält für wahr und wirklich, was man eben persönlich fühlt“, wie Platon berichtet (Theait. 178 b), der im Theaitet immer Protagoras, Antisthenes und Aristipp zusammenwirft, weil für alle drei das subjektive sinnliche Erleben und Erscheinen das Entscheidende ist für Wahrheit und Wert (vgl. unten S. 84). Ganz in diesem Sinn schreibt im 19. Jahrhundert Bentham: „Was Gerechtigkeit ist, darüber wird ewig gestritten; aber was Glück ist, weiß jedermann, weil jeder weiß, was Lust ist.“

Daß man dies aber nicht weiß und daß man gerade hier den größten Täuschungen ausgesetzt ist, wird ersichtlich an Hegesias, der mit seinem Hedonismus so wenig glücklich wurde, daß er sich zu einem Pessimisten entwickelte, der den Ehrentitel „Sterberat“ erhielt (πεισιθάνατος), weil er in sei- Vorträgen ständig zum Selbstmord aufforderte, bis Ptolemaios Lagu (323—285) seine Todespropaganda polizeilich einstellte.

Wie eigenartig, daß das Denken des Sokrates in dem Kreis, der unmittelbar um ihn ist, so verschieden reflektiert wird! War es so geheimnisvoll oder so reich oder so unfertig? Welche dieser verschiedenen Denkrichtungen hat das eigentliche Wesen und Wollen des Meisters richtig getroffen? Die Entscheidung darüber kann erst gefällt werden, wenn wir den Größten aus diesem Kreis kennengelernt haben, Platon.

Literatur

W. Nestle, Die Sokratiker in Auswahl übersetzt und herausgegeben (1922). D. R. Dudley, A History of Cynism. From Diogenes to the 6th Century (London 1937). G. Giannantoni, I Cirenaici. Raccolta delle fonti antiche, traduzione e studio introduttivo (Florenz 1958). K. Döring, Die Megariker. Kommentierte Sammlung der Testimonien (1972).

## 2. PLATON

### Die Welt in der Idee

Leben

Platon ist 427 geboren. Es ist ältester athenischer Adel, aus dem er hervorgeht. Schon damit wird er mitten in das kulturelle und politische Leben hineingeboren, und der Wille, Welt und Leben zu formen, gehört denn auch zu den wesentlichen Grundzügen seiner Gestalt. Im 7. Brief, der viel Autobiographisches enthält, erzählt Platon, daß er in das öffentliche Leben eingreifen wollte, sobald er Herr seiner selbst geworden wäre. Als er jedoch um 404 die Diktatur der Dreißig und ein Jahr darauf das Regiment der Demokraten miterlebte, insbesondere die ungerechte Verurteilung des Sokrates, „da wurde mir", so sagt er selbst, „ganz schwindelig, so daß ich zuletzt zu der Überzeugung gelangte, daß alle jetzigen Staaten sich in übler Verfassung befinden. Und so sah ich mich denn zurückgedrängt auf die Pflege der echten Philosophie, der ich nachrühmen konnte, daß sie die Quelle der Erkenntnis sei für alles, was im öffentlichen Leben sowie für den Einzelnen als gerecht zu gelten habe. Es wird also die Menschheit, so erklärte ich, nicht eher von ihren Leiden erlöst werden, bis entweder die Vertreter der echten und wahren Philosophie zur Herrschaft im Staate gelangen oder bis die Inhaber der Regierungsgewalt in den Staaten infolge einer göttlichen Fügung sich zu ernster Beschäftigung mit der echten Philosophie entschließen" (Ep. VII, 325 e ff.). Das Thema, das erstmals hier anklingt, zieht sich durch Platons ganzes Leben. Seine Philosophie will der Weg zur Wahrheit sein und damit zugleich der Weg zum Guten im privaten und öffentlichen Leben. Darum sein Kampf gegen alle, die kein echtes Wissen haben vom wahren Sein des Menschen, sein Kampf besonders gegen die Sophisten und Rhetoren. Sie sind ihm „Putzkünstler und Köche", die nur das sehen, was die Menschen gern möchten, die mit schönem Schein und schönen Worten schmeicheln und verführen, aber nichts wissen von dem, was der Mensch eigentlich ist und was er soll. Das die Menschen zu lehren ist Aufgabe des Philosophen. Darin sieht Platon auch seine Aufgabe. Platon soll in seiner ersten Jugend Dichter gewesen sein. Als er aber Sokrates kennenlernte, habe er seine Dramen verbrannt und sein ganzes Leben nur noch der Philosophie gewidmet, d. h. der wissenschaftlichen Erkenntnis der Wahrheit und der Werte. Nach den Erschütterungen durch den Tod des Sokrates flieht er zu Eukleides nach Megara. Um 395—394 ist er wieder daheim und kämpft mit im korinthischen Krieg. Etwa zwischen 390 und 388 begibt er sich auf Reisen. Er sieht Ägypten und Kyrene und kommt schließlich nach Tarent, wo er mit Archytas in freundschaftliche Verbindung tritt. Damit begegnet er dem Pythagoreismus, und diese Begegnung wirkt sich auf sein ganzes Denken und Tun aus: In seiner Lehre von der Präexistenz der Seele, in der Pädagogik, seinen ethisch-politischen Anschauungen, seinen eschatologischen Mythen und besonders auch in den Wissenschafts- und Lebensformen seiner Akademie. Durch Archytas kam Platon damals auch an den Hof von Syrakus zu Dionysios I. Er wollte diesen Fürsten dazu bewegen, seine ethisch-politischen Ideale in seinem Staat in die Wirklichkeit umzusetzen. Doch der Autokrat war zu schwach und zu maßlos, um statt der Willkür die Einsicht regieren zu lassen. Schließlich endete der Versuch damit, daß durch eine Intrige des Dionys Platon auf dem Sklavenmarkt zu Aegina feilgeboten wurde. Nur durch einen glücklichen Zufall wurde er von Annikeris, einem Sokratiker der kyrenaischen Schule, dort entdeckt und losgekauft. Als Annikeris nach der Rückkehr Platons nach Athen die Kaufsumme sich nicht erstatten ließ, erwarb Platon damit einen Garten bei dem Heiligtum des Heros Akademos und gründete dort 387 seine Akademie. Wenn das alles wahr ist, entstand die erste europäische Universität aus dem Geld für den Verkauf eines Philosophen. Platon maß dem mündlichen Lehrvortrag in seiner Akademie eine größere Bedeutung zu als seiner Schriftstellerei. Das Schreiben war ihm nur ein „schönes Spiel“ (Phaidr. 276 e). Lehrgegenstände in der Akademie waren die Philosophie, Mathematik — μηδεὶς ἀγεωμέτρητος εἰσίτω soll über dem Eingang gestanden haben — und Astronomie, vielleicht auch Zoologie und Botanik. Man darf sich aber die platonische Akademie nicht vorstellen als eine reine Lehr- und Forschungsanstalt im Stil der modernen Universität, wo das eigentliche Gewicht auf der theoretisch-intellektuellen Ausbildung allein liegt, die Menschenformung und -führung aber in den Hintergrund tritt. Gerade letzteres hat die platonische Akademie gepflegt, und es gingen darum von ihr immer wieder neue Impulse für das öffentliche Leben aus. In der Antike ist Philosophie keine lebensfremde Angelegenheit nur von Gelehrtenstuben, sondern immer positive Wirklichkeitsgestaltung, allen voran die platonische Akademie. Sie hatte ihre Hand immer wieder im Spiel auch in politischen Verhältnissen, so in Kyrene, Megalopolis, Elis, Makedonien, Assos; insbesondere war sie Herd und Hort für die Gegner der Tyrannen und Diktatoren. Platon selbst war durchaus kein rein theoretischer Mensch. Es lag ihm alles daran, seine philosophischen Staatsideale praktisch zu realisieren. Um 367 machte er darum eine zweite Reise nach Sizilien, diesmal zu Dionysios II. Sie war freilich wieder eine Enttäuschung. Und noch eine dritte Reise dorthin, 361, jetzt allerdings in der Hauptsache, um seinem Freunde Dion einen Dienst zu erweisen, endete erfolglos. Von da an hat Platon nichts mehr in öffentlichen Angelegenheiten unternommen. Er lebte nur noch seiner Lehrtätigkeit und Schriftstellerei. 347 ist er gestorben. Sofort nach seinem Tode hat die Legende ihn verklärt und als einen Sohn Apollos bezeichnet.

### Werke

Sämtliche Werke, die Platon herausgegeben hat, sind uns erhalten. Abgesehen von der Apologie und den Briefen sind sie alle in Dialogform abgefaßt. Platons Schriftstellerei erstreckt sich auf eine Zeit von ca. 50 Jahren. Wir können heute die einzelnen Werke chronologisch mit ziemlicher Sicherheit in diese Zeitspanne einordnen und unterscheiden darum Jugendschriften, Schriften der Übergangszeit, des reifen Mannesalters und die Alterswerke.

α) Jugendschriften

Von den Jugendschriften behandelt der Laches die Tapferkeit, der Charmides die Besonnenheit, der Euthyphron die Frömmigkeit, der Thrasymachos, den wir heute als das erste Buch des Staates lesen, die Gerechtigkeit und der Protagoras das Wesen der Tugend überhaupt. Ferner gehören in diese Periode der Ion, Hippias I und II, die Apologie und der Kriton. Die Abfassungszeit liegt sicher vor der ersten sizilischen Reise. Alle Dialoge behandeln die sokratischen Probleme um Wert und Wissen in der sokratischen Manier, enden aber sämtlich in der Aporie, ein Umstand, der darauf hinweist, daß Platon auch in dieser seiner ersten Periode schon über seinen Lehrer hinausgewachsen war.

β) Übergangszeit

Es folgt eine Reihe von Schriften, in denen sich mehr und mehr das Neue ankündigt, besonders die Ideenlehre: Schriften der Übergangszeit. Hierher gehören der Lysis, der von der Freundschaft handelt, der Kratylos, der Platons Sprachphilosophie enthält, der Euthydem, der die Trugschlüsse der Sophisten, besonders des Antisthenes verhöhnt, und der kleine Menexenos. Auch diese Dialoge mögen noch vor der ersten sizilischen Reise liegen. Nachher aber müssen abgefaßt sein Menon und Gorgias, weil sie bereits den Einfluß der pythagoreischen Seelenwanderungslehre verraten. Ersterer erörtert die Lehrbarkeit der Tugend, letzterer ist eine glühende Anklage gegen die Methode und Weltanschauung der Sophisten.

γ) Zeit der Reife

Die Schriften des reifen Mannesalters zählen zu den großen Meisterwerken der Weltliteratur. Der Phaidon ist der Dialog des Todes: Wir sollen den Sinnen und der sinnlichen Welt sterben, damit der Geist, die unsterbliche Seele, frei werde und sich aufschwinge in das Reich der Ideen. Das Symposion ist der Dialog des Lebens: Wir sollen alles Schöne sehen und lieben; auch wieder, um, wie im Phaidon durch Philosophie und reines Wissen, so jetzt durch den Eros uns aufzuschwingen in das Reich des Urschönen und der ewigen Werte. In Platons Hauptwerk, den 10 Büchern vom Staat (Politeia), bildet die Gerechtigkeit das eigentliche Thema, faktisch wird aber die gesamte Philosophie zur Sprache gebracht, Erkenntnistheorie, Metaphysik, Ethik, Pädagogik, Rechts- und Staatsphilosophie. Das Richtige und Wahre, die Welt der Ideale, sollen allüberall erkannt werden, damit wir danach leben können: „Im Himmel liegen die Urbilder bereit, damit jeder, der guten Willens ist, sie sehe und sein eigenes Selbst danach gründe". Etwa um 374 wird die Politeia fertig gewesen sein. Es folgen der Phaidros, ein Werk von erlesener Kunst, das sich dem Thema nach mit der Rhetorik befaßt, in Wirklichkeit aber ein Kompendium der ganzen platonischen Philosophie ist und am besten in sie einführt; dann der Parmenides, in dem Platon sich Rechenschaft gibt über die Aporien seiner Ideenlehre; und der Theaitetos, der vorwiegend erkenntnistheoretische Probleme verfolgt und die Auseinandersetzung mit Heraklit, Protagoras, Antisthenes und Aristipp bringt. Die genannten Schriften liegen sämtlich vor der zweiten sizilischen Reise (367).

δ) Alterswerke Nach 367 folgen die Alterswerke: Sophistes, Politikos und Philebos. Jetzt ändert sich Platons Interessenkreis. Nur im Philebos taucht nochmals das Wertproblem auf, sonst aber beherrschen ihn logisch-dialektische Probleme. Der Sophistes verfolgt den Begriff des Sophisten, der Politikos jenen des Staatsmannes nach den Gesichtspunkten der Definition, des Inhalts, des Umfangs, der Aufteilung und der Verzweigung. Der Timaios bringt Platons Kosmologie. Dieser Dialog hat auf Jahrhunderte hinaus das Weltbild des Abendlandes geformt. In die ganz späten Jahre fällt auch der für Platons Leben so aufschlußreiche 7. Brief. Das letzte Werk, die 12 Bücher der Gesetze (Nomoi), hat Platon selbst nicht mehr herausgeben können. Wir lesen es heute in einer Redaktion, die wahrscheinlich von Philipp von Opus stammt. Die Gesetze greifen nochmals das Thema des Staates auf. Das Alterswerk hat aber nicht mehr den philosophischen Schwung und spekulativen Höhenflug der Politeia. Dafür geht es mehr in die Breite und ins Detail mit einer Fülle von politischen, rechtlichen, religiösen und besonders pädagogischen Vorschriften. „Wer das Tiefste gedacht, liebt das Lebendigste.“ Aus ihnen spricht die Lebenserfahrung und reife Weisheit des greisen Philosophen. Platon ist jetzt auch toleranter geworden. Die radikalen Forderungen der Frauen-, Kinder-, Gütergemeinschaft der Politeia hat er in den Gesetzen fallenlassen. Sokrates, der sonst in den platonischen Dialogen das Wort führte, ist in den Altersschriften mehr und mehr zurückgetreten. In den Gesetzen ist er überhaupt nicht mehr anwesend. Dieser Wechsel in der Dialogform ist symptomatisch auch für einen Wechsel im Denken Platons. Platon ist zu weit über seinen Lehrer hinausgewachsen, als daß er seine Gedanken ihm noch in den Mund legen könnte.

ε) Unechtes Unecht in dem uns überlieferten Corpus Platonicum sind: Περὶ δικαίου, Περὶ ἀρετῆς, Demodokos, Sisyphos, Eryxias, Axiochos, Ὅροι, Alkibiades II, Hipparchos, Erastai. Mehr oder weniger zweifelhaft sind Minos, Kleitophon, Alkibiades I, Theages, Epinomis. Von den Briefen sind nur 6, 7 und 8 zuverlässig.

G e s a m t a u s g a b e n : Ioannes B u r n e t, Platonis opera. 5 Bde. (Oxford 1899 ff.). Platon, Œuvres complètes. Texte établi et traduit. Collection des universités de France. 13 Bde. (Paris 1920 ff.). Plato, Works with an English Translation. The Loeb Classical Library. 10 Bde. (London und Cambridge, Mass. 1925 ff.). — Ü b e r s e t z u n g e n : O. A p e l t bei Meiner, 7 Bde., mit Einleitungen, Anmerkungen, Indices und großen Literaturangaben. Eine Sammlung älterer Übersetzungen ist: Platon, Sämtliche Werke. 3 Bde. L. Schneider-Verlag (o. J.). Seit 1957 erscheint in Rowohlts Klassikern auch wieder die alte, aber gute Übersetzung von F r.

Schleiermacher, hrsg. von W. F. Otto u. a. Studienausgabe, griech.-dt., 8 Bde. (1970 ff.) in der Wissenschaftl. Buchgesellschaft. Englisch: B. Jowett, The Dialogues of Plato. 5 Bde. (Oxford 1871), jetzt 2 Bde. (New York 131937). — Kommentare: H. Gauss, Philos. Handkommentar zu den Dialogen Platos (Bern 1952 ff.). W. Bröcker, Platos Gespräche (1964). Wertvoll die englischen Kommentare von Adam, Cornford, Taylor u. a. — Nützlich. Fr. Astius, Lexicon Platonicum (1835, Nachdruck 1956).

Literatur

W. Windelband, Platon (1900; 71923). P. Natorp, Platos Ideenlehre (1902, 21921). P. Shorey, The Unity of Plato's Thought (Chicago 1903). H. Raeder, Platons philosophische Entwicklung (1905, 21920). C. Ritter, Platon I (1910), II (1923). M. Pohlenz, Aus Platos Werdezeit (1913). H. v. Arnim, Platos Jugenddialoge (1914). J. Stenzel, Studien zur Entwicklung der platonischen Dialektik von Sokrates zu Aristoteles (1917, 21931). A. E. Taylor, Platonism and its Influence (New York 1924). Ders., Plato, the Man and his Work (London 1926). Aug. Diès, Autour de Platon (Paris 1927). P. Friedländer, Platon I (1928, 21954), II (1930, 21957), III (21960). J. Hirschberger, Die Phronesis in der Philosophie Platons vor dem Staate (1932). G. M. A. Grube, Plato's Thought (Boston 1935, 21958). L. Robin, Platon (Paris 1935). J. Moreau, La construction de l'idéalisme platonicien (Paris 1939). G. Krüger, Einsicht und Leidenschaft (1939, 21948). A. D. Winspear, The Genesis of Plato's Thought (New York 1940, 21956). W. Jaeger, Paideia II und III (vgl. oben S. 11). E. Hoffmann, Plato (1950). H. Leisegang, Plato (1950) in Pauly-Wissowas RE. G. C. Field, Die Philosophie Platons (1952). K. Oehler, Die Lehre vom noetischen und dianoetischen Denken bei Platon und Aristoteles (1962). M. Stockhammer, Platons Weltanschauung (1962). O. Wichmann, Platon. Ideelle Gesamtdarstellung und Studienwerk (1966). H. J. Kraemer, Der Ursprung der Geistmetaphysik. Untersuchungen zur Geschichte des Platonismus zwischen Platon und Plotin (1964, 21967). — Bibliographie: O. Gigon, Plato (Bern 1950).

## A. DAS GUTE

Platons Philosophie hebt dort an, wo Sokrates aufhört, bei der Frage nach dem Wesen des Guten. Der Wertbegriff war in seiner Zeit so vieldeutig, wie er es heute ist. Er konnte einen wirtschaftlichen, technischen, vitalen, ästhetischen, religiösen, ethischen Sachverhalt meinen. Für Platon war das Wertproblem ein ethisches Problem. Gestalt und Werk des Sokrates hießen es ihn in dieser Form aufwerfen. In Sokrates selbst hatte Platon den ethischen Wert praktisch und lebendig vor sich gesehen. Aber wie sollte man ihn theoretisch fassen und bestimmen? Die Erklärung, die Sokrates hinterlassen hatte, lautete: Sei weise, dann bist du gut.

a) Das Wissen

Aber worin bestand diese Weisheit? Einfach in Wissen? Nun, im Wissen und Können hatten auch die Sophisten das Wesen des menschlichen Wertes gesehen. Sie aber werden doch immer abgelehnt durch Sokrates in den platonischen Jugenddialogen. Dafür wird das sokratische Tugendwissen empfohlen. Dieses soll, wie die Auslegung immer wieder gesagt hat, deswegen etwas anderes sein, weil es eben ein Wissen vom Guten sei. Allein das ist eine ganz gewöhnliche petitio principii; denn das möchten wir ja gerade wissen, was das Gute ist. Mit dem Wort gut allein ist nichts geholfen, wie es Rep. 505 c sehr deutlich heißt. Platon hat das immer gesehen, und darum seine skeptische Aporie am Schluß der sokratischen Dialoge. Das ist nicht bloß Ironie oder Spannungsmoment, das zum Weiterforschen anregen soll, sondern Platon hat von Anfang an die Unzulänglichkeit der sokratischen Antwort auf die Frage nach dem Wesen des sittlich Guten durchschaut. Es gibt für ihn keine sokratische Periode in dem Sinn, daß er hier ganz so wie sein Lehrer gedacht hätte. Schon in den sehr frühen Dialogen Hippias II und Rep. I widerlegt er darum auch positiv die Thesis, daß Wissen und Können ohne weiteres gut seien. Es müßten dann, sagt er launig, der Lügner mit dem wahrheitsliebenden Mann und der Dieb mit dem Wächter identisch sein, denn Wissen und Können habe der Lügner und Dieb auch. Ja, es müßte sogar derjenige, der freiwillig Verkehrtes tut, besser sein, als wer es unfreiwillig tut, weil ersterer doch mehr Wissen hat als letzterer. Hier wird das Identitätsurteil „Wissen ist Wert“ mit konsequenter Logik zu Ende gedacht und dadurch ad absurdum geführt. Hippias I 296 d heißt es darum schon ganz klar: Damit ist es aus, daß Wissen und Können schlechthin und immer auch gut sein sollen. Und der Menexenos bezeichnet das bloße Wissen und Können als πανουργία, als eine Fähigkeit, die zu allem fähig ist. In einer Weltanschauung, die nur auf Leistung und Macht allein bedacht ist, wird der Raffinierteste tatsächlich immer der Erste und Oberste sein, und der beste Lügner kann, ja muß Propagandaminister werden.

b) Die Zwecke

Aristoteles kommt später auf diese Problematik zurück und lehrt gleichfalls: Wissen als solches ist sittlich indifferent, man kann damit alles machen (πανουργία). Wenn wir aber ein Wissen und Können, das sowohl der Lüge wie der Wahrhaftigkeit fähig ist, als böse bzw. gut qualifizieren, dann deswegen, weil hier noch etwas anderes dazukommt, nämlich die Gesinnung (ἦθος). Gesinnung ist aber Willenshaltung, und ihre Werthaftigkeit wiederum hänge ab von den Zielen und Zwecken, denen der Wille sich zuwendet. Wenn diese gut sind, dann sind auch Gesinnung, Wissen und Können gut. Aristoteles geht nicht weniger als fünfmal auf das Problem ein (Eth. Nik. *Z*, 5; 1140 b 21—25; *Z*, 13; 1144 a 22—36; Met. *Δ*, 29; 1025 a 6—13; *Δ*, 16; 1021 b 18—20; Top. *Δ*, 5; 126 a 30 bis b 12). Es ist so bekannt, daß er es nicht mehr einzuführen braucht, sondern nur ein typisches Beispiel nennen muß (den freiwillig Hinkenden), damit seine Hörer sich auskennen. Er sagt aber klar, wo der Fehler liegt: an der falschen Epagoge, in der man vom nur Technischen, vom bloßen Wissen und Können, aus das sittlich Gute zu prüfen versuchte. Die Zwecke sind freilich auch sein letztes Kriterium. Eth. Nik. *Z*, 13; 1144 a 29 heißt es, daß wir mit dem „Auge der Seele" um das Gute wissen und die rechte Gesinnung und Haltung (ἕξις) gewinnen, „nicht ohne schon Tugend zu haben". Damit wandert also das Kriterium wieder in das Subjekt. Bei Platon aber steht das ganze Problem zunächst noch bei der Frage: Welche Zwecke? Es ist im Euthydem, wo er immer auf das Etwas (τί) hinweist, worauf Wissen und Können bezogen sein müssen, sollen sie selbst auch werthaft sein. Was das aber für Ziele sind und warum sie gut sein sollten, das wird auch hier nicht klar (292 e). Und das ist doch die ganze Frage.

c) Der Eros

α) Lysis

Ein gut Stück vorangetrieben wird das Problem im Lysis. Wenn jeder Wert (φίλον), heißt es hier, von wieder etwas anderem abhängt, weil er um seinetwillen ist, was er ist, dieses übergeordnete Etwas aber seinen Wertcharakter auch wieder um eines anderen übergeordneten Zieles willen hat und dieses wieder und so zu, dann müssen wir schließlich ein oberstes Liebenswertes (πρῶτον φίλον) annehmen. Von ihm hängen alle anderen Werte, die es überhaupt gibt, ab. Nehmen wir eine solche oberste Wertgrundlage, Wertquelle, Wertprinzip, oder wie man es heißen will, nicht an, dann ist die ganze Kette der Wertbeziehungen wertlos und verliert ihren Sinn. Was Platon damit herausstellt, ist die Apriorität der Werthaftigkeit. Wert haben heißt letztlich immer vorgegeben sein, Anspruch erheben können an unser Schätzen und Lieben; Wert ist nicht, was tatsächlich geliebt wird, sondern liebenswert ist. In erster Linie gilt das vom obersten Wert, in Ableitung von ihm aber auch von allen anderen Werten.

β) Symposion

Daß das Gute trotz seiner Apriorität gegenüber allen menschlichen Werten aber doch einen Bezug auf das Subjekt und seine Neigung besitzt, zeigt das Symposion, das das philosophische Wertproblem im Anschluß an den Eros-Begriff erörtert. Wenn der Mensch im Eros das Schöne und Gute begeistert ergreift, dann deswegen, weil es zu ihm gehört (οἰκεῖον), weil es seine urbildliche Natur (ἀρχαία φύσις), sein eigentliches, sein besseres Ich ist, das man liebt, wie man eben sich selbst liebt, und das uns darum beglückt und beseligt. Das aber als gut zu betrachten, was uns beglückt, das sei selbstverständlich und einer weiteren Erklärung nicht mehr bedürftig (205 a). Wenn hier die Bedürfnisse und das Glücksgefühl des Subjekts gerufen werden, so bedeutet das jedoch nicht einen Eudämonismus oder gar einen Hedonismus. Die Ablehnung aller auf dem naturhaften, regellosen Begehrungsvermögen des Menschen beruhenden Moral hatte Platon schon im Gorgias durch Sokrates gegenüber Kallikles und seinem Kreis erklären lassen. Und auch im Symposion wird nicht jeder Eros heiliggesprochen, sondern nur jener Eros wird bejaht, der sich für das begeistert, was irgendwie teilhat am Urschönen und Urguten (ἐραστὸν πάγκαλον), und der dadurch auch selbst wertvoll wird. Nicht deswegen ist das Urschöne wertvoll, weil wir es lieben; umgekehrt, wir lieben es, weil es wertvoll ist. Es ist uns gegenüber gänzlich a priori, ist ein immer Seiendes, ohne Entstehen und Vergehen, ohne Mehrung und Minderung, ohne Begrenzung und ohne Grundlegung durch ein anderes Seiendes, als ein „eingestaltiges Gutes" ruht es ganz in sich selbst. Das sittlich Gute ist also nicht ein Wert wie die Werte des Marktes, die durch Angebot und Nachfrage beeinflußt werden. Das sittlich Gute ist absolut. Die Ethik Platons ist darum ebenso objektiv und normativ wie jene Kants, obwohl sie keine Pflichtethik ist. Mag auch Eros ein großer Gott sein, so ist doch das Urschöne nicht von des Menschen Gnade, sondern früher als der Mensch. Aber mit der Erklärung Platons, daß das Gute dem Menschen zugehöre als seine urtümliche Natur und daß es als solche beglückt und beseligt, wird etwas ersichtlich, was bei Kant nie ersichtlich wird, die Tatsache nämlich, daß das Gute auf uns anziehend wirkt, als „gut" erscheint und nicht nur als Pflicht (vgl. J. Hirschberger, Wert und Wissen im platonischen Symposion. Philos. Jahrbuch der Görres-Gesellschaft Bd. 46, 1933).

### d) Das Sein

α) Ens und bonum im Staat

Was aber der Inhalt des Guten ist, wurde auch im Symposion wieder nicht gesagt. Und wie steht es um diese Kapitalfrage in Platons Hauptwerk? Es ist bezeichnend, daß Platon in der Politeia, wo er ex professo das an sich Gute (αὐτὸ τὸ ἀγαθόν) endlich herausarbeiten will, hängt doch die ganze Staatsführung davon ab, schließlich gestehen muß, er könne nicht direkt sagen, was der Inhalt der Idee des Guten sei. Nur indirekt könnten wir uns dem Guten nähern, indem wir angeben, welche Wirksamkeit es entfaltet. Und auch das geschieht nur durch ein Bild. Es ist der berühmte Vergleich der Idee des Guten mit der Sonne (505 c ff.). Wie die Sonne im Reich der sichtbaren Welt allen Dingen Sichtbarkeit, Leben und Wachstum verleiht, so sei im Reich des Unsichtbaren die Idee des Guten letzte Ursache dafür, daß Seiendes erkannt wird und Dasein und Wesenheit besitzt. Alles was ist, ist nur durch die Idee des Guten. Die Idee des Guten selbst aber sei nicht mehr Sein, sondern stünde jenseits des Seins (ἐπέκεινα τῆς οὐσίας), alles überragend an Kraft und Würde.

Damit gleitet das ethische Problem hinüber in eine metaphysische Betrachtungsweise. Im Reichtum des Seins soll auch der Reichtum des Guten aufscheinen. Da tut sich nun freilich ein Weg auf, den Inhalt des Guten faßbar zu machen. Wir brauchen nur in der Wissenschaft den Reichtum des Seins zu ergreifen, dann haben wir in diesen Wahrheiten zugleich die Werte vor uns, und wenn wir sie zusammenschauen in einem obersten Prinzip, in dem alle enthalten sind und aus dem sie sich darum auch ableiten lassen, dann haben wir in jenem obersten Grund des Seins zugleich den Quellgrund aller Werte in der Hand, und das an sich Gute ist nicht mehr ein bloßes Postulat, sondern eine unendlich reiche Idee.

β) Voraussetzungen der Wertmetaphysik

Diese Konzeption beruht auf der Anschauung, daß der Grund des Seins deswegen gut sei, weil er eben Quellgrund ist. Dahinter steckt die tiefere Voraussetzung, daß das Sein selbst gut ist. Das Sein aber, und damit kommen wir zur letzten Voraussetzung, ist deswegen gut, weil diese Ontologie es in eine teleologische Denkform einspannt und so vorstellt. Wie wir weiter unten noch sehen werden (S. 110), ist für Platon jedes Eidos ein „Weswegen“ (οὗ ἕνεκα) und damit ein Gutes; denn der Zweck bedeutet natürlich für das darauf Bezogene und ihn Anstrebende einen Wert. Daher kommt es, daß bei Aristoteles die Zweckursache ganz selbstverständlich mit dem Guten identifiziert und erklärt wird, daß dies, eben als Zweck verstanden, Ursache alles Werdens und aller Bewegung ist (Met. *A*, 3; 983 a 32), weswegen dann Gott die Welt bewegt ὡς ἐρώμενον, d. h. dadurch, daß alles ihn anstrebt. Diese berühmte Äußerung der aristotelischen Metaphysik versteht sich aus der eidetischen Teleologie Platons. Bei Platon aber liegt die Genesis dieser ontologischen Denkform nicht in einer ursprünglich ontologischen, sondern in der ethischen Problematik des Lysis. Hier wird erstmals jene teleologische Werthierarchie entwickelt, in der ein Wert am anderen hängt und die ganze Kette verankert ist in einem obersten Wert. Und weil nun diese teleologische Auffassung des Eidos eine durchgängige ist, macht sie sich auch in der Ontologie als solcher geltend und gibt der platonischen Metaphysik ihr Gepräge, so daß das oberste Seinsprinzip und damit alles Sein überhaupt als gut erscheinen kann. Seit Platon diese Begriffswelt geschaffen hat, nimmt die ganze philosophia perennis an, daß Gott, der Schöpfer der Welt, gut sei, wie man zugleich auch annimmt, daß das Sein als solches gut sei.

Aber ist denn wirklich alles Sein gut? Ganz abgesehen von den Greueltaten der Weltgeschichte, die doch auch Wirklichkeit waren, ist die Welt auch dort nicht überall vollkommen, wo der Mensch nicht hinkommt mit seiner Qual. Es gibt auch ein malum physicum. Thront dann Gott nicht über einem Abgrund von Schrecken, und ist dann jenes Seinsprinzip, von dem alle Realität stammt, nicht auch Prinzip des Bösen, und also dann doch nicht ein „eingestaltig Gutes"?

γ) Selegiertes „Sein"

Doch die ganze antike Philosophie sieht, wenn sie vom Sein spricht, nur das ideale Sein, das malum aber ist ihr ein Nichtseiendes. So auch für Platon. Ja, er gerade ist der Begründer dieser selegierten Ontik. Alle spätere Rede von dem malum als einer privatio (στέρησις) setzt die platonische Ontologie voraus, auch wo man nicht mehr darum weiß. Es scheint aber Platon selbst noch nicht zum Bewußtsein gekommen zu sein, daß er hierbei von vornherein ein selegierendes Kriterium anwendet und sonach eine Ontologie besitzt, die a priori bereits durch Wertprinzipien determiniert und darum eingeschränkt ist. Es ist gar nicht das ganze, in der theoretischen Wahrheit erfaßte Sein, das den Grundriß des Guten entwirft, sondern nur das ideale, d. h. durch Wertprinzipien bereits geschiedene Sein. Das heißt aber, daß das Ausschlaggebende für die Erkenntnis des Guten nicht das Sein als solches ist, sondern jenes Wertkriterium, das Sein und Sein sondert. Wir haben hier auch schon einen Primat der praktischen Vernunft. Nur weiß man noch nicht darum. Man spricht nur vom Sein. Erst in der Philosophie der Neuzeit, in der Ethik Kants und in der Wertphilosophie, wird jene Werterkenntnis in ihrer Ursprünglichkeit und Eigenständigkeit zum Problem gemacht. Für Platon aber führt der Weg zum Guten zunächst über das „Sein" und die „Wahrheit".

### e) Die Lust

α) Die Altersdialoge über den Hedonismus

Obwohl Platon im Staat das ethische Problem auf die Ebene der Metaphysik geschoben und damit den für ihn typischen Weg eingeschlagen hat, läßt ihn doch die rein ethisch-phänomenologische Problematik nicht los. Er beschäftigt sich damit im Theaitet zusammen mit der Behandlung des Sensualismus, in den Nomoi und besonders im Philebos. Jetzt lautet die Frage: Ist das Gute vielleicht mit der Lust identisch? Darauf war schon im Gorgias durch Sokrates eine negative Antwort erteilt worden. Die Frage kam aber in der Akademie nicht zur Ruhe. Im Mittelpunkt der Diskussionen scheinen die Ansichten des Aristipp und des Eudoxus von Knidos gestanden zu haben. Ihnen mußte Platon eine eingehende Behandlung widmen. Er klärt zunächst den Begriff. Lust heißt alles Mögliche. Der Ausschweifende hat Lust, aber auch der Maßvolle und Tugendhafte, der Törichte sowohl wie der Weise. Das Gemeinsame und darum für die Lust Wesentliche dürfte in dem im Subjekt rein individuell aufsteigenden Begehren und Verlangen und seiner Befriedigung zu suchen sein (Phil. 12d; 34cff.). Gut wäre dann das, wonach jemand verlangt, und zwar weil er danach verlangt und es ihn befriedigt. Der Wert entsteht durch sein Gutdünken und Gefallen, durch eine „Neigung", wie Kant dafür sagt. Das ist die Theorie des Eudoxus gewesen. Damit fällt sachlich zusammen, was im Theaitet dem Protagoras in den Mund gelegt wird, in Wirklichkeit aber dem Aristipp zugehört, der hier eine werttheoretische Parallele zum erkenntnistheoretischen Sensualismus des Protagoras vertritt. In Sachen des Werterlebens, also in der Frage des Nützlichen, Schönen, der Freude, des Guten und Gerechten, komme es ausschließlich auf das rein persönliche Gefühl an. Hier sei jeder autark. Was ihm als wertvoll erscheint, ist es auch für ihn. Mag er sich mit Recht freuen und vergnügen oder nicht, das ist gleichgültig, jedenfalls freut er sich, und sein Erleben kann ihm niemand nehmen; denn es ist ihm unmittelbar gegenwärtig, gegenwärtig in dem sinnlichen Pathos, das er verspürt, in der „Affektion des niederen Begehrungsvermögens", wie Kant später dafür sagen wird. Es ist ihm darum immer „wahr", „evident" und „unverlierbar" (Theait. 160 c; 178 b; Phil. 37 a b).

β) Platons Kritik

Platon ist, obwohl er eine Ethik der Wahrheit und Richtigkeit vertritt, nie zum Rigoristen geworden wie Kant. Besonders im Alter hat er gesehen, welch ungeheuere Rolle Lust und Liebe im Leben spielen. Wir haben es in der Ethik, sagt er, nicht mit Göttern, sondern mit Menschen zu tun. „Das natürlich Menschliche aber besteht vor allem in Lust, Schmerz und Begierde, und jedes sterbliche Geschöpf ist an sie mit unvermeidlichen Banden gefesselt und hängt an ihnen mit allen Fasern des Herzens" (Nom. 732 d). Darum entscheidet er sich im Philebos für ein aus Lust und Tugend, Einsicht und Leidenschaft gemischtes Leben. Aber zum sittlichen Prinzip hat er die Lust nie gemacht. So sehr er, entgegen dem Kynismus, für den Wert der Freude eintritt, so sehr tritt er dem Hedonismus der Kyrenaiker und allem sogenannten Eudämonismus entgegen, wonach Ursprung und Wesen jedes Wertes überhaupt in der Lust und in nichts anderem zu suchen sei. Dreierlei bringt er dagegen vor. Einmal ist es nicht richtig, daß das subjektive, momentane, sinnliche Gefühl letztes Wertkriterium sei. Oft genug nämlich zeigt sich später, daß etwas, was uns momentan als Wert erschien, in Wirklichkeit ein Unwert war. Wir sprechen darum von wahrer und falscher Lust, wenden also objektive Kriterien an, und damit ist das Lusterlebnis als solches nicht mehr maßgebend und ist weder Ursprung noch Wesen des Wertes (Theait. 169 d — 187; Phil. 36 c — 53 b). Ferner ist die Lust ein Apeiron, ist etwas Unbestimmtes und läßt ein Mehr und Weniger zu. Eben damit ist sie nicht eindeutig, und es könnte durchaus sein, daß, was uns als Lust erscheint, Unlust wäre; denn auch der Schmerz hat dieses Mehr oder Weniger (Phil. 27 d — 31 c). Und schließlich gehört die Lust in den Bereich des Werdens, weil sie ja Erleben und Erleiden ist. Damit verfällt sie dem Kommen und Gehen, Gestört- und Zerstörtwerden. Für das wirklich Gute kann es so etwas nicht geben, weil es dem Reich des Seins angehört (Phil. 53 c — 55 d).

γ) Ordnung der Lust

Darum muß die Lust, soweit sie in unserem Leben einen Platz finden soll, geordnet und beherrscht werden von Maß, Richtigkeit, Vernunft und Einsicht. Das ist das Endergebnis des Philebos. Das aber heißt, daß die Lust nicht Prinzip, sondern nur Begleiterscheinung des Guten ist. Das Leben wird geregelt durch eine ideale Ordnung. Sie ist zugleich die Grundlage für Freude und Lust. Nicht was Lust bringt, ist gut, sondern was gut ist, bringt Lust. „Was gäbe es für den Gerechten für ein Gut, das nicht zugleich ein Lustgefühl, also etwas Angenehmes, mit sich führte?" (Nom. 663 a). Sogar für das ästhetische Wohlgefallen gilt dieses Gesetz. Nicht der Beifall des Nächstbesten entscheidet über wahre und echte Schönheit, sondern der Beifall der Gebildeten und sittlich Besten, weil sie die Einsicht besitzen in die objektive Richtigkeit, die das Wesen des Schönen ausmacht (Nom. 658 e). Erst recht aber ist im persönlichen, sittlichen Leben die Grundlage des Glückes die Gerechtigkeit und nicht, was man so fühlt und dafür hält: „Was die große Menge Güter nennt, sind gar keine wahren Güter ... Gesundheit, Schönheit, Reichtum, körperliche Vorzüge, Stellung und Macht zur Befriedigung aller Gelüste, langes Leben, womöglich Unsterblichkeit, erscheinen zwar als solche ... ihr aber und ich, wir vertreten doch wohl die Ansicht, daß alle diese Dinge für gerechte und gottesfürchtige Männer ein herrlicher Besitz sind, für Ungerechte aber samt und sonders, die Gesundheit voran, höchst verderblich; denn sehen, hören, fühlen und überhaupt leben, und zwar im Besitz der Unsterblichkeit und aller genannten Güter, nur nicht der Gerechtigkeit und der übrigen Tugend, ist das größte Unglück" (Nom. 661 a). Und ebenso ist es auch im staatlichen Leben. „Wenn eine Oligarchie oder Demokratie, dem inneren Zug von Lust und Begierde sich hingebend, immer auf die Befriedigung derselben bedacht und dabei doch niemals mit dem Erreichten zufrieden, sondern geschlagen mit einem Leid ohne Ende und ohne Sättigung ... alle Gesetze mit Füßen tritt, dann gibt es keine Möglichkeit der Rettung" (Nom. 714 b).

### f) Das Böse

α) Problematik des Bösen

Wenn Platon so viel vom Guten spricht, müßte das Böse auch entsprechend zum Problem gemacht werden; das Böse sowohl im Sinn des natürlichen Übels (malum physicum) wie des sittlich Schlechten (malum morale). Doch darüber schweigt sich Platon aus. Er war ein ganz positiv eingestellter Mensch und gab dem Negativen in seinem Denken keinen Raum. Sein Idealismus hat ihn aber nicht dazu verleitet, die Tatsache des Bösen gänzlich zu übersehen, im Gegenteil, er schreibt ziemlich realistisch: „Das Gute wird bei uns Menschen weit überwogen von dem Übel" (Rep. 379 c). Und geradezu prophetisch klingt die andere Stelle: „Wenn der Gerechte auf Erden erscheinen wird, wird er gegeißelt, gefoltert, in Ketten gelegt, an beiden Augen geblendet werden, und schließlich wird man nach allen Martern ihn ans Kreuz schlagen, damit er zur Einsicht kommt, daß es nicht das Richtige ist in dieser Welt, gerecht zu sein, sondern es nur zu scheinen" (Rep. 361 c). Allein in seinem philosophischen System gibt es für das Böse keine Kategorie. Das Sein, das Platon als das wahre und wirkliche Sein kennt, ist nur ideales Sein. Das Wertwidrige zählt darum nicht zum Sein; gemeint ist: es ist zwar eine Wirklichkeit, aber es ist nicht „richtiges", ist nicht ideales Sein. Später sagt man dafür privatio (στέρησις): es geht ihm etwas ab von dem, was sein soll. Allein diese Formel betrifft nur die begriffliche Fassung, und man muß weiterfragen, und Platon fragt auch so: Warum gibt es denn überhaupt Wertwidriges in der Welt? Seine Antwort: Für das sittliche Übel ist der Mensch verantwortlich. Gott ist schuldlos. Für das physische Übel, also für Krankheit, Leid, Not und Tod, liege der Grund in der Endlichkeit der sichtbaren Welt. Es hängt notwendig damit zusammen (Theait. 176 a). Später wird aus dieser Lehre, die hier bei Platon nur eine Erklärung für die mangelnde Vollkommenheit der Welt ist, die Theorie, daß das Körperliche als solches schlecht sei. Diesen viel weiter gehenden Manichäismus hat Platon noch nicht vertreten. Man spricht allerdings manchmal von einer bösen Weltseele, die er angenommen habe (Nom. 896 e ff.). Durch sie würde notwendig auf physischem und moralischem Gebiet Übles erzeugt. Vielleicht tauchten gelegentlich in der Akademie solche parsistischen Strömungen auf. Allein im Denken Platons hat ein böses Prinzip keinen Platz. Platon hält außerdem ausdrücklich dafür, daß die Wirkungen der „schlechten Seelen" gegenüber den Wirkungen der Weltseele ohne Bedeutung sind. Darum ist es wahrscheinlich, daß die sogenannte böse Weltseele nicht mehr war als eine vorübergehende Überlegung.

β) Ein Prinzip des Bösen?

γ) Grenzen des Platonismus

Allein das Böse ist eine unbestreitbare Wirklichkeit. Daß es in die Philosophie Platons nur schwer eingereiht werden kann, ist ein Mangel, ein Mangel jedoch, der allem Idealismus anhaftet (vgl. unten Seite 101). Platon hat sich mit der Frage nochmals befaßt im Zusammenhang mit seiner Gotteslehre. Was alle spätere Theodizee beschäftigt, hat auch ihn schon beunruhigt: Wenn es einen Gott gibt, wie kann es dann sein, daß es in der Welt zugeht, als ob kein Gott wäre oder als ob er sich nicht um die Welt kümmern würde?

Auch damit ist also das Problem des Bösen aufgeworfen (vgl. S. 148).

Literatur

L. Robin, La théorie platonicienne de l'amour (Paris 1908, ²1933). H. G. Gadamer, Platons dialektische Ethik (1931). J. Hirschberger, oben S. 81. J. Gould, The Development of Plato's Ethics (New York 1955). H. J. Kraemer, Arete bei Platon und Aristoteles. Zum Wesen und zur Geschichte der platonischen Ontologie (1959). F.-P. Hager, Die Vernunft und das Problem des Bösen im Rahmen der Platonischen Ethik und Metaphysik (1963).

## B. DAS WAHRE

Der zweite Begriff, um den Platons Denken kreist, ist das Wahre. Von Platon sprechen, heißt von der Ideenlehre sprechen. Der Ideenlehre kommt man aber nur dann nahe, wenn man ausgeht vom Gesichtspunkt des Wahren.

### a) Begriff der Wahrheit

Wahrheit kann sein eine Eigenschaft unseres Denkens und Sprechens: logische Wahrheit. Sie besteht darin, daß unsere Urteile inhaltlich mit dem Sachverhalt übereinstimmen, den sie wiedergeben wollen. Aristoteles gab dafür die berühmte Definition: „Zu sagen, daß das Seiende sei und das Nichtseiende nicht sei, darin besteht die Wahrheit" (Met. *Γ*, 7; 1011 b 27). Diese logische Wahrheit kannte Platon auch, und er hat Euthyd. 284 a und Kratylos 385 b sogar die Definition des Aristoteles vorweggenommen. Wahrheit kann aber auch eine Eigenschaft von Seiendem sein. Wenn Seiendes so ist, wie es sein soll, dann ist es wahr: ontologische Wahrheit. In diesem Sinn sprechen wir von wahrem Gold, wahren Blumen, wahren Menschen usw. Für die Philosophie Platons wird grundlegend nur der ontologische Wahrheitsbegriff. Die Unterscheidung von einem wahren Sein (ὡς ἀληθῶς ὄν) gegenüber einem „Seienden", das kein wahres Sein ist, weil es in der Mitte steht zwischen Sein und Nichtsein, zieht sich durch seine ganze Philosophie. Die ontologische Wahrheit ist aber bei Platon noch etwas Ursprünglicheres und anderes als das einem Sein-Sollen Entsprechende, der verus lapis etwa der mittelalterlichen

Denker, der der Idee des Steines im Geiste Gottes entspricht. Bei Platon kommt „Seiendes" nie ganz an seine Idee heran. Die Idee selbst ist bei ihm das Wahre. Das ist seine ontologische Wahrheit. Voraussetzung für beide Bedeutungen des Wahrheitsbegriffs ist immer seine Anschauung, daß alles, was wahr ist, etwas Unveränderliches sein muß, etwas immer mit sich selbst Identisches, wie er zu sagen pflegt. Alle Wahrheit ist darum für Platon ewig, richtiger gesagt, sogar zeitlos.

Auf Jahrhunderte hinaus hat dieser Wahrheitsbegriff Denken und Philosophieren des Abendlandes bestimmt. Um seine Eigenart zu spüren, braucht man nur an die Einstellung der Lebensphilosophie zu denken, die gerade in einem solchen Wahrheitsbegriff eine Fälschung der, wie sie glaubt, ewig fließenden Wirklichkeit erblickt und für die darum wahr etwas anderes meint. Wahr ist für sie z. B., was echtes Erleben ist oder was fruchtbar ist.

Die historischen Gründe für den platonischen Wahrheitsbegriff sind bei Sokrates und seinen allgemeinen Begriffen sowie bei Parmenides und seinem ewig ruhenden Sein zu suchen. Nicht umsonst haben die Schrittmacher der Lebensphilosophie, Nietzsche und Klages, sich immer wieder gegen diese beiden Männer gewendet. Die sachlichen Gründe für seine Position bezieht Platon zunächst aus dem mathematischen Wissenschaftsideal, das für ihn ebenso das Ideal der Wissenschaft schlechthin ist wie später auch für Descartes, Spinoza und Kant. Eine tiefere Quelle bilden die apriorischen Wertgehalte der Ethik. Der letzte Grund liegt in einem Selbstverständnis des Geistes, der das Immer-mit-sich-selbst-Identische als das eigentliche Grundgesetz seiner Denkschritte und als die Natur des Wahren erschaut, so daß auch hier schon das Wort Descartes' fallen könnte: All das ist wahr, was ich als klar und deutlich (clare et distincte) erfasse.

### b) Quelle der Wahrheit

Was Platon an der Wahrheit zuerst interessiert, ist die Frage nach ihrer Quelle. Wo finden wir die Wahrheit?

In seiner Antwort scheidet er zunächst einmal die Sinnlichkeit als Wahrheitsquelle aus; er tut das von Anfang an sehr bestimmt und in einer für ihn und allen späteren Rationalismus typischen Weise. Sinnlichkeit ist dabei sowohl die α) Sinnlichkeit subjektive Sinneswahrnehmung wie die objektive Welt der Sinne, die Körperwelt in Raum und Zeit. Die Sinneswahrnehmung ist unzuverlässig. Wir erfahren nämlich ständig, daß unsere Augen die Dinge immer wieder anders sehen. Und noch unsicherer sind die übrigen Sinne. Besonders aber fällt auf, daß anderen Menschen dieselben sinnlichen Gegebenheiten wieder anders erscheinen können, als sie uns erscheinen. Die Unsicherheit der Sinneswahrnehmung hatte schon Parmenides, ihre Relativität besonders die Sophistik immer betont, und wir sehen, Platon pflichtet ihnen bei. Auch er betrachtet die Sinneserfahrung mit skeptischen Augen. Hier gibt es keine immer gleichen Erkenntnisse und darum keine Wahrheit. Deshalb muß der Philosoph dem Leib und seinen Sinnen sterben, heißt es im Phaidon, sonst wird er die reine Wahrheit nie schauen. Außerdem ist die Welt der Sinne die Welt des Werdens und der ständigen Bewegung, wo alles fließt. Das war die Thesis der Herakliteer, und auch sie hat auf Platon Eindruck gemacht. Wenn wirklich alles fließt, kann es natürlich in der Sinneswelt gar nie Wahrheit und Wissenschaft geben, weil nichts bleibt, der Wahrheitsbegriff aber gerade das ständig mit sich selbst Identischsein fordert. Und schließlich sind Meldungen der Sinne für Platon überhaupt nie formelle Erkenntnis, sondern nur Material der Erkenntnis. Die Inhalte der einzelnen Sinneswahrnehmungen werden nämlich von uns immer miteinander verglichen und zusammengeschaut, und was dann dabei als etwas den verschiedenen Sinnesempfindungen Gemeinsames herausgehoben wird, das erst ist es, was wir mit der Ist-Aussage des urteilenden Erkennens meinen und zum Gegenstand von Wissenschaft und Wahrheit machen. Das urteilende Erkennen aber kann nicht wieder selbst sinnlich sein, weil jede Sinnesempfindung auf ein einzelnes Sinnesorgan beschränkt ist, hier aber die Ergebnisse der einzelnen Sinnesvermögen überschaut, zusammengefaßt und verarbeitet werden. Darum ist also Sinnlichkeit selbst niemals Quelle der Wahrheit (Rep. 523 f.; Theait. 185 f.).

β) Geist Diese Quelle ist vielmehr in der Seele zu suchen: „Wenn die Seele, ganz auf sich selbst gestellt, eine Betrachtung anhebt, dann bewegt sie sich hin zu dem Reinen, immer Seienden, Unsterblichen und sich selbst Gleichen ..., dann wird sie frei vom Irrtum und bleibt, solange sie sich damit beschäftigt, sich stets gleich, da sie ja auch sich stets gleiche Gegenstände erfaßt" (Phaid. 79 d). Platon meint damit den Geist, das reine Denken (νόησις, ἐπιστήμη, φρόνησις). Davon muß alle Erkenntnis leben; nur dann kommt sie zur Wahrheit. Aber der Geist braucht dieses Wissen um die Wahrheit nicht erst zu erwerben; er besitzt es immer und kraft seiner Natur. „Es ist so, daß den Menschen das Wissen innewohnt und die rechten Begriffe" (Phaid. 73 a). Das Wissen z. B. vom an sich Gleichen, Großen, Kleinen, Guten, Gerechten, Heiligen, dem Menschen, der Leier, überhaupt von jeglicher „Wesenheit an sich". Begriffe, Gedanken, Gewußtheiten (λόγοι, ἔννοιαι, νοήματα, ἐπιστῆμαι) sagt Platon dafür, oder einfach „Ideen". Sie sind immer mit sich selbst identisch und verändern sich nie, wie alle echte Wahrheit es nie tut. „Angeboren" hat man diese Ideen geheißen. Besser wäre es, von apriorischen Wahrheiten oder idealen Begriffen zu reden. Platon selbst sagt nämlich, wir hätten diese reinen Gedanken in der Präexistenz der Seele bei den Göttern geschaut und würden uns jetzt, angeregt durch die Sinneswahrnehmung in Raum und Zeit, nur wieder an sie erinnern (ἀνάμνησις). Wir erwerben sie nicht erst neu und allein auf Grund unserer Sinneserfahrung; sie sind vielmehr schon fertig auf Grund der präexistenten Schau. Eben das aber meint der Begriff der Apriorität. Wir sehen zugleich, daß Platon damit an ein urbildliches Wissen denkt, das uns alles Seiende in seiner idealen Gestalt offenbart. Bei der Wiedererinnerungslehre sollte man das Wort von der präexistenten Schau nicht allzusehr pressen. Mag Platon das wörtlich oder nur metaphorisch verstanden haben, worauf es ihm letztlich ankam, waren die apriorischen und urbildlichen Gewußtheiten des Geistes, die den Menschen in gewissen, für uns wesentlichen Hinsichten, der Wahrheits- und Werterkenntnis nämlich, über das nur Raumzeitliche hinausheben.

αα) Apriorismus

ββ) „Wiedererinnerung"

Von größter philosophischer Wichtigkeit sind die Versuche Platons, die Apriorität seiner idealen Gewußtheiten zu begründen. Am bekanntesten ist, was er dazu im Menon ausführt: Ein junger Sklave, der nie Geometrie studiert hat, weiß aus sich selbst heraus, nach einigen geschickten Fragen, wie lang die Seite eines Quadrates sein muß, dessen Flächeninhalt doppelt so groß ist wie der eines gegebenen Quadrates. Aber das ist mehr ein Beweis ad hominem. Logisch tiefer

γγ) Begründung des Apriorismus

greift, was im Phaidon steht. Sein Beweis kann in den Satz zusammengedrängt werden: Du kannst gar nie Sinneswahrnehmungen erstmals haben, ohne schon von vornherein dabei geistige Inhalte mit eingehen zu lassen und zu verwenden, die nicht aus der Erfahrung stammen. Wenn wir z. B., heißt es im Phaidon, zwei Hölzer miteinander vergleichen, dann finden wir, daß sie zwar nie ganz gleich sind, aber doch dem Begriff der Gleichheit mehr oder weniger nahekommen. Was geschah bei diesen Vergleichen? Wir bezogen unsere Vorstellungen von den einzelnen Hölzern auf die Idee der Gleichheit und haben sie dadurch gemessen, beurteilt, geordnet. Wir hätten gar nicht daran denken können, die zwei Hölzer vergleichend zusammenzubringen, hätten wir nicht schon von vornherein die Idee der Gleichheit an sich gehabt. Allgemeiner gesagt: „Ehe wir anfangen, zu sehen und zu hören und die übrigen Sinneswahrnehmungen zu haben, mußten wir schon eine Kenntnis des an sich Gleichen gewonnen haben, wenn es möglich sein sollte, das Gleiche der Sinnesanschauung auf jenes zu beziehen mit der Einsicht, daß alles danach strebt, jenem gleich zu sein, ihm aber doch nicht gleichkommt“ (Phaid. 75 b). Der Theaitet zählt als weitere apriorische Gewußtheiten auf: Identität, Verschiedenheit, Gegensatz, Einheit, Zahlenbestimmtheit, Gerades und Ungerades. Wir sehen, es sind Grundbegriffe allen Erkennens überhaupt, was Platon hier anführt. Und hätte man ihm eingewendet, daß diese allgemeinen Wissensinhalte durch Abstraktion gewonnen seien, also doch aus der Sinneserfahrung stammen können, dann hätte er sicher geantwortet: Du kannst den Abstraktionsprozeß überhaupt nicht beginnen, ohne schon vorher um Identität, Gleichheit, Ähnlichkeit, Einheit, Vielheit usw. zu wissen, weil sonst ein Vergleichen, der erste Schritt der Abstraktion, gar nicht in Gang kommen kann. Um vergleichen zu können, muß man ja bereits wissen um das Eine und Viele, Identische und Andere. Wie könnten wir sonst eine Vorstellung von einer anderen unterscheiden?

δδ) Reichweite des Apriorischen

Für Platon sind jedoch nicht nur die Grundbegriffe allen Erkennens a priori, sondern auf der nun einmal beschrittenen Bahn weitergehend, erklärt er, daß alles, was ein „an sich“ ist, also jeder Urbildbegriff, das Schöne an sich, Gute, Gerechte, Fromme an sich, überhaupt jegliche Wesenheit, dem Geiste a priori zu eigen sei, so daß es nie durch Erfahrung neu erworben, sondern immer nur durch Wiedererkennen zum Bewußtsein gebracht werden muß. Platon ist betonter Rationalist und Idealist. Die ganze Sinnenwelt von Raum und Zeit wird bei ihm hineingenommen in die Idee und den reinen Begriff und von dort her verstanden. Damit sinnliche Wahrnehmung und somit Erfahrungen möglich werden, muß immer die Idee schon sein. Nur durch sie kann Sinnlichkeit gelesen werden.

εε) Gegen den Materialismus

Der Nachweis der apriorischen Elemente des menschlichen Geistes richtet sich bei Platon in gleicher Weise gegen die Lehre des Protagoras, daß alles Erkennen nur subjektives Scheinen und Meinen sei, gegen die Behauptung des Antisthenes, daß es außer der materiellen Sinnlichkeit nichts weiter mehr gäbe, und gegen die Thesis des Aristipp, daß alles Wertgefühl nur individuelles Erleben sei. Indem Platon allgemeingültige, unsinnliche und apriorische Inhalte unseres Geistes aufzeigt, hebt er den Relativismus, Phänomenalismus, Sensualismus und Wertindividualismus aus den Angeln, ebenso auch den Soziologismus. Auch die subjektivste Affektion der Sinne und des Begehrens (φαίνεσθαι, αἰσθάνεσθαι, παρὸν πάθος) ist nie ohne allgemeingültige, unsinnliche, logische und ethische Kategorien, weshalb der Sensualismus und Wertsubjektivismus unhaltbar sind und sich ferner zeigt, daß bei aller Relativität geistiger Gehalte, Denkmodelle und Ideologien der Geist auch Elemente hat, eben jene apriorischen Grundbegriffe, die über und vor allen Relativitäten liegen. Platon ist der erste große Widersacher des Materialismus und sensualistischen Empirismus. Immer wieder kommen die Späteren auf seine Argumente zurück.

γ) Sinnlichkeit und Denken

Das Verhältnis von Sinnlichkeit und Denken ist noch genauer zu zeichnen. Wenn Platon Rationalist und Idealist ist, dann darf man sich das nicht so vorstellen, als ob er mit blinden Augen durch die Welt hätte gehen und die Sinnlichkeit überhaupt nicht hätte brauchen wollen.

αα) Gebrauch der Sinne

Die Sinnlichkeit spielt auch in seiner Erkenntnislehre eine Rolle. „Die Sinne gebrauchend", „von den Sinnen ausgehend", „die Sinne beiziehend", denken und erkennen wir, pflegt er zu sagen. Aber was für eine Rolle ist das? P. Natorp und die neukantianische Platonauslegung haben geglaubt, daß man sich das Verhältnis so denken könne, wie es bei Kant ist: Die Sinne sollten Erfahrungsmaterial beisteuern, während der Geist durch seine apriorischen Elemente es ordnen und so Erfahrungen allererst möglich machen soll. Allein die Ideen Platons sind nicht Formen und Funktionen, sondern fertige Inhalte, und wir haben es auch nicht mit einer beschränkten Zahl von Grundfunktionen (Kategorien) zu tun, sondern mit einer unbegrenzten Anzahl von Begriffen; alles Wissen um alle Wesenheit ist a priori. Darum braucht hier auch nichts mehr geordnet zu werden. Die Erkenntnisinhalte sind in ihrem Bestand schon fertig. Sie müssen nur bewußt gemacht werden. Das allerdings geschieht durch die Sinne. Aber auch nur das. Sehr anschaulich erläutert das Platon im Phaidon 73 c—e: Wenn ich ein Bild meines Freundes sehe, erinnert es mich an meinen Freund, indem es mich veranlaßt, das von ihm aktuell zu denken, was ich potentiell immer schon von ihm weiß. Die Bilder liefern mir nicht ein Bild meines Freundes; das besitze ich schon. Sie veranlassen mich nur, meiner apriorischen Gehalte bewußt zu werden. Und so sei es auch, wenn ich eine Gerade sehe, einen Kreis, ein Quadrat, einen Menschen, ein Tier, eine Pflanze oder sonst etwas. Die ganze Sinnlichkeit erhält darum bei Platon den Charakter des Abbildhaften. Und wie wir jedes Bild nur verstehen vom Abgebildeten her, so müßten wir darum alle unsere Sinneswahrnehmungen beziehen auf Urbilder, deren Abbilder sie ja sind.

ββ) Methexis und Urbild

Platon hat dafür den Ausdruck der Teilhabe (μέθεξις) geprägt. Methexis meint sachlich dasselbe wie Paradeigma. Nur die Begriffe sind verschieden. Aber es ist nicht mit „Teilhabe" die Idee als der Sinnlichkeit immanent, mit dem „Urbild" als ihr transzendent verstanden, wie Ross es darstellt. Die Transzendenz der Idee ist keine totale, sondern nur eine modale. Der erkenntnis-theoretische Sinn dieser Begriffe besagt, daß alles Erkennen in der erfahrbaren, raumzeitlichen Welt ein „Analogismus", ein Lesen der Sinneswahrnehmung durch Hinbeziehen auf einen urbildlichen Begriff ist, ein ἀναφέρειν und προσεοικέναι, wie es Phaidon 74 c und 75 b heißt. Das ist beim Erkennen nicht anders, als wenn der Demiurg in seinem Schaffen auf die Ideen hinblickt und so alles Seiende zu Abbildern ewiger Urbilder macht (Tim. 29 a ff.). Die Analogismen, die nach dem Theaitet (186 a — c) zur Einsicht in Sein und Wert führen, sind nicht irgendein zu etwas Gemeinsamem führendes Vergleichen und Berechnen, ein Abstrahieren im modernen Sinn, sondern geschehen auf dem Grunde des Eidos, an dem alles sinnlich Einzelne teilhat. Das ist der Logos, und er erst macht das Wahrnehmen zur Wesens- und Werterkenntnis. Man muß in dem ἀναλογίζεσθαι in Theait. 186 a 10 und c 3 den „Logos" ernst nehmen, sensu stricto, als das wahres Erkennen allererst und vorgängig Ermöglichende. Alles Erkennen geschieht ἀνὰ τὸν λόγον, ist „analogisches" Erkennen.

Mit dieser Teilhabe der vielen Ähnlichen an dem gemeinsamen Urbild, dem Eidos oder Logos, von dem her alles Viele seinen Sinn erhält und damit wieder ähnlich und eins wird, stehen wir an der Urzelle der Lehre von der Analogia entis. Sie ist echter Platonismus und blieb es trotz der Überdeckung durch die aus der Mathematik kommende viergliedrige Verhältnisanalogie. Der ursprüngliche Sinn schlug immer wieder durch. Wenn etwa das Mittelalter den Teilhabegedanken erläutern wollte, zitierte es zahllose Male nach Aristoteles (Metaph. α, 1) den Satz, daß das am meisten Seiende und am meisten Wahre Ursache sei für alles Seiende und Wahre (z. B. Thomas, S. theol. I, 44, 1). Das ist aber typisch platonisches Denken; denn die aristotelische Rede, daß dies am meisten, d. h. vollkommensten seiend ist, wovon das übrige ihm ähnlich Seiende Name und Begriff hat, ist ein typischer Satz der Ideenlehre, und sogar noch das Beispiel vom Warmen ist platonisch (Phaid. 103 c — 105 c). Das am meisten Seiende ist das „eigentliche", „wahre" Sein. Alles andere ist ihm gegenüber nachbenannt, nur abbildhaft, nur teilhabend, nur „analogisch". In seiner Schrift „Über die Ideen" soll Aristoteles eine Begründung der Ideenlehre referiert haben, die gesagt hätte: „Was einander ähnlich ist, ist dies deswegen, weil je ein und dasselbe anwest, was im ‚eigentlichen' Sinn (κυρίως) das Sein ausmacht, und dies ist die Idee" (frg. 4 Ross). Das ist tatsächlich die platonische Grundposition: eigentliches Sein, Teilhabe, Analogie. Ganz in diesem Sinn kann noch Thomas sagen: Haec est enim natura omnis analogi, quod illud, de quo primo dicitur, erit in ratione omnium, quae sunt post, sicut sanum, quod prius dicitur de animali quam de urina et medicina (s. unten S. 487). Als Platon die Sinnlichkeit unter die Idee stellte, hat er die

γγ) Analogie

Analogia entis begründet. Sie ist der Ausdruck für den Primat der Idee gegenüber der Sinnlichkeit.

Aber obwohl dabei die Rolle der Sinnlichkeit für unser Erkennen eingeschränkt wird — die Sinne sind nicht mehr Ursache (causa), sondern nur noch Gelegenheit (occasio) —, bedeuten sowohl Teilhabe wie auch Paradeigma und Analogia auch wieder eine Verbindung von Sinnlichkeit und Geist und auch noch des Gegründeten mit dem alles Gründenden, dem Anhypotheton. Nur ein mangelhafter Metaphysik- und Transzendenzbegriff — „Metaphysik": das schlechthin unzugängliche „Jenseitige" — führt zu der Zweiweltentheorie eines totalen Chorismos, wo in Wirklichkeit nur ein modaler gemeint war, eine „Trennung" des Seins nach seinem Wesen in Gegründetes und Gründendes. Es ist eine Modifizierung, der es ebensosehr auf die Trennung wie auf die Einheit ankam.

δδ) Platon und Kant

Es ist lehrreich, in unserer Frage Kant und Platon zu vergleichen. Beide Denker arbeiten mit apriorischen Faktoren. Während aber bei Kant nur die Formen a priori sind, sind das bei Platon auch die Inhalte. Bei Kant kommen die Erkenntnisinhalte erst zustande, bei Platon sind sie schon fertig, was aber nicht heißt, daß auch unser Wissen um sie schon fertig sei; wir müssen vielmehr in immer neuen dialektischen Anläufen ihren Gehalt immer weiter sichten, trotz des „Schauens" der Idee. Bei Kant liefern die Sinne schließlich wirklich Material für die Erkenntnisinhalte, bei Platon tragen sie inhaltlich nichts bei. Kant stellt eine Verbindung dar von Empirismus und Rationalismus, Platon ist reiner Rationalist.

δ) Doxa

Erhebt sich der Mensch in seinem Erkennen nicht zu jenen Ideen, sondern bleibt er der sinnlichen Anschauung als solcher verhaftet, dann ist sein Erkennen nicht Wissen, sondern nur Meinung (δόξα). Wenn nämlich das Erkennen bei der Sinnenwelt stehenbleibt und sich darauf allein stützt, dann hat man es mit dem Reich des Veränderlichen zu tun und kann nie zu einem wirklichen Wissen kommen, weil es hier nie zu ewig gleichbleibenden Sätzen und Wahrheiten kommen kann. Wie später Hume das rein empirisch-naturwissenschaftliche Erkennen nur als ein Glauben (belief) charakterisiert, bezeichnet es auch Platon schon als bloßen Glauben (πίστις), beide aus derselben Überlegung heraus, daß wir nicht sicher sind über die Konstanz des Naturgeschehens. Ein zweiter Grund, warum nach Platon ein Erkennen eventuell nur Meinen bleibt, liegt in dem Mangel einer direkten Einsicht in die wahren Sachverhalte. Man kann zufällig oder durch „göttliche Schickung“ das Wahre treffen; aber wenn man nicht um die Begründungszusammenhänge positiv weiß, ist das kein richtiges Wissen, sondern nur ein Erraten oder ein Glücksfall. Darauf besteht kein Verlaß. Platon gibt jedoch zu, man wird sich bei der großen Menge damit wohl bescheiden müssen. Ist die zufällig wahre Meinung auch noch nicht Wissen, so ist sie doch mehr als Nichtwissen. Das Ideal freilich bleibt die Einsicht in die ewigen, unveränderlichen Wahrheiten, in die Ideen und Begriffe.

### c) Gegenstände der Wahrheit: Die Ideen

Den apriorischen Begriffen unseres Geistes korrespondieren entsprechende Gegenstände. Diese Gegenstandswelt interessiert Platon ebenso wie die Frage nach der Quelle der Wahrheit. Als besonders aufschlußreich für Idee und Ideenwelt vergleiche man die klassischen Stellen Phaidon 74 a — 75 d (das An-sich-Gleiche „neben“ den gleichen Dingen und sein Anders-Sein); 99 d — 105 c (die zweite Fahrt); Staat 596 a bis 597 e (die drei Seinsweisen: Bild, Naturding, Idee); 509 d bis 511 e (Liniengleichnis); 507 d — 509 b (Idee des An-sich-Guten und Sonnengleichnis); 514 a — 516 c (Höhlengleichnis); Timaios 27 b — 29 b (Die Urbilder für den Demiurgen); Sophistes 251 a — 259 d (Gemeinschaft der Ideen und die Dialektik); Parmenides 130 e — 135 b (Selbstkritik); Timaios 51 b — 52 d (Zusammenfassung).

α) Tatsache der Ideen

Platon konstatiert ausdrücklich, daß die Unveränderlichkeit der Gewußtheiten des Denkens davon herkomme, daß das Denken sich mit Gegenständen befaßt, die selbst auch absolut unveränderlich sind: „Die Seele verhält sich zu jenen Gegenständen immer in derselben Weise, da sie eben damit etwas erfaßt, das selbst auch von dieser Art ist“ (Phaid. 79 d). Es sind jene Gegenstände, „die wir immer im Mund führen“: das Schöne an sich, Gute an sich, die Gesundheit an sich, Stärke an sich, das Gleiche, Große und Kleine an sich, überhaupt jegliche Wesenheit. Diesen Gegenständen komme es zu, „niemals, in keiner Weise, irgendwie auch nur die geringste Veränderung zu erleiden“ (Phaid. 78 d). Sie sind etwas Eingestaltiges, Ewiges, Unsterbliches, Göttliches. Es sind seine Ideen (ἰδέαι, εἴδη, μορφαί, αὐτὰ τὰ πράγματα). „Idee" hat also eine doppelte Bedeutung; einmal ist sie ein Gedanke (subjektive Idee), und dann ist sie der Gegenstand, den wir denken (objektive Idee). Von der Idee im erstgenannten Sinn sprachen wir, als wir die Quelle der Wahrheit erörterten. Von der Idee im letztgenannten Sinn sprechen wir jetzt, wenn wir nunmehr die Gegenstandswelt der Wahrheit ins Auge fassen.

Zu versichern, daß Platon Ideen angenommen hat, scheint überflüssig, muß aber trotzdem geschehen, weil die neukantianische Platon-Deutung sie in einer Weise ausgelegt hat, die darauf hinausläuft, die Idee als etwas objektiv Wirkliches zu beseitigen. Nach dieser Schule (Natorp, Cassirer, Bauch, Hönigswald) sind die Ideen zwar auch Gegenstände des Erkennens, allein sie sind „Gegenstände", wie bei Kant der Gegenstand ein Gegenstand ist, d. h., sie sind Denksetzungen. Sie werden vom Denken nicht vorgefunden, sondern geschaffen auf Grund der dem Denken eigentümlichen spontanen Funktionen. Die Idee wandert hier ganz in den Geist hinein; ist ein Kind des Geistes, ist ihm verpflichtet, nicht er ihr. Das war typisch moderne Umdeutung. So dachte kein Grieche. Er versteht den „Gegenstand" immer realistisch und dualistisch, läßt ihn wirklich dem Geiste gegenüberstehen, und zwar nicht nur einem momentanen Denken, sondern auch dem Geist als solchem. In der Antike hebt der Mensch sich noch nicht so sehr empor, daß die Welt sich nach ihm richten müßte. Er richtet sich nach der Welt. „Es gibt noch Größeres als den Menschen" (Arist. Eth. Nik. 1141 b 1). Darum bleibt es dabei, daß die platonischen Ideen etwas Reales sind, und wir verstehen unter ihnen jene Wirklichkeiten, die als ewig unveränderliche Gegenstände des wahren Erkennens auf Grund einer präexistenten Schau im reinen Denken aufleuchten. Das Wort „schauen" spricht vielleicht am deutlichsten aus, daß die objektive Idee etwas anderes ist als nur der Geist und seine Funktionen.

β) Eigenschaften

Die platonische Idee ist etwas Unräumliches, Zeitloses, Unveränderliches, nur dem Denken Zugängliches. Aber zuvörderst wollen wir wissen, welche Wirklichkeit sie besitzt. Daß es nicht die Realität der sinnlichen, raumzeitlichen Wirklichkeit (res extensa) ist, liegt auf der Hand. Es kommt ihr aber auch keine psychische Wirklichkeit (res cogitans) zu. Symp. 211 a 7 wird ausdrücklich festgestellt, daß die Idee nicht aktuelles Denken oder Wissen sei. Ihre Wirklichkeit ist vielmehr eine ideale. Was ideale Wirklichkeit ist, erfahren wir einigermaßen im Umgang mit mathematischen und logischen Geltungszusammenhängen. Sätze wie: 2 mal 2 ist 4, der Satz der Winkelsumme des Dreiecks u. ä. können von keiner Macht der Welt umgestoßen werden. Sie stehen überhaupt nicht in der Zeit. Es ist sinnlos, zu fragen, wann sie angefangen hätten zu gelten und ob, wenn einmal keine Welt mehr wäre, sie aufhörten zu gelten. Nicht einmal ein Gott könnte ihren Geltungssinn ändern. Es sind „Sätze vor Gott" (Bolzano).

γ) Mundus intelligibilis

Diese ideale Wirklichkeit ist nun für Platon stärker als alle andere Wirklichkeit; denn die materielle Welt wird längst vergangen sein, und diese Sätze werden immer noch gelten. Sie sind darum nicht bloß „Begriffe", die schematisch allgemein den Inhalt tatsächlichen Denkens auf eine Formel bringen. Dann wären sie zeitlich, wie ein Denkakt es auch ist. Für Platon sind aber die Ideen etwas „Ewiges", d. h. Zeitloses. Ferner bilden sie die obersten Strukturpläne der Welt, ohne ihrerseits davon abhängig zu sein. Sie sind das Sein des Seienden oder, um im Bild zu sprechen, das Herz aller Dinge. Die materielle Welt ist anders, sie hat ihre eigene Schwere, sie irrt und fehlt; und doch wird sie beherrscht und dirigiert von der „List der Idee", wie später Hegel sagt. Platon freilich würde sagen, diese materielle Welt lebt nur von der Gnade der Idee.

αα) Wirklichkeitscharakter der Ideenwelt

Darum sieht Platon in der idealen Wirklichkeit die eigentliche Wirklichkeit, das ὄντως ὄν. Wie für Leibniz ist auch für ihn der eigentliche Kreis nicht jener, der auf der Tafel steht, sondern der ideale Kreis. Nur für letzteren gelten ja die Kreisgesetze. Der erstere erfüllt ihre Bedingungen nicht, weil seine Linie ausgedehnt ist und nie vollkommen rund sein kann, und so ist es auch mit allen anderen Ideen. Hätte je ein Mensch gelebt, der die Idee des Menschen voll ausgeschöpft hätte, ein absolut vollkommener Mensch? Oder hätten im Reich der Natur die Pflanzen, Blumen, Tiere und auch die leblosen Körper in ihren zahllosen Individuen trotz der Zahllosigkeit nicht immer noch Raum, in immer neuen Individuen den Reichtum der Idee der Art immer wieder neu darzustellen, weil die Idee eben unausschöpfbar ist? Und deswegen unausschöpfbar, weil sie allein die vollkommene, wahre und eigentliche Wirklichkeit ist, während alles andere sie zwar abzubilden trachtet, dabei aber immer nur zu einem Annäherungswert kommt, nicht zum reinen Wert und Wesen selbst. „Die ganze Sinnenwelt strebt danach, zu sein wie die Ideenwelt, vermag es aber nicht, sondern bleibt dahinter zurück“ (Phaid. 75 b). Auch wegen dieser unausschöpfbar reichen, zeugenden Fruchtbarkeit ist die Ideenwelt die stärkere Wirklichkeit. Darum unterscheidet also Platon die Ideenwelt (κόσμος νοητός, mundus intelligibilis) von der sichtbaren Welt (τόπος ὁρατός, mundus sensibilis) und erblickt nur in jener die wahre und eigentliche Welt, in dieser aber bloß ein Abbild, das in der Mitte steht zwischen Sein und Nichtsein. Es wäre darum, obgleich wir uns soeben über die mathematischen Geltungszusammenhänge dem Sinn der idealen Wirklichkeit näherten, doch nicht im Geiste Platons gedacht, wenn wir die Idee nur als Geltung auffaßten, wie Lotze dies getan hat. Denn der moderne Begriff des Geltens besagt eine gewisse Abschwächung des Wirklichkeitsgrades, da das moderne Denken gewohnt ist, in der physischen Wirklichkeit die eigentliche Wirklichkeit zu sehen. Für Platon ist es umgekehrt, für ihn ist die ideale Wirklichkeit nicht eine Abschwächung des Wirklichkeitsgrades, sondern die volle und reine Wirklichkeit.

ββ) Zwei Welten? Jene stärkere Wirklichkeit darf man sich aber nicht im Sinne einer Zweiweltentheorie als total getrennt vorstellen. Es gibt auch für Platon eine Einheit des Seins. Aber er unterscheidet in diesem einen Sein mehrere Modalitäten: das Bildsein, das Sein der Natur- und Kunstdinge, das Ideensein. Letzteres ist die stärkere Wirklichkeit, das „wahre“ und „eigentliche“ Sein, durch dessen Anwesen (παρουσία) anderes Seiendes auch noch Sein hat, am Sein teilhat (μέθεξις), wie er sagt. Es geht uns auf in der Selbsterfahrung des Geistes und seiner ewigen Wahrheiten und Werte. Habitus principiorum wird das Mittelalter dafür sagen und gleichzeitig darin auch eine gewisse „Teilhabe am göttlichen Licht“ sehen. Mit diesem Geist steht der Mensch über aller raumzeitlichen Erfahrung in einer zeitlosen Welt, ohne diese unsere sinnliche Welt zu verlieren und in eine total andere, gänzlich unbegreifliche zu fliehen. Im Gegenteil, er erfaßt sie in ihrem Grunde. Es gibt bei Platon eine Immanenz des Transzendenten. Die Ideenlehre ist Modalitätsanalyse. Wie Platon ausdrücklich versichert (z. B. Tim. 51 b ff.), ist es die im Umgang mit dieser unserer sinnlichen Erfahrungswelt gewonnene kritische Einsicht gewesen, daß das sinnlich Gegebene unsicher und schwankend, die data des Geistes aber sicher und zeitlos sind, was zur Erkenntnis der Ideenwelt führte: wenn Vernunft etwas anderes ist als sinnliche Anschauung, dann ist das ihr gegenüberstehende Sein, das noetisch-eidetische Sein, das „sichere", „wahre" Sein. Diese modi des Seins entdeckte er a m und i m Seienden, hob sie heraus und nannte sie „Idee". Das war seine Modalitätsanalyse, und das ist der ganze „Chorismos".

γγ) Inhalt der Ideenwelt

Was den Inhalt dieser Ideenwelt angeht, so hat Platon ursprünglich nur von den Ideen des an sich Guten, Schönen, Gerechten und anderen ethisch-ästhetischen Ideen gesprochen. Bereits im Phaidon gibt es aber auch schon Ideen von logisch-ontologischen Relationen, so die Idee des Gleichen, Verschiedenen, des Gegensatzes, und schließlich Ideen aller Wesenheiten überhaupt. Damit ist die Ideenlehre auf das ganze Reich des Seins ausgedehnt, auch auf Natur und Kunst; denn Wesenheit findet sich überall. Wenn Platon es im Parmenides (130 cd) und Sophistes (227 ab) so hinstellt, als ob er nur notgedrungen auch eine Idee des Haares, des Schmutzes, der Läuse und anderer wertwidriger Dinge annähme, so spürt man hier deutlich, wie die Ideenlehre bei ihm ursprünglich eine Idealenlehre gewesen ist, darf aber nicht glauben, daß er damit den Charakter seiner Ideenlehre im Alter geändert hätte. Er spricht damit nur deutlicher aus, was er auch im Phaidon schon hätte sagen können; denn Idee ist ihm auch dort schon alles ohne Ausnahme, was wir mit dem „An sich" oder der „Wesenheit", also einer Soseinsbestimmtheit, „siegeln" (75 d).

δδ) Idee des Satans?

Konsequenterweise müßte dann allerdings, wie M. Scheler einmal gesagt hat, auch eine Idee des Satans angenommen werden. Paßt sie tatsächlich in die Ideenwelt, und stammt auch sie letztlich ab von der Idee des Guten? Wir berühren damit wieder das schon oben (S. 87) angeschnittene Problem, wieso denn alles Seiende tatsächlich auch gut sein soll. Man sieht, wie hier Platons Konzeption nur ein ganz bestimmtes Sein im Auge hat: das als „wahr" und „gut" vom Geist her, der sich dabei als eine Art göttlicher und schöpferischer Vernunft erlebt, selegierte Sein. Der Satan fällt diesem Sein-Sollen gegenüber ab in die Wirklichkeit der Nacht und des Dunkels, was zwar noch Wirklichkeit ist, weil zwischen Nichtsein und Sein stehend, aber nicht mehr Sein selbst ist. Sofern aber auch das Abfallende noch ein Sein voraussetzt und damit einschließt, von dem es sich entfernte — ohne das wäre es nichts —, ist auch hier noch etwas Ideenhaftes vorhanden, weshalb Augustinus im Geiste Platons schreiben kann: proinde nec ipsius diaboli natura, inquantum natura est, malum est, sed perversitas eam malam fecit (De civ. Dei XIX, 13).

δ) Welt der Wissenschaft

Die Ideenwelt ist für Platon als die eigentliche Welt zugleich die Welt der Wissenschaft und Wahrheit. Wir erinnern uns an die schon zitierte Phaidon-Stelle, wonach die Seele, wenn sie ganz auf sich selbst gestellt das Sein zu erkennen trachtet, vom Irrtum frei bleibt, weil sie jetzt im Reiche der immer mit sich selbst identischen Gegenstände verweilt. „Und dieser ihr Zustand wird Wissen genannt" (79d). In der Ideenwelt ist die Wahrheit zu Hause, und dort ist es, wo die wissenschaftlichen Sätze und Gesetze eigentlich stimmen. Sie stimmen nicht in der Welt der Sinneserfahrung. Protagoras hat gesagt (frg. 7), daß der Tangentensatz nicht gelte, weil die Kreislinie, die wir zeichnen, immer an mehr als einem Punkt berührt wird. Für die Erscheinungswelt hat er recht, und dennoch geben wir den Satz nicht auf. Wir beweisen damit, daß wir eben noch eine andere Gegenstandswelt annehmen als die sinnlich ausgedehnte, nämlich die ideale Gegenstandswelt. Es ist übrigens nicht nur in der Mathematik so. Die ganze Naturwissenschaft rechnet mit Durchschnittswerten. Mit ihrer Annahme hat man aber die Welt der reinen Faktizität verlassen. Bliebe man bei ihr, dann müßte man an den faktisch gefundenen Einzelergebnissen festhalten. Sie allein waren positiv gegeben. Mit dem Durchschnittswert aber überschreiten wir das positiv Gegebene. Wenn wir z. B. das spezifische Gewicht von Antimon feststellen, dann kommt gewöhnlich etwas anderes heraus als gerade 6,72. Man findet bald eine etwas größere, bald eine etwas kleinere Zahl. Nur diese differierenden Ergebnisse sind faktisch gefunden und wirklich positiv gegeben. Der Durchschnittswert dagegen wird errechnet und ist angesichts der sinnlichen Wirklichkeit und ihres Rechtes eigentlich ein Staatsstreich. Man setzt hier eine ideale Welt ein, und sie setzt sich an die Stelle des positiv Gegebenen. So ist es bei allen naturwissenschaftlichen Feststellungen, also nicht nur in den Idealwissenschaften. Platon ist der erste gewesen, der diese Welt der Wissenschaft und Wahrheit entdeckt hat und mit dem Urteil des Alltags, aber auch des Sensualismus und Positivismus brach, daß der Gegenstand der Wissenschaft die unmittelbare, sinnliche Erscheinungswelt sei. Lange bevor den Neupositivisten des Wiener Kreises das „unmittelbar Gegebene" problematisch wurde, womit der Positivismus die Wissenschaft begründen wollte, hatte Platon gesehen, daß es für die Wissenschaft das „unmittelbar in der Sinneserfahrung Gegebene" eben nicht gibt.

ε) Höhlengleichnis

αα) Modi des Seins

Platon hat seine Gedanken über Wahrheit und Wirklichkeit sehr anschaulich erläutert durch das berühmte Höhlengleichnis im 7. Buch des Staates (514 ff.). Mit uns Menschen steht es, so heißt es dort, wie mit Gefangenen, die sich in einer unterirdischen Höhle befinden und von Geburt auf so an eine Bank gefesselt sind, daß sie sich nie umwenden und immer nur die dem Eingang gegenüberliegende Wand sehen können. Hinter ihnen, dem Eingang zu, läuft quer durch die Höhle eine mannshohe Mauer; hinter dieser wieder brennt ein Feuer. Wenn nun zwischen dem Feuer und der Mauer Menschen vorübergehen und dabei die Mauer überragende Bilder, Statuen, Tierfiguren, Geräte usw. vorbeitragen, dann werden die durch das Feuer entstandenen Schatten dieser Dinge auf die Höhlenwand geworfen, und von dorther dringt auch das Echo der Laute, die die vorübergehenden Menschen vernehmen lassen, an das Ohr der Gefangenen. Da diese Gefangenen nie etwas anderes vernehmen als die Schatten und das Echo, werden sie diese Abbilder für die wahre Wirklichkeit halten. Könnten sie sich einmal umwenden und im Lichte des Feuers die Gegenstände selbst schauen, deren Schatten sie bisher nur sahen, und könnten sie statt des Echos auch die Töne selbst hören, so würden sie wohl sehr erstaunt sein über diese neue Wirklichkeit. Und könnten sie gar aus der Höhle heraus und im Sonnenlicht die lebendigen Menschen, Tiere und wirklichen Dinge selbst betrachten, von denen die in der Höhle vorübergetragenen

Gegenstände ja auch nur Abbilder waren, dann wären sie wohl ganz geblendet von dieser nun wieder anders gearteten Wirklichkeit. Würden sie aber den Gefangenen, die in der Höhle geblieben waren, davon erzählen, daß das, was sie hören und sehen, gar nicht die eigentliche und wahre Wirklichkeit sei, dann fänden sie wohl gar keinen Glauben und würden schließlich darüber auch noch verspottet. Und sollte jemand den Versuch machen, die Gefangenen zu befreien und ans Licht der wahren Welt zu führen, dann könnte es ihn vielleicht das Leben kosten. Und doch müssen die Gefangenen aus der Höhle heraus. Es ist erste Aufgabe des Philosophen, den Menschen von der Welt des Scheins und der Bilder zu befreien und zum wahren Sein hinzuführen. Dieses wahre Sein ist nun freilich auch nicht die sogenannte wirkliche, raumzeitliche Welt unter der irdischen Sonne. Sie ist auch nur ein Abbild. Die wahrhaft seiende Welt ist nur die Ideenwelt. Ein erstes Abbild davon, den Gegenständen entsprechend, die in der Höhle hinter der Wand vorbeigetragen werden, ist die raumzeitliche Welt. Ein Abbild von dieser letzteren Seinsstufe und darum eigentlich ein Abbild des Abbildes, den Schatten an der Wand entsprechend, ist die Welt der Nachahmung.

ββ) Wahres Sein!

γγ) „Hypothesis“

Der Kern des ganzen Gleichnisses ist nicht bloß der Gedanke, daß es verschiedene Schichten, richtiger Modalitäten des Seins gibt, sondern vielmehr der andere Gedanke, daß hier eine Schicht auf der anderen aufruht, und zwar so, daß die „Begründung“ von oben nach unten läuft, das Höhere immer das seinsstärkere ist, das das von ihm Abhängige grundlegt: Das Schattensein ruht auf dem raumzeitlichen Sein der physisch-realen Welt; dieses wieder ruht auf dem idealen Sein. Dies wieder, wie wir sogleich sehen werden, hängt am Absoluten. Das, worauf etwas ruht, wodurch es allein gedacht werden und sein kann, ist für Platon „Voraussetzung“ (ὑπόθεσις), d. h. ein Seiendes, das zuerst gesetzt sein muß, wenn ein weiteres Seiendes sein soll. Hypothesis ist bei Platon manchmal auch ein vorläufig angenommener Satz (Hypothese), in seiner Ontologie aber ist Hypothesis „Seinsgrundlage“. Wenn es ein Anhypotheton gibt, gibt es auch ein Hypotheton und gibt es Hypotheseis. Die Idee ist dabei die wichtigste.

ζ) Das Absolute

Der Hypothesisgedanke beschränkt sich aber nicht auf das Verhältnis der Seinsschichten untereinander, sondern bezieht sich auch auf das Verhältnis der Ideen zueinander (Rep. 509 ff.). Es gibt nachgeordnete Ideen, die von übergeordneten abhängen, durch sie grundgelegt und getragen werden. Und da immer mehrere nachgeordnete Ideen in einer übergeordneten ihre Voraussetzung und Grundlage haben und von diesen übergeordneten Ideen auch wieder mehrere in weiteren, noch höheren Ideen fundiert sind, werden wie in einem Stammbaum die tragenden Ideen immer weniger, aber eben damit auch mächtiger, weil weiterreichend und umfassender, bis wir schließlich zur Spitze der Ideenpyramide kommen, zur Idee der Ideen, von der alle anderen Ideen abhängen, weil sie, alles umfassend, auch alles fundiert. Wie die Sonne im Reich des Sichtbaren allen Dingen Sein und Leben und Erkennbarkeit verleiht, so verleiht die Idee der Ideen im Reich des Unsichtbaren auch allem Seienden Wesen und Erkennbarkeit. Sie selbst aber hängt von nichts mehr ab. Sie ist das Absolute (ἀνυπόθετον: Rep. 510 b; 511 b), seiner selbst Genugsame (ἱκανόν: Phaid. 101 e). Sie ist darum nicht mehr Sein im üblichen Sinn. Für alles Sein bedarf es ja eines Grundes, das Absolute aber ist anderer Art, es ist durch sich selbst und steht darum jenseits allen Seins (ἐπέκεινα τῆς οὐσίας), alles an Macht und Würde überragend. Damit sind wir wieder bei der Idee des an sich Guten angelangt, zu der wir schon aufgestiegen waren in Verfolg der Problematik des ethischen Wertes.

αα) Idee der Ideen

ββ) Philosophiegeschichtliche Nachwirkungen

Mit diesem Gedanken befinden wir uns an dem ideengeschichtlichen Ursprung einer Reihe von Philosophemen, die sich durch die ganze Philosophiegeschichte hindurch halten. Mehr oder weniger nahe hängen damit zusammen die Unterscheidung des absoluten und des kontingenten Seins, des ens a se und ens ab alio, der Begriff einer ratio sufficiens für alles Seiende und die Forderung eines obersten Weltgrundes, der Gottesbeweis aus der Kausalität und Kontingenz, die Identifizierung des Gottesbegriffes mit dem Begriff des summum bonum, die Auffassung Gottes als der implicatio der Welt und der Welt als explicatio Gottes, der Emanationsbegriff, die Rede vom ἓν καὶ πᾶν, der Gottesbeweis aus den Vollkommenheitsstufen, der Begriff des ens summe perfectum u. a.

η) Dialektik

Wenn in der platonischen Metaphysik alles Sein von der übergeordneten Idee her lebt und verstanden wird, dann ist es natürlich allererste Aufgabe, die Ideen, die in jedem Seienden stecken, herauszuholen und ihrer Reichweite und Verzweigung nachzugehen. Dadurch entsteht die platonische Dialektik. Sie ist Seinserklärung durch den Logos als Seinsgrund.

αα) Die logische Seite

Man sieht allerdings an der platonischen Dialektik gewöhnlich zuerst die logische Seite und entdeckt besonders in den Spätdialogen ein ausgesprochenes dialektisches Interesse Platons in diesem logischen Sinn. Das ist denn auch tatsächlich vorhanden, und die Idee hat bei Platon hier zunächst eine logische Bedeutung. Sie ist Begriff und weist als solcher eine Reihe von logischen Inhalten auf, wodurch ein Sosein als ein solches (ποῖον) charakterisiert wird, zum Unterschied von einem anderen (ἕτερον). Als allgemeiner Begriff ist die Idee dann aber auch Gattung und Art und ist damit verknüpft mit unter-, über- und nebengeordneten anderen Begriffen. Diesen Verflechtungen der Begriffe (κοινωνία τῶν γενῶν) nachzugehen ist Sache der Dialektik: „Die richtige Unterscheidung der Begriffe vorzunehmen und weder ein und demselben Begriff verschiedene Bedeutungen noch verschiedenen Begriffen dieselbe Bedeutung beizumessen, werden wir das nicht für die Aufgabe der dialektischen Wissenschaft erklären? ... Also, wer dies zu tun imstande ist, der nimmt wahr, daß ein Begriff über viele, die unter sich im Gegensatz stehen, sich erstreckt und daß viele, voneinander verschiedene Begriffe durch einen Begriff von außen umschlossen werden; ferner, daß ein Begriff mit allen anderen Begriffen in Zusammenhang steht; und endlich, daß viele in völligem Gegensatz zueinander stehen. Das heißt, begriffsmäßig zu unterscheiden wissen, inwiefern in jedem einzelnen Fall eine Verbindung stattfinden kann und inwiefern nicht" (Soph. 253 d). Man kann in diesem Verfahren von oben nach unten schreiten, indem man den allgemeineren Gattungsbegriff in seine Arten „zerschneidet", diese wieder und so zu, bis man zum Individuum, dem „Nichtmehrteilbaren" kommt: „Diairesis". Ein Beispiel dafür ist die Definition des Begriffs des Angelfischers im Sophistes (219 a ff.). Oder man geht von unten nach oben, indem man aus dem Individuellen das Allgemeine heraushebt, aus diesem das noch Allgemeinere und so zu, bis man jene allerallgemeinste Idee gefunden hat, die schlechthin alles Sein umfaßt: „Dialektik“ im engeren Sinn.

ββ) Der metaphysische Sinn

Allein Platon geht es dabei weniger um die logischen Inhalts- und Umfangsbeziehungen der Begriffe als vielmehr um den Logos als Hypothesis, als tragenden Seinsgrund. Seine Dialektik steht im Dienste seiner Metaphysik. Wenn Platon sich in den Altersdialogen logischen Problemen zuwendet, so ist das kein Bruch in seiner Philosophie, sondern nur die Ausführung dessen, was vorher von ihm angebahnt wurde. Wenn es, wie die Dialoge des reifen Mannesalters, Phaidon, das Symposion und der Staat, auseinandersetzen, Ideen gibt, wenn diese Seinsgrundlagen für anderes Seiendes sind und wenn im Verfolg dieses Zusammenhanges von Idee zu Idee immer weitertragende Seinsgründe auftauchen, je höher wir in der Hierarchie der Seinsstufen aufsteigen, wenn schließlich eine Idee der Ideen da ist als letzte Seinsgrundlage, dann muß Platon einmal daran gehen, sich mit dem Gerüst dieses alles stützenden Logos zu befassen. Das ist nicht ein Spiel mit Begriffen um der Begriffe willen, so wie es etwa eine Zahlenspielerei gibt, sondern hier geht es um die Erklärung des gesamten Seins durch Aufweis der Strukturideen der Welt. Dialektik ist „reine“ Physik, „reine“ Biologie, „reine“ Anthropologie, weil sie die apriorischen Wahrheiten für alle Wissenschaftsgebiete aufdeckt und damit die grundlegendsten Seinszusammenhänge. Und schließlich geht es in ihr, sofern sie das ganze Sein zusammenschaut und in ihm überall die Parusie der Idee des Guten entdeckt, um den Nachweis der Fußspur Gottes im All. Die platonische Dialektik ist auch schon, wie man es in Rep. 511 deutlich sehen kann, ein itinerarium mentis in Deum, wenn Platon auch nicht wörtlich Gott sagt, sondern Idee des Guten: Man steigt von Eidos zu Eidos wie auf Stufen empor zum Anhypotheton, weil alle diese Stufen als von ihm getragen auch zu ihm führen, und kann von ihm aus wieder hinabsteigen und überall hinfinden, weil alles Sein aus seinem Reichtum erfließt und dadurch „gesetzt“ (ὑπόθεσις) ist. Das hatte ja der Staat von den Philosophenkönigen gefordert, daß sie es verstünden, in die tiefsten Zusammenhänge des Seins hineinzuschauen und überall in Welt und Leben die Ausstrahlungen der Idee des Guten selbst zu sehen und andere sehen zu lassen, damit an Hand dieser ewigen Urbilder jeder sein eigenes Selbst gründe in Wahrheit und Richtigkeit. So ist für Platon Dialektik im eigentlichen Sinn viel mehr als nur Logik, sie ist immer Metaphysik und wird als solche zugleich zur Grundlage der Ethik, Pädagogik und Politik.

9) Das Eine und Viele

Die Dialektik bedeutet für Platon nun den Lösungsversuch der großen metaphysischen Probleme des Heraklitismus und Eleatismus. Für ersteren gibt es nur das Viele, aber kein Eines und Allgemeines. Für letzteren existiert nur das eine Identische, das Viele aber und Verschiedene wäre ein Nichtseiendes. Man muß sich eine platonische Diairesis schematisch anschreiben, um sofort zu sehen, wie Platon damit der Schwierigkeiten Herr werden möchte. Wir nehmen als Beispiel die dialektische Begriffsbestimmung des Angelfischers aus Soph. 219 a ff., die dadurch zustande kommt, daß der allgemeine Begriff Kunst in seine Teile zerschnitten wird, die wieder und so immer zu, bis der gesuchte Begriff herauspräpariert ist.

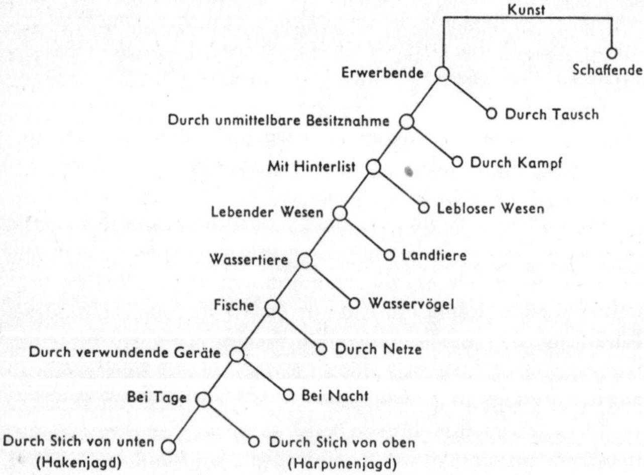


Überschaut man die Analyse der Begriffe, dann zeigt sich dreierlei. Einmal hat es tatsächlich einen Sinn, bei aller Vielheit von Einheit zu reden, weil die allgemeine Gattung jeweils alles Darunterfallende in ihrer Allgemeinheit zusammenfaßt. Es ist aber ebenso sinnvoll, von einem Vielen zu reden, weil neben dem Allgemeinen auch das Besondere auftritt. Ferner ist es sinnvoll, alles als identisch zu bezeichnen, nämlich in Hinsicht darauf, daß alles sogenannte Viele je in seinem Wesen teilhat an Art und Idee und insofern damit identisch ist, andererseits zeigt aber gerade das Schema und seine Gliederung, daß zusammen mit der durchgehenden wesentlichen und identischen Idee gleichzeitig auch noch vieles davon Differierende auftritt. Und schließlich wird klar, wie alles Seiende zugleich auch Nichtseiendes ist. In Hinsicht nämlich auf ein Anderes kann ich, was ein Sein ist, mit Recht auch ein Nichtsein heißen, weil es jenes Andere eben nicht ist. Haben wir einmal das Geheimnis der Ideengemeinschaft (κοινωνία τῶν γενῶν) durchschaut, dann geht uns die Erkenntnis auf, daß nicht ein Entweder-Oder das Richtige ist: Entweder Heraklit oder die Eleaten, entweder Eines oder Vieles, entweder nur Identisches oder nur Verschiedenes, sondern ein Sowohl-Als-auch: Jede Partei hat etwas Wahres gesehen, es gibt beides, Eines und Vieles, Identisches und Verschiedenes, Seiendes und Nichtseiendes. Und der Schlüssel, der diese die Gegensätze überbrückende Synthese zustande kommen läßt, ist der Teilhabegedanke. Er sieht das Identische, ohne das Verschiedene zu übersehen.

ι) Bedeutungen der Idee

Aus dem Gesagten können wir nunmehr leicht feststellen, was die verschiedenen Bedeutungen der Idee bei Platon sind.

αα) Begriff

Von der logischen Bedeutung wurde schon gesprochen: Die Idee ist allgemeiner Begriff (λόγος), also Denkmittel. Das ist ihr Erbe von Sokrates her. Nur ist der „Begriff“ nicht im nominalistischen Sinne nur als eine Summe von Merkmalen zu verstehen, sondern als einheitliche, geistige, schaubare Gestalt, die Allgemeingültigkeit besitzt, weil sie gegenstandsbezogen ist.

ββ) Wesenheit

Das sieht man sofort an der zweiten Bedeutung: Die Idee ist immer auch Wesenheit (οὐσία), bedeutet also das Ding selbst in seinem wahren Sein (αὐτὸ τὸ πρᾶγμα). Daß es sich bei diesem Sein um ein ideales handelt, wurde schon gesagt.

γγ) Ideal, Urbild

Darum ist die Idee drittens soviel wie Ideal oder Urbild. Sowohl unser Denken als auch das Seiende richtet sich daran aus. In seiner Auseinandersetzung mit der platonischen Idee (KrV. B 368 ff.) hat Kant die Idee als Ideal im Bereich des Praktischen gelten lassen wollen; daß sie aber auch im theoretischen Bereich, also im Seienden, Geltung habe, als Urbild, könne der Mensch nicht wissen. Was Platon da für Urbilder und Wesenheiten hält, seien nur „hypostasierte Begriffe"; wobei Kant geleitet ist von seinem Metaphysikbegriff einer totalen Trennung von Transzendenz und Sinnlichkeit. Viertens ist die Idee Ursache (αἰτία).

δδ) Ursache

Sie ist dies als Voraussetzung, als Hypothesis. Dadurch wird sie zum Seinsgrund. Causa ist hier gleich ratio. Das Grundgelegte hat am Sein des Grundlegenden teil (μέθεξις), es ist, weil der Grund in ihm anwesend ist (παρουσία). Platon läßt seinen Sokrates erklären (Phaid. 100 a ff.), daß er sich von den materiellen Ursachen der Vorsokratiker keine wahre Aufklärung mehr über das Werden der Welt versprechen konnte und daß er sich deswegen in einer „zweiten Fahrt" den Ideen zugewendet habe. Die Ideen bilden eine neue Art von Ursache, die eidetische oder Idealursache. Wir stellen sie uns am besten vor, wenn wir an das Verhältnis von Bild und Abgebildetem denken. Der abgebildete Gegenstand ist mit seiner Gestalt (εἶδος) Ursache für das Eidos des Bildes. Letzteres hat an ersterem Teil; ersteres ist in letzterem anwesend. Der Timaios stellt ausdrücklich fest, daß die ganze Welt ein Abbild ist. Der Demiurg hat alles geschaffen im Hinblick auf die ewigen Ideen. Damit ergibt sich nun eine fünfte Bedeutung der Idee, ihr Charakter als Ziel und Zweck (τέλος).

εε) Zweck

Um ihretwillen ist immer noch etwas anderes. Sie ist ein οὗ ἕνεκα, allgemeiner gesagt: Alles Seiende hat einen Sinn, und durch diesen Sinn ist es immer auf etwas Übergeordnetes hinbezogen. Es ist ein Streben und Sehnen (ὀρέγεσθαι, προθυμεῖσθαι) nach dem Höheren in der Welt: „Alles Sinnliche will sein wie die Idee" (Phaid. 75 a b). Sofern die Idee als Zweck erstrebt wird, erscheint sie als ein Wert (ἀγαθόν). Mit dieser Betrachtungsweise kommt ein teleologischer Grundzug in die platonische Metaphysik hinein. Platon erklärt alles Niedere vom Höheren her, nicht umgekehrt. Die höheren Arten entstehen für ihn nicht durch Entwicklungen aus dem Niederen. Eine Deszendenz der Arten auf Grund mechanischer Ursachen, wie Darwin sie annimmt, wäre für ihn keine Entwicklung, sondern unübersichtliches Chaos. „Wo rohe Kräfte sinnlos walten, da kann sich kein Gebild gestalten." Alle Entwicklung wird darum für ihn von oben gesteuert durch die Antizipation von Sinn und Zweck. Platon ist Vertreter einer idealistischen Morphologie. Auch hier gilt für ihn der Satz: „Im Anfang war der Logos.“ Was Anaxagoras nicht ausgeführt hatte, die Zielursache zur alles beherrschenden Ursache zu machen, wie Platon tadelnd bemerkt, das hat er selbst jetzt nachgeholt: Alles Nachgeordnete ist um eines Höheren willen da, dieses wieder um eines Höheren willen, und so fort, bis hinauf zum Absoluten. Um seinetwillen ist schließlich und letztlich alles. Und so ist das ganze All ein Kosmos, eine Seinspyramide, in der alles, was überhaupt ist, Hinordnung zur Spitze ist. Alles an der Pyramide strebt der Spitze zu und liebt sie. Von dieser Liebe lebt das Sein der Welt. Sein selbst ist nichts anderes als Streben nach und Ruhen in der Idee und damit in der Idee der Ideen. „Und alles Ringen, alles Streben ist ew'ge Ruh in Gott dem Herrn.“

ϰ) Ideen als Zahlen

Aristoteles berichtet mehrfach und ausdrücklich, daß für Platon die Ideen Zahlen gewesen seien. Platon hat tatsächlich in den Spätdialogen, besonders aber in der uns verlorenen Altersvorlesung „Über das Gute“, sich mit dem Verhältnis von Zahl und Idee intensiv befaßt.

αα) Idealzahlen

Um in dieser stark umstrittenen Sache zur Klarheit zu kommen, muß man sich ein diairetisches Schema, wie oben gezeichnet, vor Augen stellen und damit zwei wichtige Bemerkungen Platons aus dem Politikos (287 c; 285 a ff.) und dem Philebos (16 d e) zusammenhalten. Danach darf man einen Begriff nie willkürlich zerschneiden, sondern muß ihn entsprechend seiner natürlichen Gliederung teilen, so wie ein Anatom einen Körper kunstgerecht zerlegt; das heißt, wir dürfen aus einer Idee nicht mehr und nicht weniger Ideen herauspräparieren, als eben darin enthalten sind. Ferner darf, wenn man in diesem dialektischen Prozeß von Art zu Art herabsteigt, bis hinunter zu jener letzten Art, die nicht mehr in Unterarten zerteilt werden kann (ἄτομον εἶδος), weil sie nur noch Individuen unter sich begreift, niemals eine Art ausfallen oder zuviel angesetzt werden, indem man etwa übersieht, daß in dem oder jenem Ding eine neue Art vorliegt oder noch nicht vorliegt. Was also an neuen Arten oder Ideen auftaucht, ist zahlenmäßig genau geregelt und kann nachgezählt werden. Mit anderen Worten: Jeder Idee entspricht, wenn man nur richtig dialektisch von der Idee des an sich Guten, dem Einen, wie es später heißt, nach unten schreitet, ohne eine Idee auszulassen oder zuviel zu nehmen, ein bestimmter Zahlenwert. Man könnte sie, modern gesprochen, mit einem Stellenwert in ein Koordinatensystem einschreiben. Dieser Zahlenwert erfaßt das für sie Bestimmende und Unterscheidende. Er begrenzt sie gegenüber dem logisch Anderen, auch gegenüber dem leeren, mathematischen oder physischen Raum, wie wir heute sagen würden; gegenüber einem Mehr oder Weniger, Größer oder Kleiner, wie Platon zu sagen pflegt. Er ist das Einmalige gegenüber einer solchen unbestimmten Zweiheit. Damit haben wir die Idealzahl. Sie hat, wie man sofort sieht, einen qualitativen Charakter, ist deswegen inkommensurabel und darum etwas anderes, als die mathematischen Zahlen sind, die sich nur quantitativ, aber nicht qualitativ voneinander unterscheiden und die darum auch addiert

ββ) Monas und Dyas

werden können. Damit nimmt Platon zwei neue Prinzipien an: das Eine (ἑνάς, μονάς) und die unbestimmte Zweiheit (ἀόριστος δυάς). Sie sind nicht nur innerhalb einer jeden Idee wirksam, sondern gelten auch für das Sein überhaupt. Und da sie, das Wesen des Seienden ausmachend, damit zugleich auch den sukzessiven Hervorgang der Idee aus dem Einen bestimmen, sind sie zwei Prinzipien, durch die Ideen und

γγ) Platon und die Pythagoreer

Sein erzeugt werden. Damit schlagen die pythagoreischen Tendenzen, die bei Platon immer schon stark waren, im Alter noch mal besonders stark durch. Aristoteles erwähnt darum auch in diesem Zusammenhange immer die Pythagoreer und Platon in einem Atem. Platon selbst hat aber auf das Unterscheidende seiner Idealzahlen von der Zahlenlehre der Pythagoreer deutlich hingewiesen. Die Zahlen, die diese „geistreichen Männer“ (Polit. 285 a) als bezeichnend für die einzelnen Dinge annahmen, waren willkürlich gewählt und eine gewisse Spielerei. So sahen sie in der 4 die Gerechtigkeit, in der 5 die Ehe, in der 7 den Kairos. Platon aber verlangt, daß die Zahlen genau dem sukzessiven ontologischen Hervorgang der einzelnen Ideen aus dem an sich Guten oder Einen folgen.

δδ) Mathematische Zahlen

Man könnte natürlich fragen, ob nicht auch die mathematischen Zahlen aus einem Prinzip hervorgehen. Die Epinomis, die viel von der Altersvorlesung Platons „Über das Gute“ enthält, läßt die natürliche Zahlenreihe tatsächlich entstehen aus der Eins und der „zweifachmachenden“, das heißt verdoppelnden und halbierenden Natur der Zweiheit (990 c ff.). Über diese Ableitung und über das Verhältnis der mathematischen zu den Idealzahlen hat die alte Akademie viel verhandelt. Besonders hat sich Aristoteles (Met. *M*, 6 ff.) in dieser Frage mit seinem Meister auseinandergesetzt.

λ) Aristoteles über die Entstehung der Ideenlehre

Über die Entstehung und den Sinn der Ideenlehre überhaupt besitzen wir einen ausführlichen Bericht des Aristoteles (Met. *A*, 6): „Da Platon in seiner ersten Periode schon früh mit Kratylos und der Meinung der Herakliteer, daß alles Sinnliche ständig fließe, bekannt geworden war, wonach es dann eine Wissenschaft davon nicht gäbe, so hielt er diese Ansicht auch für die Folgezeit fest. Nachdem aber Sokrates ... als erster sein Augenmerk auf die Allgemeinbegriffe richtete, zollte er ihm Beifall und meinte infolgedessen, das Bestimmen durch Begriffe habe etwas anderes zum Gegenstand, nicht etwas Sinnliches; denn eine allgemeingültige Bestimmung irgendeines sinnlichen Gegenstandes sei unmöglich, da dieser sich ja ständig änderte. Er gab nun dieser Art des Seienden den Namen Ideen und lehrte, daß die sinnlichen Dinge neben denselben bestünden und alle von ihnen den Namen hätten; denn die Vielheit der mit den Ideen gleichnamigen Einzeldinge existiert durch Teilhabe."

Rein historisch gesehen, ist die Ideenlehre tatsächlich, wie Aristoteles sagt, ein Ergebnis des Widerstreites zwischen Heraklit einerseits und Sokrates andrerseits. Von Heraklit kommt Platons Beurteilung der sichtbaren Welt, von Sokrates sein Festhalten an Wahrheit und Wissenschaft überhaupt und an allgemeingültigen Begriffen im besonderen. Wenn es aber allgemeingültige Gewußtheiten gab, dann mußte es auch ein ihnen entsprechendes Gegenüber, den objektiven denkbaren Gegenstand geben, die Idee, wie Aristoteles mit Recht hervorhebt.

Der sachliche Grund für dieses „es muß einen entsprechenden Gegenstand geben" liegt in dem erkenntnistheoretischen Realismus und Dualismus, der für die ganze antike Philosophie bezeichnend ist und für den Parmenides die klassische Formel geprägt hat: „Das nämliche ist Denken und Sein." So entsteht für Platon eine neue Welt. Sie wird hervorgetrieben von seinem erkenntnistheoretischen Realismus, der sich als Gegenstand nur etwas vorstellen kann, was von jedem Denken vorgefunden wird und ihm gegenüber immer früher ist. Daß die Ideen dann unveränderlich sind und ewig sich selbst gleich, ergibt sich aus der gleichen Voraussetzung. Er hat im subjektiven Denken immer mit sich selbst identische Begriffe entdeckt. Darum müssen die dazugehörigen Gegenstände auch von dieser Art sein.

Der entscheidende Punkt der Ideenlehre liegt daher im Nachweis der Apriorität unserer Erkenntnisinhalte. Insofern war die neukantianische Platondeutung auf dem rechten Wege und sah tiefer als die philologischen Kritiker. Unmöglich ist jedoch die Annahme, daß die Ideen bloß Funktionen des Geistes sind. Die Ideenwelt entsteht vielmehr in dem Augenblick, wo die Einsicht in die allgemeingültigen, jeder subjektiven Erfahrung gegenüber apriorischen Gewißheiten aufgeht und dann aus einer realistischen Grundhaltung heraus dementsprechende Gegenstände mit Selbstverständlichkeit angenommen werden. Es ist richtig, daß die Ideen ursprünglich nur ethisch-ästhetische Ideale waren. Aber dort war es eben, wo für Sokrates, wie wieder Aristoteles richtig betont, und darum auch für Platon, die allgemeingültigen Begriffe zuerst einsichtig wurden.

μ) Chorismos?

Nun behauptet Aristoteles, daß die Idee von den Sinnendingen durch eine Kluft (Chorismos) getrennt sei. Die Sinnendinge stünden neben und außer den Ideen (τὰ δὲ αἰσθητὰ παρὰ ταῦτα). Dadurch wäre die Welt zerrissen worden. Die Ideen schweben sozusagen über der Welt. Die mittelalterlichen Denker heißen sie darum immer formae separatae, und Raffael hat dementsprechend in seiner Schule von Athen Platon mit zum Himmel erhobenem Antlitz dargestellt, gleichsam ausschauend nach dem „überhimmlischen Ort“, d. h. nach der Ideenwelt, während Aristoteles auf die Sinnenwelt schaut, hier die eigentliche Wirklichkeit erkennend. Mit dieser Trennung des Allgemeinen und seiner Verselbständigung, sagt Aristoteles, unterscheide sich Platon von Sokrates. Letzterer habe auch das Allgemeine angenommen, aber er habe die Universalien in der wirklichen raumzeitlichen Welt belassen, während Platon sie trenne und damit die Welt verdopple. Die raumzeitliche Welt der Sinne hat nach Platon tatsächlich zwar an der Ideenwelt teil (Methexis), weil sie ja immer ein Abbild der ideellen Urbilder sei und weil der Demiurg das All geschaffen habe im Hinblick auf die ewigen Ideen; und was die Dinge der sichtbaren Welt überhaupt sind, sind sie faktisch nur durch Teilhabe an der Idee. Die Ideenwelt jedoch ist immer etwas Eigenes, allein in Wahrheit Seiendes, demgegenüber die Sinnenwelt nur Schein ist, ein Mittleres zwischen Sein und Nichtsein. Diese Kluft zwischen Ideenwelt und Sinnenwelt reißt Aristoteles besonders auf und stellt sie als eine Verdoppelung der Welt hin.

Es ist viel gestritten worden, ob Aristoteles damit den Sinn der Ideenlehre richtig wiedergegeben habe oder nicht. Platon hätte jedenfalls geantwortet: Ich habe die Welt nicht verdoppelt; denn die sichtbare Welt ist ja für mich kein „wahres" Sein. Für Aristoteles ist sie das; und von seinem Standpunkt aus findet eine Verdoppelung statt. Für Platon jedoch sinkt die Sinnenwelt in wesenlosen Schein zurück. Sie ist nicht Sein, sondern nur erscheinende Idee. Die Idee ist also gar nicht total getrennt, wie Aristoteles es darstellt. Der Chorismos hatte einen anderen Sinn: er will innerhalb des nach wie vor einen Seins Modalitätsunterschiede der Seinsstärke feststellen, aber nicht eine totale Zweiweltentheorie lehren. Das Anderssein meint nur den Unterschied des Gegründeten zum Grundsein. In diesem Grund, in der Idee, „ist" alles, was immer ist.

Allein, kann Platon diese Erklärung auch durchhalten? Ist die Sinnlichkeit wirklich weiter nichts als Erscheinung der Idee? Wenn es ohne sie kein Wachwerden von Ideen überhaupt gibt und ohne eine bestimmte Sinneswahrnehmung auch kein Wachwerden einer bestimmten Idee, ist dann ihre Bedeutung eine so geringe? Ob ich diese Bedeutung Veranlassung heiße oder Ursache, ist gleichgültig, jedenfalls gibt es auch für Platon ohne Sinnlichkeit keine Ideenerkenntnis. Und wenn ferner die Sinnlichkeit tatsächlich nur Schein sein soll, warum muß dann die Idee überhaupt sinnlich erscheinen? Warum haben wir nicht bloß lauter Ideen, wenn doch die eigentliche Welt die Ideenwelt ist? Die Sinnlichkeit bildet für Platon eine ähnliche Aporie wie das Böse.

Literatur

J. Stenzel, Zahl und Gestalt bei Platon und Aristoteles (1924). N. Hartmann, Zur Lehre vom Eidos bei Platon und Aristoteles (1941). M. Heidegger, Platos Lehre von der Wahrheit (1942). P. Grenet, Les origines de l'analogie philosophique dans les dialogues de Platon (Paris 1948). W. D. Ross, Plato's Theory of

Ideas (Oxford 1951). L. Robin, Les rapports de l'être et de la connaissance d'après Platon (Paris 1957). H. J. Kraemer s. oben S. 88. W. G. Runciman, Plato's Later Epistemology (Cambridge 1962). K. Gaiser, Platons ungeschriebene Lehre (1963). H.-G. Gadamer, K. Gaiser, H. Gundert, H. J. Kraemer, H. Kuhn, Idee und Zahl (1968). E. A. Wyller, Der späte Platon (1970). J. Wippern (Hrsg.), Das Problem der ungeschriebenen Lehre Platons (= Wege d. Forschung, B. 186) (1972).

## C. DER MENSCH

Nach der Betrachtung der allgemeinen erkenntnistheoretischen und ontologischen Grundhaltung Platons wenden wir uns einigen konkreteren Problemen zu, an erster Stelle seinen Gedanken über den Menschen.

### a) Der Mensch als Seele

„Dem Gesetzgeber darf man in keinem Stück den Glauben versagen, und so auch nicht bei seiner Versicherung, die Seele sei etwas vom Körper durchaus Verschiedenes, und im Leben selber sei es eben die Seele und nichts anderes, was einen jeden von uns zu dem macht, was er im eigentlichen Sinn ist; der Körper dagegen begleitet einen jeden von uns nur als eine Art Schatten, wie denn mit Recht nach eingetretenem Tode die Körper der Verstorbenen als Scheingebilde bezeichnet werden, während der wahre Mensch als unsterbliches Wesen, das eben Seele genannt wird, zu den Göttern wandert, um dort Rechenschaft abzulegen" (Nom. 959). Auch für Platon ist der Mensch eine Verbindung von Leib und Seele. Allein, wie wird diese Verbindung aufgefaßt? Sie ist eine ganz lockere Verbindung. Der Leib ist für die Seele nur eine Art Fahrzeug und steht somit zu ihr in einem bloß akzidentellen Verhältnis. Darum ist auch das Schwergewicht nicht zu gleichen Teilen verteilt; die Seele ist der eigentliche Mensch, der Leib bloß ein Schatten. Und schließlich ist die Verbindung eine unglückliche. Die Seele ist im Leib eingesperrt wie in einem Gefängnis, und der Leib bildet eine Belastung für die Seele. „Solange wir mit dem Körper behaftet sind und unsere Seele mit diesem Übel verwachsen ist, werden wir niemals im vollen Maß erreichen, wonach wir streben, die Wahrheit. Denn tausenderlei Unruhe verursacht uns der Körper schon durch die notwendige Sorge für die Ernährung, ferner erfüllt er uns mit allerlei Liebesverlangen, mit Begierden und Ängsten und allerhand Einbildungen und vielerlei Tand. Kurz, er versetzt uns in einen Zustand, in dem man sozusagen gar nicht recht zur Besinnung kommt. Denn auch Kriege, Aufruhr und Schlachten sind eine Folge des Körpers und seiner Begierden. Denn um den Erwerb von Hab und Gut handelt es sich bei der Entstehung aller Kriege. Hab und Gut aber sehen wir uns gezwungen zu erwerben um des Körpers willen, dessen Ansprüche befriedigt sein wollen" (Phaid. 66 b). Platon spricht sogar das Wort der Pythagoreer nach vom Leib als einem Grab der Seele (σῶμα — σῆμα). So verstehen wir seine Forderung, mit dem Körper nur so weit in Verbindung zu treten, als es unbedingt notwendig ist, und uns von ihm und seiner Natur nicht durchdringen zu lassen, sondern uns davon rein zu halten, „bis der Gott uns völlig davon erlösen wird".

Das ganze Interesse Platons am Menschen konzentriert sich darum auf die Seele, und seine philosophische Anthropologie ist wesentlich Psychologie. Hören wir darum seine Antwort auf die Frage nach der Entstehung der Seele, nach ihrem Wesen und ihren Schicksalen. Es ist viel mythische Einkleidung, was wir dabei vernehmen, aber der philosophische Kern läßt sich unschwer herausschälen.

#### b) Entstehung der Seele

Die Entstehung der Seele liegt beim Demiurgen. Er selbst bietet „Samen und Anfang" dar. Die Menschenseele wird nicht aus der Weltseele genommen als deren Teil oder Ausfluß oder Sproß. Es werden zwar die gleichen Bestandteile verwendet, aus denen auch die Weltseele „gemischt" wurde, das Unteilbare, Ewige und Unveränderliche auf der einen und das Teilbare sowie die sich ändernde Wirklichkeit auf der anderen Seite, wenn auch nicht mehr in der gleichen Mischung, aber die Menschenseelen werden genauso vom Demiurgen selbst geschaffen, wie die Weltseele von ihm stammt (Tim. 41 ff.). Platon ist also weder Emanationist noch Pantheist. Jede Seele ist etwas Individuelles, jede hat ihren Stern, dort ist ihre Heimat, und es gibt so viele Seelen, wie es Sterne gibt; dorthin hat der Demiurg sie wie auf einen

Wagen gesetzt und ihnen damit den Ausblick in die Natur des Alls eröffnet und so ihnen die unabänderlichen Schicksalsgesetze verkündet. Das ist keine astrologische Anwandlung, sondern Ausdruck für die Überzeugung Platons, daß die Seele a priori, kraft ihrer Natur um die ewigen Wahrheiten und Werte weiß, die Welt und Leben ihre ideale Bahn vorschreiben. Auch Platon schon ist der Ansicht, daß der Anblick des gestirnten Himmels das Gemüt des Menschen mit immer neuer Bewunderung erfüllt und mit einer Ahnung überzeitlicher Normen. So weit also lag das Werden der Seele in Gottes Hand. Wäre alles an ihr sein Werk gewesen, so hätte sie allerdings etwas ganz Göttliches werden müssen. Das kann jedoch nicht sein. Darum übergab der Demiurg sie für ihren weiteren Weg den „geschaffenen Göttern", d. h. der Erde und den Planeten, den „Werkzeugen der Zeit", daß sie die Seelen ins Dasein führen, sie mit einem Leib umkleiden, die Menschen ernähren und wachsen lassen und sie wieder aufnehmen, wenn sie dahinschwinden. Das war die erste Geburt der Seele in dieser raumzeitlichen Welt. Es werden noch weitere folgen, wie wir sogleich sehen sollen.

c) Wesen der Seele

α) Seele als Geist

Zunächst aber wollen wir festhalten, was aus dem Gesagten über das Wesen der Seele ersichtlich wird. Die Seele ist für Platon, wie sich aus seiner Lehre über ihre Unsterblichkeit sofort ergibt, eine unsichtbare, immaterielle, geistige, überirdische Wesenheit, die Weltseele sowohl wie auch die Menschenseele. Das will gesagt sein mit der Erklärung, daß der Demiurg selbst sie bilde. Was er geschaffen hat, ist ein unsterbliches Wesen. Erst wenn sie auf die „Werkzeuge der Zeit" verpflanzt wird, verbindet sie sich mit dem Körper, und erst jetzt entstehen die Sinneswahrnehmungen. Die Immaterialität und Unsterblichkeit ist insbesondere das Thema des Phaidon; ihre überirdische Heimat und Natur das Thema des Phaidros. Gegen die Immaterialität scheint zu sprechen, daß Platon auch eine Sinnenseele kennt. Die geschaffenen Götter nämlich, so sagt er, „bildeten rings um die Seele den sterblichen Körper und gaben ihr den ganzen Leib zu einer Art Gefährt, zudem fügten sie ihm noch eine andere Art von Seele ein, die sterbliche, die Heimstätte

αα) Und die Sinnlichkeit?

gefährlicher und unvermeidlicher Erregungen, als da sind: erstens die Lust, die größte Verführerin zum Schlechten, dann der Schmerz, der Verscheucher des Guten, ferner Keckheit und Furcht, zwei unbesonnene Ratgeber, und der Zorn, der schwer zu besänftigende Unruhestifter, und die Hoffnung, die Mutter der Täuschungen. All dem gesellten sich noch vernunftlose Wahrnehmungen und die Leidenschaft alles wagender Liebe zu unlöslichem Bunde bei und bildeten so das Geschlecht der Sterblichen" (Tim. 69 c d). Die Rede von einer anderen, einer sterblichen Sinnenseele will nicht besagen, daß es im Menschen tatsächlich mehr als eine Seele gäbe, sondern meint nur, was Platon im Staat die drei Seelenteile heißt: Die Vernunft- oder Geistseele (λογιστικόν), die im reinen Denken und unsinnlichen Schauen aufgeht, die muthafte Seele (θυμοειδές), der die edleren Erregungen, wie Zorn, Ehrgeiz, Mut und Hoffnung zugehören, und die triebhafte Begierdenseele (ἐπιθυμητικόν), in der der Nahrungs- und Geschlechtstrieb seinen Sitz hat sowie Lust und Unlust und das Ruhebedürfnis. Obwohl im Timaios diese Seelenteile sogar noch lokalisiert werden in Kopf, Brust und Unterleib, nimmt Platon doch nur eine einzige Menschenseele an. Der Mensch besteht aus Seele und Leib, nicht aus Seelen und Leib. Diese Einheit der Menschenseele ersieht man sehr anschaulich aus dem Phaidros, der die Menschenseele vergleicht mit der „zusammengewachsenen Kraft eines geflügelten Wagengespannes und seines Lenkers" (246 ff.). Der Lenker ist die Geistseele, die beiden Rosse sind die zwei anderen Seelenteile, das Edlere der muthafte, das Unedlere der triebhafte Seelenteil. Wenn aber die Seele zusammengewachsen ist, dann scheint eben damit ihre Immaterialität gefährdet zu sein, weil ja jetzt die Sinnlichkeit mit in die Seele hineingenommen wird. Auf der anderen Seite ist es evident, daß für Platon die Seele etwas Immaterielles ist. Wie ist das noch möglich? Offenbar deswegen, weil ihm die Seele im eigentlichen und strengen Sinn das ist, was er als Geistseele bezeichnet. Das wird sehr deutlich im Phaidon. Die unsterbliche Geistseele, von der jener Dialog handelt, ist von aller Sinnlichkeit frei geworden. In dieser Welt ist das freilich nicht möglich, aber nach dem Tode wird dem so sein. Und so sehen wir, daß die Rede von den beiden niederen Seelenteilen nur der Tatsache Rechnung tragen will,

**ββ) Einheit der Seele?**

daß unsere Geistseele mit dem Leib in Verbindung steht. Die Neuplatoniker haben viel hin und her diskutiert, ob die Sinnenseele den leiblichen Tod auch überdauere oder nicht. Jamblichos hat die Frage bejaht; Plotin, Porphyrios und Proklos haben sie verneint. Platon wird auf letzterer Seite stehen, weil das Wort von der Sinnenseele für ihn nur ein Bild war für seine Erkenntnis, daß die Geistseele sich nicht bloß als Geist allein betätigen kann, sondern auch eine sinnliche Welt noch zu verarbeiten hat. „Leider" zu verarbeiten hat, wie er natürlich denkt. Denn am liebsten würde er den Menschen als reines Vernunftwesen ansprechen; aber er ist aufgeschlossen genug, um zu sehen, daß wir auf dieser Welt wenigstens auch noch mit der Leiblichkeit und ihrem sinnlichen Wahrnehmen und Begehren zu rechnen haben. Platon ist kein Materialist oder Sensualist. Er ist aber auch nicht unter die Spiritualisten und Panlogisten gegangen. Er hält eine vorsichtige Mitte ein, wobei er freilich mehr auf die Geistseele hin tendiert; denn das Sinnliche ist ihm ja nur etwas Dunkles, Rätselhaftes, kaum Glaubliches, jedenfalls aber nicht reines Sein. Doch daran ganz vorbeizugehen, das vermag er nicht, und darum seine Annahme eines muthaften und begehrlichen „Seelenteils".

γγ) Nachwirkungen dieser Problematik

Mit dieser Haltung hat er auf Jahrhunderte hinaus für das Denken der ganzen abendländischen Philosophie die psychologische Problemsituation geschaffen. Daß man immer wieder unterscheidet zwischen Sinnlichkeit und Geist, die Sinnlichkeit auch dem Tier zuerkennt, beim Menschen sie aber dann doch wieder in die Seele mit hineinnimmt und diese ganze Seele wieder mit dem Geist identifiziert, und dann darin neuerdings unterscheidet zwischen einem niederen und höheren seelischen Vermögen, im Erkennen sowohl wie im Begehren, diese ganze schwankende Haltung, die die einen veranlaßt, sich dem Monismus zuzuwenden und im Geist nur sublimierte Sinnlichkeit zu sehen, die anderen aber, in der Sinnlichkeit nur getrübte Begriffe, und wieder andere versuchen läßt, den Dualismus zu halten, zum Ausgleich aber eine Brücke zu schlagen durch die Theorie der substantiellen Union, der Wechselwirkung, des Occasionalismus oder Parallelismus: alle diese Aporien entstehen dadurch, daß Platon mit schneidender Schärfe einerseits die Kluft zwischen Sinnlichkeit und Geist aufgerissen hat, andreiseits aber doch nur eine einzige Menschenseele kennen will, die Geistseele, die den ganzen Menschen ausmache.

β) Seele als Leben

Neben dieser Bedeutung als Geist-Substanz ist aber die Seele bei Platon noch etwas anderes, nämlich Bewegungsprinzip und Leben. Die alte Philosophie unterscheidet zweierlei Bewegung: eine solche, die ihren Anstoß von außen erhält, die mechanische, und eine solche, die spontan auf Grund eigener Kraft und von innen heraus erfolgt, die Selbstbewegung. Diese Selbstbewegung sah man überall, wo Leben war, nicht nur im Menschen, sondern auch im Tier und in der Pflanze. Selbstbewegung aber oder Leben werden der Seele gleichgesetzt: „Das Sichselbstbewegende bezeichnet ganz dieselbe Sache, die wir allgemein mit dem Namen Seele bezeichnen"; „Wo wir Seelentätigkeit wahrnehmen, müssen wir da nicht auch Leben als vorhanden anerkennen?" (Nom. 895 f.; Phaidr. 245.) Seele ist also jetzt auch Lebensprinzip, nicht nur Geist und Bewußtsein. Neben der psychologischen Rolle spielt sie noch eine kosmologische. Sie wird zum Erklärungsgrund für das Leben in der Welt, ja schließlich sogar für alle Bewegung überhaupt; denn alle Fremdbewegung muß zuletzt auf eine Selbstbewegung zurückgehen. Die Selbstbewegung steht am Uranfang. Das Psychische wird somit zu einer ontologischen Archē: Sofern Seiendes Bewegung und Leben ist, ist es Seele. Wir haben wieder einmal ein „Im Anfang war ...", und diesmal heißt es: Im Anfang war die Seele.

αα) Leben als Selbstbewegung

ββ) Seele als Bewegungsprinzip

γγ) Nachwirkungen

Auch mit dieser Position strahlt das platonische Denken weit in die Jahrhunderte hinein. Bei Platon selbst stehen die beiden Auffassungen von Seele unausgeglichen nebeneinander. Aber schon bei Aristoteles werden sie verbunden. Bei ihm wird aus der Selbstbewegung der Grundbegriff seiner Metaphysik, der unbewegte Beweger, dessen Wesen reine Geistigkeit (νόησις νοήσεως) ist. Und innerhalb der Welt ist die Seele als Entelechie auch bei Aristoteles Lebensprinzip in allen Reihen des Organischen, auch dort, wo es keinen Geist gibt. So denkt auch die Scholastik. In der Neuzeit tritt von Descartes an die zweite Bedeutung zurück. Seele ist nur mehr Bewußtsein. Aber mit dem Aufkommen des Vitalismus taucht jene andere Bedeutung wieder auf, und in der Lebensphilosophie, besonders bei Ludwig Klages, wird sie mit betonter Emphase vertreten, wobei allerdings die erste Bedeutung als Geist entschieden zurückgewiesen wird. Seele wäre genau das Gegenteil von Geist, und der Geist ist geradezu ihr Widersacher. Für die Alten jedoch bestand hier keine Schwierigkeit. Seele kann ihnen beides sein, Geist und Leben.

γ) Seele als Metaxy

Indem die Seele Leben und Bewegung ist, wird sie zu einem Mittleren zwischen Idee und Sinnlichkeit. Die menschliche Seele ist als Geist der Ort der Ideenerkenntnis. Als Sinnenseele ist sie aber auch zugleich die Stelle, wohin die Inhalte der Aisthesis strömen, um einerseits die Ideen zu wecken und andererseits durch die Ideen gelesen zu werden. Die Seele verbindet die beiden Gegensätze. Ebenso ist es mit der Weltseele. Sie ist auch wieder Ort der Ideen; der Ideen, nach denen die Welt gebildet wurde. Als solche ist sie früher als die Welt. Indem sie aber als erste Bewegung auch Ursache aller Fremdbewegung und damit naturhaft mit dem Körper verbunden ist, schlägt sie wieder eine Brücke von der Ideenwelt zur Sinnenwelt: Durch sie stehen die Ideen am Anfang der Körperwelt und bieten ihr ihre Struktur dar. Durch die Seele kann die Sinnlichkeit der Menschen und der Welt allererst teilhaben an der Idee und dies insofern, als die Seele Geist und Bewegung zugleich ist. Die Lehre von den Seelenteilen will nichts anderes symbolisieren als diesen Übergang vom Geistigen zum Sinnlichen. Sie ist Überbrückung des Dualismus, des Chorismos. Man sieht das sehr schön im Timaios, wo ausdrücklich die Begierdenseele als Lebensprinzip gefaßt wird (77 a b).
Wissenswert wäre nur, wieso Platon in der Seele die beiden Elemente vereinigen kann, Geist und Bewegung. Was haben beide Elemente gemein?

d) Schicksale der Seele

α) Inkarnation

Eine für Platons Denken besonders typische Anschauung ist seine Lehre von der Seelenwanderung. Nachdem die Seele aus der Hand des Demiurgen hervorgegangen ist, wird sie auf die „Werkzeuge der Zeit" verpflanzt; sie erlebt ihre erste Inkarnation auf unserer Erde. Diese erste Geburt ist für alle gleich, damit keine Seele benachteiligt werde. Am Ende dieses ersten Lebens, zusammen mit dem sterblichen Leib, erscheint die Seele im Totengericht, um Rechenschaft zu geben über ihre Lebensführung auf Erden. Je nachdem wird sie in die Gefilde der Seligen eingehen oder versetzt auf die unterirdischen Strafplätze. Tausend Jahre dauert diese ihre Wanderung, dann erfolgt ihre zweite Geburt. Jede Seele erwählt sich jetzt selbst die künftige Lebensbahn. Vom Jenseits her strömen die Seelen auf die Asphodelos-Wiese zur Loswahl zusammen, und feierlich verkündet ihnen ein Herold: „Eintägige Seelen! Dies ist der Beginn eines neuen, todbringenden Umlaufes für euer sterbliches Geschlecht. Euer Los wird nicht durch den Dämon bestimmt, ihr selbst seid es, die sich den Dämon erwählen. Wer aber zuerst gelost hat, der wähle zuerst die Lebensbahn, bei der er unwiderruflich verharren wird. Die Tugend ist herrenlos. Je nachdem ihr sie ehrt oder mißachtet, wird ein jeder mehr oder weniger davon empfangen. Die Schuld liegt bei den Wählenden. Gott ist schuldlos" (Rep. 617 d). Bei der Wahl der Lebensformen liegt die eigentliche Gefahr für den Menschen. Mancher wählt ein Los, das ihm schön erscheint und herrlich, z. B. Tyrannenherrschaft, um hinterher zu bemerken, daß damit das Schicksal verbunden ist, seine eigenen Kinder zu verzehren. Dann beklagen sie sich über die Gottheit und beschuldigen sie. Aber Gott ist schuldlos; wir selbst sind es, die den Dämon erwählen. Die Tugend ist herrenlos, d. h., jeder kann sie erwerben. Wenn man es nicht tut, dann deswegen, weil „Unverstand und Gier" obsiegten. Und sie geben den Ausschlag bei der Wahl, weil die Seele in ihrer vergangenen Lebenszeit sich selbst so geführt und damit geformt hatte, daß sie nun entsprechend handelte. Die meisten treffen ihre Wahl gemäß ihren früheren Lebensgewohnheiten (Rep. 620 a). Es ist Selbstbestimmung, wenn ein Mann bei einer zweiten Geburt die Natur eines Weibes annehmen wird: er hatte vorher schon die Sinnlichkeit über die Vernunft herrschen lassen und ist weichlich gewesen; wenn Aias sich für einen Löwen entscheidet: er hatte vorher schon wie ein Raubtier gelebt; wenn Thersites zum Affen wird: der Possenreißer war vorher schon ein Affe. Es kommt darum alles darauf an, daß in unserer Lebenszeit der Lenker des Seelenwagens, Geist und Vernunft, die Zügel in der Hand behält und alles Irrationale und Emotionale: Gefühle, Stimmungen, Leidenschaften und Begierden, beherrsche und uns so richtig und gerecht durch das Leben führe. „Mit dieser Überzeugung wie mit einem stahlharten Panzer ge-

β) Wahl der Lebensbahn

wappnet, muß man in den Hades gehen, auf daß man auch da mit unerschütterlichem Gleichmut erfüllt sei gegen Reichtum und dergleichen Übel und nicht, auf tyrannische Gewalttaten und andere derartige Handlungen verfallend, viel unheilbares Übel anrichtet" (Rep. 619 a). Je nachdem die Seele in ihrer Lebenszeit mehr oder weniger von den ewigen Ideen und Wahrheiten erschaut und sich zu eigen gemacht hat, wird sie in ihren späteren Inkarnationen eine höhere oder niederere Stufe erreichen. Platon legt uns eine Werttafel der Lebensformen vor, und sie ist sehr aufschlußreich für seine Bewertung der Menschen (Phaidr. 248 c ff.). Die Seele, die am meisten erschaut hat von den ewigen Wahrheiten, wird den Leib eines Philosophen oder Dieners der Schönheit oder der Musen und des Eros erhalten. Die zweite wird eingehen in den Leib eines gesetzestreuen Königs. Die dritte in den Leib eines guten Staatsmannes, Hausvaters oder Kaufmannes. Die vierte in den eines die Anstrengung liebenden Turners oder tüchtigen Vertreters der ärztlichen Körperpflege. Die fünfte kommt auf die Erde, um das Leben eines Sehers oder Weihepriesters zu führen. Der sechsten wird das Leben eines Dichters zuteil. Der siebenten das eines Handwerkers oder Bauern. Der achten das eines Sophisten oder Volksschmeichlers. Der neunten das eines Tyrannen. Nachdem die Seele nach der ersten Geburt noch neunmal ihr Lebenslos gewählt, kehrt sie nach 10 000 Jahren auf ihren Stern zurück, woher sie kam. Nur der Philosoph kehrt, wenn er dreimal das nämliche Leben gewählt hat, schon nach 3000 Jahren wieder heim. Dann wird die Wanderung von neuem beginnen. „Des Menschen Seele gleicht dem Wasser, vom Himmel kommt es, zum Himmel steigt es und wieder nieder zur Erde muß es, ewig wechselnd."

γ) Werttafel der Lebensformen

δ) Sinn der Seelenwanderungslehre

Platon hat nirgends einen strikten Beweis für die Seelenwanderung gegeben. Er trägt nur den von höchster künstlerischer Gestaltungskraft und ebenso hohem Ethos und Pathos beseelten Mythos vor. War ihm die pythagoreische Tradition, aus der diese Gedankengänge stammen, Begründung genug? Oder lag ihm an der Seelenwanderungslehre selbst nicht so viel, sondern kam es ihm nur an auf die Verkündigung der Willensfreiheit und des Verantwortungsbewußtseins? Freiheit und Verantwortung sind ja die zwei großen philosophischen Ideen, die der Mythos enthält. Du selbst bist deines Schicksals und deines Charakters Schmied, könnte man über den Mythos der Seelenwanderung schreiben. Platons Gedanke erinnert an Kants Begriff vom intelligiblen Charakter. Die Lebensmuster, die erwählt werden und bei denen man unwiderruflich verharren wird, sind nichts anderes als Wesen und Charakter eines Menschen. Daß der Charakter eine gewisse Notwendigkeit für das Handeln eines Menschen bedeutet, das hat Platon mit seinem Wort, daß man unwiderruflich bei seiner Lebensbahn zu verbleiben hat, bereits gesehen. Der Charakter selbst jedoch wird nach ihm frei gewählt. Während man beim intelligiblen Charakter Kants nicht einsieht, wieso wir darauf einen Einfluß haben können, und die Freiheit, die damit gesichert werden soll, wieder illusorisch wird, erklärt Platon ausdrücklich, daß wir selbst uns zu dem machen, was wir sind, daß nicht der Dämon uns, sondern wir den Dämon erwählt haben, weil es in unserer Macht steht, so oder so zu handeln. Die erste Geburt war ja für alle gleich und ohne die Wahl eines Lebensmusters. Hier konnte jeder von der Wahrheit und der Tugend erwerben, was er wollte. Dann freilich verdichteten sich allmählich die Entscheidungen zu einem geprägten Kern, dessen Schwere sich mehr und mehr geltend macht, so daß man sich selbst schließlich in seine eigene Lebensbahn hineinzwingt. Die Freiheit ist allerdings auch innerhalb dieser Bahn immer noch da. Für einen Determinismus finden sich bei Platon keine Anhaltspunkte. Platon ist Vertreter der Willensfreiheit. Darum ist er auch ein Mahner zum Verantwortungsbewußtsein. Er verkündet es mit einem Ernst und einer sittlichen Erhabenheit, wie die großen Propheten der Weltreligionen. Die eschatologischen Mythen im Gorgias (524 ff.), Phaidon (107 ff.) und im Staat (614 ff.) gehören zu den reinsten Denkmalen menschlicher Sittlichkeit, und man kann sie nicht lesen, ohne erschüttert und geläutert zu werden.

### e) Lebensführung

Wenn solche Schicksale auf dem Spiele stehen, kommt natürlich alles darauf an, die rechte Lebensführung einzuhalten. Und Platon war nicht nur theoretischer Ethiker, er konnte auch recht praktische Lebensregeln aufstellen. Die

α) Das wahre Glück

Menschen wollen alle glücklich sein. Aber, so führt Platon aus, sie suchen das Glück immer an der verkehrten Stelle. Die einen suchen es dort, wonach die naturhafte Begierde verlangt, der niedere Seelenteil, also im Reichtum, im Wohlstand, in der Lust und Leidenschaft. Aber das ist nie wahres Glück. Menschen dieser Art sind nie zu befriedigen; sie verschmachten vor Begierde, weil sie Sklaven ihrer Leidenschaft sind und so ihre eigenen Kerkermeister werden. Andere glauben durch den Ehrgeiz und das Machtstreben glücklich werden zu können. Bei ihnen herrscht der muthafte Seelenteil vor. Sie sind etwas besser als die Erstgenannten. Allein was erreicht wird, ist im besten Fall ein ehrenwerter Soldat oder guter Sportler, oft genug auch nur ein Streber und Karrieremacher. Das wahre Glück liegt nur dort, wo die Wahrheit und die Werte selbst erschaut und realisiert werden. Stolz und Ehrgefühl sind schlechte Berater, noch schlechtere aber die Begierden. Nur die kühle Vernunft gewährleistet das echte Glück, weil nur sie den Weg der Wahrheit geht. Der Weg zum Glück führt über die ewigen Ideen.

β) Unsere erste Aufgabe

Unwissenheit ist darum die eigentliche Krankheit der Seele. Wissen und Schauen der Wahrheit ist ihre rechte Verfassung. Wenn wir den Gedanken Gottes nachsinnen, die in der Schöpfung dargestellt sind, und wenn wir diese göttliche Ordnung erkennen, dann hat unsere Seele die Nahrung, die sie braucht. Dann wird sie dadurch auch selbst geordnet. Und noch mehr, sie gleicht sich dem inneren Reichtum Gottes, dessen Wesen ja in seinen Ideen und Schöpfungstaten auseinandergelegt ist, an und wird ihm ähnlich. „Verähnlichung mit Gott, soweit nur irgend möglich, d. h. heilig zu werden und gerecht auf Grund von Einsicht und Weisheit" (Theait. 176 b), ist das Hochziel für den Menschen. Protagoras hatte gesagt, der Mensch ist das Maß aller Dinge. Platon sagt: „Gott ist das Maß aller Dinge" (Nom. 716 c). Das Ganze ist ein Ethos der Sachlichkeit, Wahrheit und Richtigkeit. Lust und Leidenschaft sind ebenso ausgeschlossen wie Ehrgeiz und Stolz. Das sind lauter blinde Führer. Die subjektive Willkür mit ihrem Mehrhabenwollen (πλέον ἔχειν) hat zu schweigen. Dafür gilt das Motto, das über dem Staat steht: „Das Seinige tun" (τὰ ἑαυτοῦ πράττειν). Was das ist, muß man eben wissen. Darum ist Lernen und wieder Lernen die Nahrung der Seele.

γ) Der harmonische Mensch

Ist das jetzt nicht der vielgescholtene Intellektualismus? Platon redet seine Sprache; ja. Aber in der Sache ist er kein Intellektualist. Der Mann, der den Eros zum Gegenstand zweier Dialoge macht, des Symposions und des Phaidros, und der in seinem Staate die Tapferkeit und Selbstbeherrschung zu Grundtugenden der Gemeinschaft erklärt, ist sich darüber klar, daß der Mensch nicht bloß durch Wissen allein selig werden kann. Platon entscheidet sich, und daraus spricht reifste Lebenserfahrung, für eine harmonisch ausgeglichene Bildung des ganzen Menschen. Ein Mißverhältnis zwischen den Kräften der Seele und des Leibes ist unschön und auch ungut für das Ganze. Eine starke Seele kann durch rücksichtsloses Lernen und Forschen, aber auch durch Ehrgeiz und Leidenschaft einen schwachen Leib in Krankheit stürzen. Umgekehrt kann eine einseitige Körperkultur Seele und Geist ruinieren, weil sie zur Denkfaulheit führt, der größten Krankheit des Menschen. Wer darum lernt und studiert, darf die Gymnastik nicht vergessen; wer andererseits das Körperliche pflegt, darf darüber den Geist nicht zu kurz kommen lassen, sonst verdient er nicht den Namen eines wahrhaft gebildeten Mannes. Platon weiß auch, daß der Mensch Freude und Glück braucht und ein gewisses Maß von Genuß. In den Nomoi und im Philebos trägt er dem Rechnung und entscheidet sich für ein aus Einsicht und Lust „gemischtes Leben“. Aber ebenso klar ist sich Platon darüber, daß kein irrationales Element, heiße es nun Blut und Rasse, Ehre oder Stolz, Instinkt oder Gefühl, Machtwille oder Herrenmenschentum, Unbewußtes oder orgiastische Begeisterung, je sittliches Prinzip, d. h. zum Lenker unseres Lebens werden darf. Auf dem Seelenwagen kann immer nur die Vernunft stehen. Nur sie allein hat die Zügel zu führen. Sie muß alles beherrschen, auch Ehrgefühl, Lust und Genuß. Die Kyrenaiker hatten mit ihrem Hedonismus die sittliche Würde, die Kyniker mit ihrer Tugendstrenge das Glücksbedürfnis des Menschen hintangesetzt. „Platon hat uns als erster gelehrt, wie man gut und glücklich zugleich sein kann“ (ὡς ἀγαθός τε καὶ εὐδαίμων ἅμα γίγνεται ἀνήρ), sagt Aristoteles in der Altarelegie von seinem Meister.

### f) Unsterblichkeit

Den Abschluß der Lehre Platons über den Menschen bilden seine Gedanken über die Unsterblichkeit der Seele. Sie werden besonders im Phaidon entwickelt. Dazu kommt noch Phaidros 245 c, Staat 608 d und Gesetze 895 f. Es sind drei Argumente, die Platon vorbringt. Einmal folge die Unsterblichkeit aus dem Vorhandensein der apriorischen Wissensinhalte. Sie stammen nicht aus der Erfahrung unseres Erdenlebens. Also müssen sie vorher schon erworben sein und muß danach auch die Seele vorher schon gelebt haben. Streng genommen ist damit nur die Präexistenz erwiesen. Die Postexistenz ergibt sich aber aus der weiteren Überlegung, daß alles Werden und Vergehen auf einem Übergang von gegensätzlichen Zuständen beruhe: auf den Schlaf erfolge das Wachen, auf das Wachen der Schlaf, aus dem Kalten entstehe das Warme, aus dem Warmen wieder Kaltes usw. So könnte man auch die Präexistenz der Seele als einen Schlaf auffassen, zu dem dann ein Wachen gehört, das wieder vom Schlaf abgelöst wird, und so immer zu ohne Ende. Damit wäre die Unsterblichkeit gegeben. Ferner müsse die Seele unsterblich sein, weil sie einfach ist. Ein Aufhören gibt es nur dort, wo es ein Auflösen in Bestandteile gibt, und das wieder gibt es nur dort, wo Körper sind. Daß die Seele nicht von dieser Art ist, ergibt sich aus ihrer Verwandtschaft mit den Ideen. Die Ideen sind etwas „Eingestaltiges“, sie bleiben immer gleich, kennen nicht ein „Zufließen und Abfließen“, wie es beim Körper der Fall ist. Sie sind einfach. Und weil die Seele der Ort der Ideenerkenntnis ist, müssen wir annehmen, daß sie gleichgeartet und also auch einfach ist. Schließlich folgt die Unsterblichkeit aus dem Wesen der Seele. Seele heißt ihrem Begriff nach Leben. Leben aber ist Selbstbewegung. Selbstbewegung jedoch muß immer unsterblich sein. Hörte sie auf, dann hörte auch alle Fremdbewegung auf, weil diese letztlich auf das Sichselbstbewegende, das Psychische zurückgeht. Das aber würde heißen, daß der ganze Himmel und der Weltprozeß überhaupt zum Stillstand kämen. Darum müssen wir annehmen, daß das Seelische etwas Unsterbliches ist.

g) Nachwirkungen

Platons Beweise für die Unsterblichkeit der Seele sind Einwänden ausgesetzt. Der letzte Gedankengang ist ein Argument, das an den ontologischen Gottesbeweis erinnert. Der erste und zweite Beweisgang aber stellen nur Analogieschlüsse dar, sind also nicht zwingend. Trotzdem sind diese Überlegungen Platons unsterblich geworden. Spätere Denker haben immer wieder auf sie zurückgegriffen, haben sie verbessert und neu begründet. In irgendeiner Form finden sie sich immer wieder, bis in unsere Tage. Vor allem aber hat die Anschauung nachgewirkt, daß der Mensch wesentlich Seele sei und daß seine eigentliche Heimat nicht auf dieser Welt, sondern im Jenseits liege. Diese Einstellung des Platonismus trifft sich mit der Einstellung des Christentums. Wenn Thomas von Aquin die ewige Glückseligkeit (visio beatifica) darum mit aristotelischen Begriffen als vita contemplativa erläutert, dann sind es nur die Worte des Aristoteles, die er gebrauchen kann, nicht aber sein Geist. Denn Aristoteles sucht die Glückseligkeit im Diesseits. Wohl aber ist in den eschatologischen Mythen Platons und insbesondere im Phaidon der Glaube zu Hause — wir wissen bereits, daß er von den Pythagoreern stammt —, daß wir die volle Wahrheit erst nach dem Tode schauen und erst dann die Seele ganz glücklich werden könne, nachdem sie recht gelebt und im Gericht hat bestehen können. Das Wort Augustins über das Verhältnis von Platonismus und Christentum trifft darum auf das Bild vom Menschen in voller Wahrheit zu: „Niemand ist uns so nahe gekommen wie die Platoniker" (De civ. Dei VIII, 5).

Literatur

E. Hoffmann, Methexis und Metaxy bei Platon. Jahresber. des philol. Vereins zu Berlin (1919). J. Souilhé, La notion platonicienne d'intermédiaire (Paris 1919). H. Barth, Die Seele in der Philosophie Platons (1921). Ders., Eidos und Psyche in der Lebensphilosophie Platons (1932). M. de Corte, Anthropologie platonicienne et anthropologie aristotélicienne. Études Carmélitaines 23 (1938). R. Schaerer, Dieu, l'homme et la vie d'après Platon (Neuchâtel 1944). J. Wild, Plato's Theory of Man (Cambridge, Mass. 1947). H. D. Voigtländer, Die Lust und das Gute bei Platon (1960).

## D. DER STAAT

Platon hat nicht nur über den Menschen als Individuum, sondern auch als Gemeinschaftswesen geschrieben, und seine Gedanken über den Staat gehören zu den wertvollsten und berühmtesten Ideen seiner an großen Ideen wahrhaft reichen Philosophie. Man sieht hier wieder, wie Philosophie in der klassischen Zeit immer praktische Menschenführung sein will.

### a) Entstehung des Staates

Der Staat entsteht naturhaft in seinen ersten Anfängen und auch in den wesentlichen Linien seines weiteren Aufbaues. Es ist nicht Willkür, was die Menschen zusammenführt, sondern sie folgen hier einem Antrieb und Gesetz der Natur. Platon wäre kein Anhänger irgendeiner Vertragstheorie gewesen, die den Staat auf Grund reinen Willkürwillens entstehen und in seinen Einzelheiten ausgestalten läßt. Er polemisiert in den Gesetzen (889 d ff.) ausdrücklich gegen die Meinung der Sophistik, daß der Mensch auf diesem Gebiete verfügen könne, was er wolle, gleich als ob es nicht auch hier Normen gäbe, die größer sind als der Mensch. Platon wird damit zum Vater allen Naturrechtes bis herauf zu Hugo Grotius. Mag es auch später immer wieder anders begründet werden, schon Aristoteles gibt ihm eine andere Unterlage und Ausdeutung, Platon war doch der erste, der dem Machtwillen der Diktatoren und der Kommune eine höhere Instanz gegenüberstellt, an die die Menschheit immer wieder appelliert hat, wenn sie das Opfer ihrer eigenen Maßlosigkeit geworden war.

### b) Stände

α) Die Arbeiter

So entstehen sofort „von Natur aus" die Gesellschaftsordnungen im Staat. Weil der einzelne in der Notdurft des Lebens nicht selbstgenug, nicht „autark" ist, schreitet man zu einer sich gegenseitig aushelfenden Arbeitsteilung. Die einen übernehmen die Ernährung, die anderen das Handwerk, wieder andere Handel und Verkehr, und so entsteht der Nährstand.

β) Die Krieger

Da ein Staatsvolk aber, wie die Menschen nun einmal sind, Gefahr läuft, von außen oder von innen in Feindseligkeiten verwickelt zu werden, bedarf es der Wächter oder Krieger, und so entsteht der Wehrstand. Die besten von ihnen werden naturgemäß die Führung in die Hand nehmen; sie werden die leitenden Ideen ausgeben und bilden damit die Staatsführer, die „Philosophenkönige". Das eigentliche Augenmerk wendet Platon der großen staatstragenden Schicht zu, den Kriegern. Von ihnen hängt ja alles ab. Sie müssen darum auf das sorgfältigste erzogen, das heißt zu leiblich und seelisch hochwertigen Menschen herangebildet werden.

αα) Jugenderziehung

Bei dieser Gelegenheit entwickelt Platon seine pädagogischen Ideen. Schon die Märchen, die man den Kindern erzählt, sind entsprechend ausgewählt. Sie dürfen zum Beispiel nichts über die Götter enthalten, was ihrer unwürdig wäre. Feindschaft unter den Göttern, Ränkespiel und Kampf im Himmel, wovon Homer berichtet, darf den Kindern nicht zu Ohren kommen. Wie sollte ein Mensch richtig erzogen werden, wenn er vom Höchsten, was es gibt, niedrige Vorstellungen hätte? Nichts auch darf ein Kind hören von Mangel an Tapferkeit, an Selbstbeherrschung oder Wahrhaftigkeit. Wenn man erzählt von den Schimpf- und Scheltreden zwischen Achilles und Agamemnon, von der Liebesleidenschaft des Zeus zu Hera, den Ehebruchgeschichten zwischen Ares und Aphrodite oder überhaupt von sittlichen Minderwertigkeiten, wie hochfahrendem Sinn, Roheit, Grausamkeit oder Auflehnung gegen die Götter, und schließlich dabei Menschen dieser Art auch noch als Helden bezeichnet, oder wenn man gar den Grundsatz vertritt, daß Unrechttun Nutzen, Rechttun aber Schaden bringen könnte, dann würde damit dem Leichtsinn der rasch verführbaren Jugend Vorschub geleistet. Umgibt man ständig die Jugend mit solchen Bildern der Schlechtigkeit, dann geht es den heranwachsenden Wächtern wie dem Jungvieh, das man immer auf schlechter Weide nährt: Indem sie Tag für Tag kleine Mengen der schädlichen Nahrung in sich aufnehmen, vereinigt sich allmählich alles zu einem Ganzen und bringt zu guter Letzt ein großes Übel hervor. Darum sind auch Schauspiel, Musik und Kunst entsprechend zu regeln. Nur die Taten tapferer, besonnener, frommer und freier Menschen dürfen gezeigt werden, aber kein Sinnenkitzel, keine maßlose Erregung, keine Leidenschaft, nichts Lächerliches,

ββ) Kunstpflege

Weichliches, Kindisches, von der Darstellung tierischer Lebensformen ganz zu schweigen. Oberstes Gesetz der Kunst ist nicht das subjektive Gefallen, der schwärmerische Taumel und das nur auf den Reiz und seine Befriedigung ausgehende Lustgefühl, sondern das objektive Schöne, das ontisch Richtige und ethisch Wertvolle. Läßt man Gefallen und Vergnügen entscheiden über das, was schön und nicht schön ist, dann kommt es zu einer Herrschaft des „Theaterpöbels", und das bedeutet gesetzlosen Libertinismus. „Der Wahn, jeder sei weise und sachverständig für alles, und der gesetzwidrige Sinn haben ihren Anfang in der Musik genommen" (Nom. 701 a). Größter Nachdruck liegt auch auf der körperlichen Ertüchtigung. Die Wächter müssen stark werden für den Krieg. Darum ist die Jugend abzuhärten zur Enthaltsamkeit in geschlechtlichen Dingen und zur Mäßigkeit in Essen und Trinken zu erziehen. Sie soll Sport treiben, nicht um der Rekorde willen, sondern um dabei zu lernen, den Leib in die Botmäßigkeit des Geistes zu nehmen. Ein tapferes Geschlecht macht auch nicht viel Federlesens mit ärztlicher Körperpflege. Wunden und Krankheiten, die der Kampf des Lebens mit sich bringt, werden mit kräftigen Mitteln behandelt; aber einen durch Faulheit und Unmäßigkeit verderbten Leib zu pflegen nach der „neuen Mode" der Pflaster und Salben, der Binden und Bäder, der Umschläge und Schröpfköpfe, der Diät und peinlichen Lebensordnung, dieses ewige Herumdoktern und Sichängstigen um seine Gesundheit ist überhaupt kein Leben, sondern ein langsames Sterben und ist eines rechten Mannes unwürdig. Um ein gesundes Geschlecht zu erzielen, trifft Platon auch eugenische Maßnahmen. „Es müssen die besten Männer so häufig als möglich den besten Frauen beiwohnen, die schlechtesten dagegen den schlechtesten so selten wie möglich. Die Kinder der ersteren müssen aufgezogen werden, die der anderen nicht, sofern die Herde auf voller Höhe bleiben soll" (Rep. 459 d). Mißgestaltete Kinder sind auszusetzen. Der seelisch Unheilbare und von Natur aus Schlechte, das heißt sittlich total Verdorbene, ist zu töten. Dem gleichen Zweck dienen auch die Vorschriften der Frauen- und Gütergemeinschaft. Die Wächter müssen ehelos leben und dürfen kein Eigentum besitzen, damit alles Persönliche zurücktritt, dafür die Einheit des Staates gefördert wird und sie ihrer großen

γγ) Körperliche Ertüchtigung

δδ) Eugenik

εε) Frau und Besitz

Aufgabe, dem Nutzen des Ganzen zu dienen, gerecht werden können. Die Frau steht dem Mann grundsätzlich gleich. Mädchen sollen zusammen mit den Knaben und in der gleichen Weise wie sie erzogen werden. Die Frau hat auch am Kriege teilzunehmen, wenn man ihr auch dabei die leichteren Aufgaben zuweisen wird. Später, in den Nomoi, hat Platon diese in der Politeia erhobenen Forderungen zwar auch noch als Ideal festgehalten, aber zugegeben, daß sie praktisch undurchführbar sind, und sich darum wieder für Familie und Privateigentum ausgesprochen, wobei er die Eigentumsgrenze dann allerdings sehr niedrig ansetzt und jeden sie überschreitenden Besitz wegsteuern läßt, weil der Reichtum Habsucht erzeuge, die die Quelle aller Übel im Staate ist. Zur rechten Beurteilung der platonischen „Utopie" darf man nicht übersehen, daß diese seine Vorschläge nicht für das ganze Staatsvolk gelten, sondern nur für die Wächter. Der Nährstand lebt in Familien und hat Privateigentum. Statt von einer „Weiber- und Gütergemeinschaft" im platonischen Staat schlechthin spräche man darum besser von einer Ehe- und Besitzlosigkeit der Wächter.

γ) Philosophenkönige

Aus den Kriegern werden die Begabtesten ausgewählt und zwischen dem 20. und 30. Lebensjahr einer besonderen wissenschaftlichen Schulung unterworfen, immer zusammen mit entsprechender körperlicher Ausbildung. Wer sich dabei auszeichnet, wird ausgesucht und in den dritten Stand, den der „vollkommenen Wächter" versetzt. Und jetzt wird die eigentliche Seele des platonischen Staates ersichtlich. Diese vollkommenen Wächter müssen nämlich vollkommene Philosophen werden, um den platonischen Staat auf die Grundlage von Wahrheit und Idealität zu stellen. Sie studieren zunächst darum nochmals fünf Jahre Philosophie, Mathematik, Astronomie, schöne Künste, besonders aber die philosophische Dialektik, um aller Gesetze, Wahrheiten und Werte der Welt innezuwerden. Dann machen sie 15 Jahre lang Dienst in hohen Beamtenstellen, um Welt und Leben praktisch kennenzulernen. Mit 50 Jahren aber zieht sich dieser erlesene Kreis zurück, lebt nur noch der Schau des an sich Guten und gibt die großen Ideen aus, nach denen der Staat geführt wird: „Denn es wird kein Ende des Unheils unter den Völkern sein, wenn nicht die Philosophen Könige oder die Könige Philosophen werden." Was ist die

αα) Herrschaft der Besten

Gerechtigkeit? war das Thema der Politeia. Die Antwort lautet: Die Gerechtigkeit ist Richtigkeit, das heißt, alles im Staat, Menschen und Gesetze und Einrichtungen, müssen wahr sein, müssen der idealen Ordnung entsprechen. Nicht was man gerne möchte, sondern was man soll, hat zu geschehen. Die Formel hierfür lautet: „Das Seinige tun" (τὰ ἑαυτοῦ πράττειν). Wahrheit, Weisheit und reinstes sittliches Wollen bilden die Grundlagen dieser Politik. Es herrschen darum die „Besten". Der Staat, der Platon vorschwebt, ist eine Aristokratie.

ββ) Herrschaft des Besten

Ist es nur ein Einziger, der als Bester an der Spitze des Staates steht, womit Platon auch rechnet, dann haben wir eine Monarchie. Dieser Mann wäre omnipotent, nicht weil er der Mächtigste ist, sondern weil er durch seine Weisheit und sein sittliches Wollen ganz zum Sachwalter der Gerechtigkeit geworden ist. Nicht er persönlich spricht, sondern die Gerechtigkeit selbst spricht durch ihn. Er ist nicht ein Diktator, ein Mann des hoc volo, sic iubeo, sit pro ratione voluntas; er ist der Interpret des an sich Guten, und sein Wollen wird einzig geleitet von Einsicht und Vernunft. Darum braucht seiner Machtbefugnis keine Grenze gesetzt zu werden. Wenn darum er oder der „Nächtliche Rat" (wo die Dinge ebenso liegen) das gesamte Staatsleben: Wirtschaft, Rechtspflege, Wissenschaft, Kunst, Religion und sogar Ehe und Familie kontrolliert und in der Behauptung seiner Meinung so weit gehen darf, daß er zum Tode verurteilen kann, wer unbekehrbar der Dogmatik des Staates widersteht, dann hält das Platon so wenig für eine Beeinträchtigung der individuellen Freiheit, wie man es auch nicht für eine Beeinträchtigung der Freiheit eines Schülers halten kann, wenn der Lehrer nicht duldet, daß er falsch rechnet. Ein solch allmächtiger Monarch, meint Platon im Politikos, hätte gegenüber einer Gesetzesherrschaft etwas voraus. Er ist beweglicher und anpassungsfähiger. Die Gesetze sind immer etwas Starres, das Leben aber ist ständig neu und immer wieder anders. Ein Monarch könnte, einmal im Besitz der rechten politischen Prinzipien, immer sofort das Richtige entscheiden, welch neue Situation sich auch einstellen würde. Wir werden hören, was Aristoteles darauf antwortet.

c) Staatsformen

Als weitere Staatsformen führt Platon an: Timokratie, Oligarchie, Demokratie und Tyrannis. In der Timokratie regieren nicht mehr die geistig und sittlich Besten, sondern die Ehrsüchtigen; Männer, die sich für wertvoll und vornehm halten, weil sie gute Sportler, Jäger und Soldaten sind. Sie neigen eher zu rasch entschlossener Tat als zur weisen Überlegung; sind eher für den Krieg geschaffen als für den Frieden; sind schlaue und findige Praktiker, aber ohne feinere Bildung des Geistes und Herzens. Sie sind auch geldgierig, haben darum wieder Privateigentum und bereichern sich insgeheim. Sie dienen weniger dem Ganzen als ihrem Geltungstrieb. In der Staatsmacht sehen sie nicht so sehr den Staat als die Macht; und diese Macht ist die ihre. α) Timokratie

Die Oligarchie ist wörtlich die Herrschaft Weniger, sachlich gesehen aber die Herrschaft der Reichen unter Ausschluß der Unbemittelten. War in der Timokratie schon die geheime Habsucht ein schwärendes Übel, so wird die Erwerbsgier jetzt zum Prinzip der Staatsführung. Hatte dort wenigstens noch der ehr- und streitliebende Seelenteil regiert, so wird jetzt alles beherrscht vom niederen Seelenteil, der reinen Begehrlichkeit. Der Staat wird nicht mehr nach Sachlichkeit und Richtigkeit verwaltet, sondern befindet sich in der Hand weniger Nutznießer. Darum sind auch nicht Fachleute an der Spitze, sondern Politiker, die sich jetzt auf alles verstehen müssen, wenn sie auch nichts verstehen. Wir haben jenen Primat der Politik, der nur Postenjägerei ist, die sachliche Arbeit aber behindert, die innere Einheit zerstört und den Staat zur Ohnmacht verurteilt, weil nicht mehr das Volk, sondern die ausbeutende Schicht den Staat repräsentiert. β) Oligarchie

Ein noch weiteres Absinken vom Ideal erblickt Platon in der Demokratie. Hier herrscht volle Freiheit des Handelns. „So sagt man wenigstens", wie Platon etwas spöttisch bemerkt. Volle Freiheit, besonders auch im Reden. Aber dafür haben wir keine bindende Autorität, kein unverbrüchliches Recht; alle sind gleich, und jeder kann jeden Wunsch äußern, wie es beliebt, wie in einer „Trödelbude". „Allem Anschein nach eine reizende Staatsverfassung, herrschaftslos, buntscheckig, so etwas wie Gleichheit gleichmäßig an Gleiche und Ungleiche verteilend" (Rep. 558 c). Die eigentliche Verderbnis der Demokratie glaubt Platon darin sehen zu müssen, daß der γ) Demokratie

Demokrat „weder Ordnung noch Pflichtzwang kennt, sondern nach Lust und Laune in den Tag hinein lebt und das dann ein liebliches, freies und seliges Leben heißt“ (Rep. 561 d). „Das seelische Auge der großen Masse vermag es nicht, die göttliche Wahrheit zu schauen“ (Soph. 254 a). Hier spricht der geborene Aristokrat. Dazu hatte Platon mit der Demokratie seiner Zeit trübe Erfahrungen gemacht. Die Sophistik hatte alle Wahrheit und alles Recht auf den Kopf gestellt. Zügellosigkeit hatte man Freiheit, Übermut Größe, Schamlosigkeit Männlichkeit, Schwelgerei Großzügigkeit geheißen. Aber, so können wir fragen, muß es denn immer so sein? Und ist es wirklich so, daß die einen absolut sicher die Wahrheit besitzen und die anderen absolut sicher davon ausgeschlossen sind?

δ) Tyrannis Die äußerste Entartung der Staatsform aber liegt vor in der Tyrannis. Sie ist nicht der Gegensatz zur Demokratie, sondern ihre Konsequenz. Die Demokratie lebte in einem Übermaß von Freiheit. Die Weiber folgten den Männern nicht mehr, und sogar die Tiere sind in der Demokratie frecher und freier als sonst; denn „wie die Herrin, so das Hündchen“. Selbst Pferde und Esel sind sich ihrer Freiheit bewußt, schreiten entsprechend einher und weichen auf der Straße nicht mehr aus, alles wegen des Prinzips der Gleichheit. Aber gerade das führt den Untergang der Freiheit herbei. „Das Übermaß im Vorwärtstreiben der Dinge pflegt den Umschlag ins Gegenteil als Rückschlag zur Folge zu haben, in der Witterung, im Wachstum der Pflanzen und Leiber und nicht zum wenigsten auch in den Verfassungen“ (Rep. 564 a). In den inneren Auseinandersetzungen braucht das Volk Führer. Und weil es die Gewohnheit hat, „immer einen im Vorzug vor den anderen an die Spitze zu stellen und ihn zu hätscheln und allmächtig zu machen“ (Rep. 565 c), kann es dazu kommen, daß ein solcher Volksführer, durch die „geriebenen Zauberer und Tyrannenmacher“ der Parteien noch mehr hinaufgehoben, einmal im Genuß der Macht, wie ein Löwe wird, der Blut geleckt hat. Er verfällt dem Machtrausch und dem Größenwahn. „Wessen Geist aber gestört und aus den Fugen geraten ist, der setzt es sich in den Kopf und bildet sich ein, stark genug zu sein, nicht nur über Menschen, sondern auch über Götter zu herrschen“ (Rep. 573 c). Der Tyrann wird zunächst freundlich tun und alles mögliche versprechen, Schuldenerlaß zum Beispiel und Landverteilung; dann aber wird er daran gehen, seine Gegner zu beseitigen; wird Krieg anzetteln, damit das Volk immer eines Führers bedarf und keine Zeit mehr hat, sich gegen sein Regime zu erheben; er wird ein besonders scharfes Auge haben auf alle Männer, die tapfer sind, hochherzig, einsichtig und reich, und wird davon den Staat „reinigen"; er wird sich nur noch mit seinen Kreaturen umgeben; wird seine Leibstandarde stärker und stärker machen und sich immer mehr vom Volk absondern; wird ihm schließlich die Waffen wegnehmen, so daß es wehrlos ihm und seinen Knechten ausgeliefert ist, „und dann endlich wird das Volk erkennen, welchen Unhold es sich erzeugt und großgezogen hat". Jetzt sieht man dann, was Tyrannis ist: Sklaverei unter Sklaven. Nicht nur das Volk nämlich ist Sklave, auch seine Zwingherren sind es. Sie sind Knechte des Tyrannen. Und er selbst ist auch Sklave: Sklave seiner eigenen Begierden und Leidenschaften. Für den Philosophen eines auf Vernunft und Wahrheit, Freiheit und sittlichem Wollen beruhenden Menschentums muß eine solche Staatsform natürlich der äußerste Greuel sein.

### d) Machtstaat oder Rechtsstaat?

Aber ist nicht auch der Staat Platons ein Machtstaat? Die umfassenden Bestimmungen für die Erziehung der Krieger, die straffe Führung des gesamten Lebens in Familie, Öffentlichkeit, Wirtschaft, Wissenschaft, Kunst, Religion und die Allmacht der Philosophenkönige scheinen in diese Richtung zu weisen. Es ist wahr, Platon will, daß sein Staat so stark wie möglich werde nach innen und nach außen. Aber er unterscheidet zwischen Macht und Macht. Es gibt eine rein physische Macht, die naturhafte Begierde ist, cupiditas naturalis, wie später Hobbes treffend dafür sagt. Sie kennt nur den individuellen oder kollektiven Egoismus, die Macht des Stärkeren. Sie ist in Wirklichkeit Gesetzlosigkeit. Gesetze, die auf diesem Wege zustande kommen, sind darum Parteisache, aber nicht Staatssache, „und dem durch sie bestimmten sogenannten Recht sprechen wir jeden Anspruch auf diesen Namen ab" (Nom. 715 b). Einen Machtstaat dieser Art, es ist der moderne Machtstaat Macchiavellis, lehnt Platon ab. Niemand darf sich einer solchen Staatsführung fügen,

α) Macht des Stärkeren

und man muß nötigenfalls sich eher verbannen lassen oder freiwillig emigrieren, „als sich unter das Sklavenjoch elender Gewalthaber zu beugen und sich einer Staatsordnung zu unterwerfen, die darauf angelegt ist, den Menschen sittlich herunterzubringen" (Nom. 770 d). Es gibt aber auch eine Macht des Rechtes und der Wahrheit. Diese Macht will Platon aufgerichtet wissen. Sein Staat ist ein Rechtsstaat, und eine die Gerechtigkeit verkörpernde Macht erscheint ihm ohne Tadel. Schon aus der räumlichen Beschränkung der platonischen Polis — sie darf nur 5 040 Familien umfassen — ersieht man, daß hier nicht an Weltherrschaft gedacht wird. Ausschlaggebend aber ist, daß der platonische Staat weder nach innen noch nach außen irgendein „Mehrhabenwollen" verkörpert, sondern überall „das Seinige tun" will, das durch eine objektive, ideale Ordnung vorgeschrieben ist, die für alle Menschen gilt und jeder individualistischen Machtpolitik einen Riegel vorschiebt. Darum gibt es für Platon kein Problem „Individuum und Gemeinschaft", „Autorität und Freiheit" im Innern, und auch nicht die Probleme der Wirtschaftspolitik, des Nationalismus und Imperialismus nach außen. Die ewige, ideale Ordnung ist Notwendigkeit und Freiheit zugleich. Wenn je für einen Staat der Grundsatz gegolten hat: iustitia fundamentum regnorum, dann hier. Platon sieht deswegen die Ursache für den Untergang eines Reiches nicht in der „Feigheit" oder im Mangel an kriegerischer Erfahrung bei den Herrschenden und Beherrschten, sondern in der „nach allen anderen Richtungen hervortretenden sittlichen Verwahrlosung" (Nom. 688 c). Es wird kein Staat, „der nicht einen Gott, sondern irgendeinen Sterblichen zum Herrscher hat, jemals Erlösung finden von Unheil und Elend ... Wir müssen darum, was von unsterblichem Wesen in uns ist, zum Führer machen für unser öffentliches Leben wie für unser Einzelleben, indem wir das von der Vernunft Zuerteilte und Gesetzte als Gesetz betrachten" (Nom. 713 e).

β) Macht des Rechtes

γ) Fundamente des Staates

δ) „Utopie"

Haben wir diese ideale Ordnung aber auch richtig und ganz erkannt? Und würden die Menschen sich daran halten, wenn sie ihnen aufgeleuchtet hätte? Das wäre die Voraussetzung für eine praktische Verwertbarkeit der platonischen Vorschriften. Weil man daran zweifelt, darum nennt man den platonischen Staatsentwurf eine Utopie. Mag er eine Utopie sein, so ist er es doch so, wie jedes Ideal eine Utopie ist: In seiner Reinheit weder erkannt noch erfüllt, leuchtet es doch hinein in die Welt des Irrtums als Richtmaß und unendliche Aufgabe, der alles zustrebt und wovon alles lebt, was guten Willens ist.

Literatur

J. Adam, The Republic of Plato. Edited with Critical Notes, Commentary and Appendices. 2 Bde. (London 1902, [4]1926). J. Stenzel, Platon der Erzieher (1928). R. L. Nettleshipp, The Theory of Education in Plato's Republic (London 1935). M. Vanhoutte, La philosophie politique de Platon dans les ‚Lois' (Louvain 1954). A. Jagu, La conception platonicienne de la liberté. Mélanges A. Diès (Paris 1956). E. Voegelin, Order and History III (Louisiana State University Press 1957). G. R. Morrow, Plato's Cretan City. A Historical Interpretation of the Laws (Princeton 1960). R. Maurer, Platons Staat und die Demokratie. Historisch-systematische Überlegungen zur politischen Ethik (1970).

## E. DIE WELT

### a) Die sichtbare Welt

Das für die Kosmologie Platons wesentliche Werk ist der Timaios. Dieser Dialog hat wie kaum ein anderes Werk das Weltbild des Abendlandes beeinflußt. Er wurde auch im Mittelalter gelesen, in der lateinischen Übersetzung des Cicero und des Chalcidius samt dessen Kommentar. Aus ihm schöpft insbesondere die mittelalterliche Kosmographie und Enzyklopädie, wie z. B. jene des Wilhelm von Conches oder des Honorius von Autun. Noch Galilei erhält von ihm entscheidende Anregungen für den mathematischen Aufriß seines kosmologischen Systems. Und insbesondere bewegt sich alle teleologische Naturbetrachtung bis auf heute in seinen Bahnen und mündet wie dort in der Physikotheologie. Platon hat, wie in seiner Psychologie, so auch hier wieder viel vom Mythos Gebrauch gemacht. Einmal, weil es im Bereich der raumzeitlichen Welt strenge Wissenschaft nicht gibt, wie er sagt, und dann, weil Bild und Symbol wenigstens noch erahnen lassen, was der reine Begriff nicht mehr zu fassen vermag.

Platon grenzt unsere physische Welt deutlich gegen seine Ideenwelt ab. Er bezeichnet sie als die sichtbare Welt (τόπος ὁρατός) im Gegensatz zu der nur denkbaren Ideenwelt und als die Werde-Welt, die zwischen Sein und Nichtsein stehe, der keine eigentliche Wirklichkeit zukomme, die sich immer verändere, darum ein Vieles, Teilbares, Unbestimmtes, Grenzenloses, Maßloses, Großes und Kleines sei. Vor allem aber ist die physische Welt in Raum und Zeit gestellt, ist nur Erscheinung der Idee, und zwar im Sinn eines Abbildes der Idee. Platon sagt dafür, sie hat teil an der Idee (μέϑεξις), und nur dadurch kann sie so etwas wie ein scheinbares Dasein fristen. Sie ist wie ungeformtes Wachs, das durch die Idee geprägt wird, oder wie die Amme, die das Kind aufnimmt und nährt, dessen eigentlicher Vater die Idee ist. Wie die Sinneswahrnehmung nur durch die Idee ist und gelesen werden kann, so ist auch die Sinnenwelt nur durch die Idee.

b) Weltbildung

α) Mythos Die Welt entsteht auf Grund der Güte Gottes: „Er war voller Güte; wer aber gut ist, für den gibt es niemals und nirgends Neid. Völlig unberührt davon wollte er, daß alles ihm so ähnlich wie möglich sei. Darin also nach der Lehre der einsichtigsten Männer den eigentlichen Grund des Werdens und des Weltalls zu sehen dürfte wohl am richtigsten sein“ (Tim. 29 e). Der Demiurg ist aber nicht Schöpfer, der alles, was ist, aus dem Nichts ins Dasein riefe. Er findet vielmehr schon etwas vor, die Materie, und sein Werk besteht nur darin, daß er „das Reich des Sichtbaren, das er nicht im Zustand der Ruhe, sondern der an kein Maß und keine Regel gebundenen Bewegung übernahm, aus der Unordnung zur Ordnung überführte, überzeugt, daß dieser Zustand in jeder Hinsicht besser sei als jener“ (a. a. O.). Das erste, was der Demiurg bildet, ist die Weltseele. Sie ist unsinnliche, unsichtbare, denkende und lebende Substanz. Unsichtbar und unsinnlich, obwohl sie „gemischt“ ist aus der unteilbaren und ewig unwandelbaren Wirklichkeit auf der einen und der teilbaren, sich ändernden Wirklichkeit auf der anderen Seite. Wie die Menschenseele wird auch sie mit einem Körper umkleidet, dem Stoff des Kosmos. Diesen Kosmos beseelt sie, und durch ihre Vorsehung und lebendige Kraft formt sie das All: geschaffene Götter, Menschen, Tiere, Pflanzen und toten Stoff. Das All ist geschichtet; über dem Reich des toten Stoffes steht das Reich der Pflanzen, darüber das der Tiere, der Menschen und der „geschaffenen Götter", das ist der Planeten (mit unserer Erde) und der Sterne. Je höher wir steigen, um so mehr Seele treffen wir an; je tiefer, desto weniger Nous tritt in die Erscheinung. Und darum ist das ganze All „ein beseeltes und in Wahrheit vernünftiges Geschöpf, wozu es durch die Vorsehung Gottes geworden ist" (Tim. 30 b). Und da dieses Universum „einzig und allein existiert, vollkommen an seinem Wesen und seiner Erscheinung, sichtbar und alle Fülle des Sichtbaren umfassend, ein lebendiger Organismus, in dem alle übrigen sterblichen und unsterblichen Organismen ihr Dasein haben, das sinnliche Abbild des nur in Gedanken denkbaren Gottes, ist es selbst ein Gott, ganz groß und gut, schön und vollkommen", wie der feierliche Schlußsatz des Timaios lautet.

β) Sinn des Mythos

Aristoteles hat diese Schilderung der Weltentstehung wörtlich genommen und behauptet, Platon lehre einen Anfang der Welt in der Zeit; sie sei nach ihm ewig nur insofern, als sie kein Ende nehme (De coelo *A*, 10; 280 a 28). Allein bereits Xenokrates, das zweite Schulhaupt der Akademie nach Platons Tode, hat die Ansicht vertreten, daß Platon mit seiner Darstellung nur didaktische Zwecke verfolge, so ähnlich wie ein Mathematiker um des besseren Verständnisses willen eine geometrische Figur nacheinander entstehen läßt, während sie doch in Wirklichkeit auch etwas Zeitloses ist. In dieser Richtung haben auch fast alle Platoniker den Timaios aufgefaßt. Was Platon mit seiner Lehre über die Weltbildung sagen wollte, ist darum etwas anderes. Und zwar ist es zunächst der Gedanke, daß die Welt nicht aus sich selbst besteht, sondern abhängig ist von einem Weltgrund, der nun allerdings durch sich selbst ist. Auch wenn die Welt ewig ist, die Weltseele sowohl wie die Materie, auch dann besteht diese Abhängigkeit von einem letzten Grund, was man gerade bei Aristoteles selbst schön sehen kann. Der Timaios bedeutet hier nichts anderes als eine konkrete und bildhafte Parallele zu dem dialektischen Aufstieg zum Anhypotheton und der Idee des an sich Guten im Staate.

αα) Notwendigkeit eines Weltgrundes

ββ) Der lebendige Geist

Der zweite große Gedanke, den Platon mit seinem Mythos ausdrücken will, ist eine Fortführung und Vertiefung des

Teleologie-Begriffs. Daß die ganze Welt geordnet ist, ergibt sich einfach schon aus seiner Ideenlehre. Der Weltbildner schafft die Welt im Hinblick auf die ewigen Ideen. Jede Idee aber ist bei Platon, so sahen wir, immer zugleich auch Ziel und Zweck, und das ganze Reich der Ideen ist nichts anderes als ein Emporstreben zum Höchsten und darum auch ein Daraushervorgehen und Davongesetztwerden (vgl. oben S. 110). Daß aber diese Geisterfülltheit der Welt nicht bloß eine rein logische Ordnung bedeutet, so wie sie etwa in einer Logarithmentafel vorliegt, sondern lebendigen Geist meint, das versichert uns der Timaios mit seiner Lehre von der Weltseele, die durch ihre Vorsehung (πρόνοια) das All ordnet und es zum Kosmos macht (Tim. 30 b 5—c 1). Auch der Mechanismus kennt Sinn und Ordnung. Leukipps Buch führt den Titel Περὶ νοῦ und soll gelehrt haben, daß alles Geschehen sinnhafte Gesetzmäßigkeit sei (πάντα ἐκ λόγου καὶ ὑπ' ἀνάγκης, frg. 2). Sind solche Sinngefüge möglich ohne einen Geist, der sie ersinnt? Gibt es eine Ordnung, ohne daß sie ge-ordnet worden wäre? Der Mechanismus müßte das annehmen. Platon aber, der Vater der Ideenlehre und damit der zeitlosen „Sätze vor Gott", ist, wenigstens für das Sein der Welt, der Meinung, daß seine Ordnung ein ordnendes Wesen voraussetzt, das nicht nur objektiver, sondern auch subjektiver, lebendiger Geist ist. Ob die Weltseele mit Gott zusammenfällt oder nicht, ist umstritten. Wie dem auch sei, in beiden Fällen bleibt der Gedanke, daß der das All durchwaltende Nous ein lebendiges Prinzip voraussetzt, aus dem er erfließt: „Ohne Seele kann unmöglich der Nous zu irgend etwas hinzutreten" (Tim. 30 b 3).

γγ) „Im Anfang war die Seele"

Der dritte große Gedanke des Mythos ist die Priorität des Seelischen vor dem Körperlichen. Daß die lebendige Seele als Geistquelle zugleich auch Kraftquelle, Kausalität sei, haben wir schon berührt (vgl. oben S. 121). Nicht nur die Weltseele ist letzte Ursache der Bewegung, sondern überhaupt jede wahre Kausalität ist immer etwas Seelisches. Die Philosophie der Neuzeit sieht in der Kausalität gewöhnlich nur etwas Mechanisches und Materielles. Platon deutet alle Kausalität nach Analogie des seelischen Erlebens, das dem Menschen in seiner Selbsterfahrung geläufig ist. Weder in seiner Psychologie noch in seiner Kosmologie leitet er das Seelische vom Körperlichen ab, sondern umgekehrt, das

Seelische ist das Erste und der Erklärungsgrund auch für alle körperliche Bewegung, ja sogar für das körperliche Sein. Die Nomoi legen darauf besonders großen Nachdruck und betonen gegenüber den Vorsokratikern, die immer auf eine materielle Archē zurückgegriffen haben: „Man hält die Seele für das Spätere, während sie doch tatsächlich das Erste ist, das vor allem Körperlichen da war und zu aller Veränderung und Umgestaltung der Körper ihrerseits erst den Anstoß gab" (892 a). „Gemütsart, Charakter, Wünsche, Überlegungen und wahre Meinungen, Entwürfe und Erinnerungen sind also eher dagewesen als Länge, Breite, Tiefe und Kraft der Körper" (Nom. 896 d).

c) Die Materie

α) Ewige Materie

Die Folge dieser Theorie wäre eigentlich der Panpsychismus, wie ihn später etwa Leibniz vertritt mit seiner Monadenlehre. Allein Platon, wie ausgeprägt und einmalig auch seine Philosophie ist, verschreibt sich nicht gern einem Extremismus. Wie er neben der Ideenwelt noch der sinnlichen Welt, neben dem Wissen noch der Meinung, neben dem Idealstaat noch den weniger guten Staaten einen Platz einräumt, kennt er auch im Timaios neben Geist und Seele noch etwas anderes. Der Demiurg ist nämlich nicht allmächtiger Weltschöpfer. Er findet eine ewige Materie vor. Mit ihr muß er arbeiten, und sie setzt nun seinem Wollen Grenzen. Der Demiurg wollte alles gut, nichts aber schlecht machen, „soweit als möglich" (Tim. 30 a 3). Daß ihm nicht alles möglich ist, liegt am Material. Darum gibt es nun neben den Werken seiner freien, planenden Schöpfertätigkeit noch die Werke der „Notwendigkeit". Darunter fällt alles, was von der Materie als solcher abhängig ist. Eine eigentliche Kausalität will ihr aber Platon nicht zuerkennen. Sie bedeutet nur eine „Mitursächlichkeit" (συναίτιον) und ist als solche auch noch blind (πλανωμένη αἰτία), mechanisch wirkende Ursächlichkeit, wie wir dafür sagen würden. Die eigentliche Ursache von allem Werden ist immer nur die Seele. Immerhin, die Materie ist auch da, und das hat seine Konsequenzen. Der Demiurg vermag nicht mehr eine beste Welt zu schaffen. Man erinnert sich an die Äußerung aus dem Theaitet, daß das Übel „diese endliche Natur und diese irdische Welt notwendig begleite". Notgedrungen gibt das Platon zu.

Er kann die Materie in seinem System schlecht brauchen.
β) Idealisierung der Materie
Darum macht er einen Versuch, sie more geometrico, also ideell, abzuleiten. Platon läßt die vier Elemente des Empedokles, Wasser, Feuer, Luft und Erde, aus den regulären Polyedern hervorgehen. Die Erde bestehe als das schwerste Element aus Hexaedern, das Feuer als das leichteste und schärfste Element aus Tetraedern, weil diese Körper die wenigsten Flächen und schärfsten Spitzen aufweisen, die Luft aus analogen Gründen aus Oktaedern und das Wasser aus Ikosaedern. Die Elementar-Polyeder wiederum bestehen aus Urdreiecken von der Art, daß daraus die Bildung der einzelnen Elemente ihnen gemäß ist. Die Urdreiecke aber ergeben sich aus Flächen, diese wiederum aus Linien und diese aus Punkten. Die Punkte aber sind zählbar und lassen sich aus der Eins ableiten. Platon scheint mit den Urdreiecken speziell auf die Atomtheorie Demokrits geantwortet zu haben. Er greift also damit das Archē-Problem der Vorsokratiker auf.

d) Raum und Zeit

Das Ergebnis ist eine neue Archē: Der Raum. Denn das ist es, worauf die Ableitung der Materie aus den Urdreiecken geführt hat, und zwar ist es der mathematische Raum, der
α) „Res extensa"
hier als Materie betrachtet wird. Wie später bei Descartes, erscheint auch hier schon das Körperliche als Ausdehnung schlechthin, als ob zwischen dem physischen und mathematischen Körper kein Unterschied wäre. Der Rationalismus versucht immer wieder, alle Welt im Begriff aufgehen zu lassen. Doch Platon war sich der Fragwürdigkeit seiner Ableitung wohl bewußt. Es ist immer nur ein „unechter Begriff", durch den wir uns des räumlich Materiellen bemächtigen, und immer bleiben Raum und Materie etwas „Dunkles", „Rätselhaftes" und kaum „Glaubliches". Es müsse denn auch durchaus nicht sein, daß es Raum gibt. Daß „alles Seiende nur in der Form des Raumes existieren könnte, das träumen wir nur" (Tim. 52 b). Ebensowenig ist die Zeit etwas unbedingt Notwendiges. Zeit gibt es nur dort, wo es körperliches Werden gibt. Sie entsteht erst mit dieser Welt der Körper. Platon verweist darauf, daß Seiendes existiert, bei dem es keinen Sinn hat, nach einem Wo und Wann zu fragen. Und dieses Seiende sieht Platon in erster Linie.

Aber er gibt zu, daß es mit der Ideenwelt allein nicht getan ist, daß wir auch noch Raum und Materie haben, wenn auch diese Welt des Werdens keine wahre Wirklichkeit ist.

Kommt der Materie nun tatsächlich keine Kausalität zu? β) Die Aporie Wenn sich doch rein aus ihrem Wesen Verschiedenes mit Notwendigkeit ergibt, sollte man dann, was notwendig sich ergibt, nicht als Wirksamkeit bezeichnen können? Und wenn es Wirksamkeit ist, ist es dann nicht auch Wirklichkeit? Es wiederholt sich hier im Kosmologischen das erkenntnistheoretische Problem des Verhältnisses von Denken und Sinneswahrnehmung. Auch dort wollte Platon das ganze Gewicht auf das Denken verlegen. Und auch damals mußten wir uns fragen, wenn es ohne Sinnlichkeit zu einer Wiedererinnerung nicht kommt, überhaupt nicht, und auch nicht in der je bestimmten Form des Sicherinnerns an dieses oder jenes, kann man dann im Ernst sagen, daß die Sinnlichkeit inhaltlich nichts zum Wissen beitrage? Und so müssen wir auch hier fragen: Soll die sinnliche Welt tatsächlich nur zwischen Sein und Nichtsein stehen. Platon hat auch hier wieder den Dualismus zuerst aufgerissen, um dann zu versuchen, ihn wieder zu beseitigen, indem er die eine Seite in ihrem Wirklichkeitsanspruch abwertet. Daß sich Platon der Schwierigkeiten selbst bewußt war, zeigen seine Worte, daß Materie und Raum etwas Rätselhaftes, Dunkles und kaum Glaubliches sind.

Literatur

A. E. Taylor, A Commentary on Plato's Timaeus (Oxford 1928). F. M. Cornford, Plato's Cosmology (New York 1937, [2]1957). C. Baeumker, Das Problem der Materie in der griechischen Philosophie (1890, Nachdruck 1964). E. Sachs, Die fünf platonischen Körper (1917). G. C. Claghorn, Aristotle's Criticism of Plato's Timaeus (The Hague 1954). Ch. Mugler, La physique de Platon (Paris 1960). W. Hirsch, Platons Weg zum Mythos (1971). M. Baltes, Die Weltentstehung des platonischen Timaios nach den antiken Kommentatoren. 2 Bde. (Leiden 1976 bis 79).

## F. GOTT

### a) Dasein Gottes

Wenn man die lebensvollen Worte liest, die der greise Platon in den Gesetzen (887 c ff.) an eine Jugend richtet, die am Höchsten zweifelt, das es gibt, am Dasein Gottes, hat man den unmittelbaren Eindruck, daß für diesen Philosophen die Religion eine Herzenssache war. Doch ist Gott für Platon nicht etwa bloß Gegenstand des Glaubens. So etwas ist dem antiken Menschen noch fremd. Daß Gott existiert, ist hier vielmehr Gegenstand des Wissens. Platon hat keine förmlichen Gottesbeweise angetreten; aber es liegen bei ihm zwei Gedankengänge vor, die einen klaren Weg zu Gott bilden und die in der Philosophie nach Platon auch zu wirklichen Gottesbeweisen ausgebaut werden. Wir können den einen den physischen und den anderen den dialektischen Weg zu Gott heißen.

α) Der physische Weg zu Gott

Der physische Weg zu Gott ist jene Überlegung, die Platon zugleich als Beweis für die Unsterblichkeit der Seele dient. Sie wird kurz entwickelt Phaidr. 245 c ff. und breit ausgeführt Nom. 891 b ff. Der Ausgangspunkt ist die Tatsache der Bewegung. Sie ist unbestreitbar. Jede Bewegung nun ist entweder Selbstbewegung, wenn sie von innen kommt, oder Fremdbewegung, wenn sie von außen kommt. Alle von außen mitgeteilte Bewegung muß aber schließlich auf Selbstbewegung zurückgehen. Die Selbstbewegung ist gegenüber der Fremdbewegung das logisch und ontologisch Frühere. Darum setzt die Tatsache der Bewegung in der Welt eine oder mehrere Quellen der Selbstbewegung voraus. Nun heißt man, was sich selbst bewegt, herkömmlicherweise Seele. Die Seele ist sonach gegenüber dem Körper das Frühere, und es wäre ein Irrtum der Vorsokratiker gewesen, dies nicht gesehen zu haben. Sie hätten mit ihrer materialistischen Einstellung dem Atheismus Vorschub geleistet. Seelen aber sind, wie wieder die Erfahrung zeigt, entweder gut oder schlecht. Von einer guten Seele werden geordnete Bewegungen ausgehen, von einer schlechten dagegen ungeordnete. Nun sind die großen und weitreichenden Bewegungsreihen der Natur, besonders der Himmelskörper, streng regelmäßig und geordnet. Ungeordnete Bewegungen der Natur sind nur Ausnahmen und in ihrer Bedeutung begrenzt. Darum müssen wir annehmen, daß die herrschenden Seelen, von denen die kosmischen Bewegungen ausgehen, gut und geordnet sind und daß die oberste Seele von allen, jene nämlich, die für die universalste und sicherste Bewegung überhaupt in Frage kommt, auch die vollkommenste und beste ist. Nachdem es allerdings auch Unordnung in der Welt gibt, wird man sagen müssen, daß viele

Seelen existieren oder doch wenigstens mehr als eine, um die Störungen erklären zu können. Allein das Wesentliche ist, daß man um die Existenz der vollkommensten Seele weiß. Ihr gegenüber fallen die Ausnahmen nicht ins Gewicht.

Der Gedankengang Platons führt nicht zu einem reinen Monotheismus; auch nicht zu einem Weltschöpfer, sondern nur zu einem Weltbaumeister, möglicherweise auch nur zu einem immanenten Gott, nämlich der Weltseele, wenn man ihn auch nicht notwendig so interpretieren muß; denn die Weltseele ist schon vor dem Kosmos, und das Seelische ist früher als Länge, Breite und Tiefe, was auf eine Transzendenz Gottes schließen läßt. Wie dem auch sei, jedenfalls hat Platon mit seinen Gedankengängen den Grund gelegt für den aristotelischen Gottesbeweis aus der Bewegung. Man kann die Beweise für den unbewegten Beweger aus dem siebenten und achten Buch der aristotelischen Physik nur dann richtig werten, wenn man gegenwärtig hat, was Platon in seinem Alterswerk über diese Fragen schrieb.

β) Der dialektische Weg zu Gott

Der dialektische Weg zu Gott ist der Aufstieg von Hypothesis zu Hypothesis hin zum Anhypotheton, dem letzten Grund des Seins, das aber selbst jenseits des Seins liegt, alles überragend an Macht und Wert. Wir haben diesen Aufstieg schon kennengelernt (vgl. oben S. 107 f.). Er bildet die ideengeschichtliche Vorstufe zum späteren Gottesbeweis aus der Kausalität und Kontingenz. Eine Parallele zum dialektischen Aufstieg zu Gott, der sich im Denken vollzieht, bildet den Weg über das Schöne, den wir im Eros gehen. Ihn hatte das Symposion entworfen, wo Diotima Sokrates jene Kunst zu lieben lehrt, die zu einem Urlieben emporsteigt, das kein Begehren mehr ungestillt läßt, sondern ein Allgenugsames (ἱκανόν) ist, ein Absolutes, wo die Seele ausruht. Es ist jene Haltung, aus der heraus später das Wort Augustins geschrieben wird: „Unruhig, o Gott, ist unser Herz, bis es ruht in Dir." Der dialektische Weg führt zu einem transzendenten Gott im Sinn des Monotheismus. Platon hat sich zwar häufig dem Sprachgebrauch der Volksreligion angepaßt und von vielen Göttern geredet, persönlich war er jedoch zweifellos Monotheist. Dort, wo sein ganzer Ernst spricht und er sein Innerstes gibt, sagt er regelmäßig Gott, statt Götter.

b) Wesen Gottes

Hätte man ihn über das Wesen Gottes befragt, so hätte er sicher, wie bei der Frage nach dem Wesen des Guten geantwortet: Der Gegenstand ist zu groß, als daß ich darüber unmittelbar sprechen möchte. Man kann nur indirekt aus seinen einschlägigen Gedankengängen seine Anschauungen erschließen. Faßt man dabei den dialektischen Weg zu Gott ins Auge, dann wird klar, daß für Platon Gottes Wesen in der Aseität sowie in der absoluten Werthaftigkeit zu suchen wäre. Gott ist das Sein, und Gott ist das Gute. Denkt man aber den physischen Weg zu Gott zu Ende, dann zeigt sich, daß Gott reine Aktualität ist. Gott ist Leben, und Gott ist die Tat. Einen persönlichen Gott jedoch kennt Platon nicht.

c) Rechtfertigung Gottes

α) Antiker Deismus

Platon kennt aber bereits das Theodizee-Problem, die Frage der Rechtfertigung Gottes angesichts der Unordnung, der Sinnlosigkeit, des Schlechten und des Übels in der Welt. Nachdem er gegenüber dem Atheismus die Existenz Gottes bewiesen hat, wendet er sich hier gegen jene Zweifler, die zwar noch glauben möchten, daß es einen Gott gibt, die aber angesichts dieser Dysteleologien auf den Gedanken kommen, Gott hätte die Welt zwar erschaffen, aber dann sich nicht mehr um sie gekümmert (Nom. 899 d—900b). Es sind die Gedankengänge, die man in der Philosophie der Neuzeit als Deismus bezeichnet hat. Wir haben bereits einen Hinweis zur Lösung des Theodizee-Problems vernommen (vgl. oben S. 87). Jetzt hören wir, daß bei solchen Einwänden gegen die Güte Gottes immer ein bestimmter Fehler unterläuft. Man beurteilt nämlich die Dinge und Verhältnisse von einem begrenzten, oft nur das Subjekt und seine momentane Lage allein berücksichtigenden Standpunkt aus; nicht aber schaut man auf das Ganze. Würde man dies in Anschlag bringen, dann sähe vieles anders aus und änderten sich die Wertakzente grundlegend. Und schließlich sei zu bedenken, daß das Leben auf dieser Welt nicht das ganze menschliche Leben darstellt. Es gibt auch noch ein Fortleben nach dem Tode, und wenn man schon über die Gerechtigkeit Gottes sprechen will, muß man, was dort geschieht, auch noch in Rechnung stellen. Nur kleine Seelen pflegen etwas zu übersehen und zu vernachlässigen. Die

β) Der Blick auf das Ganze

beste Seele dagegen überschaut alles, auch noch das Jenseits, und ihr entgeht nichts, was für den Menschen von Belang ist. „Wärest du auch noch so winzig und verkröchest dich in die Tiefen der Erde, oder hättest du Flügel und schwängest dich empor zum Himmel, du wirst doch die gebührende Strafe der Götter über dich ergehen lassen müssen, sei es hier auf Erden oder drunten im Hades oder an einem noch schrecklicheren Ort" (Nom. 905 a). Das ist eine Einstellung, die wir bei allen christlichen Denkern antreffen, wenn sie zur Rechtfertigung Gottes auf das Jenseits verweisen, und die auch bei Kant wiederkehrt in seiner Begründung des Postulates der Unsterblichkeit der Seele.

d) Gott und Mensch

α) Die gute Allmacht

Was ist das Verhältnis zwischen Mensch und Gott? In seinem Alterswerk, wo der greise Philosoph selbst schon an der Schwelle der Ewigkeit steht, schnellt für ihn die Bedeutung Gottes ungleich in die Höhe. Wir Menschen, heißt es da, sind nur ein wundersames Gebilde aus Gottes Hand, gezimmert vielleicht als ein Spielzeug Gottes, vielleicht auch in einer ernsten Absicht geschaffen, jedenfalls sind wir Gottes Eigentum, sind seine Sklaven und wie Marionetten in seiner Hand. Er allein hält die Drähte und lenkt unser Leben. „Die menschlichen Dinge sind darum keines großen Eifers wert" (Nom. 803 b). Aber den gerechten und sittlich guten Menschen wird Gott immer lieben. Er ist sein Freund. Darum soll der Mensch trachten, aus dieser Welt zu fliehen.

β) Verähnlichung mit Gott

„Die Flucht aber besteht in der Verähnlichung mit Gott, soweit dies möglich ist" (Theait. 176 a). Neben dem sittlichen Streben nach Selbstvervollkommnung durch Verähnlichung mit Gott steht als weitere Form der Verbindung mit Gott

γ) Gebet

das Gebet. Platon empfiehlt es für besonders wichtige und feierliche Anlässe, zum Beispiel beim Eingehen einer Ehe oder bei einer großen Unternehmung. Wir sollen aber nicht um Nichtiges beten, um Gold und Silber oder um etwas, was für den Beter kein wichtiges Gut ist. Man soll überhaupt nicht glauben, daß man Gott durch Gebet und Opfer umstimmen könnte, so etwa wie man einen Menschen überreden oder bestechen kann. Gott ist unveränderlich. Wer glaubt, man könnte durch Gebet und Opfer die Gottheit zu einer ungerechten Schickung veranlassen, ist noch schlechter als der Anhänger des Deismus oder Atheismus. Der eigentliche Sinn des Gebetes darf nicht der sein, daß wir erflehen, was wir gerade wünschen, wie die Kinder das tun, sondern man soll darum beten, daß man einsichtig wird und vernünftig lebe. Das ist echter Platonismus. Das Gebet am Schluß des Phaidros spiegelt das hohe Ethos und edle Gefühl dieses Philosophen wider, der auch zu den ersten religiösen Geistern der Menschheit gehört: „O lieber Pan und alle anderen Götter dieses Ortes, laßt mich schön werden in meinem Innern. Was ich an äußeren Gütern habe, möge im Einklang stehen mit meinem Wesen. Reich möge mir dünken der Weise. An Goldeslast aber laßt mir nur so viel zuteil werden, als der Maßvolle zu tragen vermag."

e) Natürliche Theologie

α) Religion und Moral

Platons Bemühen, die Existenz Gottes zu sichern gegenüber dem Atheismus, seine Vorsehung gegenüber dem Deismus und seine Gerechtigkeit und Heiligkeit gegenüber einer mehr magischen als ethischen Religionsauffassung ist getragen von sittlich pädagogischen Erwägungen. Solche Irrlehren ruinieren Seele und Charakter, meint er. Allein Gott und Unsterblichkeit sind bei ihm keine Postulate, die nur um praktischer, d. h. moralischer Bedürfnisse willen angenommen werden. Seine Theologie will theoretische Wahrheit sein, will auch vor dem Verstand und nicht nur vor Wille und Herz gerechtfertigt dastehen. Mit diesen seinen Gedanken über Dasein, Wesen, Vorsehung, Gerechtigkeit und Heiligkeit Gottes in den Nomoi ist Platon darum zum Begründer der natürlichen Theologie (theologia naturalis) geworden, die in der abendländischen Geistesgeschichte eine so große Rolle spielen wird. Heute denkt man beim Begriff der natürlichen Theologie gern an den Gegensatz zur geoffenbarten übernatürlichen Religion. Das ist aber nicht sein ursprünglicher Sinn. Der Ausdruck geht nämlich, wie man aus Augustinus ersehen kann, auf Varro, den Zeitgenossen Ciceros, zurück, der ihn offenbar von Panaitios übernommen hat. Beide unterscheiden dreierlei „Reden über Gott": die poetische, die bürgerliche und die natürliche oder philosophische. Die poetische Theologie fällt zusammen mit der Mythologie. Sie hat nur eine ästhetische Bedeutung. Die bürgerliche ist identisch mit dem öffentlichen Kult des

β) Glaube und Wissen

Staates; also der Einhaltung der Feste und Zeremonien, die der Kalender vorschreibt. Sie hat mit wahr und falsch nichts zu tun, sondern geschieht aus Gründen der politisch-administrativen Zweckmäßigkeit, wie Mucius Scaevola, der römische Pontifex, lakonisch, aber echt römisch gesagt hat. Der natürlichen Theologie dagegen geht es um mehr als das ästhetische Gefallen und die politischen Brauchbarkeiten, nämlich um das philosophische Wahrheitssuchen über Gott. Was der Mensch wissen und begründen kann auf Grund seiner Erfahrung und seines Nachdenkens über Natur und Welt, das macht die natürliche Theologie aus. Sie sucht wirkliche Wahrheit mit Hilfe wirklicher Wissenschaft. „Über diese Theologie haben die Philosophen viele Bücher hinterlassen", zitierte bereits Augustinus (De civ. Dei VI, 5) aus Varro. Der erste in dieser langen Reihe war Platon. Er war der erste, der das Wort „Theologie" (θεολογία) gebrauchte (Staat 379 a), und er ist offenbar der Schöpfer dieses Begriffes (W. Jaeger).

Literatur

A. Diès, Le Dieu de Platon und La religion de Platon. Beides in Autour de Platon (Paris 1927) 523—603. F. Solmsen, Plato's Theology (Ithaca, N. Y. 1942). W. J. Verdenius, Platons Gottesbegriff. In: La notion du divin depuis Homère jusqu'à Platon. Recueil de sept exposées et discussion par M. M. Chantraine (Genève 1954). A. Manno, Il teismo di Platone (Napoli 1955). Ders., Sul rapporto tra le idee e Dio in Platone (Napoli 1955).

Zu dem Begriff der „natürlichen Theologie" speziell vgl. W. Jaeger, Die Theologie der frühen griechischen Denker (1953) S. 9 ff.

## G. DIE ÄLTERE AKADEMIE

Die Männer, die in der nächsten Zeit nach Platons Tode in der Akademie lehrten, pflegt man unter dem Namen „Ältere Akademie" zusammenzufassen. Leiter der Schule in dieser Zeit waren: Platons Neffe Speusippos (347—338), Xenokrates (338—314), Polemon (314—269) und Krates (269 bis 264). Einer der bedeutendsten unter den Wissenschaftlern der älteren Akademie ist der noch dem 4. Jahrhundert angehörende Herakleides Pontikus (s. oben S. 24). Er sowie die Gestalten des Mathematikers Philipp von Opus und des Botanikers Diokles lassen vermuten, daß in der älteren

Akademie auch die Einzelwissenschaften gepflegt wurden. Im Grund behielt jedoch die Schule als ihr wesentliches Merkmal auch weiterhin den Charakter eines pythagoreischen Bundes. Auch in der philosophischen Gedankenführung machten sich die pythagoreischen Neigungen geltend, noch mehr als dies schon bei dem alten Platon der Fall war. Darum bildet eines der Hauptprobleme die Frage nach dem Verhältnis von Idee und Zahl. Platon hatte Idealzahlen und mathematische Zahlen unterschieden. Speusipp glaubte nur an mathematische Zahlen. Xenokrates identifizierte Ideal- und mathematische Zahlen. Eine andere vielerörterte Problematik war das Verhältnis von Sinnlichkeit und Denken, wobei man den platonischen Dualismus aufhob. Ein drittes Problem ergab sich aus der Lustlehre. Man milderte auch hier die Dogmatik und zählte die äußeren Güter unter die Glückseligkeitsfaktoren, womit die Akademie eine größere Weitherzigkeit bekundete als die Ethik der Kyniker und Stoiker. Eudoxos von Knidos (ca. 408—355) führt sogar die Lust wieder als ethisches Prinzip ein. Gegen das Ende der Entwicklung machen sich Strömungen geltend, die dem echten Platonismus fremd sind: teils mystische, teils vorwissenschaftliche Haltungen. Sie werden durch Xenokrates angeregt; die Akademie öffnet sich orientalischen Spekulationen; die Natur wird dämonisiert; die Zahlenlehre wird zur Phantastik — die Einzahl ist der erste Gott, ist männlich, Geist, Vater und König des Himmels; die Zweizahl ist weiblich, die Mutter der Götter, ist Seele und lenkt die unterhimmlische Welt — und die Erkenntnisstufen Platons werden grobsinnlich lokalisiert; der Gegenstand des Wissens ist jenseits des Himmels, der der Wahrnehmung diesseits und der des Meinens ist der Himmel selbst. Erst in der mittleren Akademie wird man wieder nüchtern werden.

Literatur

P. Lang, De Speusippi Academici scriptis. Accedunt fragmenta (Bonn 1911, Nachdruck 1964). R. Heinze, Xenokrates. Darstellung der Lehre und Sammlung der Fragmente (1892). H. Karpp, Untersuchungen zur Philosophie des Eudoxos von Knidos (1933). In Vorbereitung (1980) J. Wippern, Das Fortwirken der ungeschriebenen Lehre P.s von der älteren Akademie bis Plotin (Wege d. Forschung, Bd. 220).

## 3. ARISTOTELES

### Die Idee in der Welt

Leben

Aristoteles ist kein gebürtiger Athener, sondern kommt aus Stagira in Thrakien, wo er 384 geboren wurde. Der Vater war Leibarzt des makedonischen Königs Amyntas, und auch Aristoteles selbst bindet sein äußeres Lebensschicksal an den makedonischen Gedanken. Damit wird er auch fallen. Mit 18 Jahren kommt er in die Akademie und bleibt dort bis zum Tode Platons, 20 Jahre lang. Er hat seinen Meister zeitlebens hoch geehrt. In der Elegie, die er ihm widmet, spricht er von der Freundschaft, die beide verband, und sagt, daß Platon ein Mann war, der so hoch steht, daß nicht jeder ihn loben darf, sondern nur, wer seiner wert ist. Daß Aristoteles in seinem eigenen Denken sich später von ihm entfernt, tut dieser Verehrung und Freundschaft keinen Eintrag. „Wenn auch beide meine Freunde sind" (Platon und die Wahrheit), sagt er in der Nikomachischen Ethik (1096 a 16), „fromme Pflicht ist es, die Wahrheit höher zu schätzen." Man hat aber trotzdem den Eindruck, daß die Kritik an Platon nicht immer sine ira et studio geschieht. Sie ist oft gesucht, nicht immer wesentlich und manchmal auch kleinlich. Nach Platons Tode (347) geht Aristoteles nach Assos in der Landschaft Troas zum Fürsten Hermias von Atarneus und gründet dort zusammen mit anderen Mitgliedern der Akademie eine Art Zweigniederlassung der Platonischen Schule. Nur drei Jahre weilte Aristoteles auf Assos. Hermias wurde von den Persern gefangen, und Aristoteles mußte fliehen. Er weilte noch einige Jahre in Mytilene auf Lesbos, wo er seinen späteren Nachfolger Theophrast trifft, und geht dann 342 an den Hof Philipps von Makedonien und übernimmt die Erziehung des damals 13jährigen Alexander. Als dieser die Regierung antritt, kehrt er nach Athen zurück und gründet dort 335 im heiligen Bezirk des Apollon Lykeios seine danach benannte Schule, das Lykeion. Sie ist ähnlich der Akademie ein Thiasos, eine religiöse Kultgemeinschaft zu Ehren der Musen. Man hieß die Männer dieser Schule später Peripatetiker und erklärte noch später diese Bezeichnung aus ihrer angeblichen Gewohnheit, beim Lehren auf- und abzugehen. Wahrscheinlicher ist, daß, wie die übrigen Schulbezeichnungen: Akademie, Lykeion, Stoa, Kepos, auch dieser Name von einer Örtlichkeit herkommt, nämlich von der Wandelhalle (Peripatos), die sich beim Lykeion befand. Aristoteles hatte in seiner Jugend viel publiziert; während seiner Tätigkeit am Lykeion aber ist er nicht mehr so sehr Schriftsteller, sondern ganz Lehrer und wissenschaftlicher Organisator. Er baut hier eine wissenschaftliche Forschungsgemeinschaft im größten Stil auf: Philosophische, auch philosophie-geschichtliche, naturwissenschaftliche, medizinische, historische, archivarische, politische, philologische Materialien wurden von den Mitgliedern unter Leitung des Aristoteles zusamengetragen und bearbeitet. Nur so erklären sich die umfassenden Einzelkenntnisse, die Aristoteles in seinen Lehrschriften voraussetzt und verwertet. Nur zwölf Jahre dauerte diese fruchtbare Tätigkeit. Nach dem Tode Alexanders (323) kam in Athen die antimakedonische Partei hoch, und Aristoteles zog es vor, ehe ihm der bekannte Asebie-Prozeß gemacht wurde, rechtzeitig zu fliehen, „damit die Athener sich nicht ein zweites Mal an der Philosophie versündigen", wie er unter Anspielung auf Sokrates sagte. Schon ein Jahr darauf, 322, ist er in Chalkis auf Euböa gestorben.

Wir besitzen noch sein Testament. Es ist symbolhaft für den Mann und seine Philosophie. Mitten im konkreten Leben stehend und bedacht auf seine einzelnen Details, verliert er sich doch nicht darin, sondern lebt sein Leben aus einer vornehmen und edlen Bildung des Geistes und Herzens heraus. In rührender Weise bestellt der einsame, verbannte Philosoph sein Haus, sorgt für seine zwei Kinder, Pythias und Nikomachos, sowie für des letzteren Mutter, gedenkt freundlich seiner Sklaven und läßt die meisten davon frei; die ihn persönlich bedient haben, dürfen im Hause verbleiben, bis sie das entsprechende Alter erreicht haben und sollen dann alle freigelassen werden. Die Erinnerungen an sein Elternhaus ziehen vorüber, die Erinnerung an Mutter und Bruder, die er beide früh verloren hat, und die Erinnerung an seine verstorbene Gemahlin Pythias. Wo er bestattet wird, dort sollen auch ihre Gebeine beigesetzt werden, „wie sie es selbst gewünscht hat". Die letzte Anordnung sieht vor, daß Nikanor, sein Pflegebruder, der als Offizier im Hauptquartier Alexanders gedient hatte, das Gelübde erfülle, das Aristoteles für ihn getan: Nach glücklicher Heimkehr möge er vier Ellen hohe Steinbilder weihen Zeus, dem Retter, und Athena, der Retterin, in Stagira.

### Schriften

Vom aristotelischen Schrifttum ist uns vieles verloren, und was wir besitzen, befindet sich in keiner guten Ordnung. Unter dem Gesichtspunkt der Veröffentlichung unterscheiden wir Schriften, die Aristoteles förmlich herausgegeben hat, sogenannte exoterische Schriften ἐξωτερικοὶ λόγοι, ἐκδεδομένοι λόγοι, und nicht förmlich publizierte, sogenannte akroamatische Schriften ἀκροαματικοὶ λόγοι, ὑπομνήματα, auch esoterische oder Lehrschriften (Pragmatien) genannt. Erstere waren für die breite Öffentlichkeit bestimmte, literarische Kunstwerke, meist Dialoge aus der Jugendzeit. Wir besitzen nur noch Bruchstücke davon. Letztere waren mehr oder weniger rasch hingeworfene Aufzeichnungen für den Vorlesungsbetrieb auf Assos und besonders im Lykeion. Herausgegeben wurden sie erst 60—50 v. Chr., nachdem sie lange verschollen waren, durch Andronikos von Rhodos. Seit sie wieder entdeckt waren, schöpfte die Antike aus ihnen und vernachlässigte darüber die Schriften der Jugendzeit. Das führte dazu, daß man die Entwicklung des Aristoteles nicht mehr sah und die Schriften nebeneinander zitierte, als ob sie alle von ein und demselben Standpunkt aus geschrieben wären. Erst seit W. Jaegers Buch „Aristoteles. Grundlegung einer Geschichte seiner Entwicklung" (1923), das die Fragmente der Frühwerke wieder sprechen ließ, wissen wir wieder um das Werden des Aristoteles und verstehen die Schriften, auch die Pragmatien, entsprechend ihrer chronologischen Abfolge. So gesehen, unterscheiden wir drei Perioden: die Zeit in der Akademie, die Übergangszeit und die Zeit seines Wirkens im Lykeion.

α) Akademie

In seiner ersten Periode (367—47) denkt Aristoteles noch ganz platonisch. Im Dialog Eudemos zum Beispiel lehrt er die Präexistenz und Unsterblichkeit der Seele mit ähnlichen Gedanken, wie sie der platonische Phaidon vorträgt, vertritt die Ideenschau und Anamnesis und sieht im körperlosen, nur seelischen Dasein das eigentliche und wesentliche Sein des Menschen. Leib und Seele werden noch vollkommen dualistisch als getrennte Substanzen betrachtet. Der Protreptikos sodann ist ein Anruf zur rein philosophischen Lebensführung im Hinblick auf ewige Ideen, ähnlich dem Motto des platonischen Staates: „Im Himmel liegt ein Urbild bereit, daß jeder, der guten Willens ist, es sehe und sein eigenes Selbst danach gründe." Er wurde in der Antike viel gelesen; Jamblich hat ihn für seinen eigenen Protreptikos benützt, Cicero für seinen Hortensius, und über dieses Buch hat er noch auf Augustinus gewirkt (vgl. unten S. 345). Andere Schriften dieser Zeit sind die Dialoge über die Gerechtigkeit, Politikos, Sophistes, Symposion, Über das Gute, Über die Ideen, Über das Gebet.

β) Übergangszeit

Die Übergangszeit spiegelt sich in den Schriften von Assos, Lesbos und am makedonischen Hof. Bezeichnend ist hierfür der Dialog „Über die Philosophie". In seinem 2. Buch bringt er eine Kritik der platonischen Ideenlehre. Im 3. Buch trägt Aristoteles bereits die Grundgedanken seines eigenen Weltbildes vor und läßt vielleicht auch schon den Zentralbegriff seiner eigenen Metaphysik, den Begriff vom unbewegten Beweger, anklingen (nach W. Jaeger; von H. v. Arnim bestritten), lebt aber noch weiterhin in den Vorstellungen der spätplatonischen Philosophie, wie sie uns die Epinomis darbietet. In dieser Zeit entstehen jene früheren Teile der Lehrschriften, die W. Jaeger als die Urmetaphysik, die Urethik, die Urpolitik und die Urphysik betrachtet.

γ) Lykeion In die Zeit am Lykeion fallen die „Lehrschriften", mit Ausnahme der in ihre heutige Version eingegangenen Teile aus der früheren Schaffenszeit des Aristoteles. Wie man dabei zu scheiden hat, ist stark umstritten. Wir unterscheiden: 1. Logische Schriften: Κατηγορίαι (Categoriae, Praedicamenta); Περὶ ἑρμηνείας (De interpretatione); 'Αναλυτικὰ πρότερα und 'Αναλυτικὰ ὕστερα (Analytica priora und posteriora); Τοπικά (Topica); Περὶ σοφιστικῶν ἐλέγχων (De sophisticis elenchis). Später faßte man diese Schriften unter dem Namen „Organon" zusammen, weil man in der Logik das Werkzeug erblickte für ein richtiges Verfahren in der Wissenschaft. — 2. Metaphysische Schriften: Φυσικὴ ἀκρόασις (Physica auscultatio), eine metaphysisch gehaltene Naturphilosophie in 8 Büchern; Τὰ μετὰ τὰ φυσικά (Metaphysica), die allgemeine Lehre des Aristoteles vom Sein als solchem, seinen Eigentümlichkeiten und ersten Ursachen, in 14 Büchern, deren Titel erst aus späterer Zeit stammt, aber nicht nur die bibliothekarische Angabe enthält, daß diese Bücher in der Ausgabe der Lehrschriften durch Andronikos nach den 8 Büchern der Physik kamen, sondern zugleich den methodisch-sachlichen Hinweis gibt, daß sie in der Erkenntnisordnung „nach" (μετά) den physischen Schriften zu lesen sind, obgleich ihr Gegenstand etwas ist, was an sich (τῇ φύσει) das Erste ist, weshalb diese Wissenschaft auch „Erste Philosophie" hieß. — 3. Naturwissenschaftliche Schriften: Περὶ οὐρανοῦ (De coelo); Περὶ γενέσεως καὶ φθορᾶς (De generatione et corruptione); Περὶ μετεώρων (Meteorologica), eine Art physische Geographie; Περὶ τὰ ζῷα ἱστορίαι (Historia animalium), eine systematische Zoologie in 10 Büchern; Περὶ ζῴων μορίων (De partibus animalium), über die Teile der Tiere; Περὶ ζῴων πορείας (De incessu animalium), über den Gang der Tiere; Περὶ ζῴων κινήσεως (De motu animalium), über die Bewegung der Tiere; Περὶ ζῴων γενέσεως (De generatione animalium), über die Zeugung der Tiere; Περὶ ψυχῆς (De anima), über die Seele, in 3 Büchern; dazu noch eine Reihe sogenannter kleinerer naturwissenschaftlicher Schriften (Parva naturalia), deren Einzeltitel lauten: De sensu et sensibilibus; De memoria et reminiscentia; De somno et vigilia; De insomniis; De divinatione per somnum; De longitudine et brevitate vitae; De vita et morte; De respiratione. — 4. Ethische und politische Schriften: 'Ηθικὰ Νικομάχεια (Ethica Nicomachea), eine systematische Ethik in 10 Büchern, vom Sohn des Aristoteles herausgegeben und nach ihm benannt; Πολιτικά (Politica), 8 Bücher über die soziologischen, staatsphilosophischen und rechtsphilosophischen Gedanken des Aristoteles; Πολιτεία 'Αθηναίων (Atheniensium res publica), die einzige uns erhaltene Staatsverfassung von den 158, die Aristoteles hatte sammeln lassen. Sie ist erst 1891 wieder gefunden worden. Von den im aristotelischen Schriftencorpus stehenden Ἠθικὰ Εὐδήμεια (Ethica Eudemia) und Ἠθικὰ μεγάλα (Magna moralia) dürfte erstere die aristotelische Urethik, letztere nacharistotelisch sein. — 5. Philologische Schriften: Τέχνη ῥητορική (Ars rhetorica), über die Redekunst; Περὶ ποιητικῆς (De poetica), über die Dichtkunst.

Unechtes: Kateg. 10—15 (Postpraedicamenta) werden häufig für unecht gehalten, könnten aber auch echt sein; Buch 4 der Meteorologik; De mundo (stoisch beeinflußt, wohl zwischen 50 vor und 100 nach Chr. entstanden); Buch 10 der Tiergeschichte und vielleicht auch Buch 7, Buch 8, Kap. 21—30 und Buch 9; Über die Pflanzen; Über Lage und Namen der Winde; Über merkwürdige Gehörswahrnehmungen; Über die Töne; Über den Atem; Über Jugend und Alter; Über die Farben; Über unteilbare Linien; Mechanik; Ökonomik; Physiognomik; Rhetorica ad Alexandrum; Über Xenophanes, Zenon und Gorgias. Met. *α* und Phys. *H* sind Schülernachschriften. Die Problemata sind nacharistotelisch, gehen aber wohl auf aristotelische Aufzeichnungen zurück

Gesamtausgaben: Aristotelis Opera. Edidit Academia Regia Borussica. 5 Bde. Mit lateinischen Übersetzungen, Scholien und dem großen Index von Bonitz (1831—1870). Der Bonitz-Index erschien 1955 im Nachdruck (Wissenschaftl. Buchges. Darmstadt). Aristotle, Works with an English Translation. Von verschiedenen Herausgebern in The Loeb Classical Library (London 1947 ff.). Die wichtigsten von den aristotelischen Werken in guten Einzelausgaben jetzt, nachdem die ehemaligen Teubnerausgaben nicht mehr greifbar sind, auch in der Bibliotheca Oxoniensis. Die Fragmente nach V. Rose und R. Walzer jetzt bei W. D. Ross, Aristotelis fragmenta selecta (Oxonii 1955). — Übersetzungen: Deutsch von Rolfes in Meiners Philos. Bibliothek; von Gohlke bei Schöningh, Paderborn (1948 ff.); von O. Gigon im Artemis-Verlag Zürich (1950 ff.); von E. Grumach u. a. (Berlin und Darmstadt 1956 ff.). Englisch von Smith-Ross, 12 Bde. (Oxford 1908—1952). — Kommentare: Die antiken in den Commentaria in Aristotelem Graeca. 23 Bde. (Berlin 1882—1909). Dazu das Supplementum Aristotelicum. 3 Bde. (1882—1903). Von den modernen sind besonders wertvoll die Kommentare zur Metaphysik von Schwegler (Tübingen 1847/48, Nachdruck 1960) und Bonitz (Bonn 1848/49, Nachdruck 1960) und die großen englischen Kommentare von Grant, Stewart, Burnet, Joachim zur Ethik, W. L. Newman zur Politik, W. D. Ross zu Metaph., Physik, Analytiken, De anima und Parva Naturalia, Joachim zu De gen. et corr. Die von Grumach besorgte Übersetzung ist ebenfalls mit ausführlichem Kommentar verbunden.

Theorien zur Chronologie

Seit Jaegers Buch über die Entwicklung des Aristoteles befindet sich die Forschung in einer heftigen und oft widerspruchsvollen Bewegung. — W. Jaegers Grundgedanke war: Aristoteles, in der Jugend noch Platoniker, entwickelt sich mehr und mehr von seinem Lehrer weg, obwohl wesentliche Gedanken der platonischen Philosophie sich durchhalten. Philosophisch gesehen verliert im Laufe der Zeit das Übersinnliche der platonischen Ideenwelt immer mehr an Bedeutung, während das Interesse an der diesseitigen Welt und ihrer empirischen Erforschung steigt. In dieser raum-zeitlichen Welt hätte Aristoteles schließlich sich selbst gefunden. Demgemäß ist an den Schriften alles früher, was gedanklich mehr bei Platon liegt, alles später, was dessen Einfluß mehr vermissen läßt. a) Ganz platonisch sind also die Dialoge der Frühzeit gehalten, wo Aristoteles noch zur Akademie gehört. b) Aber auch in der Übergangszeit wird, obwohl man die neuen Ansätze schon spürt, noch platonisiert. Hierher gehören die sogenannte Urphysik (Phys. *A*, *B*; De caelo; De generatione et corruptione), die Urmetaphysik (Met. *A*, *B*, *K* 1—8, *Λ* mit Ausnahme von Kap. 8, *M* 9—10, *N*), die Urethik (Eth. Eud. *A*, *B*, *Γ*, *H*) und die Urpolitik (Pol. *B*, *Γ*, *H*, *Θ*). c) Alle anderen Schriften gehören in die Zeit am Lykeion. Jetzt ist Metaphysik nicht mehr die Lehre von der übersinnlichen Welt, sondern ist die Lehre von der sinnlich wahrnehmbaren Einzelsubstanz, wie das Met. *Z*, *H*, *Θ* zeigen. Und die Psychologie, Ethik und Politik beschäftigen sich jetzt auch mit der Beschreibung der konkreten Wirklichkeit und ihrer positiven Daten. — H. v. Arnim sieht die Entwicklung wesentlich anders. Die Bücher *K*, *Λ* und *N* der Metaphysik seien früh, die anderen gehörten der Zeit am Lykeion an, auch *A* und *B*, die also jetzt neben *Z*, *H*, *Θ* stehen, während dies für Jaeger späte Schriften sind. Statt der Eudemischen Ethik sollen ferner die Magna Moralia Urethik sein, während erstere der Zeit des zweiten athenischen Aufenthaltes zugehöre. — W. D. Ross denkt ähnlich wie Jaeger: a) Zeit in der Akademie: Dialoge nach platonischem Muster. b) Zeit von Assos, Lesbos und Makedonien: Jene Partien der uns erhaltenen Schriften, die noch weitgehend platonisieren, nach Ross die Physik, De caelo, De gen. et corr., De anima Buch III, die Eud. Ethik, die ältesten Teile der Metaphysik und die Politik, vielleicht auch noch die ältesten Teile der Tiergeschichte. Die ältesten Teile der Metaphysik seien dabei *A*, *Δ*, *K* 1—8, *Λ*, *N*; die der Politik *H* und *Θ*. c) Die Zeit am Lykeion bringt schließlich die Vollendung jener Werke, die in der mittleren Periode begonnen wurden, vor allem der Metaphysik, ferner die Nikomachische Ethik, die Politik und Rhetorik, die Sammlung der Staatsverfassungen, die Meteorologik und die psychologischen und biologischen Werke. Ross sieht die Generallinie auch in einer Bewegung „von der anderen, jenseitigen Welt zu einem intensiven Interesse an den konkreten Fakten der Natur und Geschichte und in der Überzeugung, daß die Form und der Sinn der Welt nicht getrennt von der Materie, sondern in ihr eingebettet zu finden sind". Eine ähnliche Entwicklung sieht Ross übrigens auch in Platon, nur umgekehrt, je weiter er sich von Sokrates entfernt, um so stärker werde die Transzendenz der Idee, das heißt die totale Trennung des „Übersinnlichen". Daher jetzt bei Aristoteles die Bewegung wieder zurück vom Übersinnlichen zum Sinnlichen. — Der Begriff des Übersinnlichen wird dabei überspannt. Metaphysik besagt nämlich keine totale, sondern nur eine ganz spezifische, in bestimmter Hinsicht vollzogene „Trennung". Dieser falsche Metaphysikbegriff ist aber weit verbreitet. Hier infiziert er auch noch die literarhistorische Begriffsbildung. — Gohlkes Theorie denkt wieder anders: a) Am Anfang, bis zum 40. Lebensjahr, steht auch bei ihm die platonische Periode. Dann aber hole Aristoteles rasch einen Werdegang nach, der ihn ganz eigene Bahnen beschreiten läßt, die allerdings schon vorbereitet waren. b) Nach dem Weggang von Athen nach Assos wende sich Aristoteles der Ausbildung seiner ethisch-politischen Ideen zu; es entstehe die erste Fassung der Magna Moralia, ferner entstehen die ältesten logisch-metaphysischen Bücher, darunter die Kategorien und Topik 3—6. Philosophisch steht er noch auf dem Boden der Ideenlehre. c) Nach der Rückkehr nach Athen zeigt sich in seiner eigenen Schule sofort die Hinwendung auf die konkrete singuläre Einzelsubstanz. Mit der Entstehung der Potenz-Akt-Lehre, faßbar am Aufkommen eines neuen Dynamisbegriffes, geschehe es dann, daß Aristoteles vom Potenzbegriff her den alten Eidosbegriff wieder aufnehmen könne. Die auffallendste Änderung liege aber darin, daß die Wissenschaft von der Substanz als dem konkreten Seienden zu einer Theologie ausgebaut werden soll. Umgekehrt wie bei Jaeger interessiere sich gerade dieser Empiriker nun wieder für die Seinsprinzipien und werde zum Theologen, sogar zum monotheistischen Theologen (Met. *Λ* und De mundo, das Gohlke trotz aller philologischen Kritik für echt nimmt). Gohlkes Chronologie der Metaphysik: Es gebe 4 Schichten: 1) Ältere Metaphysik (*A* 1—9, *B*, *Γ*, *Δ*, *Z* in älterer Fassung und *I*). 2) Mittlere Metaphysik (*A* 1—7 und 10, *B*—*E*, *Z* in älterer Fassung, *I*, *M* ab 1086 a 21, *N*). 3) Den sogenannten „Entwurf" (*K*, *Λ*). 4) Die Form einer beginnenden neuen Bearbeitung, kenntlich an den Zusätzen zur mittleren Metaphysik, besonders in *Z*, sowie in ganz neuen Stücken (*α*, *H*, *M* bis 1086 a 21). Seine Chronologie der Physik: *A*, *E*, *Z*—*Θ* in älterer Fassung ohne unbewegten Beweger, *B*—*Δ*, schließlich Neufassung von *Θ* und Zusammenstellung des Ganzen. — M. Wundt, der weithin Gohlke zustimmt, stellt an den Anfang der Meisterjahre im Lykeion ebenfalls die Überzeugung, daß das konkrete sinnliche Einzelding das Sein im Ursinn bedeute; so schon in der Kategorienschrift, die ganz früh sei. Dabei bleibe es, aber es entstehe für Aristoteles die Sorge, ob nicht auch noch eine andere Art von Wesenheit anzusetzen sei, das Übersinnliche. Man könne darum die Philosophie des Aristoteles, ganz klar z. B. in der Frage des Metaphysikbegriffes und in der Fassung der Ousia, einspannen zwischen die zwei Pole des konkreten Einzelnen und des Allgemeinen. Ersterem entspreche die Frage nach dem Stoff, den Archai und der Bewegung, was die Frage der Ionier gewesen sei; letzterem entspreche die Frage nach dem Sein als solchem, nach der Form und dem allgemeinen Eidos, was die Frage der italischen und platonischen Philosophie gewesen sei. Die platonische Schicht, greifbar etwa in Phys. *B* und Met. *Γ*, *E* und *Λ*, sei jünger, da erst hier das Begriffspaar Dynamis—Energeia auftauche, das, wie Gohlke nachgewiesen hätte, Aristoteles erst später gefunden habe. Die ionische Schicht, greifbar etwa in Phys. *A* und Met. *A* 1—2 oder *Δ*, liege früher. Aus dem Gegeneinander der zwei Gedankenkreise entstünden die Aporien der Metaphysik. Aristoteles versuche, sie zu lösen durch das Begriffspaar Dynamis—Energeia. Dieser Doppelbegriff sei seine ureigenste Leistung und von hier aus eigentlich müsse die Auseinandersetzung mit Platon ins Auge gefaßt werden. Bücher, die den Doppelbegriff nicht enthalten, seien immer älter. Daß Met. *E* und *Λ* jünger sind, ergebe sich auch daraus, daß hier vom Begriff des unbewegten Bewegers Gebrauch gemacht werde, von dem Hans v. Arnim ja bewiesen habe, daß Aristoteles ihn erst später entdeckte. Er könne ionisch als erste Ursache und platonisch als das allein durch sich selbst Seiende verstanden werden. Ganz am Anfang stünde Met. *Z*, das den Grundgedanken voraussetzt, daß Substanz eigentlich erste Substanz sei und daß damit zugleich der gesuchte Gegenstand der Metaphysik gegeben ist. Eine Einzelsubstanz bilde auch den Schlußstein der Metaphysik, nämlich die göttliche. Sie unterscheide sich von der gewöhnlichen Einzelsubstanz wie das Unbedingte vom Bedingten. Der Sinn der ganzen Metaphysik sei diese Erhebung von der sinnlichen und bedingten Einzelsubstanz zur unbedingten Substanz des ersten Bewegers. — Nach J. Zürcher ist, was am Corpus Aristotelicum noch echt sei, platonische Philosophie. Das wären allerdings nur noch circa 25 % des ganzen Bestandes. Alles übrige sei spätere Zutat des Theophrast, der 30 Jahre lang mit den Aufzeichnungen seines Lehrers gearbeitet und sie dabei grundlegend verändert habe.

Literatur

Fr. Brentano, Aristoteles und seine Weltanschauung (1911). W. Jaeger, Studien zur Entstehungsgeschichte der Metaphysik (1912). O. Hamelin, Le système d'Aristote (Paris 1920). E. Rolfes, Die Philosophie des Aristoteles (1923). W. Jaeger, Aristoteles. Grundlegung einer Geschichte seiner Entwicklung (1923, [2]1955). W. D. Ross, Aristotle (London 1923, [5]1956). H. v. Arnim, Eudemische Ethik und Metaphysik (Wien 1928). Ders., Die Entstehung der Gotteslehre des Aristoteles. (Wien 1931). G. R. G. Mure, Aristotle (London 1932). J. Schächer, Studien zu den Ethiken des Corpus Aristotelicum (1940). A. E. Taylor, Aristotle (London 1943, [2]1956). L. Robin, Aristote (Paris 1944). H. F. Cherniss, Aristotle's Criticism of Plato and the Academy (Baltimore 1944), deutsch unter dem Titel: „Die ältere Akademie, ein historisches Rätsel und seine Lösung" von J. Derbolav (1966). P. Wilpert, Zwei aristotelische Frühschriften über die Ideenlehre (1949). J. Zürcher, Aristoteles, Werk und Geist (1952). D. J. Allan, The philosophy of Aristotle (Oxford 1952), deutsch von P. Wilpert (1955). M. Wundt, Untersuchungen zur Metaphysik des Aristoteles (1953). A. Mansion, Autour d'Aristote (Louvain 1955). J. Düring, Aristoteles (1966). H. J. Krämer, Das Verhältnis von Platon u. Aristoteles in neuer Sicht. In: Ztschr. f philos. Forschung 26 (1972). In der Reihe „Wege der Forschung" der Wissenschaftl. Buchgesellschaft Darmstadt handeln über A. die Bände: 61: Neuere Forschung, 206: Metaphysik und Theologie ([2]1979), 208: Ethik und Politik, 224: Frühschriften, 225: Naturphilosophie, 226: Logik und Erkenntnislehre.

## A. WISSEN UND WISSENSCHAFT

### a) Logik

α) Allgemeiner Charakter der aristotelischen Logik

Über das Wissen und die Wahrheit hat die Philosophie vor Aristoteles schon viel verhandelt. Aber erst bei ihm entsteht eine förmliche Wissenschaft vom Wissen, die Logik. Und sie entsteht nicht nur überhaupt, sondern sie wird gleichzeitig so klassisch vollendet hingestellt, daß die Bahnen, die Aristoteles ihr gewiesen, noch heute begangen werden. Bezeichnend hierfür ist das Wort von Kant, daß die Logik seit Aristoteles keinen Schritt rückwärts habe tun dürfen, aber auch keinen Schritt vorwärts habe machen können. Die wesentlichsten Gedanken zur Logik stehen in den Analytiken. Der Buchtitel gibt auch schon den Charakter dieser Logik an. Sie ist eine Analysis des Geistes. Wie die Anatomie den Körper des Menschen in seine Bestandteile zerlegt, so die aristotelische Logik das Denken und Sprechen des Menschen. Aristoteles war der erste, der gesehen hat, daß auch der Geist eine ganz bestimmte Struktur besitzt, daß er aus Elementen und Grundfunktionen besteht und in dieser Hinsicht studiert und beschrieben werden kann. Diese letzten Elemente werden im Begriff, im Urteil und im Schluß gesehen. Noch heute machen sie die drei wichtigsten Kapitel der Logik aus. Und überall versucht Aristoteles zu beschreiben und einzuteilen. Schon in der Logik zeigt sich seine Neigung, die Erfahrungswelt in ihrer Vielfalt aufzusuchen und das Konkrete zu ordnen und zu klassifizieren. Aristoteles untersucht jedoch die Elementarformen des Geistes nicht nur aus einem theoretischen, sondern auch aus einem praktischen Interesse. Er will zugleich eine Anweisung geben für ein einwandfreies, wissenschaftliches Denken, Beweisen und Widerlegen. Dies geschieht besonders in der Topik und Elenktik. Seine Logik ist darum nicht nur theoretische, sondern auch praktische Logik. Und zugleich beschäftigt ihn immer noch die Frage, wieweit unsere Denkmittel nicht nur als Werkzeug, formal gesehen, in Ordnung sind, sondern ob sie auch das Wissensmaterial tatsächlich ergreifen, das sie ergreifen sollen, d. h. also, seine Logik ist nicht nur formale, sondern auch materiale Logik; ist auch Erkenntnistheorie, wie wir heute sagen. In jüngster Zeit hat auch die modernste Form der Logik, die Logistik, sich mit Aristoteles beschäftigt und gesehen, daß er auch schon dieser verfeinerten Form der Logik nahegekommen ist. Unter dem Gesichtspunkt des Weniger oder Mehr an formallogischer Vollkommenheit hat man auch versucht, eine Entwicklung seines logischen Denkens zu umreißen. Die Kategorien, die Topik und Elenktik stünden als erste, noch ziemlich primitive Logik am Anfang. Peri Hermeneias sei eine Übergangsstufe. Die zweite Logik finde sich in Anal. prior. *A*, mit Ausnahme von Kap. 8—22, und Anal. post. *A*. In dieser zweiten Logik bringe Aristoteles eine ausgebildete assertorische Syllogistik, kenne den Begriff der Variablen und zeige ein relativ hohes Niveau der logischen Technik. Die dritte Logik (Anal. pr. *A* 8—22 und Anal. pr. *B*) füge dem noch hinzu eine, wenn auch noch unvollkommene Modallogik, metalogische Reflexionen über die Syllogistik „mit formallogischen Einsichten von erstaunlicher Subtilität" (Bocheński) und aussagelogische Sätze, die außer den Variablen nur logische Konstanten enthalten. Was aber die traditionelle Logik seit jeher aus Aristoteles übernommen hat, waren seine Gedanken über Begriff, Urteil und Schluß.

Das letzte Element, das die Analyse findet, ist der Begriff. „Begriff heiße ich die Bestandteile, in die ein Satz zerfällt. also Satzgegenstand und Satzaussage" (Anal. pr. *A*, 1; 224 b 16). Der Begriff selbst ist darum keine Aussage, kein Urteil und infolgedessen weder wahr noch falsch, wie ausdrücklich versichert wird. Der Begriff, Bockhirsch z. B., ist zunächst nur ein Wort, wie überhaupt die Vorstellungen, die Aristoteles vom Begriff hegt, stark von der Sprache her gesehen sind. Eine förmliche Lehre über den Begriff hat Aristoteles nicht gegeben. Er übernimmt, was von Sokrates und Platon her feststeht: Der Begriff ist immer allgemein und erfaßt das Bleibende und Notwendige, kurz das Wesentliche. Daß der Begriff das Wesenswas, die Ousia, ausdrücke, ist stehende Rede. Damit wird ihm nun doch, implizite wenigstens, eine Aussagefunktion zugesprochen. Wenn er das Wesen erfassen soll, muß ihm auch Wahrheit zukommen; denn Wesen ist Wesen von etwas. Es wird aber das von Aristoteles nicht förmlich zugestanden, sondern mehr vorausgesetzt und erklärt sich aus der Rolle, die der λόγος τῆς οὐσίας bei Platon spielt, wo er selbstverständlich Seinsdarstellung ist und nicht bloß Bestandteil möglicher Urteile.

β) Der Begriff

αα) Begriff des Begriffes

Der kunstgerecht gebildete Begriff heißt Definition (ὁρισμός). Sie ist „eine Rede, die das Wesen anzeigt" (Top. *H*, 5; 154 a 31. Vgl. 101 b 38). Die Definition will das Wesen eines Gegenstandes so festlegen, daß dieses Wesenswas von allem anderen Seienden reinlich abgetrennt ist und in seiner Eigenart vollkommen einsichtig wird. Die Regel hierfür lautet: Die Definition geschieht durch Angabe der Gattung und des artbildenden Unterschieds (spezifische Differenz). Das will heißen: Ein Gegenstand wird in eine allgemeine Gattung eingeordnet, die als bekannt vorausgesetzt wird; z. B. wird die 3 bestimmt durch die allgemeine Gattung Zahl; da es aber viele Zahlen gibt, wird die allgemeine Gattung Zahl durch eine weitere Bestimmung nun so eingeengt, daß unter den verschiedenen Zahlen nur noch die 3 gemeint sein kann. Dies geschieht durch die Angabe jener spezifischen Eigen-

ββ) Die Definition

art, die im Unterschied zu allen anderen Zahlen gerade für die 3 bezeichnend ist, nämlich der Tatsache, daß die 3 von allen Zahlen die erste ungerade ist. Die Begriffsbestimmung der 3 lautet darum „erste ungerade Zahl" (Anal. post. *B*, 13). Durch die spezifische Differenz entstehen so aus den Gattungen die Arten. Die Definition meint immer den Artbegriff.

γγ) Gattung und Art

Aristoteles verwendet also dabei die Begriffe von Gattung und Art. Was aber Gattung ist und was Art, hat er nicht mehr eigens entwickelt, sondern er erklärt einmal die Gattung mit Hilfe der Art („Gattung ist das Gemeinsame innerhalb einer unter sich der Art nach verschiedenen Mehrheit": Top. *A*, 5; 102 a 31) und dann die Art mit Hilfe der Gattung („die Art entsteht aus der Gattung durch die artbildende Differenz"; Met. *I*, 7; 1057 b 7). Aristoteles gibt zwar an (Anal. post. *B*, 13), wie man zur Gattung kommt, nämlich durch Herausstellung des Gleichen, das verschiedenen Gegenständen gemeinsam ist. Da er aber dabei nicht an das nächstbeste Gleiche, sondern an die Wesensgleichheit denkt, das Wesentliche seinerseits aber wiederum durch den Allgemeinheitsgedanken näher bestimmt wird — Wesen ist ja nichts anderes als die Art oder Gattung —, so drehen wir uns im Kreise. Gattung und Art werden nicht material erklärt, etwa mit dem Hinweis auf die Übereinstimmung im Bau oder in den Fortpflanzungsorganen oder in der Erbmasse, sondern rein formalistisch durch den Allgemeinheitsgedanken, wobei dann das Wesen durch das Allgemeine und das Allgemeine wieder durch das Wesen bestimmt wird. Trotzdem ist das Ganze für ihn deswegen keine petitio principii, weil von der platonischen Dialektik her die Begriffe Genos und Eidos als etwas Bekanntes vorausgesetzt werden konnten. Und dort brauchen Gattung und Art überhaupt nicht erst durch den Allgemeinheitscharakter begründet zu werden, sondern besitzen ihr Wesen in ihrer Gestalt, das man nicht erst abstraktiv aus einer Vielheit gewinnen muß, sondern das a priori schon da ist und intuitiv herausgehoben wird, wodurch das Problem der Artbildung durch Verallgemeinerung überhaupt nicht besteht. Die „Neue Ontologie" (N: Hartmann) fürchtet darum zu Unrecht, daß die alte Ontologie das Wesen vielleicht nicht treffen könnte, weil man möglicherweise ganz Peripheres, das zufällig allgemein auftrete, als wesentlich substituieren könnte. Das Wesen ist nicht Wesen, weil es allgemein ist, sondern allgemein ist, was Eidos ist. Diesen platonischen Untergrund hat das aristotelische Wesen nie verloren. Ohne die Methode der Diairesis gäbe es keine aristotelische Definition. Sie ist die logische und ontologische Ortung innerhalb des ganzen Begriffssystems, in das die platonische Dialektik das gesamte Sein einordnet. Es ist denn auch ein Platoniker, Porphyrios, der den Stammbaum des Seins entwickelt, den man vor Augen haben muß, wenn man die Rede von Gattung, Art und Definition im ursprünglichen Sinn verstehen soll. Das Schema für den Bau der Definition (genus proximum + differentia specifica) ist das Schema der arbor Porphyreana. Es ist höchst bezeichnend für den ideengeschichtlichen Zusammenhang, daß Aristoteles zu Beginn einer Reihe von Regeln für die Definitionsbildung (Top. Z, 5) die Gattung, die in die Definition eingeht, als ein „der Natur nach Früheres und Bekannteres" bezeichnet. Das ist nie ein logischer Begriff, sondern nur das ontologische Eidos Platons. Und wenn Aristoteles verlangt, daß die Definition immer die unmittelbar nächsthöhere Gattung angeben müsse, dann folgt er auch hier wieder Platon, der den größten Nachdruck darauf legt, daß in der Diairesis keine Glieder übersprungen werden (vgl. oben S. 111). Nur der Terminus der spezifischen Differenzen wird neu eingeführt.

Aber etwas echt Aristotelisches ist die Klassifikation der Begriffe. Unser Philosoph findet, daß die Begriffe, die wir in unseren Sätzen verbinden, sich immer wieder in typische Gruppen einreihen lassen. Aristoteles stellt mit dieser Beobachtung die erste Kategorientafel auf. Sie enthält 10 Schemata von Aussageformen. Entweder nämlich sind unsere Begriffe Bezeichnungen für eine Wesenheit (Substanz), oder aber sie besagen Angabe der Quantität, Qualität, Relation, des Ortes, der Zeit, der Lage, des Sichverhaltens, des Tuns und des Leidens. Die Kategorien gliedern sich wieder in zwei große Bereiche. Auf der einen Seite steht die Substanz: Seiendes, das in sich selbst existiert und darum eine gewisse Selbständigkeit besitzt; auf der anderen Seite stehen die übrigen 9 Schemata, die sogenannten Akzidentien: das, was zu der Substanz als nähere Bestimmung noch hinzukommen kann. Und auch das wird wieder eingeteilt. Die akzidentellen

Bestimmungen können einer Substanz ihrem Wesen nach eignen, immer und notwendig: Proprien; z. B., daß der Mensch lachen kann oder daß die Winkelsumme des Dreiecks gleich zwei Rechten ist. Oder aber es handelt sich um Bestimmungen, die an einer Substanz sich tatsächlich finden, aber auch fehlen können: gewöhnliche Akzidentien. Eine Reihe von ihnen tritt allerdings mit einer gewissen Wahrscheinlichkeit und Regelmäßigkeit auf; z. B. haben die Männer zwar nicht immer und notwendig einen Backenbart, meistens aber wächst ihnen ein solcher. Andere freilich sind gänzlich unberechenbar; daß man z. B., wenn man ein Loch gräbt, um eine Pflanze einzusetzen, plötzlich einen Schatz findet, ist reiner Zufall (Met. *Δ*, 30). Mit solchen Sachverhalten könne man keine Wissenschaft aufbauen. Wohl aber kann das Wahrscheinlichkeitsakzidenz wissenschaftliche Verwendung finden, wenn auch nicht in der strengen Wissenschaft. Die eigentliche Wissenschaft nämlich stützt sich auf Aussagen, die entweder Proprien sind oder überhaupt Wesensverhalte. Wie man daraus sieht, steckt hinter dem Interesse des Aristoteles am Akzidenz eine wissenschaftstheoretische Problematik.

Aristoteles sieht aber in den Kategorien nicht bloß logische, sondern auch ontologische Elemente. Auch das Sein selbst sei so gegliedert, wie seine Kategorientafel es vorsieht. Gefunden hat Aristoteles seine Kategorien allerdings in seiner Analyse des Urteils. Sie sind Aussageformen wie bei Kant, was man aus Phys. *A*, 7; 190 a 34 leicht ersehen kann. Daß sie nicht einfach aufgelesen wurden, so wie sie zufällig begegneten, wie Kant behauptet hat, ergibt sich daraus, daß Phys. *A*, 7 ähnlich wie Peri Herm. 19 b 19 ff. eine erschöpfende Beschreibung der Aussageformen geben wollte. Wenn er sie, anders als Kant, auch als Formen des Seins erklärt (Met. *Δ*, 7), dann deswegen, weil Aristoteles an der Möglichkeit einer Metaphysik noch nicht zweifelt, sondern mit Parmenides der Ansicht ist, daß Geist und Sein korrespondieren. Daß aber die Metaphysik über die Kategorien als Aussageformen mit dem Urteil zusammenhängt, bestimmt entscheidend den Charakter der aristotelischen Metaphysik, wird jedoch infolge Verdeckung ihres Bildes durch stoische Vorstellungen viel zuwenig gesehen.

γ) Das Urteil

Werden zwei Begriffe verbunden, um damit eine Aussage über die Wirklichkeit zu treffen, bejahend oder verneinend, so haben wir das Urteil. Weil es wesentlich Aussage sein will, ist es der eigentliche Sitz von wahr und falsch. Dadurch unterscheidet sich das Urteil von anderen Begriffsverbindungen, wie sie z. B. im Wunsch oder Gebet vorkommen. Und sofort wird wieder beschrieben und eingeteilt. Es gibt bejahende und verneinende Urteile (Qualität des Urteils); allgemeine, partikuläre und singuläre (Quantität); Tatsachen-, Notwendigkeits- und Möglichkeitsurteile (Modalität). Im Zusammenhang damit interessiert sich Aristoteles besonders für die Umkehrbarkeit der Urteile (Anal. pr. *A*, 2 und 3). αα) Wesen und Arten

Aber viel wichtiger ist die Frage nach der Funktion des Urteils. Mit ihr dringen wir tief in das Wesen der aristotelischen Philosophie ein. „Der Begriff offenbart nur, was etwas ist, das wissenschaftliche Urteil aber, welche Sachverhalte sich an einem Gegenstand finden oder nicht" (Anal. post. *B*, 3; 91 a 1). Das Urteil führt sonach den Erkenntnisprozeß weiter, der mit dem Begriff begonnen wurde. Die Sachverhalte, von denen hier die Rede ist, sind nichts anderes als die schon erwähnten Akzidentien. Es ist wichtig, zu beachten, daß sie sich in einem bestimmten Verhältnis zur Substanz befinden. Das hat Aristoteles bereits gesehen und sie darum entsprechend eingeteilt. Damit zeigt sich uns, daß für ihn das Sein geordnet ist nach inneren Zusammenhängen. Sie aufzudecken, ist Sache des wissenschaftlichen Urteils. Wissenschaft ist nicht ein Monolog des Geistes auf Grund eigener Spielregeln, wie in der Neuzeit vielfach angenommen wird, sondern ein Dialog des Geistes mit der ihm gleichberechtigt gegenüberstehenden Welt des Seins. ββ) Funktion des Urteils

Dem entspricht der aristotelische Wahrheitsbegriff. Er hat einen ausgesprochen objektivistischen Charakter. „Zu sagen, daß das Seiende sei und das Nichtseiende nicht sei, darin besteht die Wahrheit" (Met. *Γ*, 7; 1011 b 27). „Nicht darum, weil wir g l a u b e n, daß du weiß seiest, bist du es, sondern weil du weiß b i s t, sprechen wir, die wir es aussagen, die Wahrheit" (Met. *Θ*, 10; 1051 b 7). Die Wahrheit hängt also nicht von subjektiven Gesichtspunkten ab, vom Glauben oder Wünschen, von Nutzen oder Fruchtbarkeit einer Theorie, von Zeitgeist, Rasse oder Gesellschaft. An sich stammt dieser Wahrheitsbegriff von Platon (s. o. S. 88), zirkuliert aber unter dem Namen des Aristoteles. Der moderne Psychologismus γγ) Was ist Wahrheit?

oder Pragmatismus wäre für die Sophistik möglich, nicht aber für Platon und Aristoteles.

δδ) Logische Prädikation

Aber wie wird man dabei der Wahrheit gewiß? Die zuletzt angeführte Stelle schickt die Erklärung voraus: „Die Wahrheit sagt, wer das Getrennte für getrennt und das Verbundene für verbunden hält. Einen Irrtum hingegen begeht, wer sich in Gegensatz zur Wirklichkeit setzt.“ Das stimmt zur Definition des Urteils als einer Verbindung von Begriffen. Was entscheidet nun über die Verbindungsmöglichkeit der Begriffe, der Inhalt der Begriffe selbst oder der Blick auf die Wirklichkeit? Neuscholastiker, die sich bewußt an Aristoteles anschließen, sprechen von einer convenientia vel discrepantia conceptuum inter se und sehen in der positiven oder negativen Meinung über die Vereinbarkeit der Begriffe das Wesen des Urteils. Das sieht so aus, als ob der Begriffssinn allein maßgebend wäre. Das Urteil bestünde dann in einer Analysis der Begriffe, und die letzte Entscheidung fällt nicht die Wirklichkeit, sondern der Identitäts- bzw. Widerspruchssatz. In dieser rationalistischen Richtung versteht sich das Urteil bei Platon, wo die Prädikation tatsächlich, wie E. Hoffmann richtig betont hat, mit der Methexis gegeben ist. Die Urteilscopula Ist besagt dort einfach eine Identität des Begriffsinhalts. Aristoteles aber verweist Met. $\Theta$, 10 ganz klar auf die Wirklichkeit. Auch die mögliche Verbindung, bzw. mögliche Trennung der Begriffe wird von der Wirklichkeit abhängig gemacht, nicht vom Begriffssinn als solchem. Damit nimmt Aristoteles eine andere Position ein als Platon. Für letzteren ist der Logos auch schon die Wirklichkeit selbst (αὐτὰ τὰ πράγματα heißen die Ideen), und hier kann rein rational und analytisch vom Begriffsinhalt her über die Vereinbarkeit und Nichtvereinbarkeit entschieden werden. Indem aber Aristoteles von den Begriffen an die Wirklichkeit appelliert, zeigt er deutlich in seiner Logik, daß er andere Wege gehen will als Platon. Der Logos ist nur noch Denkmittel, nur noch Weg zur Wirklichkeit, nicht mehr die Wirklichkeit selbst.

εε) Urteilssubjekt

Anders steht es mit dem Urteilssubjekt. Aristoteles sieht, daß das Wesen des Urteils als eine Aussage notwendig ein Subjekt verlangt, von dem ausgesagt wird, das aber nicht selbst Prädikat sein kann. Aber was ist Urteilssubjekt? Offenbar immer etwas ganz Bestimmtes; denn von etwas Unbestimmtem kann man keine Aussage treffen. Aber auch ein Akzidens kommt nicht in Frage. Denn es setzt, um sein zu können, die Substanz voraus. Also dann die Substanz, die Ousia, das Wesenswas, das τὸ τί ἦν εἶναι, z. B. τὸ ἀνθρώπῳ εἶναι, das dem Menschen zugehörige Sein oder Wesenswas. Diese letzte Wendung macht uns stutzig. Wenn das Wesenswas als Urteilssubjekt einem Etwas, hier dem Menschen, zugehören kann, ist es dann wirklich Subjekt, ein Letztes, von dem nur noch ausgesagt wird, das aber selbst nicht mehr Prädikat ist? Es gehört doch einem Dativ zu und wird von ihm ausgesagt; so etwa, wenn ich sage, daß Kallias Mensch ist. Hier gehört das Menschsein dem Kallias zu. Aristoteles hilft sich mit der Unterscheidung einer ersten und zweiten Substanz. Nur die erste Substanz ist etwas Einmaliges, ganz Individuelles: dieser bestimmte Mensch, Kallias z. B.; und nur sie ist Substanz im eigentlichen Sinn, weil sie faktisch nie ausgesagt werden kann, sondern umgekehrt Subjekt von Aussagen ist. Es ist das Urteil, das Aristoteles auf diesen Grundbegriff seiner ganzen Philosophie führt, und man sollte das bei der Bewertung des aristotelischen Substanzbegriffs nie aus dem Auge verlieren (vgl. Phys. *A*, 7). Die zweite Substanz ist das, was mehreren Individuen gemeinsam ist; sie ist Art, spezifische Wesenheit, z. B. der Mensch überhaupt; sie kann auch prädiziert werden. Während man aber nunmehr erwarten würde, daß Aristoteles die Ousia im Sinn der ersten Substanz als das ideale Urteilssubjekt erklärt, geschieht das überraschenderweise nicht, sondern es ist die zweite Substanz im Sinn der spezifischen Wesenheit, in der Aristoteles das Subjekt des wissenschaftlichen Urteils sucht. Damit zollt er der platonischen Art des Denkens seinen Tribut. Obwohl nach seiner eigenen Philosophie die erste Substanz die Substanz schlechthin ist und für ihn alles Individuelle im Vordergrund steht, läßt er die Wissenschaft doch dort wieder daheim sein, wohin Platon sie schon verwiesen hatte, im Reich der allgemeinen Wesenheiten. Lehnt auch Aristoteles den Begriff des κόσμος νοητός ab, so ist er doch noch so weit Platoniker, daß auch er als den Gegenstand der Wissenschaft das Allgemeine betrachtet. Nicht mit Kallias oder anderen Individuen beschäftigt sich die Wissenschaft, sondern mit dem Menschen als solchem; und so überall. Das Individuelle ist ein „ineffabile", d. h., es kann mit allgemeinen Begriffen nicht restlos ausgeschöpft werden; womit Aristoteles Raum läßt für eine gerechte Wertung des Individuums in seiner einmaligen Eigentümlichkeit.

δ) Der Schluß

αα) Stellung des Syllogismus in der aristotelischen Logik

Herzstück der aristotelischen Logik bildet die Lehre vom Schluß in seiner idealen Form, dem Syllogismus. Die Anhänger sahen darin immer ein Meisterstück, und spätere Jahrhunderte gebrauchen den Syllogismus mit akrobatischer Kunstfertigkeit. Die Gegner schmähen ihn als Wortstreiterei und „Dialektik". Aristoteles jedenfalls hat ihn mit besonderer Umsicht entwickelt, in seinen Formen beschrieben, hat seine Regeln aufgestellt und auf typische Fehler im Schließen besonders hingewiesen. Das war notwendig; denn der Syllogismus ist für ihn die Grundlage aller Wissenschaften. Wissenschaft treiben heißt beweisen, und der Syllogismus ist der Beweis schlechthin.

ββ) Begriff und Formen des Syllogismus

„Der Syllogismus ist eine Gedankenverbindung, in der, wenn etwas gesetzt ist, etwas anderes als das Gesetzte notwendig folgt, und zwar dadurch, daß das Gesetzte ist" (Anal. pr. *A*, 1; 24 b 18). Was hier vorgängig gesetzt ist, sind zwei Urteile, die sogenannten Prämissen, nämlich Obersatz und Untersatz. Was sich daraus von selbst, einfach dadurch, daß sie gesetzt sind, ergibt, ist der Schlußsatz, die Conclusio. In diesen Sätzen kommen insgesamt drei Begriffe vor, nicht mehr und nicht weniger: Oberbegriff, Mittelbegriff, Unterbegriff. Der Mittelbegriff ist die Seele des Syllogismus. Er verknüpft Ober- und Unterbegriff, und dadurch geht der Schlußsatz aus den Prämissen hervor. Wie das gemeint ist, sehen wir sofort, wenn wir die drei Figuren des Syllogismus betrachten. Aristoteles ist nämlich auch hier wieder der Anatom des Geistes, der die Operationen des Denkens in ihren Grundformen studiert und beschreibt.

Die 1. Figur hat folgende Form: „Wenn drei Begriffe derart in einem Verhältnis stehen, daß der letzte Begriff im ganzen mittleren und der mittlere im ganzen ersten enthalten oder nicht enthalten ist, so ergibt sich notwendig aus den beiden äußersten Begriffen ein vollständiger Schluß" (Anal. pr. *A*, 4). Symbolisch ausgedrückt: A ist Prädikat vom ganzen B; B ist Prädikat vom ganzen C; also ist A notwendig Prädikat vom ganzen C. Wenn A von B ausgesagt wird, fällt B unter den Umfang von A (wenn alle Menschen sterblich sind, fällt der Begriff Mensch in den Bereich des Begriffs sterblich);

da B von C ausgesagt wird, fällt C in den Bereich von B und damit auch in den Bereich von A; das ergibt sich einfach aus dem Verhältnis der Begriffe zueinander, und zwar mit Notwendigkeit. In dieser 1. Figur war der Mittelbegriff (B steht in der Definition des Aristoteles in der Mitte) Subjekt des Obersatzes (B ist A) und Prädikat des Untersatzes (C ist B). Verändert man seine Stellung, so daß er beide Male Prädikat des Ober- und Untersatzes ist, dann haben wir die 2. Figur. Und ist er beide Male Subjekt, sowohl des Ober- wie des Untersatzes, dann haben wir die 3. Figur. Für jede Figur gibt es dann noch je vier Variationen, die sogenannten modi, je nach der Quantität und Qualität der Prämissen. Man kann sie in jeder systematischen Logik nachlesen; denn noch immer wird die Lehre vom Schluß so vorgetragen, wie Aristoteles sie aufgestellt hat.

Der Syllogismus ist immer Deduktion: Ableitung eines Besonderen aus einem Allgemeinen. Aristoteles kennt aber auch die Induktion: Ableitung eines Allgemeinen aus den Einzelfällen. Er gibt auch dieser Ableitung die Form eines Schlusses, was allerdings nur Formsache ist. Wird dabei das Allgemeine aus der Sichtung aller Einzelfälle abgehoben, dann heißt Aristoteles dies Induktion (Epagoge); wenn aber nicht alle Fälle zugrunde liegen, dann ist dies der paradigmatische Schluß (Anal. pr. *B*, 23 f.). Als weitere Schlußformen kennt Aristoteles den Indizienschluß (Enthymem), wenn von einem Zeichen aus geschlossen wird, das mit gewissen Sachverhalten verbunden ist (a. a. O. 27); den Wahrscheinlichkeitsschluß (Eikos), wenn nur wahrscheinliche Sätze zugrunde gelegt werden (a. a. O. 27); die Enstase, wenn eine Prämisse sich gegen die andere wendet (a. a. O. 26); ferner den dialektischen, auch Epicheirem genannt, der statt der Denknotwendigkeit die Meinungen der Sachverständigen (Endoxa) zugrunde legt; den rhetorischen, dem es nur auf die Überredung ankommt; den eristischen, der nur mit vorgeblichen Gründen arbeitet und darum gewöhnlich ein Trugschluß ist. Das ganze Augenmerk richtet Aristoteles dabei auf die Frage, ob der Schluß wissenschaftlich ist oder nicht. Wissenschaftlich ist nur der beweisende Schluß, der eine denknotwendige Folgerung mit sich führt (apodiktischer Syllogismus); er ist der Syllogismus schlechthin. Voraussetzung ist dabei, daß die zugrunde liegenden Sätze sicherstehen. Wie, werden wir bald sehen. Bei einer ganzen Reihe der oben angeführten besonderen Schlußformen ist dies jedenfalls nicht gegeben.

γγ) Der Sinn des Syllogismus

Worin liegt die eigentliche Kraft des Syllogismus, seine Schlüssigkeit, die sogenannte Stringenz? Darin, sagt Aristoteles, daß der letzte Begriff im mittleren und dieser im ersten enthalten sei; dadurch komme die Folgerung des letzten aus dem ersten zustande. Wenn also der Syllogismus gilt: „Alle Menschen sind sterblich, Sokrates ist ein Mensch, also ist Sokrates sterblich", dann deswegen, weil das Sein des Sokrates im Menschsein enthalten ist; es ist damit gesetzt. Begründen heißt somit das zu Begründende im Grund selbst sehen; ob als mit ihm identisch oder unter seinem Umfang mit inbegriffen, ist schließlich gleich.

δδ) Aristotelischer Syllogismus und platonische Dialektik

Wesentlich wichtiger ist, daß man sich über die Art des hier vorliegenden Denkens klar wird. Hält man sich die Erläuterung der 1. Schlußfigur, auf die nach Aristoteles auch alle anderen Figuren zurückgehen, anschaulich vor Augen: der Unterbegriff im Mittelbegriff, der Mittelbegriff im Oberbegriff, dann erinnert man sich unwillkürlich an die platonische Dialektik, die auch mit dem Methexisgedanken arbeitet: Das untergeordnete Eidos ist im übergeordneten enthalten und geht daraus hervor, weil es auch dadurch gesetzt wird; weshalb denn das Eidos bei Platon auch als Hypothesis bezeichnet wird, eine Terminologie, die bei Aristoteles sogar wörtlich wiederkehrt (Anal. pr. *A*, 1; 24 b 10). Der aristotelische Syllogismus ist platonische Dialektik. Faßt man den Syllogismus nicht so auf, dann wird er sinnlos; denn nach einer allgemeinen Behauptung, daß alle Menschen sterblich sind, noch eigens „abzuleiten", daß auch Sokrates sterblich ist, ist das überflüssigste Ding der Welt. Ist denn das nicht schon gesagt, wenn ich generell feststelle, daß alle Menschen sterblich sind? Was gibt es hier noch abzuleiten? Ganz abgesehen davon, daß ich, wenn ich die Behauptung aufstellen will, daß alle Menschen sterblich sind, vorher schon wissen muß, daß Sokrates sterblich ist. Aber wenn ich, wie Platon das tut, alles Einzelne verstehe von einer höheren Idee her, wenn die höhere Idee nicht aus dem Einzelnen abgeleitet wird, sondern das Einzelne aus ihr, dann hat es einen Sinn, in den Prämissen das daraus folgende Gesetzte „begründet" zu sehen. Der aristotelische

Syllogismus ist darum ein Stück Metaphysik, nicht bloß ein Schachspiel mit Begriffen, wie es die Logik vielfach hinstellt.

εε) Vom Wesen des Grundes: „Das der Natur nach Frühere und Bekanntere“

Man sieht das noch besonders, wenn man sich einmal genau fragt, was mit dem „logisch Früheren“ oder der sogenannten „logischen Begründung“ gemeint ist, wovon in aller Wissenschaft so viel gesprochen wird. Logische Begründung ist Beweis, sagt man; der Beweis aber arbeitet mit dem logisch Früheren, den Prämissen, durch die etwas Späteres gesetzt werde. Diese Anschauung ist tatsächlich echt aristotelische Logik. Bei ihm heißt das logisch Frühere das πρότερον καὶ γνωριμώτερον [σαφέστερον], πρότερον τῇ φύσει oder πρότερον ἁπλῶς. Er unterscheidet es vom πρότερον πρὸς ἡμᾶς und erklärt: Das uns gegenüber, d. h. unserer Erkenntnis nach Frühere ist immer das konkrete Einzelne, von dem die Sinneserkenntnis Kunde gibt; das der Natur nach oder schlechthin Frühere dagegen, das auch das Bekanntere ist, sei das Allgemeine, das unserer Erkenntnis nach allerdings das Spätere sei; denn zuerst erkennen wir nach Aristoteles das Einzelne (Top. *Z*, 4; Phys. *A*, 1; Anal. pr. *B*, 23; Anal. post. *A*, 2). Die heutige Logik erläutert das immer so, daß sie erklärt: Das Allgemeinere sei im Sinn der logischen Begründung das Frühere. Aber was heißt „logisch früher“? Wenn tatsächlich alle Erkenntnis vom Einzelnen und Sinnlichen ausgeht, hat es keinen Sinn, das Allgemeine früher zu heißen und noch weniger hat es einen Sinn, es ein Bekannteres zu nennen oder gar ein Sichereres. Das alles gibt es nur auf dem Boden der platonischen Erkenntnislehre, nach der jedes Eidos ein Früheres oder Bekannteres ist gegenüber dem, was daran teilhat. Und auch für Aristoteles ist das der Natur nach Frühere und Bekanntere immer das allgemeine Eidos oder τὸ τί ἦν εἶναι (Top. *Z*, 4; 141 b 22 ff.; Met. *Z*, 3; 1029 a 29 ff.). In seiner Lehre vom Begründen und Beweisen denkt er noch ganz platonisch. Die klassische Belegstelle hierfür ist Anal. post. *A*, 2; 72 a 25 — b 4, wo er erklärt: Das ist das Bekanntere, wodurch ein Anderes ist, was es ist, so ähnlich wie dasjenige mehr φίλον ist, wodurch ein anderes φίλον zum φίλον wird. Und Met. *Δ*, 11; 1019 a 2 ff. wird direkt gesagt, daß die Rede von dem der Natur nach Früheren platonische Terminologie ist. Mit dieser metaphysischen Realität „begründet“ auch Aristoteles. „Begriffe“ sind keine Gründe, weil sie immer und in jeder Hinsicht später sind; nur Seiendes ist Grund, insofern es Grundlegung, Hypothesis im Geist der platonischen Dialektik ist. Wenn das logisch Frühere einen Sinn haben soll, dann nur so. Man kann in der aristotelischen Syllogistik unschwer Angaben über die Implikationen von Begriffen und Sätzen finden und damit versuchen, Aristoteles für eine nur formale, heute natürlich dann formalistische und logistische Logik in Anspruch zu nehmen. Diese Aussagen haben jedoch einen ontologischen Hintergrund. Ihn übersehen heißt an Aristoteles nur eine Seite herauspicken. Wie sehr das Bekanntere jedoch auf Grund einer ontologischen Dignität „bekannter" ist, zeigt in den wirklichen Ursprüngen der Protreptikos. Er erklärt: Immer ist das Frühere bekannter als das Spätere und das der Natur nach Bessere als das weniger Gute; denn man hat mehr Wissen von dem, was mehr bestimmt und geordnet ist als sein Gegenteil, und hat von den Gründen mehr Wissen als von dem, was aus ihnen folgt. Mehr bestimmt und geordnet aber ist das Gute als das Schlechte. Und das Frühere ist auch mehr Ursache als das Spätere; denn wenn man es aufhebt, hebt man auch auf, was daraus sein Sein hat (frg. 5 Ross). Aber nicht nur in dieser Frühzeit denkt Aristoteles so, auch Met. *Z*, 6 bewegt sich in diesen Bahnen, und sogar die Beispiele sind die platonischen. Das unmittelbare Thema ist hier ein ganz paralleles, das Verhältnis des Allgemeinen zum Einzelnen, wobei Aristoteles sich dafür entscheidet, daß das Allgemeine als solches es ist, was das Einzelne zum Seienden macht. „Man verkenne nicht den tief platonischen Sinn dieser Gedanken! Nur weil in dem einzelnen Guten des Gutsein als solches sich verwirklicht, ist etwas gut; nur durch das Allgemeine erhält das Einzelne seine Bestimmung. Der Gedanke der Methexis!" (M. Wundt.) Und Aristoteles weiß dabei sehr wohl um seine Nähe zu Platon, denn er bekennt, daß diese seine Behauptung gälte, auch wenn es keine Ideen gäbe, mehr allerdings noch, wenn es solche gibt (1031 b 14). Wogegen er polemisiert, ist wie immer die abgetrennte Idee. Allein wir wissen ja bereits, daß der platonische Chorismos nur eine ganz bestimmte, keine schlechthinnige „Trennung" meinte. Die Idee ist ein Früheres, ist etwas für sich Bestehendes und ist doch im Einzelnen, ja „ist" dieses selbst. Das gleiche ontologische Verhältnis besteht auch für die Sätze des Syllogismus. Der Syllogismus ist Methexis, und darin besteht auch das Grundsein und der Beweis, nicht im bloß „logischen“ Zusammenhang von Sätzen.

b) Vom Wesen und Ursprung des Wissens

Da der aristotelische Syllogismus immer von Voraussetzungen ausgeht, entsteht von selbst die Frage nach dem Ursprung unserer Erkenntnis; denn wir wollen wissen, woher die vorausgeschickten Sätze, die Prämissen, stammen; davon hängt ihre und die Sicherheit des Syllogismus ab. Und da für Aristoteles der Syllogismus um der Wissenschaft willen ist und eigentlich ihr ganzes innerstes Gerüst bildet, wird die Frage zunächst eine Frage nach dem Wesen und Ursprung der wissenschaftlichen Erkenntnis.

α) Vom Wesen der Wissenschaft

Zwei Dinge sind nach Aristoteles für das Wesen der Wissenschaft bezeichnend: Sie ist Erkenntnis aus den Gründen, und ihre Sätze befassen sich mit Sachverhalten, die streng notwendig sind und darum nicht anders sein können (Anal. post. *A*, 2). Gerade diese zwei Bedingungen aber erfüllt der Syllogismus. „Da dasjenige, wovon man reines Wissen hat, sich unmöglich anders verhalten kann, wird, was immer man mit apodiktischem Wissen weiß, immer etwas Notwendiges sein. Apodiktisch aber ist das Wissen, das als Ergebnis von Beweisen auftritt. Und darum ist der Beweis ein aus Notwendigem folgerndes Schlußverfahren (Syllogismus)“ (Anal. post. *A*, 4). Die notwendigen Sachverhalte, die nicht anders sein können, sind aber mit dem Wesen, dem An-sich der Dinge selbst gegeben. Sie sind entweder überhaupt Wesensverhalte oder mindestens Proprien. Darum ist der Syllogismus und infolgedessen auch alle Wissenschaft für Aristoteles nichts anderes als Wesensanalyse: „Wenn die apodiktische Wissenschaft aus notwendigen Prinzipien hervorgeht ... und wenn das notwendig ist, was den Dingen an sich zukommt ... sieht man, daß der wissenschaftliche Schluß aus diesen notwendigen Wesensverhalten heraus erfolgt“ (Anal. post. *A*, 6). Grundlage und Ausgangspunkt des strengen Wissens ist darum immer die Wesenserkenntnis. Und in ihr haben wir auch das Erkennen aus dem Grunde! „Wir sagen also: Das ‚Was ist es‘ wissen, ist dasselbe wie das ‚Warum ist es‘“ (Anal. post. *B*, 2; 90 a 31). Darum überwiegt

αα) Gründe und notwendige Wesensverhalte

die Kenntnis des Wesens weitaus die Kenntnis der bloßen Tatsache. Der eigentliche wissenschaftliche Beweis ist immer ein Beweis aus dem Wesen (demonstratio propter quid), d. h. Einsicht in das mit dem Wesen gegebene Warum (διότι), nicht aber ist er eine Berufung auf das Daß (ὅτι) der nackten Tatsachen (demonstratio quia). So versteht sich von selbst die alles bestimmende Bedeutung des Syllogismus in der aristotelischen Wissenschaftslehre. Anal. post. *B*, 1 heißt es: Die vier Fragen nach dem Daß, dem Warum, dem „Ob etwas ist" und „Was es ist" lassen sich immer auf zwei zurückführen: Ob es einen Mittelbegriff gibt und was er ist. „Denn der Grund liegt mit dem Mittelbegriff vor, und er ist es, was gesucht wird." Es ist für den Charakter der aristotelischen Wissenschaftsauffassung ungemein bezeichnend, daß das Was eine größere Bedeutung hat als das Daß. Die von Aristoteles intendierte Wissenschaft ist die Wesensanalyse, und mit einem solchen Rationalismus schlägt wieder ein Stück Platonismus durch; denn nur in der Idee ist mit dem Was schon die ganze Wirklichkeit mit inbegriffen. Und dies nicht nur in den Analytiken, die möglicherweise ziemlich früh anzusetzen sind, sondern auch noch in den späteren Schriften, wie Met. *E* und *Z* (1025 b 17; 1041 a 27) und De an. *B* (413 a 13 ff.). Die ständige Rede von dem Empiriker Aristoteles sollte dies nicht übersehen.

ββ) θεωρία τῆς ἀληθείας

Wir Menschen von heute heben an der aristotelischen Wissenschaftsauffassung vielleicht zuerst die Tatsache heraus, daß für Aristoteles Wissenschaft immer nur um des Wissens und der Wahrheit allein, also um ihrer selbst willen da ist. Sie dient nicht irgendeiner Utilität. Aufgaben dieser Art besorgt die Techne, Empeiria, Phronesis (Met. *A*, 1; Eth. Nik. *Z*, 3—8; Pol. *A*, 11). Echte Wissenschaft aber, besonders wie sie in der Philosophie vorliegt, dem Idealfall von Wissen, ist immer reine, theoretische Schau der Wahrheit, ist „autark", wie er Eth. Nik. *K*, 7, wo er das hohe Lied der philosophischen Wahrheitsschau singt, für diesen vollkommenen Verzicht auf jede utilitaristische Zweckbestimmung sagt; sie ist darum auch Zeichen echter menschlicher Freiheit, ja etwas Göttliches und unendlich Beseligendes. Das ist nun aber für den Stagiriten alles selbstverständlich. Viel wichtiger ist, zu sehen, daß für ihn das Wesen der Wissenschaft, gleichviel ob Episteme oder Nous oder Sophia, immer Einsicht in Wesensverhalte ist: Analysis, Deductio, Intuition: „Wesensschau" im antiken Sinn. Das ist der Sinn seiner Lehre, daß Wissenschaft im Grunde Syllogismus sei, eine „begründende Geisteshaltung" (ἕξις ἀποδεικτική, scientia argumentativa), wie er dafür zu sagen pflegt (Eth. Nik. *Z*, 7; 1139 b 31).

β) „Prinzipien" des Wissens

Wie stehen nun aber die Wesenheiten, die in der Wissenschaft analysiert werden, für uns fest? Das ist die entscheidende Frage, die sich sofort ergibt, wenn man die ganze Wissenschaft auf die Prämissen von Syllogismen aufbauen will. Man könnte natürlich nun versuchen, die Prämissen, seien sie nun Begriffe oder Sätze, neuerdings syllogistisch abzuleiten; die Prämissen ihrer Beweise auch wieder und so immerzu. Das führte zu einem regressus in infinitum. Einen solchen lehnt Aristoteles ab, weil es sonst keine wirklich begründete Wissenschaft gäbe. Er nimmt erste, unvermittelte Einsichten an, die allen Beweisen zugrunde liegen und selbst keines Beweises mehr bedürfen: „Apodiktische Wissenschaft muß aus wahren, ersten, unvermittelten, bekannteren und früheren Sätzen, als den Gründen des Schlusses, entspringen" (Anal. post. *A*, 2; 71 b 20). Die Späteren machen daraus die iudicia per se nota. Aristoteles ist dabei wieder ganz in seinem Element. Er kann beschreiben und gliedern. Der günstigste Fall wäre unter diesen Umständen natürlich der, wenn Aristoteles nunmehr, wie später etwa christliche Theologen, auf geoffenbarte Begriffe oder Sätze zurückgreifen könnte. Dann wäre die scientia argumentativa fertig. Jetzt brauchte man nur mit Hilfe der syllogistischen Technik ein anderweitig absolut feststehendes Ideengut auseinanderzulegen, um darin lesen und es dem Verständnis näherbringen zu können. Das wäre Glaube und doch Wissenschaft, und zwar „begründende". Oder wenn Aristoteles wie Platon apriorische Wissensinhalte voraussetzen könnte. Das wäre praktisch das nämliche. Dann brauchte nur die Dialektik ihr Geschäft zu beginnen. Allein ersteres hat er noch nicht, letzteres hat er nicht mehr. Er muß sich also anderweitig nach Prinzipien umsehen. Und so führt er aus, daß es verschiedene Prinzipien der Wissenschaft gäbe. Einmal haben wir Sätze, die rein formal sind und tatsächlich ohne weiteres durch sich selbst einleuchten, die sogenannten Axiome. Sie sind nicht beweisbar, weil jeder Beweis sie selbst wieder voraussetzen müßte. Sie sind besonders in der Mathematik zu Hause. Das allgemeinste Axiom ist der Widerspruchssatz: „Unmöglich kann das Nämliche dem Nämlichen unter demselben Gesichtspunkt zugleich zukommen und nicht zukommen." Verwandt damit ist der Satz vom ausgeschlossenen Dritten: „Zwischen zwei Gliedern eines kontradiktorischen Widerspruchs liegt nichts in der Mitte. Entweder ist das eine wahr oder das andere; ein Drittes gibt es nicht." Aber mit diesen rein formalen Prinzipien kommen wir nicht weit. Wir brauchen materiale Ausgangspunkte des Wissens. Solche sind die Postulate: Sätze, über deren Wahrheitsgehalt man zunächst nicht entscheidet, die man aber Beweisen zugrunde legt, um dann zu sehen, ob sie sich bewähren oder nicht. Ferner die Hypothesen: Sätze, die versuchsweise eine Aussage über die Wirklichkeit machen. Besonders aber sind materiale Prinzipien die Definitionen: Aussagen über das Wesenswas von Gegenständen. Sie sind die eigentlichen Erkenntnisgründe der Syllogismen. „Im Syllogismus ist das Wesenswas der Ursprung von allem" (Met. *Z*, 9; 1034 a 31). Das klingt wieder ganz platonisch. Allein, woher wissen wir um das Wesenswas? Woher stammt unsere Erkenntnis vom Menschen, vom Leben, von der Seele?

γ) Vom Ursprung der Erkenntnis überhaupt

Damit kommen wir zu der Frage nach dem Ursprung unseres Erkennens überhaupt. Und jetzt scheint Aristoteles eine Abkehr von Platon vorzunehmen. Für Platon waren die Wesensbegriffe a priori. Das Allgemeine war früher als das Einzelne; denn das Einzelne wurde durch das Allgemeine erst gelesen und verstanden. Aristoteles aber erklärt, daß für unsere menschliche Erkenntnis das Einzelne zuerst erkannt wird und daß wir daraus das Allgemeine erfahren. Begriffe und Definitionen sind wohl Prinzipien des syllogistischen Wissens; allein sie sind nicht letzte Erkenntnisquelle; dies ist vielmehr die Erfahrung: „Es ist offenkundig, daß wir das Allererste mit Hilfe der Erfahrung (Epagoge) erkennen müssen" (Anal. post. *B*, 19; 100 b 4). Oder: „Das Allgemeine ergibt sich immer aus den einzelnen Dingen" (Eth. Nik. *Z*, 12; 1143 b 4).

αα) Sinneswahrnehmung

Alle Erkenntnis hebt für Aristoteles mit der Sinneswahrnehmung an. Die Seele kann ohne sinnliche Vorstellungen nicht denken (De mem. 449 b 30; De an. 431 a 14). Das hatte Platon zwar auch gesagt, aber schon im Mittelalter war es üblich, zu behaupten, daß Aristoteles die Sinneswahrnehmung fordere, Platon aber alles Erkennen aus angeborenen Begriffen ableite. Und seit Leibniz den Satz „Nichts ist im Geist, was nicht durch die Sinne ihm zugeflossen wäre" auf Locke bezog und dessen Lehre mit der aristotelischen identifizierte, seine eigene These von der fensterlosen Monade aber mit der Wiedererinnerungslehre, war es vollends ausgemacht, daß die Voraussetzung der Sinneswahrnehmung spezifisch aristotelisch sei. „Wie könnte unserem Geist", bemerkt er denn auch tatsächlich gegen Platon, „wenn ihm von Anfang an das höchste Wissen innewohnte, diese Tatsache verborgen bleiben?" (Met. *A*, 9; 993 a 1). Darum sind auch alle Lebewesen mit Sinnesorganen ausgestattet. Fällt ein Sinn aus, dann entfallen auch die entsprechenden Kenntnisse (Anal. post. A, 18; 81 a 37-b 9). Damit ist für Aristoteles erwiesen, daß alles Erkennen in der sinnlichen Erfahrung seinen Ursprung hat. Aristoteles rehabilitiert darum auch die Sinneserkenntnis gegenüber der Kritik Platons. Sie sei nicht so unzuverlässig, wie sein Lehrer das wollte. Im Gegenteil; jeder Sinn ist, soweit er sich auf seinem Gebiet betätigt, immer wahr (De an. 427 b 12). Erst durch das Urteil, das seine Meldungen auf bestimmte Gegenstände bezieht, könne ein Irrtum entstehen.

Die Sinneswahrnehmung liefert der Seele immer die Erkenntnis einer Form. Die Form ist zwar in die Sinnlichkeit der Körperwelt eingebettet, kann aber durch Sinneswahrnehmung als reine Form wieder herausgeholt werden. Es kann ja auch dem Wachs die reine Form des Siegelrings eingedrückt werden ohne die Materie des Ringes, Gold oder Silber. Damit haben wir bereits ein erstes Allgemeines in der Seele, die sinnliche Form als solche, das εἶδος αἰσθητόν, die sogenannte species sensibilis der Lateiner (De an. *B*, 12; Anal. post. *B*, 19). Es handelt sich dabei immer um sinnliche Vorstellungen, um die Phantasmen. Gesellen sich eine Reihe solcher Phantasmen gleicher Art in unserer Erinnerung zusammen, so bilden wir daraus Vorstellungen noch höherer Allgemeinheit. So hat man zunächst die Vorstellung von einem bestimmten Tier, etwa einem Pferde, gewonnen, die schon etwas Allgemeines ist. Treten aber mehrere Vorstellungen dieser Art zusammen, des Pferdes, des Löwen, des Wolfes, dann entsteht daraus die Vorstellung Tier überhaupt. Diese Vorstellung hat nun schon eine so hohe Allgemeinheitsstufe erreicht, daß sie dem immer allgemeinen Begriff ganz nahekommt und in ihn übergehen kann. Sie heißt darum jetzt εἶδος ἐπιστητόν (species intelligibilis), ist aber im Wesen noch sinnliche Vorstellung und findet sich auch in einem sterblichen, niederen Seelenvermögen, dem sogenannten leidenden Verstand (νοῦς παθητικός, intellectus passivus).

ββ) Das unsinnliche Erkennen

Ihrer bemächtigt sich nun aber der „tätige Verstand" (νοῦς ποιητικός, wie ihn Alexander von Aphrodisias später nennt) und holt das begriffliche, ideelle Wesen heraus. Dieses steckt potentiell in den Phantasmen. Durch die aktive, schöpferische Tätigkeit des Nous aber wird, was bisher potentiell war, nun aktuell. Der Nous denkt zwar nie ohne die Phantasmen; aber es geschieht doch ganz von ihm selbst her, auf Grund eigener Aktivität, wenn er das Wesenswas nun aktuell dem Geist zum Bewußtsein kommen läßt; so ähnlich wie der Kunstschaffende durch seine Tätigkeit, was im Stoff potentiell enthalten war, herausarbeitet; oder wie das Licht die Farben sichtbar werden läßt. Der die unsinnlichen Begriffe bildende Nous ist sonach ein schöpferisches Prinzip, das von sich aus, nicht unter dem bestimmenden Einfluß der Phantasmen, die nur Material sind, das begriffliche Wesen entwickelt; denn er ist „unvermischt, getrennt, unbeeinflußbar und aktiv" seinem ganzen Wesen nach. Dieser tätige Verstand ist darum auch etwas Ewiges und Unsterbliches (De an. Γ, 5).

γγ) Abstraktion oder Wesensschau?

Aristoteles hatte bereits für die Entstehung der species intelligibilis aus den species sensibiles den Ausdruck Abstraktion (ἀφελεῖν) gebraucht. Und auch hier, bei der Tätigkeit des Nous, hat man wieder von einer „Abstraktionsfähigkeit" des Nous gesprochen und so das Entstehen der unsinnlichen Begriffe interpretiert. Ein Herausheben und Herausholen liegt tatsächlich vor. Aber was für eine Abstraktion ist das? Man erkennt das Wesentliche am besten durch einen Vergleich mit der modernen Abstraktion bei Locke und Hume. Hier ist der Begriff nichts anderes als sinnliche Allgemeinvorstellung. Er ist der Durchschnittswert, der sich allmählich aus einer Summe von Empfindungen herausstellt, weil man von den individuellen Differenzen absieht und nur das Typische festhält. Die Abstraktion bedeutet einen rein psychologischen Prozeß, der nur die Entwicklung der Vorstellungen als solche angeht. Der „Begriff" faßt darum lediglich die Vorstellungen zusammen, sagt aber nichts aus über die Struktur des Seins. Substanzen oder Wesenheiten sind ja hier unerkennbar. In der aristotelischen Abstraktion aber wird gerade die ideelle Struktur des Seins erkannt, Eidos und Morphē. Der Begriff ist λόγος τῆς οὐσίας. Die Wende von der zweiten zur ersten Substanz bedeutet für jene keinen Nominalismus. Das Eidos bleibt ein γνωριμώτερον und ist als solches ein πρότερον τῇ φύσει, das der Nous geradezu „berührt" (θιγεῖν). Darum gibt es für Aristoteles noch Metaphysik, für Locke und Hume nicht mehr. In der aristotelischen Abstraktion wird ferner der Begriff nicht erst im Verlaufe eines psychologischen Prozesses gebildet, durch Verschmelzung oder Abschleifung oder Vereinfachung von Vorstellungen, sondern ein schon fertiges Ontisches wird herausgehoben, möglicherweise schon aus einer einzigen Sinneswahrnehmung; denn das Allgemeine wird nicht durch Vergleich, sondern infolge einer „Durchleuchtung" erfaßt. Das allgemeine Wesen leuchtet unter der Tätigkeit des Nous auf wie die Farbe, wenn das Licht sie bestrahlt. Darum sollte man aufhören bei Aristoteles ohne Einschränkung von einer Abstraktion zu sprechen. Seine Abstraktion ist Wesensschau, intuitiv gewonnene Abstraktion. Vor allem aber ist hier die Sinneserkenntnis so wenig Wirkursache wie bei Platon. Sie ist nur Materialursache und kann deswegen den Nous überhaupt nicht aktuieren. Wie dürftig auch die Angaben in De an. *Γ*, 5 über den tätigen Verstand sind, das eine geht klar daraus hervor, daß er der Sinneserkenntnis gegenüber „unvermischt und unbeeinflußbar" (ἀμιγής, ἀπαθής) ist. Er ist selbsttätig und schöpferisch wie der Künstler gegenüber seinem Stoff. Und gerade damit zeigt sich die innere Verwandtschaft der aristotelischen Auffassung über den Ursprung der Erkenntnis mit Platon. Auch dort ist die Idee kein Produkt aus der Sinnlichkeit, sondern ein dem Wesen nach Früheres. Im aristotelischen Nous steckt noch der platonische Apriorismus. Daß die Sinneserfahrung das Material liefert, besagt nichts Neues. Auch Platon gebraucht die Sinne. Wenn aber Aristoteles in unserer Sache gegen Platon polemisiert, so ist zu beachten, daß seine Polemik sich häufig auf periphere Dinge stützt, während er im Grunde mit seinem Meister einiggeht.

**δδ) Aristoteles als Empiriker**

In einem anderen Sinn dagegen hat es seine Berechtigung, ihn Platon gegenüber als den Empiriker zu bezeichnen. Nicht im Prinzip, was den Ursprung der Erkenntnis überhaupt angeht; hier ist auch er Rationalist. Wohl aber in einer praktisch-methodischen Hinsicht. Unter diesem Gesichtspunkt hat er in einem viel weiteren Ausmaß die Erfahrung zu Rate gezogen als Platon. Letzterer ist mehr der spekulativ-synthetische Geist; ersterer dagegen organisiert förmlich die Einzelforschung, sammelt die Beobachtung und läßt sie sammeln, steht auch ständig in Kontakt mit der Meinung anderer und wirft eben darum seine Aporien auf, um ja möglichst allseitig die Erfahrung zu registrieren. Man sieht das besonders in seiner Tiergeschichte, deren Beobachtungen heute noch Anerkennung finden, in seiner Sammlung von Staatsverfassungen sowie von Unterlagen zur Geistes- und Kulturgeschichte. Hier geht er überall ins Detail, in die Breite und liebt das Konkrete, während Platon in erster Linie die großen allgemeinen Ideen im Auge hat und von hier aus das Einzelne versteht.

Literatur

A. Trendelenburg, Geschichte der Kategorienlehre (1846 = Hist. Beitr. zur Philos. I). C. Prantl, Geschichte der Logik im Abendland I (1855). A. Trendelenburg, Logices aristoteleae (1868). H. Maier, Die Syllogistik des Aristoteles. 2 Bde. (1896 bis 1900, Neudruck 1936). J. Geyser, Die Erkenntnistheorie des Aristoteles (1917). K. v. Fritz, Der Ursprung der aristotelischen Kategorienlehre. Archiv für Geschichte der Philosophie 44 (1931). A. Becker, Die aristotelische Theorie der Möglichkeitsschlüsse (1933). M. de Corte, La doctrine de l'intelligence chez Aristote (Paris 1934). F. Solmsen, Die Entwicklung der aristotelischen Logik und Rhetorik (1936). N. Hartmann, Aristoteles und das Problem des Begriffs (1939, jetzt Kleinere Schr. II). W. D. Ross, Aristotle's prior and posterior Analytics. A Revised Text with Introduction and Commentary (Oxford 1949). O. Hamelin, La théorie de l'intellect d'après Aristote et ses commentateurs. Herausgegeben von E. Barbotin (Paris 1953). J. Lukasiewicz, Aristotle's Syllogistic (Oxford 1951, [2]1957). E. W. Platzeck, Von der Analogie zum Syllogismus (1954). G. Colli, Organon. Introduzione, traduzione e note (Torino 1955). J. M. Bocheński, Formale Logik (1956). C. A. Viano, La dialettica in Aristotele. Rivista di Filosofia 49 (1958). G. Patzig, Die aristotelische Syllogistik (1959, [2]1963). H. Seidl, Der Begriff des Intellekts bei Aristoteles (1971).

## B. DAS SEIN UND DAS SEIENDE

### a) Begriff der Metaphysik

α) Der Terminus „Metaphysik"

Die aristotelische Logik war immer schon seinsbezogen: Der Begriff war Wesensenthüllung, das Urteil Sachverhaltsdarlegung, der Schluß Seinsgrundlegung. So ist es begreiflich, daß der Name des Aristoteles mit der Metaphysik ebenso verbunden ist wie mit der Logik. Er hat denn auch die erste Metaphysik geschrieben. Und wieder ist sie wie seine Logik richtungweisend geworden bis in unsere Zeit, wenn sie auch bei ihm noch nicht „Metaphysik" heißt, sondern „erste Philosophie" oder Weisheit. Der Terminus Metaphysik ist erstmals bezeugt für Nikolaus von Damaskus, einen Peripatetiker aus der Zeit des Augustus. Vielleicht geht er aber schon auf den unmittelbaren Aristotelesschüler Eudemos von Rhodos zurück. Daß er nicht nur einen bibliothekarischen Sinn hat, wurde bereits erwähnt (oben S. 156). Daß das μετά, ὑπέρ, trans nicht ein Hinüberfliegen in eine ganz andere Welt bedeuten muß, wie es Hume und Kant in ihrer Metaphysikkritik behaupten, aber auch schon die Kirchenväter und manche Scholastiker suggerieren, ergibt sich aus den Metaphysikkommentaren der Ammonios-Schule. Infolge der modernen Festlegung des Sinnes von Metaphysik könnte es geschehen, daß wir das μετά von vornherein falsch deuten, im Sinne nämlich einer totalen Trennung.

β) Aristotelische Deutungen

Was versteht Aristoteles selbst darunter? Er denkt an eine Wissenschaft, die nicht mehr einzelne Teilbezirke des Seins untersucht, wie z. B. die Medizin oder Mathematik, sondern an das allgemeine Sein, das überall sich findet, also an das Sein als solches und was damit zusammenhängt: „Es gibt eine Wissenschaft, die das Sein als solches betrachtet (τὸ ὂν ᾗ ὄν) und alles, was ihm wesenhaft zukommt" (Met. *Γ*, 1; 1003 a 21).

αα) Sein als solches

Metaphysik ist somit Seinswissenschaft, Ontologie. Alle Wissenschaften reden ständig vom Sein und setzen weiterhin eine Reihe von Begriffen voraus, die unmittelbar damit zusammenhängen, Begriffe z. B. wie Identität, Gegensatz, Verschiedenheit, Gattung, Art, Ganzes, Teil, Vollkommenheit, Einheit, Notwendigkeit, Möglichkeit, Wirklichkeit u. ä. (vgl. Met *Δ*). Jeder Einzelwissenschaftler, nicht nur der oder jener, gebraucht diese Begriffe. Sie sind darum etwas ganz Allgemeines, mit dem Sein als solchem Gegebenes. Aber keiner von den Einzelwissenschaftlern untersucht sie. Sie werden unbesehen vorausgesetzt. Darum bedarf es einer Wissenschaft, die dieses Gebräuchlichste, Allerallgemeinste und doch am wenigsten Durchschaute, das Sein und seine Eigentümlichkeiten wissenschaftlich untersucht: die erste Philosophie. Weil das allgemeine Sein allen Seinsbezirken und allem einzelnen Seienden zugrunde liegt, weil sozusagen alles davon lebt, kann Aristoteles die Metaphysik darum auch definieren als die Wissenschaft vom Ersten und Ursächlichen (τὰ πρῶτα καὶ αἴτια: Met. *A*, 2). In einer dritten Begriffsbestimmung der Metaphysik sagt Aristoteles, daß die erste Philosophie die Wissenschaft sei vom Unbewegten und für sich Seienden (περὶ χωριστὰ καὶ ἀκίνητα), also die Wissenschaft von Gott, dem unbewegten Beweger, der ersten Ursache für alles, was überhaupt ist. Und jetzt heißt er die Metaphysik „Theologik" (Met. *E*, 1). Ist damit die Metaphysik nicht doch zu einer Teilwissenschaft geworden, die nur noch einen Ausschnitt des Seins untersucht, die theologischen Dinge? Man hat in dieser letzteren Begriffsbestimmung tatsächlich einen Widerspruch zu den anderen gesehen und gemeint, sie wäre die Auffassung von Metaphysik, die der junge, noch platonisierende Aristoteles hegte. Hier würden jene platonisch-theologisierenden Tendenzen sichtbar, die das Reich des Sinnlichen und des Übersinnlichen scharf trennen, während die Definition des ὂν ᾗ ὄν, die dem späteren Aristoteles zugehöre, alles Seiende zu einem großen, einheitlichen Stufenbau zusammenfasse. Sie sei darum die aristotelischere (Jaeger). Allein die Wissenschaft vom Ersten und Unbewegten ist nicht der Widerspruch zur Wissenschaft vom Sein als solchem, sondern deren Verlängerung. Wenn das Sein als solches untersucht wird, dann führt diese Untersuchung von selbst zu einem letzten selbständigen Grund des Seins; denn die Frage nach dem Grund ist einer der Hauptgesichtspunkte, die Aristoteles in seiner Ontologie anwendet. Theologik und Ontologie sind bei Aristoteles nicht, wie es in der Neuzeit seit Chr. Wolff wieder Sitte wurde, zwei getrennte Wissenschaften, sondern die Theologik ist der Abschluß und die Krönung der Ontologie, nicht nur beim jungen, sondern auch beim alten Aristoteles. Wie in der Vorsokratik und bei Platon wird also auch bei Aristoteles die Lehre vom Sein

ββ) Das Erste und Ursächliche

γγ) „Theologik"

zur Theologik, d. h. zur philosophischen Gotteslehre im Unterschied zur mythischen der Vorzeit. Eben darum decken sich die drei aristotelischen Definitionen der Metaphysik.

b) Seinserhellung durch Prinzipien (Allgemeine Metaphysik)

Aristoteles nähert sich dem Sein von vier Gesichtspunkten her, den vier ersten Ursachen oder Prinzipien, und versteht unter letzteren, was auch noch Thomas von Aquin damit meint, nämlich „das, woraus etwas irgendwie hervorgeht". In den Prinzipien zeigen sich uns die Gründe und Ursachen, durch die das Sein in Fluß kommt, sein Werden, seine Gestaltungen, der ganze Weltprozeß sich aufbaut; durch die somit das Sein erhellt wird. Es sind dies die Substanz und die Form (οὐσία, μορφή), der Stoff (ὕλη), die Bewegungsursache (τὸ ὅθεν ἡ ἀρχὴ τῆς κινήσεως) und der Zweck (τὸ οὗ ἕνεκα) (Met. A, 3). Sie sind sämtlich schon in der Philosophie vor Aristoteles da. Aber jetzt werden sie neu gefaßt, zusammengestimmt und zu einem System verarbeitet, das das Sein sich entwickeln läßt von der Grenze des Nichts bis zur Berührung mit dem Unendlichen.

Wenn das Sein als solches geklärt werden soll, bietet sich naturgemäß sofort der Begriff der Ousia an, der ja eigentlich das Seiende heißt und den die Philosophie vor Aristoteles so weitgehend verwendet hatte, besonders Platon. α) Ousia

Aristoteles sieht jedoch sofort, daß dieser Begriff nicht eindeutig ist. „Das Wort Sein hat einen vielfachen Sinn" (Met. Γ, 2; 1003 a 33). Sein hat Sokrates in seiner Individualität, Sein aber auch der Mensch als solcher in seiner allgemeinen Wesenheit; Sein hat eine Eigenschaft, die sich immer nur als Akzidens an einer Substanz findet; Sein hat auch die ideale Geltungseinheit, denn 2 mal 2 „ist" 4; Sein hat aber auch wieder der Körper, und wieder anderes Sein hat die Seele; Sein heißen wir das Reale, Sein aber auch das Mögliche; Sein schreiben wir der Vergangenheit zu, die war, und Sein der Zukunft, die noch nicht ist. Was ist hier Sein im eigentlichen und ursprünglichen Sinn? Aristoteles gebraucht ein Beispiel, den Begriff gesund. Gesund nennen wir, sagt er, einen Körperzustand; gesund aber auch eine Gesichtsfarbe, die nur Zeichen der Gesundheit ist; und gesund αα) Analogie des Seins auch noch eine Medizin, die die Gesundheit wiederherstellt, oder eine Speise, die sie erhält. Der Begriff Gesundheit wird dabei weder im vollkommenen gleichen Sinn (univok) gebraucht, noch so, daß er bei gleichem Wort etwas völlig anderes besagte (äquivok), sondern in einem „analogen" Sinn. Dabei liegt aber ein eigentlicher und Ursinn zugrunde, und das ist der Sinn, den wir mit dem Begriff meinen, der einen Körperzustand bezeichnet (Met. Γ, 2; K, 3). Und so ist es auch beim Seinsbegriff. Er wird in einem analogen Sinn prädiziert. Das Sein, das wir von Gott, von der Welt, vom Geist, vom Körper, von der Substanz, vom Akzidens aussagen, hat weder einen bei gleichem Wortlaut auch ganz gleichen Sinn, wie wenn wir Mensch und Tier im identischen Sinn ein Lebewesen heißen, noch einen bei gleichem Wort total verschiedenen Sinn, wie wenn ich eine Münze und ein Kriegsschiff einen Kreuzer heiße, sondern es wird analog verstanden. Diese zwischen Univokation (bei Aristoteles Synonymie) und Äquivokation (Homonymie) liegende Prädikation bezeichnet Aristoteles allerdings nicht als Analogie, sondern als Benennung in Hinsicht auf etwas oder nach etwas (πρὸς ἕν, ἀφ' ἑνός), was man „bezogene Vieldeutigkeit" heißen könnte. „Analogie" dagegen ist bei ihm zunächst die Proportionalität zweier Verhältnisse, z. B. verhält sich das Sehen zum Leib wie das Denken zur Seele. Diese Fassung, später Proportionalitäts-Analogie geheißen, scheint aus der Mathematik zu kommen, wie man aus dem Begriff der „geometrischen" Gleichheit entnehmen kann, den Aristoteles in der Gerechtigkeitslehre der Nikom. Ethik verwendet. Die Tradition hat jedoch seit langem die bezogene Vieldeutigkeit Analogie geheißen, seit wann, läßt sich schwer sagen. Sie war aber im Recht. Denn die Proshen-Aussage ist tatsächlich Analogie und sogar im ursprünglichen, ihr von Platon gegebenen Sinn (oben S. 94 f.). Sie ist Ähnlichkeitsdenken, später Proportions-Analogie genannt, erkenntlich noch in der „Paronymie", wie sie gleich zu Beginn der Kategorienschrift definiert wird. Auch da ist die Tradition im Recht gewesen, wenn sie die Analogie auf die Paronymie zurückführte, so wie sie die Univokation und Äquivokation in den dort definierten Begriffen des Synonymon bzw. Homonymon gegeben fand. Aristoteles hat also in Sachen der Analogie einen platonischen Gedanken verwertet, ihn aber durch eine neue Terminologie etwas verstellt, was in der Folgezeit große Verwirrung stiftete, weil man häufig seine viergliedrige Analogie für die Analogie schlechthin nahm und nicht durchschaute, daß die eigentliche Analogie Teilhabe und Ähnlichkeitsdenken ist, bei ihm gegeben in der Pros-hen-Aussage.

ββ) Der Ursinn des Seins

Es gibt darum auch bei Aristoteles eine Seinsanalogie, weil es eine Seinsbedeutung gibt, auf die alle anderen Bedeutungen von Sein bezogen werden. Dieser Ursinn nun ist gegeben im Sein der ersten Substanz; also im konkreten, individuellen, selbständigen Realen. Aristoteles ist sich klar bewußt, wie viele Bedeutungen das Wort Ousia haben kann. Man vergleiche darüber Met. *Δ*, 8 oder überhaupt die Ousia-Bücher der Metaphysik *Z* u. *H*. Immer aber steht für ihn fest, daß die erste Substanz die Ousia schlechthin ist. Sein im Ursinn liegt also vor in Sokrates, nicht im Menschen als solchem; er liegt auch nicht vor in einer Eigenschaft, die dem Sokrates zukommt, sondern in einer Substanz, die die Eigenschaften als Akzidentien trägt. Warum? Aristoteles antwortet: Wenn wir nach dem Wesen eines Dinges gefragt werden, dann erhalten wir den besten Aufschluß nicht durch eine allgemeine Angabe, sondern durch eine konkrete, individuelle Antwort. Dieser bestimmte Mensch, z. B. Sokrates, oder dieses bestimmte Pferd wird von mir nicht dadurch in seiner Eigentümlichkeit richtig beschrieben, daß ich sage: Das ist ein Mensch, das ist ein Pferd, sondern dadurch, daß ich eben den Sokrates oder jenes bestimmte Pferd in seiner einmaligen Individualität darstelle. Darum sagt auch die Art immer Genaueres aus als die Gattung, weil sie der Individualität noch näher steht (Kat. 5; 2b 7—28). Ein weiterer Grund für die Bevorzugung des Einzelnen liegt für Aristoteles darin, daß die erste Substanz letztes Subjekt unserer Urteile ist. Das wissenschaftliche Urteilssubjekt ist zwar immer ein allgemeiner Begriff, wie wir sahen; aber nachdem das Allgemeine ja aus dem Einzelnen abgehoben wurde, ist es letztlich immer das Einzelne, wovon etwas ausgesagt wird. Und darum muß es doch wohl das Sein im eigentlichen Sinn darstellen.

γγ) Erste Substanz

Damit können wir auch sagen, was Aristoteles unter erster Substanz (πρώτη οὐσία) versteht. „Substanz im eigentlichen, ersten und vorzüglichen Sinn ist die, die weder von einem

Subjekt ausgesagt wird, noch in einem Subjekt ist, z. B. dieser Mensch, dieses Pferd" (ὁ τὶς ἄνθρωπος, ὁ τὶς ἵππος: Kat. 5; 2 a 11. Vgl. Met. *Δ*, 8; 1017 b 10—26. *Z*, 2; 1028 b 33 — 29 a 2.

Ihr Begriff

*H*, 1; 1042 a 24—32). Die erste Substanz ist also ein τόδε τι, ist letztes Aussagesubjekt und Seinsfundament der Akzidentien. Damit werden zugleich die zwei Wege sichtbar, die zur Annahme der ersten Substanz führen, der sprachlich-logische und der ontologische. Der Geist setzt in seinem Denken und Sprechen, genauer in seinen Urteilen, ein Substrat voraus, von dem seine Aussagen gelten. Von ihm wird alles ausgesagt; es selbst aber ist nicht Prädikat. Deutlich scheint Phys. *A*, 7 und besonders Kat. 5 dieser Zusammenhang als der Hintergrund auf, der zur Annahme der Substanz führt. Er geht formal in die Definition ein. Der Geist arbeitet nun einmal so und Substanz ist darum auch für Aristoteles eine Denkform. Aber nicht nur eine Denkform. Auch das Sein selbst ist entsprechend gegliedert. Wir können in der Erfahrung immer zweierlei unterscheiden: Seiendes, das nur sein kann, wenn es in einem anderen ist (ens in alio) als etwas, was dort „zutrifft" oder sich „ereignet": Akzidens; und Seiendes, bei dem dies nicht der Fall ist, das Selbstand besitzt (ens in se) und darum das eigentliche, wesentliche Sein bildet: Substanz. Wenn die Akzidentien sich an der Substanz finden, ist sie natürlich auch das Bleibende gegenüber dem Wechselnden, das Tragende gegenüber dem Getragenen und das nur Denkbare (Noumenale) gegenüber dem Erscheinungsmäßigen (Phänomenalen), um eine in der neuzeitlichen Philosophie stereotyp gewordene Formulierung zu gebrauchen. Nichts aber ist damit gesagt über Grund und Entstehung dieses Selbstandes. Das ens in se muß nicht, wie es in der modernen Philosophie bei Descartes und Spinoza aufgefaßt wird, auch schon ein ens a se sein. Das ist ein ganz anderes Problem. Nicht die Betrachtung des Grundes, sondern die Betrachtung der Existenzform des Seienden führt zu der Unterscheidung von Substanz und Akzidens. Sie aber steht für Aristoteles fest und ist ihm geradezu selbstevident. Als selbstverständlich setzt Aristoteles voraus, daß unser Sprechen und Denken, wenn es uns ein Substrat annehmen läßt, damit in Einklang steht mit dem Sein und seiner Struktur. Geist und Sein korrespondieren. Deswegen sagen wir Ereignisse von einem Subjekt aus, weil sie tatsächlich darin sind. Das ontologische Verhältnis dieser Akzidentien ist jeweils verschieden, wie wir schon sahen (S. 166). Das Entscheidende aber ist, daß die Akzidentien überhaupt einen inneren Bezug zum Wesen der Substanz aufweisen. Sie sprechen dieses Wesen darum mehr oder weniger unmittelbar aus. Für Aristoteles liegen die Geschehnisse, die wir in unserer Erfahrung wahrnehmen und in den Urteilen aussagen, nicht regellos und zusammenhanglos nebeneinander, so daß sie erst durch eigene, in Wirklichkeit wesensfremde, nämlich nur psychische Gesetze künstlich verknüpft werden müßten wie bei Hume. Sie sind innerlich, ontologisch zusammengehalten durch die Substanz, der sie inhärieren, weil sie sich eben daran ereignen, und die darum auch durch ihr Wesen bestimmt, was sich daran ereignen kann, so daß umgekehrt hinwiederum die Möglichkeit besteht, aus den Akzidentien auf die Eigenart der Substanz zu schließen.

**Aristoteles gegen Platon: Ideenkritik**

Indem Aristoteles die erste Substanz als das Sein im eigentlichen und ursprünglichen Sinn erklärt, wendet er sich am entschiedensten von Platon ab. Bei Platon liegt das ὄντως ὄν nicht im Individuellen, sondern im Allgemeinen, in der Art. Und je allgemeiner das Eidos ist, desto wirklichere Wirklichkeit ist es, sagt Platon; desto weniger Wirklichkeit sagt Aristoteles. Bei letzterem hat das Sein seinen Ursinn von unten, vom Konkreten her. Bei ersterem von oben, von der Idee her. Gerade die Ideenlehre Platons aber hat Aristoteles einer eingehenden Kritik unterzogen. Er wendet Met. *A*, 6 und 9 sowie *M*, 9 gegen sie ein: 1. Die Wissenschaft lebt wohl von allgemeinen, immer mit sich selbst identischen Begriffen. Darin habe Platon recht. Aber daraus folge nicht, daß diese allgemeinen Begriffe als Ideen für sich selbst existieren, gleichsam als eigene Substanzen. Sie sind nicht neben, sondern in den Dingen, und nur der Geist hebt sie heraus, indem er, was sich Gleiches in dem Verschiedenen findet, zusammenfaßt. Dieses Allgemeine ist in den reinen Formen der Allgemeinheit nur ein logisches, nicht ein ontologisches Gebilde. 2. Die Idee bedeutet eine überflüssige Verdoppelung der Dinge. Sie ist nichts anderes, als was die Dinge auch schon sind. Warum sie dann annehmen? 3. Die Ideen erklären nicht, was sie erklären sollen, das Wesen der Dinge, weil sie nicht in ihnen sind. Der Begriff der Teilhabe aber, durch den Platon Dinge und Ideen verbinden will, sei nur ein dichterisches Bild und leeres Gerede. 4. Insbesondere erklären die Ideen nicht den Ursprung der Bewegung. Sie sind etwas Statisches, aber nicht etwas Dynamisches. Durch die Idee eines Hauses entsteht noch kein Haus. 5. Ergibt sich mit der Ideenlehre ein regressus in infinitum. Über der Idee und den daran teilhabenden Dingen steht als höheres Allgemeines wieder eine Idee, z. B. über der Idee des Menschen an sich und dem einzelnen Menschen der „dritte Mensch" (Argument vom dritten Menschen), über dieser und ihren Untergliedern abermals und so immer zu, so daß man zu gar keiner ersten Idee kommt.

Der neue Realitätsbegriff

Die Kritik des Aristoteles wäre vernichtend, aber nur unter einer Voraussetzung, und das ist eben das Problem: Aristoteles nimmt an, daß die Einzeldinge eine eigene Realität, ja die Realität schlechthin bilden. Dann sind natürlich die platonischen Ideen eine Welt neben ihnen. Platon aber hätte erwidert: Diese Einzeldinge sind für mich eben keine eigene Realität, und darum habe ich die Welt nicht verdoppelt; die Einzeldinge sind, was sie sind, nur durch die Idee. Die Idee ist nicht neben den Dingen; sie erscheint in den Einzeldingen, und damit ist die Erscheinung überhaupt erst möglich. Es gibt nicht ein doppeltes Sein, sondern nur das Sein der Idee. Eines geht aus dieser Problematik mit Klarheit hervor, der neue Realitätsbegriff, den Aristoteles gegenüber seinem Lehrer vorträgt. Real ist ihm das Einzelding und dieses ist immer ein Sinnending; denn der Gegensatz zur denkbaren Welt Platons ist nun die sichtbare Welt des Aristoteles mit ihren individuellen Sinnendingen. Diese Stellungnahme des Aristoteles gegen Platon war es, die auf Jahrhunderte hinaus bis an die Schwelle des Idealismus der Neuzeit den Realitätsbegriff bestimmt hat und die Schuld daran trägt, daß man, wenn von Realität die Rede ist, immer zunächst an die Naturdinge denkt. Ist die Seele denn nicht auch real und sind nicht logische Geltungen und die Werte aere perennius? Mit welchem Recht bezeichnen wir die sinnliche Welt als die eigentliche Realität? Die Begründung dafür hat Aristoteles nicht gegeben. Seine Stellungnahme ist eine Annahme, ein Standpunkt.

88) Zweite Substanz

Aber nun erleben wir eine Überraschung. Aristoteles bleibt bei der ersten Substanz nicht stehen. Sie ist ihm Wesen, das Bleibende und der Grund eines Komplexes von Erscheinungen. Aber nun geht er weiter und fragt, was die erste Substanz zu dem macht, was sie ist. Damit nimmt er ein Wesen des Wesens an. Sokrates ist als Substanz der Kern all der Erscheinungen, die mit ihm zusammenhängen. Aber was ist diese Substanz Sokrates selbst wieder? Die Antwort lautet: Sokrates ist Mensch. Sokrates wird also jetzt vom Allgemeinen, von der Art her verstanden. Dieses Allgemeine, „Spezifische", bildet sein Wesen, das τὸ τί ἦν εἶναι, die essentia. Es ist die zweite Substanz (δευτέρα οὐσία). Und Aristoteles versichert uns, daß sie ein der Natur nach Früheres und Bekannteres (πρότερον τῇ φύσει καὶ γνωριμώτερον) sei (Met. *Z*, 3; *Δ*, 11; Phys. *A*, 1; Anal. pr. *A*, 2). Damit taucht das Eidos wieder auf. Das Allgemeine ist doch wichtiger als das Individuelle; denn jetzt wird das Individuelle vom Allgemeinen her verstanden. Man sieht die ontologische Priorität des Allgemeinen auch bei Aristoteles besonders deutlich, wenn er Top. *Z*, 4 sogar die Art wieder von einem noch Allgemeineren, von der Gattung her versteht und darin auch wieder ein Bekannteres und Früheres erblickt, „denn Gattung und Differenz heben, selbst aufgehoben, auch die Art auf" (141 b 28). Ob es bei Aristoteles dabei bleibt, daß nicht nur das Eidos, sondern auch das Genus dem weniger Allgemeinen gegenüber seinsmächtiger ist, wäre zu untersuchen. Jedenfalls hält sich die Regel, daß das Genus, selbst aufgehoben, auch das Eidos aufhebt, bis weit in die Zeit der Kommentatoren hinein. Bei den Neuplatonikern wird daraus das Axiom, daß Seiendes um so mächtiger sei, je allgemeiner es ist. Der Liber de causis trägt den Gedanken als aristotelisch in das Mittelalter. Er ist einer der zentralen Gedanken Eckharts. Gattung ist hier nie bloßer Begriff, sondern ein ontisches Universale; denn ein allgemeiner Begriff hebt niemals seine Unterbegriffe auf, entsteht er doch erst durch sie. Nur das platonische Eidos hebt auf, was darunter ist, weil alles, was daran teilhat, nur durch das Eidos ist; und nur wenn man den allgemeinen Begriff mit platonischen Augen ansieht, kann mit der Aufhebung des Allgemeineren auch das Besondere aufgehoben sein. Aristoteles kommt trotz seiner Polemik gegen Platon vom Platonismus nicht los. Wie in seiner Erkenntnislehre (oben S. 174) kommt er auch in seiner Metaphysik nach einer anfänglichen Abkehr von Platon schließlich wieder zu ihm zurück. Er führt zwar gegen

Platon die erste Substanz ein als das Seiende im Ursinn, läßt aber dann die zweite Substanz die erste konstituieren und ist eben darin Platoniker.

εε) Form

Mit dem Begriff der zweiten Substanz, die das Wesen der ersten ausmacht, kommen wir zu einem der grundlegendsten Begriffe der aristotelischen Philosophie überhaupt, zum Begriff der Form (μορφή). Insofern ein Seiendes durch die zweite Substanz in seiner Eigentümlichkeit bestimmt wird, kann man nämlich dieses Eidos als Form auffassen, natürlich nicht im visuellen, sondern in einem logisch-ontologischen Sinn, als etwas Bestimmendes, Gestaltendes, Sein-Verleihendes. Wie in seiner Logik nimmt Aristoteles auch in der Metaphysik Substrate an (ὑποκείμενα). Dort haften daran die Prädikate; hier haftet daran die Form; näherhin: Die Form determiniert dieses Substrat zu einem bestimmten Wesen. Alles Seiende ist Geformtsein; alles Werden Formempfangen; alles Vergehen Formverlieren. Der Form steht natürlich als korrelativer Begriff der Stoff gegenüber. Beide sind Prinzipien des Seienden.

Sinn

Herkunft

Der Weg, der Aristoteles zu diesen beiden Prinzipien des Seins und Werdens führt, geht wieder über das Sprechen und Denken. Phys. *A*, 7, wo Materie und Form erstmals entwickelt werden, bildet die Grundlage seiner Überlegungen die Tatsache, daß wir, wenn vom Werden die Rede ist, immer zu sagen pflegen, etwas oder aus etwas wird das oder jenes. Nicht nur beim akzidentellen Werden setzen wir in unserem Denken und Sprechen ein Substrat voraus, die Substanz, an dem es vor sich geht, sondern auch die Substanzen selbst entstehen, wenn sie entstehen, aus einem zugrunde liegenden Stoff; denn man sehe doch, wie Pflanzen, Tiere, Häuser und Statuen aus etwas, dem Samen, dem Holz, dem Stein werden. Und darum ist das Gewordene immer ein Zusammengesetztes aus Stoff und Form, und das analysierende Denken kann diese beiden Prinzipien, die formale und materiale Ursache herausschälen und die Begriffe Materie und Form rein darstellen (190 b 22). Es ist nicht eine naive Übertragung populärer Beobachtungen in Kunst und Natur auf die Metaphysik, was Aristoteles hier bietet, sondern eine Analyse des Denkens und Sprechens, also des menschlichen Geistes in seinen Grundfunktionen, der eben Werden und Sein so zu denken pflegt.

Man bezeichnet dic Stoff-Form-Metaphysik als Hylemorphismus. Er stellt eines der nachhaltigsten philosophischen Systeme dar. In seinem Mittelpunkt steht Aristoteles. Seine Wegbereiter sind die Pythagoreer und Platon, seine Nachfahren Scholastik und Scholastiker; aber auch Kant noch redet in seiner Erkenntnistheorie von Stoff und Form. Das Wesentliche daran ist die ganzheitliche Tendenz in der Seinsbetrachtung dieser Philosophie. Das Ganze ist hier immer früher als der Teil. Die Teile sind durch das Ganze, nicht das Ganze durch die Teile. Alles Werden ist darum gesteuert durch die Form. Sie ist nicht erst Endprodukt, sie bestimmt von Anfang an den ganzen Prozeß des Werdens. Hinter allen Erscheinungen steht als Seele des Geschehens immer die Form. Der äußerste Gegensatz dieser qualitativen Seinsbetrachtung, wie man sie zu heißen pflegt, liegt in Demokrit vor, bei dem es nur Teile gibt und ihre summenhafte mechanische Gruppierung; oder bei Locke und Hume, für die die Erscheinungen ebenfalls ohne innere gesetzliche Verbindung sind und nur durch psychische Assoziationen zusammenhängen, bis Kant wieder eine Substanz einführt, aber nur als Kategorie des Geistes, nicht als Wesensstruktur des Ontischen. Bei Aristoteles ist aber das ganze Sein in sich selbst geordnet; es hat Kristallisationskerne, Quellpunkte, Lebenszentren, Strukturen, Arten, Gattungen, Schichten, eben unsere Formen. Hylemorphismus

Damit haben wir wieder das platonische Eidos als metaphysisches Prinzip. Form spielt nämlich bei Aristoteles dieselbe Rolle wie bei Platon: Sie bestimmt das Wesenswas in logischer und ontologischer Hinsicht; sie ist das eigentliche Sein; sie steuert das Geschehen und ist darum der Grund der Erscheinungen, ganz abgesehen davon, daß die Form auch Eidos heißt und gelegentlich sogar Paradeigma. Dazu sind auch die aristotelischen Formen ewig wie die platonischen Ideen. Aber die Form ist bei Aristoteles, wie immer wieder betont wird, dem Körper immanent. Die Welt ist nicht mehr in der Idee, sondern die Idee ist jetzt in der Welt. Die Form tritt nicht mehr in ihrer Allgemeinheit auf, sondern in ihrer konkreten und individuellen Realisierung. Nicht die zweite Substanz wie bei Platon, sondern nur die erste läuft bei Aristoteles in der Welt herum. Und wenn somit die Form wirksam wird, so nur dank ihrer Realität Die Idee in der Welt in Raum und Zeit. Das wäre der Unterschied zwischen dem platonischen und aristotelischen Eidos. Allein wirksam und Wirklichkeit verleihend ist in den raumzeitlichen Dingen auch bei Aristoteles nur der allgemeine spezifische Gehalt, d. h. die Form, die ja immer allgemein ist. Mag das Allgemeine auch individuell auftreten, das Ausschlaggebende für alle weitere Seinsgestaltung ist immer die zweite Substanz, denn „der Mensch zeugt den Menschen". Wie wäre auch sonst die Wirkung der Formursache überall die gleiche? Omne ens agit sibi simile, sagen später die Scholastiker ganz im aristotelischen Sinn; das Ähnliche, das hier ähnlich wirkt, ist aber immer die Art, nicht die erste Substanz als solche.

**Das Platonische in der aristotelischen Metaphysik**

Die aristotelische Form ist als metaphysisches Prinzip platonische Idee, oder sie hat weder Sinn noch Kraft. Wie könnte sie sonst der Natur nach früher sein? Denn in der raumzeitlichen Wirklichkeit, die ja die Welt des Aristoteles sein soll, also genetisch gesehen, steht sie am Ende des Werdeprozesses. Nur „der Natur nach" oder, wie man dafür immer sagt, „metaphysisch" ist das Ganze früher als die Teile. Wie soll das möglich sein, wenn nicht in der Seinsform der Idee? Wie soll der Stoff sich nach der Form sehnen können (Phys. *A*, 9; 192 a 17—25), wenn es nur die raumzeitliche Genesis als Realität gibt? Wenn Aristoteles nicht ein ideenhaftes Prius kennt, wie sein Lehrer es kannte, bei dem ja der Gedanke, daß die ganze Sinnenwelt sein will wie die Idee, zu Hause ist? Dann gibt es überhaupt kein der Natur nach Früheres, d. h. kein metaphysisch Früheres. Metaphysik im Sinn des Aristoteles treiben heißt darum platonisieren. Ob ich sage, die Welt ist in der Idee oder die Idee ist in der Welt, läuft auf dasselbe hinaus. In beiden Fällen ist die Idee das Bestimmende. Im ersteren Fall hat die Sinnenwelt an ihr teil, im letzteren Fall ist die Form in der Sinnenwelt anwesend und bestimmt durch ihr Sein das Sein und Geschehen der Sinnenwelt (agere sequitur esse), so daß wiederum diese, was sie ist, nur durch die Form ist. Immer ist es die Ousia, die hier wie dort „die Erscheinungen rettet". „Es besteht in den Hauptpunkten eine erstaunliche Übereinstimmung des Aristoteles mit Platon, so daß man sich mit einigem Recht fragen kann, wo denn eigentlich der unüberbrückbare Gegensatz liegen soll" (N. Hartmann). Daß die Übereinstimmung nicht genügend gesehen wird, liegt

z. T. an der ständigen Polemik des Aristoteles gegen seinen Lehrer. Dem tiefer Eindringenden wird es aber bald klar, daß diese Polemik auch hier häufig nur eine gesuchte ist.

ζζ) Individuation

Der wirkliche Charakter der aristotelischen Form tritt nochmals in Erscheinung im Zusammenhang mit dem Individuationsproblem. Die Form ist immer ein Allgemeines, eine zweite Substanz. Wie wird nun aus ihr die erste Substanz, das Individuelle, fragt sich Aristoteles. Er sucht den Grund in der Materie. Dadurch, daß die Form in die sinnliche Welt von Raum und Zeit eingebettet wird, wird sie zu einem Konkreten und Individuellen, und so entstehen die zählbaren Exemplare, die unter eine Art fallen, das numerisch Eine, im Gegensatz zum artmäßig Einen der Form. Die Materie ist also Individuationsprinzip. Alles, was in Raum und Zeit existiert, ist darum eine Zusammensetzung aus Materie und Form: Weder Form noch Materie existiert für sich; sondern immer nur das σύνολον, die aus Materie und Form bestehende erste Substanz. Es gibt nur eine einzige reine Form, die wirklich für sich allein Dasein hat, ohne alle Materie: den unbewegten Beweger. Er ist substantia separata. Alles übrige Seiende dagegen ist eine Mischung und ist darum auch immer individuell. Daß Aristoteles überhaupt fragt, wie aus der zweiten Substanz die erste wird, nachdem doch für ihn das Einzelne das Erstgegebene ist und aus ihm erst das Allgemeine abgeleitet wird, wie er zunächst versicherte, zeigt, daß hier wieder der Standpunkt gewechselt wurde: Das Erste ist eben doch das Allgemeine; sonst brauchte das Individuationsproblem nicht gestellt zu werden. Wieder schlägt der Platonismus durch.

ηη) Zwiespältiger Aristoteles oder Bipolarität des Seins?

Soll man die schwankende Haltung des Aristoteles in der Fassung der Ousia, daß er das Wesen bald in der ersten, bald in der zweiten Substanz, bald im Individuellen, bald im Allgemeinen erblickt, als einen Widerspruch auffassen? Oder soll man das Ganze rein historisch erklären als eine nicht ausgetragene Auseinandersetzung zwischen Platonismus und Aristotelismus? Beides würde man auch vertreten können, aber man würde damit der Sache nicht voll gerecht werden. Könnte Aristoteles denn nicht auf eine rein sachliche Berechtigung hinweisen? Ist nicht die Wirklichkeit tatsächlich teils vom Individuellen teils vom Allgemeinen her bestimmt, wie von zwei Polen, zwischen die das Sein eingespannt ist? Man sieht das besonders schön am menschlichen Charakter. Wir versuchen immer, eine Person vom Typus her zu verstehen; entweder als Sanguiniker oder Melancholiker usw. Und doch wird sie nie ganz im Typus aufgehen, sondern immer noch Individualität sein müssen. Beides ist wesentlich. Und so überall; denn auch die schematisierten Dinge der Technik sind nie reiner Typus; auch hier macht sich das Individuelle geltend. Hat nicht sogar jedes Auto seine Besonderung und jeder Füllfederhalter, deren sich Führer und Schreiber wohl bewußt sind trotz der Type? Aristoteles hat diese zwei Pole des Wirklichen gesehen. Sie sind echte Prinzipien, aus denen sich das Sein als solches weithin erklären läßt.

β) Hyle

Wenn von Form die Rede ist, stellt sich von selbst der Begriff des Stoffes (ὕλη) ein. Durch die Form allein kann kein Haus werden, sagt Aristoteles. Man braucht auch einen Baustoff. Dem Stoff kommt darum eine bestimmte Ursächlichkeit zu, und beachtet man, daß die Dauerhaftigkeit eines Erzeugnisses der Techne eine verschiedene ist je nach dem verwendeten Material, dann leuchtet erst recht ein, daß Sein und Werden auch vom Stoff abhängig sind und die Materialursache somit ein Prinzip bedeutet. Aristoteles unterscheidet einen Stoff im allgemeinen und versteht darunter „das, woraus etwas als aus seinem wesentlichen Material entsteht" (Phys. *A*, 9; 192 a 31), und einen Stoff, den man „weder als Substanz noch als Quantität noch sonstwie durch eine Kategorie bezeichnen kann, durch die das Sein bestimmt wird" (Met. *Z*, 3; 1029 a 20). Stoff im ersteren Sinn kann auch sein, was schon irgendwie geformt ist: Zweite Materie (ἐσχάτη ὕλη); das Baumaterial z. B., das für ein Haus verwendet wird oder für ein Standbild. Erst der Stoff im letzteren Sinn bildet das Prinzip, das Aristoteles der Form gegenüberstellen will: Erste Materie (πρώτη ὕλη). Sie ist die absolute Unbestimmtheit, das Unterschiedslose, das allem Werden und Sein zugrunde liegt, das ohne alle Form ist, aber zu jeder Form gestaltet werden kann. Die aristotelische Materie bezieht sich darum nicht einfach auf die Körperwelt, ist auch nicht ein Begriff, der ausschließlich naturphilosophischen Zwecken dient, sondern das Korrelat zum Formbegriff, der ohne sie seinen Sinn verlieren müßte. Die Schwierigkeiten des Begriffs einer ersten Materie, die ohne jede Bestimmung

αα) Zweite und erste Materie

ist, hat Aristoteles wohl gefühlt. Darum seine vorsichtige Äußerung, sie sei zu denken in Analogie zu dem Stoff, den das Kunstschaffen verarbeitet (191 a 8).

ββ) Privatio

Betrachtet man den Stoff speziell unter dem Gesichtspunkt, daß er bei der Veränderung die Form verliert, um an ihrer Stelle eine andere zu erhalten, dann kann man in dieser Beraubung der Form (στέρησις) noch ein drittes Prinzip des Werdens erblicken. Es ist sachlich mit dem Stoff als solchem identisch, wenn auch nicht begrifflich. Darum kann man, rein sachlich gezählt, zwei Prinzipien unterscheiden: Stoff und Form. (Phys. *A*, 7; 190 b 17—191 a 22).

γγ) Das Werden

Damit glaubt Aristoteles die Schwierigkeit beseitigt zu haben, die man bei den Vorsokratikern, speziell bei den Eleaten, im Werdeproblem empfunden hatte. Wie kann, haben sie gefragt, aus dem Seienden etwas werden, ohne daß man gegen das Widerspruchsprinzip verstößt; denn Seiendes ist ein Dieses und eben damit nicht ein Anderes, was es aber doch sein soll, wenn es zu etwas Anderem wird. Noch weniger aber könnte aus dem Nichtseienden etwas werden. Und dieselbe Schwierigkeit begegnet, wenn man die Gegensätze als Prinzipien des Seins und Werdens zugrunde legt, wie es bei Heraklit der Fall ist. Wie könnten Gegensätze aufeinander wirken? Aristoteles löst diesen starren Seinsbegriff, der eigentlich nur das τόδε τι kennt, auf und überbrückt auch die Gegensätze durch Einführung der Materie, die ein Mittleres zwischen Sein und Nichtsein ist (vgl. S. 203).

δδ) Aristotelische Materie und die Philosophie der Vorzeit

Aristoteles hat in diesem Punkt, wie so oft, an die Philosophie der Vorzeit angeknüpft. Die Vorsokratik bereits kannte das Apeiron; nur war es dort mehr isoliert hingestellt worden. In nähere Verbindung mit dem einzelnen Seienden hatte es aber schon Platon gebracht. Auch seine Materie ist Aufnahmestätte der Form, „Amme des Werdens". Aber er hatte die Materie nur unwillig angenommen und versuchte, sie durch eine idealistische Ableitung wieder um ihr Erstgeburtsrecht zu bringen. Bei Aristoteles steht sie als eigenes Prinzip neben der Form, gleich ewig wie sie. Man erkennt ihre neue Stellung besonders daran, daß sie Individualitätsprinzip ist.

Man fragt sich allerdings, wieso das Formloseste die äußerste Determinierung bewirken kann? Daß die Materie dies kann, hatte freilich die ganze Zeit vorher angenommen. Heraklit und Platon sehen im Raumzeitlichen das Einmalige, und in der ontischen Nähe des Raumzeitlichen steht, implizite wenigstens, auch die aristotelische Materie, obwohl sie gänzlich unbestimmt sein soll.

γ) „Der Anfang der Bewegung“

Ganz zu sich selbst scheint Aristoteles zu finden mit seinem Bewegungsprinzip, der sogenannten Wirkursache. „Es nützt gar nichts“, wendet er gegen Platon ein, „wenn nicht auch eine innewohnende Kraft da ist, von der Bewegung und Veränderung ausgehen“ (Met. *Λ*, 6; 1071 b 14). Damit wird etwas aufgegriffen, was wir heute das Dynamische heißen. Aristoteles scheint darnach die platonische Idee als etwas Statisches und Logisches aufzufassen. Wenn dem so ist, hätte Platon einen großen Bezirk der Wirklichkeit durch seine Philosophie nicht erklärt, nämlich Werden und Bewegung. Das will Aristoteles jetzt nachholen. Nun hatte Platon die Tatsache der Bewegung auch schon gesehen, wie der Sophistes zeigt. Allein die philosophische Erklärung dieser Tatsache durch Ideen ist in den Augen des Aristoteles nicht gelungen, weil für ihn die Idee etwas wesenhaft anderes ist als Dynamik, Werden und Bewegung. Darum sucht er jetzt nach einer Ursache, die auch diese Seite der Wirklichkeit zu erklären vermag, und das ist seine Bewegungs- oder Wirkursache. Was ist das Wesentliche an dieser neuen Ursache?

αα) Sinn der Wirkursache

ββ) Arten des Werdens

Wir kommen der Sache näher, wenn wir zunächst beachten, welche Arten des Werdens es gibt; allgemeiner gesagt, welche Arten der Bewegung; denn Aristoteles ordnet den Begriff des Werdens dem Begriff der Bewegung unter. Gleichbedeutend mit letzterem ist gewöhnlich der Begriff der Veränderung. Man kann also unterscheiden: eine quantitative Bewegung, welche in der Zu- und Abnahme, dem Wachsen und Schwinden (αὔξησις καὶ φθίσις) besteht; eine qualitative, die in der Umwandlung (ἀλλοίωσις) und eine räumliche Bewegung, die in der Ortsbewegung (φορά) besteht. Unter diesen drei Arten von Bewegung ist die Ortsbewegung die Urform von Bewegung (Phys. *Θ*, 7; 260 a 27—29). Und sie ist ewig; daher muß auch das Werden ewig sein (De gen. et corr. *B*, 10; 336 a 15). Diesen drei Arten ist es nun eigentümlich, daß sie sich immer an einem Subjekt vollziehen. Sie sind darum akzidenteller Natur. Gegensatz dazu ist das substantielle Werden, das Entstehen und Vergehen der Subjekte selbst (γένεσις — φθορά, generatio — corruptio). Was Aristoteles an diesen Arten des Werdens jeweils sieht, ist der Wechsel der Formbestimmtheit. Etwas hat zuerst diese und dann jene Bestimmtheit. Darum kennt er drei Faktoren des Werdens, nämlich Stoff, Form und Mangel der Form (στέρησις). Damit ist an sich nur Ausgangspunkt und Endpunkt des Werdens erfaßt, nicht aber das eigentliche Werden selbst, der Übergang. Darum ist Aristoteles bis jetzt noch nicht über Platon hinausgekommen; denn die Form ist wieder etwas Stationäres. Was ist also der Übergang, die Bewegung selbst?

γγ) Wesen der Bewegung

Da hören wir nun: „Die Bewegung ist die Verwirklichung des der Möglichkeit nach Seienden als solchen" (Phys. *Γ*, 1; 201 a 10). Werden ist Verwirklichung. Wenn aus dem Erz eine Bildsäule wird, dann betrifft das Werden nicht das Erz als Erz, denn das bleibt ja Erz auch in der Bildsäule; sondern es betrifft das, was an Möglichkeiten im Erz lag. Daß dieses Mögliche nun wirklich wird, darin liegt das Wesen des Werdens und jeder Bewegung. Werden wird sonach erklärt durch den Begriff der Verwirklichung.

δδ) Kausalitätsprinzip

Damit ergibt sich ein für die aristotelische Philosophie grundlegendes Axiom, nämlich das Kausalitätsprinzip: „Alles, was bewegt wird, wird notwendig von einem anderen bewegt." Aristoteles betrachtet es als selbstverständlich. Der Beweis, den Phys. *H*, 1 dafür antritt, richtet sich eigentlich nur gegen Platons Lehre von der Selbstbewegung und führt aus, daß auch im vermeintlich Selbstbewegten ein Bewegendes und ein Bewegtes sei, so daß auch hier der Grundsatz gelte, daß alles, was bewegt wird, von einem anderen bewegt wird. Daß aber Kausalität überhaupt sein muß, wird nicht bewiesen, sondern vorausgesetzt. Denn der Beweis des Satzes hätte sich nicht gegen die Selbstverursachung zu richten, sondern gegen die Ursachlosigkeit. Aristoteles kennt aber noch eine allgemeinere Formulierung des Kausalitätsprinzips, und sie ist ihm wichtiger. Sie lautet: „Das der Wirklichkeit nach Seiende ist immer früher als das der Möglichkeit nach Seiende." Sie wird Met. *Θ*, 8 eingehend begründet. Das Wirkliche ist danach früher dem Begriff nach. Denn man könne ein Mögliches nur denken unter Voraussetzung des Wirklichen, da Möglichsein soviel heißt wie wirklich werden können. Es ist auch früher der Zeit nach; denn immer wird zwar das Wirkliche aus einem Möglichen, aber nur durch die Kausalität eines schon vorher vorhandenen Wirklichen: Der Mensch wird durch einen schon wirklichen Menschen, der Musiker durch einen schon aktuellen Musiker, in dem ein erstes Bewegendes wirksam ist. Und so ist also der Mensch früher als der Same. Und schließlich ist das Wirkliche dem Wesen (οὐσίᾳ) nach früher als das Mögliche, denn wenn auch etwas der zeitlichen Entstehung nach später ist, so ist es doch dem Eidos und der Ousia nach früher; die Form muß schon vorher sein. Alles Werden strebt ja, insofern es der Form entgegeneilt, nach einem Ziel. Dieses Ziel aber ist nichts anderes als Wirken, weshalb denn auch die wirkende Wirklichkeit (Energeia) „Entelecheia" heißt, d. h. „das, was das Ziel erreicht hat". Das tatsächliche Sehen ist nicht da um des Sehvermögens willen, sondern das Sehvermögen ist da um des tatsächlichen Sehens willen. Die Wirklichkeit ist also früher als die Möglichkeit.

**cε) Wirkursache als Formursache**

Nun hatte auch Platon schon das Kausalitätsprinzip ausgesprochen. „Alle Bewegung kommt notwendig durch eine Ursache zustande", heißt es Tim. 28 a. Wenn aber Aristoteles der Meinung ist, daß durch die Idee Bewegung und Werden als Übergang und Dynamik nicht erklärt werden können, und wenn er demgegenüber an die wirkende Wirklichkeit appelliert, dann kommt jetzt alles darauf an, wie er diese Wirklichkeit erklärt. Er sagt hierfür Energeia oder Entelecheia und unterscheidet eine „erste" und eine „unvollendete" Energeia bzw. Entelecheia. Das Verhältnis der beiden Begriffe ist nicht recht klar. Manchmal scheint Entelecheia die vollendete Energeia zu sein, dann aber wieder findet sich die Unterscheidung einer ersten und zweiten (unvollendeten) Wirklichkeit in j e d e m der beiden Begriffe. Jene ist ihm dann offenbar die vollendete Wirklichkeit. Und nun erwartet man, daß die als neue Ursache auftretende Wirklichkeit oder Entelechie gegenüber Platon auch durch neue Faktoren erläutert wird. Dafür aber erleben wir überraschenderweise, daß auch Aristoteles mit dem Formbegriff arbeitet: Die Entelechie ist nichts anderes als Form. „Immer führt das Bewegende ein Eidos mit sich, entweder eine Einzelsubstanz oder eine Qualität oder eine Quantität, was dann Prinzip oder Ursache der Bewegung ist" (Phys. *Γ*, 1; 202 a 9). Darum werden denn auch die vier Ursachen, die Phys. *B*, 3 auseinandergehalten worden waren, wieder auf zwei Klassen zurückgeführt, auf die materiale einerseits und auf die Form-, Bewegungs- und Zweckursache andererseits. „Diese drei aber fallen häufig in eins zusammen" (198 a 24). Auch die Wirkursache, die das Neue sein soll gegenüber der Idee, wird als Form verstanden (Phys. *B*, 7; 198 a 21 — b 9). Man könnte meinen, daß diese Anschauungen noch der platonischen Periode des Aristoteles zuzuzählen seien; denn die genannten Stellen stehen unter den sicher frühen Teilen der Physik. Allein auch Met. *Θ*, 8; 1049 b 23 heißt es noch: „Alles Werden ergibt sich aus etwas und durch etwas und letzteres ist identisch mit dem Eidos." Man darf aber nicht glauben, das Eidos des Aristoteles, das hier als Wirkursache auftritt, sei eben das realisierte Eidos, und darin liege der Unterschied gegenüber Platon. Das wäre ein die ganze Situation verkennender Irrtum; denn um diese Wirklichkeit geht es ja; sie ist es, was Aristoteles durch die Form erklärt und als Form auffaßt. Der moderne Leser denkt allerdings, wenn er von der in der Materie realisierten Form hört, sofort an eine von eben dieser Materie als solcher herkommende mechanische Kausalität, und meint darum, daß deswegen die Bewegungsursache nicht Form sein könne. Auch Aristoteles hat an jener Physikstelle die Bewegungsursache anscheinend nur insofern mit der Form in eins setzen wollen, als Ursache und Wirkung dem Eidos nach identisch sind. Damit scheint er auch die spezifisch materiell-mechanische Kausalität auszusparen. Aber wenn wir De gen. et corr. *B*, 9; 335 b 24—36 lesen, wo jene „physikalischere" materiell-mechanische Bewegung ausdrücklich behandelt wird, sehen wir deutlich, daß er alles, was sie ist und tut, auf das Eidos zurückführen will. Sie ist das eigentlich Ursächliche an dieser Ursache (κυριωτέρα αἰτία). Das Eidos aber sei Wesen und Form. Und darin liegt der Platonismus auch in diesem Punkt der aristotelischen Lehre. Aristoteles hatte sich aufgemacht, eine neue Wirklichkeit zu entdecken, aber er kann sie nicht anders fassen als Platon. Auch ihm ist das Dynamische wieder Form. Am schärfsten tritt dies in die Erscheinung, wenn er Met. *Λ*, 8; 1074 a 35 das erste Bewegende, das reinste Aktualität ist, ein erstes τὸ τί ἦν εἶναι heißt.

Damit, daß die Form als Wirklichkeit (ἐνέργεια, actus) auftritt, erhält der Stoff die Bedeutung von Möglichkeit (δύναμις, potentia). Das sind neue metaphysische Ansätze. Nach der ζζ) Akt-Potenz breiten Behandlung der Materie-Form-Probleme in Met. *Z* und *H* wendet sich Aristoteles in *Θ* nun dem Potenz-Akt-Problem zu. Dem Akt als dem bestimmenden und tätigen Prinzip steht die Potenz als das der Einwirkung und der Verwirklichung Fähige, kurz als das Mögliche gegenüber. „Der Akt besteht also darin, daß ein Ding existiert, nicht in dem Sinn, wie man sagt, es sei der Potenz nach. Wir sagen z. B., der Potenz nach sei ein Hermes in dem Klotz ...; es besteht hier ein Verhältnis wie das des Bauenden zum Baukundigen, des Wachenden zum Schlafenden, des Sehenden zu dem, was zwar die Augen geschlossen hat, aber doch den Gesichtssinn besitzt, des aus der Materie Herausgearbeiteten zu der Materie selbst und des Fertigen zum Unfertigen" (Met. *Θ*, 6; 1048 a 30). Daß Aktualität ein Doppeltes besagt, die unvollendete bzw. vollendete oder erste Energeia (Entelecheia), was wir als „Verwirklichung" bzw. als das „Verwirklichte" wiedergeben können, wurde schon erwähnt (S. 200). Auch bei der Potentialität muß man unterscheiden: nämlich die reine Potenz, die noch ohne alle Einwirkung ist und darum absolute Möglichkeit besagt, entsprechend der ersten Materie, und eine gemischte Potenz, die bereits eine bestimmte Aktuierung empfangen hat, aber immer noch weiterer Aktuierung fähig ist entsprechend der zweiten Materie.

Aristoteles mag die Unterscheidung von Akt und Potenz gewonnen haben, wie man aus den Beispielen schließen darf, die er zur Veranschaulichung der Begriffe verwendet, aus der Beobachtung des Kunstschaffens, wo der ungeformte Stoff gegenüber der schöpferischen Aktivität des Künstlers als die Welt des Möglichen erscheint, und aus der organischen Natur, wo das gesamte Werden ein ewiges Spiel ist zwischen Anlage und Vollendung, Möglichkeit und Wirklichkeit.

Jedenfalls legt er großen Nachdruck darauf, daß das Mögliche (τὸ δυνάμει ὄν) unter das Seiende zu zählen ist, und verteidigt sich gegenüber den Megarikern, die als Sein nur das Wirkliche gelten lassen wollen, die Möglichkeit des Möglichen aber überhaupt leugnen. Wenn man schon von Potenzen sprechen will, dann hätte, so meinten sie, nur das Wirkliche solche; das Mögliche fiele zusammen mit dem Wirklichen. Allein, so erwidert Aristoteles, dann wäre jemand nur solange Baumeister, als er tatsächlich gerade seine

Tätigkeit ausübt. Setzte er einmal zufällig aus, dann könnte man ihn keinen Baumeister mehr heißen. Aber hätte er denn wirklich jetzt seine Kunst verloren und müßte er sie wirklich, wenn er wieder anfängt zu bauen, zuerst wieder neu erlernen? Oder wären die Menschen, die während des Tages die Augen schließen, blind und ohne Sehvermögen? Und wäre, was wir als süß empfinden oder als kalt oder warm, dies nur so lange, als wir es empfinden? Vorher und nachher aber nicht? Das liefe schließlich darauf hinaus, daß Protagoras recht hätte mit seinem Satz, daß es objektiv Seiendes nicht gäbe, sondern daß das sogenannte Sein nur gesetzt sei durch unsere subjektiven, augenblicklich gerade aktuellen Empfindungen. Aber diese Dinge glaubt doch kein Gesunder, und so müssen wir eine besondere Form des Seienden gelten lassen, die wir eben als das potentielle Sein bezeichnen (Met. Θ, 3). Man könne die Begriffe des aktuell und potentiell Seienden nicht definieren, meint Aristoteles, da es sich um etwas ganz Ursprüngliches handle. Aber man brauche nur die Erfahrung selbst anzuschauen, die er mit seinen Gegenüberstellungen von Schlafen und Wachen, Unfertigem und Fertigem, Anlage und Entwicklung beschreibt, um sofort zu sehen, was gemeint sei (Met. Θ, 6).

ηη) Tragweite der Akt-Potenz-Lehre:

Für das Werdeproblem

Die Begriffe Akt und Potenz sind für die aristotelische Philosophie so bezeichnend wie Materie und Form. Es geht ihm zunächst um die Erklärung des Werdens. Fassen wir das Sein in dem undifferenzierten, starren Sinn der Eleaten, dann ist das Werden unerklärlich, weil die Dinge dann immer sind, was sie sind. Man kann sie nie zu einem anderen werden lassen, ohne gegen den Widerspruchssatz zu verstoßen. Differenziert man aber das Sein in aktuelles und potentielles Sein, dann ist die Brücke von einem zum anderen gefunden: Insofern etwas ein aktuell Seiendes ist, ist es immer mit sich identisch; aber insofern in ihm auch noch Möglichkeiten angelegt sind, kann es auch ein Anderes werden (vgl. S. 197). Aristoteles überwindet damit den Eleatismus und Heraklitismus zugleich, eine Aufgabe, der sich auch schon Platon gewidmet hatte mit seiner Lehre vom Einen und Vielen. Auch dort war das Viele als das Andere bereits angelegt, „enthalten" in der höheren Idee. Die aristotelische Möglichkeit ist eine Abwandlung der platonischen Methexis.

Für das Gottesproblem

Und dann geht es noch um den Angelpunkt der ganzen aristotelischen Metaphysik, nämlich um den Begriff vom unbewegten Beweger. Er empfängt seine letzte Begründung aus der Akt-Potenz-Philosophie. Auf Grund einer schlichten Beobachtung findet Aristoteles, daß man im Reich des Seins überall ein ἐνεργείᾳ ὄν und ein δυνάμει ὄν unterscheiden kann, und findet zugleich, daß in der uns erfahrbaren Welt Möglichkeit und Wirklichkeit immer ineinander verflochten sind, weil alles Wirkliche noch Möglichkeit und alles Mögliche auch schon eine gewisse Wirklichkeit enthält, und stellt nun, wie er den Begriff der absoluten Möglichkeit und der ersten Materie rein herauspräpariert hat, auch den Begriff der absoluten Wirklichkeit, des actus purus, rein dar. Dieser Schluß auf die Idee einer Möglichkeit und Wirklichkeit in absoluter Reinheit war sein genialer Gedanke, wenngleich der Aufstieg vom Unvollkommenen zum Vollkommenen ein aus der platonischen Ideenlehre bekannter Schritt ist. Und bedenken wir vollends, daß der actus purus reine Form, d. h. Idee ist, dann erblicken wir den eigentlichen ideengeschichtlichen Ort, an den dieses aristotelische Philosophem hingehört. Wo in aller Welt ist die Wirklichkeit Idee oder die Idee Wirklichkeit? Doch nur im Platonismus. Nur weil für ihn die Form noch ganz ihren platonischen élan vital besaß, konnte Aristoteles seine Materie-Form-Philosophie auch als Potenz-Akt-Philosophie darstellen. Es ist ungemein bezeichnend, daß für ihn Met. Θ, 8; 1050 b 6 das der Natur nach Frühere im exaktesten Sinn (κυρίως) die von aller irdischen Materie getrennten Substanzen sind. Weil es in ihnen keine Materie gibt, gibt es dort auch nichts Potentielles. Und darum sind sie ewig. Das ist reinstes platonisches Erbe. Auch dort ist das von der Materie Freie, die reine Wesenheit, das Ewige und das der Natur nach Frühere. Die metaphysischen Elemente bei Aristoteles sind immer platonische Elemente. Und darum heißt eben Metaphysik treiben im Sinn des Aristoteles im Grunde immer platonisieren. Es ist die Aristoteles-Darstellung des 19. Jahrhunderts, die uns hindert, die Wirklichkeit des Aristoteles wieder mit griechischen Augen, d. h. von der Form her zu sehen, weil hier entsprechend der Entwicklung der neuzeitlichen Philosophie die „wirkliche" Welt als die Welt der sinnlichen Erscheinung chaotisch ist und erst durch etwas Wirklichkeitsfremdes, durch den Geist, geordnet werden muß. Hier ist dann das Logische ein „nur" Logisches.

Für die Alten jedoch ist die Seele des Wirklichen das Wesenswas, die Form. Wenn hinter allem Werden auch für sie eine Wirkursache steht, dann ist dies die Form, weil das Werden nichts anderes ist als ein Streben nach der Form (Phys. *A*, 9). Und wenn hinter der Welt eine letzte Ursache steht, die den Werdeprozeß im großen in Bewegung setzt, dann ist es wieder eine, diesmal „erste" Form, nach der alles strebt und die die Welt bewegt ὡς ἐρώμενον. Dies Wort bedeutet damit keinen Widerspruch mehr im aristotelischen System. Für das Werden im kleinen wie für das Werden im großen Weltprozeß gilt, auch für die Wirkursache, immer das gleiche Schema: Werden ist Streben nach der Form. Sein Grundriß aber stammt von Platon: Alles will sein wie die Idee.

Das vierte Prinzip der Seinserhellung ist der Zweck (τὸ οὗ ἕνεκα, τέλος, ἀγαθόν, causa finalis oder exemplaris). Man kann die Gestaltungen und Vorgänge des Seins nicht verstehen, wenn man nicht an den Zweck denkt. Der Zweck ist darum wirklich Ursache und Prinzip (De part. an. A, 1). δ) Der Zweck

Der Zweck begegnet uns Heutigen am klarsten im Planen des Menschen. Er ist hier Idee, und nirgends kann man klarer zeigen, was Idee und Zweck bedeuten, als am Werk des planenden Menschen. Auch Aristoteles sieht (Phys. *B*, 8), daß in der Techne der Zweck zu Hause ist. Aber er meint, nicht nur in der Kunst, sondern auch in der Natur sei er daheim; ja die Kunst hätte ihn von der Natur erst abgesehen. Natur und Kunst unterscheiden sich darum in diesem Punkt in keiner Weise. Würde ein Haus von Natur aus selbst wachsen, es würde so werden, wie der Handwerker es heute herstellt, und müßte, was die Natur hervorbringt, von der Technik geleistet werden, dann könnte auch nichts anderes entstehen. Man erkennt den Zweck in der Natur am besten bei Tieren und Pflanzen. Schwalben, Ameisen, Spinnen überlegen sicher nicht. Aber ihre Nester und Netze sind so zweckmäßig, daß man sich allen Ernstes fragen muß, ob sie nicht doch Überlegungen anstellen. Und wenn die Blätter der Bäume so wachsen, daß sie die Früchte schützen, und die Wurzeln sich so in den Boden senken, daß sie die Nahrung finden, ist auch hier die Zweckmäßigkeit nicht zu übersehen. Überhaupt kann man ganz allgemein sagen, daß „die Natur nichts sinn- und zwecklos tue" (De coelo *B*, 11; 291 b 13). αα) Der Zweck in der Natur

ββ) Zufall oder Zweck?

Aber könnte es denn nicht sein, daß, was uns als zweckmäßig erscheint, zufällig so geworden ist und daß sich dann, was sich bewährte, eben weil es sich bewährte, erhalten hat? Aristoteles macht Phys. *B*, 8 (198 b 16) diesen ganz modernen Einwand. Viele Dinge in der Natur geschehen einfach tatsächlich und haben notwendig gewisse Dinge im Gefolge, ohne daß diese als zweckmäßig beabsichtigt werden. Wenn es regnet, wächst das Getreide. Der Regen scheint hier zweckmäßig zu sein, allein es regnet nicht um des Getreides willen, sondern weil die Luftmassen sich abgekühlt haben. Aus einem ähnlichen Grunde könnten die Schneide- und Backenzähne so geworden sein, daß sie sich zum Zerreißen und Kauen der Speisen eignen. Allein das könnte rein zufällig so geworden sein, hat sich aber vielleicht gehalten, weil es eben praktisch war und alles, was sich bewährt im Dasein, sich durchsetzt. Hier klingt die Darwinsche Selektionstheorie an. Aristoteles lehnt jedoch diesen Gedanken ab; denn der Zufall könne wohl dieses oder jenes in der Natur erklären, aber was immer und überall so ist, geschehe nicht mehr zufällig oder von selbst, sondern dafür müsse ein eigenes Prinzip angenommen werden, der Zweck. Und in der Natur i s t alles immer und überall gleichmäßig geregelt. Es gibt wohl gelegentlich Mißbildungen, aber sie sind nur Ausnahmen, wie es ja in der Techne auch gelegentlich Fehlgriffe gibt, ohne daß deswegen dort der Zweckgedanke als solcher angezweifelt werde. Weil in der Natur immer Regelmäßigkeit herrsche, darum könne das Sein ohne das Zweckprinzip nicht voll verstanden werden. „Natur" ist eben für Aristoteles „das, was auf Grund eines immanenten Prinzips in kontinuierlicher Bewegung einem Zweck entgegeneilt" (Phys. *B*, 8; 199 b 15). Man halte gegen diesen Naturbegriff die Erklärung Demokrits: „Natur: Atome, die im leeren Raum umhergeschleudert werden", um sofort zu fühlen, daß hier eine ganz andere Weltanschauung vorgetragen wird. Es ist der Gegensatz zwischen der qualitativ-eidetischen und der quantitativ-mechanistischen Seinsbetrachtung.

γγ) Sinn der aristotelischen Teleologie

Der Zweck, von dem Aristoteles spricht, ist nämlich nichts anderes als Wesenheit, Form und Idee. Das Prinzip, das allem Werden und aller Bewegung in der Natur jeweils zugrunde liegt, ist immer eine Wesenheit oder Form. Danach gestaltet sich das Tätigsein der Dinge. Agere sequitur esse, sagen dafür später die Scholastiker. Da aber für Aristoteles alles Tätigsein seinem Begriff nach immer auf ein Ziel hingeordnet ist, geht dieses Ziel, das „Ende“ der Tätigkeit, schon in den Begriff des Wesens, des Anfangs der Tätigkeit mit ein. Der Zweck fällt also zusammen mit der Form, und wie Aristoteles die Bewegungsursache der Formursache gleichsetzt, so identifiziert er damit auch die Zweckursache (Phys. *B*, 7; 198 a 25). Die Wesenheit oder Physis der einzelnen Dinge ist somit immer ein Für-etwas-geworden-Sein, ein πεφυκέναι τινί (Phys. *B*, 8; 199 a 8—12). Daher bezeichnet er denn auch das Wesen eines Seienden in seiner Wirklichkeit als Entelechie: „Das Werk ist Ziel und Ende; die Wirklichkeit aber i s t das Werk; der Terminus Energeia kommt ja von Ergon und meint dasselbe wie Entelecheia“ (Met. *Θ*, 8; 1050 a 21). Das Ziel und Ende in sich haben, das heißt vollendet sein. Anders als in der Philosophie der Neuzeit, wo das teleologische Problem nicht Herr werden kann über die Frage, wieso man annehmen dürfe, daß ein A notwendig und sinnvoll zu einem B gehöre, z. B. das Insekt zur Blume, schließt für Aristoteles ein Wesen seinsmäßig immer schon anderes Seiendes ein. Und da dieses in seiner Physis auch wieder so zu verstehen ist und so immer zu, hängt alles Seiende innerlich zusammen, wesenhaft und sinnhaft. „Alles Werden macht seinen Weg aus etwas zu etwas, von Archē zu Archē, von einem ersten Bewegenden, das bereits eine bestimmte Gestalt hat, wieder hin zu einer Gestalt oder einem ähnlichen Telos“ (De part. anim. *B*, 1; 646 a 30). Hier gibt es darum kein Problem der Entstehung der Arten aus einem bloß tatsächlichen, dem Zufall gehorchenden Werden. Alles ist schon durch Wesenheiten gestaltet, und das Werden ist Ergebnis des Wesens, nicht das Wesen Ergebnis des Werdens. Aristoteles erklärt, daß die Uranfänge des Seins schon Gestalt und Anlage waren (Phys. *B*, 8; 199 b), und wendet sich Met. *Λ*, 7 (1072 b 30) gegen die Pythagoreer und Speusipp, für die das Vollkommene erst am Ende und nicht am Anfang eines Entwicklungsprozesses steht. Wohl stünde das erwachsene Lebewesen am Ende eines Entwicklungsprozesses vom Samen bis zur Reife, allein der Same stamme eben auch wieder von einem schon vollendeten Wesen, so daß der Mensch früher sei als der Same. Da die Welt für Aristoteles ewig ist, kann er diesen Satz aussprechen, und er ist die deutlichste Absage gegenüber jeder mechanistischen Entwicklung der Arten und das klarste Bekenntnis zu einer idealistischen Morphologie. Idealistisch, denn das Ausschlaggebende ist die Form. Ist sie auch realisierte Form und wirkt in der res extensa, so ist sie doch ein πρότερον τῇ φύσει (1050 a 4—23). Einer ewigen Reihe gegenüber kann es eben nur ein ideales Früheres geben, und nur so hat die Erklärung, daß der Mensch früher sei als der Same, einen Sinn. Wieder eröffnet sich der Zugang zu Aristoteles über Platon. Den platonisch-idealistischen Charakter des aristotelischen Teleologiebegriffs ersieht man besonders daraus, daß Phys. *B*, 9; 200 a 30 ff. die Zweckursache gegenüber der Materie als das Wichtigere hingestellt, daß der Zweck sodann auf einen denkenden Geist zurückgeführt wird, „wie es auch in der Techne ist", und daß dann Aristoteles sogar mit dem Gedanken spielt, die Hyle ganz vom Logos absorbieren zu lassen; denn, so überlegt er, bei einem Werkzeug betrifft das Sosein auch das Material; eine Säge z. B. kann nur aus Eisen sein, das verlangt der Begriff Säge. Es gibt darum nicht eine immer gleiche Materie, die der Form als etwas ganz Selbständiges gegenüberstünde. Vielleicht ist dann doch die Form das alles bestimmende Prinzip, wenn schon alles ein Soseiendes ist. Es gibt wohl das „Mitursächliche" (συναίτιον), das dem Geist und seiner zweckhaften Regelung widerstreitende Stoffliche, das „Notwendige", wovon Platon gesprochen hatte; aber, fragt sich Aristoteles, könnte dieses „Notwendige" und „Stoffliche" nicht als ein Teil des Logos aufgefaßt werden? Dann gäbe es kein logisch-amorphes Material. Und die sonst als Stoff bezeichnete Unbestimmtheit wäre einfach noch nicht zu Ende geführte logische Determination. Aristoteles hat diesen Gedanken nur überlegt. Er bleibt bei seiner Materie, wie auch Platon dabei bleibt. Aber indem auch er, ähnlich wie Platon, einen Versuch macht, sie von der Idee her zu verstehen, sehen wir wieder die Nähe seines Meisters. Die aristotelische Teleologie hat darum auch nur insofern Sinn und Kraft, als es überempirische Wesensbegriffe gibt, mögen sie a priori sein oder uns durch Wesensschau bekannt werden. Die Entelechie des Aristoteles ist nicht eine physische oder biologische Emergente, sondern Idee und Form.

c) Spezielle Metaphysik

Die allgemeine ontologische Problematik des Aristoteles verdichtet sich zu drei speziellen metaphysischen Problemen, den Fragen nämlich um Seele, Welt und Gott.

α) Die Seele

Das Werk, das Aristoteles über die Seele geschrieben hat, behandelt nicht wie die moderne Psychologie bloß die Bewußtseinserscheinungen, sondern das Leben überhaupt in seinem Grund und seinen wesentlichen Eigentümlichkeiten; denn Seele haben heißt für die Alten soviel wie Leben haben. In diesem Zusammenhang kommt natürlich dann auch zur Sprache, was die heutige Psychologie interessiert, die Sinnesempfindung, Phantasie und Gedächtnis, Vernunft und Denken, Streben und Wollen, weil die Welt des Bewußtseins eben mit dem Leben auftritt. Was Aristoteles über die Gefühle und Affekte denkt, trägt er in seiner Rhetorik vor.

αα) Wesen der Seele

Was ist Seele? Erscheinungsmäßig gesehen, wird sie wieder, wie schon bei Platon, als das Sichselbstbewegende bezeichnet. Die Seele macht das Leben aus bei Menschen, Tieren und Pflanzen; Leben aber ist Selbstbewegung und darum ist auch die Seele wesentlich Selbstbewegung. Aber das Lebewesen besitzt nicht eine absolute Selbstbewegung. Es scheint nur so, als würde das Lebewesen sich ganz spontan bewegen. In Wirklichkeit wird seine Bewegung von der Umgebung verursacht, die die Nahrung liefert und damit Atmung und Wachstum sowie Sinneswahrnehmung und Streben möglich macht, wodurch die Ortsbewegung des ganzen Lebewesens sich ergibt, die uns dann von Selbstbewegung erst reden läßt. Da die Nahrungszufuhr als ein Teil der Natur in den großen Bewegungsprozeß der Welt überhaupt eingereiht ist und insofern wieder von anderen „Erstbewegern" abhängt, zeigt sich, daß die Seele, die das Lebewesen zum lebenden Wesen macht, nicht im eigentlichen Sinn (κυρίως) Selbstbewegung genannt werden kann, sondern dies nur in einem relativen Sinn ist. Es gibt nur ein einziges Selbstbewegtes, das weder per se noch per accidens von einem andern bewegt wird, das πρῶτον κινοῦν ἀκίνητον (Phys. *Θ*, 6; 259 a 20 — 31 und 2; 253 a 7 — 21).

Seele als Selbstbewegung

Seele als Entelechie des Leibes

Metaphysisch gesehen, lautet die Auskunft: „Seele ist die erste Entelechie eines organischen physischen Körpers" (De an. *B*, 1; 412 b 4). Welche Seele hiermit gemeint ist, wird sogleich zu erörtern sein. Zunächst zeigt sich, daß aus dieser Definition der Hylemorphismus spricht: Seele ist Form des Leibes. Das philosophisch und auch biologisch Bedeutsame dieser Auffassung liegt in der damit vorausgesetzten Teleologie. Entelechie heißt bei Aristoteles soviel wie vollendet sein, das Ziel, den Zweck erreicht haben. Und das ist dann der Fall, wenn eine Wirklichkeit so geworden ist, wie es der Idee, durch die der Zweck gesetzt ist, entspricht. Seele meint darum die Idee und das Ganze, die Sinnhaftigkeit und den Zweckzusammenhang eines lebendigen Körpers. Darum erklärt Aristoteles, daß der Leib um der Seele willen da sei (De part. an. *A*, 5; 645 b 14 ff.), d. h., alles an ihm ist um des Ganzen willen, ist auf sein Ziel hingeordnet wie ein Werkzeug (ὄργανον), womit wir den Ursinn des Begriffs des Organischen vor uns haben.

Bei dieser Frage ist zweierlei zu beachten. Einmal ist die Entelechie nicht eine eigene physische oder biologische Emergente, sondern Idee; „Logos" oder τὸ τί ἦν εἶναι und „Eidos" eines organischen Körpers heißt sie bezeichnenderweise De an. 412 b 10 und 414 a 13. Und zweitens dürfen wir nicht übersehen, daß für uns Heutige der Inhalt einer solchen Idee nicht so feststeht, wie er für Aristoteles feststand, für den die Formen noch genauso, wie für Platon die Ideen, festgefügte Sinnzusammenhänge, „Substanzen", waren. Für das griechische und überhaupt das antike Denken sind eben die „Gestalten" etwas Selbstverständliches. Die Philosophen erläutern deren Erkenntnisgrundlagen durch den Begriff des Apriorischen oder der Wesensschau. Daß diese Gestalten immer mit sich selbst identische Einheiten sind, ist hier unbestritten, während in der Neuzeit gerade dies zum Problem wird, wieso innerlich zusammengehören soll, was wir in unseren Begriffen oder Sinneswahrnehmungen an geistigen Inhalten verbinden. Die Antike wußte darum, was der Mensch ist, was Tier ist und was Pflanze. Für den modernen Menschen ist die Welt zerschlagen in Atome und Sinnesempfindungen, und er muß erst durch die „Erfahrung" aus den Teilen ein Ganzes machen, wobei ihm die Erfahrung immer nur Tatsächlichkeiten, aber keine Notwendigkeiten zeigt. Auch die Seele ist hier nur ein Bündel von Inhalten, von denen man nicht weiß, warum sie zusammengehören sollen. Für Aristoteles aber ist sie Gestalt, ist Sinn und

Zweckzusammenhang, ist die Ganzheit eines Körpers. Und eben durch diese sinnvolle Ganzheit wird der „lebende" Körper zu dem, was er ist. Das ist das Wesen des Lebens.

Die Auffassung der Seele als Form des Leibes hat Aristoteles sich erst später angeeignet. Sie ist voll ausgebildet in De anima. In den Dialogen der Jugendzeit dagegen vertritt er den platonischen Dualismus. Leib und Seele verhalten sich wie zwei getrennte und feindliche Substanzen. Sie sind nur äußerlich verbunden. Später sind Seele und Leib zwar einander nicht mehr fremd, sondern arbeiten zusammen, sind aber noch immer selbständige Wesen. Noch etwas später ist die Seele die Lebenskraft, die an irgendeiner Stelle des Leibes ihren Sitz hat. Auch die Physik steht noch auf diesem Standpunkt. Im 8. Buch heißt es, daß die Lebewesen keine eigentlichen Selbstbeweger sind; denn man könne in ihnen auch ein Bewegtes und ein Bewegendes unterscheiden, so wie auch Schiffe und Menschen keine physische Einheit bilden, sondern in ihnen das Bewegende immer getrennt sei von dem Bewegten (4; 254 b 28—33). Es ist das Beispiel, mit dem in der Neuzeit der Occasionalismus wieder seinen Dualismus von Seele und Leib illustriert hat. Erst in De anima verschwindet die Zweiheit und verschmelzen Leib und Seele zu einer unio substantialis. Die Seele ist als Ganzes im ganzen Körper, und der Mensch ist eine aus Leib und Seele zusammengesetzte einheitliche Substanz. Entwicklung der aristotelischen Seelenlehre

Analog der platonischen Lehre von den drei Seelenteilen unterscheidet Aristoteles eine vegetative Seele, die jene Wirklichkeit meint, die mit dem Wachstum, der Nahrungsaufnahme und der Fortpflanzung gegeben ist und sich rein und vollständig schon in der Pflanzenwelt findet; eine Sinnenseele, die die Fähigkeiten der Pflanzenseele einschließt, aber außerdem noch jene Wirklichkeit darstellt, in der es Sinnesempfindungen, niederes Strebevermögen und Ortsbewegung gibt und die erstmals im Tierreich auftritt. Diese niedere Seele des Wachstums und der Sinnlichkeit ist es, worin Aristoteles, ähnlich wie Platon (Tim. 77 b), die Entelechie des Lebewesens als solchen erblickt, auch beim Menschen (De part. an. *A*, 1; 641 a 17 — b 10). Nur besitzt der Mensch außerdem noch die Geistseele, und sie erst macht ihn zum Menschen, zum animal rationale. Wenn Aristoteles von der Seele des Menschen spricht, unterscheidet er oft nicht weiter ββ) Verschiedene Seelen Pflanzenseele Tierseele Menschenseele und kann beides meinen, die niedere Seele als Lebensprinzip oder die höhere Geistseele. Im allgemeinen aber ist für ihn Seele des Menschen etwas, was beide Schichten umfaßt, wobei das Geistige durchschlägt und den Ton angibt. Was Aristoteles darüber vorgetragen hat, ist auf Jahrtausende hinaus zum Gemeingut des abendländischen Denkens über Mensch und Seele geworden. Der Mensch hat nach ihm ein sinnliches Erkennen, das in 5 Vermögen (δυνάμεις, potentiae animae) zerfällt, in Gesicht, Gehör, Geruch, Geschmack, Getast, in die 5 Sinne also, an denen die Popularpsychologie bis in unser Jahrhundert herein noch festhält. Zusammengefaßt und zum Bewußtsein gebracht werden die Meldungen der Sinne durch den Gemeinsinn (sensus communis), der seinen Sitz im Herzen haben soll und nichts anderes ist als unser heutiges „Bewußtsein". Die Bewußtseinsinhalte des Gemeinsinnes verschwinden nicht mit dem Aufhören des Sinnesreizes, sondern halten oft an, und darin besteht dann die Vorstellung (Phantasma), „ein Überbleibsel der aktuellen Wahrnehmung", sowie, wenn die Vorstellungen in größeren Massen festgehalten werden, das Gedächtnis (memoria). Sinnesempfindungen, Gemeinsinn, Phantasie und Gedächtnis haben auch die Tiere. Für den Menschen jedoch bedeuten diese Seelenvermögen nur das niedere Erkennen. Darüber erhebt sich als das höhere und eigentlich menschliche Erkennen der Geist (Logos), der als diskursives Denken und Urteilen „Verstand" (Dianoia), als Schauen der Begriffe und Grundsätze aber „Vernunft" (Nous) ist. Der Geist verarbeitet von sich aus Vorstellungen und entfaltet dabei eine schöpferische Aktivität, der gegenüber die Phantasmen nur Material, nicht aber eigentliche Wirkursache sind. Darum sprechen die Späteren von einem tätigen Verstand (νοῦς ποιητικός, intellectus agens). Unter diesem Gesichtspunkt ist der Nous „ewig, göttlich, unentstanden, unsterblich, unvermischt, leidenslos, reine Energie". Soweit der Geist als tabula rasa beschrieben wird mit den Meldungen der Sinneswahrnehmungen und den Begriffen des reinen Denkens und Schauens, ist er leidensfähig (νοῦς παθητικός) und insofern auch sterblich. Neben dieser rationalen Seite des Seelenlebens kennt Aristoteles auch die irrationale. Vor allem kennt er, hier wesentlich Neues gegenüber Platon sehend, eine Psychologie des Begehrungsvermögens (ὄρεξις). Es wird unterschieden in ein niederes und höhcrers Streben. Ersteres haben wir im naturhaften Instinkt (φύσις), in der Begierde (ἐπιθυμία) nach Nahrungsaufnahme und Geschlechtsbetätigung sowie in jenem Aufwallen (θυμός) vor uns, das uns bekannt ist aus dem Ehrgeiz, dem Mut, der Kampfbegierde, der Rachsucht, der Empörung und Verachtung, dem Freiheitsdrange, der Selbstbehauptung und Herrschsucht. All das eignet auch dem Tier. Es gibt aber auch ein höheres Strebevermögen, und das hat nur der Mensch. Das höhere Streben fällt zusammen mit dem von der Vernunft erleuchteten Willen (βούλευσις). Voraussetzung für alles Streben, gleichgültig ob niederes oder höheres, ist immer ein Gut, das für uns lustvoll ist oder wenigstens so erscheint. Lust erstrebt, Unlust flieht der Mensch von Natur aus. Wertvolles und Wertwidriges bilden darum die Motive des Handelns. Grundsätzlich besitzt der Mensch in seinem Willensleben Entscheidungsfreiheit (προαίρεσις); tatsächlich haben allerdings viele Umstände auf den Willen Einfluß, die seine Freiheit mehr oder minder hemmen. Besonders geschieht dies durch die Affekte (πάθη), wie Zorn, Haß, Furcht, Scham, Mitleid, Unwille, Eifersucht. Sie haben immer Freude oder Trauer im Gefolge und fördern oder hemmen dadurch den menschlichen Willen (Rhet. *B*, 1—17). Man sieht, Aristoteles hat in seiner Psychologie dem Irrationalen weit mehr Rechnung getragen als Platon.

γγ) Einheit der Seele

Nachdem Aristoteles von einer vegetativen, sensitiven und rationalen Seele spricht, kann man füglich fragen, ob nach ihm der Mensch überhaupt eine einheitliche Seele besitzt. Dem Begriff nach kann man sicher verschiedene Seelenvermögen unterscheiden, meint er (De an. *B*, 2), „manchmal auch dem Orte nach; denn schon bei den Pflanzen zeigt sich, daß einige, auch wenn sie zerteilt und die Teile voneinander getrennt sind, doch offensichtlich weiterleben, jedenfalls weil die in ihnen lebende Seele der Wirklichkeit nach in jeder Pflanze eine Einheit, der Möglichkeit nach aber eine Vielheit bildet, und dasselbe können wir auch hinsichtlich anderer Seelenkräfte in den in zwei Teilen zerschnittenen Insekten erkennen“. Für den Menschen jedoch hält er an der Einheit der Seele fest und polemisiert gegen Platon, der die Seelenteile real getrennt habe. Vernunft und Denkkraft, also die Geistseele, ist aber auch für Aristoteles „trennbar“ (a. a. O.). Trotzdem redet er von einer Menschenseele,

„durch die wir leben, wahrnehmen und denken" (414 a 12). Ist sie nun wirklich eine und wenn ja, wie verhalten sich dann im Menschen die niederen Seelen zur höheren? Sind sie nur noch Potenzen, die in der höheren Seele aufgehoben sind? Wieso kann die Geistseele, die trennbar ist wie das Ewige vom Vergänglichen (413 b 27), noch Form des Leibes sein, wenn doch die Seele, die Leibesform ist, eben nicht trennbar sein soll, sondern eine Bestimmung am Körper darstellt, wie das ausdrücklich versichert wird (414 a 18 — 22)?

δδ) Entstehung und Fortdauer der Seele

Die Schwierigkeiten scheinen besonders auf, wenn wir an die Entstehung der Seele denken und an die Frage der Fortdauer nach dem Tode. Die niedere Seele wird nach Aristoteles in der Zeugung vom Vater auf das Kind übertragen (Generatianismus), während der tätige Verstand von außen „zur Tür hereinkomme" und göttlicher Herkunft sei (De gen. animal. *B*, 3; 736 b 27). Nicht durch einen kosmischen Unfall, wie Klages sich unter Berufung auf diese Stelle den Ursprung des Geistes in der Welt denkt, geschieht das, sondern Aristoteles will sagen, daß die Geistseele wesenhaft unsinnlich sei und nicht etwa durch Entwicklung aus dem Sinnlichen hervorgehen könne.

Sie wird überhaupt nicht geschaffen, sondern sie präexistiert. Ebensowenig hört sie auf mit dem Tode des Menschen, während die Sinnenseele mit dem Leib stirbt. Hier wirkt bei Aristoteles wieder ein Stück Platonismus fort. Es ist die platonische Seele, die er im Auge hat: ein unsinnliches, ideenhaftes, mit der ewigen Wahrheit und dem Geist verbundenes Seiendes, das von den Göttern kommt und durch das wir zu den Göttern gehen. Wenn aber die Sinnenseele und übrigens auch der leidende Verstand sterben können, dann müßten sie doch wieder eine gewisse Selbständigkeit haben. Oder soll man die Rede von der Sterblichkeit dieser Seelen so verstehen, daß in der Geistseele mit dem Tode des Leibes jene in ihr aufgehobenen, niederen Funktionen, die sich auf den Leib beziehen, hinfällig werden, weil keine Veranlassung mehr besteht, sie auszuüben? Jedenfalls muß man beachten, daß es für Aristoteles deswegen eine unsterbliche Seele gibt, weil er für seine Geistseele noch am platonischen Dualismus festhält. Aristoteles hat denn auch von sich aus keine eigentlichen Beweise für die Unsterblichkeit der Seele entwickelt. Will man seine Unsterblichkeit der

Geistseele als individuelle Unsterblichkeit verstehen und nicht einfach als die Zeitlosigkeit eines für den Menschen verbindlichen objektiven Geistes, etwa im Sinn der transzendentalen Apperzeption Kants, dann müßten seine Gedanken über die Seele noch weitergeführt werden. Es geschah nicht von ungefähr, daß Alexander von Aphrodisias und Averroes nur einen einzigen tätigen Verstand annahmen, an dem alle Menschen teilhätten, und es geschah weiter nicht von ungefähr, daß im Peripatos später die Unsterblichkeit der Seele gelegentlich überhaupt geleugnet wurde (Straton von Lampsakos). Erstere hatten den logischen Geist im Auge; letztere die Seele als Lebensprinzip. Für beide Auslegungen bot Aristoteles Ansatzmöglichkeiten.

**β) Die Welt**

**αα) Weltbild des Aristoteles**

Die Welt ist der Ort der Bewegung. Alle Bewegung, auch die qualitative, ist letztlich räumliche Bewegung. Voraussetzung jeder Bewegung ist nämlich die Berührung im Sinn des mechanischen Druckes und Stoßes. Insofern denkt Aristoteles mechanistisch. Er kennt aber auch die qualitativ-eidetische Auffassung der Bewegung. Es gibt für ihn eine Bewegung zum natürlichen Ort: Das Feuer strebt nach oben, die Erde nach unten. Diese Bewegung ist gegeben mit der Form der Dinge, also ihrer Qualität. Damit stellt sich Aristoteles gegen Demokrit, durch dessen Atomlehre alle qualitativen Unterschiede aufgehoben sind und die Differenzierungen der Welt nur durch quantitative Faktoren zustande kommen. Aristoteles kennt vier Elemente: Wasser, Feuer, Luft und Erde. Sie sind selbst Qualitäten. In diesem qualitativen Eidos sei das Wesen der Dinge zu suchen, nicht in irgendwelchen quantitativen Verhältnissen. Dazu kommt noch als fünftes Element (quinta essentia) der Äther, aus dem die Gestirne bestehen, die unvergänglich sind, weil ihre Baustoffe keine Gegensätze einschließen, sondern nur die ideale Bewegung kennen, die ewige Kreisbewegung. Mit Rücksicht auf die Vergänglichkeit bzw. die Unvergänglichkeit des Stoffes wird die Welt grundsätzlich in zwei Hälften zerschnitten, in die Welt unter dem Monde (sublunarische Welt), auf der wir leben, und in die Welt über dem Monde, das sogenannte Jenseits, das die Welt der ewigen Sterne ist. Die Welt ist nur eine, weil alles, was in Bewegung ist, vom ersten unbewegten Beweger abhängt, und sie besitzt Kugelgestalt. In ihrer Mitte steht die Erde, die als ruhend gedacht wird. Sie wird umschlossen von 56 konzentrischen Sphären, die sich gleichmäßig um die eigene Achse drehen. Diese Zahl wurde nach dem Vorgang der zeitgenössischen Astronomie des Platon, Eudoxos und besonders des Kalippos errechnet, um die Bewegung der 7 Planeten erklären zu können, deren Bahn um die Erde eine Komponente sein sollte aus dem Ineinandergreifen der Bewegungen von verschiedenen Sphären. Zuäußerst findet sich die Sphäre der Fixsterne, der sogenannte erste Himmel. Sie wird unmittelbar durch den ersten Beweger bewegt. Der erste Himmel teilt seine Bewegung den inneren Sphären mit, da sich die äußeren Sphären zu den inneren jeweils verhalten wie die Form zum Stoff. Um die damit geforderte absolute, einheitliche Bewegung wieder aufzuheben und Raum zu schaffen für eine Eigenbewegung der einzelnen Sphären und ihrer Sterne, nahm Aristoteles in seiner Spätzeit eine Vielheit von unbewegten Bewegern an, die „Sphärengeister", die für sich selbst subsistierende Wesen, „getrennte Substanzen" waren, dies allerdings nicht in einem absoluten Sinn. Auch in dieser Spätzeit gibt es für Aristoteles nur einen ersten unbewegten Beweger, der dies an sich und absolut ist und von dem darum auch diese anderen Beweger irgendwie noch abhängig sind, womit die Einheit der Welt wieder aufrecht erhalten wird.

Aristoteles stand mit seinem geozentrischen Weltbild, das auch das Weltbild des Mittelalters war, der Entwicklung des modernen Weltbildes im Wege. Man hat ihn deswegen viel getadelt. Man darf aber auf der anderen Seite nicht übersehen, daß gerade er die größten Verdienste um die empirische Naturforschung hat. Er ist Zoologe, Botaniker, Anatom und hat weitreichende biologische Interessen: systematische, morphologische, physiologische, ökologische, chorologische, wobei er auf allen Gebieten über staunenswerte Detailkenntnisse verfügt, wenn sie auch gelegentlich unterbrochen werden von sonderbaren Anschauungen. Für das Denken eines erstarrten Geistes mag Aristoteles ein Hemmschuh der Entwicklung gewesen sein; der echte Aristoteles selbst aber ist der erste Anreger zu immer neuen Fortschritten in der Erforschung der Natur. „Nach Zitaten, die ich gesehen hatte, hatte ich einen hohen Begriff von Aristoteles' Verdiensten; ich hatte aber nicht die allerentfernteste Idee davon, was für ein wunderbarer Mensch er gewesen ist. Linné und Cuvier sind meine zwei Götter gewesen, wenn schon in sehr verschiedener Weise. Sie sind aber gegen den alten Aristoteles bloß Schuljungen gewesen" (Ch. Darwin). Doch diese Dinge gehören mehr in die Enzyklopädie der Einzelwissenschaften. Von rein philosophischem Interesse dagegen sind die Gedanken des Aristoteles über Raum und Zeit, über die Ewigkeit der Welt und die Frage ihrer Endlichkeit.

ββ) Ewigkeit der Welt

Die Welt ist ihm ewig, nicht nur ihrem Stoffe nach, wie die Vorsokratik auch immer schon angenommen hatte, sondern ist ewig auch in ihren Formen, also ihren jetzigen Gestaltungen. Das Entstehen und Vergehen betrifft nur die Einzelwesen. Die Arten dagegen sind ewig. Für Aristoteles gibt es darum kein Problem der Entstehung der Arten (Deszendenz). Menschen habe es immer gegeben, wenn sie auch zeitweilig durch große Katastrophen weithin ausgetilgt wurden. Das Eidos Mensch sei nie untergegangen, wie ja überhaupt Materie und Form immer ewig sind. Offenkundig eine platonische Theorie! Trotzdem polemisiert Aristoteles gegen Platon, weil er einen Anfang der Welt in der Zeit angenommen hätte. Für Aristoteles zeigt sich die Ewigkeit der Welt außer in Materie und Form besonders in den ewigen Sternen sowie in der Lehre von der Ewigkeit der Bewegung (Phys. *Θ*, 1). Hätte die Bewegung einmal einen Anfang gehabt, dann wäre das nur möglich gewesen durch eine andere, dem Anfang schon vorausgehende Bewegung; denn etwas wird nur aktuell durch ein anderes Aktuelles; dieses auch wieder durch ein anderes und so immer zu, bis wir zu einem ersten Bewegenden kommen, das aus sich selbst ist, reine Aktualität und als solches immer in Bewegung sein muß. Ebenso kann es kein Ende der Bewegung geben; denn dieses Ende müßte auch wieder bewirkt werden durch ein anderes Aktuelles, das also die bisherige Bewegung überdauert. Darum ist die Welt ewig. Ewig allerdings nicht im Sinn der Zeitlosigkeit, sondern der grenzenlosen, unermeßlichen Zeit. Die echte Ewigkeit ist nämlich auch für Aristoteles Zeitlosigkeit.

γγ) Der Raum

Der Raum (Phys. *Δ*, 7 und 8) fällt nicht mit der Materie zusammen, wie Platon dachte; auch nicht mit der Gestalt der einzelnen Körper oder mit ihrer Entfernung voneinander. Er ist vielmehr „die Grenze des umschließenden Körpers gegen den umschlossenen" (212 a 6). Aristoteles denkt sich alle Körper als von anderen Körpern umschlossen und so entsteht ihr Ort (individueller Raum). Auch die Welt als ganze ist umschlossen von einer Grenze, dem Himmelsgewölbe, und dadurch entsteht der allgemeine Raum. Es gibt darum keinen leeren Raum, wie gegenüber Demokrit mit vielen Gründen dargetan wird. Der Raum ist sonach ganz realistisch gedacht: Alles ist mit Körpern erfüllt. Es gibt gar keine leeren Zwischenräume. Nur insofern wir den umschlossenen Körper vom umschließenden abheben, rein grenzenmäßig, ohne auf den Inhalt zu achten, stoßen wir auf einen neuen Sachverhalt, den wir Raum heißen. Der Raum ist somit stabil, und nur so gäbe es ein Oben und Unten; nur so auch eine Bewegung, weil nur so eine Berührung möglich wird. Im leeren Raum müßte alles richtungslos auseinanderfließen und sich allüberallhin bewegen. Außerhalb der Welt, die alle Körper überhaupt umschließt und außer der es nichts mehr gibt, gibt es darum auch keinen Raum. Nur innerhalb der Welt sind die Körper im Raum. Die Welt selbst und als Ganzes ist nicht im Raum.

Viel mehr als die eigentliche Metaphysik hat diese, die Sprache des Alltags sprechende realistische Auffassung des Raumes und der Körper Aristoteles jene realistische Note gegeben, unter der ihn das Mittelalter kannte und die Neuzeit bekämpfte.

88) Die Zeit Die Zeit (Phys. Δ, 10 und 11) wird ähnlich realistisch verstanden. Sie ist „die Zahl (das Maß) der Bewegung in Hinsicht auf das Früher oder Später" (Phys. Δ, 11; 220 a 24). Ohne Bewegung keine Zeit; denn nur durch das Vorüberfließen der Einzel-Stadien der Bewegung kommen wir zur Auffassung eines Früher und Später. Eine solche Bewegung nimmt die Seele schon in sich selbst wahr, in ihrem eigenen Leben, auch wenn wir nicht gerade eine körperliche Einwirkung von außen erfahren. Trotzdem bleibt die Zeit real mit der Körperwelt verbunden. Außerhalb unserer Welt gibt es darum auch keine Zeit, wie es auch keine leere Zeit geben kann. Die Maßeinheit der Zeit ist das Jetzt, der unmittelbare Augenblick. Er ist etwas Geheimnisvolles, weil er die Zeit einerseits trennt in Vergangenheit und Gegenwart, andrerseits aber auch wieder verbindet. Durch das Trennen entsteht die Verschiedenheit der Zeit, durch das Verbundensein im Jetzt ihre Kontinuität. Daß die Zeit endlos ist, wurde schon erwähnt. Sie muß es sein, weil jeder Zeitpunkt, wenn

er wirklich Zeit sein will, immer wieder Zeit hinter sich und vor sich haben muß, es also ein wirkliches Ende der Zeit nie geben kann.

Trotzdem ist die Welt nicht unendlich. Aristoteles kennt von der Vorsokratik her den Begriff des Unbegrenzten (ἄπειρον). Er faßt ihn aber nicht mehr wie diese Denker als etwas Substantielles auf, sondern nur als eine Eigenschaft. In diesem Sinn aber lasse sich ein Unendliches nicht denken. Der Körper hat seinem Begriff nach Flächen und damit Grenzen. Ebenso besage der Begriff der Zahlen etwas Auszählbares; was aber auszählbar ist, ist nicht unendlich. Wie sollte ferner ein Körper, und die Welt als Ganzes ist ein Körper, im Unendlichen sein können? Es gibt hier doch weder ein Oben noch ein Unten, weder ein Linkes noch ein Rechtes, keine Mitte und keinen Umkreis, weil es ja hier überhaupt keinen Raum gibt. Vor allem aber besage der Begriff des Unbegrenzten soviel wie das Unvollendete, und das heißt für Aristoteles das Unfertige und Ungeformte. Weil aber die Form Prinzip seiner Metaphysik ist, darum kann die Welt schon deswegen niemals unendlich sein. Da er aber in der Zeit doch auf etwas Grenzenloses gestoßen ist, und ebenso auch in der unendlichen Teilbarkeit physikalischer Größen sowie in der unbegrenzten Vermehrbarkeit der Zahl, entscheidet er sich für die Erklärung: Das Unbegrenzte gibt es nur im Reich des Möglichen, nicht aber im Reich des Wirklichen, es ist etwas Werdendes, nicht etwas Vollendetes, was zwar mit den beiden letztgenannten Tatsachen zusammenstimmen mag, nicht aber mit seiner Lehre von der grenzenlosen Zeit. Ein real Unendliches könne es nur geben im Reich des Unkörperlichen. Aristoteles denkt dabei an seinen unbewegten Beweger, der unendlich ist an Sein und Leben, Kausalität und Kraft.

εε) Das Unbegrenzte

Das erste, was Aristoteles in Hinsicht auf Gott feststellt, ist die Tatsache, daß er existiert. Er kommt zu dieser Erkenntnis, weil er das Problem der Bewegung zu Ende denkt. Seitdem steht sein Bewegungsbeweis unter den verschiedenen Gottesbeweisen an erster Stelle. Der Gedankengang, den Aristoteles Phys. *H*, 1; *Θ*, 5 und 6 sowie Met. *Λ*, 6 entwickelt, ist folgender: Wenn alles, was in Bewegung ist, von einem anderen bewegt wird, so kann das auf zweierlei Weise geschehen. Dieses andere kann selbst wieder von einem

γ) Gott

αα) Existenz Gottes

anderen bewegt sein; dies auch wieder und so immer zu. Oder aber es ist nicht mehr von einem anderen bewegt, und dann liegt in ihm ein „erstes Bewegendes" vor. Ein derartiges erstes unbewegtes Bewegendes (πρῶτον κινοῦν ἀκίνητον) müssen wir nun annehmen, auch wenn alles immer wieder von einem anderen bewegt wird; denn man kann nicht ins Unendliche zurückgehen in jener Abhängigkeit des einen vom anderen; und zwar deswegen nicht, weil es, wenn wir die Möglichkeit eines endlosen Zurückgehens annehmen, ein Erstes nicht gibt. Wenn sonach der regressus in infinitum ausscheidet und es ein Erstes gibt, das in Bewegung ist, ohne von einem anderen bewegt zu sein, dann bewegt es sich selbst. Damit aber haben wir nun etwas vor uns, was durch sich selbst ist, „unbewegt", d. h. von keinem anderen weder an sich noch akzidentell mehr abhängig ist, und was ewig und notwendig sein muß; es ist reinste Aktualität; denn wohnte ihm noch irgendeine Potentialität inne, dann könnte es möglicherweise auch nicht sein, wäre also nicht notwendig. Dadurch unterscheidet es sich von den anderen, nur relativen Selbstbewegern, die wir im Lebendigen vor uns haben oder auch in den Sphärengeistern, die immer noch irgendwie, wenn auch nur akzidentell, von einem anderen abhängig sind. Das Letzte und Erste jedoch ist reine Subsistenz. Deswegen polemisiert Aristoteles auch gegen die platonische „Selbstbewegung". Er unterscheidet in ihr immer noch ein Zweifaches: Das Bewegte und den bewegenden Kern. Es ist darum noch Potentialität in ihr. Er selbst dagegen denkt nur an das reine Urprinzip reiner Aktualität. Wie Thomas von Aquin dazu bemerkt, meinte das freilich Platon auch schon: „nihil enim differt devenire ad aliquod primum quod moveat se, secundum Platonem, et devenire ad primum quod omnino sit immobile, secundum Aristotelem" (S. c. g. I, 13).

Der tragenden Gedanken dieses Beweisganges sind es mehrere. Einmal basiert die ganze Überlegung auf dem Kausalitätsprinzip: Alles Werden ist Bewirktwerden durch eine Ursache, oder anders formuliert: Was aktuell ist, ist nur durch ein anderes Aktuelles, weil die Aktualität immer früher ist als die Potentialität (vgl. o. S. 199 ff.) Als weiterer Grundgedanke erscheint die Überzeugung von der Unmöglichkeit eines regressus in infinitum, der Aristoteles bei den verschiedensten Gelegenheiten immer wieder Ausdruck verleiht. Eine unendliche Reihe von Ursachen erklärt ihm nichts, weil es dann auch keine erste Ursache gibt. Wenn aber diese nicht, dann auch nicht das davon über viele, viele Zwischenglieder Abhängige (Phys. *E*, 2; 226 a 5), also die letzte unmittelbare Ursache der unmittelbaren Wirkungen, die wir doch zweifellos in der Erfahrung vorfinden. Eine unendliche Reihe, so denkt sich dies Aristoteles, kann nicht durchlaufen werden (Anal. post. *A*, 22; 82 b 39; 83 b 6. *A*, 2; 72 b 10 stellen diesen Grundsatz schon für die Logik auf, und vielleicht ist er hier sogar zu Hause), so daß wir gar nie zu einer letzten Ursache kämen und darum eigentlich kein Wissen hätten (Met. α, 2; 994 b 30); und sie kann dies insbesondere nicht in einer begrenzten Zeit, was aber der Fall sein müßte, weil die verursachte Bewegung in einer bestimmten Zeit vor sich geht und sich damit die ganze zugrunde liegende Ursachenreihe in derselben Zeit bewegen müßte, da nach Aristoteles Ursache und Wirkung immer gleichzeitig sind (Phys. *H*, 1; 242 a 15 — b 34). Drittens ist zu bemerken, daß der erste unbewegte Beweger ein „der Natur nach Früheres" ist. Einer ewigen Bewegung kann natürlich zeitlich nichts mehr vorangehen, wie es Aristoteles sonst von seinen Ursachen annimmt, wie sich gerade in dem Beweis für die Ewigkeit der Bewegung gezeigt hat. Damit nimmt die erste Ursache der Bewegung den Charakter des Grundes an. Das πρῶτον κινοῦν ἀκίνητον darf nicht als ein mechanisch wirkendes Etwas verstanden werden, sondern als ein Etwas von einer idealen Seinsweise, das dem daraus Hervorgehenden zugrunde liegt wie die platonische Hypothesis dem daran Teilhabenden. Sonst gibt es einer ewigen Bewegung gegenüber kein der Natur nach Früheres. Der aristotelische Bewegungsbeweis ist überhaupt nur eine Abwandlung des platonischen dialektischen Weges zu Gott. Hier wie dort wird das Sein zerteilt in abhängiges und unabhängiges Sein. Hier wie dort steht das Absolute „jenseits an Würde und Kraft"; ist alles andere grundgelegt durch das Absolute; kommt alles Sein und Werden zustande dadurch, daß das Niedere sein will wie das Höhere; auch der aristotelische Gott bewegt die Welt, wie eine Idee etwas bewegt, „wie das Geliebte das Liebende", wie wir sogleich hören werden; sogar die äußeren Sphären verhalten sich ja zu den inneren wie die Form zum Stoff, und vom Stoff erklärt Aristoteles bekanntlich, hier ganz Platoniker, daß er sich nach der Form „sehne" (Phys. *A*, 9; 192 a 16 ff.) und dadurch seine Bewegung erhalte.

ββ) Natur Gottes

Die Erkenntnis, daß Gott ist, führt, wenn man ihre Grundgedanken weiterdenkt, auch zur Erkenntnis dessen, was er ist (Met. *Λ*, 7 und 8).

Sein

Dreierlei ist nach Aristoteles grundlegend für die Natur Gottes: Gott ist Sein, Geist und Leben. Dazu kommt noch die Angabe, daß er absolut vollkommen ist, nur einer und der Welt gegenüber transzendent. Das Sein von Gott auszusagen, ist nicht ohne weiteres möglich, da das Sein einen verschiedenen Sinn hat und auch dem Nichtgöttlichen zukommt. Darum muß dieser Gedanke näher erklärt werden. Das Sein kommt Gott in einem besonderen Sinn zu. Gott hat nicht Sein, sondern ist das Sein. Das will heißen: Alles Sein in dieser Welt leitet sich auf Grund der Kausalität letztlich von Gott her, wie dies der Beweis für das Dasein Gottes gezeigt hat. Es ist seinem Wesen nach immer kontingent, mit Möglichkeit vermischt und bedarf darum zu seiner Verwirklichung eines Früheren, dieses auch wieder und so immer zu, bis wir, soll nicht alles in der Luft hängen, zu einem Seienden kommen, das aus sich selbst ist, reine Wirklichkeit ist ohne jede Potentialität, das darum auch immer und notwendig ist. Die Natur Gottes besteht sonach in der Aktualität (ἐνέργεια, actus purus), der Aseität, der Ewigkeit und Notwendigkeit. „An diesem Prinzip hangen der Himmel und die Natur" (1072 b 13; 279 a 28). Aristoteles faßt die Natur Gottes auch als reine Form (τὸ τί ἦν εἶναι πρῶτον: 1074 a 35). Dieser Gedanke versteht sich daraus, daß für ihn alles Werden Formwerdung ist und daß die Wirkursache mit der Formursache zusammenfällt, so daß die Ursache aller Ursachen auch die Form aller Formen sein muß. Damit wird klar, wieso Gott das Sein ist. Er ist das Ganze, weil alles, was ist, dank seiner Ursächlichkeit ist und in ihm aufgehoben war. Ebenso wird klar, daß der Begriff des ersten unbewegten Bewegers „dem Geiste nach ein platonischer Gedanke ist" (Jaeger, Arist. 145). Wenn es nicht schon der Gedankengang getan hätte, dann sind es die Termini „erste Form" und „hängen an einem ersten Prinzip", die die Erinnerung an die Ideenpyramide der platonischen Dialektik hervorrufen, wo auch an der Idee der Ideen alles Untergeordnete hängt und wo in dieser ersten Form alle anderen Formen aufgehoben und daraus auch wieder ableitbar sind, wenn auch Aristoteles selbst den Ausdruck Gott „Form der Formen" nicht gebraucht, aber der Terminus ἀρτᾶσθαι, den er gerade an den entscheidenden, soeben zitierten Stellen verwendet, ist typisch für die Diskussionen um Setzung und Aufhebung der niederen durch die höheren genera vom aristotelischen Protreptikos bis herauf zu Sextus.

Der viel erörterte Satz des Aristoteles, daß der unbewegte Beweger die Welt bewege wie das Geliebte das Liebende (ὡς ἐρώμενον: 1072 b 3), ist deshalb kein Widerspruch und auch nicht ein unerledigtes, platonisches Residuum, sondern echter Platonismus. Für den Metaphysiker des Hylemorphismus hat alles Werden und alle Bewegung einen eidetisch-teleologischen Sinn. Der Stoff sehnt sich nach der Form und will werden wie sie, so wie für Platon sich alles nach der Idee sehnt, was an ihr teilhat. Das höchste Sein ist darum für Aristoteles auch zugleich der höchste Wert, das ens perfectissimum. Weil alles nach diesem höchst Vollkommenen strebt, setzt es die Welt in Bewegung durch die Liebe. Die aristotelische Welterklärung ist keine atomistisch-mechanistische, sondern eine idealistisch-spiritualistische. Auch Aristoteles kann sagen: „So herrsche denn Eros, der alles begonnen" (Goethe, Faust II, Vers 8479), oder wie Dante das noch besser ausdrückt: „Ich glaube an Gott, den ewig einen, der kreisen läßt das All, selbst unbewegt, durch seiner Liebe Kraft, der selbstlos reinen" (Div. Comm. III, 24). Das alles ist mit dem Hylemorphismus gegeben.

Wenn die Natur Gottes als Aktualität und Aseität, als das ganz vollkommene Sein charakterisiert wird, dann gehört damit zur Natur Gottes auch die Unkörperlichkeit; denn alles Körperliche bedeutet Materialität und damit Möglichkeit. Es gehört ferner dazu die Raumlosigkeit; denn Raum und Körper bedingen sich gegenseitig. Und schließlich gehört dazu die Unveränderlichkeit und zeitlose Ewigkeit; denn das Vollkommene bedarf keines Zuwachses, keiner Veränderung und keines Werdens, also auch keiner Zeit, die ja nichts anderes ist als nur das Maß der Veränderung (De coelo *A*, 9). Wenn Aristoteles sich umsieht nach einer Gegebenheit, in der diese Eigenschaften sichtbar wurzeln, dann findet er hierfür nur den Nous. Auch er ist ewig, göttlich, leidenslos, jenseits der vergänglichen Zeitlichkeit. Deutlich fühlt man Geist hier den Einfluß der Lehre des Anaxagoras über den Nous und der Gedanken Platons über den κόσμος νοητός. Darum ist auch für Aristoteles Gott reiner Geist und reines Denken; und zwar Denken seiner selbst (νόησις νοήσεως); denn wie könnte das Vollkommene etwas anderes denken als sich selbst (Met. Λ, 9).

Leben Und so führt dieser Gott ein ewiges, seliges Leben; „denn die Wirklichkeit und Wirksamkeit des Geistes ist Leben" (1072 b 27). Geist und Leben (Seele) sind für die Antike kein Gegensatz; sondern umgekehrt, wenn Leben oder Seele Selbstbewegung ist, dann ist jene geistige, immaterielle Aktualität erst recht Leben im Vollsinn: das göttliche und unsterbliche Leben durch alle Ewigkeit hindurch. Daß es aber seliges Leben sein muß, ergibt sich von selbst aus der Vollkommenheit Gottes. Aristoteles versucht dies aber noch besonders an einem Beispiel zu erläutern. Wenn uns Sterblichen schon das Erwachen und der Beginn der Sinnes- und Denkfähigkeit als eine Wonne erscheint, wieviel mehr muß dann höchste Seligkeit sein, was reinstes und höchstes Denken ist (Met. Λ, 7). „O ewig Licht, das du in dir allein dich selbst erkennend und von dir verstanden in Liebe ruhst, du freust dich lächelnd dein!" (Dante, Div. Comm. III, 33.)

In den Gedanken des Aristoteles über die Natur Gottes spüren wir unverkennbar die Nähe Platons. Wie für diesen die Idee des an sich Guten Ursprung von Sein und Leben ist, so liegen auch bei jenem im obersten Prinzip Sein und Leben beschlossen. Und ebenso sehen beide den Geist in der Natur Gottes; Platon denkt dabei allerdings mehr an den objektiven Geist; Aristoteles jedoch bereits an den lebendigen Geist. Der Stagirite ist in der Darlegung der Natur Gottes kühner. Während Platon sich scheut, eine unmittelbare Aussage über die Natur seines höchsten Prinzips zu treffen, erklärt Aristoteles fest und bestimmt: Gott ist das realste Sein, ist denkender Geist und seliges Leben.

Persönlichkeit? Die beiden letzteren Begriffe hören sich an, als liege dem Aristoteles das Wort vom persönlichen Gott auf der Zunge. Sicher ist das aber nicht. Kein Zweifel jedoch kann bestehen über die Transzendenz Gottes. Auch er ist wieder jenseits an Kraft und Würde, wie die platonische Idee des Guten; denn er ist das Unabhängige gegenüber dem Abhängigen, das Notwendige gegenüber dem Kontingenten, das Schöp-

Transzendenz Gottes

ferische gegenüber dem Geschaffenen. Im Verhältnis zur Welt ist Gott etwas anderes, wenn auch nicht das ganz Andere. Und ebenso besteht Klarheit über die Einheit und Einzigkeit Gottes. Eine Einheit muß das göttliche Prinzip sein, weil es Teile nur im Bereich des Ausgedehnten gibt. Daß aber nur ein Gott existiert, ergibt sich aus der teleologischen Grundstruktur der aristotelischen Metaphysik, wonach alles Sein auf ein oberstes Ziel hingerichtet ist. Mehrere Ordnungsprinzipien anzunehmen, wie Speusipp dies getan habe, müßte heißen, daß es überhaupt keine Ordnung gibt. Diese einheitliche Ordnung der ganzen Welt aber erleben wir doch täglich. Die Welt steht unter einer einheitlichen Leitung wie ein Heer. Eben deswegen sprechen wir ja von einem Kosmos. Und dem soll auch so sein; denn, so zitiert Aristoteles aus Homer, „nicht gut ist die Vielherrschaft, einer soll Herrscher sein" (Met. Λ, 10).

Literatur

a) Zur allgemeinen Metaphysik: A. Schwegler, Die Metaphysik des Aristoteles. Text, Übersetzung und Kommentar. 4 Bde. (1847/48). H. Bonitz, Aristotelis Metaphysica. Recognovit et enarravit. 2 Bde. (1848/49). Fr. Brentano, Von der mannigfachen Bedeutung des Seienden nach Aristoteles (1862). W. Jaeger, Studien zur Entstehungsgeschichte der Metaphysik des Aristoteles (1912). W. D. Ross, Aristotle's Metaphysics. A Revised Text with Introduction and Commentary. 2 Bde. (Oxford 1924). J. Owens, The Doctrine of Being in the Aristotelian Metaphysics (Toronto 1951). H. Reiner, Die Entstehung und ursprüngliche Bedeutung des Namens Metaphysik. In: Ztschr. f. philos. Forschung VIII (1954). Vgl. auch K. Kremer u. S. 312. A. Mansion, Philosophie première, philosophie seconde et métaphysique chez Aristote. Revue de philosophie de Louvain 56 (1958). M. Heidegger, Zum Wesen und Begriff der φύσις. Arist. Phys. B, 1. Il pensiero 3 (1958). J. Stallmach, Dynamis und Energeia. Untersuchungen am Werk des Aristoteles zur Problemgeschichte von Möglichkeit und Wirklichkeit (1958). J. Hirschberger, Paronymie und Analogie bei Aristoteles. In: Philos. Jahrbuch 68 (1960). W. Marx, Einführung in Aristoteles' Theorie vom Seienden (1971).

b) Zur Seelenlehre: A. Trendelenburg, De anima libri tres. Rec., commentariis illustr. (1833, Ed. altera emendata et aucta 1957). F. Brentano, Die Psychologie des Aristoteles, insbesondere seine Lehre vom Nous poietikos (1867). Ders., Aristoteles' Lehre vom Ursprung des menschlichen Geistes (1911). P. Siwek, La psychophysique humaine d'après Aristote (Paris 1930). W. D. Ross, Aristotle's Parva naturalia. Text, Introd., Commentary (Oxford 1955). Aristoteles, Über die Seele. Übersetzt von W. Theiler (1959).

c) Zur Lehre von der Welt: H. Diels, Elementum (1899). P. Duhem, Le système du monde I (Paris 1913). H. H. Joachim, Aristotle on Coming-to-be and Passing-away. A Revised Text with Introduction and Commentary (Oxford 1922). W. D. Ross, Aristotle's Physics. A Revised Text with Introd. and Commentary (Oxford 1936). A. Mansion, Introduction à la Physique Aristotélicienne (Louvain [2]1946). F. Solmsen, Aristotle's System of the Physical World (Ithaka 1960). W. Wieland, Die aristotelische Physik (1962). I. Düring (Hrsg.), Naturphilosophie bei Aristoteles und Theophrast (1969). H. Happ, Hyle. Studien zum aristotel. Materiebegriff (1971).

d) Zur Gotteslehre: A. Boehm, Die Gotteslehre bei Aristoteles auf ihren religiösen Charakter untersucht (1916). R. Jolivet, Aristote et la notion de la création. Revue des sciences philos. et théolog. 19 (1930). M. de Corte, La causalité du premier moteur dans la philosophie aristotélicienne. Revue d'histoire de philosophie 5 (1931). H. v. Arnim, s. oben S. 161. W. Pötscher, s. unten S. 244. H. J. Kraemer, Grundfragen der aristotel. Theologie; in: Theologie und Philosophie 44 (1969).

## C. DAS GUTE UND DIE GEMEINSCHAFT

Wie Logik und Metaphysik ist auch die Ethik eine Wissenschaft, in die für alle Zeiten der Name des Aristoteles eingegangen ist. Freilich nur die Sittenlehre des reifen, späten Aristoteles, wie sie in der Nikomachischen Ethik niedergelegt ist. Die der Frühzeit, wo er noch im Stile Platons auch in der Ethik stark theonom und metaphysisch denkt, ist weniger bekannt. Aristoteles hat auch hier eine Entwicklung durchgemacht, wie wir sehen werden.

### a) Ethische Prinzipienfrage

Erstes Problem ist die ethische Prinzipienfrage. Worin besteht das Wesen des sittlich Guten? Die Antwort lautet wie immer bei den Griechen: in der Eudämonie. Sie ist das höchste Gut. Griechische Ethik ist stets Güterethik, wenigstens in der Terminologie. Aber das ist eine nur ganz vorläufige Antwort; denn wir müssen sofort weiter fragen: Was ist Eudämonie, was ist das Glück?

Aristoteles setzt sich in dieser Frage, wie er es auch sonst gewohnt ist, zunächst mit Meinungen auseinander, die er ablehnt (Eth. Nik. *A*, 3—6). So könne die Eudämonie nicht in der Lust oder im Genuß zu finden sein; denn das stünde auch dem Tiere offen, und es wäre dann unser Gutsein nichts anderes als Wohlbehagen; dann hätte der Mensch in seiner Wertwelt dem lieben Vieh gegenüber nichts Wesentliches voraus. Wenn das Glück in der Lust besteht, dann sind die Ochsen glücklich zu preisen, wenn sie Erbsen fressen, hatte schon Heraklit gesagt. Aber auch die Ehre, die Ansehen und Geltung im öffentlichen Leben einbringt, könne die Eudämonie nicht ausmachen; denn soll die Ehre nicht bloß rein äußerlich von der Zustimmung der anderen abhängen, sondern innerlich im Menschen begründet sein, dann muß man schon gut sein, um Berechtigung auf Ehre zu haben, und die Ehre ist sonach nicht der Grund unserer Eudämonie, sondern unser Gutsein der Grund für die Ehre.

α) Die allgemeine Menschennatur als sittliches Prinzip

Aristoteles sieht darum das Wesen der Eudämonie und damit das Prinzip des sittlich Guten in der vollkommenen Betätigung der menschlichen Wesensart: Jedes Ding, besonders jedes Werkzeug, habe sein Wesen und seinen Sinn. Erfüllt es diese Aufgabe, dann ist es gut. So sei es auch mit dem Menschen. Wird er seinem Wesen und den darin grundgelegten Aufgaben gerecht und erfüllt somit den Sinn seines Daseins, dann heißen wir einen solchen Menschen gut und glücklich zugleich (Eth. Nik. *A*, 6 und 9). Was den Inhalt der allgemeinen Menschennatur ausmacht, was also den Menschen erhebt und was ihn erniedrigt, scheint Aristoteles dabei ohne weiteres zu wissen. Der moderne Mensch käme hier in einige Verlegenheit, weiß er doch nicht immer, ob der Mensch ein Tier ist oder etwas wesenhaft davon Verschiedenes; von der Uneinigkeit über menschlich-sittliche Werte ganz abgesehen. Aristoteles befindet sich in einer glücklicheren Lage. Er braucht keine philosophische Anthropologie zu schreiben, offenbar deswegen nicht, weil von der Akademie her das Eidos Mensch als bekannt vorausgesetzt werden kann. Die allgemeine Menschennatur, die Aristoteles als Prinzip der Sittlichkeit im Auge hat, ist denn auch nicht die durchschnittliche Menschennatur, die aus der Erfahrung des tatsächlichen Lebens als ein allgemeiner Begriff abgehoben wird. Der Ursprung des sittlichen Prinzips ist auch bei ihm kein rein empirischer. Die allgemeine Menschennatur des Aristoteles ist die ideale Menschennatur. Ihren Inhalt legt er auseinander und macht ihn fruchtbar für die Moral auf dem Weg über die Tugendlehre. Gut und glücklich ist darum der Tugendhafte. Was Aristoteles unter den Tugenden meint, ist das, was wir heute als Werte bezeichnen. Sein Menschenbild setzt sich darum zusammen aus den Werttafeln seiner Tugendlehre. Es ist eine unerläßliche Aufgabe, solche Werttafeln aufzustellen, soll sein ethisches Prinzip keine allgemeine, inhaltsleere Formel bleiben. Er wird es denn auch tun.

Doch ist Aristoteles kein Tugendfanatiker. Die geistig-sittlichen Werte bilden zwar das eigentliche Fundament der Eudämonie; soll sie aber vollkommen sein, dann müssen zu den inneren Qualitäten des Menschen auch noch eine Reihe äußerer Güter hinzukommen: edle Geburt, Reife und Vollendung des Lebens, Wohlstand und Sorglosigkeit, Freiheit von jener banausischen Arbeit, die Handwerker und Geschäftsleute zu verrichten haben, angesehene Stellung, Kind und Familie, Freunde, Gesundheit, Schönheit, geselliges Leben und gepflegte Kultur. Und dies alles, die inneren und äußeren Werte der Eudämonie, soll der Mensch besitzen und betätigen. Also nicht bloß besitzen. Auch die Eudämonie ist für Aristoteles Energeia. Und dies alles ein ganzes Leben lang. Der ist nicht der gute und glückliche Mann, der nur für kurze Zeit so lebt, sondern wem dieses Leben zu einer dauernden Verfassung geworden ist; denn „eine Schwalbe macht noch keinen Sommer".

β) Hedonismus? Das klingt nun fast nach Hedonismus. Aristoteles hat sich mit dem Problem der Lust dreimal eingehend befaßt: Rhet. *A*, 11; Eth. Nik. *H*, 12—15 und *K*, 1—15. Er kritisiert die radikale Ablehnung der Lust durch Platon, besonders in der ersten Lust-Abhandlung der Nik. Ethik im Buch 7, aber auch in der zweiten im Buch 10. Es sei, wenn von der Lust die Rede ist, grundsätzlich zu unterscheiden zwischen Lust im Sinn von Lust auf etwas (Begierde) und Lust im Sinn von zufriedenem Glück über etwas. Nur für die Lust im ersteren Sinn trifft es zu, was Platon gegen die Lust überhaupt einwendet, daß sie aus der Unlust entspringe, nur ein Werden sei und ihren Zweck außer sich habe; die Lust im letzteren

Sinn aber ist etwas anderes, nämlich die Kehrseite der naturgemäßen Tätigkeit. Alles was naturhaft geschieht, ist zugleich schön und bringt Freude mit sich. Und je echter und natürlicher etwas ist, desto beglückender ist es auch. Die Lust ist darum mit der Vollkommenheit gegeben, und der sittlich Beste wird auch der Glücklichste sein. Darum fällt die Lust nicht unter die Kategorie des Unbestimmten (Apeiron), sondern ist wesenhaft determiniert durch die ihr zugrunde liegende Tätigkeit. Damit kommt Aristoteles zu einer Rangordnung der Lüste, entsprechend der Rangordnung der Güterwerte des Seienden. Zu oberst steht die Lust, die mit dem reinen Denken verknüpft ist; nach ihr folgt die Lust, die mit den sittlichen Tugenden verbunden ist; und zu unterst stehen die sinnlich-körperlichen Lüste, soweit sie notwendig sind, d. h. sich in dem durch die Natur selbst vorgeschriebenen Weg und Maß bewegen.

Aus dem Gesagten sieht man nun aber auch sofort, daß für Aristoteles die Lust nichts Erstes, daß sie kein Prinzip ist. Prinzip des sittlich Guten ist die naturhafte Ordnung. Die Lust ist nur Begleiterscheinung. Die Lust als Gelüste, als Gefallen oder als Neigung entscheidet von sich aus nichts über gut und böse; die Lust aber als zufriedenes Glück setzt umgekehrt die metaphysisch-ethische Entscheidung schon voraus, wird jedoch zum Symptom und Index der vollkommenen Erfüllung einer solchen zeitlosen und objektiven Ordnung. Darum gibt es gute und schlechte Lüste und eine Rangordnung innerhalb der guten Lust, entsprechend der Ordnung des Seins jener Tätigkeiten, an die sich die Lust anschließt. Deswegen polemisiert Aristoteles auch gegen Eudoxus von Knidos und lehnt seinen Hedonismus ab (Eth. Nik. *K*, 2). Der sittlich Rechtschaffene tut das Gute nicht, weil es ihm Lust einbringt, sondern um seiner selbst willen. Das Glück kommt dem Menschen überhaupt nicht dann zu, wenn er ihm gierig nachjagt nur um des Glückes willen, sondern wenn er tut, was recht ist: „So steht denn fest, daß jedem nur so viel an Glück zufällt, als er Tugend und Einsicht besitzt und dementsprechend handelt. Ich rufe als Beweis Gott zum Zeugen an, der selig und glücklich ist, aber durch kein äußeres Gut, sondern nur durch sich selbst und die Beschaffenheit seiner Natur“ (Pol. *H*, 1; 1323 b 21). In der ethischen Prinzipienlehre geht sonach Aristoteles mit

Platon einig, und er ist auch, was die Entstehung des Rechtsanspruches des sittlichen Wertes betrifft, nicht weniger Vertreter einer objektiven und normativen Ethik als Kant, ohne aber damit zum Rigoristen zu werden. Er vermeidet den Rigorismus durch die Erkenntnis, daß der naturhaften Ordnung des Lebens eine Folge von Erscheinungen parallel laufen, die wir Lust heißen und in denen sich die Vollendung des Lebens spiegelt, eine Tatsache, der Platon erst im Alter, Kant nie gerecht geworden ist.

γ) Vom Ursprung sittlicher Erkenntnis

Wenn die ideale Menschennatur den Inhalt des sittlich Guten ausmacht, dann muß uns Aristoteles zeigen, wo und wie uns dieses Gute als Gutes in seiner Werthaftigkeit erstmals einsichtig wird. Wo geht uns die Evidenz des Wertes auf? Bei Platon war es die Idee des an sich Guten, wodurch alles Sollen gesichert wurde. Aristoteles lehnt die Idee schon in der Metaphysik ab, er widerspricht ihr auch wieder in der Ethik (Eth. Nik. *A*, 4). Das Gute könne sowenig wie das Sein auf einen gemeinsamen Nenner gebracht werden; es sei vielgestaltig und darum analog zu verstehen, sei etwas Eigentümliches in jedem Fall, aber nicht ein gemeinsamer Gattungsbegriff wie die platonische Idee. Wo man nach dem Guten trachte, selbst im Handwerk, sähe man darum immer auf den konkreten Fall, aber nicht auf ein für alles gleiches Gutes, ganz abgesehen davon, daß ein Gutes an sich, weil es ja „getrennt" sei, nicht realisiert werden könnte. Aristoteles muß darum den Rechtsanspruch des Guten anderweitig aufleuchten lassen.

αα) φρόνησις

Einen solchen Versuch vermittelt der Begriff der Einsicht (φρόνησις). Die Einsicht ist die Quelle sittlich guten Handelns. Tugendhaft handelt, wer so handelt wie der einsichtige Mann. Seine Haltung erklärt darum Aristoteles als maßgebend für das, was zu tun und zu lassen sei. Da jedoch den Menschen verschiedenes, ja sogar Widersprechendes als Einsicht erscheint, müßte Aristoteles sagen, welche Einsicht die entscheidende und richtige ist, woran man sonach den Einsichtigen objektiv erkennt und was, wenn man die Einsicht noch nicht besitzt, auch das objektive Richtmaß ist, das uns zur rechten Einsicht führt, damit wir unter den vielen, die sich einsichtig heißen, nicht den Verkehrten ergreifen. Ein zweiter Versuch liegt vor im Begriff der rechten Vernunft

ββ) ὀρθὸς λόγος

(ὀρθὸς λόγος, ratio recta). Hier wird die Vernunft zwar sofort näher determiniert, aber nur formal und nicht inhaltlich; denn was ist denn nun „richtig“? Die Menschen pflegen alles mögliche als richtig zu bezeichnen. Wir fragen wieder, woran erkennen wir die richtige Richtigkeit? Vielleicht an der rechten Mitte (μεσότης) ? Und diese Auskunft bildet einen dritten Versuch. Mit dem Begriff der Mesotes nimmt Aristoteles ein Element auf, das dem griechischen Denken schon weithin geläufig war. Er baut es aus, indem er zeigt, wie eine Reihe von Tugenden in der Mitte zwischen zwei Extremen liegen, freilich nicht in einer mechanischen, sondern in einer für den besonderen Fall je besonders proportionierten Mitte. So liegt z. B. die Tapferkeit nicht ganz gleich in der Mitte zwischen Feigheit und Tollkühnheit, sondern etwas näher an der Tollkühnheit, wie umgekehrt die Sparsamkeit wieder etwas näher am Geiz liegt als an der Verschwendungssucht. Allein, um die Mitte zwischen zwei Extremen bestimmen zu können, muß man schon wissen, was Tugend und was Laster ist. Der Begriff der Mitte erschließt die Erkenntnis der Tugend nicht erstmalig und schöpferisch a priori, sondern reflektiert nur über ein schon vorhandenes Wissen. Er ist darum auch kein Ursprung sittlicher Erkenntnis. Schließlich könnte man noch an den Begriff des Schönen denken und versuchen, von hier aus den sittlichen Wert zu erhellen. Aristoteles spricht das Gute oft als das Schöne an (καλόν), besonders in der Rede von der Kalokagathie. Das ist stehende, echt griechische Anschauung, und sie kehrt heute noch wieder in dem viel gebrauchten Wort vom „Guten und Schönen“. Allein, auch das ist nur ein Rahmenbegriff; denn was ist nun das Schöne? Dieser Begriff ist so wenig eindeutig wie die vorher angeführten. Tatsache ist, daß Aristoteles kein Wertkriterium angegeben hat, das das sittlich Gute, ohne es vorauszusetzen, erstmalig neu begründen ließe. Vielleicht hielt er dafür, daß das ethische Anliegen durch die Arbeit der Akademie bereits so gesichert war, daß er, im Effekt wenigstens, ihr Erbe antreten könne, selbst wenn er die idealistische Begründungstheorie Platons nicht teilte. Vielleicht auch besagt seine Bezugnahme auf die Lebensformen des einsichtigen Mannes den Hinweis auf eine Wirklichkeit, die wir heute als die Welt der Werte bezeichnen, so daß für Aristoteles das sittlich Gute praktisch, wenn auch noch nicht theoretisch, ausgewiesen wäre

γγ) μεσότης

δδ) καλόν

εε) Selbstevidenz der Werte?

durch den Blick auf seine Wirklichkeit, so wie sich die Farbe Blau oder Rot in ihrer Wesenheit und Wirklichkeit dem erschließt, der sie einfach schaut. Damit würde das ausgedehnte Interesse verständlich, das der spätere Aristoteles der konkreten Tugendlehre widmet. In der Nikomachischen Ethik vertritt denn auch Aristoteles keine theonome Moral, wie er es einst in seiner Frühzeit im Protreptikos und darnach auch noch in der Eudemischen Ethik getan hatte, und er kennt auch keine jenseitige Vergeltung für unser Leben im Diesseits. Aristoteles trägt keine Jenseitsmythen vor, die bei Platon das Sittliche wenigstens äußerlich sanktionieren, wenn auch nicht innerlich. Das Leben des sittlich guten Menschen rechtfertigt sich durch sich selbst, durch seine Erhabenheit und Schönheit. Beachtet man dies und dazu die Tatsache, daß in den Eudämonie-Begriff bei Aristoteles auch noch die äußeren Lebensgüter eingehen, dann erkennt man unschwer, daß die Ethik des Aristoteles die Ethik des sittlich hochgebildeten und kultivierten Diesseitsmenschen ist, deren Wirklichkeit man nur zu sehen braucht, um sie sofort als bejahenswert und als das Richtige, Einsichtige, Maßvolle und Schöne zu empfinden. Wie in der Metaphysik hat der spätere Aristoteles auch in der Ethik sich der Aufhellung der konkreten Erfahrungs-Wirklichkeit zugewandt.

b) Tugendlehre

In der Tugendlehre des Aristoteles sieht man nämlich besonders deutlich, daß er ein Mann der Erfahrung ist. Er definiert die Tugend, teilt ein, beschreibt sie im einzelnen mit einem erstaunlichen Blick für die vielgestaltigsten Details und zeigt praktische Wege, die zur Tugend führen. Was er dabei leistet, ist zugleich eine erste Phänomenologie der Werte, wie auch die Grundlegung einer Phänomenologie des menschlichen Charakters. Hier braucht Theophrast nur fortzufahren, um seine „Charaktere" schreiben zu können. Von der Bedeutung der Tugendlehre des Aristoteles für eine inhaltliche Erfüllung seines Menschenbildes haben wir bereits gesprochen.

α) Tugend und die Tugenden

Tugend ist für Aristoteles „jene Haltung in unserm Wollen, welche die rechte Mitte einschlägt und diese Mitte durch die Vernunft bestimmt, so wie sie der Einsichtige zu bestimmen pflegt" (Eth. Nik. *B*, 6; 1106 b 36). Kürzer: Tugend ist das naturgerechte Handeln des Menschen in seiner Vollkommenheit. Und da die spezifische Natur des Menschen in seiner Vernunft besteht, die Vernunft aber in Denken und Wollen zerfällt, ergeben sich sofort die zwei großen Hauptgruppen der Tugend, die dianoetischen und die ethischen Tugenden. Erstere sind die Vollkommenheiten des reinen Intellektes, wie sie uns begegnen in der Weisheit (σοφία), der Vernunft (νοῦς) und dem Wissen (ἐπιστήμη), wobei, wie man sieht, das Erkennen um des Erkennens, um der reinen Schau der Wahrheit allein willen (θεωρία τῆς ἀληθείας) auftritt (theoretische Vernunft), sowie im Können (τέχνη) und in der Einsicht oder Klugheit (φρόνησις), wo wir es mit angewandtem Wissen zu tun haben (praktische Vernunft) (Ethik. Nik. *Z*). In dieser Terminologie wirkt der Sokratismus und Platonismus nach, wo, wenn auch nicht in der Sache, so doch in den Worten das ganze menschliche Leben intellektualistisch aufgefaßt wird. Schon mit der Scheidung einer theoretischen und praktischen Vernunft kommt Aristoteles genauer an die Wirklichkeit heran. Noch mehr aber geschieht dies durch die Einführung des Begriffes der ethischen Tugend. Sie hat den ausdrücklichen Zweck, der Tatsache des Willens gerecht zu werden als einer geistigen Macht, die vom bloßen Wissen grundsätzlich verschieden ist. Die ethischen Tugenden betreffen nämlich die Herrschaft der Seele über den Leib und seine Begierden. Aristoteles fußt hier wohl auf der platonischen Psychologie, die bereits im Menschen einen herrscherlichen und einen zu beherrschenden Seelenteil annimmt und die sokratische Zurückführung aller Tugend auf Wissen abgelegt hatte, beschreibt aber jetzt die neue Wirklichkeit genauer und umfassender, wenn er einen Überblick über die in Frage kommenden sittlichen Tugenden gibt und sie in ihrer spezifischen Eigentümlichkeit phänomenologisch getreu darstellt als Tapferkeit, Selbstbeherrschung, Freigebigkeit, Hochherzigkeit, Seelengröße, Ehrliebe, Sanftmut, Wahrhaftigkeit, Urbanität, Gerechtigkeit und Freundschaft (Eth. Nik. *Δ*, *E*, *H*, *Θ*, *I*).

αα) Dianoetische Tugenden

ββ) Ethische Tugenden

β) Der Weg zur Tugend

Die nüchterne Wirklichkeit spricht sich bei Aristoteles auch wieder aus in der Frage nach der Entstehung der Tugend. Er sieht die große Bedeutung, die dabei einer guten Naturanlage zukommt, würdigt das hierfür nötige Wissen um die Werte und legt besonderen Nachdruck auf das bewußte

Streben nach dem Guten, ohne sich die übertriebene Thesis des Sokrates zu eigen zu machen, daß die Tugend lehrbar sei, schätzt den großen Einfluß einer guten Erziehung und verweist ganz besonders auf die Übung und Gewöhnung als die ausschlaggebenden Faktoren. Ein Baumeister wird man durch Bauen und ein guter Baumeister durch gutes Bauen; ebenso wird man ein mäßiger und gerechter Mann nur dadurch, daß man tatsächlich sich beherrscht und tatsächlich rechtlich denkt und handelt. Ganz nüchtern stellt er auch fest, daß der praktisch erfolgreichste Weg zur Tugend das Gesetz ist, das den Menschen in bestimmte Bahnen lenkt. Eine solche Legalität ist nicht ideale Sittlichkeit, ist aber materiell und objektiv gesehen wertvoll, da der Durchschnittsmensch im allgemeinen nicht direkt von philosophischen oder ethischen Idealen geleitet wird, sondern sich eben nach Sitte und Gesetz richtet.

c) Wille und Freiheit

In dem Augenblick, in dem Aristoteles die Tugend nicht mehr, wie es vor ihm geschah, besonders bei Sokrates, als ein Verstehen (ἐπιστήμη) bezeichnet, sondern als eine Willenshaltung (ἕξις προαιρετική), treibt er die Moralwissenschaft um ein gutes Stück voran. Damit wird in der ethischen Theorie ein neues Kapitel geschrieben, die Lehre vom Willen (Eth. Nik. Γ, 1—8). Der Wille ist etwas anderes als das Wissen. Man kann seine Eigentümlichkeit charakterisieren mit der Angabe, daß das Wollen ein Handeln bedeutet, dessen Prinzip in uns selbst liegt: Willenshandlung schlechthin (ἑκούσιον). Jede sittliche Handlung muß wesentlich von dieser Art sein. Aber nicht nur Willenshandlung schlechthin muß sie sein; denn daß das Prinzip des Handelns im Handelnden liegt, ist auch bei unmündigen Kindern so und auch bei Handlungen, die wir unter Zwang oder auch unbewußt ausüben. Die sittliche Handlung muß darum als spezifisch menschliche Handlung und hier wieder als Handlung des reifen Menschen noch mehr sein, nämlich freie Wahlhandlung. Der freie Wille (προαίρεσις) ist etwas Höheres als die bloße Willenshandlung schlechthin. Hier ist das Prinzip des Handelns so in uns, daß wir über unser Tun und Lassen frei und herrscherlich verfügen können. Aristoteles ist Anhänger der Willensfreiheit. Er folgert die Tatsache der Willensfreiheit direkt aus dem Zeugnis unseres Selbstbewußtseins und indirekt aus der Tatsache der Belohnung und Bestrafung. Voraussetzung für den freien Willensentscheid ist immer das Wissen um das Gewollte. Frei handeln heißt darum mit Vorsatz und Überlegung handeln. Dadurch kann die Vernunft den Willen führen, und manchmal sieht es infolge der von der sokratischen Schule herrührenden Terminologie so aus, als ob auch für Aristoteles der Willensentschluß nichts anderes wäre als die Vernunfteinsicht in ein Wertmotiv. Tatsächlich weiß aber Aristoteles, daß man gegen die Vernunft handeln kann und daß darum die sittlichen Werturteile sich letztlich auf den freien Willen als solchen beziehen. Ergebnis der ganzen Überlegung ist, was inzwischen Gemeingut in der Moral wurde, daß Wissen und Wille die grundlegenden Elemente des sittlichen Handelns sind.

d) Staatslehre

Die Vollendung und das Ganze der Sittlichkeit haben wir im Staat vor uns. Aristoteles weiß nichts von der modernen Antinomie zwischen Politik und Moral, sondern sieht in der Politik die Großorganisation der Sittlichkeit. Erst in der Gemeinschaft vollendet sich der Mensch und wird das Gute im großen Maßstab verwirklicht (Pol. *Γ*, 9; Eth. Nik. *K*, 10). Mit Gesetz ist der Mensch das edelste Wesen, ohne Gesetz das wildeste Tier. Wer zuerst den Staat ins Leben rief, war darum der Schöpfer größter Werte (1253 a 30). Der Staat ist daher nicht bloß eine Vorsorge für die Bedürfnisse des physischen Daseins oder ein Großunternehmen in Wirtschaft und Handel oder eine Einrichtung zur machtpolitischen Selbstbehauptung. All diese Aufgaben verfolgt der Staat wohl auch; seine eigentliche Aufgabe aber, der gegenüber die anderen nur dienend mitfolgen, ist das „gute“ und „vollkommene“ Leben, d. h. das sittlich und geistig kultivierte edle Menschentum. Der Staat entsteht um des nackten Lebens willen; aber er besteht um der Eudämonie, also einer sittlichen Größe, willen. Nicht die reine Utilität ist sein Sinn noch die brutale Macht, sondern die „schönen Taten“, das glückliche und schöne Leben (εὐδαιμόνως καὶ καλῶς ζῆν: Pol. *Γ*, 9; 1281 a 2). Wir arbeiten, lautet ein Grundsatz des Aristoteles, um der Muße willen und führen Krieg um des Friedens wil-

α) Zweck des Staates

len. „So falle denn dem Schönen und nicht dem tierisch Wilden die erste Rolle zu. Nicht der Wolf oder sonst ein wildes Tier mag einen schönen Kampf bestehen, sondern vielmehr der feine Mann. Die aber in der Erziehung ihrer Söhne auf Leibesübung und kriegerische Ausbildung übermäßiges Gewicht legen, um sie im Notwendigen unerzogen zu lassen, machen sie in Wahrheit zu Banausen“ (Pol. Θ, 4; 1338 b 29).

β) Entstehung des Staates

Man kann die Herkunft des Staates genetisch betrachten und metaphysisch, d. h. in Hinsicht auf sein Werden in der Zeit, bzw. auf seinen Ursprung im ideell logischen Sinn (Pol. *A*, 2).

αα) Genetisch

Was die Entstehung des Staates in Raum und Zeit betrifft, so steht hier der Staat am Ende einer Entwicklung. Physisch gesehen sind das Individuum, die Familie oder Sippe und das Dorf früher als der Staat. Da diese zeitlich früheren Gemeinschaften sich nicht genügen, weil sie in der Isolation weder stark genug sind gegen ihre Feinde noch in Arbeit, Handel und Wirtschaft genügend zurechtkommen, schließen sie sich um des Lebens willen zu einer Interessengemeinschaft zusammen, zum Staat. Er ist sich selbst genug, ist autark. Hier bei Aristoteles taucht dieser staatsphilosophische Begriff, aus dem später der Begriff der Staatssouveränität wird, erstmals auf.

ββ) Metaphysisch

Die genetische Betrachtung des Staates in der Zeit besagt aber nicht die ganze Wahrheit. Achtet man statt auf das Werden auf Wesen und Sinn, dann steht der Staat nicht am Ende, sondern am Anfang einer Entwicklung. Daß die Menschen sich zusammenschließen, ist nämlich nicht in ihr Belieben gestellt, so daß die Staatsbildung auf einem künstlich-willkürlichen Vertrag beruhen könnte, sondern sie folgen hierin einem wesenhaften Zug ihrer Natur. „Der Mensch ist von Natur aus ein geselliges Wesen“ (Pol. *A*, 2; 1253 a 2). Die Idee des Menschen ist von vornherein schon so gestaltet, daß es den Menschen zur Staatsbildung naturhaft drängt. Auch dem individuellen und familiären Sein wohnt die Konvergenz zum Staat schon inne und nicht nur als eine zufällige, sondern eine wesenhafte Seinsstruktur. Darum mitbestimmt die Idee des Staates auch schon das Werden des Individuums, der Familie und der Dorfgemeinschaft, und deswegen sagt Aristoteles vom metaphysischen Gesichtspunkt aus: „Der Staat ist früher als die Familie und der Einzelne, weil das

Ganze notwendig früher sein muß als der Teil" (Pol. *A*, 2; 1253 a 19). Den stärksten Beweis für die naturhafte Hinordnung des Menschen zur Gesellschaft erblickt Aristoteles in der Sprache. Sie will ihrer Natur nach gerade Verbindung menschlicher Wesen sein. Sie zeigt zugleich, daß die menschliche Vergesellschaftung mehr ist als tierischer Herdentrieb. Die Tiere haben nur eine Stimme, die Lust und Schmerz kundtut, die Menschen aber haben eine Sprache, und ihre Worte sind Ausdrucksmittel von Gedanken über Nützliches und Schädliches, Gerechtes und Ungerechtes, Gutes und Böses, Verständigungsmittel also über den aus Wahrheiten und Werten lebenden sittlichen Zweck des Staates.

γ) Seinsweise des Staates

Alles bisher Gesagte wird zusammengefaßt in die Theorie des Aristoteles über das Wesen des Staates. Staat ist eine Gemeinschaft von Bürgern, und Bürger ist ihm der Freie, der an Gericht und Regierung beteiligt ist. Aristoteles ist Realist. Wie scharf er die ideell-logische Priorität des Staates vor dem Individuum und der Familie auch gesehen hat, die eigentliche Seinsweise des Staates im Sinn der realen Existenz erfüllt sich für ihn in den in Raum und Zeit real lebenden Individuen, Familien und Gemeinden. Sie bilden die Elemente des Staates und seine Realität. Sie sind nicht etwa nur Durchgangsstadien, die überschritten werden müßten und die weiter keine andere Bedeutung hätten als die, nichts zu sein, damit das Ganze alles ist. Umgekehrt, nur indem sie sind, ist auch das Ganze. Sie auflösen oder zur Bedeutungslosigkeit verurteilen hieße auch den Staat auflösen und ihm seine eigentliche Realität nehmen. Deswegen ist die Idee des Ganzen nicht machtlos und kann sich auswirken und bleibt auch das logisch Frühere. Ebensosehr aber bilden die Elemente des Staates: Individuen, Familien und Gemeinden, wirkliche und wirkende Realitäten. Man erkennt in der aristotelischen Staatsphilosophie sofort wieder die ganze aristotelische Erkenntnistheorie und Metaphysik. Die metaphysische Idealität bildet die Form für alles Reale. Aber die Idee ist nicht alles, sondern neben ihr steht, anders denn bei Platon, die Realität des Individuellen und Konkreten als etwas Eigenes und Selbständiges, und von hier aus leiten sich dann die Rechte der Elemente des Staates her als der ihn tragenden ersten Realitäten. Von ihnen lebt der Staat, wie die zweite Substanz von der ersten lebt. Daß

αα) Der Staat und seine Elemente (Individuum und Gemeinschaft)

neben diesen Rechten auch Pflichten stehen, ergibt sich von selbst aus der diesen Elementen immanenten Konvergenz zum Staat. Die wesentlichen Rechte und Pflichten sind nicht durch Zufall und Gewalt entstanden, sondern sind naturhaft und a priori. Aristoteles verbindet in seiner Staatsphilosophie auf das glücklichste Idealität und Realität, das Ganze und den Teil, die Gemeinschaft und das Individuum, die Rechte und die Pflichten in einer Synthese, in der immer die eine Seite die andere voraussetzt und bejaht, so wie Korrelationsbegriffe einander immer voraussetzen und bejahen oder wie in einer polaren Spannung das Ganze durch die Gegensätze und die Gegensätze durch das Ganze sind. Die Realität des Staates verlegt Aristoteles in die Gemeinschaft der Bürger; aber er betrachtet den Staat weder einseitig summistisch noch einseitig ganzheitlich, sondern vereinigt beide Gesichtspunkte. Praktisch setzt seine Theorie vom Wesen des Staates den freien Bürger als mündige, individuelle Persönlichkeit voraus, ohne dabei einem Individualismus Vorschub zu leisten.

ββ) Kritik der platonischen Utopie

Von hier aus versteht sich nun die Kritik des Aristoteles an der platonischen Staatstheorie. Um der Einheit und Macht des Staates willen hatte Platon vorgeschlagen, für die staatstragende Schicht der Wächter die Weiber- und Gütergemeinschaft einzuführen. Aristoteles hält entgegen: Durch den Verzicht auf die Familien würden edelste menschliche Werte verlorengehen. So z. B. wäre das Verhältnis von Mann und Frau nicht mehr das der Freundschaft, des Wohlwollens und gegenseitiger Hilfe, sondern nur noch das der geschlechtlichen Zuchtwahl. Es gäbe ferner keine Enthaltsamkeit und Selbstbeherrschung mehr, auch keine Liebe und Treue, und gerade die von Platon beabsichtigte Einheit würde nicht erreicht; denn wer bei etwa tausend Söhnen in einem Staat bei jedem nur mit einem Tausendstel Wahrscheinlichkeit glauben kann, daß er seinen Sohn vor sich habe, wird sich mit einem solchen jungen Menschen kaum sehr verbunden fühlen. Und was die Gütergemeinschaft betrifft, so gingen auch bei ihr wieder wertvolle menschliche Tugenden verloren, die schenkende Liebe, die großzügige Freigebigkeit und Wohltätigkeit und vor allem die Liebe zu sich selbst, die hinter der Freude am eigenen Besitz steckt. Die Selbstliebe ist nur in ihrer ungesunden Maßlosigkeit ein Fehler, innerhalb der rechten Ordnung aber etwas Natürliches und sittlich Wertvolles. Dazu kommt, daß, wenn alles allen gehören sollte, sich niemand mit ganzem Interesse für etwas einsetzen würde; denn was nicht unser ist, genießt auch nicht unsere ganze Sorge. Nicht das Privateigentum als solches ist schuld, wenn Streit im Staat entsteht, sondern die Maßlosigkeit im Erwerb und im Besitz. Darum sei darauf zu sehen, daß hier jedes Extrem vermieden werde; denn übergroßer Reichtum mache geneigt zu Ausschweifungen, Übermut, Unterdrückung und Gesetzlosigkeit; die Armut andererseits sei die Mutter sklavischer Gesinnung, der Unzufriedenheit, der Korruption und der Bürgerkriege. Ähnlich wie der Erwerb soll auch der Gebrauch des Eigentums durch sittliche Grundsätze geregelt sein. Und die Vorschrift, die hier gilt, lautet: Unter Freunden ist alles gemein. Durchdenkt man diese ganze Kritik, dann zeigt sich unschwer, daß es immer ein Gedanke ist, der Aristoteles vor Augen schwebt: Individuen und Familien sind ursprüngliche Realitäten, die nicht geopfert werden sollen zugunsten einer Idee, die ohne diese Realitäten nicht sein kann; d. h., die Metaphysik des Aristoteles bestimmt seine Staatsphilosophie.

Auch die Richtlinien für die staatspolitische Führung des Volkes sind von der Ethik bestimmt. Schon die Außenpolitik darf keine Gewaltpolitik sein. Es ist sehr ungereimt, die Aufgabe eines Staatsmannes darin zu sehen, es möglichst geschickt anzustellen, um sich zum Herrn und Gebieter seiner Nachbarn zu machen. Heißt nicht Staatsmann sein soviel wie Vertreter des Rechtes und der Gesetzlichkeit sein? Wie soll man dann sich das denken, daß der Staatsmann der Vertreter des Unrechtes wäre? „Allein die meisten Menschen halten, so scheint es, Despotismus für Staatsweisheit und schämen sich nicht, ein Verfahren, das jeder von ihnen sich selbst gegenüber als ungerecht und unzuträglich empfinden würde, gegen andere in Anwendung zu bringen; denn wo es sich um sie selber handelt, soll gerechtes Regiment obwalten; wenn aber um andere, da fragen sie nach keiner Gerechtigkeit" (Pol. *H*, 2; 1324 b 32). Aristoteles sieht sehr deutlich die unheilvollen Konsequenzen einer solchen Gewaltpolitik. Sie muß notwendig im Innern des eigenen Landes Schule machen. Wenn man den Gesetzgeber lobt, der sich darin geübt hat, die Nachbarn des Staates zu vergewaltigen,

**δ) Staatspolitik**

**αα) Außenpolitik**

**ββ) Innenpolitik**

„dann muß auch jeder Bürger, der dazu in der Lage ist, den Versuch machen, ob er nicht über sein eigenes Vaterland herrschen könne“ (Pol. *H*, 14; 1333 b 29). Erst recht ist Aristoteles gegen jede Gewaltpolitik im Innern. Man sagt wohl, überlegt er, daß man rücksichtslos vorgehen und gelegentlich sogar Unrecht tun müsse, wenn man überhaupt etwas Größeres erreichen wolle. Allein das führt zu einem wilden Kampf um die Macht, der alle menschliche Ordnung zutiefst erschüttert. Nur unter zwei Voraussetzungen könnte man einen Despotismus gelten lassen. Einmal, wenn des Lebens höchster Sinn und Preis an Raub und Gewalt geknüpft wäre; und dann, wenn es tatsächlich Menschen gäbe, die den anderen so überlegen sind wie der Herr dem Sklaven oder der Mann dem Weib oder der Vater dem Kind. Allein das erste ist sicher falsch, weil gegen alle Gesetze der Ethik; und das zweite wird nicht so schnell eintreten; denn solche Übermenschen leben mehr in der Sage als in der Wirklichkeit (Pol. *H*, 3). Solange dem aber nicht so ist, darf es keine Bevorzugung und keine Bevormundung geben: „Für Gleiche muß gleiches Recht gelten, und eine Verfassung, die gegen das Recht ist, kann schwerlich von Dauer sein“ (Pol. *H*, 14). Wer besondere Qualitäten besitzt, hat auch besondere Rechte; so verlangt es die Natur selbst, alles andere ist verkehrt. Selbstverständlich muß Unterordnung im Staate sein. So tief ist Aristoteles davon überzeugt, daß er auch noch für den Befehlenden den Grundsatz ausgibt: Nur derjenige kann befehlen, der selbst zuerst gelernt hat zu gehorchen. Aber man gehorcht als Freier unter Freien und nicht als entrechteter Sklave unter Despoten.

γγ) Grenzen des Aristoteles

Wie hoch auch die Gesinnung ist, die sich in diesen Gedanken ausspricht, so werden doch auch zugleich die Grenzen unseres Philosophen sichtbar. Wenn er für die Sklaverei eintritt, weil es „von Natur aus“ Menschen gebe, die zum Herrschen, und andere, die zum Beherrschtwerden bestimmt seien; wenn er einen wesenhaften Rangunterschied zwischen Mann und Frau sowie unter Völkern und Rassen annimmt, wenn überhaupt seine Ethik und Politik, ähnlich wie es bei Platon auch der Fall ist, mehr den „höheren“ Menschen im Auge hat als den Menschen überhaupt; und wenn er gelegentlich sogar für die Tötung ungeborenen Lebens und für die Kindsaussetzung eintritt (Pol. *H*, 16), dann ist das nicht mehr unvergängliche Philosophie, sondern nur der Geist seiner Zeit und seiner Kultur, die sich hier zu Worte melden.

Aristoteles müßte nicht Aristoteles sein, wenn er nicht auch auf diesem Gebiet wieder die Wirklichkeit beschreiben und ordnen wollte. Und so gibt er denn einen Überblick über die möglichen Staatsformen, in denen das Leben der Gemeinschaft sich ausprägen kann. Die Gesichtspunkte, durch die ein Unterschied unter den Staatsformen zustande kommt, sind die Zahl der Regierenden, ihr Vermögen und ihre Tüchtigkeit sowie der Zweck, zu dem die Herrschaft jeweils ausgeübt wird. Wird regiert zugunsten des Volkes, dann haben wir es mit guten Staatsformen zu tun; regiert dabei nur einer, und zwar der Beste, dann haben wir die Monarchie vor uns; sind es der Besten mehrere, dann die Aristokratie; und wenn alle Bürger sich in die Herrschaft teilen, weil alle ungefähr gleich tüchtig sind, dann die Politie. Wird die Herrschaft ausgeübt zugunsten der Regierenden, dann haben wir es mit den schlechten, den entarteten Staatsformen zu tun. Regiert dabei nur einer, so liegt die Tyrannis vor, die den tiefsten Verfall darstellt; sind es ihrer mehrere, und zwar aus der Partei der Reichen, dann haben wir die Oligarchie; wenn aber nicht mehr eine Anzahl hervorragender Reicher, sondern im Gegensatz dazu die Unvermögenden und diese in ihrer Gesamtheit regieren, dann haben wir es mit der Demokratie zu tun. Es gibt jedoch bei allen Formen wieder verschiedene Varianten. So erläutert Aristoteles fünf Formen der Demokratie, vier Formen der Oligarchie, drei Formen der Aristokratie und zwei Formen der Politie (Pol. Δ, 3 ff.). Er selbst hält dafür, daß die idealste Staatsform das Königtum sei, glaubt aber, daß sie nicht erreichbar ist. Danach komme die Aristokratie. Sie ist durchführbar, aber es sei am besten, wenn sie gemischt werde mit Einrichtungen der Oligarchie und Demokratie, wobei das Hauptgewicht zu legen sei auf Schaffung und Stützung eines wohlhabenden Mittelstandes. Zu großer Reichtum und zu viel Armut sind Extreme und taugen nichts. Man solle überhaupt nie einseitig sein, sondern auch das Gute an anderen Einrichtungen sehen, was allerdings die Parteihäupter nie können, weil sie immer nur ihren engen Standpunkt erkennen und ihre Prinzipien zu Tode reiten. Von großer Wirklichkeitsnähe sprechen auch die Untersuchungen des Aristo-

ε) Staatsformen

teles über die Entstehung, die Erhaltung und den Untergang der einzelnen Staatsformen (Pol. *E* und *Z*).

Besäßen wir erst noch die auf ausgedehnter Sichtung des Erfahrungsmaterials beruhenden 158 Staatsverfassungen des Aristoteles, dann stünde dieser Philosoph als der Anatom auch des sozialen Lebens vor uns, wie wir ihn schon kennenlernten als den Anatom der Gliederungen des logischen Geistes und des metaphysischen Seins. Und wie sehr er nicht nur Sozialtheorie betrieb, sondern die Philosophie als praktische, lebensformende Macht auffaßte, ergäbe sich uns, wenn wir seine an Alexander gerichteten Schriften über das Königtum und die Kolonisation besäßen. In selten schöner Ausgeglichenheit ist die Philosophie des Aristoteles eine glückliche Verbindung von Theorie und Praxis, Wahrheit und Leben.

Literatur

a) Zur Ethik: A. Grant, The Ethics of Aristotle, illustrated with Essays and Notes. 2 Bde. (London $^{3}$1874). J. A. Stewart, Notes on the Nicomachean Ethics of Aristotle. 2 Bde. (Oxford 1892). J. Burnet, The Ethics of Aristotle. With Introd. and Notes (London 1900). M. Wittmann, Die Ethik des Aristoteles (1920). Ders., Aristoteles und die Willensfreiheit (1921) H. v. Arnim, Die drei aristotelischen Ethiken (Wien 1924). Ders., Nochmals die aristotelischen Ethiken (Wien 1929). R. Walzer, Magna moralia und aristotelische Ethik (1929). H. Schilling, Das Ethos der Mesotes (1930). J. Schächer, Studien zu den Ethiken des Corpus Aristotelicum (1940). N. Pfeiffer, Die Klugheit in der Ethik von Aristoteles und Thomas von Aquino (Fribourg 1943). N. Hartmann, Die Wertdimensionen der Nikomachischen Ethik (1944, jetzt Kleinere Schriften II). H. H. Joachim, Aristotle, The Nicomachean Ethics. A Commentary (Oxford 1951). J. A. K. Thomson, The Ethics of Aristotle (London 1955). Fr. Dirlmeier, Aristoteles, Nikomachische Ethik. Übersetzung und Erläuterungen (1956). Ders., Aristoteles, Magna moralia. Übersetzung und Erläuterungen (1958). G. Lieberg, Die Lehre von der Lust in den Ethiken des Aristoteles (1958). H. Laue, Maß und Mitte (1960). W. J. Oates, Aristotle and the Problem of Value (Princeton 1963).

b) Zur Politik: W. L. Newman, Aristotle, The Politics. With Introduction, Essays, Notes, Explanatory. 4 Bde. (Oxford 1887 bis 1902. Nachdruck 1950). H. Schickling, Sinn und Grenze des aristotelischen Satzes „Das Ganze ist vor dem Teil" (1936). P. Trude, Der Begriff der Gerechtigkeit in der aristotelischen Rechts- und Staatsphilosophie (1955). E. Voegelin, Order and History. Vol. III: Plato and Aristotle (Louisiana State University Press 1957).

## D. DER ÄLTERE PERIPATOS

Wie in der Akademie um Platon, so entstand im Lykeion um Aristoteles eine eigene Schule. Sie trägt den Namen Peripatos, wahrscheinlich wegen des Säulenganges, der für die Anlage der Schule bezeichnend war. Im Unterschied zum späteren Peripatos, der bis in das 3. Jahrhundert n. Chr. hinaufreicht, heißen wir die Schule in der Zeit der ersten 50 Jahre nach Aristoteles den älteren Peripatos. Die Männer, die hier die Schule tragen, sind Theophrast aus Eresos auf Lesbos (gest. 287 v. Chr.), der unmittelbare Nachfolger des Aristoteles in der Schulleitung, Eudemos von Rhodos, Aristoxenos von Tarent, Dikaiarch von Messene, der Arzt Menon und Demetrios von Phaleron.

Die Arbeit der Schule bewegte sich in der Richtung der einzelwissenschaftlichen Forschung, wie sie bereits der alte Aristoteles eingeleitet hatte. Theophrast treibt Philosophiegeschichte, ethische Charakterologie, botanische Studien, Rechtsgeschichte, Religionsphilosophie und Religionsgeschichte. Dikaiarch schreibt eine Kulturgeschichte Griechenlands, Menon eine Geschichte der Medizin, Eudemos eine Geschichte der Mathematik und Astronomie, und Demetrios gibt die Anregung zur Gründung der großen Bibliothek zu Alexandrien. Darüber dürfen wir die philosophische Spekulation als Zusammenfassung und Überbau nicht vergessen. Man bleibt dabei in der Metaphysik sowohl wie in der Kosmologie, Ethik und Psychologie im wesentlichen dem Meister noch treu, doch trägt Theophrast in seiner Metaphysik auch schon eine Reihe von Aporien gegen Aristoteles vor, und es bahnt sich jetzt bereits ein Entwicklung an, die im späteren Verlauf des Peripatos noch mehr hervortreten wird. Sie hat ihren Grund in einer zwiespältigen Haltung des Aristoteles. Dieser hat einerseits die platonische Idee abgelehnt und ihr gegenüber einen auf der Sinnlichkeit von Raum und Zeit beruhenden neuen Realitätsbegriff eingeführt, andererseits aber doch die Idee als Form, wenigstens in der Welt, gelten lassen wollen. Aber war sie jetzt noch von Belang, wenn sie ihren ursprünglichen platonischen Charakter nicht mehr besaß? Und was war bei Aristoteles das Entscheidende? Die sinnlich-materielle Realität oder die metaphysische Form? Sollte man Aristoteles „aristotelisch" oder vielleicht doch platonisch auslegen? Eudemos scheint sich für das letztere, Aristoxenos für das erstere entschieden zu haben; denn er nimmt keine eigene Seele mehr an, sondern sieht in ihr nur die Harmonie der Kräfte. Und auch Theophrast bewegt sich schon mehr in der naturalistischen Richtung. Er kritisiert die Teleologie, das Verhältnis Gottes zur Welt und den Begriff des Nous. Bei Straton von Lampsakos werden wir diese Auffassung in voller Ausprägung kennenlernen. Von besonderer Bedeutung wurde Theophrast für die Geschichte der Logik. Er hat die Logik seines Lehrers so entwickelt, daß er damit jene Auslegung vorbereitete, die man später als die aristotelische Logik schlechthin betrachtete. Daneben hat er aber auch noch eine eigene Konzeption der Logik ausgebildet, und durch seine Lehre vom hypothetischen Syllogismus hat er der megarisch-stoischen Logik vorgearbeitet.

Texte und Literatur

Ross-Fobes, Theophrastus, Metaphysics with Translation, Commentary and Introduction (Oxford 1929). F. Wehrli, Die Schule des Aristoteles. Texte und Kommentare (Basel 1944 ff.). Bis jetzt 9 Hefte: 1. Dikaiarchos; 2. Aristoxenos; 3. Klearchos; 4. Demetrios von Phaleron; 5. Straton von Lampsakos; 6. Lykon und Ariston von Keos; 7. Herakleides Pontikos; 8. Eudemos von Rhodos; 9. Phainias von Eresos, Chamaileon und Praxiphanes. Theophrastos, Peri Eusebeias. Griech. Text hrsg., übersetzt und eingeleitet von W. Pötscher (Leiden 1964).

F. Dirlmeier, Die Oikeiosis-Lehre des Theophrast (1937). J. M. Bocheński, La logique de Théophraste (Fribourg 1947). E. Barbotin, La théorie Aristotélicienne de l'intellect d'après Théophraste (Louvain 1954). W. Jaeger, Diokles von Karystos. Die griechische Medizin und die Schule des Aristoteles (1938, ²1963). J. Moreau, Aristote et son école (Paris 1962). Düring, I. oben S. 226. W. Pötscher, Strukturprobleme der aristotel. und theophrastischen Gottesvorstellung (1970). M. Gatzmeier, Die Naturphilosophie des Straton von Lampsakos. Zur Geschichte des Problems der Bewegung im Bereich des frühen Peripatos (1970).

*DRITTES KAPITEL*

# DIE PHILOSOPHIE DES HELLENISMUS UND DER RÖMISCHEN KAISERZEIT

α) Hellenismus

In der hellenistischen Epoche vollendet sich ein geistesgeschichtlicher Prozeß, dessen Ergebnis auch für unsere heutige Auffassung von Philosophie noch maßgebend ist, die Entwicklung der Philosophie zu einer Spezialwissenschaft. In der Vorsokratik war der Philosoph alles: Wissenschaftler, Arzt, Techniker, Politiker und der „Weise". Akademie und Peripatos umfassen als wissenschaftliche Organisationen auch noch das gesamte Wissen. Aber im älteren Peripatos sehen wir bereits, wie die Einzelwissenschaften einen Mann ganz in Anspruch nehmen und ihm sein geistiges Gesicht geben, wenn er dazu auch noch philosophiert im Stil der alten Weisheit. In der hellenistischen Periode gliedern sich nun die Einzelwissenschaften als solche selbständig aus. Es entstehen eigene Forschungszentren, wo man sie ex professo betreibt: Alexandrien, Antiochien, Pergamon, Rhodos. Die Philosophie aber beschränkt sich auf die großen Fragen, die Platon und Aristoteles als die eigentlich philosophischen herausgestellt hatten, auf Logik, Ethik und Metaphysik. Eben damit aber wird sie vertieft und wird zur Weltanschauungswissenschaft. Sie nimmt sich des Menschen als solchen an, der in dieser durch die Kriege Alexanders und der Diadochen so aufgewühlten und unsicheren Zeit im inneren Menschen das Heil und das Glück sucht, das die äußeren Verhältnisse ihm nicht mehr geben können, die zwar von stets neuer Größe träumen, dafür aber immer mehr Ruinen schaffen. Darum überwiegt in dieser Zeit die Ethik. Sie hat zugleich auch noch die Aufgabe zu übernehmen, die der alte religiöse Mythos einst erfüllt hatte. Mehr und mehr zerbröckelt er und wird durch das rationale Denken aufgelöst. Stoa und Epikureismus bieten eine neue Seelsorge an und wirken damit auf weiteste Kreise, viel mehr als Akademie und Peripatos es je vermochten. Und da ausgeprägte Weltanschauungen immer wie Kristallisationskerne wirken, bilden sich auch in der hellenistischen Zeit markante Schulgestaltungen aus und werden typisch für diese Epoche: Die Stoa und der Garten Epikurs; daneben die schon bestehenden Schulen der Akademie und des Peripatos.

β) Römische Kaiserzeit

Als dann mit dem Auftreten der römischen Imperatoren die Zeitläufte noch turbulenter werden, die Menschen innerlich noch unruhiger und sehnsuchtsvoller, und als auf dem Tiefpunkt des Zerfalls in Christus plötzlich eine Gestalt erscheint, die von sich sagt, daß sie das Licht der Welt sei, die Auferstehung und das Leben, kommt es zu einer wahrhaft säkularen Zeitenwende. Das junge Christentum setzt sich durch und windet der Philosophie langsam die Führung des Menschen aus der Hand. In der römischen Kaiserzeit leben die alten Philosophenschulen noch fort. Aber sie ermüden und sinken dann nacheinander zusammen. Da und dort werden heroische Anstrengungen gemacht, den Geist der alten Kultur nochmals zu neuem Leben zu erwecken, vor allem im Neuplatonismus. Allein die Entwicklung ist nicht mehr aufzuhalten. Als Justinian 529 n. Chr. die Akademie als letzte der alten Philosophenschulen schloß und verbot, weiterhin in Athen Philosophie zu lehren, war das zwar äußerlich ein Gewaltakt, in Wirklichkeit aber nur die Dokumentierung bereits bestehender Verhältnisse.

Da aber der Weg des Christentums nicht der eines Eroberers war, sondern ebenfalls der Weg der Wahrheitssuche, hat es die griechische Philosophie nicht exstirpiert, sondern absorbiert. Ihre ewigen Wahrheiten und Werte wurden übernommen. Was infolge des Wandels der äußeren geschichtlichen Verhältnisse nicht mehr direkt wirken und bestehen konnte, hatte sich in die Obhut der ersten Geister des Christentums begeben und lebte durch sie nun in der Seele des Christentums selbst, in seiner Wissenschaft und seiner Kultur wieder fort. Es war das Leben einer Überformung, aber es war neues Leben.

# 1. DIE STOA

## Der Mensch des Realismus

Die Philosophen der Stoa

Wieder ist es Athen, wo dieser neue Zweig philosophischen Denkens wächst, und wieder die Versammlungsstätte, die der ganzen Schule den Namen gibt: die bunte, von Polygnot ausgemalte Halle (στοὰ ποικίλη). Ihre Philosophen gliedern wir in die der älteren, mittleren und jüngeren Stoa. Gründer der Schule ist um 300 v. Chr. Zenon aus Kition auf Kypern. Er war Schüler des Kynikers Krates, des Megarikers Stilpon und des Akademikers Xenokrates. Der Kynismus hat aber bei ihm am stärksten nachgewirkt, und das wird für die ganze Stoa überhaupt typisch werden. Wir begegnen dem kynischen Einfluß in ihrer Erkenntnislehre, ihrer Metaphysik und ihrer Ethik. Zenon war ob seines Charakters hoch verehrt. Er schied 262 v. Chr. freiwillig aus dem Leben. Sein Nachfolger war Kleanthes aus Assos, ebenfalls ein Mann von seltener Bedürfnislosigkeit, Willensstärke, Sittenstrenge und Religiosität. Von ihm besitzen wir den ersten der für die Stoa so bezeichnenden, tiefreligiös empfundenen Zeushymnen. Er starb 233 v. Chr. durch freiwillige Aushungerung. Zu seinen zahlreichen Schülern gehört Arat aus Soloi in Kilikien. Von ihm stammt auch ein Zeushymnus, jener, den Paulus (Apg. 17, 28) mit den Worten zitiert: „So haben denn einige von euren Dichtern gesagt, wir sind von seinem Geschlecht." Der Bedeutendste unter den Männern der älteren Stoa ist Chrysipp aus Soloi († ca. 208 v. Chr.). Er wird als der zweite Gründer der Stoa betrachtet, war ein erfolgreicher Lehrer und hat viel geschrieben.

α) Ältere Stoa

Die mittlere Stoa fällt in das 2. und 1. Jahrhundert v. Chr. Ihre beiden Hauptvertreter sind Panaitios und Poseidonios. Panaitios († 110 v. Chr.) leitet seit 129 die Schule zu Athen. Er war lange Zeit in Rom gewesen und hatte sich dort in den Kreisen des Scipio Africanus Minor, seines Freundes Laelius und des Oberpriesters Mucius Scaevola bewegt. Seitdem gehört in Rom Philosophie zu den Erfordernissen der höheren Bildung. Erst mit der Stoa wird die Philosophie auch in Rom heimisch. Sie war die Form der Philosophie, die dem Römer auf den Leib geschnitten war. Die Schriften des Panaitios über Tun und Lassen, Gemütsruhe und Vorsehung konnte darum Cicero weitgehend benützen, besonders aber seine Schrift über die Pflichten (in De officiis). Poseidonios von Apamea († 51 v. Chr.) lebte auf Rhodos. Dort hörte ihn Cicero und besuchte ihn Pompeius. Er ist nach Demokrit und Aristoteles der letzte

β) Mittlere Stoa

Polyhistor des Griechentums. Sein Einfluß auf die Mit- und Nachwelt ist groß. Julian Apostata zitiert ihn in seiner heidnischen Rede auf den König Helios ebenso wie der christliche Bischof Nemesios in seiner Schrift über die Natur des Menschen. Auch die ps.-aristotelische Schrift „Über die Welt" ist von ihm abhängig.

γ) Jüngere Stoa In der jüngeren Stoa ragen drei Männer hervor: Der Lehrer Neros, Seneca, der sich auf dessen Verlangen 65 n. Chr. selbst den Tod gibt. Unter seinen Schriften sind besonders charakteristisch die Naturales Quaestiones (naturwissenschaftliche Fragen), die Schriften über die Milde, das Wohltun und den Zorn, sowie die 20 Bücher Moralbriefe, in denen er ein pessimistisches Bild der Sitten und Laster seiner Zeit gibt. Ferner Epiktet, ein Sklave aus Hierapolis, der als Freigelassener in Rom lebte († 138 n. Chr.), und von dem das berühmte „Handbüchlein der Moral" (aufgezeichnet von seinem Schüler Flavius Arrianus) stammt. Und Marc Aurel, „Der Philosoph auf dem Kaiserthron" († 180 n. Chr.). Von ihm haben wir die ebenso berühmten „Selbstbetrachtungen", Aphorismen und Tagebuchblätter, z. T. im Felde geschrieben, die seine hohe, edle Gesinnung ebenso ehren, wie sie typisch sind für die Stoa überhaupt.

Quellen und Literatur

Ioannes ab Arnim, Stoicorum veterum fragmenta (1903 ff., Nachdr. 1964). N. Festa, I frammenti degli Stoici antichi (Bari 1932). Arati Phaenomena. Edition critique; traduction, introduction et notes par J. Martin (Paris 1956). Seneca in der Bibl. Teubneriana, der Collection des Universités de France (Paris 1921 ff.) und in der Loeb Classical Library. Epicteti Dissertationes, fragmenta, Enchiridion ed. H. Schenkl (Bibl. Teubneriana 1916. Großer Index!) A. S. Farquharson, The Meditationes of the Emperor Marcus Antoninus. Ed. with Translation and Commentary. 2 Bde. (Oxford 1945). — Übersetzungen: Seneca, Philosophische Schriften. Deutsch v. O. Apelt. 4 Bde. (1923/24). Marc Aurel, Selbstbetrachtungen. Übertragen und mit einer Einleitung vers. von W. Capelle (1932 in Kröners Taschenausg.). Epiktet, Teles und Musonius, Wege zum glückseligen Leben. Eingeleitet und übertragen von W. Capelle (Zürich 1949. Enthält die Diatriben und das Handbüchlein des Epiktet sowie die Diatriben des Teles und Musonius.) M. Pohlenz, Stoa und Stoiker. Die Gründer. Panaitios. Poseidonios. Selbstzeugnisse und Berichte (Zürich 1950). — A. Bonhoeffer, Epiktet und die Stoa (1890). A. Schmekel, Die Philosophie der mittleren Stoa (1892). K. Reinhardt, Poseidonios (1921). Ders., Kosmos und Sympathie (1926). Barth-Goedeckemeyer, Die Stoa (1941).

M. Pohlenz, Die Stoa I (1948), II (²1955). E. Bréhier, Chrysippe et l'ancien stoïcisme (Paris 1951). J. Bonforte, The Philosophy of Epictetus (New York 1955). P. Grimal, Sénèque. Sa vie, son œuvre, avec un exposé de sa philosophie (Paris ²1957). Ch. Parain, Marc Aurèle (Paris 1957). E. V. Arnold, Roman Stoicism. Lectures on the History of the Stoic Philosophy with Special Reference to its Development within the Roman Empire (1958). G. Pfligersdorffer, Studien zu Poseidonios (Wien 1959). J. B. Gould, The Philosophy of Chrysippus (Leiden 1970).

Was ist für den Stoiker die Philosophie? Sie definieren: Die Wissenschaft von den göttlichen und menschlichen Dingen und teilen sie ein in Logik, Physik und Ethik.

## A. DIE LOGIK

Die Logik ist nicht nur eine formale, sondern zugleich auch eine materiale Wissenschaft, d. h., sie erörtert auch die erkenntnistheoretischen Probleme.

### a) Grundlagen der Erkenntnis

α) Der Sensualismus

Und hier ist die erste Frage die nach dem Ursprung unserer Erkenntnis. Die Stoa denkt in diesem Punkt sensualistisch, worin sich sofort ihre Verbindung mit dem Kynismus kundtut. Die Seele gilt nicht mehr als eine schon a priori beschriebene, sondern als eine leere Tafel. Sie muß erst angefüllt werden durch die Inhalte, die die Sinneswahrnehmung liefert. Was in den Geist eingeht, sind Vorstellungen und nichts als Vorstellungen. Auch der Intellekt besitzt keine immateriellen Inhalte. Er ändert zwar die Vorstellungen um und baut sie weiter aus und zusammen; was immer er aber auch besitzt, es sind nur sinnliche Vorstellungen.

β) Die Abbildtheorie

Die Funktion der Vorstellung und damit des Erkennens überhaupt besteht in einem Abbilden. Es wird eine klare Zweiheit vorausgesetzt zwischen Subjekt und Objekt, und man ist der Meinung, daß der Erkenntnisgegenstand sich in seinem leibhaften Selbst abbilden lasse, so zwar, daß er sich der Seele einpräge wie ein Abdruck: „Die Vorstellung ist das, was vom Gegenstand aus und diesem selbst entsprechend in die Seele eingedrückt wird, wie es von etwas nicht Vorhandenem aus unmöglich geschehen könnte" (Arnim I 18). Das ist nicht nur naiver Realismus, sondern zeigt zugleich, wie in dieser Theorie des Erkenntnisvorganges nur das Erkennen der äußeren Körperwelt in Anschlag gebracht wird, eine Tatsache, die sich aus dem allgemeinen Materialismus der Stoa erklärt. Es wäre der Untersuchung wert, wie sehr von hier aus in der Folgezeit die Auffassung der aristotelischen Erkenntnislehre beeinflußt wurde, die ja auch Abbild-Theorie ist, bei der jedoch das Ganze auf einem anderen Hintergrund steht. Das Eidos, das der aristotelische Nous ergreift, ist nicht ein sinnliches Pendant einer wieder nur sinnlichen Erscheinung, sondern ist selbst die unsinnliche Strukturform des metaphysischen Seins dieses Gegenstandes selbst; und dieser Tatsache, daß sie als Strukturform dem in Raum und Zeit befindlichen Gegenstand vorausgeht und insofern Apriorität besitzt, trägt Aristoteles damit Rechnung, daß auch der Nous, insofern er schöpferisch ist, eine apriorische Seite besitzt, die bei Aristoteles für jede Wesenserkenntnis typisch ist. Wir sahen darin ein Stück Platonismus und Idealismus (S. 180 f.). Daß dieser Sachverhalt später vielfach nicht mehr beachtet wurde, rührt davon her, daß die Aristoteles-Auffassung stoischen Einflüssen ausgesetzt war. Der Beziehungen zwischen Peripatos und Stoa waren es ja ohnehin schon nicht wenige, und die Folgezeit, die Väter und das Mittelalter, standen sowohl unter dem Einfluß der stoischen wie der aristotelischen Logik. „Aristoteles" aber ist hier oft nur der Peripatos und dieser häufig auch wieder überdeckt durch die Auswirkungen der Stoa.

γ) Das Wahrheitskriterium

Wenn das Erkennen ein Abbilden ist, ergibt sich naturgemäß der Versuch einer Wahrheitssicherung. Wir können uns ja auch täuschen in unseren Wahrnehmungen. Was garantiert uns, daß das Abbild mit dem Urbild übereinstimmt? Daß die Vorstellungen adäquat sind, wie die Stoiker sagen. Man erblickt ein solches Wahrheitskriterium in der Katalepsis, d. h. in jener Qualität unserer Vorstellungen, der wir uns nicht mehr widersetzen können, die uns sozusagen „packt". Kataleptische Vorstellungen besitzen Evidenz (ἐνάργεια). Dieser Begriff hat seine Heimat in der stoischen Erkenntnislehre ebenso wie in der epikureischen, während er bezeichnenderweise bei Aristoteles fehlt. Erstere sind eben Sensualisten und naive Realisten; letzterer nicht. Die Evidenz sieht der Stoiker gegeben, wenn folgende Bedingungen erfüllt sind: Man muß sich überzeugt haben, daß unsere Sinnesorgane sich in einem normalen Zustand befinden; daß der räumliche und zeitliche Abstand des Wahrnehmungsgegenstandes vom wahrnehmenden Subjekt nicht zu groß ist; daß der Wahrnehmungsakt lange genug gedauert hat und gründlich genug vor sich gegangen ist; daß sich kein Medium zwischen Subjekt und Objekt störend eingeschoben hat und daß wiederholte eigene und fremde Wahrnehmungen zum selben Ergebnis gekommen sind. Unter diesen Umständen könne man einer Vorstellung seine Zustimmung nicht mehr versagen. Aus dem Begriff der Zustimmung (συγκατάθεσις) ersehen wir, daß die Stoa auch im Bereich des Wissens noch den Willen entdeckt; so groß ist die Rolle, die ihr System ihm zuteilt. Man ist sich klar, daß der Mensch kein rein denkendes, vollkommen sachliches Wesen ist, sondern daß in dem, was wir für wahr halten, auch unser Wollen und Wünschen sich weithin zur Geltung bringt. Daß mit der Zustimmung trotzdem keine subjektivistisch-voluntaristische Wahrheitstheorie eingeführt wird, wird sich sogleich zeigen, wenn wir uns der formalen Logik und ihrer Lehre von den Elementen des Denkens zuwenden.

### b) Elemente des Denkens

Die Elemente des formalen Denkens sind auch in der Stoa, wie schon bei Aristoteles, Urteil, Begriff und Schluß.

Das Urteil bedeutet eine Stellungnahme des Subjekts. Es kommt zustande durch die Zustimmung zu einer Vorstellung. Die Zustimmung besagt die Überzeugung, es ist etwas wirklich so, wie ich es mir vorstelle. Da das Urteil Träger der Wahrheit ist, könnte man meinen, daß die stoische Urteilstheorie eigentlich vom Subjekt abhängig sein ließe, was wahr und was falsch ist. Dem ist jedoch nicht so. Der stoische Logiker unterscheidet: Durch die Zustimmung kommt zwar das tatsächliche Urteil zustande, die Entscheidung über wahr und falsch liegt jedoch nicht in dem Willen, der die Zustimmung vollzieht, sondern an der Verschiedenheit des Vorstellungsinhaltes selbst. Stimmt er mit dem Sachverhalt überein, dann ist das Urteil wahr; wenn nicht, ist es falsch. In der Einteilung der Urteile verfährt man ähnlich wie Aristoteles, erweitert aber die Gruppierung, indem man noch unterscheidet zwischen einfachen und zusammengesetzten Urteilen und letztere wieder gliedert in kopulative, disjunktive und hypothetische. α) Urteil

β) Begriff Das Urteil besteht aus Begriffen. Hier geht die Stoa mit Aristoteles einig, ergänzt ihn jedoch abermals durch größere Genauigkeit. Der Begriff war bei Aristoteles stark vom Worte her gesehen. Jetzt wird unterschieden zwischen dem Wort als einem bloßen Zeichen, dem Begriff als dem bezeichneten Gedankengehalt und dem damit gemeinten Gegenstand. Daraus wird später die Unterscheidung terminus, ratio, res. Mit ersterem befaßt sich die Grammatik, mit dem zweiten die Logik oder Dialektik, mit dem dritten die Metaphysik. Die Allgemeinbegriffe denkt man sich dabei als umgemodelte Vorstellung. Sie sind künstlich herbeigeführte Generalisierungen im Sinn von Durchschnittstypen. Sind sie auch nicht aus der Luft gegriffen, so ist der ihnen adäquat entsprechende Gegenstand doch nur ein Phantasma, nicht ein wirklich Seiendes wie im Platonismus. Wie der Kyniker hält auch der Stoiker dafür, daß nur der Einzelvorstellung ein reales Objekt entspricht, worin sich neuerdings die Verwandtschaft mit dem Kynismus zeigt. Die Annahme ist für den Sensualismus konsequent und spricht bereits einen Teil der Wahrheit aus, die Berkeley in der Neuzeit gegen die Allgemeinvorstellungen Lockes zur Geltung bringen wird. Unter den Begriffen gibt es solche, die sich wie von selbst einstellen. Es sind jene, die sich überall finden (κοιναὶ ἔννοιαι, notiones communes), die zugleich grundlegend sind, d. h. von allem Erkennen vorausgesetzt werden und darum Vorbegriffe (Prolepsis) genannt werden. Diesen proleptischen Begriffen kommt fast der gleiche Erkenntniswert zu wie den kataleptischen. Sind sie alle erworben, was mit dem 7. Lebensjahr der Fall sein soll, dann ist der Geist des Menschen mündig. Und nicht nur das! Der komplette Individual-Logos deckt sich dann auch mit den Grundzügen des All-Logos der Weltvernunft, und weil letzterer den Stoff der Welt formt, ist auch unser Logos befähigt, die Welt zu erkennen. Auf diesem Boden steht das von Cicero so hochgehaltene Argument des consensus omnium, und anscheinend hängt auch die Annahme des kanonischen Rechtes, daß der Mensch mit dem 7. Lebensjahr zum Gebrauch der Vernunft gekommen sei, noch damit zusammen.

γ) Schluß Die Verdienste, die sich die Stoiker um die Schlußlehre erworben haben, werden erst heute, entgegen dem negativen Urteil Prantls, voll gewürdigt. Nach dem Vorgang Theophrasts und Eudemos' ergänzen sie die aristotelischen Schlußformen noch durch den disjunktiven und hypothetischen Schluß. Damit haben sie nicht bloß eine vollständigere Beschreibung der Formen des Geistes geliefert, sondern hinter diesen neuen Einführungen steckt als ihre Leistung die Grundlegung einer elementaren Aussagen-Logik formalistischer Art. Durch die Klassifizierung möglicher Wenn-so-Behauptungen nach dem Gesichtspunkt von wahr und falsch lieferten sie die Formeln, die, wenn von uns mit variablen Inhalten erfüllt, es ohne weiteres gestatten, eine Aussage als wahr oder falsch zu charakterisieren. Sie erinnern damit an die moderne Logistik, wo auch ein extremer logischer Formalismus zusammengeht mit einer positivistisch-sensualistischen Erkenntnistheorie. Die stoische Logik ist den Megarikern verpflichtet, so daß man heute von megarisch-stoischer Logik spricht. Sie konnte aber auch bei den späten Werken des aristotelischen Organon anknüpfen, wo die Axiomatisierung der Syllogistik einsetzte. Andererseits wurde die stoische Logik auch häufig „veraristotelisiert" im Sinne einer Deutung des Aristoteles nur nach dem Maß der traditionellen Logik. Erst Peirce und Lukasiewicz haben den spezifischen Charakter der stoischen Logik entdeckt.

Literatur

H. Scholz, Geschichte der Logik (1931). B. Mates, Stoic Logic (Los Angeles 1953). J. M. Bocheński, Formale Logik (1956) S. 121—153.

## B. DIE PHYSIK

Die Physik der Stoa behandelt die großen metaphysischen Fragen. Zwei Züge sind hierfür charakteristisch, der Materialismus und der Pantheismus.

### a) Interpretation des Seins: Materialismus

Der Materialismus spricht sich aus, wenn der Stoiker die Sinndeutung des Seins gibt. Nach der sensualistischen Erkenntnistheorie wundert es uns nicht mehr, wenn auf die Frage nach dem Wesen des Seins die Antwort gegeben wird: Die Wirklichkeit ist soviel wie Körperlichkeit. Das Ausgedehnte ist das allem Sein zugrunde liegende Wesen. Ousia ist Hypokeimenon, und dieses ist Hyle. Wieder verrät sich damit Zenons Herkunft vom Kynismus. Mit der Ausdehnung ist freilich noch nicht das ganze Wesen des Seins erschöpft. Es besitzt noch eine zweite Seite. Sein ist auch Kraft. Kraft wird dabei gedacht als jene lebendige Kraft, die dort sich findet, wo Atem ist (πνεῦμα), Wärme und Feuer (πῦρ); wo das Leben noch nicht erschöpft ist, wie im toten Körper, sondern noch seine Spannung (τόνος) besitzt. Der Begriff der Kraft bedeutet also eine hylozoistische Interpretation des Seins. Es liegt ihm eine schlichte Beobachtung aus dem Bereich des Lebendigen zugrunde. Hier ist Kraft immer mit Atem, Wärme und Spannung gegeben. Die Stoa legt jedoch mit dem Kraftbegriff im Sinn von Leben keine wesenhafte Zäsur durch das Sein, wie Aristoteles das tut. Es gibt keine Schichten des Seins, die unüberschreitbar nebeneinander lägen, sondern Kraft findet sich überall, und nur graduell sind die Seinsbereiche voneinander verschieden: In der anorganischen Natur ist das Pneuma bloß da; in der Pflanzenwelt erreicht es die Stufe des Wachstums; in der Tierwelt tritt es als Seele auf und im Menschen als Vernunft. Im Grunde aber ist Pneuma überall vorhanden und bedeutet nur eine andere Seite des Körperlichen. Damit hat das Sein einen monistischen Charakter. Alles ist Materie, auch die sogenannte Lebenskraft.

### b) Ergründung des Seins: Pantheismus

α) Immanente Weltvernunft

Dem Pantheismus begegnen wir bei der Frage nach dem letzten Grund des Seins. Der Stoiker nämlich kennt sehr wohl die Frage nach dem Grund des Seins, lehnt es aber sofort ab, bei der Suche nach einem solchen Grund das Sein zu transzendieren. „Vollkommener Wahnsinn ist es“, sagt Plinius (Nat. hist. II, 1), „sich aus der Welt hinausversetzen zu wollen und den Kosmos von außen zu studieren, gleich als ob alles Innere schon hinreichend bekannt wäre.“ Der Grund der Welt liegt in ihr selbst. Die Welt ist ewig, unermeßlich und so unendlich, daß sie reich genug ist, sich selbst zu erklären. Die Stoiker haben darum zwar auch ein Erklärungsprinzip für Welt und Weltprozeß, aber es ist ein immanentes. Es ist ihre Urkraft, die auch Urfeuer, Urpneuma und Weltseele heißt und zugleich als Weltvernunft (Logos), Weltgesetz (Nomos, lex naturalis), Vorsehung (Pronoia, providentia) und Schicksal (Heimarmene, fatum) angesprochen wird. Dadurch wird der Stoff geformt und die

Bewegung in Gang gebracht nach Normen und Gesetzen. Die Weltvernunft enthält in sich die ewigen Gedanken für alles Kommende, so daß ihre Ideen der Same der Zukunft sind (λόγοι σπερματικοί, rationes seminales). Dadurch kommt in das gesamte Geschehen eine strenge Ordnung, sogar in der überspitzten Form einer Wiederkehr aller Dinge. In großen Zyklen nämlich laufe das Geschehen ab. Die Weltvernunft gestaltet durch ihre Ideengehalte die Dinge und das ganze Weltgeschehen. Aber nach Ablauf einer Periode des Geschehens wird ein Weltbrand alles Gewordene wieder auslöschen und es in einer ungeheuren Masse feurigen Dunstes dem Urfeuer wieder zurückgeben, das es dann neuerdings wieder aus sich entläßt: „Dann wird es bei gleichem Stand der Gestirne wieder einen Sokrates und einen Platon geben, und jeder einzelne Mensch wird mit denselben Freunden und Bürgern neu erstehen ... Es folgt aber diese Wiederherstellung von allem (ἀποκατάστασις τοῦ παντός) nicht nur einmal, sondern viele Male, ja unendliche Male, und unvollendbar oft wird sich dasselbe wiederholen" (Arnim II 190). Weltvernunft und Vorsehung, die sich dabei auswirken, sind aber nicht die Gedanken und das Wollen eines freien, persönlichen Geistes, sondern nur die Gestaltungs- und Bewegungsordnung des Stoffes selbst, die unendliche Ursachenreihe (series implexa causarum). Der Stoff ist das Letzte; es bleibt beim Materialismus.

β) Rationes seminales

Auch die rationes seminales sind materielle Ursachen, keine Ideen. Die Stoiker haben auch hier wieder nur ein Wort übernommen. Der Sinn aber ist ein anderer geworden. Echte Ideen schweben als ein fernes Ziel und in der Zukunft stehend der Entwicklung vor und diese eilt ihnen entgegen. Der Stoff sehnt sich nach der Form, wie Aristoteles sagt. Die stoischen rationes seminales dagegen stehen am Anfang der Entwicklung. Sie bilden kein ideelles Telos, sondern sind physische Ursachen materieller Art innerhalb der allgemeinen Ursachenreihe. Auch eine Anlage im biologischen Sinne ist eine physische Ursache, und die biologische Anlage scheint in der Stoa ursprünglich Anschauungsbild für den Logos spermatikos gewesen zu sein. Wichtig ist jedenfalls die Erklärung des Aetius und Sextus Empiricus, daß alle Ursachen der Stoiker materiell körperlicher Art seien (Arnim II 119, 18—25). Und besonders bezeichnend sind die Worte des

Kritolaos, daß die Heimarmene ohne Direktive und ohne Telos (ἄναρχος καὶ ἀτελεύτητος) wäre (Arnim II 265, 5). Die Naturanlage der Stoiker ist sonach etwas anderes als die Naturanlage des Aristoteles. Letztere meint die ideale Natur als ein ideelles Telos, erstere die biologische Anlage als physische Kausalität. Daß man später das als Naturanlage bestimmte ethische Prinzip des Aristoteles im Sinne der biologischen Anlage deutete, ist nicht nur eine Modernisierung (W. Jaeger), sondern auch noch eine Nachwirkung der Stoa und ihrer Auffassung der rationes seminales.

γ) Theogonie als Kosmogonie

Und wenn die Urkraft als Zeus bezeichnet wird und göttlich heißt, so ist das wieder nur aus dem Zusammenhang heraus zu verstehen. Gott, Vernunft, Fatum und Natur sind ein und dasselbe, wird uns ausdrücklich versichert (Arnim II 273, 25; 179, 35; I 28, 22). Wenn es darum entsprechend der Lehre von den Weltzyklen heißt, „Zeus wächst, bis er alle Dinge wieder in sich aufgebraucht hat“ (Arnim II 185, 44), dann bedeutet diese Rede von einer Theogonie in Wirklichkeit eine Kosmogonie. Die Stoiker sind keine Theisten, sondern Pantheisten. Wenn die Welt sich selbst begründet, wenn sie „autark“ ist, dann füllt sie selbst den Platz Gottes aus und ist selbst Gott.

### c) Stoische Religiosität

Trotz dieser Umdeutung des Fanum in ein Profanum ist die stoische Religiosität echtes, warmes und tiefes Gefühl, wie wir aus den erhaltenen Zeushymnen unzweifelhaft ersehen. Ed. Norden hat einen solchen Lobpreis auf den All-Gott, der mit den feierlichen Worten anhebt: „Es gebührt sich, den Kosmos und das, was wir mit einem anderen Namen Himmel nennen, durch dessen Umdrehung das All seine lebendige Existenz hat, für Gott zu halten, für ewig, heilig, unermeßlich, niemals entstanden, niemals vergehend ...“, ein antikes Gloria genannt. Die vielen persönlichen Termini, die in diesen Hymnen für die Gottheit verwendet werden und hauptsächlich aus der Mythologie Homers stammen, sind jedoch bloße Metaphern und können nicht darüber hinwegtäuschen, daß das religiöse Gefühl des Stoikers Naturgefühl ist; denn sein Gott bleibt das All. Auch das Wort, das Paulus Apg. 17, 28 zitiert, hat einen ursprünglich pantheistischen Sinn.

### d) Ideengeschichtliche Hintergründe

In der stoischen Physik fühlt man deutlich, daß diese Schule eine bereits sehr lange philosophische Tradition hinter sich hat und verwerten muß. Es strömen ihr Einflüsse von den verschiedensten Seiten her zu. Kynisch ist die materialistische Grundhaltung. Von Heraklit stammt die Rede von der Weltvernunft und vom Weltgesetz sowie vom Urfeuer. Von Heraklit wieder und dazu noch von den Pythagoreern wird ihr die Idee des zyklischen Weltprozesses zugebracht. Und in Platons Ideenwelt sowie in der Welt der aristotelischen Form sind ihre rationes seminales angelegt. Sie hat jedoch in zäher Konsequenz den Sinn der alten Termini umgebildet und ihrem System angepaßt. Man hat Zenon vorgeworfen, daß er unnötigerweise eine eigene Schule gegründet habe, da er doch nur die Lehren der Alten übernommen habe. Wer nur die Worte der Stoa hört, könnte das tatsächlich meinen. Wer aber auf ihre Gedanken achtet, sieht auch hier, daß, wenn zwei das nämliche sagen, es nicht immer das nämliche ist.

Literatur

J. Moreau, L'âme du monde de Platon aux stoïciens (Paris 1939). M. Pohlenz, Kleanthes' Zeushymnos. Hermes 75 (1940). H. Simon und M. Simon, Die alte Stoa und ihr Naturbegriff (1956).

## C. ETHIK

Am bekanntesten sind die Stoiker durch ihre Ethik geworden. Speziell dadurch wurde ihre Philosophie zu einer weltanschaulichen Macht, deren Wirkkraft ebenso in die Tiefe wie in die Breite ging. Die Ethik der Stoiker setzt nun aber eine Reihe von Ansichten über das Seelenleben des Menschen voraus, die nicht eigentliche Psychologie sind, sondern mehr der anthropologisch-dogmatische Unterbau der stoischen Moral. Darüber ist zunächst kurz zu berichten.

### a) Das Seelenleben des Menschen

**α) Begriff und Wesen der Seele**

Der Mensch ist nicht nur Leib, sondern hat auch eine Seele. Das Wort Seele kann aber Verschiedenes heißen. Einmal ist Seele das, was dem Menschen Selbstbewegung und damit Leben gibt. Dann wieder erscheint sie als ein Glied der

Dreiteilung Körper-Seele-Vernunft (φύσις, ψυχή=πνευμάτιον, λόγος=ἡγεμονικόν), was der platonisch-aristotelischen Unterscheidung eines vegetativen, sensitiven und rationalen Seelenvermögens entspricht. Ferner kann Seele nur den „führenden Seelenteil", die Vernunft, meinen. Und schließlich kann Seele ein Sammelname sein für diese Funktionen in ihrer Gesamtheit und in ihrem Zusammenspiel. Immer aber ist Seele „Pneuma" und soll als solches eine Zusammensetzung sein aus Feuer und Luft. Damit aber ist sie ein Körper, wie Zenon und Kleanthes übereinstimmend erklären (Arnim I 38, 14; 117, 14). Trotzdem wird sie nicht in einem bestimmten Teil des Körpers lokalisiert, sondern soll den ganzen Körper durchdringen und nur ausnahmsweise wird sie in das Herz, oder soweit sie Vernunftseele ist, in den Kopf verlegt. Es herrscht also in der Stoa bezüglich der Seele noch das gleiche Schwanken, das wir schon bei Platon und Aristoteles kennengelernt haben: Einerseits ist die Seele etwas Materielles, und dann soll sie es wieder nicht sein; einerseits Sinnlichkeit, und dann wieder Geist. Einmal zerfällt sie in Teile, und dann wieder ist sie eine Einheit; ist vom Körper wesenhaft verschieden und soll ihm doch wieder das Leben geben und somit in eine lebendige Einheit eingehen. Ganz so wie dort ist man auch hier der Anschauung, und das ist grundlegend für die ganze Moral der Stoa, daß die Vernunftseele im Menschen herrschen soll. Eben darum ihr Name „führende Seele" (ἡγεμονικόν).

β) Trieb und Affekte

αα) Unedle Affekte

Das Herzstück der stoischen Anthropologie bildet die Lehre von den Trieben (impetus). An sich gehört der Trieb (ὁρμή) zur Sinnenseele. Es wirken aber in ihm Körper, Sinnlichkeit und Vernunft zusammen. Vom Körper her, durch die Empfindung empfängt der Mensch Vorstellungen und sie lösen die Triebe aus, automatisch und spontan. Darum ist der Trieb ein Erleiden, ein Affiziertwerden, ist „Affekt" (Pathos) oder Leidenschaft. Genau gesprochen ist freilich nur der übermäßige Trieb ein Affekt. Daß der Trieb übermäßig wird, rührt davon her, daß die Vernunft ihn nicht mehr begleitet und beherrscht. Sie ist an sich auch am Trieb beteiligt, ja der Stoiker stellt sich ihren Anteil oft als so groß vor, daß er die Affekte sogar für Urteile hält. Zenon ließ die Affekte auf Urteile hin erfolgen, Chrysipp identifizierte sie damit. Behält nun die Vernunft den Trieb in der Hand, so daß die Bewegungen unserer Seele, die wir in jedem Trieb vor uns haben, geordnet sind und der Mensch so ein Abbild des Makrokosmos wird, ein Mikrokosmos, genauso von der Vernunft durchwaltet wie jener, dann haben wir den „Willen", der immer vernunftmäßiger Trieb ist, eine Annahme, die sich durch das ganze Mittelalter hindurch hält; und noch Kant unterscheidet in diesem Sinn zwischen einem niederen Begehrungsvermögen, das nur ein Affiziertwerden, und einem höheren Begehrungsvermögen, das praktische Vernunft ist, die sich selbst bestimmt. So und so oft jedoch versagt der führende Seelenteil und der Trieb bleibt sich selbst überlassen. Dann haben wir das Gegenteil von Vernunft vor uns, den Wahn, der immer falsche Vorstellung ist und Unwahrheit. Schmerz, Furcht, Begierde und Lust sind solche Formen des Wahns, „Verdrehungen der Vernunft". Praktisch wie der Stoiker immer war, sah er, daß es gerade der frische, unüberlegte Eindruck ist, der zu solchen falschen Urteilen führt, und darum bezeichnet er die Leidenschaft als „frischen Wahn". Schmerz z. B. ist frischer Wahn über die Anwesenheit eines Übels, Lust frischer Wahn über die Anwesenheit eines Guten. Es wäre unsere Aufgabe, die Enge des Augenblicks zu sprengen und der objektiven Wahrheit zum Sieg zu verhelfen. Unser Hegemonikon ist nämlich immer frei. Es kann zustimmen und nicht zustimmen. Auf zwei Wegen könne die Vernunft dieser Aufgabe gerecht werden. Einmal soll sie Zeit gewinnen, indem sie den frischen Wahn abklingen läßt und ihm so seine Kraft nimmt. „Das beste Heilmittel gegen den Zorn ist die Zeit" (Seneca, De ira II 29). Und dann sollen wir daran gehen, die falschen Vorstellungen aufzulösen, um so den wahren Sachverhalt herauszustellen. Sie sind ja nur Affekturteile, wie wir heute sagen würden. „Lösche die Vorstellung aus", fordert Marc Aurel (VII 29). So finden wir wieder die Ruhe des Herzens. Der Stoiker ist ja bezüglich der physischen Übel und Leiden der Welt der Anschauung, daß nur unsere Vorurteile und Einbildungen es sind, die uns die Ruhe des Gemütes rauben. „Nicht die Dinge selbst verwirren den Menschen, sondern unsere Meinungen über die Dinge. Nicht der Tod selbst ist schrecklich, erschien er doch dem Sokrates auch nicht so, sondern unsere Vorstellung von dem Tode" (Epiktet, Ench. 5). Der Weise ist darüber erhaben. Bei ihm regiert ausschließlich die Vernunft, und sie macht den Menschen unabhängig, frei, sachlich und wahr.

Der Lebenswert solcher Anschauungen liegt auf der Hand. Sie sind unvergängliche Philosophie. In unserer Gewohnheit, den vom Affekt ergriffenen Menschen zu mahnen, doch „vernünftig zu sein", lebt heute noch ein Stück antiker, speziell stoischer Psychologie fort.

ββ) Edle Affekte

Den Affekten im Sinn der Leidenschaft stehen edle Affekte gegenüber: Der Begierde der rechte Wille, der seinerseits entweder Wohlwollen ist oder Zufriedenheit; der Furcht die Vorsicht, die sich in Ehrfurcht und Keuschheit gliedert, und der Lust die reine Freude, die aus dem Bewußtsein des tugendhaften Lebens erwächst. Man sieht in dieser Gliederung besonders deutlich, wie stark die stoische Psychologie von ethischen Interessen geleitet wird. Sie tritt hier förmlich als Tugendlehre auf. Ähnlich ist es auch bei Spinoza, der die Affekte ganz im Sinn der Stoiker anschaut, sie auch in ihrer Weise heilen möchte und gleichfalls den unedlen Affekten edle, seine „tätigen Affekte" gegenüberstellt.

γ) Unsterblichkeit der Seele

Die Philosophie der Vorzeit, deren Menschenbild von den Stoikern verwertet wird, erörterte in diesem Zusammenhang gewöhnlich auch die Frage der Unsterblichkeit der Seele. Wenigstens der vernünftige Seelenteil erschien immer als etwas Ewiges und Göttliches. Entsprechend ihrem Materialismus muß aber die Stoa andere Wege gehen. Zenon läßt den gröberen Teil der Seelenmaterie vergänglich sein, die Vernunft dagegen als feinste Materie wäre unsterblich. Ebenso Kleanthes und Chrysipp, während Panaitios ohne Einschränkung die ganze Seele für sterblich hält. Bei Epiktet und Marc Aurel gibt es jedenfalls keine individuelle Unsterblichkeit. Andererseits nimmt Poseidonios, und das ist nun typisch für den teilweisen Synkretismus, der in der Stoa schon vorliegt, die platonischen Beweise für die Unsterblichkeit auf, und bei Seneca bildet die Unsterblichkeit geradezu ein Grunddogma seiner Lehre. Er wählt hierfür Worte, die fast christlich klingen. „Nachdem die Seele, sich reinigend und die anhaftenden Fehler und den Schmerz des sterblichen Lebens abschüttelnd, kurze Zeit über uns geweilt hat, erhebt sie sich zu den Höhen des Weltalls und schwebt unter den seligen Geistern. Es hat sie eine heilige Schar aufgenommen" (Ad Marciam 25). Seine Gedanken über die Un-

sterblichkeit der Seele sind denn auch oft genug von den Kirchenvätern zitiert worden.
Auf diesem allgemeinen anthropologischen Hintergrund hebt sich nunmehr die eigentliche Ethik der Stoa ab.

b) Ethische Prinzipienfrage

α) Telosformeln

Erstes Problem ist die ethische Prinzipienfrage. Worin besteht das sittlich Gute? Kleanthes prägte hierfür den Begriff des naturgemäßen Lebens (ὁμολογουμένως τῇ φύσει ζῆν). Man bezeichnete diese Norm gewöhnlich als Lebensziel (τέλος, finis). Eine andere Formel lautet: Gut ist das uns Zukommende oder das, was sich schickt (καθῆκον, officium). Da der Mensch ein Vernunftwesen ist, ist für alle das Kathekon „eine der vernünftigen Menschennatur anstehende, wohlbegründete Handlung". Diese und auch die anderen Erklärungen: Tugend ist rechte Vernunft (ὀρθὸς λόγος, ratio recta), oder die Tugend ist Einsicht, sind jedoch alles nur formale Rahmenbestimmungen, die so lange leer bleiben, als wir nicht erfahren, was den Inhalt der Menschennatur oder der rechten Vernunft ausmacht.

β) Oikeiosis

Man kannte dieses Problem und suchte es zu lösen mit der Rede von den grundlegenden Gütern der Natur (πρῶτα κατὰ φύσιν). Sie wurden wieder abgeleitet aus dem Oikeiosis-Begriff, dem Zenon seine durch die ganze Stoa bleibende und für sie ungemein typische Eigenart gab. Was bei Theophrast steht, klingt an ihn an, weist aber gerade das Wesentliche, die naturalistische Färbung nicht auf. Das Grundmotiv dieses Begriffes ist die Tendenz, die ethischen Normen aus einem Urtrieb der Menschennatur abzuleiten, nämlich aus der der sinnlichen Selbstwahrnehmung entspringenden Hinwendung zum eigenen Ich. In dieser Selbstwahrnehmung, die sich zur Selbstbeziehung entfaltet, empfinden wir das Ich als „uns zugehörig". Von hier aus dehnt sich die Oikeiosis dann aus auf die Angehörigen, die politische Gemeinschaft und schließlich auf die gesamte Menschheit; überhaupt auf alles, was das Ich und seine Erweiterung in der Gemeinschaft erhält und schützt, was Nützliches fördert und Schädliches abhält. Oikeiosis ist also Zueignung. Entgegen dieser Grundlegung der Ethik und ihrer Werte beschränkt die Stoa das Telos trotzdem nur auf den Logos, so daß auch von hier aus der Rahmen noch nicht mit dem erwünschten Ideal erfüllt wird. Das eine jedoch wird ersichtlich: Die Menschennatur, von der die Stoa spricht, ist nicht mehr jenes Oikeion, von dem die platonische Ethik sprach; ist auch nicht die aristotelische Menschennatur, die gleichfalls eine idealisierte ist, sondern, das geht aus der aus der sinnlichen Selbstwahrnehmung triebhaft erstehenden Oikeiosis klar hervor, die Menschennatur wird hier naturalistisch gefaßt. In der Zeit der jüngeren Stoa hebt denn auch der Verfasser des Theaitet-Kommentars deutlich hervor, daß die vielgenannte Oikeiosis nur etwas „Physisches" ist und nicht ein transzendentes Prinzip (5, 14; 5, 36). Auch der Begriff des Kathekon verweist auf eine naturalistische Begründung der Menschennatur; denn an sich gibt es auch für die Tiere und auch für die Pflanzen ein Zukommendes (Diog. Laert. VII 107). Die Grundlegung des Sittlichen geschieht also vom Sein her, das dabei im Sinn des sensualistischen naiven Realismus verstanden wird. Daß später durch das ganze Mittelalter bis in die Neuzeit hinein die Ethik auf das Sein oder die Natur aufgebaut wird, wie man es besonders deutlich bei Boethius, De consolatione philosophiae sieht, von dem dann die Wirkungen in das Mittelalter hinein ausstrahlen, ist weniger aristotelisch als vielmehr stoisch. Die Verhältnisse liegen hier in der Ethik ähnlich, wie wir sie schon in der Erkenntnistheorie feststellten (S. 250).

γ) Katorthoma und Pflicht

Ein Begriff allerdings scheint die naturalistische Grundlegung der Sittlichkeit zu überschreiten, nämlich der Begriff des ganz richtigen sittlichen Tuns (κατόρθωμα). In ihm bricht der Pflichtgedanke, der an sich im Kathekon schon enthalten ist, besonders rein durch. Wer nur das tut, was sachlich gesehen richtig ist, aber vielleicht nur durch Zufall oder aus Neigung diese sachliche Richtigkeit getroffen hat, hat noch nicht die vollendete Sittlichkeit. Sie hat nur, wer das Gute tut speziell unter dem Gesichtspunkt gerade des Seinsollenden, um der Pflicht als solcher willen. Hier nähert man sich dem ideellen normativen Charakter des Sittlichen. Das war es, was Kant an der stoischen Ethik geschätzt hat, weswegen man die stoische Ethik denn auch herkömmlicherweise als Pflichtethik anspricht, wenngleich sie nicht bloß Pflichtethik ist, weil ja das Kathekon, von dem das Katorthoma hervorgeht, Seinsverfassung ist und nicht jenen Gegensatz von Sein und Wert meint, der für die Ethik der Neuzeit bezeichnend ist, seit Kant die Kluft aufgerissen hat zwischen theoretischer und praktischer Vernunft und ersterer das Sein, letzterer aber das Sollen und die Werte zuteilte. Darum ist die stoische Ethik im Grunde Seinsethik, betont aber mit besonderem Nachdruck das Pflichtmoment, wie man zu sagen pflegt oder wie man besser sagen würde, das Moment der an der Seinsnorm ausgerichteten Gesinnung; denn Gesinnungsethik kann auch eine Seinsethik noch sein. Mehr als in der Theorie erkennt man den echten sittlichen Tiefgang der stoischen Ethik jedoch in ihren praktischen Vorschriften. Wenn Seneca fordert: „Einem anderen mußt du leben, wenn du dir selbst leben willst" (Ep. 48, 2) oder Epiktet sagt: „Für besser halte ich, was Gott will, als das, was ich will; ich will ihm ergeben sein als Diener und Anhänger; ich gehe mit ihm in Absicht und Streben" (Diss. IV 5) und wenn Marc Aurel erklärt: „Allem füge ich mich, was dir wohlgefüge ist, Kosmos, nichts kommt mir zu spät, nichts zu früh" (IV 23), dann fühlt man deutlich, daß hier echte ethische Hingabe vorliegt.

δ) Naturrecht und Humanität

Eine der edelsten Früchte aus der stoischen Ethik ist der Naturrechtsbegriff und das damit zusammenhängende Humanitätsideal. Das positive Recht, das durch Staaten und Regierungen gesetzt wird, ist weder das einzige noch das allmächtige Recht. Es ruht vielmehr in seiner Gültigkeit letztlich auf einem ungeschriebenen Recht, das ewig ist und das zugleich als Richtmaß allen positiven Rechtes überhaupt fungiert, auf dem Naturrecht, das nichts anderes ist als das allgemeine, mit der Weltvernunft identische Weltgesetz. Die Überzeugung davon gehört zu den unerschütterlichen Dogmen der Stoa. Noch Cicero und Philodem sprechen im gleichen Sinn nach, was schon die Gründer der Schule festgelegt hatten, Zenon mit seinem Satz: „Das Naturgesetz ist ein göttliches Gesetz und besitzt als solches die Macht, zu regeln, was Recht ist und Unrecht" (Arnim I 42, 35), und Chrysipp: „Ein und dasselbe nennen wir Zeus, die gemeinsame Natur von allem, Schicksal, Notwendigkeit; und das ist auch die Gerechtigkeit und das Recht, die Einheit und der Friede" (Arnim II 315, 8ff.). Dahinter steht Heraklit mit seinem Wort: „Es nähren sich alle menschlichen Gesetze von dem einen göttlichen" (frg. 114), ebenso Platon mit seiner Ideenwelt und auch Aristoteles gehört in diese Reihe. Ausdrück-

αα) „Göttliches Gesetz"

lich unterscheidet er vom positiven Recht das Naturrecht und zitiert für seine ewige Macht und Geltung den Vers der Antigone: „Nicht heute nur gilt das oder nur gestern, sondern immer lebt es, und niemand weiß, von wannen es kam“ (1373 b 12). Dabei ist der Stoiker der Ansicht, daß das Naturrecht von selbst einleuchte. Es sei mit der Vernunft als solcher gegeben. Wer sie nur hat, hat eben damit auch schon ein Wissen oder Gewissen über das, was recht ist und nicht. „Wem von Natur aus Vernunft zuteil wurde, dem wurde auch die rechte Vernunft zuteil; darum auch das Gesetz ... und wenn das Gesetz, dann auch das Recht“ (Arnim III 78, 27).

ββ) Vernunftgesetz

Das Naturrecht beruht wesentlich auf dem Begriff der All-Vernunft (κοινὸς λόγος). Da wir als Menschen alle daran teilhaben, ergibt sich, daß alle Menschen einander gleich sind, alle die gleichen Rechte haben und daß sie sich darum auch entsprechend verhalten sollen. „Wir sind alle Brüder“, sagt Epiktet, „und haben in gleicher Weise Gott zum Vater“ (Diss. I 13). Das Vaterland des Stoikers ist die ganze Welt. Er fühlt sich als Kosmopolit. Darum verpflichtet die Stoa ihre Anhänger zur allgemeinen Menschenliebe, Wohltätigkeit, Milde und Sanftmut. Bei Seneca steht diese Forderung schon in den Titeln seiner Schriften, und Marc Aurel verlangt wieder und wieder, human zu denken und zu handeln. Auch gegenüber anderen Völkern, den Sklaven, der Frau und den unmündigen Kindern, die ursprünglich durch das römische Recht stark benachteiligt waren, wird jetzt die Forderung der Rechtsgleichheit erhoben.

γγ) Stoa und römisches Recht

Seit die Stoa im römischen Reich heimisch geworden ist, ändern sich langsam die Rechtsauffassungen. Römische Juristen wie Gaius, Ulpian und Marcian nahmen Naturrechtsbestimmungen in ihre Rechtsdarstellungen auf und betrachteten sie als ideale Richtlinien für die Auslegung des positiven Rechtes. Vor allem wird das Naturrecht Grundlage des Völkerrechtes. Und dann ziehen eine Reihe von stoisch fühlenden Kaisern aus dem stoischen Rechtsdenken mehrere ganz konkrete Folgerungen. Während die Frau im römischen Recht früher überhaupt nicht rechtsfähig war, hebt Augustus wenigstens für die Witwen mit mehreren Kindern die Vormundschaft auf. Die Sklaven waren ursprünglich nur „Werkzeug“; unter Nero aber wurden Polizeigesetze erlassen, die sie gegen die Unmenschlichkeit ihrer Herren schützten. Hadrian stellt die Ermordung eines Sklaven durch seinen Herrn unter Strafe. Antoninus Pius gibt ihnen das Recht, an die Altäre der Götter zu fliehen. Marc Aurel verbietet die Gladiatorenspiele. Im 3. Jahrhundert n. Chr. können die Staatssklaven bereits über die Hälfte ihres Vermögens testamentarisch verfügen. Und im 4. Jahrhundert n. Chr. ist es so weit, daß der Sklave gegen seinen Herrn klagen kann. Der Gedanke eines allgemeinen, mit der Menschennatur selbst gegebenen Rechtes hatte weithin das Leben veredelt. Darum können wir das Naturrecht der Stoa humanistisch heißen. Konsequenterweise rechnete man auch das Verhältnis des Menschen zur Gottheit unter die Naturrechtsvorschriften. Es ist ja ein und derselbe All-Logos, der sie verbindet. Kein Rechtssubjekt dagegen ist das Tier, da es am Logos nicht teilhat. Beide Auffassungen leben noch weiter in Formulierungen der kirchlichen Moraldarstellung, wie überhaupt das Ethos der Pflicht, des Rechtes und der Menschlichkeit eine Ebene war, auf der die Stoa sich mit dem Christentum traf, so daß die Kirchenväter hier weithin mit den Lehren der Stoiker zusammengehen und sie verwerten und zitieren konnten. Die Geistesverwandtschaft in diesen Idealen erschien als so weitgehend, daß die Legende von einem Briefwechsel zwischen Seneca und Paulus entstehen und bis in das Mittelalter hinein geglaubt werden konnte.

δδ) Stoa und Christentum

ε) Eudämonie

Mit dem naturgemäßen, nach Gesetz und Vernunft geregelten Leben findet der Mensch das Glück. Auch die stoische Moral trägt das Gewand der eudämonistischen Terminologie, aber auch nur das Gewand; denn der Inhalt dieser Moral ist das Gegenteil von Eudämonismus. Das wahre und einzige Glück wird nämlich in der Tugend gesucht. Tugend aber ist Gesetzestreue, Pflichtbewußtsein, Überwindung und Entsagung, ständige Strenge und Härte gegen sich selbst. In dieser Haltung steckt nichts von Neigung, Gefallen, Begehren oder Lust und kein Spekulieren auf Nutzen und Wohlfahrt. Die Oikeiosis, dieses Grundelement der stoischen Ethik, verweist den Menschen auf sein inneres Selbst. Daraus werden die Lebensziele abgeleitet. Und darum wird nur der innere Mensch und sein Verhältnis zum ewigen Gesetz in Anschlag gebracht. Damit hat der Mensch genug und ist sich auch genug. Der Stoiker vertritt wie der Kyniker das

Autarkieideal. Die äußeren Güter und auch die äußeren physischen Übel sind ohne Belang (Adiaphora). Ruhm und Ruhmlosigkeit, Lust und Schmerz, Reichtum und Armut, Gesundheit und Krankheit, selbst Leben und Tod sind etwas Gleichgültiges. Nur der Einbildung des Menschen und seinen Vorurteilen erscheinen sie als Werte oder Unwerte; sie sind es aber nicht. Der Tugendhafte verzichtet darauf, sogar auf das Leben kann er verzichten, wozu der Stoiker sich nicht selten entschlossen hat. Ganz anders als im Epikureismus denkt man sich hier das Lebensziel des Menschen. Nicht die Lust weist dem Menschen seinen Weg, sondern der objektive Sinn der Naturordnung. Wäre die Lust der Motor für Tun und Lassen, wenden die Stoiker gegen die Epikureer ein, dann würden die Kinder nie das Gehen lernen, weil sie doch anfangs immer fallen und sich wehe tun. Sie geben aber nicht nach und lernen das Gehen. Und darum bewegt sie ein anderer Trieb als der der Lust. Aber auch von Aristoteles unterscheiden sich die Stoiker; auch er hatte die Lust als Prinzip des Guten abgelehnt und in ihr nur eine Begleiterscheinung des Guten und des Lebens überhaupt gesehen, hatte sie als solche jedoch bejaht und hatte die äußeren Güter in die Eudämonie eingerechnet. Die Stoiker sind strenger. Auch als bloße Begleiterscheinung braucht sie der Tugendhafte nicht. Er findet sein Glück auch ohne sie.

c) Praktische Tugendlehre

Die Stoa ist sich bewußt, daß die Theorie allein nicht genügt. Sie tadeln die Peripatetiker, daß sie das theoretisch-beschauliche Leben über das praktische Handeln stellen. Dementsprechend verweilen die Stoiker nicht bei der ethischen Prinzipienfrage allein, sondern legen Nachdruck auf die praktische Tugendlehre. Zwei grundlegende Forderungen werden dabei erhoben.

α) Vita activa

αα) Der Willensmensch

Die erste Forderung richtet sich auf ein Leben der Tat. Der Stoiker ist ein Willensmensch. Er liebt die Anstrengung und die straffe Spannung, den Kampf, die „sokratische Stärke" und den Ponos der Kyniker. Darum sind Diogenes und Herakles seine oft gerufenen Vorbilder. Der Weg der Tugend ist nicht die breite Straße der Bequemen, sondern der schmale Pfad der Entschlossenen. Obwohl der Stoiker in der Tugendlehre die Sprache des Intellektualismus spricht: Tugend ist rechte Vernunft, es gibt eigentlich nur eine Tugend, und sie besteht in der Einsicht (Phronesis) usw., interessiert er sich doch weniger für das Wesen und die Schau geistvoller Ideale und Hintergründe wie der höhere Mensch des Peripatos und noch mehr jener der Akademie. Man muß auch hier wieder zwischen Wort und Sache unterscheiden. Trotz der intellektualistischen Sprache wird die Tugend selbst nicht intellektualisiert. Der Stoiker ist ein Realist und weiß, worauf es im praktischen Leben ankommt: Auf das kraftvolle Zugreifen und entschlossene Handeln. „Ertrage und entsage" (ἀνέχου καὶ ἀπέχου; sustine et abstine) lautet darum das Motto seiner ganzen Tugendlehre. Wo immer ein Wille ist, da ist auch ein Weg, könnte auch er sagen. „Was brauchen wir? Was bringt alles in Ordnung? Der Wille! Was rettet den Menschen vor dem Hunger, dem Strick, dem Abgrund? Der Wille! Gibt es noch etwas Stärkeres im Menschen?" (Epiktet, Diss. II 17.) Die Philosophie besteht eben nicht in Worten und Theoremen, sondern im Leben und im Tun: „Du sollst nicht sagen, daß du ein Philosoph bist, noch unter deinen Bekannten viel reden über Probleme, sondern tue, was aus deinen Einsichten sich ergibt. Beim Essen z. B. rede nicht, wie man essen soll, sondern iß, wie es sich gehört!" (Epiktet, Ench. 46.) Das konkret-praktische Rezept, das dazu gehört, verschreibt Seneca: „Wer ordentlich beschäftigt ist, hat keine Zeit zu Dummheiten; Arbeiten ist das sicherste Mittel, die Laster des Müßiggangs zu vertreiben" (Ep. 56).

ββ) Charaktermensch

Da der Stoiker ein Willensmensch ist, ist er auch ein Charakter. Die Konsequenz des eigenen Wesens und Handelns wird überall als eine der obersten Pflichten betrachtet. Schon in der sittlichen Zielformel des Schulgründers: „In Übereinstimmung leben" (ὁμολογουμένως ζῆν) klingt sie an. Die Späteren betonen sie noch klarer: „Vor allem sorge dafür, daß du dir selbst gleich bleibst" (Seneca, Ep. 35); „den geraden Weg nach dem Gesetz muß man einhalten und Gott folgen, der auch immer die gerade Richtung einhält" (Marc Aurel X 11). Eben darum lehnen sie die Reue ab. „Der Weise bereut nie sein Tun, er ändert nie, was er getan hat, er wechselt nie seinen Entschluß" (Seneca, De benef. IV 34).

γγ) Politischer Mensch

Die besten Möglichkeiten eines solchen Lebens der Tat tun sich uns auf in der Beteiligung am öffentlichen Leben. Der

Stoiker darf, wenn er tugendhaft sein will, nicht in der Einsamkeit bleiben, sondern muß sich für die vita activa entscheiden. In diesem Punkt denkt er ausnahmsweise anders als der Kyniker, der auch hier Individualist bleibt; anders auch als der Epikureer, der den Grundsatz befolgt: „Lebe im Verborgenen". Der Stoiker aber weiß, daß der Mensch ein geselliges Wesen ist, daß er, wenn er sich selbst sucht, damit zugleich auch die anderen suchen muß, da es immer derselbe Logos ist, der ihm und seinen Mitmenschen zugleich eignet, und darum führt er kein gemächliches Privatdasein, sondern greift in das öffentliche Leben ein und tut hier seine Pflicht. Ein Zeugnis aus berufenstem Munde für diese Charakterhaltung besitzen wir in den Selbstbetrachtungen Marc Aurels: „Früh morgens", sagt der von den Regierungsgeschäften und den Sorgen um das Reich überladene Stoiker auf dem Kaiserthron zu sich selbst, „wenn du mühsam erwachst, sollst du dir vorhalten, um als Mensch zu wirken, wache ich auf. Und da will ich noch verdrießlich sein, wenn ich daran gehe, das zu tun, weswegen ich geworden und um dessentwillen ich in die Welt gerufen bin? Oder bin ich etwa dazu geschaffen, auf dem Lager zu liegen, um mich zu wärmen? Aber das ist angenehmer! Also um das Angenehme zu genießen, bist du geworden und nicht zum Schaffen und zur Betätigung? Siehst du nicht, wie die Pflanzen, die Sperlinge, die Ameisen, die Spinnen, die Bienen ihr bestimmtes Werk tun und für ihr Teil ein Stück Weltordnung schaffen? Und willst du nicht dein Menschenwerk tun? Du eilst nicht zu dem, was deiner Natur entspricht?" (V 1.) Aus dieser Äußerung des Kaisers sieht man aber auch ohne weiteres, daß der Stoizismus die Philosophie war, die den politischen Realitäten eines Imperiums gemäß ist. Und nicht nur im römischen Imperium! Noch Friedrich II. von Preußen begeistert sich für diese Menschen des Rechtes, der Tat, der Entschlossenheit und Zuverlässigkeit und hätte am liebsten Ciceros Buch „De officiis", das die lateinische Bearbeitung der Schrift des Panaitios über die Pflicht war, zur Grundlage des Moralunterrichts in seinem Staate machen wollen.

β) Apathie

Die zweite ständig wiederkehrende Forderung der stoischen Tugendlehre ist die Mahnung zur Apathie. Sie ist die Voraussetzung für die erste. Damit der Weg der Tugend und des naturgemäßen Handelns nicht gestört werde, sind die Affekte zum Schweigen zu bringen. Der Stoiker ist wohl auch ein fühlendes Wesen und kennt den Lockruf der Lust und das Widerstreben der Unlust. Aber er läßt sich von den Leidenschaften nicht übermannen. „Du mußt sein wie ein Fels, an dem alle Wogen sich brechen. Er steht, die Brandung aber wird müde“ (Marc Aurel IV 49). Begierde, Zorn, Furcht dürfen uns nicht rühren, aber auch nicht Mitleid und Reue. Das höhere Seelenvermögen, die Vernunft allein darf sprechen, nicht aber irgendein Affekt. „Erstes Gebot“, sagt Marc Aurel: „Laß dich durch nichts erschüttern“, und er fügt den Grund hierfür sofort an: „Es geht ja doch alles so, wie es in der Natur des Alls vorgesehen ist. Und nach einer kurzen Zeit wirst du ein Niemand sein, der nirgends mehr ist, so wie jetzt Hadrian oder Augustus nicht mehr sind“ (VIII 5). Der Blick auf das Große und Ganze macht den Menschen selbst auch groß; der Blick auf Gesetz und Notwendigkeit stark und unerschütterlich. Es ist das stoische Ideal der Apathie, das Horaz in seinem bekannten Vers: Si fractus illabatur orbis, impavidum ferient runiae: Und wenn eine zerbrochene Welt auf ihn stürzt, einen Unerschrockenen nur treffen ihre Trümmer (Carm. III 3), stark heroisiert, Epiktet aber mehr in seiner schlichten Lebensnähe und damit in seiner wahren Fruchtbarkeit dargestellt hat, wenn er sagt: „Denk daran, daß du in deinem Leben dich so führen sollst, wie man sich bei einem Gastmahl benimmt. Wird etwas herumgereicht und kommt zu dir, dann strecke deine Hand mit Haltung aus und mit Haltung nimm! Übergeht man dich, dann stelle nicht den Diener! Ist man noch nicht zu dir gekommen, dann schau nicht gierig aus, sondern warte, bis du an der Reihe bist. So verhalte dich gegenüber den Kindern, gegenüber der Frau, den Ehrenstellen, dem Reichtum. Dann bist du ein würdiger Tischgenosse der Götter. Und wenn einmal dir etwas dargeboten wird und du nicht davon nimmst, sondern darüber hinwegsiehst, dann bist du nicht nur Gast der Götter, sondern Herr wie sie. Weil sie so handelten, waren Diogenes, Herakles und ihresgleichen wahrhaft göttlich und wurden so geheißen“ (Ench. 15). Mit der Lehre von der Apathie unterscheiden sich die Stoiker wesentlich von den Peripatetikern. Sie sind strenger.

„Unsere Philosophen unterdrücken die Affekte", sagt Seneca, „die Peripatetiker mäßigen sie bloß" (Ep. 116).

γ) Der Weise

Der die ganze Tugendlehre zusammenfassende Begriff ist das Ideal des Weisen. Der Sophos wird mit überschwenglichem Pathos gepriesen. Er besitzt alle Tugenden und handelt immer richtig. Er ist wahrhaft unerschütterlich und wahrhaft glücklich. Er allein ist reich, frei und schön. Von Zeus unterscheidet er sich nur dadurch, daß sein Leben kein ewiges ist. Man ist sich freilich auch darüber klar, daß der Weise ein seltenes Gewächs ist, so selten wie der Phönix, der nur alle 500 Jahre einmal zur Welt kommt. Wie in den früheren Schulen, schon seit Sokrates, werden auch hier wieder die Begriffe Weisheit und Einsicht für die tugendhafte Gesinnung gebraucht. Das kommt davon her, daß einmal die griechische Sprache diese Bedeutung zur Hand hat, und dann davon, daß die sittliche Ordnung zugleich eine Vernunftordnung ist. Wenn das Gesetz, das für Welt und Mensch in gleicher Weise maßgebend ist, in der All-Vernunft besteht, dann handelt der naturgemäß Handelnde selbstverständlich „vernünftig", „einsichtig" und „weise". Das braucht deswegen noch kein Intellektualismus zu sein und ist es in der Stoa auch nicht gewesen. Wir stellten bereits die Bedeutung des Willens für die sittliche Lebensführung nach der Stoa heraus. Die beste Darlegung aber, die man für den Sachverhalt überhaupt finden kann, haben wir in dem Wort Senecas vor uns: „Was ist Weisheit? Immer dasselbe wollen und dasselbe nicht wollen" (Ep. 20). Womit wieder einmal bewiesen ist, daß es in der Philosophie nicht auf die Worte, sondern auf die Begriffe ankommt.

d) Schicksal und Freiheit

α) Freiheit und Kausalität

Der Weise ist auch der wahrhaft freie Mensch, hieß es soeben. Wir berühren damit eine der merkwürdigsten Paradoxien der Stoiker, mit denen sich schon die Alten befaßt haben. Auf der einen Seite wird nämlich an der Freiheit in aller Form festgehalten. Gemeint ist die Freiheit des Innern, d. h. des Vernunftmenschen. Sie wird genau festgesetzt. Alles, was mit der Außenwelt zusammenhängt sowie mit dem Körper und den Affekten, diesen Krankheiten der Seele, bedeutet eine Fessel für den Menschen. Über die Vorstellungen dagegen sind wir Herr. Sie bedürfen unserer Zustimmung (συγκατάθεσις),und diese steht bei uns(ἐφ' ἡμῖν) (Arnim II 283, 27). Durch die Synkatathesis sei die Möglichkeit der Freiheit gegeben (προαίρεσις, liberum arbitrium). Hier kann man wählen und verwerfen, kann sich für oder gegen das Gesetz entscheiden, zum Guten oder zum Bösen. Es gäbe nämlich zweierlei Ursachen, solche, die nur am Anfang der Entwicklung stehen (προκαταρκτικά) und bloß einen Anstoß bedeuten, und solche, die aus ihrem Wesen heraus eine Entwicklung voll und ganz hervorbringen (αὐτοτελεῖς). Von letzterer Art wäre die Synkatathesis (Arnim II 291, 21 ff.; 292, 1 ff.). Marc Aurel meint darum: „Der Geist macht alles zum Stoff, was ihm entgegengebracht wird, wie ein Feuer, wenn es das Hineinfallende bewältigt, von dem ein kleines Licht ausgelöscht worden wäre. Das leuchtende Feuer aber macht sich das Zugelegte sehr schnell zu eigen und verzehrt es und erhebt sich aus dem Zugelegten desto höher" (IV 1). Und Epiktet erläutert im einzelnen: „Die Götter haben uns die Macht des Begehrens und des Sichversagens, des Strebens und Meidens und überhaupt den Gebrauch unserer Vorstellungen gegeben als das, was uns gehört." Darüber können wir verfügen im Gegensatz zu allem Körperlichen, wo wir notwendig behindert sind (Diss. I 1, 7—13). Man hat angesichts solcher Äußerungen von einer Allmacht des Geistes in der Stoa gesprochen (Barth).

Auf der anderen Seite steht aber das Schicksal. Der Stoiker ist Fatalist. Und die Allmacht des Schicksals wird nicht weniger stark herausgestellt. Das Schicksal ist „das Gesetz des Kosmos, nach dem alles Geschehene geschah, alles Geschehende geschieht und alles noch Kommende kommen wird" (Arnim II 264). Es ist die unbesiegbare, unaufhaltsame, unabwendbare Ursache (a. a. O. 292, 15), die Ursachenreihe selbst (a. a. O. 293, 22 ff.; 305, 39), ist die Weltvernunft, der All-Logos (a. a. O. 264, 18; 265, 27; I 24, 31; 42, 24). Es ist ja immer dasselbe, ob von ewiger Ursachenreihe oder Weltgesetz oder Naturgesetz oder Fatum oder Vorsehung oder Zeus die Rede ist. β) Das Schicksal

Eben damit aber ergibt sich eine unüberwindliche Schwierigkeit, der Widerstreit nämlich zwischen Freiheit und Notwendigkeit. Man braucht sich nur die Entwicklung der stoischen Telosformeln vor Augen zu halten, um das klar zu sehen. Bei Zenon wird noch gefordert, „übereinstimmend" zu leben. γ) Der Widerstreit

Das könnte man noch mit der Freiheit vereinbaren: Man setzt sich frei die Maxime seines Lebens und bleibt ihr treu. Aber schon bei Kleanthes wird hinzugefügt: „Mit der Natur" übereinstimmend müsse man leben. Könnte man Natur hier noch als ideales Ziel auffassen im Sinne einer teleologischen Ethik etwa des Aristoteles, dann wäre auch jetzt noch die Freiheit gewahrt. Allein, das naturgemäße Leben der Stoa entspringt ja der Oikeiosis, und diese ist naturalistischer Trieb, wie wir sahen. Denken wir vollends noch an die dritte Erweiterung der Telosformel durch Chrysipp, der unter Natur überhaupt nicht mehr an die individuelle Menschennatur dachte, sondern an die All-Natur, die mit der Weltvernunft identisch ist, weil der individuelle Geist sich eben mit der Weltvernunft decke, welch letztere ihrerseits wieder nichts anderes ist als das ewige, unveränderliche Weltgesetz, dann fragt man sich, wo hier noch Raum für die Freiheit sein soll. Was hat es für einen Sinn, wenn Chrysipp uns versichert, daß nur in der Körperwelt die Notwendigkeit und das Schicksal herrschten, der Anstoß zu unseren Entschlüssen aber von unserem Willen ausgehe (Arnim II 294, 21), wenn unser Logos doch identisch ist mit dem ewigen, unveränderlichen All-Logos? Es ist kein Zweifel, daß die Stoa „in den Kausalnexus der Heimarmene auch das innere Seelenleben einbezog" (Pohlenz). Von seiten der Gegner, wie Plutarch, Alexander von Aphrodisias, Nemesius, Chalcidius, weist man denn auch mit Eifer darauf hin, daß das Schicksal die angebliche Freiheit des Menschen beseitigen müsse. Denn wenn wir nur dann vollkommen frei wären, wenn keinerlei von außen kommende Ursachen uns beeinflussen, dann ist überhaupt schon ein Einfluß von außen her auf das Strebevermögen und die Phantasie zugegeben, nämlich in den Fällen der nichtvollkommenen Freiheit, und nach dem Kausalgesetz wird es dann bei gleichen Ursachen auch gleiche Wirkungen geben, so daß damit die Freiheit auch des inneren Menschen dem Fatum unterworfen ist (Arnim II 290, 24ff.; 291, 4). Vor allem spricht die Tatsache der Mantik gegen die Freiheit. Nur deswegen, weil alles schon vorausbestimmt ist, besteht überhaupt die Möglichkeit einer Voraussage künftiger Ereignisse, so daß gerade die Mantik zeige, „daß die Taten unseres Inneren nichts anderes sind als die Ausführungen der Schicksalsfügungen, wenn schon von uns gehandelt werden muß auf Grund der Schickungen des Fatums“ (Arnim II 272, 25). Das Problem wird nicht leichter dadurch, daß man zu zeigen versucht, daß Chrysipp gerade die Freiheit damit retten wollte, daß er die Verantwortung rettete. Der Weise bzw. der Tor könnten zwar, nachdem sie ihren Charakter einmal besitzen, tatsächlich nicht mehr anders handeln, als ihr Charakter das festlege. Aber daß der Weise so wurde, wie er nun ist, war sein Verdienst und beim Toren seine Schuld. Damals habe es noch in seiner Macht gestanden, so oder anders zu werden. Und darum seien die Menschen verantwortlich, darum gäbe es Lob und Tadel. Damit wird jedoch das Problem nur ein Stück zurückgeschoben. Das ist eben die Frage, ob bei dem allgemeinen Kausalnexus je die Möglichkeit bestand, seine Naturanlagen so oder anders zu nützen. Die stoische Verantwortung ist eine erzwungene Verantwortung, d. h. keine Verantwortung, und eben deswegen sind Lob und Tadel, Mahnung und Warnung, Strafe und Ehre nicht zu retten. Wie viele andere Termini der herkömmlichen Philosophie verlieren auch diese Worte in der Stoa ihren ursprünglichen Sinn. Sie müssen ihn verlieren in diesem neuen Zusammenhang.

δ) Lösungsversuch

Der Stoiker sieht den Widerstreit damit gelöst, daß er die Freiheit umdeutet. Sie falle in Wirklichkeit mit der Notwendigkeit zusammen. Nur der Tor wolle etwas anderes, als was sein muß. Der Weise dagegen erkennt die Gesetzlichkeit des Geschehens als seine eigene Gesetzlichkeit. Er erwartet gar nichts anderes und bejaht das Schicksal. Ein anderer Wille wäre Willkürwille und als solcher nur Ausfluß der Affekte der Leidenschaft und der Ordnungslosigkeit. Aber gerade der Mensch der Leidenschaft ist unfrei, ist ein Knecht seiner Triebe. Ja, er ist geradezu krank. Der Weise aber, der durch die Philosophie gesund geworden ist, weil dadurch die Vernunft zur Herrschaft kam, leidet nicht unter der Notwendigkeit des Fatums, sondern begrüßt sie. Die Philosophie, diese Medizin der Seele, wie Cicero, hierin ganz in den Bahnen der Stoa wandelnd, auseinandersetzt (Tusc. III 1), hat den Menschen dazu geführt, daß er die Schickungen des Fatums als so selbstverständlich annimmt, wie er sein körperliches Wachsen und Reifen als etwas Selbstverständliches und Natürliches betrachtet.

Allein diese Lösung ist nur eine Scheinlösung; denn nur der ideale Wille deckt sich mit der Notwendigkeit des Weltgesetzes. Der tatsächliche, psychophysische Wille des in Raum und Zeit lebenden Menschen kann auch anders und muß anders handeln können, wenn überhaupt die Forderung, das Rechte zu tun und das Unrechte zu lassen, einen Sinn haben soll. Nach der stoischen Physik darf aber auch dieser Wille nicht anders können, als er tatsächlich jeweils gerade handelt. Damit aber werden alle ethischen Imperative illusorisch. Will man die Situation durchschauen, dann muß man sich vor Augen halten, daß im Hintergrund eine typische Eigenart der stoischen Philosophie steckt, die mit ihrem Materialismus zusammenhängt. Der Stoiker denkt sich das Weltgesetz immer als Naturgesetz und hat bei letzterem ständig die Körperwelt im Auge. Daß das Geschichtliche, rein Menschliche und Ethische eine Eigengesetzlichkeit besitzt, von spezifischer Eigentümlichkeit, entgeht ihm. Daraus ergeben sich die Schwierigkeiten, die man noch bei Boethius, wenn er in seiner Trostschrift das Problem von Schicksal, Vorsehung und Freiheit behandelt, deutlich spüren kann. Es sind die vom stoischen Materialismus her geprägten Begriffe des Weltgesetzes und der Kausalität, die es ihm schwer machen, der Freiheit eine Bahn zu brechen.

Es liegt denn auch eine müde Resignation über den Selbstbetrachtungen Marc Aurels. Seine Pflichterfüllung ist edel, sein Ausharren heroisch. Aber das ganze ist ohne Hoffnung und ohne Sinn. Man hat in der jüngeren Stoa das Gefühl, daß das Ethos der Notwendigkeit eine Art Selbstbeschwichtigung ist, durch die man sich helfen will gegenüber der um sich greifenden Untergangsstimmung angesichts einer zusammenbrechenden Kultur. Man spielt seine Rolle weiter und will sie anständig zu Ende spielen. Aber man ist wie gelähmt und wagt keine schöpferische Tat mehr. Man nimmt nur noch hin, was kommt, und tröstet sich mit dem Gedanken, daß es eben so kommen muß. Es geschah wohl nicht von ungefähr, daß Senecas Wort: „Wenn du einwilligst, führt dich das Schicksal, wenn nicht, zwingt es dich“ (Ep. 107, 11) an den Schluß von Spenglers „Untergang des Abendlandes“ gesetzt werden konnte.

Literatur

L. Stein, Die Psychologie der Stoa. 2 Bde. (1886/88). E. Grumach, Physis und Agathon in der alten Stoa (1932). O. Rieth, Grundbegriffe der stoischen Ethik (1933). L. Labowsky, Die Ethik des Panaitios (1934). E. Gentile, I fondamenti metafisici della morale di Seneca (Milano 1932). H. Greven, Das Hauptproblem der Sozialethik in der Stoa und im Urchristentum (1935). E. Elorduy, Die Sozialphilosophie der Stoa. Philologus Suppl. (1936). F. Flückiger, Geschichte des Naturrechtes I (Zürich 1954). M. Valente, L'éthique stoïcienne chez Cicéron (Paris 1956). R. D. Hicks s. u. S. 276. J. Hadot, Seneca und die griechisch-römische Tradition der Seelenleitung (1969).

## 2. DER EPIKUREISMUS

### Antike Lebensphilosophie

Die Philosophen des Epikureismus

Die Epikureer sind die Erbfeinde der Stoiker. Der Polemik zwischen den beiden Lagern wird es kein Ende. Gründer der Schule ist Epikur aus Samos (341—270). Sein Lehrer war der Demokriteer Nausiphanes. Diese Herkunft aus dem Atomismus wird entscheidend für die ganze Schule, die Epikur seit 306 zu Athen in seinem Garten betreibt. Mit Rücksicht auf diesen Garten erhielten die Epikureer die Bezeichnung „die aus dem Garten" (οἱ ἀπὸ τῶν κήπων). Die Gestalt des Schulgründers bildet die Seele des Ganzen, mehr als die dort gepflegte Methode oder Dogmatik. Epikur war eine feine, vornehme und anziehende Persönlichkeit. Man rühmt seine Anspruchslosigkeit, seine Milde, seine Güte und seine tiefe Auffassung von Freundschaft. Seine Aussprüche galten soviel wie Dogmen. Von seinen Schriften, es sollen über 300 gewesen sein, sind nur Fragmente erhalten. — Unter den übrigen Männern der Schule wären herauszuheben: der etwa gleichzeitige Metrodor von Lampsakos, der die Lustlehre ziemlich massiv vertrat; aus der 2. Hälfte des 2. Jahrhunderts v. Chr. Apollodoros, ein Vielschreiber, der den Titel „Gartentyrann" erhielt; Zenon von Sidon sowie Phaidros, die Cicero hörte und schätzte; Siron, der Lehrer Vergils, und Philodem von Gadara, von dessen Schriften erhebliche Teile in Herculaneum gefunden wurden. — Die aufschlußreichste Quelle für den Epikureismus ist Lucretius Carus (96—55 v. Chr.). Sein Lehrgedicht „Über die Natur" will die Erneuerung des demokriteischen Atomismus durch Epikur wortgetreu darstellen. Er ist ein begeisterter Anhänger:

„Zierde des griechischen Volkes, der du über tiefem Dunkel als erster ein strahlendes Licht aufgehen ließest und die Schönheit des Lebens uns zeigtest, dir folge ich Schritt für Schritt, nicht um zu wetteifern, sondern weil ich dich nachahmen will aus Liebe und Verehrung" (De rer. nat. III 1). Durch Lukrez ist wieder griechische Philosophie nach Rom gebracht worden, und auch der Epikureismus war ein Denken, das dieser Menschenschlag, diesmal in seinen feineren Gewächsen, in den Kreisen um Vergil, Maecen, Horaz, Augustus, goutieren konnte. Aber nicht nur zu den Römern hat Lukrez den Atomismus gebracht, auch die Philosophie der Neuzeit hat aus ihm geschöpft. Wir meinen Gassendi, den Wegbereiter des modernen Atomismus, und seine Gefolgsmänner. Und damit schließt sich wieder einer der vielen Bogen, die Antike und Moderne zusammenhalten.

Quellen und Literatur:

H. Usener, Epicurea (1887). E. Bignone, Epicuro (Bari 1920). C. Bailey, Epicurus, The Extant Remains (Oxford 1926). W. Schmid, Ethica Epicurea (1939). A. Kochalsky, Das Leben und die Lehre Epicurs (1914). H. Diels, T. Lucretius Carus. De rerum natura. Lateinisch und deutsch (1923/24). O. Regenbogen, Lukrez. Seine Gestalt in seinem Gedicht (1932). E. Bignone, L'Aristotele perduto e la formazione filosofica di Epicuro (Firenze 1936). C. Bailey, Lucretius, with Introduction and Commentary. 3 Bde. (Oxford 1947). Epikur, Von der Überwindung der Furcht. Eingeleitet und übertragen von O. Gigon (Zürich 1949). Lucretius Carus, De rerum natura. Lateinisch und deutsch. Textgest., Einl. und Übers. von K. Büchner, (Zürich 1956). R. D. Hicks, Stoic and Epicurean (New York 1962).

Die Philosophie wird auch im Epikureismus wieder eingeteilt in Logik, Physik und Ethik, wobei die Ethik die Zielsetzung des Ganzen bedeutet.

## A. LOGIK

### a) Ursprung und Sinn des Erkennens

α) Utilität Die Logik heißt auch Kanonik, weil sie die Maßstäbe liefert für ein richtiges Erkennen. Wir haben aber jetzt nicht mehr wie bei Aristoteles jene hohe Wertschätzung des Wissens um des Wissens willen, sondern das Erkennen ist nur noch um des Lebens willen da. Es wird vollkommen in den Dienst der Utilität gestellt. Die reine Schau der Wahrheit, die θεωρία τῆς ἀληθείας, erübrigt sich. Darum definieren sie:

Philosophie ist eine Tätigkeit, deren Erkenntnisse uns das Glück verschaffen sollen. Hier waren die ausgesprochenen Wirklichkeitsmenschen der Stoa noch theoretischer veranlagt. Aber nicht nur in seiner Zielsetzung, auch in seiner Natur wird das Wissen tiefer gestellt. Alles Erkennen ist nach den Epikureern nur Sinneswahrnehmung, nicht mehr. Es kommt dadurch zustande, daß sich von den Objekten „Bildchen" (εἴδωλα) ablösen und in die Sinnesorgane einströmen. Man denkt mit diesem Begriff zunächst an die Gesichtswahrnehmung. Es ist aber auch sonst so. Auch die übrigen Sinne werden durch Zuflüsse (ῥεύματα) in Bewegung gesetzt. Immerfort senden die Objekte solche Strömungen aus. Darin besteht die reguläre Sinneswahrnehmung und darin zugleich auch die Gewähr der Realitätswahrnehmung. Das ununterbrochene Strömen erzeugt den Eindruck des Dichten, Massigen, also den Eindruck der körperlichen Realität. Bildchen, die außerhalb der kontinuierlichen Emission stehen, seien dünn wie Spinnengewebe. Hinter ihnen steht keine Realität. Sie gehen auch nicht durch die Sinnesorgane in uns ein, sondern durch die Poren der Haut und drängen zum Herzen. Es sind das die Wahnbilder und Phantasievorstellungen. Die Sinneswahrnehmung der erstgenannten Art dagegen bildet das eigentliche Erkennen und bestreitet auch seine gesamten Möglichkeiten. Darum ist z. B. der Begriff nicht eine logische Geltungseinheit, sondern nur Erinnerung an die gemeinsamen Vorstellungsinhalte, verläuft sonach auch vollkommen im Bereich der Sinnlichkeit, ihrer Assoziationen und Residuen. Von Bildchen, die sich von den Dingen loslösen und uns zuströmen, haben auch schon Empedokles und Demokrit geredet. Man muß diese materiellen Eidola dem ideellen Eidos Platons und Aristoteles' gegenüberstellen, um sofort die vollkommen anders geartete Erkenntnislehre des Epikureismus plastisch vor sich zu sehen. Der Epikureismus ist Sensualismus und Materialismus, wie sein Vorbild, der Atomismus Demokrits, das auch schon war.

β) Sensualität

## b) Wahrheitskriterium

Wenn von wahren und falschen Vorstellungen die Rede ist, müssen die Epikureer naturgemäß nach einem Kriterium Ausschau halten, das ihnen die Echtheit ihres Erkennens gewährleistet. Und hätte sie die sachliche Notwendigkeit nicht dazu veranlaßt, dann hätten ihre Gegner, die Stoiker, sie darauf gestoßen durch ihre intensive Diskussion des Evidenzproblems. Epikur macht sich hier aber die Sache ziemlich leicht. Die Sinneswahrnehmungen, so wird erklärt, seien immer wahr. Auch den Phantasievorstellungen entsprechen Einwirkungen; „denn sie bewegen die Seele". Das will heißen, die Wahrheit jeder Sinneswahrnehmung besteht in der psychologischen Wirklichkeit solcher Empfindungen, aber auch nur darin. Die logisch-ontologische Wahrheit unserer Erkenntnisse hänge an etwas anderem, nämlich an unserem Urteilen und Meinen (δόξα, ὑπόληψις). Dadurch auch käme es erst zur Möglichkeit des Irrtums. Das ist nun eine Behauptung, die auch Aristoteles schon vorträgt und die bei ihm einen Sinn hat, hier jedoch nur äußerlich nachgesagt wird und nicht mehr sich zu einem Ganzen schickt; denn die Erkenntnistheorie des Aristoteles setzt noch eine Norm voraus, die über die Sinnlichkeit entscheidet, der Sensualismus der Epikureer aber kennt so etwas nicht. Wenn es darum hier heißt, man müsse, um sich der Wahrheit der ausgesagten Urteile zu vergewissern, zusehen, ob die Wirklichkeit sie bestätigte oder doch wenigstens ihnen nicht widerspreche, dann ist das ein oberflächliches Gerede, weil damit gerade das vorausgesetzt wird, was eben fraglich ist, denn wenn schon die ganze Erkenntnis nur Sinnlichkeit ist, die Sinneswahrnehmung aber möglicherweise bloße Phantasievorstellung, wer kann dann garantieren, daß die Wahrnehmung, die über andere Wahrnehmungen die Aufsicht führen soll, nicht selbst straucheln wird? Sie bedürfte selbst auch wieder der Aufsicht und so immer zu. Die Wahrheit aber, die jeder Sinneswahrnehmung zugesprochen wird, hilft nichts, weil sie nichts anderes ist als nur psychische Wirklichkeit, worüber ja ein Streit nicht besteht. Die Kanonik kommt im System Epikurs überhaupt zu kurz; allein die Stellungnahme Epikurs zu dem für jede Philosophie so grundlegenden Wahrheitsproblem ist auch so noch viel zu sorglos. Im übrigen ist diese Sorglosigkeit symptomatisch für sein ganzes Denken.

α) Die Wahrheit der Sinnlichkeit

β) Eine petitio principii

Literatur

J. Mewaldt, Die geistige Einheit Epikurs (1927). C. Diano, La psicologia d'Epicuro e la teoria delle passioni. Giornale critico della Filosofia 20 (1939). Ph. H. De Lacy, The Epicurian Analysis of Language. American Journal of Philology 60 (1939).

## B. PHYSIK

### a) Erneuerung des Atomismus

α) Ontologie des Atomismus

In der Metaphysik erneuern Epikur und seine Schule den Atomismus Demokrits. Wie bei diesem gibt es auch hier wieder unendlich viele letzte, nicht mehr teilbare, „solide" Elemente, die Atome. Sie sind qualitätslos und unterscheiden sich nur quantitativ durch Form und Schwere. Absolut verschieden sind sie aber nicht, sondern es gibt Ähnlichkeiten unter ihnen, so daß man von bestimmten Sorten reden kann. Die Zahl dieser Sorten ist begrenzt, aber in jeder Gruppe gibt es unendlich viele Atome (Lukrez, De rer. nat. II 478 ff.; 522 ff.). Daneben müsse man noch den leeren Raum annehmen, in dem die Atome sich befinden und bewegen. Er ist ohne Grenzen (a. a. O. I 951 ff.). Mit diesen beiden Elementen, Körper und Raum, wäre das ganze Sein erklärt. Seiendes anderer, also etwa dritter Art, gibt es nicht (a. a. O. I 430 ff.). Das ist klarer Materialismus. Auch Seele und Geist wären ja Körper, feinste Materie zwar, aber immerhin Materie. Die Seele sei ein Teil des Körpers wie Hände und Füße (a. a. O. III 94; 161 ff.). Sie ist selbst auch teilbar und darum sterblich wie der Leib (a. a. O. III 417 ff.; 634 ff.). Die Atome sind von Ewigkeit her und werden auch in alle Ewigkeit sein. Ihre Summe bleibt immer dieselbe (a. a. O. II 294 ff.). Dieser Satz besagt das Gesetz von der Erhaltung der Substanz, zu allen Zeiten das Grunddogma des Materialismus.

β) Werden als Mechanismus

Auf der Ontologie des Atomismus beruht nun die Erklärung des Werdens und damit des gesamten Weltprozesses. Alles Werden schöpfe aus der vorhandenen, unendlichen, unvergänglichen Substanz der Materie. Es ist erstes Prinzip der Welterklärung dieses neuen Atomismus, daß „nichts aus nichts werden und nichts in nichts vergehen kann" (a. a. O. I 150 ff.; 216 ff.). Alles Werden ist immer nur Umgruppierung der Atome. Die Atome treten auseinander und vereinigen sich wieder, jetzt so und dann wieder anders, treten wieder auseinander und gehen wieder neue Verflechtungen ein und so immer zu von Ewigkeit zu Ewigkeit. So erklärten sich alle Gestaltungen der toten Natur, so auch das Leben in seiner Fülle, seinen Arten und Gattungen, so schließlich auch der Mensch und seine Geschichte. „Denn sicherlich hängt die Materie nicht unlöslich zusammen, sehen wir doch, wie alle Dinge sich in den einen unendlichen Strom ergießen und ständig vor unseren Augen sich verjüngen ... da alles, was hier aus einem Körper weggenommen wird und ihn damit schmälert, dort wieder zugelegt, einen anderen damit wachsen läßt, so daß, wenn das eine welkt, eben damit ein anderes blühen kann. Aber auch ihm wird nichts bleiben. Und so wird die Summe des Seins ständig erneuert. So leben die Sterblichen die Lehensgabe des Lebens. Hier steigt ein Stamm empor, dort sinkt ein anderer zurück. In kurzer Frist wechseln die Geschlechter atmender Wesen und wie flüchtige Renner nur reichen sie weiter die Fackel des Lebens" (a. a. O. II 67ff.). Und das Gesetz, nach dem dieses Werden sich vollzieht? Nur zwei Dinge sind, so wird zunächst versichert, für diese ewige Bewegung verantwortlich: die Schwere des Atoms selbst und der Druck und Stoß anderer Atome (a. a. O. II 84ff.). Das ist jetzt klarer Mechanismus, und es ist der demokriteische Mechanismus.

γ) Zufall

αα) Declinatio

Aber nun wird der Meister plötzlich korrigiert und ein ganz neuer Gedanke vorgetragen, der Begriff der declinatio (παρέγκλισις), d. h. des plötzlichen Abweichens der Atome aus der geraden Fallinie. Von Ewigkeit her nämlich würden die Atome im unendlichen Raum nach unten fallen. Aber dann stelle sich plötzlich und von selbst, „man weiß nicht wann und weiß nicht wo", eine kleine Abweichung von Atomen aus der geraden Fallinie ein, „nicht mehr als nur eine Veränderung der Bewegungsrichtung", und dadurch komme es zu einem Zusammenprallen der Atome, und jetzt werde das sich Verflechten und der ständige Wechsel eingeleitet. Nimmt man diese declinatio nicht an, wendet Lukrez im Sinne Epikurs gegen Demokrit ein, dann gibt es niemals eine Schöpfung (a. a. O. II 216ff.).

ββ) Ursachlosigkeit

Der Begriff der declinatio besagt den strengen Zufallsbegriff im Sinne der Ursachlosigkeit. Cicero erläutert den epikureischen Zufall (τύχη, casu) ausdrücklich mit der Angabe, daß es sich bei der declinatio um ein Geschehen „ohne

Ursache“ handle (Usener, Epic. pag. 200). Damit hat Epikur in die Philosophiegeschichte einen neuen Gedanken eingeschrieben. Die Philosophie vor ihm kennt zwar auch den Zufall, aber Aristoteles z. B., der den Begriff des Zufalls sehr wohl verwendet wissen will, versteht ihn nicht im Sinne der Ursachlosigkeit, sondern Zufall heißen wir nach ihm ein Geschehen, von dem wir nur die Gründe momentan nicht angeben können, obwohl solche sicher auch vorliegen. Auch Demokrits Automaton ist nicht Zufall im Sinne Epikurs. Es negiert zwar eine Ursache, die im Wollen und Planen eines freien lebendigen Geistes zu suchen wäre, weil alles Werden nur von der Masse der Atome allein abhängig sei und dadurch „von selbst“ geschehe. Eben damit aber ist das Automaton Demokrits das genaue Gegenteil des epikureischen Zufalls. Es besagt strengste Determination allen Seins und Werdens innerhalb des Gesamtmechanismus der Körper, die, sofern sie Masse sind, zugleich als Kräfte oder Energien betrachtet werden können, wo darum die Gesetze des Wirkens keine anderen sind als die Gesetze des Seins, der Masse. Die Stoiker haben zu Unrecht den Zufallsbegriff von den Epikureern her auch deren Ahnherren, Leukipp und Demokrit, nachgesagt. Er ist jedoch eine Erfindung, die nur der Schule Epikurs angehört, die allerdings damit Demokrit nicht verbessert hat; denn jetzt geht gerade das verloren, was das Großartige in der Weltansicht Demokrits war: die absolute Gesetzmäßigkeit des Weltverlaufes und die darauf beruhende mögliche Vorausberechenbarkeit alles zukünftigen Geschehens. „Er hat das ganze Erbe vergeudet“, sagt Augustinus von Epikur und seinem mit der declinatio gesetzten Zufallsbegriff (Usener, Epic. pag. 201). Hatte Epikur die Konzeption seines Meisters nicht verstanden?

### b) Kampf gegen das Fatum

Nein, es liegt etwas anderes vor, was ihn zu seiner Haltung veranlaßte. Er verfolgt mit dem Zufallsbegriff eine besondere Absicht, nämlich die Befreiung des Menschen vom Druck des Fatums. Die Epikureer sind Anhänger der Willensfreiheit. Wenn es aber ein Fatum gibt, wie die Stoiker das lehren, dann scheidet die Willensfreiheit aus und über dem Leben des Menschen hängt stets wie ein Damoklesschwert das Verhängnis. Eine solche Weltanschauung ist für die Hedoniker eine unmögliche Sache. Sie stört jeden Lebensgenuß. Darum wird versucht, die Freiheit zu retten. Und man rettet sie durch den Begriff des Zufalls im Sinne der Ursachlosigkeit. Dadurch wird der Mensch herausgehoben aus dem allgemeinen Kausalnexus, kann selbst und eigenschöpferisch eine Ursachenreihe beginnen, ist damit wieder Herr seines Lebens und kann es gestalten, wie es ihm beliebt. Cicero berichtet ausdrücklich, daß Epikur um der Rettung der Freiheit willen die declinatio eingeführt habe, und bei Lukrez lesen wir dasselbe: „Daß der Geist nicht auch dem Zwang des eigenen Gewichtes zu folgen habe und, davon überwältigt, nur tragen und leiden müsse, daß dies nicht der Fall ist, kommt von der declinatio" (a. a. O. II 289). Die Epikureer haben denn auch für die menschliche Freiheit einen ständigen Kampf gegen das stoische Fatum geführt. Ihre theoretische Rückendeckung war dabei der Zufallsbegriff. Über die Erwiderung der Gegner vergleiche man Cicero, De fato 46.

### c) Kampf gegen die religiösen Mythen

α) Aufklärung

Ihren zweiten Kampf führten die Epikureer gegen die religiösen Mythen. Sie waren so unbequem wie das Fatum; denn die Rede vom Eingreifen der Götter in das Menschenleben, besonders die Erzählungen über das Fortleben nach dem Tode, vom Totengericht und den ewigen Strafplätzen, aber auch die Erzählungen vom Zorne Gottes, den es zu beschwichtigen gelte, seiner Huld und Vorsehung, die man erwerben müsse, wirkten wieder störend auf den heiteren Lebensgenuß und den Willen, über sein Tun und Lassen frei nach Gefallen zu verfügen. In diesem Kampf griff man jetzt zurück auf die Atomtheorie. Alles geschieht notwendig, so führte man aus, durch die Gesetze der Natur, wie Demokrit das doch gezeigt habe. Es bedarf keines Eingreifens der Götter, nur die Atome und ihre Gesetzlichkeit brauchen wir. Man führt eine Aufklärung durch. Darum schreibt auch Lukrez sein Lehrgedicht über die Natur. „Um jene Schrekken und das ganze religiöse Dunkel zu vertreiben, brauchen wir nicht die Strahlen der Sonne noch das Licht des Tages, sondern nur den Blick auf die Natur und ihr Gesetz (a. a. O. I 146). Man tut sich ungeheuer viel zugute auf die befreiende Tat Epikurs, und man stellt es so hin, „als ob nicht bloß

Wahngebilde auf ihr Nichts reduziert, sondern leibhaftige Unholde getötet und die Menschen aus ihrem Frondienst erlöst worden wären" (Hoffmann). Daß man sich bei dieser doppelten Kampfstellung in einem eklatanten Widerspruch bewegte, weil man sich gegenüber dem Fatum auf den Zufall und die damit gegebene Freiheit berief, gegenüber dem freien Walten der Götter dagegen wieder auf die Notwendigkeit des Kausalnexus, hat sie so wenig berührt wie der Widerstreit ihrer „verbesserten" Theorie überhaupt mit den Grundgedanken des Atomismus Demokrits, den man doch erneuern wollte.

β) „Göttergläubig"

Auch das legte man nicht schwer auf die Waagschale, daß man in seinem öffentlichen Reden und Auftreten noch an Götter „glaubte", die man in seiner Weltanschauung doch in die Intermundien, die Zwischenwelträume versetzt hatte, wo sie sich in einem endgültigen Ruhestand befanden. Man hielt nämlich im Garten nicht wie in der Stoa an der Einheit des Kosmos fest, sondern nahm viele Welten an. In den sonst von Weltstoff leeren Räume zwischen den verschiedenen Welten hausten nun die Götter und führten ein seliges Dasein. Sie lebten nur noch für sich, ohne irgendwie mehr in das Weltgetriebe einzugreifen. Praktisch hieß das: Für uns gibt es keine Götter, wollte man doch auf Grund des neuen Lebensglückes, das die Lustlehre versprach, selbst „wie ein Gott unter Menschen leben" (Epikur, Menoikeusbrief, Schluß). Aber warum durch einen deklarierten Atheismus die Menschen schockieren? So entschied man sich für einen Deismus oder noch etwas weniger als das, war höflich, rief die Götter an, wie z. B. Lukrez zu Beginn seines Lehrgedichts die Venus, lebte und ließ die Gläubigen auch leben. Die Epikureer sind keine gefährlichen Menschen. Sie wissen zu leben, reden schön und schreiben schön, aber sie grübeln nicht. Ihre Philosophie ist nicht gedankenschwere Melancholie, sondern hat etwas von der Art der gefälligen leichteren Muse. Wir finden das besonders an ihrer Ethik, an die man bei den Epikureern auch zuerst denkt.

Literatur

C. Bailey, The Greek Atomists and Epicurus (Oxford 1928). J. Mewaldt, Der Kampf des Dichters Lukrez gegen die Religion (1935.. W. Schmid, Epikurs Kritik der platonischen

Elementarlehre (1936). A.-J. Festugière, Epicure et ses dieux (Paris 1946). Ph. Merlan, Studies in Epicurus and Aristotle (1960).

## C. ETHIK

### a) Hedonismus

α) Die Lust als Telos

Die Ethik bildet das eigentliche Anliegen der hedonistischen Philosophie. Auf sie tendieren auch ihre anderen Gedankengänge, wie wir bereits sahen. Ihr Kernstück ist der Satz, daß das sittlich Gute in der Lust bestehe. Auch das hatte Demokrit mit seiner „Wohlgemutheit" wenigstens anklingen lassen. Ganz klar ausgesprochen hatte die Lustlehre aber Aristipp, und sein Hedonismus ist es auch, der den Epikureern jetzt die prinzipielle Richtung weisen wird. Schwebte den Stoikern das naturgemäße Leben als Ziel vor Augen, und wurde dort die Forderung erhoben, zu ertragen und zu entsagen, um den Aufgaben dieser höchsten Norm gerecht werden zu können, so wird jetzt als das eigentlich menschliche Telos die ἡδονή aufgestellt und dementsprechend die Losung ausgegeben, zu begehren und zu genießen. Das ist nun eine ganz andere Stellung zum Leben. Der Ursinn des Wortes „gut" besagt nach den Epikureern nicht den Einklang mit irgendeiner Ordnung idealer oder realer Art, sondern drückt im Grunde eine Beziehung zu unserem Begehrungsvermögen aus: Weil etwas uns gefällt und Lust bringt, darum heißen wir es gut, weil ein anderes uns nicht gefällt und Unlust bringt, heißen wir es schlecht. Aristoteles hatte gemeint: Weil etwas gut ist, darum gefällt es uns. Man sieht, Epikur stellt das auf den Kopf. Nicht ein objektiv Gutes an sich ist ihm ethisches Prinzip, sondern die subjektive Lust ist Prinzip des Guten. „Die Lust ist Anfang und Ende seligen Lebens", heißt es im Briefe Epikurs an Menoikeus, der das Wesentliche seiner Ethik in nuce enthält; oder, wie es dort auch noch heißt: „Alles Wählen und Streben geht doch auf das Wohl des Leibes und die Ruhe der Seele, denn das ist das Telos eines glücklichen Lebens. Und was wir tun, tun wir, um der Unlust zu entgehen und die Ruhe der Seele zu finden."

β) Ataraxie

Daraus sehen wir zugleich, welche Lust Epikur im Auge hatte mit seinem Hedonismus. Er versteht unter Lust die

Schmerzlosigkeit und die Freiheit von seelischen Erschütterungen (ἀταραξία), den Frieden und die Stille des Gemütes. Aristipp hatte eine Lust im Auge, die heftigstes Erleben war, er wollte die „Lust der Bewegung". Epikur aber denkt an die „Lust der Ruhe".

γ) Prinzipielle Unklarheiten

Das scheint uns feiner und kultivierter zu sein als die Thesis Aristipps, besonders dann, wenn man dazu nimmt, daß Epikur gerne davon sprach, daß man den geistigen Genüssen den Vorzug geben müsse vor den körperlichen; daß man nicht blind und gierig dem nächstbesten Gelüste nachgeben dürfe, sondern eine Meßkunst anzuwenden habe, die auf das Ganze des Lebens schaut und alles vernünftig gegeneinander abwägt, damit nicht für eine gierig ergriffene kleine Lust eine in Aussicht stehende größere verscherzt werde. Es wären überhaupt, sagt Epikur, Vernunft und Einsicht (Phronesis) unentbehrlich, und ohne sie und die Tugend gebe es keine Lust: „Prinzip allen seligen Lebens und darum höchstes Gut ist die Einsicht; sie steht höher als die Philosophie; aus ihr entspringen alle übrigen Vorzüge; man kann ohne Einsicht, ohne Sittlichkeit und Recht überhaupt nicht lustvoll leben, wie man umgekehrt ohne Lust auch nicht vernünftig, sittlich und gerecht leben kann, denn es sind alle Tugenden mit dem angenehmen Leben verwachsen, und dieses wieder ist von ihnen nicht zu trennen" (Menoikeusbrief). Man kennt sich nicht mehr recht aus, wenn man das liest. Ist nun die Lust noch Prinzip für unser ganzes Handeln oder steht doch etwas Höheres über ihr, richtend und ordnend: die Vernunft, die Sittlichkeit, das Recht, das Lebensganze? Man könnte es meinen. Allein dem stehen wieder klare anderweitige Äußerungen gegenüber. Das ist einmal die Tatsache, daß für den Epikureer die Lust als solche und unter allen Umständen gut ist, wie das ja auch Aristipp schon erklärt hatte. Es gibt keine Qualitätsunterschiede, die ethisch relevant wären. Und dann wird die Lust ausdrücklich zu einer Sache der Sinnlichkeit gemacht. Es ist nicht nur Metrodor von Lampsakos, der sich in dieser Richtung äußert: Auf den Bauch, meint er, bezieht sich alles Gute und Schöne; er bildet das Maß für alles, was die Glückseligkeit betrifft, und man sollte sich weniger um Kultur und Volkswohlfahrt bemühen als vielmehr darauf sehen, so zu essen und zu trinken, daß es dem Magen nicht schade und

αα) Einsicht über der Lust

ββ) Lust über der Einsicht

man dabei wirklich Genuß habe. Auch Epikur selbst hat erklärt: „Ursprung und Wurzel alles Guten ist der Magen, und auch Weisheit und alles geistig Hohe lassen sich darauf zurückführen" (frg. 429), wie er auch wörtlich versichert, daß „aller Wert und Unwert eine Sache der αἴσθησις" sei (Menoikeusbrief). Dem Sensualismus in der Erkenntnistheorie entspricht sonach auch ein Sensualismus in der Wertlehre. Es ist nicht erst die Bibel gewesen, noch auch waren es die tugendstrengen Stoiker oder der rigorose Kant, die das Genußleben durch das Prädikat „Sinnlichkeit" charakterisierten; die Fachleute der Hedonik selbst haben diese Einstufung vorgenommen. Übrigens hat auch Goethe so gedacht, und heute noch betonen die Künstler, daß sie Sinnenmenschen sein wollen. Aber ist es denn wirklich so, daß der Genuß, den wir empfinden, etwa beim Anhören einer Symphonie Beethovens, in seinem erlebten Gehalt letztlich durch eine Beziehung auf die Sinnlichkeit oder gar auf den Magen konstituiert wird? Hier hätten die Hedoniker eine dankenswerte Aufgabe zu erledigen gehabt. Sie hätten Lust und Lust phänomenal beschreiben und nach jeweiligen spezifischen Eigentümlichkeiten klassifizieren sollen mit dem weiteren Ziel letzter kategorial-prinzipieller Bestimmungen solcher Arten von Lust, des Unterschiedes insbesondere von sinnlichen und geistigen Genüssen. Doch das tat man nicht. Man liebte auch auf seinem eigentlichsten Gebiet kein konsequentes Zu-Ende-Denken prinzipieller Positionen.

γγ) „Sinnlichkeit"

b) Lebensweisheit

Aber vielleicht liegt der historische Sachverhalt überhaupt etwas anders. Vielleicht ist es so, daß die Epikureer weniger exakte theoretische Philosophie als vielmehr praktische Lebensweisheit bieten wollten. Man hat den Satz vertreten, daß der Epikureismus mehr Lebensstil, ja Religion sei — mehr Weltanschauung würden wir heute sagen — als reine Philosophie (Hoffmann). Unter diesem Gesichtspunkt betrachtet, wird tatsächlich manches im Epikureismus verständlicher. Und was er uns an praktischer Lebensweisheit schenkt, enthält wirklich manch köstliche Gabe.

α) Lebensbejahung

So hat der Epikureer offene Augen für den Reichtum und die Schönheit der Welt. Er bejaht das Leben in seiner Fülle, seinem Schwung, seiner sieghaften Kraft. Dadurch beschwingt er auch sich selbst, überfliegt die Schattenseiten des Lebens, wird davon nicht gelähmt und wird so frei zu positiver Daseinsauffassung. Auch der Todesgedanke vermag ihn nicht zu hemmen. Hinter dem albernen Beweis, daß „der Tod uns nichts angehe" — solange wir leben, ist der Tod nicht da, und ist er einmal da, sind wir es nicht mehr —, steckt etwas sehr Wertvolles, das freudige Ja zum Leben, das nur das Positive sieht und so den Tag wirklich nützen kann. Das horazische „Carpe diem" entspringt nicht einer gierigen Unersättlichkeit im Lebensgenuß, sondern einer Aufgeschlossenheit für die Werte des Daseins. Symbol dafür ist den Epikureern die Venus. Wie sie, ist das ganze Dasein zeugende Lebenslust, Liebreiz, Wonne. Weil das uns das Dasein bietet, und nur das Dasein, darum nütze man den Tag!

Die Lebensweisheit des Gartens wußte aber auch um das Sich-bescheiden-Können, das Maß, die Stille, den inneren Frieden. „Wir halten die Selbstgenügsamkeit für ein großes Gut, nicht als ob wir ohne weiteres mit dem Dürftigen zufrieden wären, sondern weil wir, wenn wir nicht vieles haben können, uns mit dem wenigen begnügen, überzeugt, daß der den Reichtum am glücklichsten genießt, der seiner am wenigsten bedarf" (Menoikeusbrief). Auch das bekannte „Lebe im Verborgenen" hat einen tieferen Sinn. Es ist nicht einfach bloß Flucht vor der unbequemen Wirklichkeit des Alltags und des öffentlichen Lebens, damit man seine Ruhe habe, sondern entsteht aus der Erkenntnis, daß in der Zurückgezogenheit und in der Stille dem Menschen eine neue Wirklichkeit aufgeht, die Wertwelt der Innerlichkeit, der Ruhe und Abgeklärtheit der Seele und der stille Glanz und heitere Friede des Herzens. „Die Krone der Seelenruhe ist unvergleichlich wertvoller als hohe Führerstellungen" (Epik. frg. 556). β) Bescheidenheit

In diese Richtung weist auch der Kult der Freundschaft, der für den Garten so typisch war. Die Stoa drängte in die Weite, in die Polis und in das Kosmopolitische. Der Garten suchte das Glück im Kleinen, im Bunde mit ein paar erlesenen Freunden: „Ich hasse den gemeinen Pöbel und halt' ihn mir ferne", dichtet Horaz. Man zog sich auf das Innere γ) Freundschaft zurück. Die politischen Verhältnisse zwangen dazu. Man ist Individualist, aber man ist nicht Egoist. Den Freunden lebt man, und man schenkt sich ihnen. „Unter allem, was die Weisheit zum Glück des Lebens beiträgt, ist nichts größer, nichts fruchtbarer, nichts freudvoller als die Freundschaft“ (Epikur, frg. 539). „Man wählt die Freunde um der Lust willen, aber für seine Freunde nimmt man die größten Schmerzen auf sich“ (frg. 546). Ein Menschentum, das sich so ausspricht, will sich nicht bloß vergnügen. Es kennt sehr wohl die Unsicherheiten im Menschen und im Leben, überwindet sie aber in einem noch stärkeren Glauben an eben diese Menschen und eben dieses Leben.

δ) Der Weise Freundschaft eine Frucht der Weisheit. Damit haben wir wieder den viel gerufenen Begriff der Weisheit vor uns. Alle griechischen Philosophenschulen kennen den „Weisen“. Aber jede hat ihre eigene Auffassung. Die Schulung des kritischen Denkens, die man gewinnt bei dem Bemühen, bei gleichem Terminus den je verschiedenen Bedeutungsgehalt herauszuheben, ist nicht zu verachten. Hier bei den Epikureern ist der Weise der Lebenskünstler. Es wird nicht wenig Menschen geben, die an seinen Maximen Gefallen finden. Die kritische Besinnung wird freilich sofort fragen: Was ist Lebenskunst? Was heißt hier überhaupt Leben? Stellen sich nicht Verschiedene darunter Verschiedenes vor? Will man aber die Lebenskunst, um eindeutig zu werden, im Prinzip nach epikureischer Art bestimmen, dann werden wir uns erinnern, wie wenig das ethische Prinzip zu Ende gedacht war. Doch dieser Einwand wird den Wert der konkreten Lebensregeln nicht ganz außer Kurs setzen; denn Theoreme sind oft nur Symbole, hinter denen eine Wirklichkeit steht, die stärker ist als die logische Notifikation und sich zur Geltung bringt und instinktsicher ihren Weg geht, auch wo die begriffliche Deutung sie falsch auslegt. „Grau, teurer Freund, ist alle Theorie und grün des Lebens goldner Baum.“

Literatur

F. Wehrli, Lathe biosas (1931).

## 3. AKADEMIE UND SKEPSIS

### Überschau und Kritik

In einem Punkt waren sich Epikureer und Stoiker trotz aller Polemik einig, in ihrer dogmatischen Methode. Immer aber löst in der Philosophiegeschichte ein starrer Dogmatismus als Reaktion den Zweifel aus, und so steht auch im Hellenismus den dogmatischen Schulrichtungen ein betonter Skeptizismus gegenüber, und zwar in der Akademie und bei Pyrrhon von Elis und seiner Schule.

### A. MITTLERE UND NEUERE AKADEMIE

Die Männer der Akademie

Wir unterscheiden neben der älteren Akademie (s. S. 151) noch eine mittlere, deren Hauptvertreter Arkesilaos (315—241 v. Chr.) und Karneades (214—129 v. Chr.) sind, und eine neuere Akademie mit Philon von Larissa, der 87 v. Chr. nach Rom flüchtet und dort Cicero für seine Schule gewinnt, und Antiochos von Askalon, den Cicero 79 v. Chr. in Athen gehört hatte.

a) Mittlere Akademie

α) Charakter der akademischen Skepsis

In der älteren Akademie waren im Laufe der Zeit die hohen wissenschaftlichen Intentionen Platons verlorengegangen und durch primitive Gläubigkeit abgelöst worden. In der mittleren Akademie kehrt man wieder zurück zu jener kritischen Haltung, die für alle Sätze der Wissenschaft eine Rechenschaft fordert, die Begründung also und den logischen Beweis. Man ist nicht mehr Dogmatiker, man ist jetzt Kritiker und Skeptiker. Die Skepsis entspringt jedoch nicht einer unfruchtbaren Kritisiersucht, sondern ist methodischer Zweifel um der Wahrheit willen. Man legt die Sonde der Kritik dort an, wo man sich zu früh zur Ruhe begeben und die Wahrheit schlecht gesichert hatte, um sie nun neu und besser zu sichern.

β) Arkesilaos

So wendet sich Arkesilaos gegen die stoische Evidenz und behauptet, daß von den Bedingungen, durch die die Stoiker die kataleptische Vorstellung sichern wollten (s. S. 250), auch nicht eine unangreifbare wäre und sie somit nicht ausreichten, die Wahrheit wirklich zu garantieren. Sie bildeten durchaus keine sichere Grundlage der Erfahrung, weil die Fehler, die das Wahrheitskriterium verhüten sollte, bei ihm genauso auftauchen könnten, wie bei den von ihm überwachten Vorstellungen.

γ) Karneades

Auch Karneades verwarf die Evidenz mit vielen, ins einzelne gehenden Gründen und zog zudem noch das Beweisverfahren der herkömmlichen Logik selbst in Zweifel. Außerdem griff er noch die Gedankengänge an, durch die die Stoa das Dasein Gottes, seine Vorsehung und Gerechtigkeit rechtfertigen wollte, nicht um sich als Atheist zu gebärden, sondern weil die Wissenschaft noch nicht geleistet hatte, was zu leisten war. Auf ethischem Gebiet zeigte er die gleiche Unsicherheit der traditionellen Ansichten auf. Und er tat es in einer sehr nachdrücklichen Weise, wenn es ihm darum ging, die unkritische Leichtgläubigkeit ad oculos zu demonstrieren. So war er mit auf der Philosophengesandtschaft zu Rom vom Jahre 155 v. Chr. und hielt dort an einem Tage eine Rede zum Lobe der Gerechtigkeit, der man beipflichtete ob ihrer einleuchtenden Beweise, um am anderen Tage eine Rede gegen die Gerechtigkeit zu halten, die man für ebenso einleuchtend fand, obgleich er jetzt auseinandersetzte, daß es keine Gerechtigkeit auf der Welt gebe. Die politischen Machtansprüche der Staaten seien das Gegenteil von Gerechtigkeit, wie man an der Politik des Römerreiches am besten sehen könnte. Wollten sie Gerechtigkeit üben, dann müßten die Römer ihre Eroberungen wieder herausgeben und zu ihren Hütten zurückkehren. Das war dem biederen Cato zuviel. Wenn man den Überzeugungen, auf denen ein Staat ruht, mit so viel Intellektualismus kommt, dann ist die öffentliche Sicherheit gefährdet. Darum brachte er wieder einmal ein Ceterum censeo ein, und diesmal lautete der Antrag: Die Philosophen müssen so schnell wie möglich aus der Stadt ausgewiesen werden (philosophos quam celerrime esse expellendos). Zwei Welten waren aufeinandergeprallt, objektiver Wahrheitswille und praktische Wirklichkeit.

δ) „Epochē“

Und das Ergebnis von Kritik und Skepsis? Wenn es so schwer ist, zu einer absoluten Wahrheitssicherung zu kommen, dann empfiehlt es sich, in seinem Urteil zurückhaltend zu sein, die sogenannte ἐποχή zu üben. Man hat eben noch nicht die Wahrheit, sondern nur die Wahrscheinlichkeit. Und hier gibt es auch noch Gradunterschiede: Wahrscheinlichkeiten, die nur glaubhaft, andere, die glaubhaft und unwidersprochen, und schließlich solche, die glaubhaft, unwidersprochen und allseitig geprüft sind. Man wird an das Glauben (belief) und das Begründen (proof) von D. Hume erinnert, der sich ja in aller Form auf die akademische Skepsis bezogen hat.

b) Neuere Akademie

In der neueren Akademie führt die Epochē zu einer irenischen Haltung gegenüber allen Systemen. Man vertritt einen Eklektizismus und holt das Gute und „Wahre", wo immer etwas davon sich findet. Antiochos von Askalon z. B. zeigt, daß Akademie, Peripatos und Stoa in den Grundlehren übereinstimmen. Typisch für diesen Eklektizismus ist Cicero (106—43 v. Chr.). Er rechnet sich zur Akademie. Dies gilt freilich nur, was seine Erkenntnislehre angeht, wo er der Epochē gerne Raum gibt. In seinen ethischen Anschauungen überwiegt das stoische Gedankengut, ebenso in seinen anthropologischen und theologischen Anschauungen. Auch aus dem Peripatos bezieht er Begriffe und Theoreme. Und sogar das Lehrgedicht des Erzepikureers Lukrez soll er herausgegeben haben, wenn er es auch nicht billigt. Cicero ist kein origineller Denker, aber er ist ungemein belesen und vermittelt unerschöpflich immer neues Gedankengut. Er sagt selbst von seinen Schriften: Sie sind abgeschrieben, kommen leicht zustande, und ich tue nur die Worte hinzu, die mir geradezu aus dem Munde fließen (Ad Att. XII 52, 3). Aber gerade damit wird er für uns zu einer reichen philosophiegeschichtlichen Quelle. Ähnlich steht es mit seinem Freund Varro (116—27 v. Chr.), aus dem Augustinus viele seiner Kenntnisse der antiken Philosophie schöpfte.

α) Antiochos

β) Cicero

Quellen und Literatur

Ciceros Werke in der Bibl. Teubneriana und der Loeb Classical Library. A. St. Pease, M. Tulli Ciceronis De natura deorum, 2 Bde. (Cambridge, Mass. 1955/58; großer Kommentar!). Cicero, Gespräche in Tusculum. Eingeleitet und neu übertragen von K. Büchner (Zürich 1951). Ebenso: Vom Gemeinwesen (1952) u. Vom rechten Handeln (1953). R. Harder, Ciceros Somnium Scipionis (1929). F. Solmsen, Die Theorie der Staatsformen bei Cicero. Philologus 84 (1931). M. Pohlenz, Antikes Führertum.

Cicero De Officiis und das Lebensideal des Panaitios (1934). O. Seel, Cicero. Wort, Staat, Welt (1953). M. Valente, L'éthique stoïcienne chez Cicéron (Paris 1956). A. Weische, Cicero u. d. Neue Akademie (1961). K. Büchner, Cicero. Bestand u. Wandel seiner geistigen Welt (1964).

## B. PYRRHONEISCHE SKEPSIS

### Die Männer der Pyrrhoneischen Skepsis

Die Pyrrhoneische Skepsis bildet einen anderen Zweig des kritischen Denkens, wenn sich auch im Laufe der Entwicklung viele Fäden hin und her gesponnen haben. Der Begründer ist Pyrrhon von Elis (ca. 360—270 v. Chr.). Für uns faßbarer ist sein Schüler Timon von Phlius († 230 v. Chr.). Zu den jüngeren Skeptikern zählen Ainesidem (1. Jahrh. v. Chr.) und Sextus Empiricus (1./2. Jahrh. n. Chr.).

### a) „Epochē“

Bei Pyrrhon ist der Zweifel etwas radikaler als in der Akademie. Jetzt wird kategorisch erklärt, wir könnten nie die Dinge erkennen, wie sie wirklich sind, sondern nur, wie sie erscheinen; Erscheinungen aber seien subjektiv. Ergebnis: wieder die Epochē. Allein auch bei Pyrrhon hat der Zweifel einen positiven Sinn, er wird zum ethischen Zweifel (Hoffmann). Er soll das Ich freimachen von den Umweltansprüchen, damit es ganz Ich sein, ganz unerschüttert bleiben kann.

### b) Ataraxie

Die Epochē verbindet sich mit dem Ideal der Ataraxie, die hier sich ebenso findet wie bei den Epikureern und bei den Stoikern die Apathie. Man spürt in diesen Begriffen noch das Zittern der Seele des hellenistischen Menschen, der unter den Schlägen der politischen Erschütterungen den Wunschtraum der Unerschütterlichkeit träumt und nun in der Philosophie das Heil sucht, das ihm die Politik nicht mehr bringen kann.

### Literatur

E. R. Bevan, Stoics and Sceptics (Cambridge 1913, Neudruck 1959). H. Hartmann, Gewißheit und Wahrheit. Der Streit zwischen Stoa und Skepsis. (1927). L. Robin, Pyrrhon et le scepticisme grec (Paris 1944).

## 4. DER PERIPATOS

### Enzyklopädische Philosophie

Der Peripatos war, treu dem Vorbild des späten Aristoteles, schon in seinen ersten Anfängen als enzyklopädische Detailforschung aufgetreten (s. S. 243). Er pflegt auch später das Studium der Erfahrungswissenschaften und unterscheidet sich hiermit typisch von der Stoa und dem Epikureismus, aber auch der Akademie, die in erster Linie Weltanschauungsphilosophie treiben.

Die Männer des Peripatos

Aus der vielhundertjährigen Geschichte der Schule stechen hervor: Der große Physiker Straton von Lampsakos, der die Schule von 287—269 leitet; der große Astronom Aristarch von Samos, sein Schüler, der die kopernikanische Tat des Altertums anbahnt (s. S. 24); Kritolaos, der 155 v. Chr. zusammen mit einem Vertreter der stoischen und akademischen Philosophie Athen in Rom vertritt (s. S. 290) und damit zeigt, welche Lebensmacht die Philosophenschulen in der damaligen Welt vorstellten. Am Ausgang des Peripatos stehen Andronikos von Rhodos (1. Jahrh. v. Chr.), der uns das aristotelische Schriftwerk gesammelt und überliefert hat; Alexander von Aphrodisias (um 200 n. Chr.), der Ausleger des Aristoteles schlechthin; der Arzt Galenus (um 200 n. Chr.) und der Astronom Claudius Ptolemaios († ca. 178 n. Chr.).

a) Naturalistische Aristoteles-Deutung

Philosophiegeschichtlich von Bedeutung, besonders für die Aristotelesinterpretation, ist der im Peripatos bei Straton auftretende Naturalismus. Der „Physiker“ lehnt den transzendenten unbewegten Beweger ab und versteht die Welt allein aus der Summe ihrer Kräfte. Ebenso bestreitet er die Teleologie und die Kausalität der substantiellen Form. Er kennt nur eine materielle Kausalität in der sinnlichen Wirklichkeit von Raum und Zeit, so ähnlich wie Demokrit das schon auffaßte. Auch auf eine unsterbliche Seele kann Straton verzichten. Hier wird jetzt Aristoteles von den platonischen Elementen gereinigt, die er immer noch beibehalten hatte trotz der ständigen Polemik gegen den Meister und wird zu sich selbst gebracht. Ist nun das der richtige Aristoteles? Auch Alexander bewegt sich in dieser Richtung. Das „der Natur nach Frühere“ ist ihm nicht mehr die Form, sondern das Konkret-Einzelne, wie nur irgendein Empirist das annehmen kann. Der göttliche Nous, durch den wir denken, ist nicht ein individueller, sondern ein einziger und allgemeiner in der gesamten Menschheit. Und die Seele entsteht und vergeht mit dem Körper. Wieder fragen wir: Ist das jetzt der richtige Aristoteles?

b) Peripatos, Stoa und Mittelalter

Alexander ist auch dem Mittelalter bekannt geworden und dürfte eine der Ursachen sein für seine realistisch-empiristische Aristotelesauffassung. Eine andere Ursache ist die von dem erkenntnistheoretischen Naturalismus der Stoa beeinflußte, viel gelesene pseudoaristotelische Schrift „Über die Welt", deren Verfasser auch im Peripatos zu suchen ist und nach Poseidonios, von dem er abhängt, geschrieben haben muß. Es ist überhaupt vieles, was das Mittelalter für aristotelisch hielt, stoische Philosophie gewesen, besonders was den Empirie- und Realitätsbegriff angeht. Daß man Aristoteles auch anders auffassen kann, zeigt allein die Tatsache, daß nach dem Peripatos die Aristotelesauslegung in die Hände der Neuplatoniker übergehen konnte. Das war wieder der andere Aristoteles, der hier empfunden wurde. Es wäre notwendig, den Einfluß der Männer der hellenistischen Aristotelesinterpretation auf das Mittelalter quellenmäßig darzustellen, wobei man nicht nur zurückgreifen müßte auf angeführte Autoren und Zitate, sondern vor allem auf die Ausstrahlungen aus der Gesamtbildung der Zeit, in die das Geistesgut der hellenistischen Philosophieschulen so sehr übergegangen war, daß man gar nicht mehr zitierte und doch abhängig war.

Literatur

P. Moraux, Der Aristotelismus bei den Griechen von Andronikos bis Alexander von Aphrodisias. 3 Bde. (1973 ff.).

## 5. DER NEUPLATONISMUS

### Philosophie und Religion

Während alle anderen Philosophenschulen in der römischen Kaiserzeit langsam zu Ende gehen, erleben wir im Aufflammen des Neuplatonismus eine gegenteilige Entwicklung. In ihm erhebt sich das griechische Geistesleben noch einmal zu einer neuen Blüte. Es war freilich mehr das Aufbäumen eines Sterbenden, kein organisches Wachsen mehr. Ihm folgte das plötzliche Zusammensinken. Das Ganze des Neuplatonismus, seine Vorbereitung und seine eigentliche Blüte, trägt in das geistige Gesicht unserer Epoche einen sehr charakteristischen Zug ein, den Ausdruck stark religiösen Empfindens, das oft zur ausgesprochenen Mystik wird, zur echten, gelegentlich auch extremen und da und dort auch zur Aftermystik. Daß die griechische Philosophie für das Religiöse aufgeschlossen ist, ist bekannt. Platon schreibt über die Frömmigkeit, Aristoteles über das Gebet, Theophrast und Eudemos über die Götter und Götterverehrung. Aber das religiöse Empfinden, das mit den philosophischen Strömungen des Neuplatonismus einherzieht, schlägt höhere Wellen, ist aufgewühlt, vibriert und wird zur mystischen Glut und zur förmlichen Erlösungssehnsucht. Der Neuplatonismus schöpft nicht immer unmittelbar aus den platonischen Schriften selbst, sondern ebensooft aus einer platonischen Schultradition, die von Platon bis Plotin nie abgerissen ist und die wir besonders spüren in einer Reihe von Gedankenzügen bei Seneca, Poseidonios, Antiochos und Cicero. Es steckt aber noch mehr dahinter, nämlich jener merkwürdige, aufgepeitschte, religiöse Zeitgeist, den wir beobachten in den Erscheinungen des Neupythagoreismus und bei Philon von Alexandrien, die die unmittelbare Vorstufe des Neuplatonismus bilden.

## A. DIE VORBEREITUNG DES NEUPLATONISMUS

### a) Der Neupythagoreismus

α) Die Ursprünge

Platon hatte einst auf Pythagoras weitergebaut. Der Neuplatonismus baut auf dem Neupythagoreismus weiter. Man weiß nicht recht, wo er entstanden ist; wahrscheinlich aus den Überresten der pythagoreischen Geheimbünde in Italien. Denkt man an sie, und zwar an die Linie der Pythagoristen, dann versteht man auch schon seine Grundstruktur: die seltsame Mischung von Askese, Weltflucht, Jenseitshoffnung, Mystik, Mantik und Magie.

β) Neupythagoreer und Platoniker

Unter den Männern, die hier zu nennen sind, befinden sich der Freund Ciceros Nigidius Figulus († 45 v. Chr.), der ein Werk über die Götter geschrieben hat; Apollonios von Tyana aus der 2. Hälfte des 1. Jahrh. n. Chr., der Schriftsteller, Wanderprediger, Wundertäter und Prophet zugleich ist; Nikomachos von Gerasa (um 150 n. Chr.) u. a.

In der geistigen Nähe der Neupythagoreer stehen auch eine Anzahl von Männern, die man gewöhnlich unter dem Namen „Mittlerer Platonismus“ oder „eklektische Platoniker“ aufgeführt findet: Thrasyll, der Hofastronom des Tiberius; Plutarch von Chäronea (45—125), der Verfasser jener berühmten Viten von Griechen und Römern, der Moralia und vieler religiöser Schriften; die etwas späteren Theon von Smyrna, Gaios, Albinos und Apuleius von Madaura, Maximus von Tyros, Attikos und Nikostratos; Celsus, der 179 n. Chr. eine Schrift gegen die Christen verfaßt, worauf dann Origenes antwortet; Numenios von Apamea (2. Hälfte des 2. Jahrh. n. Chr.), der die Drei-Götter-Lehre vertritt vom Vater, dem Weltbildner und dem Weltgebilde; die unter dem Namen des Hermes Trismegistos überlieferten Schriften aus dem Ende des dritten Jahrhunderts n. Chr. u. a. Die kirchlichen Schriftsteller haben die neupythagoreischen Quellen reichlich benützt und ihnen damit eine ungeahnte Nachwirkung verschafft. Man vergleiche z. B. Eusebius in seiner Praeparatio evangelica.

γ) Die Grundgedanken

Die Grundeinstellung der neupythagoreischen Geisteshaltung bildet der alte pythagoreische Dualismus von Jenseits und Diesseits, Fleisch und Geist, Reinheit und Unreinheit. Die wesentlichen Grundgedanken sind dabei, daß Gott der Welt gänzlich entrückt sei, daß er das ganz Andere wäre, dem wir uns überhaupt nicht zu nähern vermöchten, daß aber dann doch wieder eine Verbindung zwischen Gott und Welt zustande kommen solle. Sie wird geschaffen durch die Annahme eines Mittlers, der das Ebenbild Gottes ist, sein Sohn und Gehilfe, sowie durch die Annahme von Ideen Gottes, die als Logoi und Keimkräfte in der Welt und in den Dingen wirken und sie gestalten. Zu einer Aufhebung des Dualismus soll das aber trotzdem nicht führen; denn was die Gottheit mitteilt, ist Gnade von oben und ein Geschenk, in dem der Geber sich selbst nicht preisgibt. So werde die Erhabenheit Gottes nicht angetastet, der Mensch aber doch vergöttlicht. Wie ein Licht das andere entzündet, ohne sich selbst zu verlieren, aber doch auch das andere zum Leuchten bringt, so wird auch der Geist, wie sehr wir auch Erde sind, durch Gottes Gnade zu ihm emporgehoben, so daß wir an Gott teilhaben können. Je höher nun Gott steht und je tiefer der

Mensch, desto mehr kann die mystische Glut und Sehnsucht sich entzünden. Dies zu verkünden und dazu aufzurufen, war die ständige Rede der Neupythagoreer.

### Quellen und Literatur

Apuleius, De philosophia libri. Rec. P. Thomas (1908). (Enthält die später viel zitierten Schriften De deo Socratis und De Platone et eius dogmate). R. E. Witt, Albinus and the History of Middle-Platonism (Cambridge 1937). A.-D. Nock et A.-J. Festugière, Corpus Hermeticum. Texte établi et traduit. 4 Bde. (Paris 1945/54). A.-J. Festugière, La révélation d'Hermès Trismégiste. 4 Bde. (Paris 1944/54). H. Jonas, Gnosis und spätantiker Geist I (1934, [2]1954), II (1954).

### b) Philon von Alexandrien

Das weltweite Leben der hellenistischen Zeit führt auch zu einer Berührung zwischen Griechentum und Judentum. Der Hauptträger dieser Begegnung ist Philon von Alexandrien (25 v. Chr. — 40 n. Chr.). Viele seiner zahlreichen Schriften sind erhalten und geben einen guten Einblick in die Umbruchzeit zwischen Hellenentum und Christentum; denn Philon lieferte den Kirchenvätern noch mehr Termini und Begriffe als die Neupythagoreer.

α) Bibel und Philosophie

Philon fußt auf den geoffenbarten Schriften seines Volkes, dem Alten Testament. Sie sind ihm der „königliche Weg der Erkenntnis“. Aber wie er diese Schriften interpretiert, dafür ist ihm doch die griechische Philosophie maßgebend, der Platonismus seiner Zeit, die Stoa und vor allem die neupythagoreische Religionsphilosophie. Darum muß der Buchstabe der geoffenbarten Schriften weithin bildlich verstanden werden. Diese allegorische Interpretation hatte die griechische Philosophie, besonders die Stoa, auf die Lehrsätze der Volksreligion längst angewendet, der Synkretismus der Zeit führte von selbst dazu, und Philon fühlte sich noch besonders deswegen dazu berechtigt, weil er — fälschlicherweise — annahm, daß die griechischen Philosophen das alte Testament gekannt hätten. Dadurch kam die von den Kirchenvätern oft nachgesprochene Version auf, Platon wäre ein griechisch sprechender Moses und hätte vom historischen Moses gelernt.

β) Gott, das ganz Andere

Erster Grundbegriff des philonischen Denkens ist sein Gottesbegriff. Gott ist der Welt gegenüber absolut transzendent. Wir können nicht sagen, was er ist, sondern nur, daß er ist. Höchstens daß er der Seiende ist, ließe sich von ihm aussagen. Ihm aber Eigenschaften beizulegen, sei unmöglich, weil er alle Qualitäten übersteige. Er ist besser als gut, vollkommener als vollkommen. In diesen Aufstellungen, die wir auch bei den Neupythagoreern schon anklingen hörten, begegnen wir zum ersten Male dem, was man später negative Theologie heißen wird.

γ) Sündige Welt

Den zweiten Grundbegriff Philons haben wir in seiner Anschauung von der Materie, d. h. von der geschaffenen Welt, vor uns. Es gibt eine Schöpfung. So stand es in der Bibel. Aber die Schöpfung geschieht nicht aus nichts, sondern aus der schon vorhandenen, ewigen Materie. So stand es in der griechischen Philosophie. Die Materie ist das böse Prinzip. Beim Menschen ist sie die Ursache der Sünde. Der Leib ist das Grab der Seele. Es gilt, sich von ihm zu reinigen. Die Affekte müssen nicht nur gemildert oder umerzogen werden, sie sind gänzlich auszurotten. Das sind alles bekannte Töne aus dem Pythagoreismus, dem Platonismus und der Stoa, die aber jetzt mehr oder weniger übertrieben werden.

δ) Der Logos

Der Dualismus soll jedoch nicht bleiben. Es muß eine Brücke geschlagen werden. Damit ergibt sich der dritte, der berühmteste Grundbegriff der philonischen Philosophie, ihre Lehre vom Logos. Zwischen Gott und Welt werden Mittelwesen eingeschaltet, die „Kräfte“ (δυνάμεις), die bald als Eigenschaften Gottes bezeichnet werden, nämlich als seine Ideen und Gedanken, bald als seine Diener und Gesandten, als Engel und Dämonen, die seinen Willen vollstrecken. Als Ideen sind diese Mittelwesen auch in der Welt wirksam. Sie bilden hier die Gattungen und Arten und durch sie als Strukturformen wird aus dem Chaos ein Kosmos. Man wird natürlich an die Logoi spermatikoi der Stoiker erinnert. Es werden denn auch alle Mittelwesen zusammengefaßt in dem Begriff des Logos. Um ihn kreist das ganze Denken Philons. Der Logos ist die Idee der Ideen, die Kraft der Kräfte, der oberste Engel, der Stellvertreter und Gesandte Gottes, der erstgeborene Sohn Gottes, der zweite Gott (der dritte ist die Welt wie bei Numenios). Er fällt zusammen mit der Weisheit und Vernunft Gottes. Durch ihn wird die Welt geschaffen, und er ist die Seele, die sie belebt. Der Logos vertritt auch die Welt bei Gott als ihr Hoherpriester, ihr Fürbitter und Paraklet. Der Logos ist dabei weder eine ausschließlich persönliche, noch eine ausschließlich unpersönliche Größe, sondern es bleibt in der Schwebe, wie man ihn aufzufassen habe. Es muß das auch in der Schwebe gehalten werden, weil ja der Logos eine Mittelstellung einnehmen soll und daher nach beiden Seiten hin integrierbar sein muß.

Wieso man im Logos ein Mittelwesen sehen kann, das zwischen zwei auseinanderklaffenden Welten wieder eine Verbindung herstellt, geht Philon auf bei der erkenntnistheoretischen Betrachtung des Wortes. Das Wort steht auch in der Mitte zwischen zwei Welten, nämlich zwischen Sinnlichkeit und Geistigkeit. Das Wort ist weder reine Sinnlichkeit (nur Schall), noch reine Geistigkeit (nur Idee), sondern ein „vorgebrachtes" Wort (λόγος προφορικός) ist einerseits zwar Sinnlichkeit, weil es gesprochen und gehört werden kann, wird aber andererseits, weil man sich darunter doch etwas denken kann, vom Geiste hervorgebracht und lebt von dem geistigen Wort (λόγος ἐνδιάθετος), so daß in ihm wahrhaftig zwei verschiedene Sphären verbunden auftreten. Nach diesem Schema kann man sich nun die ganze Sinnlichkeit des Alls vorstellen als Fleisch gewordenes Wort. Wir haben hier auch einen doppelten Logos: „Den einen, der sich auf die unkörperlichen und vorbildlichen Ideen bezieht, die das Gefüge des denkbaren Kosmos bilden", und den anderen, der sich „auf die sichtbaren Dinge bezieht, welche Nachahmungen und Abbildungen jener Ideen sind, aus denen der sichtbare Kosmos vollendet wurde" (Vita Mos. II 127).

ε) Ekstase und Weisheit

Erst recht gibt es natürlich einen Logos im Menschen. Und wenn der Logos schon das Maß ist und der Archetypus, das Fleisch aber das Grab der Seele, dann ist klar, daß unsere Aufgabe darin besteht, frei zu werden vom Leibe und aus ihm herauszutreten in der Ekstase und durch den Logos, der ewige Weisheit ist, eins zu werden mit der Gottheit selbst. Aus eigener Kraft vermögen wir zwar diese Vereinigung nicht zu erreichen, aber eine von der Gottheit ausströmende Kraft, das göttliche Pneuma, wird uns dazu erheben. Und das ist dann der Weg der „unvermischten und himmlischen Weisheit". Also ein neuer Weisheitsbegriff.

Texte und Literatur

Cohn-Wendland, Philonis opera. 7 Bde. (1896ff.). Dazu Joannes Leisegang, Indices ad Philonis Alexandrini opera. 2 Bde. (1926/39). Cohn-Heinemann-Adler, Die Werke Philos von Alexandria in deutscher Übersetzung. 6 Bde. (1909/38). E. Bréhier, Les idées philosophiques et religieuses de Philon d'Alexandrie (Paris [3]1950). W. Völker, Fortschritt und Vollendung bei Philo von Alexandrien (1938). M. Pohlenz, Philon von Alexandrien. Nachricht. der Akad. der Wiss. Göttingen (1942). H. A. Wolfson, Philo. Foundations of Religious Philosophy in Judaism, Christianity and Islam. 2 Bde. (Cambridge, Mass. 1947). K. Bormann, Die Ideen- u. Logoslehre Philons. Eine Auseinandersetzung mit H. A. Wolfson (1955). J. Daniélou, Philon d'Alexandrie (Paris 1958). F.-N. Klein, Die Lichtterminologie bei Philon von Alexandrien und in den hermetischen Schriften (Leiden 1962).

## B. DIE NEUPLATONIKER

Die Lebenskraft des Neuplatonismus sieht man schon allein daraus, daß seine Vertreter in allen Zentren der hellenistischen Kultur zu finden sind, in Alexandrien, Rom, Athen, Antiochien und Pergamon. Man sieht daraus zugleich noch einmal am Schluß der Antike, welch geistige Größe der Platonismus selbst vorgestellt haben muß, wenn es zu einer so umfassenden Auferstehung kommen konnte. Es war fast wie ein neuer Mythos, was sich jetzt erhob. Freilich, das Ganze war etwas Künstliches, nur eine „Erneuerung", und wir sagen heute, der Neuplatonismus ist nicht mehr ursprünglicher Platonismus, sondern Plotinismus. Die Neuplatoniker selbst fühlten sich allerdings als die echten Erben Platons. Gedanken, Begriffe und auch sprachliche Wendungen Platons kehren tatsächlich in den neuplatonischen Schriften in unerschöpflicher Fülle wieder. Bei Plotin meint man manchmal, förmliche Paraphrasen zu platonischen Gedankengängen vor sich zu haben, z. B. erkennt man in der Abhandlung über das Schöne (Enn. I 6) sofort eine Umschreibung zum platonischen Symposion. Aber es liegt doch auch etwas Neues vor. Nicht nur werden die Ideen auch der übrigen, inzwischen aufgetretenen Philosophen und ihrer Schulen verarbeitet, der Peripatetiker, Akademiker, Stoiker und Epikureer, oft in ausführlichen Auseinandersetzungen, sondern wir haben es vor allem mit einem neuen, inneren Auftrieb zu tun, dem religiös-mystischen Empfinden, das ein Charakteristikum der Zeit ist und das auch den geistigen Pulsschlag der neuplatonischen Schriften ausmacht. Wie man das Verhältnis von Platonismus und Neuplatonismus auffaßt, hängt wesentlich davon ab, wie man den Platonismus selbst ansieht. Geht man an Platon mit den Augen des Idealismus neukantianischer Prägung heran, dann wird natürlich der Neuplatonismus dagegen abgewertet als unkritische Metaphysik und Mystik. Wer aber beide Gedankenkreise mehr mit antiken Augen, den Augen des Ideal-Realismus betrachtet, wird weniger scharf scheiden. Wie dem aber auch sei, jedenfalls war es der Neuplatonismus, der auf die Folgezeit, auf das junge Christentum und das Mittelalter, gewirkt und weitergegeben hat, was dort an platonischen Ideen und Idealen lebendig war.

### a) Ammonios Sakkas

Als Begründer des Neuplatonismus wird gewöhnlich Ammonios Sakkas († 242 n. Chr.) genannt. Wir wissen von ihm nicht viel mehr als nur seinen Namen und daß er in Alexandrien gestorben ist, dort also die Wiege des Neuplatonismus gestanden haben muß.

### b) Plotin

#### Leben

Der eigentliche Schöpfer der Schule aber ist Plotin (204 bis 269 n. Chr.). Er hatte Ammonios in Alexandrien gehört. Mit dem Kaiser Gordianus war Plotin gegen die Perser gezogen, um ihre und auch der Inder Weisheit kennenzulernen. Dann, 244, geht er nach Rom und eröffnet dort eine philosophische Schule. Er genoß ob seiner edlen Gesinnung, seiner Bescheidenheit, seiner Sittenstrenge und Selbstlosigkeit höchstes Ansehen. Der Kaiser Gallienus erwog unter seinem Einfluß längere Zeit den Plan, eine Stadt nach dem Muster der platonischen Politeia zu gründen. Plotin lehrte nämlich seine Philosophie nicht nur, er lebte sie auch, und auch er zählt zu jenen echten Repräsentanten philosophischer Haltung, für die Philosophie nicht bloß Bücherweisheit und Historismus ist, sondern Lebensformung. Obwohl dieser „Mystiker" übrigens wie Aristoteles, das beschauliche Leben über die vita activa stellte, griff er gerne und viel in das konkrete, praktische Leben ein, half seinen Mitmenschen auch in den kleinen Sorgen des Alltags, pflegte in seinem Haus eine Menge Kinder und führte ihnen die Vormundschaft. Er selber war bedürfnislos. Essen und Schlafen wurden auf das Notwendigste eingeschränkt; er war Vegetarier, blieb unverheiratet und lehnte es ab, sich porträtieren zu lassen, „damit nicht das Schattenbild eines Schattenbildes entstehe". Dafür lebte er um so mehr der wissenschaftlichen Betrachtung und der Hingabe an das höchste Gut. Viermal soll ihm die ekstatische Vereinigung mit der Gottheit zuteil geworden sein.

### Werke

Seine Schriften, die er erst nach dem 50. Lebensjahr abzufassen begann, hat sein Schüler Porphyrios in 6 Abteilungen zu je 9 Abhandlungen (darum „Enneaden") herausgegeben. Neuere Ausgaben: E. Bréhier, Plotin, Ennéades. Texte établi et traduit. 6 Bde. (Paris 1924 ff.). P. Henry et H. R. Schwyzer, Plotini opera. Tom. I (Paris-Bruxelles 1951), Tom. II (ebd. 1959). — Übersetzungen: R. Harder, Plotins Schriften. 5 Bde. (1930—37). — Dasselbe neubearb. mit griech. Lesetext und Anmerk. (1956 ff.). V. Cilento, Plotino. Enneadi. Prima vers. e comment. crit. 3 Bde. (Bari 1947/49). St. McKenna, Plotinus. The Enneades (London ²1957). — Sleeman-Pollet, Lexikon Plotinianum (Leiden 1980).

### Literatur

R. Arnou, ΠΡΑΞΙΣ et ΘΕΩΡΙΑ (Paris 1921). Ders., Le désir de Dieu dans la philosophie de Plotin (Paris 1921). F. Heinemann, Plotin (1921). E. Bréhier, La philosophie de Plotin (Paris 1928, ⁴1961). W. R. Inge, The Philosophy of Plotinus. 2 Bde. (London ³1929). P. O. Kristeller, Der Begriff der Seele in der Ethik Plotins (1929). W. Theiler, Die Vorbereitung des Neuplatonismus (1930). P. Henry, Plotin et l'occident (Louvain 1934). E. Benz, Marius Victorinus und die Entwicklung der abendländischen Willensmetaphysik (1932). M. de Corte, Plotin et Aristote (Paris 1935). K. H. Volkmann-Schluck, Plotin als Interpret der Ontologie Platos (1941, ²1957). M. de Gandillac, La sagesse de Plotin (Paris 1952). Ph. Merlan, From Platonism to Neoplatonism (Haag 1953). J. Trouillard, La purification plotinienne (Paris 1955). H. Fischer, Die Aktualität Plotins (1956). W. Himmerich, Eudaimonia. Die Lehre des Plotin von der Selbstverwirklichung des Menschen (1959). E. R. Dodds u. a., Les sources de Plotin (Vandoeuvres-Genèves 1960). P. Hadot, Plotin ou la simplicité du regard (Paris 1963). H. J. Krämer, s. oben S. 77. W. Theiler, Forschungen zum Neuplatonismus (1966). Ch. Parma, Pronoia und providentia. Der Vorsehungsbegriff bei Plotin u. Augustin (Leiden 1971).
Bibliographie: bei Cilento (s. o.) III, 2 (1949).

Die Philosophie Plotins ist das Ergebnis zweier Gedankenbewegungen. Auf der einen Seite wird das Sein auseinandergerissen in eine übersinnliche und eine sinnliche Sphäre, und auf der anderen Seite wird wieder unternommen, diese Kluft zu schließen, indem man über eine Reihe von Zwischenstufen versucht, letzteres aus ersterem abzuleiten. Dualismus und Monismus stehen somit in einer dialektischen Spannung, die es gestattet, die Ist-Aussage und damit die Rede vom Sein in der Schwebe zu halten und vom einen und vielen zugleich zu sprechen, ohne uns festzulegen auf die Einseitigkeiten eines Monismus bzw. Dualismus.

**α) Gott, das Eine, das Gute**

Der Prozeß beginnt damit, daß Gott von der Welt nicht nur, sondern vom Sein überhaupt gänzlich abgesondert wird. Er ist das Überseiende. Schlechthin kein Prädikat, das uns erst aus dieser irdischen Welt bekannt geworden ist, sei auf ihn anwendbar. Sinnliches schon gar nicht; aber auch geistige Kategorien können wir nicht von ihm aussagen. „Es ist also jenes Erste auch nicht Geist, sondern schon vor dem Geiste; denn der Geist ist etwas von den seienden Dingen; jenes aber ist nicht ein Etwas, sondern vor jeglichem; und auch kein Seiendes; denn das Seiende hat zur Form gleichsam die Form des Seienden, jenes aber ist auch ohne geistige Geformtheit. Da nämlich die Wesenheit des Einen die Erzeugerin aller Dinge ist, ist sie keines von ihnen. Sie ist also weder ein Etwas, noch ein Qualitatives, noch ein Quantitatives, weder Geist noch Seele; es ist kein Bewegtes und wiederum auch kein Ruhendes, nicht im Raum und nicht in der Zeit, sondern das Eingestaltige als solches; oder vielmehr ohne Gestalt, da es vor jeder Gestalt ist, vor Bewegung und vor Stillstand, denn die haften am Seienden und machen es zu einem Vielen“ (Enn. VI 9, 3). Nur das Eine (ἕν) will Plotin Gott nennen, und zwar das Eine im Sinne der Negation des Vielen und zugleich im Sinne des Ersten. Aber auch das Gute schlechthin heißt er es noch. Von den ziemlich bestimmten Aussagen des Aristoteles über das oberste Prinzip bleibt hier nichts mehr übrig. Wir haben wieder die negative Theologie vor uns, die wir schon von Philon und den Neupythagoreern her kennen. Vom mittleren Platonismus und dem Neuplatonismus ab wird die Transzendenz Gottes immer stärker betont. Es gibt von ihm „keinen Begriff, keine Wissenschaft, und es heißt darum von ihm, daß er jenseits des Seins ist“

(Enn. V 4, 1). Proklos will Gott sogar noch über Einheit und Gutheit hinausrücken, nicht nur über das Sein (In Plat. theol. 3, 7; S. 132 Portus; 2, 4; S. 106 Portus). Was Augustinus De trin. V 1, 2 über die Unmöglichkeit einer Anwendung der Kategorien der Erfahrungswelt auf Gott sagt (vgl. unten S. 357), spiegelt deutlich den Gedanken Plotins wider (besonders Enn. VI 9, 3).

β) Emanation

Wenn man Gott nicht von der Welt her bestimmen kann, ist es dann vielleicht möglich, umgekehrt die Welt von Gott her zu erkennen? Plotin ist dieser Meinung und damit stoßen wir auf einen Zentralgedanken seiner Philosophie. Wenn wir in dieser Welt z. B. von einem Einen reden, dann nur deswegen, weil alles Eine am Ur-Einen teilhat. Und so auch bei allem anderen Seienden, bei Geist, Seele, Leben usw. Mit dieser Erkenntnis, daß die Seinserklärung nicht von unten nach oben, sondern von oben nach unten zu gehen hat, daß von Gott her alles gesetzt wird, was uns Sein und Seiendes heißt, kommt der philosophische Prozeß nun weiter ins Rollen. Plotin läßt jedoch das Abgeleitete nicht so gesetzt werden, wie Platon das tat, durch eine Hypothesis, noch auch, wie es Aristoteles macht, durch seine oberste Wirkursache, sondern er führt einen neuen Begriff ein zur

αα) Ihr Begriff

Seinsbegründung, den Begriff der Emanation. Das Eine würde überströmen ob seiner Fülle, ohne sich dabei je zu verströmen, so ähnlich wie die Sonne Licht spendet, ohne je eine Einbuße zu erleiden, oder ein Urbild das Spiegelbild, oder die Quelle den Strom entläßt, oder das Vollkommene das Unvollkommene mit Notwendigkeit setzt. Das, was nach dem Ersten kommt (Enn. V 4, 1), würde so immer ein anderes sein und doch dem Ursprung immer noch zugehören, so daß die Aussage möglich ist: „Das Eine ist alles", wenn sie auch sogleich wieder berichtigt wird mit dem Satz: „Alles ist aus ihm" (V 2, 1). Enn. III 8, 10 steht das Bild von der Quelle und dem daraus erfließenden Strom, wovon der Terminus emanatio stammt. Man muß noch das Bild vom Baum des Seienden aus Enn. III 3, 7 dazunehmen, weil das wohl der Ursprung der arbor Porphyrii sein dürfte, die ja auch den dialektischen Processus des Seienden vom Sein darstellen will. (Zeile 24 taucht auch prompt der typisch platonische Terminus ἀναρτᾶσθαι auf. Vgl. oben S. 223.) Sieht man von den Bildern, die hier gebraucht werden, ab und beachtet den reinen Gedanken: Das Vollkommene setzt das Unvollkommene mit Notwendigkeit, dann wird klar, daß es doch die platonische Hypothesis und der Teilhabegedanke ist, was hier fortlebt, nur daß sie Gefahr laufen, durch die neuen Bilder vergröbert und mißverstanden zu werden, besonders durch die scharfe Einzeichnung der Zwischenstufen, die dadurch als eine eigene Realität erscheinen, was noch mehr betont wird durch die Vermittlungsrolle, die die Zwischenwesen spielen sollen. Das erweckt den Eindruck, als gäbe es noch andere Realitäten neben dem Einen, ja noch viele Realitäten. Allein, Plotin will in Wirklichkeit auch wie Platon alles von oben her „begründen", und es gibt auch für ihn nur eine Realität, die des Einen. Sie mindert sich mehr und mehr, je weiter wir herabsteigen, wie das Licht mit der Entfernung immer schwächer wird, bis wir schließlich im Reich des Körperlichen nur noch Schatten haben. Aber auch diese Schatten sind nur Abschattungen des Einen. Der Stoff der Welt wird Wirklichkeit nur durch die Formen, diese kommen von der Seele, diese selbst wieder hat ihre Form vom Geiste, „so daß in ihm selbst alles vorhanden ist, was er mitteilt" (Enn. V 9, 3). Und da der Geist vom Ur-Einen wieder gesetzt ist, ist alles auch in ihm vorhanden. Damit stehen wir wieder, wie schon bei Platon, nur jetzt viel konkreter, vor jenem ens perfectissimum, von dessen „Huld und Gnade" alles Seiende lebt von Plotin über das Mittelalter bis zu Heidegger. Es heißt bei Plotin noch nicht ipsum esse, aber bald wird es stehende Rede werden, daß jenes Vollkommene, „quo nihil melius sit atque sublimius (Augustinus, De doctr. Christ. I 7), das Sein selbst „ist", während alles Seiende es nur „hat", erhalten hat durch Teilhabe oder Gründung oder Verursachung, so daß von beidem gesprochen wird: von der Transzendenz des Einen und von seiner Parusie. Enn. V 4, 1: „Das Erste muß ein Einfaches, vor allen Dingen Liegendes sein ... nicht vermischt mit etwas, was von ihm stammt, und dabei doch in anderer Weise wieder fähig, den andern Dingen beizuwohnen." Deutlich wird Enn. V 2, 1 das Vollkommen-Sein als das Prinzip der Emanation erklärt. Deswegen gibt es das Zeugen und Überfließen, womit Seiendes entsteht. Und das Vollkommene müsse überfließen; so liegt es in seinem Begriff.

ββ) Aporie Aber gerät jetzt die Emanation nicht in die Aporie? Was gilt: das Eine ist alles bzw. es ist nicht alles, weil es „Ursprung" ist, „aus" dem alles ist (Enn. V 2, 1)? Man hat Plotin pantheistisch gedeutet, weil Emanation einfach Inhärenz und Immanenz besage; das Seiende inhäriere dem Sein wie das Akzidens der Substanz. Plotin nimmt zwar eine Selbständigkeit der Dinge an; sie sind für sich (ἐφ ἑαυτῶν V 5, 12, Zeile 49 Bréhier). Allein schon bei Aristoteles war die Selbständigkeit der Substanzen nur eine relative, nämlich nur eine solche des Existierens. Fragte man nach dem Grunde, hörten sie auf, selbständig zu sein; waren „ab alio". Es gab darum bei ihm nur einen einzigen schlechthinnigen unbewegten Beweger. Die Selbstbeweger waren, was ihr Name beansprucht, nicht im eigentlichen Sinn. Weswegen bei Spinoza konsequenterweise es nur noch eine einzige Substanz gibt. Andererseits hat man Plotin sogar für den Schöpfungsgedanken in Anspruch nehmen wollen; deswegen, weil die Emanation die Substanz des Einen nicht mindert; weil die Dinge aus dem Nichts entstünden und dem Einen gegenüber formal etwas anderes seien. Die Ursächlichkeit des Einen sei formaliter immanens und nur virtualiter transiens und das sei doch Schöpfung. Allein da werden Worte für Sachen gesetzt; denn das Problem ist: Wie geht das? Eine zeitliche Schöpfung steht sowieso nicht in Frage. Es handelt sich nur um die Relationen des Oben und Unten hinsichtlich des mehr oder weniger Wahren. Diese Folgen, Abfolgen und processus sind notwendige Sachverhalte. Das Vollkommene setzt notwendig Unvollkommenes. Diese metaphysische Notwendigkeit des processus hat das Mittelalter gegenüber dem Neuplatonismus ebenso abgelehnt (z. B. Thomas, S. th. I, 47, 1) wie Leibniz gegenüber Spinoza. Aber vielleicht könnte man die Lösung ähnlich finden wie für den Chorismos Platons. Man kann die Transzendenz des Einen vertreten, aber hinsichtlich einer speziellen Seinsmodalität, und gleichzeitig seine Parusie, jetzt hinsichtlich einer anderen Seinsmodalität (ἕτερον τρόπον: V 4, 1, 7. Vgl. IV, 3, 11, 23).

γ) Nous

αα) Der Sohn Gottes

Das erste, was das Eine aus sich entläßt, ist der Geist, der Nous. Daß gerade dieser und nichts anderes hervorgeht, ergibt sich weniger aus einer sachlichen als einer rein geschichtlichen Situation. Der Nous war eine bekannte, ja die vornehmste Größe unter den bisherigen Versuchen der Seinserklärung. So mußte er auch bei Plotin erscheinen. Das Allererste freilich kann er nicht mehr sein, weil er bereits eine Zweiheit bedeutet; denn wo Erkennen ist, ist auch ein Erkanntes. So rangiert er denn wenigstens unmittelbar nach dem Einen. Er ist der Inbegriff aller Ideen, Normen, Gesetze, Seinsstrukturen, ist der Kosmos noëtos und zugleich auch der platonische Demiurg. Er steht dem Ur-Einen noch ganz nahe, ist ein Abbild von ihm, gleichsam der Blick, mit dem das Eine sich selbst schaut, oder in der Sprache der Mythologie: Er ist der zweite Gott, der Sohn Gottes, der vom ersten Gott gezeugt wurde (Enn. V 1, 7). Die philosophische Durchdringung der christlichen Trinitätslehre wird daraus später eine Reihe von Anregungen empfangen. Der Geist ist aber nicht Gott. Wo das Prädikat göttlich für ihn auftaucht, meint es, daß der Geist gottähnlich ist; nicht mehr. Gott ist nur die erste Hypostase, das Eine. Die beiden anderen, Geist und Seele, sind außergöttlich. Die Trinitätsspekulation hätte sich nur auf den Gott beziehen dürfen, der mit dem Einen identisch ist. Auch in ihm gab es ein Dreifaches: Geist, Freiheit, Wille (Enn. VI 8, 18, 19—23; 38—43; 19, 12—20), wenn auch in einem höheren und ursprünglicheren Sinn als jenem, den diese Begriffe in unserer Erfahrung haben.

ββ) Der Demiurg

Der Nous geht nun sofort daran, die Emanation, durch die er selbst wurde, fortzusetzen. Als Inbegriff aller Ideen und als Demiurg erzeugt er die Welt; „denn es ist des Geistes als des Allerreinsten würdig, aus keinem anderen Ursprung als aus dem ersten Urgrund zu erwachsen, und indem er in die Entstehung tritt, nunmehr alles Seiende mit sich selbst zugleich zu zeugen, die Ideen in all ihrer Schönheit und all die geistigen Götter" (Enn. V 1, 7). „Da er nämlich in voller Reife steht, mußte er zeugen; eine so große Kraft konnte nicht zeugungsunfähig sein" (a. a. O.). Die Welt wird erzeugt nach Maßgabe der Ideen, die im Demiurgen beschlossen liegen. Auch für das Individuelle und für die Individuen gibt es jetzt Urbilder (Enn. V 7, 1). Obwohl dies ein dem genuinen Platonismus fremder Gedanke ist, braucht man doch alles andere nur zu hören, um sofort zu bemerken, wie hier das platonische Symposion nachwirkt, der Timaios und die stoischen λόγοι σπερματικοί. Zugleich stehen wir hier auch an dem Ort, wo die Kirchenväter die Anregung erhielten, die platonischen Ideen nunmehr in den Geist Gottes zu verlegen.

δ) Die Seele

Das erste, was bei der Weltbildung gesetzt wird, ist die Seele. „Das Erzeugnis des Geistes ist irgendwie Gedanke, und er tritt in Existenz in dem Seelenteil, der nachdenkt; dieser ist es, der sich um den Geist herumbewegt, ist das vom Geist ausstrahlende Licht“ (Enn. V 1, 7). Es ist zuerst die Weltseele, die so entsteht. In ihr beschlossen und darum in ewiger Sympathie einander verbunden, leben aber auch sogleich die Einzelseelen. Die Seele ist ein Mittleres zwischen dem Intelligiblen, dessen drei Wesenheiten (Hypostasen) wir bis jetzt im Einen, im Nous und der Seele kennenlernten, und dem Reiche des Sinnlichen. Sie schlägt eine Brücke dadurch, daß sie selbst immer Ganzheit ist und damit dem Einen verwandt, und anderseits sich doch schon auf Teile bezieht und dadurch dem Vielen verwandt wird. „Sie ist nicht primär teilbar wie der Körper, aber sie wird teilbar in den Körpern“ (Enn. IV 2, 1). Damit also rückt die Seele in die Nähe des Vielen und zugleich auch des Werdens, weil Vieles und Werden eben zusammengehören. Als Werden wurde die Seele immer schon in der griechischen Philosophie aufgefaßt. Selbstbewegung ist sie nach dem Phaidros und ist sie ebenso bei Aristoteles. So auch hier. Je mehr die Seele nun heruntersteigt von den Engeln und Dämonen zu den Menschen, Tieren, Pflanzen, um so geringer ist ihre Einheit, um so näher steht sie dem Vielen, der Teilbarkeit und der Lust am Werden.

ε) Die sinnliche Welt

Die unterste Stufe des Seelischen, wo es sich mit einem Leib umkleidet, ist die Natur. Natur ist Abbild der intelligiblen Welt und insofern vollkommen, aber immerhin nur ein Abbild; darum weniger Geist, weniger Kraft, Freiheit, Aktivität; dafür um so mehr Passivität. Jetzt entstehen auch Raum und Zeit. An die Stelle der Freiheit tritt der Instinkt. Die Seele ist an sich nämlich frei und setzt darum spontan von sich aus neue Ursachenreihen. „Sie ist eine erstbewegende Ursache“ (Enn. III 1, 8). Aber nur, solange die Seele außerhalb des Leibes steht, ist sie ganz Herr ihrer selbst. Im Leib ist sie nicht mehr unabhängig, sondern wird verknüpft in die innerweltlichen Kausalreihen. Wir begegnen dieser alten, typisch platonischen, ja eigentlich pythagoreischen Auffassung von Seele wieder bei Kant in seiner Unterscheidung eines intelligiblen und eines empirischen Charakters; ersterer ist frei, letzterer nicht mehr.

Die letzte Stufe der Emanation ist die Materie. Sie ist überhaupt nichts Positives mehr, sondern nur noch Negation. Ist darum auch Negation des Guten, Prinzip des Bösen und so der Gegenpol des Ur-Einen. Die Kluft ist überbrückt, das ganze Sein ist aus einem Prinzip abgeleitet, wir haben ein ἓν καὶ πᾶν, und doch tut sich, echt dialektisch, am Schluß, wenn die Materie als Gegenpol erscheint, die Kluft von neuem auf.

ζ) Rückkehr zum Einen

Damit ist aber der Weltprozeß noch nicht beendet. So wie das Eine sich auf den Weg begibt, soll alles Gewordene auch wieder zurückfinden zu seinem Ausgangspunkt. Dies geschieht über die Einzelseele. Und damit geht Plotin daran, uns seine ethischen Ansichten darzulegen. Da aber die Einzelseele nur ein Moment an der Weltseele ist, wird auch dieser Prozeß zu einem Weltgeschehen. Dadurch, daß die Seele in einen Leib eingegangen ist, war sie sündig geworden. Nun gilt es, sich vom Leibe zu befreien, sich zu reinigen, sich mit dem Nous zu verbinden und von ihm erleuchten zu lassen, mit seinen Ideen eins zu werden und über den Nous schließlich noch eins zu werden mit dem Ur-Einen selbst. Schauend und liebend soll das geschehen, im Erkennen und Wollen, und vielleicht ist der Eros sogar das stärkere Moment. Der Aufstieg ist nämlich nur die andere Seite der Emanation, und es wirkt sich dabei die eigentliche Natur des Ur-Einen aus, der Wille.

αα) Der metaphysische Hintergrund

Im göttlichen Ur-Einen gibt es also Willen, und zwar den Willen des Guten zu sich selbst. Plotin hat eine eigene Abhandlung über Freiheit und Wille im Ur-Einen geschrieben (Enn. VI 8). Sie ist eines der wichtigsten Daten der Philosophiegeschichte, weil von hier ab der sogenannte griechische Intellektualismus sichtbar durchbrochen ist, die abendländische Willensmetaphysik anhebt und insbesondere Augustin die Begriffe zufließen, die ihm halfen, Gott als die Liebe und in der Trinitätsspekulation speziell den Heiligen Geist als das substantielle Band zu verstehen, das Vater und Sohn verbindet, und das wieder Wille und Liebe sein soll (memoria — intellectus — voluntas). „Die Wirkungen des Einen sind seine Willensäußerungen, denn er wirkt nicht, ohne zu wollen. Seine Tätigkeiten aber sind gewissermaßen seine Substanz. Sein Wille und seine Substanz sind also dasselbe" (Enn. VI 8, 13). Seitdem ist nicht mehr nur von Ideen im

Geiste Gottes die Rede, sondern sie gelten zugleich als Willensentschlüsse (θελήματα), und das ewige Gesetz ist nicht mehr nur eine ratio divina, sondern zugleich auch eine voluntas Dei (Ps.-Dionysius bzw. Augustinus). Die Neigung (νεῦσις) und der Wille des Ur-Einen stehen nun am Anfang der Epistrophe (Enn. VI 8, 16, 25 und VI 7, 16), die ihrerseits dann zur Selbsterkenntnis führt und damit zu der Zeugung des Geistes. Aktueller, wirklicher, substantieller Geist wird der Nous freilich erst, wenn er sich zurückwendet und hinschaut zum Einen. Indem er das Eine sieht, setzt er sich in seinem Schauen als ein Anderes, als Geist, ab und individuiert sich in seinem Selbst. Aber dieses sich Absetzen ist in Wirklichkeit zugleich auch Hinbewegung. Das Andere, das emanierte, will nicht zufällig, sondern seinem Wesen nach wieder über sich selbst hinaus, zurück zum Einen, denn von dort kommt ihm sein wahres Selbst zu, so daß es gerade damit Wesen, Substanz, Sein wird. Wie bei Platon die Dialektik nur die andere Seite der Diairesis ist, so ist auch hier die Epistrophe nur die Kehrseite der Emanation. An sich handelt es sich gar nicht um zwei Prozesse, sondern nur um einen von zwei Seiten aus betrachteten transzendentalen Seinssachverhalt.

ββ) Die Aufgabe des Menschen

Erst in der individuellen Menschenseele kann, sobald man sie unter ethischen Gesichtspunkten betrachtet, die Rückwendung isoliert werden, sozusagen aus pädagogischen Gründen. Die Seele muß sich nämlich von ihrem Abfall wieder erlösen. Sie muß die Individuation, soferne sie Entfremdung war, wieder aufheben, indem sie jetzt zum Einen zurückstrebt. Sie muß darum trachten, ganz Geist zu werden, gottähnlich zu werden und die Kontraktionen des Seins abzustoßen und dafür die höchsten, einfachsten und reinsten Formen zu ergreifen, also das Allgemeine statt der Vereinzelung. Dann ist sie wieder frei. Je mehr Geist, desto mehr Freiheit, desto mehr Einheit und auch desto mehr Glück. Der Weg zur Eudaimonia ist nichts anderes als der Weg zu dem, was das eigentliche Sein ist. Und dadurch wird der Mensch zur reifen, sittlichen Person. Der sittliche Weg ist somit ein ontologischer Prozeß, ist Ergreifung des wahren Seins. Darin besteht die Substanz des Menschen als einer sittlichen Person. Person ist nicht, sie wird erst, und sie wird durch den Aufschwung zum wahren und ursprünglichen Sein, zu den Urgründen, die das Erste, Eigentliche und Echte am Menschen sind, und ihn damit vom Schein weg zu seinem Sein führen. Auch das Sein kommt dadurch zu sich, denn es gibt kein Sein ohne den Geist, wie es auch keinen Geist ohne das Sein gibt (Enn. V 1, 4, 25 ff.). Person und Sein bedingen sich gegenseitig. Damit entsteht für Plotin „Welt". Ohne das hätten wir nur Natur und Materie.

γγ) Seelenzentrum

Der Aufschwung aber ist dem Menschen möglich, weil dieser in seinem Innersten etwas Göttliches besitzt, ein Zentrum (κέντρον), wie der Kreis eines hat (Enn. VI 8, 18). Dieses Zentrum macht Radien und Kreisbogen zu dem, was sie sind, läßt sie aus sich emanieren und sie wenden sich in ihrem ganzen Sein, wenn sie wirklich sind, was sie sind, immer dem Zentrum zu. An diesem Zentrum „hängt" also ihr ganzes Sein. Dieser für die platonische Dialektik typische Begriff (vgl. oben S. 223) ist auch hier wieder da und verrät, daß auch bei Plotin die Methexis das transzendentale Seinsgesetz ist. An dieses Wort vom göttlichen Zentrum der Seele wird sich die spätere Mystik des Seelenfünkleins (scintilla animae), der Seelenspitze (acies, apex mentis), anschließen. Hier befindet sich der Mensch in seinem Innersten, und seine edelste Aufgabe besteht darin, diese Kräfte des Göttlichen in der Seele zu entfalten und die Aufstiege (ὁρμαί) zum Intelligiblen zu betätigen. Und wie schon bei Platon der Aufstieg zum an sich Guten im Phaidon und Symposion zugleich vorgezeichnet wird, ist er auch hier eine Einheit von Phronesis und Eros. Die drei Stadien sind Reinigung, Erleuchtung und Einigung.

δδ) Unio mystica

Die Einigung, die Unio mystica, wäre das Höchste. Sie ist aber auch das Seltenste. Doch Plotin stellt sie als Endziel auf und schildert sie in glühenden Farben (Enn. VI 9). Was Plotin über die Ausnahme sagt, sollte man aber nicht für sich allein nehmen und glorifizieren, wie es übereifrige Freunde der Mystik zu tun pflegen. Sie ist in Grund und Wesen nichts anderes als jener Aufstieg zum Intelligiblen, der an sich ständig die Dynamik der Seinsbewegung bildet und der insbesondere jeden menschlichen personalen Akt ausmachen soll. Allerdings, sie ist von all dem die Vollendung. Aber auch in der Ekstase vollzieht sich keine Vergöttlichung des Menschen. Wir werden nicht göttlich, sondern nur gottähnlich. Der Geist des Menschen ist auch in seinem „göttlichen" Seelenfünklein immer nur ein Abbild des wirklich göttlichen Urbildes, wie Plotin in Enn. VI 8, 18 mehrfach und betont zum Ausdruck bringt.

c) Neuplatonische Schulen

Plotins Gedanken werden von einer großen Reihe von neuplatonischen Schulen aufgenommen und weiter gepflegt. Wir unterscheiden hier: a) Die Schule Plotins selbst mit Amelios und Porphyrios (233—304), dem berühmten Verfasser der Einleitung zu den Kategorien des Aristoteles. Mit ihm beginnt überhaupt die lange Serie neuplatonischer Kommentare zu Platon, Aristoteles und Theophrast. — b) Die syrische Schule mit Jamblich († 330 n. Chr.), dessen Protreptikos große Teile des aristotelischen Protreptikos enthält, der uns heute noch so wichtig ist, wie er es auch in der Antike war (vgl. oben S. 155). — c) Die pergamenische Schule, der die Lehrer des Kaisers Julian Apostata angehörten und die ein Zentrum des Kampfes der Neuplatoniker für die alte heidnische Kultur gegen das neu aufkommende Christentum war. — d) Die athenische Schule mit Proklos und Simplikios. — e) Die alexandrinische Schule mit Ammonios Hermeiou, dem Lehrer dieser Richtung, der selbst noch Schüler des Proklos gewesen war, sowie mit Synesius von Kyrene, Johannes Philoponos, Asklepios, Olympiodoros, Elias, David u. a. Der Schule stand auch nahe Nemesius von Emesa (um 400). — f) Die Neuplatoniker des lateinischen Westens mit Macrobius (um 400), Chalcidius (5. Jahrh.), Marius Victorinus (4. Jahrh.) und Boethius († 524), der offenbar auch der alexandrinischen Schule angehörte.

Literatur

W. Jaeger, Nemesius von Emesa (1914). Th. Whittaker, The Neoplatonists (Cambridge [2]1928). W. Theiler, s. u. S. 348. P. Courcelle, Les lettres grecques en Occident (Paris 1943). H. Dörrie, Porphyrios' „Symmikta Zetemata" (1959). K. Kremer, Der Metaphysikbegriff in den Aristoteles-Kommentaren der Ammonios-Schule (1961). J. H. Waszink, Studien zum Timaioskommentar des Chalcidius (Leiden 1964).

d) Proklos

α) Proklos und die Folgezeit

Auf ein gelehrtes System wurde der Neuplatonismus in der Schule zu Athen durch Proklos (411—485) gebracht. Er ist der erste Scholastiker und dient der mohammedanischen und mittelalterlichen Scholastik als Vorbild. Besonders seine

Institutio theologica (στοιχείωσις θεολογική) hat über den Liber de causis, der davon ein Auszug war, auf die Scholastik gewirkt. Da der liber de causis lange Zeit für ein aristotelisches Werk gehalten wurde und sich als solches großer Wertschätzung erfreute, ist Proklos einer der Männer geworden, die dazu beitrugen, daß der Aristotelismus des Mittelalters unbewußt und wie durch einen Zufall immer noch jenes platonische Grundgefühl beibehielt, das für den historischen Aristoteles heute wieder vindiziert wird, nachdem man sich lange Zeit, in der Neuzeit ebenso wie im Mittelalter, durch des Aristoteles eigene Schuld, nämlich infolge seiner ständigen Polemik gegen Platon, hatte verleiten lassen, in ihm nur den Gegensatz zu Platon zu sehen.

Bei Proklos wird der Neuplatonismus zur reinen Identitätsphilosophie. Es wird nicht mehr ein anderes aus einem anderen abgeleitet, sondern schon von vornherein gibt es nur noch das Eine, und es wird dann alles einfach dadurch, daß es einen triadischen Prozeß eingeht. Zunächst in sich selbst ruhend (μονή), begibt es sich auf den Weg der Entwicklung zum Vielen (πρόοδος), um dann wieder zurückzukehren zum Ausgangspunkt (ἐπιστροφή). Das Ganze ist ein vollkommener Panlogismus von der Art Hegels. Auch sonst werden die grundlegenden Gedanken des Neuplatonismus verstärkt und übersteigert; so die Methode, Mittelwesen einzuschalten, um den Übergang zu gewinnen. Diese typisch neuplatonische Tendenz überschlägt sich förmlich bei Proklos. Zwischen dem Einen und dem Nous stehen noch die „überwesentlichen" Zahlen, die Henaden. Und auch der Nous wird nochmal aufgegliedert in drei Schichten, der intelligiblen (Sein), intellektuellen (Denken) und intelligibel-intellektuellen (Leben). Es sind die späteren Intelligenzen, von denen das Mittelalter so viel weiß. Jede der drei Klassen wird dann abermals triadisch geteilt, die dritte Schicht dann nochmal in sieben Teile gegliedert (Hebdomaden), die neuerdings in Unterhebdomaden zerfallen und so zu. Damit erstarrt das ursprüngliche Leben zum Schematismus — Schicksal allen Lebens, Schicksal auch des Geistes philosophischer Schulen.

β) Identitätsphilosophie

Aber der Neuplatonismus hatte seine Aufgabe schon erfüllt. Was die Kirchenväter, die Scholastiker und die Neuzeit aus ihm an Anregungen schöpften, ist ungeheuer. Man braucht nur Namen wie Boethius, Augustinus, Dionysius Pseudo-Areopagita, Scotus Eriugena, die Schule von Chartres, die Cambridge Platonists, Cusanus, Schelling und Hegel zu nennen, um die Bedeutung dieses letzten großen antiken Systems der Philosophie zu ermessen. Ihre unmittelbarste Wirksamkeit aber haben die Neuplatoniker entfaltet in der Epoche, die nunmehr einsetzt und das philosophische Erbe der Alten übernimmt, bei den Kirchenvätern. Nachdem man die neuplatonische Schule zu Athen 529 geschlossen hatte, und obwohl viele Neuplatoniker geglaubt hatten, das junge Christentum bekämpfen zu müssen, war es hier, wo ihr Geist wieder weiterleben konnte.

Werke und Literatur

Die Werke sind zum Teil gedruckt in der Biblioth. Teubneriana. Weiteres: V. Cousin, Procli philosophi opera inedita (Paris ²1864, Nachdr. Ffm. 1964). E. R. Dodds, Stoicheiosis theologike. Ed., trad. et annot. (Oxford 1933, ²1963). Ae. Portus, Procli in Platonis theologiam libri sex (1618, Nachdr. Ffm. 1960). Proclo, La teologia platonica. Prima traduzione in italiano moderno di E. Turolla (Bari 1957). C. Vansteenkiste, Procli elementatio theologica translata a Guilelmo de Moerbeke (textus ineditus). Tijdschrift voor Philosophie 13 (1951). Proclus, Commentaire sur le Parménide. Trad. par A. E. Chaignet. 3 Bde. (Paris 1900 bis 1903; Nachdr. Ffm. 1962). R. Klibansky et C. Labowsky, Parmenides usque ad finem primae hypothesis necnon Procli commentarium in Parmenidem pars ultima adhuc inedita interprete Guilelmo de Moerbeke (London 1953). Die mittelalterliche Übersetzung der στοιχείωσις φυσική des Proclus. Procli Diadochi Lycii Elementatio physica Ed. H. Boese (1958). H. F. Müller, Dionysios, Proklos, Plotinos (²1926). R. Klibansky, Ein Proklos-Fund und seine Bedeutung. Sitzungsber. Heidelberger Akad. (1929). M. Grabmann, Die Proklosübersetzungen des Wilhelm von Moerbeke und ihre Verwertung in der lateinischen Literatur des Mittelalters. Mittelalterl. Geistesleben II (1936) 413—423. L. J. Rosán, The Philosophy of Proclus. The Final Phase of Ancient Thought (New York 1949). W. Beierwaltes, Eine Reflexion zum Geistbegriff des Proklos. In: Archiv f. Gesch. d. Philos. 43 (1961). Ders., Proklos. Grundzüge seiner Metaphysik (1965).

*ZWEITER ABSCHNITT*

# DIE PHILOSOPHIE DES MITTELALTERS

# VORBEMERKUNGEN

## a) Begriff der Philosophie des Mittelalters

Was Philosophie des Mittelalters ist, könnte man einfach rein zeitlich festlegen als jenes philosophische Denken des Abendlandes, das den Raum ausfüllt zwischen dem Ausgang der Antike, der im Ende des weströmischen Reiches liegt (476), und dem Anbruch der sogenannten Neuzeit, den man nach der Eroberung von Konstantinopel (1453) oder mit dem Beginn der Reformation (1517) anzusetzen pflegt. Man nennt die mittelalterliche Philosophie vielfach ohne weiteres scholastische Philosophie. Die eigentliche Scholastik beginnt jedoch erst mit dem 9. Jahrhundert; was vorher geschieht, ist die Zeit der allmählichen Wegbereitung der scholastischen Philosophie durch das Denken der Kirchenväter. Wir werden darum die Philosophie des Mittelalters in zwei große Abschnitte zerlegen, in die Philosophie der Patristik und die Philosophie der Scholastik. α) Zeitlich

Will man die mittelalterliche Philosophie mehr von innen her, ihrer geistigen Wesensart ensprechend, charakterisieren, dann kann man sie als jenes philosophische Denken des Abendlandes bezeichnen, das seit Augustinus, besonders aber seit Anselm von Canterbury dem Motto gehorcht: Wisse, um glauben, glaube, um wissen zu können: Intellige ut credas, crede ut intelligas (Augustinus, Sermo 43, c. 7, n. 9. PL 38, 258). Das Wort besagt die Einheit und gegenseitige Förderung von Wissen und Glauben; besagt aber zugleich auch, daß der christliche Denker die Philosophie nicht verwirft, sondern pflegen will und sie für sich zu reklamieren entschlossen ist. Wir wollen nicht nur in der Autorität der Heiligen Schrift reden, sagt Augustinus (De civ. Dei XIX, 1), sondern auch auf Grund der allgemeinen menschlichen Vernunft (ratio), „um der Ungläubigen willen“. Freilich, es soll nicht nur diese Vernunft führen. Die Philosophie, die sonst die großen Probleme um Welt, Mensch und Gott mit den Kräften der reinen Vernunft allein zu β) Inhaltlich bearbeiten pflegt, verbindet sich in dieser Periode mit dem religiösen Glauben und er mit ihr, eine Erscheinung, die in diesem Zeitraum übrigens auch bezeichnend ist für die arabische und jüdische Philosophie. Die Verbindung von Glauben und Wissen im Denken des mittelalterlichen christlichen Menschen versteht sich unter der Voraussetzung einer ideologischen Einheit. Auf ihr ruht der Geist dieser ganzen Epoche und nichts ist dafür so signifikant wie gerade diese Einheit. Wie sonst in keiner Periode der abendländischen Geistesgeschichte lebt hier eine ganze Welt in der Sicherheit über das Dasein Gottes, seine Weisheit, Macht und Güte; über die Herkunft der Welt, ihre sinnvolle Ordnung und Regierung; über das Wesen des Menschen und seine Stellung im Kosmos, den Sinn seines Lebens, die Möglichkeiten seines Geistes im Erkennen des Weltseins und in der Gestaltung des eigenen Daseins; über seine Würde, Freiheit und Unsterblichkeit; über die Grundlagen des Rechtes, die Ordnung der Staatsmacht und den Sinn der Geschichte. Einheit und Ordnung sind das Zeichen der Zeit. Während die Neuzeit fragt, wie Ordnung und Gesetz möglich sind und zustande kommen könnten, ist hier die Ordnung etwas Selbstverständliches und die Aufgabe ist nur, diese Ordnung zu erkennen. Nach ein paar unsicheren Schritten zu Beginn der Patristik hat das Mittelalter seine Leitlinie gefunden und dann bis zu seinem Ausgang beibehalten. Es ist kein Zweifel, daß es die christliche Religion war, der diese großartige Einheit zu verdanken ist. Wenn irgendwo, dann trifft es hier zu, daß „bisher Religion die meiste haltbare und gehaltvolle Ordnung, und zwar dann mit Hilfe der Vernunft verwirklicht hat, nicht durch direkte Anweisungen, sondern durch glaubende Menschen, deren Ernst und Verläßlichkeit" (K. Jaspers).

**γ) Philosophie oder Theologie?**

Man hat sich vielfach gefragt, ob wir es dann aber noch mit echter Philosophie zu tun haben, wenn der Logos nicht mehr Alleinherrscher ist, sondern sich führen lassen muß von der Religion; denn so wäre es doch bestellt gewesen in dieser Ehe, wie man immer wieder gesagt hat. Die Philosophie hätte die ihr eigentümlichen Probleme gar nicht mehr zu lösen gehabt; sie waren schon gelöst durch den Glauben. Auf seinem Boden hatte die Philosophie zu stehen. Von dorther pflegte der Philosoph zu operieren und vielfach ist es so, daß das philosophische Denken dem Glaubensgut zu dienen hat durch Begründung, Verteidigung, Erläuterung, wissenschaftliche Analyse und Synthese. „Die Philosophie eine Magd der Theologie", lautete das zur Charakterisierung dieser Epoche wieder und wieder zitierte Wort des Petrus Damiani. Kurz, die Philosophie war nicht „voraussetzungslos", und eben deswegen erscheint es zweifelhaft, ob es im Mittelalter echte Philosophie gegeben hat.

αα) Philosophisches Leben

Diese Anschauungen urteilen und fragen etwas pauschal. Sie sind noch in einer Zeit verwurzelt, in der man im Mittelalter das „finstere Zeitalter" sah und nicht mehr. Damals wußte auch die Philosophiegeschichte nicht sehr viel über diese Epoche zu berichten. Heute wissen wir durch die Forschungen von Denifle, Ehrle, Baeumker, M. De Wulf, Grabmann, Mandonnet, Gilson, Koch u. a., daß die philosophischen Leistungen des Mittelalters viel umfassender, viel lebendiger und auch viel individueller waren, als man damals dachte. Statt sich nach allgemein gehaltenen Urteilen zu richten, sollte man besser die gedruckten und ungedruckten Quellen einsehen und man würde dann in praxi bald finden, daß das Mittelalter die wesentlichen philosophischen Probleme sehr wohl nach echt philosophischen Gesichtspunkten und Methoden zu behandeln verstand.

ββ) Geistige Freiheit

Es ist ferner Tatsache, daß auch für den mittelalterlichen Menschen das Denken und Forschen prinzipiell frei war. Innozenz III. entschied in der Frage, ob ein Gläubiger, der auf Grund besserer Kenntnis der Sachlage dem Befehl eines Oberen nicht zuzustimmen vermag, zu maßregeln sei, für die persönliche Überzeugung und ihre Freiheit: „Alles, was nicht aus Überzeugung geschieht, ist Sünde (Röm. 14. 23); und was gegen das Gewissen geschieht, erbaut zur Hölle. Gegen Gott darf man nicht dem Richter gehorchen, sondern muß lieber die Exkommunikation über sich ergehen lassen." Die Entscheidung des Papstes wurde in das Kirchliche Gesetzbuch aufgenommen (Corp. iur. can. II 286 s. Richter-Friedberg). Demgemäß hat auch Thomas von Aquin und mit ihm eine Reihe anderer Scholastiker gelehrt, daß ein auf irrtümliche Voraussetzungen hin Exkommunizierter lieber im Banne sterben muß, als einer nach seiner Kenntnis der Sachlage verfehlten Weisung des Vorgesetzten zu gehorchen, „denn das wäre gegen die persönliche Wahrhaftigkeit" (contra veritatem vitae), die man auch nicht um eines möglichen Ärgernisses willen preisgeben dürfe (In IV Sent. dist. 38, expos. text. in fine). Das ist alles nicht überraschend, sondern nur eine Anwendung der alten Lehre vom subjektiven Gewissen, dem man immer zu folgen habe, auch wenn es irrt, was prinzipiell eine Sanktionierung der persönlichen Freiheit bedeutete. Wenn aber der mittelalterliche Mensch von seiner Freiheit keinen sehr großen Gebrauch machte, wenn er tatsächlich weithin den Voraussetzungen seiner Weltanschauung und der öffentlichen Meinung folgte, so nicht deswegen, weil er sich dabei einem äußeren Zwang gebeugt hätte, sondern weil er, was uns Heutigen als eine Voraussetzung erscheint, nicht als eine solche betrachtete. Sein Gefangensein in den „Bindungen" weltanschaulicher und religiöser Art war in Wirklichkeit ein Befangensein. Ihn deswegen zu tadeln und seine Philosophie als nicht echt abzulehnen, ginge nur dann an, wenn wir Heutigen solche Mängel nicht hätten und selbst voraussetzungslos philosophieren würden. Manche haben das von sich geglaubt. Als im ersten Drittel unseres Jahrhunderts dieser Glaube selbst als Voraussetzung erwiesen wurde, schlug das Pendel nach der anderen Seite aus und man bekannte sich zum allgemeinen Relativismus und verzweifelte an der Möglichkeit einer Überwindung der Voraussetzungen und forderte nun geradezu, aus dem Mangel eine Tugend machend, deren Annahme um des „Charakters" willen. Das Mittelalter unter diesen Voraussetzungen abzulehnen als „nicht voraussetzungslos", ist dann allerdings paradox, kommt aber vor. Die Wahrheit liegt in der Mitte. In der tatsächlichen Wirklichkeit wird es die Voraussetzungslosigkeit wohl nie geben. Aber als Ideal bleibt sie und muß um der Wahrheit willen angestrebt werden. Dieses Streben haben aber auch die mittelalterlichen Philosophen gehabt. Auch sie wollten alle Selbsttäuschungen überwinden und zur objektiven Wahrheit vorstoßen. Wer es hierbei weiter gebracht hat, sie oder wir, werden spätere Zeiten beurteilen können. Jedenfalls haben wir Veranlassung, in der Abwertung des Mittelalters vorsichtig zu sein, da wir immer mehr zur Erkenntnis kommen, daß der moderne Massenmensch in seinem Denken und Fühlen oft mittelalterlicher als das sogenannte Mittelalter ist. Und auch der moderne Philosoph ist ein Kind seiner Zeit, kommt er

γγ) „Voraussetzungslosigkeit"

doch deswegen gelegentlich sogar unter die Räder des Schicksals. Was bleibt, ist also das Immer-strebend-sich-Bemühen. Das bleibt aber auch dem mittelalterlichen Philosophen und deswegen ist sein Denken auch echte Philosophie.

### b) Bedeutung der mittelalterlichen Philosophie

Immerhin, die heutige Philosophie lebt in der Neuzeit und sie fühlt sich als etwas anderes und wirklich Neues. Hat da die mittelalterliche Philosophie noch Bedeutung? Sie hat sie. Einmal bildet das Mittelalter die Brücke von der Antike zur Neuzeit. Es hat nicht nur die alten Codices abgeschrieben, hat damit nicht nur Wissen und Kunst der Antike aufbewahrt, es hat in seinen Schulen auch die Kontinuität der philosophischen Problematik aufrechterhalten. Die so grundlegende Thematik, z. B. um die Substanz, die Kausalität, die Realität, Finalität, Universalität und Individualität, Sinnlichkeit und Erscheinungswelt, Verstand und Vernunft, Seele und Geist, Welt und Gott, taucht nicht erst im Humanismus und der Renaissance wieder wie neu und unmittelbar von der Antike kommend auf, sondern wird den neuzeitlichen Philosophen vom Mittelalter her übergeben. Man kann Descartes, Spinoza, Leibniz, aber auch Locke, Wolff und damit auch Kant nicht lesen, ohne mittelalterliche Begriffe und Probleme zu kennen. Selbst wo der Gegensatz aufgerissen wurde und bewußt Neues angestrebt wird, kann dieses andere dem Verstehen oft genug nur dann intim nahegebracht werden, wenn man sieht, wie auch in der Antithese die alte These noch irgendwie zur Geltung kommt und vielleicht sogar schöpferisch wird. Und schließlich ist das Mittelalter in vieler Hinsicht vorbildlich: Formal durch die logische Schärfe und Stringenz seiner Gedankenführung und den objektiven Charakter seiner Wissenschaftsauffassung, bei der die Person immer zurücktritt hinter die Sache; material durch seinen gesunden Menschenverstand, der es bewahrt vor den für die neuzeitliche Philosophie so typischen Extravaganzen und es eine Linie einhalten läßt, die sich auf Jahrhunderte hinaus bewährte. Nicht nur seine Lehre vom Naturrecht erlebt eine „ewige Wiederkehr", auch seine Philosopheme über die Substanz, die Realität, die Seele, die Wahrheit, die Menschenrechte, das Wesen des Staates usw. enthalten einen unverlierbaren Wert, so daß man den Grundgehalt des mittelalterlichen Denkens mit Recht als Philosophia perennis bezeichnen kann.

Freilich, zum Mittelalter zurück wie in ein verlorenes Paradies kann man nicht mehr. Es ist und bleibt Vergangenheit. Aber man muß ein Gefühl haben für das ewig Wahre in ihm und muß danach trachten, dies in neuen Formen und den veränderten Umständen entsprechend wieder sichtbar werden zu lassen. „Wir hoffen, daß sich in einer neuen Welt und in der Durchbildung eines neuen Materials wieder jene geistigen Prinzipien und ewigen Normen zeigen werden, von denen die mittelalterliche Kultur in ihren besten Zeiten nur eine einzelne historische Verwirklichung darbietet, die — bei bedeutenden Mängeln — zwar von erhabener Größe, aber endgültig vergangen ist“ (J. Maritain).

c) Quellensammlungen

Größere Quellensammlungen: Migne, Patrologia graeca (162 Bde.) und Patrologia latina (221 Bde.). Corpus scriptorum ecclesiasticorum latinorum (Wien 1866 ff.). Die griechischen christlichen Schriftsteller der ersten drei Jahrhunderte (Leipzig 1897 ff.). Reithmayr-Thalhofer, Bibliothek der Kirchenväter (80 Bde.). Bardenhewer-Weyman-Zellinger, Bibliothek der Kirchenväter (61 Bde.); 2. Reihe (1932 ff.). H. de Lubac et J. Daniélou, Sources Chrétiennes (Paris 1941 ff.). Corpus Christianorum. Series latina (Turnholti 1953 ff.). Dazu: Clavis patrum latinorum, qua in novum Corpus Christianorum edendum optimas quasque scriptorum recensiones a Tertulliano ad Bedam recludit E. Dekkers (Brugis-Hagae 1951, ²1961). — M. De Wulf, Les philosophes Belges. 15 Bde. (1901 ff.); Fortsetzung: Philosophes médiévaux (1948 ff.). Bibliotheca Franciscana Scholastica medii aevi (Quaracchi 1903 ff.). Aristoteles latinus (Romae 1939 ff.). Corpus Platonicum medii aevi: Plato latinus, ed. R. Klibansky (London 1950 ff.). Plato arabus, ed. R. Walzer (London 1943 ff.). Textus philosophici Friburgenses (Fribourg 1948 ff.). Analecta Mediaevalia Namurcensia. Collection des textes et d'études publiée par le Centre d'Études Médiévales, Namur (Louvain-Lille 1950 ff.). Franciscan Institute Publications. Text Series (St. Bonaventure, N. Y., Louvain u.

Paderborn 1951 ff.). Textes philosophiques du Moyen Age (Paris, Vrin 1955 ff.). Pontifical Institute of Mediaeval Studies, Studies and Texts (Toronto 1955 ff.). Chr. Mohrmann et J. Quasten, Stromata patristica et mediaevalia (Utrecht 1950 ff.).

Auswahlsammlungen besonders charakteristischer Texte: Rauschen-Geyer-Zellinger, Florilegium patristicum tam veteris quam medii aevi auctores complectens. 44 fasc. (1904/41). Rouët de Journel, Enchiridion patristicum (1911, [20]1958). Grabmann-Pelster-Koch, Opuscula et Textus historiam ecclesiae eiusque vitam atque doctrinam illustrantia. Series scholastica (1926 ff.). Pontif. Universitas Gregoriana, Textus et documenta. Series philosophica (Romae 1932 ff.). R. McKeon, Selections from Medieval Philosophers. 2 Bde. (New York 1923/30). U. A. Padovani, Grande Antologia filosofica. Vol. III-V: Il pensiero cristiano (Milano 1954). Texte der Kirchenväter. Eine Auswahl nach Themen geordnet. Zusammengestellt und hrsg. von A. Heilmann. 4 Bde. (1963—64).

d) Literatur

α) Einführungen und Gesamtdarstellungen

B. Hauréau, De la philosophie scolastique. 2 Bde. (Paris 1850). Ders., Histoire de la philosophie scolastique. 3 Bde. (Paris 1872). A. Stöckl, Geschichte der Philosophie des Mittelalters. 3 Bde. (1864 ff.). F. Picavet, Esquisse d'une histoire générale et comparée des philosophies médiévales (Paris [2]1907). Cl. Baeumker, Die patristische Philosophie ([2]1913). Ders., Die christliche Philosophie des Mittelalters ([2]1913), beides in: „Kultur der Gegenwart". M. Grabmann, Die Philosophie des Mittelalters (1921). Jos. Geyser, Die mittelalterliche Philosophie, in: Lehrbuch der Philosophie von M. Dessoir (1925). Ueberweg-Geyer, Die patristische und scholastische Philosophie ([11]1928). Maurice De Wulf, Histoire de la philosophie médiévale. 3 Bde. (Louvain [6]1934, 1936, 1947). R. Romeyer, S. J., La philosophie chrétienne jusqu'à Descartes. 3 Bde. (Paris 1935/37). M. Grabmann, Geschichte der katholischen Theologie seit dem Ausgang der Väterzeit (1937). Gilson-Böhner, Die Geschichte der christlichen Philosophie von den Anfängen bis Nikolaus von Cues ([3]1954). É. Gilson, La philosophie au Moyen-âge. Des origines patristiques à la fin du XIVe siècle (Paris [3]1947). Hans Meyer, Geschichte der abendländischen Weltanschauung, Band 2 und 3 ([2]1953). Fr. Copleston, A History of Philosophie. Vol. II: Mediaeval Philosophy. Augustin to Scotus (London 1950); Vol. III: Ockham to Suarez (London 1953). É. Gilson, History of Christian Philosophy in the Middle Ages (London 1955).

β) Wissenschaftliche Serien

Baeumker-Grabmann, Beiträge zur Geschichte der Philosophie und Theologie des Mittelalters. Texte und Untersuchungen (1891 ff.). P. Mandonnet, Bibliothèque thomiste (1921 ff.). É. Gilson, Études de philosophie médiévale (1922 ff.). Franciscan Institute Publications. Philosophy Series (St. Bonaventure, N. Y., Louvain und Paderborn 1944 ff.). J. Koch, Studien und Texte zur Geistesgeschichte des Mittelalters (1950 ff.). Miscellanea mediaevalia. Veröffentlichungen des Thomas-Instituts der Universität Köln. Hrsg. von P. Wilpert (1962 ff.). Studien zur Problemgeschichte der antiken und mittelalterlichen Philosophie. Unter Mitwirkung von B. Lakebrink hrsg. von J. Hirschberger (Leiden 1966 ff.).

γ) Zeitschriften

Scholastik; Gregorianum (Rom); Archives d'histoire doctrinale et littéraire du Moyen-âge (Paris); Recherches de théologie ancienne et médiévale mit der Beilage Bulletin de théologie ancienne et médiévale (Louvain), Divus Thomas (Fribourg), jetzt: Freiburger Zeitschrift für Philosophie und Theologie; Revue néoscolastique de philosophie, jetzt: Revue philosophique de Louvain; Bulletin Thomiste (Montréal); Franziskanische Studien; Franciscan Studies (St. Bonaventure. N. Y.). Traditio (New York); Progress of Medieval and Renaissance Studies in the United States and Canada (Boulder, Colorado). Mediaeval and Renaissance Studies (London). Mediaeval Studies (Toronto).

δ) Bibliographie

G. A. de Brie s. oben S. 11. J. M. Bocheński, Bibliographische Einführungen in das Studium der Philosophie (Bern 1948 ff.): Heft 18 Patristische Philosophie von O. Perler (1950); Heft 10 Augustin von F. Sciacca (1948); Heft 17 Philosophie des Mittelalters von F. van Steenberghen (1950); Heft 13/14 Thomas von Aquin von P. Wyser (1950); Heft 15/16 Der Thomismus von P. Wyser (1951); Heft 6 Arabische Philosophie von P. J. de Menasce (1948); Heft 19 Jüdische Philosophie von G. Vajda (1950); Heft 22 Duns Scotus von O. Schäfer (1953). Über die Neuerscheinungen berichtet laufend das Répertoire bibliographique de la philosophie. Siehe oben S. 12.

*ERSTES KAPITEL*

# DIE PHILOSOPHIE DER PATRISTIK

## 1. DAS JUNGE CHRISTENTUM UND DIE ALTE PHILOSOPHIE

Als das Christentum auf den Plan trat, wollte es theoretische Wahrheit und praktische Lebensformung zugleich sein. „Ich bin der Weg, die Wahrheit und das Leben", erklärt sein Stifter. Die Wahrheit wird als eine absolute und ewige betrachtet, weil sie nicht bloß menschliche, sondern gottgeoffenbarte Wahrheit ist: „Himmel und Erde werden vergehen, aber meine Worte werden nicht vergehen." Und auch die Lebensformung, „der Weg und das Leben", ist eine absolut sichere; sie führt unbedingt zum „Heil". Mit einer solchen Sicherheit war die antike Philosophie nicht aufgetreten. Sie fühlte sich nicht als die Inkarnation des Logos und der ewigen Weisheit selbst, sondern wollte nur Liebe zur Weisheit sein. Aber Wahrheit wollte sie schon auch bieten und ebenso wollte sie Menschenführung sein; so war es von Anfang an und besonders dann in der hellenistischen Epoche, als der alte Mythos zerbrochen war und die Philosophie an seiner Statt zur Seelsorge werden mußte. Aus dieser teils identischen, teils verschiedenen Haltung, dem Zusammentreffen im gleichen Ziel und der Differenz in der Wahl der Mittel und des Weges zum Ziel, ergibt sich die Stellung des jungen Christentums zur alten Philosophie: Man lehnt sie ab, nimmt sie aber auch wieder an.

### a) Paulus

Schon bei Paulus ist es so. Einmal verwirft er die „Weisheit dieser Welt", dann wieder läßt er sie gelten und beruft sich sogar auf ihr Zeugnis für seine eigene Sache. 1 Kor. 1, 19 schreibt er: „Es steht geschrieben, ich will die Weisheit der Weisen vernichten und die Klugheit der Klugen zuschanden machen. Wo bleibt der Weise, wo der Gelehrte, wo der Redekünstler dieser Welt? Hat Gott nicht die Weisheit der

Welt für Torheit erklärt? ... Die Juden fordern Wunderzeichen, die Griechen suchen Weisheit, wir aber predigen Christus, den Gekreuzigten, den Juden ein Ärgernis, den Heiden eine Torheit; denen aber, die berufen sind, ob Juden oder Heiden, verkünden wir Christus als Gottes Kraft und Gottes Weisheit." Röm. 1, 19 aber heißt es: „Was von Gott erkennbar ist, das ist ihnen (den Heiden) offenbar; Gott hat es ihnen kundgetan, läßt sich doch sein unsichtbares Wesen und seine ewige Macht und Göttlichkeit seit Erschaffung der Welt durch seine Werke mit dem Auge des Geistes wahrnehmen." Damit wird der natürlichen Vernunft wieder ihr Recht eingeräumt. Und in seiner Rede auf dem Areopag zitiert Paulus sogar griechische Philosophen zum Beleg seiner christlichen These (Act. 17, 28).

b) Die Väter

α) Negative Stellung

Diese Haltung kehrt wieder bei den ersten christlichen Schriftstellern. Justin der Martyrer ist unzufrieden mit den alten Philosophenschulen: Die Stoiker wissen nichts von Gott, die Peripatetiker sind zu geldgierig, die Pythagoreer zu theoretisch, die Platoniker zu kühn in ihren Behauptungen, — nur für die Christen ist die Wahrheit zur Wirklichkeit geworden; denn sie wissen dafür zu sterben. Minucius Felix sieht in Sokrates einen attischen Possenreißer und Tertullian in Platon den Vater aller Häresien. Was hätten Athen und Jerusalem, die Akademie und die Kirche, die Ungläubigen und die Gläubigen miteinander zu tun, fragt er. Tertullian hat überhaupt die Kluft zwischen christlicher Religion und antiker Philosophie am schärfsten aufgerissen, so daß Glaube und Wissen bei ihm in einen schroffen Gegensatz treten. In De carne Christi schreibt er den Satz: „Gekreuzigt ist Gottes Sohn: Wir schämen uns nicht, weil es schmählich ist; gestorben ist Gottes Sohn: Es ist völlig glaubhaft, weil es töricht ist (prorsus credibile est quia ineptum est); und begraben, ist er auferstanden: Es ist gewiß, weil es unmöglich ist." Dieses Wort, das Tertullian übrigens gesprochen hat, als er bereits nicht mehr der Kirche, sondern der montanistischen Sekte angehörte, bildet den ideellen Hintergrund für das bekannte Schlagwort „Credo quia absurdum est", das also in dieser Form zwar unhistorisch ist, aber in der Sache doch Tertullian zugehört.

β) Positive Stellung

Auf der anderen Seite heißt aber Justin nicht nur der Martyrer, sondern auch der Philosoph (philosophus et martyr). Er ist doch unter die Philosophen gegangen. Dies deswegen, weil er das Christentum verteidigen wollte. Als Apologet aber mußte er von einer gemeinsamen Ebene aus sprechen, die auch dem heidnischen Menschen noch zugänglich und verbindlich blieb, und das war die Philosophie. Und wie ihm erging es auch den anderen Apologeten: Minucius Felix, Aristides, Athenagoras, Laktanz und sogar Tertullian. Zu guter Letzt übernahm man sogar die Äußerlichkeiten der alten Philosophie, den Philosophenmantel, die Wanderpredigt, die stoisch-kynische Diatribe und ihre Formen, die Chrie und Apophthegmatik, wie man auch ganz gerne Nutzen zog von der antiken Kritik des Polytheismus, die von den Stoikern und Epikureern schon besorgt worden war. — Ein zweiter Schritt zur Philosophie wurde getan durch die Katechetenschule zu Alexandrien. Diese Metropole des weltweiten Hellenismus sprengte schon durch ihren genius loci alle engen Grenzen und förderte jede Form von Synthese. Speziell aber war dort auch noch die Tradition lebendig, die Philon geschaffen hatte durch seinen Versuch, alttestamentliche Religiosität mit griechischer Philosophie zu verbinden. In diesem Geist bewegen sich die großen Vertreter der alexandrinischen Katechetenschule Pantänus, Clemens von Alexandrien und Origenes. Von letzterem stammt der später in dieser Sache viel herangezogene Vergleich: Wie die Kinder Israels bei ihrem Auszug aus Ägypten die goldenen und silbernen Geräte des Landes mit sich führten, so sollte auch der Glaube die weltliche Wissenschaft und Philosophie in seinen Besitz nehmen. Und Clemens prägt die noch deutlichere Formulierung für ein mögliches Verhältnis von Glaube und Wissen: Die Philosophie ist ein Geschenk der Vorsehung, durch das die Griechen auf eine ähnliche Weise auf Christus vorbereitet werden sollten wie die Juden durch das Alte Testament. — Ein drittes Moment, das die Waagschale sich zu einer positiven Einstellung des Christentums zur Philosophie neigen ließ, bildete die Haltung der drei großen Kappadokier: Gregors von Nazianz, Basilius' des Großen und Gregors von Nyssa, die praktisch das ganze Werkzeug der griechischen Philosophie in ihrer christlichen Lehrverkündigung handhaben und von denen

αα) Die Apologeten

ββ) Alexandrinische Katechetenschule

γγ) Die Kappadokier

Basilius eine eigene Abhandlung schrieb: „An die Jünglinge, wie sie von der heidnischen Philosophie Nutzen ziehen
88) Augustin sollen". — Die ausschlaggebende Entscheidung traf dann Augustinus. Wenn die Philosophen etwas Wahres und dem Glauben Gemäßes gesagt haben, so meint er, dann ist das nicht nur nicht zu fürchten, sondern wir sollten es wie von unberechtigten Besitzern zu unserem eigenen Gebrauch in Anspruch nehmen, und zwar in einem mehrfachen Sinn. Einmal gilt es, den Geist überhaupt formal zu schulen, um zum klaren und schönen Denken und Sprechen zu kommen. Es ist das Ideal des distincte et ornate dicere, das ihm dabei vorschwebt, wofür Cicero ein Beispiel ist, von dem Augustinus soviel gelernt hat und wofür er selbst auch ein großes Beispiel gibt. Sodann will Augustinus die Gedanken der alten Philosophie aufgreifen, um sich damit, wenn es notwendig ist, auseinanderzusetzen (vgl. oben S. 317). Und schließlich soll die Philosophie dazu dienen, die Glaubenssätze spekulativ zu erhellen, während umgekehrt der Glaube auch seinerseits wieder die Vernunft weiterführen muß. Und jetzt fällt das Wort, das von hier aus zu einem Leitmotiv der ganzen mittelalterlichen Philosophie wird: Intellige ut credas, crede ut intelligas: Lies im Innern des Seins, damit du glauben, glaube, damit du im Innern des Seins lesen kannst!

### c) Konsequenzen und Probleme

Die durch Augustins Stellungnahme schließlich entschiedene Entwicklung des Verhältnisses von Religion und Philosophie zugunsten einer positiven Synthese war von historischer Tragweite für die ganze bisherige Geschichte des Abendlandes. Jetzt konnte der Glaube zur Theologie werden, die Lehrverkündigung zur Literatur, das Christentum zur Kultur. Seine Vertreter brauchten nicht ins Ghetto zu gehen, sondern konnten den Boden des Forums betreten, die Hörsäle der Universitäten, die Versammlungsräume der Parlamente und der Ministerien. Das Christentum hatte ja gesagt zur Welt und wollte sie nicht mehr bekehren, indem es sie verdammte. Aber die innere Spannung war damit nicht aufgehoben. Die Problematik bleibt. Wenn natürliches Denken und übernatürliche Offenbarung wirklich etwas „ganz anderes" sind, kann es dann noch etwas Gemeinsames geben? Der latente Gegensatz bricht denn auch in bestimmten

Abständen immer wieder auf, bei den Antidialektikern um Petrus Damiani, in vielen Mystikerkreisen sowie bei ihren Antipoden, den Vertretern einer autonomen Kultur und Politik, und neuestens in der dialektischen Theologie, wo der Glaube wieder das Paradoxe ist, wie einst bei Tertullian. Im Grunde ist diese ganze Problematik von der Art, die wir schon kennenlernten in der Lehre, daß Gott transzendent sei und doch als der Schöpfer aus der Schöpfung erkannt werden könne; oder in der Lehre, daß die Menschenseele immateriell sei und doch die Form des Leibes bilde; oder, daß der Mensch in der allgemeinen Kausalität der Welt stehe, sein Wille aber frei sein müsse. Auch da wird immer ein Dualismus aufgerissen und werden dann wieder Brücken geschlagen. Und bei dieser Methodik des Geistes, der das eine tun muß und das andere nicht lassen kann, läge die tiefere Problematik der Sache.

d) Quellen der Väter

Das Ja zur alten Philosophie war jedoch ein unterschiedliches. Nicht alle Denkrichtungen konnten in gleicher Weise als Quellen betrachtet werden.

**α) Skeptiker und Epikureer**

Fast gar nicht zu verwerten waren die Gedanken der Skeptiker und Epikureer. Nur ihre Argumente gegen den Polytheismus der heidnischen Volksreligion konnte man gelegentlich aufgreifen.

**β) Aristoteles**

Aber auch der Aristotelismus blieb, wenn auch seine Ausstrahlungen nicht so gering sind, wie man früher annahm, doch ohne wesentliche Bedeutung für die Patristik. Gegenüber ihrer biblischen Gottesauffassung und religiösen Moral war sein Gottesbegriff zu blaß und seine Ethik zu weltmännisch. Immerhin lassen sich aber aus den Jugendschriften Spuren nachweisen bei Clemens von Alexandrien, Basilius, Augustinus, Synesius. Und Begriffe wie Wesenheit, Substanz, Natur spielen in den trinitarischen und christologischen Streitigkeiten schon früh eine Rolle. Aber erst gegen Ende der Patristik haben Johannes Philoponos und Johannes Damascenus aristotelisches Gedankengut ex professo ausgewertet. Ersterer hat zu vielen Schriften des Aristoteles Kommentare geschrieben. Sie wurden auch ins Syrische übersetzt. Und jetzt verteidigten die syrischen Nestorianer und Monophysiten ihre These, daß es in Christus mit den zwei Personen auch zwei Naturen, bzw. mit der einen Person nur eine Natur gebe, mit aristotelischen Begriffen — nicht zum Vorteil des Aristoteles in den Augen der Väter.

γ) Stoa Von größtem Einfluß dagegen war auf das Denken des jungen Christentums die Stoa, direkt besonders durch Seneca und Epiktet, indirekt durch die römischen Eklektiker wie Cicero und Varro. Ambrosius kopiert Ciceros Schrift De officiis, Clemens von Alexandrien bringt ganze Passagen aus Musonius Rufus, Augustinus übernimmt so grundlegende Begriffe seines Denkens wie die Lehre vom ewigen Gesetz, von den Keimkräften und vom Gottesstaat. So stark ist die Berührung, daß die Legende von einem Briefwechsel zwischen Paulus und Seneca erfunden werden konnte.

δ) Platon Als Quelle erster Ordnung treten die Platoniker auf. „Niemand ist uns so nahe gekommen wie diese", sagt Augustinus. Ihre reine Ethik, ihre Weltverneinung, ihre Vorliebe für das Übersinnliche, die Ideenwelt und Metaphysik, ihre Eschatologie, ihre Unruhe zu Gott ließen das Gefühl der Wahlverwandtschaft anklingen. Besonders das „Jenseits" hatte es den Vätern angetan. Aber sie faßten das ἐκεῖ des genuinen Platonismus im greifbar realistischen Sinn der Bibel. „Wir erwarten einen neuen Himmel und eine neue Erde, wo die Gerechtigkeit heimisch ist" (2 Petr. 3, 13). Es ist nicht leicht, zu sagen, wieweit die Werke Platons selbst vorlagen oder seine Gedanken aus Florilegien oder aus dem allgemeinen Bildungsgut der Zeit, worin sie längst eingeschmolzen waren, übernommen wurden, so daß eine Beeinflussung möglich ist, auch wenn bestimmte Werke nicht unmittelbar gespürt und zitiert werden können. Die übliche literargeschichtliche Methode des Zitatesammelns reicht zur Erfassung der Ausstrahlungen des Platonismus in das metaphysische und religiöse Denken und Sprechen des Hellenismus nicht aus, „hat doch Platon für die gesamte Folgezeit die hieratische Sprache geschaffen und schon damit indirekt eine ungeheure Einwirkung ausgeübt" (Reitzenstein). Immerhin, Justin, Athenagoras, Clemens von Alexandrien, Origenes, Eusebius von Caesarea zitieren nachweisbar Stellen aus verschiedenen Werken Platons, wie dem Staat, Phaidon, Phaidros, Gorgias, Apologie, Kriton, Philebos, Timaios, Menexenos, Kratylos, Theaitet, Sophistes, Nomoi,

Epinomis und den Briefen. Methodius zitiert nicht nur, sondern ahmt in aller Form das Symposion nach, und Gregor von Nyssa in gleicher Weise den Phaidon. Den Lateinern wirft Hieronymus vor, daß sie kaum etwas von Platon gekannt hätten. Doch war ihnen, wenn sie ihn nicht griechisch lasen, der Timaios zugänglich in der Übersetzung des Cicero oder des Chalcidius. Augustinus zitiert den Phaidon, für den er vielleicht die Übersetzung des Apuleius benützte, der ihm wohl überhaupt durch seine Schriften De deo Socratis und De dogmate Platonis das Wesentliche über die Lehre Platons vermittelt haben wird.

ε) Philon

Was der Patristik den Platonismus besonders mundgerecht macht, ist das Werk Philons von Alexandrien. Er hatte von der biblischen Religion aus vielfache Brücken geschlagen zu den Stoikern, den Neupythagoreern, besonders aber zum Platonismus. „Man sagt über ihn bei den Griechen, daß Platon entweder ein Philon oder Philon ein Platon sei, so groß ist die Ähnlichkeit der Begriffe und Worte" (Hieronymus). Es ist vor allem die Logos-Spekulation, die durch Philon angeregt wird. So stammt aus Philon großenteils z. B. der Platonismus des Clemens von Alex. und des Origenes. Letzterer war überhaupt ein Sammelbecken antiker Weisheit verschiedener Herkunft, besonders aber des Platonismus. Porphyrios berichtet von ihm: „Platon war sein immerwährender Begleiter, und die Schriften des Numenios und Kronios, des Apollophanes, Longinus und Moderatus, des Nikomachos und der berühmten Männer der neupythagoreischen Schule hatte er fort und fort in Händen. Auch gebrauchte er die Bücher des Stoikers Chairemon und des Cornutus." Diesen philonisch, stoisch und neupythagoreisch untermalten Platonismus übermittelte dann Origenes wieder an Basilius, Gregor von Nazianz, Gregor von Nyssa, Eusebius von Cäsarea u. a.; unter den Lateinern an Marius Victorinus, Hilarius von Poitiers, Eusebius von Vercellä, Rufinus und besonders an Ambrosius, von dem Hieronymus sagt, daß er voller Reminiszenzen an Origenes wäre.

ζ) Mittlere Platoniker

Einen weiteren Zugang zum christlichen Gedanken eröffnen der antiken Philosophie die Männer des sogenannten mittleren Platonismus: Plutarch von Chäronea, Gaios, Apuleius, Albinos, Maximus von Tyros, Numenios.

η) Neuplatoniker

Aus ihren und anderen Ansätzen entwickelte sich der Neuplatonismus, und seine Träger leisten der patristischen Philosophie wieder weitgehende Hilfestellung. Wenn man die Enneaden Plotins liest, ist man erstaunt über den Gleichklang der Terminologie und der ganzen Denkhaltung, besonders aber über die Verwandtschaft der ethischen, religiösen und mystischen Lebensstimmung und inneren Bewegtheit mit dem Geiste des Christentums. Obwohl dem jungen Christentum gerade aus den Kreisen der Neuplatoniker erbitterte Gegner erwuchsen, war der Neuplatonismus dem Christentum und seiner Philosophie doch wahlverwandt, so daß Augustinus sagen konnte „nulli nobis quam isti propius accesserunt" (De civ. Dei VIII, 5). Die Enneaden wirken auf Gregor von Nazianz, Gregor von Nyssa, Basilius, Cyrill von Alexandrien, besonders aber auf Augustinus, der sie in der Übersetzung des Marius Victorinus liest. In noch vielen anderen Kanälen floß der Neuplatonismus dem Christentum zu: Über Porphyrios, Jamblich, Theodoret von Cyrus, Nemesius von Emesa, Claudius Mamertus, Synesius von Kyrene, Simplikios, Macrobius, Martianus Capella, Chalcidius, Boethius und vor allem Dionysius Pseudo-Areopagita, aus dem nun auch Proklos noch zum Christentum spricht. Am Ende stehen Johannes Philoponos und Johannes Damascenus, die jetzt auch schon Aristoteles auswerten.
der Patristik von der griechischen Philosophie das Wort

ϑ) Neupythagoreer

Die neuplatonischen Einflüsse sind häufig verschlungen mit neupythagoreischen Strömungen, wie sie bei Apollonios von Tyana, Numenios, Longinus, Moderatus, Nikomachos vorliegen, so daß es oft schwierig ist, den ideengeschichtlichen Ort genauer festzulegen.

e) Synkretismus?

Wir leben eben im Zeitalter des Synkretismus, und „nirgends ist das Durcheinander größer als in der Geistesgeschichte der ersten zwei Jahrhunderte unserer Zeitrechnung" (Bréhier). Ein Beispiel dafür bietet das eben zitierte Wort des Hieronymus über Origenes, nach dem bei ihm alles zusammenfließt, was hier zu unterscheiden versucht wurde. Trotzdem geht der christliche Gedanke mit Sicherheit seinen Weg. Man kann auf die ganze ideengeschichtliche Abhängigkeit ausdehnen, das Thomas von Aquin über die Beziehung Augustins zu den Platonikern gesprochen hat: „Augustinus ist voll von platonischen Lehren; was er findet, übernimmt er, wenn er sieht, daß es mit dem Glauben zusammenstimmt; stimmt es nicht dazu, dann verbessert er es" (S. theol. I, 84, 5).

Literatur

J. Döllinger, Heidenthum und Judenthum. Vorhalle zur Geschichte des Christenthums (1857). R. Arnou, Platonisme des pères. Dict. théol. cathol. XII (1933). J. Stelzenberger, Die Beziehungen der frühchristl. Sittenlehre zur Ethik der Stoa (1933). K. Prümm, Der christliche Glaube und die alte heidnische Welt (1935). Ders., Das Christentum als Neuheitserlebnis (1939). Th. Klauser, Reallexikon für Antike u. Christentum (1942 ff.). P. Labriolle, La réaction païenne (Paris 1948). M. Spanneut, Le stoïcisme des Pères de l'Église. Patristica Sorbonensia (Paris 1957). E. Hatch, Influence of Greek Ideas on Christianity (New York 1957). R. Jolivet, Essai sur les rapports entre la pensée grecque et la pensée chrétienne (Paris 1931, ²1958). W. Krause, Die Stellung der frühchristlichen Autoren zur heidnischen Literatur (Wien 1958). A. Grillmeier, Hellenisierung — Judaisierung des Christentums als Deuteprinzipien der Geschichte des kirchlichen Dogmas. Scholastik 23 (1958). A. H. Armstrong, Christian Faiths and Greek Philosophy (London 1960). W. Jaeger, Early Christianity and Greek Paideia (Cambridge, Mass. 1962, dt. 1963). A. Warkotsch, Antike Philosophie im Urteil der Kirchenväter (1973).

## 2. DIE ANFÄNGE DER PATRISTISCHEN PHILOSOPHIE

Wenn von patristischer Philosophie die Rede ist, darf man nicht wie sonst an die Arbeit der Philosophen denken, die nur Philosophen sind. Die Philosophie der Patristik ist vielmehr eingebettet in die Schriften von Seelsorgern, Predigern, Exegeten, Theologen, Apologeten, die ihre christliche Lehrverkündigung verfolgen, dabei aber, von der Natur der Sache getrieben, mitten darin plötzlich gezwungen sind, Probleme anzuschneiden, die sachlich in die Philosophie gehören und dann natürlich mit philosophischen Methoden angefaßt werden müssen. Hierfür kommen u. a. in Frage:

Männer und Werke

1. Bei den **Griechen:** Aristides aus Athen mit seiner um 140 abgefaßten Schutzschrift für die Christen; Justin, der Philosoph und Martyrer († um 165) mit seinen zwei Apologien und dem Dialog mit dem Juden Tryphon; Clemens von Alexandrien († um 215), der eine Mahnrede an die Heiden schreibt (Protreptikos), eine Einführung in das Christentum (Paidagogos) und ein „Sammelwerk wahrer Philosophie" (Stromateis); Origenes († 253), von dessen Werken für die Philosophie in erster Linie De principiis wichtig ist und die Schrift gegen Celsus; die drei Kappadokier: Gregor von Nazianz († um 390), von dem wir Reden, Briefe und Gedichte haben, Basilius der Große († 379), der in den Homilien zum Sechstagewerk das christliche Weltbild zeichnet, und sein Bruder Gregor von Nyssa († 394), der in seiner großen Katechese, seinem Dialog mit Makrina über Seele und Auferstehung und seinem Buch über die Schöpfung des Menschen die Lehre von Gott, dem Menschen, der Seele und Unsterblichkeit vorträgt; ferner Nemesius von Emesa, der um 400 eine christliche Anthropologie schreibt (Περὶ φύσεως ἀνθρώπου), die unter dem Namen des Gregor von Nyssa überliefert ist; und schließlich christliche Gnostiker des 2. und 3. Jahrhunderts wie Basilides, Valentin, Mani, Kerinth, Marcion, die sich um eine Philosophie des christlichen Glaubens bemühen, bei denen man aber auch eine Art Lebens- und Existenzphilosophie finden will.

2. Bei den **Lateinern:** Tertullian († nach 213), der die Philosophie bekämpft und doch wieder benützt in seinem Apologeticum, in De praescriptione haereticorum und der Schrift über die Seele; Minucius Felix, der in seinem Octavius (unmittelbar vor oder nach Tertullians Apologetik) den christlichen Monotheismus gegen den heidnischen Polytheismus verteidigt; Arnobius, der 303 sich ebenfalls mit philosophischen Gründen gegen die Heiden wendet (Adversus gentes) und dabei stark von Clemens von Alexandrien und dem Neuplatoniker Cornelius Labeo beeinflußt ist; Laktanz, der 304 in seinem ganz philosophisch gehaltenen Werk De opificio mundi eine Fülle anatomischer, physiologischer und psychologischer Lehren vorträgt; etwas später dann die neuplatonisch orientierten Schriftsteller: Chalcidius (Anfang des 4. Jahrhunderts) mit seinem Timaioskommentar, der bis zum 12. Jahrhundert dem Mittelalter eine der ersten Quellen griechischer Philosophie bedeutet, da sich in ihm alles ein Stelldichein gibt, was in der Antike lebendig war: Platon und der Neuplatonismus, Theorien des Aristoteles, Philon, Numenios, Texte aus Chrysipp, Kleanthes, griechischen Ärzten, ionischen Naturphilosophen, den Eleaten und vorsokratischen

Atomisten; Marius Victorinus, der gegen 350 neben neuplatonischen Schriften auch die Kategorien und Perihermeneias des Aristoteles sowie die Einleitung des Porphyrios übersetzt; Macrobius mit seinem Kommentar zum Somnium Scipionis (um 400), der dem Mittelalter die neuplatonische Emanationslehre vermittelt und andere Theorien dieser Denkrichtung, wie z. B. die Stellung des Guten und des Lichtes zum Sein, die Verbannung der Seele in den Leib, die Aufgabe ihrer Befreiung auf dem Wege der Reinigung und Einigung in der vita contemplativa; und schließlich Martianus Capella, der in De nuptiis Mercurii et philologiae (um 430) dem Mittelalter eine Art Enzyklopädie schenkte, die insbesondere die antike Lehre über die sieben freien Künste herüberrettete.

Literatur

O. Bardenhewer, Geschichte der altchristl. Literatur. 5 Bde. (1902—32). B. Altaner, Patrologie (1938, [5]1958). J. Quasten Patrology (Utrecht 1950 ff.). H. Eibl, Augustin und die Patristik (1923). Macrobius, Commentary on the Dream of Scipio. Transl. with an Introduction and Notes by W. H. Stahl (New York 1952). H. Meyer, Geschichte der abendländischen Weltanschauung 2./3. ([2]1953). H. A. Wolfson, The Philosophy of the Church Fathers (Cambridge, Mass. 1956). Studia patristica. Proceedings of the 2nd International Conference on Patristic Studies, Oxford 1955. 2 Bde. Herausgeg. von K. Aland und F. L. Cross. In: Texte und Unters. zur Geschichte der altchristlichen Literatur (1957). — Bibliographia patristica. Herausgeg. von W. Schneemelcher (1959 ff.).

Die Fragepunkte, um die sich, wie um Kristallisationskerne, die patristische Philosophie mehr und mehr konzentriert, sind das Verhältnis von Glauben und Wissen, die Gotteserkenntnis, Wesen und Wirken Gottes, der Logos, die Schöpfung, der Mensch, die Seele, die sittliche Ordnung.

a) Glaube und Wissen

α) Alte Anschauung

Glaube und Wissen war mehr ein axiologisches als ein logisches Problem. Das Neuheitserlebnis des Christentums wie überhaupt die grundsätzliche Haltung des Christentums als eines neuen Lebensstils brachten es von selbst mit sich, daß dieser Glaube gegenüber dem Wissen so sehr überbewertet wurde, daß er es zu absorbieren drohte. Das Wissen sei nur der Anfang, der Glaube aber der eigentliche Weg und die Vollendung. Der göttliche Logos schließt den philosophischen Logos ein, so daß, wie oft erklärt wurde, die Christen sehr wohl, ja sogar im eigentlichen Sinne, Philosophen genannt werden könnten (Justin). Die Christen besäßen eben die Weisheit, um die sich die heidnischen Philosophen vergeblich mühten. Und um die Behauptung auch äußerlich zu stützen, spricht man das Wort Philons nach, daß die griechischen Philosophen das alte Testament gekannt hätten und Platon ein attisch sprechender Moses sei. Man sieht, logisch-erkenntnistheoretisch besteht zwischen Glauben und Wissen gar kein prinzipieller Unterschied. „Eine reinliche Scheidung von Glauben und Wissen ist der ganzen Patristik, auch Augustin, fremd ... Man wollte gar keine solche Trennung mehr, man hielt sie nicht mehr für gut und für den christlichen Glauben nicht mehr für möglich" (H. Meyer). Nur dem Grade nach besteht eine sehr fühlbare Zäsur, so wie sie eben besteht zwischen dem Vollkommenen und dem Unvollkommenen. Immerhin, Augustinus fragt, was früher sei, das Wissen oder der Glaube, und antwortet: An sich gehe der Glaube voran, weil er unser Herz vorbereiten müsse, einst das zu erkennen, was wir jetzt noch nicht begreifen. Soweit allerdings die menschliche Vernunft einsieht, daß dem so gut sei, gehe doch das Denken dem Glauben ein klein wenig voran (quantulacumque ratio); und schließlich auch insofern noch, als wir nicht glauben könnten, wenn wir nicht einen denkenden Geist (nisi rationales animas haberemus) hätten (Epist. 120, Kap. 1. PL 33, 453). Das hatte zur Folge, daß einerseits die Erhabenheit des geoffenbarten Glaubens bewahrt, andererseits aber doch die Möglichkeit nicht verbaut wurde für eine kommende Glaubenswissenschaft. Es konnte so eine negative und eine positive Theologie entstehen. Jene scharfe logische Scheidung, die in Kants Wort liegt: „Ich mußte also das Wissen aufheben, um zum Glauben Platz zu bekommen", stand hier noch nicht zur Erörterung. Der innere Mensch ist noch nicht aufgespalten in Rationalität hier und Irrationalität dort. Glaube ist hier auch noch Denken, cum assensu cogitare, wie Augustinus sagen wird; aber ein Denken, das aus anderen Quellen schöpft. Die neuzeitliche philosophische Problematik ist damit wohl angelegt, aber sie ist noch verschlossen. Nur innerhalb der Gnosis, die in vieler Hinsicht moderne Züge trägt, hat man den Eindruck, daß sie am Aufbrechen ist.

β) Moderne Anschauung

b) Gotteserkenntnis

Sehr nahe lag natürlich die Reflexion über die Grundlagen und Möglichkeiten der Gotteserkenntnis. Das Stichwort auf diesem Gebiet gibt Paulus Röm. 1, 19 mit seinem Satz, daß der Mensch die Existenz Gottes erkennen könne, nicht nur aus dem Glauben, sondern auch „von Natur". Die stoische Philosophie mit ihrer Lehre von den allgemeinen Grundbegriffen liefert dazu die nötige philosophische Terminologie. Justin schon übernimmt sie, ebenso Clemens v. A., und auch die Kappadokier kennen den sensus communis, der angesichts der Ordnung und Schönheit der Welt mit Selbstverständlichkeit die Idee des göttlichen Weltbaumeisters als der Ursache dieser Harmonie konzipiere. Teleologische und kausale Ideen führen somit zur Annahme der Existenz Gottes.

c) Wesen Gottes

Was das Wesen Gottes angeht, so wird von Anfang an betont, daß wir Gott mehr kennzeichnen durch Angabe dessen, was er nicht ist (negative Theologie), als dessen, was er ist. Sehr früh also philosophiert man bereits über die Möglichkeit einer Anwendung unserer in der Erfahrungswelt gefundenen Begriffe auf Gott. Man sieht seine Transzendenz und sieht sie besonders mit neuplatonischen Augen, wie sich bei Clemens zeigt, der Gott das Eine heißt, aber gleichzeitig versichert, daß er jenseits des Einen und der Eins liege. Tertullian allerdings hatte Schwierigkeiten, Gott sich anders denn materiell vorzustellen. Er sei zwar Geist, aber ist nicht alle Wirklichkeit, so fragt er mit den Stoikern, letztlich doch irgendwie materieller Natur? Auch die Manichäer sehen in ihm etwas Materielles, nämlich einen Lichtkörper, eine Anschauung, die auch Augustinus in seiner Jugend geteilt hatte. Aber schon Origenes beseitigt diese Schwierigkeiten mit dem Hinweis, daß der ewige Gott nicht veränderlich ist wie die Körperwelt, daß er als Geist und als unausgedehnt nicht an den Raum gebunden und deswegen auch unteilbar ist und darum überhaupt nicht körperlicher Natur sein könne. Bei den Kappadokiern ist die Immaterialität und Transzendenz Gottes bereits gesichertes Lehrgut und wird auf das bestimmteste festgehalten. Sehr früh zeigt sich auch, trotz der negativen Theologie, eine Reihe weiterer bestimmter Aussagen, die Erkenntnis der Einzigkeit Gottes, seiner Ewigkeit, Absolutheit, Unermeßlichkeit, Allmacht. Für letzteres merkt Origenes bereits an, daß sie nicht auf Häßliches, Ungerechtes und Böses sich beziehen könne; auch nicht auf das, was gegen die Natur ist, sondern auf das, was über die Natur hinausgeht.

### d) Schöpfung

Ein besonderes, spezifisch christliches Problem ist der Schöpfungsbegriff. Es wird aktuell mit dem Schöpfungsbericht der Bibel. Wie soll man sich ihn philosophisch zurechtlegen? α) Ideen Clemens sieht, wieder unter platonischem Einfluß, daß der Schöpfung vorbildliche Ideen zugrunde liegen und sie die Realisierung eines mundus intelligibilis bedeute. Anders aber als Platon und der Neuplatonismus das taten, führt er entsprechend der Bibel den Begriff einer Schöpfung aus dem Nichts ein, die auf Grund eines göttlichen Willensaktes in β) Zeit der Zeit erfolgt sei. Aber gerade dieses Zeitmoment bereitet jetzt Schwierigkeiten und man schwankt. Bald nimmt man eine ewige Schöpfung an, aber nur, was den Willensakt selbst angeht, während seine Realisierung in der Zeit liege (Clemens); bald ist nicht nur der Willensakt, sondern auch die Welt selbst ewig in dem Sinne, daß immer wieder andere Welten kommen und gehen von Ewigkeit zu Ewigkeit (Origenes), wobei offenkundig Aristoteles nachwirkt; bald auch läßt man die Zeit erst entstehen mit dieser unserer Welt, während der Schöpfungsakt selbst zeitlos ist und so einerseits Welten einbegreifen kann wie jene der unsinnlichen Wesen, die mit der Zeit nichts zu tun haben, andererseits unsere Zeit in der Zeitlosigkeit setzt, da man die Zeit nicht wieder in der Zeit anfangen lassen kann, ohne γ) Das Nichts ins Unendliche zurückgehen zu müssen (Basilius). Kein Schwanken aber gibt es bezüglich der Schöpfung aus dem Nichts. Schon bei Origenes ist es so weit, daß er nachweist, daß die Schöpfung aus nichts erfolgen mußte, im Gegensatz zur herkömmlichen Haltung der ganzen griechischen Philosophie, womit nun ein für das gesamte christliche Denken spezifisches und bleibendes Philosophem vorgetragen wird. δ) Simultanschöpfung Typisch ist auch der Gedanke der Simultanschöpfung, wonach Gott, trotz des biblischen Berichtes über das Sechstagewerk, die Welt doch auf einmal in der ganzen Breite ihres Formenreichtums geschaffen habe, eine Überzeugung, die der idealistischen Morphologie, die mit dem Platonismus und seiner Lehre von der Ewigkeit der Formen gegeben ist, wo Werden und Entwicklung ja nie eigentliches Neuwerden, sondern immer nur Realisierung je schon vorhandener Formen ist, von selbst sich zugesellen mußte und die denn auch bezeichnenderweise bei Clemens, Origenes, Basilius, Gregor von Nyssa und Augustinus sich findet, den Denkern also, die dem Platonismus besonders nahestanden.

e) Logos

In Zusammenhang mit der Schöpfungslehre steht in dieser Zeit immer die Logos-Idee. Alle Welt redete damals vom Logos, so daß man schon fast von einem Schlagwort sprechen könnte. Schon in der heidnischen Philosophie war dem so, Philon verstärkte diese Manier, und seit Johannes der Evangelist seine Botschaft vom Sohne Gottes der hellenistischen Welt mit diesem Begriffe mundgerecht gemacht hatte, war diese Idee geradezu sanktioniert worden. Es sind im wesentlichen folgende Gedanken, die mit dem Logosbegriff verbunden werden. Einmal ist der Logos die Summe von Ideen, mit denen Gott sich selbst denkt. Schon bei Philon waren die Ideen, die in der genuinen platonischen Philosophie eine Welt objektiver, in sich selbst ruhender unpersönlicher Wahrheiten waren, zu Gedanken eines persönlichen Gottes geworden. Jetzt spiegeln sie das ganze Wesen Gottes wider, und darin liegt ihr Ursprung. Der Logos ist die ewige Weisheit Gottes, in der er sich selbst denkt, ist das Wort, durch das er sich selbst ausspricht, ist darum wie ein Sohn Gottes, in dem er sich selbst noch einmal setzt. Der Logos steht aber auch in Beziehung zur Schöpfung. Er ist ihr Urbild, ihre Ordnung und ihr Strukturgesetz. Wie im Timaios die Welt vom Demiurgen geschaffen wird im Hinblick auf die ewigen Ideen, so wird auch hier durch den Logos alles geschaffen, was geschaffen ist. Was es an Geist und Gesetz in der Welt gibt, kommt von ihm. Darum ist die Welt nicht ganz Gott fremd, im Gegenteil, sie ist der Abglanz Gottes und man kann sie nun deuten als seine Fußspur und einen Weg zu Gott zurück. Der Logos überbrückt die Kluft zwischen Welt und Gott, so wie die neuplatonischen Zwischen-

α) Logos und Gott

β) Logos und Welt

γ) Logos und Mensch

wesen das schon wollten. In einer dritten Hinsicht wird der Logos bedeutsam für den Menschen. Er ist auch für ihn das geistig-ideelle Urbild, das sittliche Sollensmaß, das den Menschen erhebt über das Nurweltliche und Allzumenschliche und ihn mit Gott verbindet. Alle spätere Lehre vom Göttlichen im Menschen, vom Seelenfünklein und dem Gewissen als einem göttlichen Richtmaß ist sachlich hier schon angelegt.

δ) Logos und Werden

Und schließlich bedeutet die Logos-Idee den Ansatz zu einer Entwicklungstheorie. Die Inhalte des Logos sind keimartige Anlagen (λόγοι σπερματικοί), wie die Stoiker schon sagten. Darum sind nach Justin viele Wahrheiten des Christentums in der heidnischen Philosophie schon da. Im Christentum seien diese Keime zur vollen Entwicklung gekommen, aber im Grunde sind sie immer schon vorhanden, so daß man auch die heidnischen Philosophen Christen heißen kann, womit der Logos wieder seine verbindende Rolle erweist. Aber nicht nur in der geistesgeschichtlichen, sondern in aller Entwicklung zeichnet der Logos den Grundriß des Voranschreitens. „Er enthält in sich die Anfänge und Formen und Ordnungen aller Kreatur", sagt Origenes (De princ. I 22). Und da der Logos bei ihm nichts anderes ist als die zweite Person in Gott, zeigt sich, daß Origenes schon den Grund gelegt hat für jene berühmte Lex-aeterna-Lehre, die durch Augustinus Gemeingut des christlichen Denkens geworden ist.

### f) Mensch

Ein besonderes Augenmerk widmet die patristische Philosophie dem Menschen. Nemesius, De nat. hom. (Migne, Patr. gr. 40, 532 ff.), faßt in einem knappen Panegyricus das Wesentliche zusammen.

α) Königliches Wesen

Der Mensch ist ein königliches Geschöpf. Im Stufenbau des Seins, das sich Gregor von Nyssa und Nemesius geschichtet denken in die Reiche der toten Körper, der Pflanzen, Tiere und Menschen, steht er obenan. Nur die Engel noch überragen ihn. Der Mensch vollendet die sichtbare Welt, indem er alles andere unter ihm auch wieder in sich einschließt und so eine Welt im kleinen ist. Er ist geschaffen nach dem Bilde Gottes; denn infolge seiner Teilhabe am Logos ist er mit dem Geiste Gottes verwandt,

β) Mittelwesen

so daß er aus sich selbst heraus das göttliche Wesen in etwa verstehen kann, besonders wenn er sich vom Fleische löst und ganz dem Geiste lebt. Er reicht also noch in eine höhere Welt hinein und steht somit als ein Mittleres zwischen Sinnlichem und Geistigem. Ebenso sieht man aber auch seine Mittelstellung zwischen Gut und Böse. Der Mensch kann wählen zwischen der sinnlich-irdischen und der übersinnlich-geistigen Welt, so daß er entweder zur Erde zurückfällt oder „himmlischer Mensch" wird. Eben darum ist der Mensch frei (αὐτεξούσιος), besitzt Selbstbestimmung und ist an sich keiner Macht dienstbar. „Keiner ist von Natur aus, in der Gott zuerst den Menschen erschaffen hat, Sklave eines Menschen oder einer Sünde" (Augustinus, De civ. Dei XIX, 15). Daß die Freiheit auch zum Bösen mißbraucht werden kann, erklärt Origenes und im Anschluß an ihn auch Gregor von Nyssa aus dem Wesen der Geschöpflichkeit. Während Gott das Sein aus sich selbst besitzt, darum notwendig und unveränderlich ist, haben die geschaffenen Geister einen Anfang und sind darum wandelbar. In dieser, in der Kontingenz des Geschöpflichen liegenden Wandelbarkeit haben wir den metaphysischen Grund des Bösen vor uns. Offenkundig von der Bibel beeinflußt ist die weitere, seit Origenes immer wieder vorgetragene Lehre, daß die Sterblichkeit des Menschen und auch seine Geschlechtlichkeit eine Folge der Sünde seien.

γ) Freiheit

g) Seele

Am Menschen interessiert wieder besonders die Seele. Der Mensch ist ja für die Patristik überhaupt in erster Linie Seele. Aber was ist Seele? Tertullian hatte noch Schwierigkeiten, sie sich anders denn als Körper zu denken, wenn auch von besonders feiner Qualität. Maßgebend hierfür waren stoische Reminiszenzen und dazu die Überlegung, wie denn sonst die Sinnesempfindung, die doch körperlicher Natur ist, auf die Seele wirken könne? Aber bei Origenes steht schon ganz klar, daß die Seele Geist ist, sie ist ja gottverwandt. Und Gregor von Nyssa beweist bereits die Immaterialität der Seele, und zwar aus dem Sinnen und Planen des Menschen, das doch geistige Tätigkeit sei, so daß auch der Sitz dieser Tätigkeit, der Nous, immateriell sein müsse. Stärker als in der griechischen Philosophie wird die Einheit, Individualität und Substanzialität betont. „Die Seele ist eine geschaffene, lebendige, vernünftige Substanz, die dem

α) Wesen

αα) Körper oder Geist?

ββ) Substanz oder Form?

organischen und empfindungsfähigen Körper durch sich Lebens- und Wahrnehmungskraft verleiht, solange als die hierzu fähige Natur Bestand hat" (Gregor von Nyssa, Makr. 29 B). Nemesius stellt sich darum nicht nur gegen die Abspaltung eines vegetativen und sensitiven Seelenteils, die doch nur Potenzen der einen Vernunftseele seien, nicht aber schon von sich aus das Lebensprinzip darstellten, wie Platon und Aristoteles meinen, sondern ist auch gegen die aristotelische Bezeichnung der Seele als Entelechie, weil sie damit nur eine Qualität oder Form am Körper wäre, aber nicht etwas selbständig für sich Bestehendes (De nat. h. 564). Eine scharfsinnige Beobachtung! Es war ja tatsächlich innerhalb des Peripatos Aristoteles dahin gedeutet worden, daß er gar nicht an eine substanziale Seele gedacht hätte, wie wir schon sahen. „Wir müssen unserem Kritiker zugestehen, daß er, wie kaum ein anderer christlicher Denker, die Schwäche des aristotelischen Seelenbegriffes entdeckt und die Unvereinbarkeit mit der christlichen Auffassung empfunden hat" (Gilson-Böhner). Man fühlt deutlich, wie für das christliche Denken die Seele mehr ist als nur Form, und wenn sie später doch wieder als Form des Leibes bezeichnet wird, dann wird dieser Begriff jetzt substantieller gedacht, als es noch bei Aristoteles der Fall war. Er wird wieder mehr in der Richtung des platonischen Eidos verstanden, das auch allein schon Substanz sein kann. Es wäre der näheren Untersuchung wert, wie diese Umbildung des Formbegriffs im Zusammenhang mit der Seelenlehre auf das Mittelalter Einfluß genommen hat.

γγ) Leib und Seele

Mit der Substanzialisierung der Seele steigert sich aber jetzt die Schwierigkeit, ihr Verhältnis zum Leib ins reine zu bringen. Wie kann hier die Einheit noch gewahrt werden? Man möchte den mit jeder Annäherung an den Platonismus sich einstellenden Dualismus gerne vermeiden. Daß die Seele zur Strafe im Leibe sei für ihren Sündenfall, wie das Origenes noch angenommen hatte, will man bald nicht mehr wahrhaben. Dieser Pessimismus paßt gar nicht zur christlichen Lehre, wonach auch alles Leibliche von Gott geschaffen ist. Die Seele soll auch den Leib nicht bloß wie ein Gewand besitzen, meint Nemesius; denn da hätten wir wieder keine wahre Einheit. Wenn er aber dann, ähnlich wie Gregor, den Leib ein Instrument der Seele sein läßt und glaubt, daß sich die Seele dem Leibe zuneige wie der

Liebende der Geliebten, hält sich der Dualismus dennoch wieder. Das ist Platon und der junge Aristoteles.

Besondere Schwierigkeiten bereitete die Frage nach der Entstehung der Seele. Man tastet unsicher nach verschiedenen Richtungen hin. Bald neigt man sich dem Generatianismus oder Traduzianismus zu, wonach die Seele von den Eltern gezeugt wird und Ableger (tradux) ihres Lebens ist (Tertullian, Gregor von Nyssa), bald entschied man sich für den Kreatianismus, wonach die Seele von Gott eigens geschaffen wird (Clemens, Laktanz, Hilarius und die Mehrzahl der Väter), bald auch hielt man an der Praeexistenz fest und vereinigte diese Annahme mit dem Kreatianismus, indem man die Seele von Ewigkeit her geschaffen sein ließ (Origenes, Nemesius). β) Entstehung

Klarheit bestand von Anfang an über die Unsterblichkeit, worin sich wieder die christliche Einstellung sehr bestimmt gegenüber der alten Philosophie zur Geltung brachte, insofern diese Unsterblichkeit unbedingt eine individuelle ist und man sich nicht mehr bloß mit einem allgemeinen göttlichen Nous zufrieden gibt. γ) Unsterblichkeit

h) Sittlichkeit

Nirgends aber konnte die Synthese zwischen Griechentum und Christentum leichter gefunden werden als in der Ethik, wo Platonismus und Stoa geradezu als Vorstufen christlicher Sittlichkeit auftreten. Verähnlichung mit Gott fordert Platon. Das Gleiche fordert auch die Schrift: Seid vollkommen, wie euer Vater im Himmel vollkommen ist! Man greift denn auch sofort in der philosophischen Begründung der Ethik auf ein platonisches Motiv zurück: Der Weg des Menschen ist vorgezeichnet im Logos. Es ist natürlich jetzt der göttliche Logos. „Es gibt keinen anderen Logos als Christus, den Gotteslogos, der beim Vater ist und durch den alles gemacht ist, und es gibt kein anderes Leben als den Sohn Gottes, der sagt: Ich bin der Weg, die Wahrheit und das Leben" (Origenes). Clemens schreibt, daß die stoische Moralformel der „rechten Vernunft" nichts anderes meine als den göttlichen Logos; er ist die Naturordnung, mit der wir übereinzustimmen haben. Und wenn Gregor von Nyssa die Lebensaufgabe des Menschen darin erblickt, am Urbild alles Guten, an Gott, teilzuhaben, was damit möglich werde, daß der menschliche α) Das Gute

Geist alle Güter enthalte, die dem göttlichen Geist eigen sind, wenn auch nur im Abbild, so wie die Sonne sich im Glase spiegelt, so scheint damit der Platonismus unverkennbar auf. Wie sehr aber stoische Philosophie im einzelnen zum praktischen Ausbau der christlichen Moral beigetragen hat, ist bekannt. Daß mit der Berufung auf die Natur oder Vernunft des Menschen das objektive Sittengesetz noch nicht eindeutig festgelegt ist, hat Laktanz gesehen. Nur wenn es sich um die bessere Natur handelt, jene Natur, die uns durch Wertgefühl und Gewissen notifiziert wird, kann man im naturgemäßen Leben das sittlich Gute erblicken. Darauf war man allerdings auch in der Stoa schon gestoßen. Bereits Epiktet kennt den Gewissensbegriff (Syneidesis); ebenso auch Philon; und Cicero hatte den Terminus conscientia eingeführt. Seneca hat darüber vielfach gehandelt. Von der stoischen Popularphilosophie übernimmt den Begriff auch Paulus. Und nun wird unter dem Einfluß dieser Anregungen von den Kirchenvätern dem Gewissen in der Moral eine beherrschende Stellung eingeräumt. Es ist der subjektive Ausdruck des objektiven Naturgesetzes und damit zugleich die Meinung Gottes: „In allen Dingen lasse ich mich beraten von der Vernunft und dem Richterspruche Gottes. Von ihm werde ich oft überführt, auch wenn mich niemand anklagt, und ich werde freigesprochen, wenn mich viele verurteilen. Diesem Gerichtshof, der seinen Sitz in unserem Innern hat, kann niemand entfliehen; auf ihn sollen wir achten und so den rechten Lebensweg einschlagen“ (Gregor von Nazianz).

β) Das Gewissen

Literatur

H. Leisegang, Gnosis (1924). W. Völker, Das Vollkommenheitsideal des Origenes (1931). E. Benz, Marius Victorinus u. die Entstehung der abendländischen Willensmetaphysik (1932). P. Henry, Plotin et l'Occident. Firmicus Maternus, Marius Victorinus, St. Augustin et Macrobe (Louvain 1934). R. Cadiou, La jeunesse d'Origène (Paris 1935). S. Pétrement, Le dualisme chez Platon, les Gnostiques et les Manichéens (Paris 1947). J. Daniélou, Origène (Paris 1948). P. Courcelle, Les Lettres grecques en Occident (s. u. S. 376). H. Merki, Homoiosis Theo. Von der platonischen Angleichung an Gott zur Gottähnlichkeit bei Gregor von Nyssa (Fribourg 1952). J. Daniélou, Platonisme et théologie mystique (Paris 1954). W. Völker, Der wahre Gnostiker nach Clemens Alexandrinus (1952). Ders., Gregor von

Nyssa als Mystiker (1955). C. Andresen, Logos und Nomos. Die Polemik des Kelsos wider das Christentum (1955). E. F. Osborn, The Philosophy of Clement of Alexandria (New York 1957). E. v. Ivánka, Plato christianus. Übernahme und Umgestaltung des Platonismus durch die Väter (1964). P. Hadot, Christlicher Platonismus; die theolog. Schriften des Marius Victorinus (1969).

## 3. AUGUSTINUS

## DER LEHRER DES ABENDLANDES

Augustinus ist die Patristik. „Der patristische Einfluß auf die mittelalterliche Philosophie ist gleichbedeutend mit dem Fortleben und Fortwirken Augustins im Mittelalter" (Grabmann). Daß man ihn den Lehrer des Abendlandes nennen konnte, zeigt, daß er auch über das Mittelalter noch hinausreicht. Er ist eine der Säulen der christlichen Philosophie aller Zeiten. „Mit Augustinus erreichen wir den Höhepunkt der patristischen und vielleicht der ganzen christlichen Philosophie" (Gilson-Böhner).

### Leben

Mehr als sonst ist bei Augustinus das menschliche Naturell wichtig für das Verständnis seines Denkens. Immer wieder verrät sich das Temperament seines punischen Blutes, die Stärke seines römischen Willens und vor allem die Größe seines Herzens, dem nichts Menschliches fremd ist, das aber nie stehenbleibt im nur Allzumenschlichen.

Augustinus ist 354 zu Thagaste in Nordafrika geboren als Sohn eines heidnischen Vaters und einer christlichen Mutter. Dem Geist und den Sitten seiner Zeit verfallen, verbringt er eine bewegte Jugend. Während er aber als Student der Rhetorik in Karthago weilt, so erzählt er uns später (Conf. III, 4, 7), „kam das Buch eines gewissen Cicero in meine Hände ... das den Titel Hortensius führte und die Aufforderung enthielt, sich der Philosophie hinzugeben. Das Buch verwandelte die Gesinnung meines Herzens und richtete auf dich, Herr, meine Gebete und änderte mein Verlangen und meine Wünsche. Plötzlich welkten mir alle eitlen Hoffnungen, mit unglaublicher Glut des Herzens begehrte ich nach unsterblicher Weisheit, und ich begann, mich zu erheben, um zu dir zurückzukehren ... Wie brannte ich, mein Gott, wie brannte ich, das Irdische zu verlassen und zu dir zurückzufliehen ... denn es steht geschrieben: ‚Bei dir ist Weisheit.' Liebe zur Weisheit aber ist, was der griechische Name Philosophie bedeutet. Zu ihr hatte jenes Buch mich entflammt." Das kann 372 gewesen sein. Aber Augustins Entwicklung entspricht zunächst nicht dieser Philosophie. Er gerät zur selben Zeit in den Bannkreis des Manichäismus und bleibt bis zu seinem 28. Lebensjahr in diesem Denken hängen, das aus Persien in das Römische Reich gekommen war, sich als christliche Sekte gab, tatsächlich aber mehr heidnische Religion war. Augustinus hat lange mit ihren Grundvorstellungen gerungen: Gegensatz zweier kosmischer Prinzipien (Licht und Dunkel, Gott und Materie), Christus, der Erlöser, eine Art Weltseele, aber keine Person, und der Mensch wiederum ausgeliefert an kosmische Mächte, damit auch an das Böse, das eine Substanz ist und die Freiheit aufhebt. Bald nach Abschluß seiner Studien hatte sich Augustinus zuerst kurz in Thagaste und dann (375—383) in Karthago als Redelehrer niedergelassen. In Karthago war es auch noch, wo er allmählich vom Manichäismus freikam, allerdings ohne zunächst einen neuen festen Standpunkt zu finden, sondern jetzt einem Skeptizismus zugetan, wie ihn Cicero und die Neuere Akademie vertraten. Als er aber über Rom, wo er ab 383 auch Redelehrer ist — er bleibt zeitlebens Rhetor, und man darf diesen Umstand bei der Interpretation seiner Aussprüche nicht übersehen —, nach Mailand kommt (384) und die „Schriften der Platoniker" kennenlernt (Conf. VII, 9, 13; 20, 26. De beata vita 4), geht ihm die Einsicht auf, daß es außer der körperlichen noch eine ideale Welt gibt, und er sieht nun gegenüber den Manichäern ein, daß insbesondere Gott unkörperlich sein müsse. Und als er vollends durch die Reden des Ambrosius näher vertraut wird mit der Geistigkeit des Christentums, erlebt er einen fundamentalen inneren Umschwung. Er zieht sich nun (386) mit einigen Freunden auf das Landgut Cassiciacum bei Mailand zurück, überdenkt die neue Gedankenwelt, schreibt seine Erkenntnisse in einer Reihe von Werken nieder, ordnet sein Leben und läßt sich 387 von Ambrosius taufen. Ein Jahr darauf kehrt er nach Thagaste zurück und gründet in seinem Haus eine Art Kloster. Seine Zeit ist ausgefüllt mit schriftstellerischer Tätigkeit, insbesondere durch die geistige Auseinandersetzung mit dem Manichäismus. Hierbei entsteht auch seine Schrift über die Willensfreiheit. 391 wird er Priester, 395 Bischof von Hippo. Fast unerschöpflich ist seine schriftstellerische Fruchtbarkeit. Als die Vandalen seine Bischofsstadt belagern, hat er noch die Feder in der Hand, und nachdem nach seinem Tod (430) auch das weströmische Reich untergegangen und von den Vandalen nichts mehr übrig ist als Ruinen, lebt sein Werk unsterblich fort, für immer eine Quelle ersten Ranges für den philosophischen und religiösen Geist des Abendlandes.

Werke

Für die Philosophie sind besonders wichtig:

a) aus den Frühschriften: Contra Academicos (386), eine Auseinandersetzung mit dem Skeptizismus der Neueren Akademie. De beata vita (386), eine Behandlung des alten Eudämonieproblems. De ordine (386), über die Ordnung der Dinge und das Böse. Soliloquia (386—387), Selbstgespräche über Erkennen, Wahrheit, Weisheit, Unsterblichkeit. De immortalitate animae (387), über die Unsterblichkeit der Seele. De animae quantitate (387 bis 388), über die Größe der Seele. De libero arbitrio (388—395), über Willensfreiheit und Ursprung des Bösen. De diversis quaestionibus 83 (388—395), über eine ganze Reihe biblischer, theologischer und philosophischer Fragen. De magistro (389), über das Lehren und Lernen. De vera religione (391), eine Abhandlung über die wahre Religion, besonders aber über Glaube und Wissen.

b) aus den späteren Werken: Confessiones (397—401), seine Bekenntnisse. De Trinitate (400—416), ein größeres Werk über das Verhältnis von Vernunft und Offenbarung und zugleich ein Versuch, mit Hilfe einer Innenschau des menschlichen Geistes den dreifaltigen göttlichen Geist zu denken. De civitate Dei (413 bis 426), die 22 Bücher von Augustins Hauptwerk über den Gottesstaat, das seine Auseinandersetzung mit dem untergehenden Römerreich und zugleich seine Philosophie der Weltgeschichte enthält.

Ausgaben:

Die beste Gesamtausgabe ist noch immer die berühmte Mauriner-Ausgabe in 11 Bänden (Paris 1679—1700). Sie ist nachgedruckt bei Migne, PL 32—47. Vieles in sehr guten neuen kritischen Ausgaben im Corpus scriptorum ecclesiasticorum latinorum (Wien 1887 ff.) und im Corpus Christianorum (Turnholti 1953 ff.). Eine handliche Ausgabe mit französischer Übersetzung, Einleitungen und Anmerkungen bietet: F. Cayré, Bibliothèque Augustinienne, Œuvres de Saint Augustin (Paris 1936 ff.). Ausgabe mit spanischer Übersetzung: San Agustín, Obras en edición bilingue. 17 Bde. (Madrid [3]1957/58).

Deutsche Übersetzungen: Bibliothek der Kirchenväter (Kösel). Aurelius Augustinus' Werke in deutscher Sprache, 1. Abtl.: C. J. Perl, Die frühen Werke des hl. Augustinus (Schöningh, Paderborn 1950 ff.). Kunzelmann-Zumkeller, Sankt Augustinus. Der Seelsorger. Deutsche Gesamtausgabe seiner moraltheologischen Schriften (Würzburg 1949 ff.). Dieselben, Sankt Augustinus. Deutsche Gesamtausgabe seiner antipelagianischen Schriften (1955).

Literatur

Gg. v. Hertling, Augustin (1902). E. Portalié, Augustin im Dict. de théol. cathol. I (1923). É. Gilson, Der hl. Augustinus. Deutsch von Böhner-Sigge (1930). R. Jolivet, Saint Augustin et le néoplatonisme chrétien (Paris 1932). W. Theiler, Porphyrios und Augustin (1933). P. Henry, Plotin et l'occident (Paris 1934). J. Barion, Plotin und Augustin (1935). H.-I. Marrou, S. Augustin et la fin de la culture antique. 2 Bde. (Paris 1938—49). F. Cayré, Initiation à la philosophie de Saint Augustin (Paris 1947). P. Courcelle, Recherches sur les Confessions de St. Augustin (Paris 1950). Augustinus magister, Congrès internat. Augustinien. 3 Bde. (Paris 1954). G. Huber, Das Sein und das Absolute. Studien z. Gesch. d. ontolog. Problematik der spätantiken Philos. (Basel 1956). M. Testard, Saint Augustin et Cicéron. 2 Bde. (Paris 1958). P. Henry, St. Augustine on Personality (New York 1960). Augustin-Gespräch der Gegenwart. Hrsg. von C. Andresen (1962, $^{2}$1973). Ch. Parma, s. oben S. 302. E. König, Augustinus philosophus. Christl. Glaube und philosophisches Denken (1970).

Bibliographie von Sciacca oben S. 324, bei Altaner, Patrologie, oben S. 335, und bei Andresen. — Spezialzeitschrift: Revue des Études Augustiniennes (Paris 1955 ff.). — Lexikon: T. D. Lenfant, Concordantiae Augustinianae. 2 Bde. (Paris 1656—65, Nachdruck 1963).

## A. WAHRHEIT

Historisch wie systematisch gesehen, ist der erste Ansatzpunkt des augustinischen Denkens die Wahrheit. Gibt es Wahrheit? Wie kommen wir zu ihr? Was ist sie?

### a) Gibt es Wahrheit?

Als Augustinus am Manichäismus irre geworden war, fängt er an, an der Wahrheit überhaupt zu zweifeln. Sollten wir nicht doch lieber zurückhaltend sein in unseren Behauptungen, weil wir sicheres Wissen nicht finden können, weil es solches vielleicht überhaupt nicht gibt, und uns besser nur mit „Meinungen" begnügen, über deren Relativität wir uns klar sind, so wie das die Neuere Akademie mit ihrer Skepsis im Auge hatte, Cicero etwa, der nur ein magnus opinator sein will? Augustinus hat nicht nur in dieser Periode, sondern zeitlebens über das Problem möglicher absoluter Wahrheiten nachgedacht: Contra acad. III, 11; Solil. II, 1, 1; De beata vita II, 7; De lib. arb. II, 3, 7; De vera rel. 39, 72; De Trin. X, 10; De civ. Dei XI, 26. Seine Lösung des Problems mutet modern an. Er geht nicht mehr, wie die antike Philosophie, von transzendenten Wahrheiten aus, sondern von den unmittelbar einsichtigen Tatsachen der Bewußtseinsgegebenheiten, wie das Descartes wieder tun wird. Über das Bewußtseinsjenseitige mag man zweifeln. Aber „wird jemand darüber zweifeln, daß er lebt, sich erinnert, Einsichten hat, will, denkt, weiß und urteilt? Eben wenn er zweifelt, lebt er ... wenn er zweifelt, weiß er, daß er nichts Sicheres weiß; wenn er zweifelt, weiß er, daß er nicht grundlos seine Zustimmung geben darf. Mag also einer auch sonst zweifeln, über was er will, über dieses Zweifeln selbst kann er nicht zweifeln" (De Trin. X , 10). Oder, wie es knapp De civ. Dei XI, 26 heißt: Wenn ich irre, weiß ich, daß ich bin: Si enim fallor, sum. Damit hat Augustinus eine neue Gattung von Wahrheiten entdeckt, die Bewußtseinswahrheiten, und damit glaubt er, den Skeptizismus im Prinzip überwunden zu haben; denn hier wenigstens haben wir, was jener allgemein bestreitet.

b) Wahrheitsbegriff

In dieser Sache setzt nun Augustinus einen bestimmten Begriff von Wahrheit voraus: Wahrheit muß immer notwendig und ewig sein. Freilich, nur für die Wahrheiten über ideale Sachverhalte gilt dies, wie sie uns etwa begegnen in dem Satz, daß $7+3 = 10$ ist. Für jedermann, der Vernunft hat, ist dies ein allgemeingültiger Satz, erklärt er De lib. arb. II, 8, 21 (hanc ergo incorruptibilem numeri veritatem dixi mihi et alicui ratiocinanti esse communem). Anders stünde es mit dem, was man auf Grund der konkreten Sinneswahrnehmung erfährt über diesen oder jenen Körper. Hier wisse man nicht, ob es sich auch in Zukunft so verhalten werde. Wie Platon im Menon und Theaitet kommt also auch er über die Mathematik zu seinem Wahrheitsbegriff im idealen Sinn. Und so hat Augustinus nicht nur Descartes' „Cogito ergo sum" vorweggenommen, sondern auch Humes Theorie über die Geltung der Sinneserfahrung und Leibnizens Unterscheidung von Tatsachen- und Vernunftwahrheiten.

c) Quelle der Wahrheit

α) Sinneserfahrung

Damit berührten wir bereits die Frage nach der Quelle der Wahrheit. Wir verstehen auch sofort, daß sie für Augustinus nicht in der Sinneserfahrung liegen kann. Einmal ist die Körperwelt veränderlich; Heraklits Satz wird nicht nur von Platon, sondern auch von Augustinus gebilligt. Außerdem muß unsere Seele den Sinneswahrnehmungen etwas von sich selbst leihen, damit sie überhaupt zustande kommen können (dat enim eis formandis quiddam substantiae suae: De Trin. X, 5, 7). Die Seele übernimmt die Meldungen der Sinne nicht einfach passiv, sondern wendet ihnen ihre eigene Tätigkeit zu (operationes, actiones: De mus. VI, 5, 10). Die Seele enthält für die Sinnlichkeit in sich selbst Regeln und Ideen (regulae, ideae), die ein Richtmaß dafür sind (mensurare), wie man z.B. an der Idee der Einheit erkennen könne, die man immer braucht, wenn man Sinneserfahrung haben will, die aber nicht aus der Sinnlichkeit abstrahiert ist, weil die Körperwelt gar keine Einheit im echten Sinne darbietet, da jeder Körper unendlich teilbar ist (De lib. arb. II, 8, 22). Und doch brauchen wir das Wissen um das Eine, da wir sonst auch das Viele nicht wahrnehmen und denken können. Deswegen wird die Sinneserfahrung nicht überflüssig, wie sie ja auch bei Platon nicht überflüssig ist. Aber die Entscheidung über die notwendige und ewige Geltung der Wahrheit kommt nicht aus ihr (a. a. O.).

β) Geist

So muß sich Augustinus nach einer anderen Quelle der Wahrheit umsehen. Er findet sie im Geiste des Menschen selbst. „Suche nicht draußen! Kehre in dich selbst zurück! Im Innern des Menschen wohnt die Wahrheit. Und solltest du finden, daß auch deine eigene Natur noch veränderlich ist, dann transzendiere dich selbst" (De vera rel. cap. 39, n. 72). Was aber ist unter Geist jetzt zu verstehen? Die apriorischen Funktionen Kants? Sicher nicht; denn „der Verstand schafft die Wahrheit nicht, sondern findet sie vor" (De vera rel. cap. 39, n. 73). Oder die angeborenen Ideen Platons oder Descartes? Auch das nicht; denn für Augustinus ist der Geist nicht auf sich selbst gestellt, sondern bleibt immer einem Höheren verhaftet: „Was immer der Verstand Wahres festhält, ist nicht ihm zu verdanken" (De serm. Domini in monte II, 9, 32). Der Kirchenvater hat vielmehr eine ganz eigene Meinung.

Er denkt an eine Erleuchtung, durch die von Gott her die Wahrheit dem Geiste eingestrahlt wird (Illuminations- oder Irradiationstheorie). Es handelt sich dabei nicht um eine übernatürliche Erleuchtung, nicht um eine Offenbarung, sondern um etwas Natürliches: Omnis anima rationalis etiam cupiditate caecata, tamen cum cogitat et ratiocinatur, quidquid in ea ratiocinatione verum est, non ei tribuendum est, sed ipsi lumini veritatis, a quo vel tenuiter pro sui capacitate illustratur, ut verum aliquid in ratiocinando sentiat (a. a. O.). Aber was soll das nun wieder heißen? Für das Wort von der Erleuchtung mag die Bibel Anlaß gegeben haben, die Gott als das Licht bezeichnet, das jeden Menschen erleuchtet, der in diese Welt kommt; ebenso aber auch Platon, für den die Idee des Guten, der Sonne gleich, alle Wahrheiten sichtbar werden läßt; und schließlich auch noch Plotin, wie überhaupt die Lichtanalogien des Neuplatonismus. Darum darf man nicht glauben, daß Augustinus in unphilosophischer Weise, etwa nur religiösen Überzeugungen folgend, plötzlich nun in seiner Erkenntnislehre Gott zu Hilfe rufe. Es ist vielmehr jene platonisierende Art des Denkens, die immer hinter allem Unvollkommenen das Vollkommene sieht, was ihn bewegt, und die auch Augustinus hinter allen Einzelwahrheiten, die nur Teilwahrheiten sind, die Wahrheit schlechthin sehen läßt, so wie Platon in allem einzelnen Guten das Gute erblickt. Auch Augustinus nimmt Ideen, Regeln und ewige Urgründe an (ideae, formae, species, rationes aeternae, regulae), die alles Wahrsein ausmachen und grundlegen. In ihrem Licht, einem Licht, das zum angestammten — apriorischen — Besitz des Geistes gehört, begegnen wir der Welt, sehen, denken und verstehen wir sie. Nur sind sie bei ihm nicht mehr dem menschlichen Geist kraft seines Wesens zu eigen, sondern gehören einem noch tieferen Hintergrund an, dem göttlichen Geist. Der bildet jetzt den mundus intelligibilis. Von dort her bewegen sie den menschlichen Geist durch unmittelbare „Einstrahlung": nulla natura interposita, wie er sich nun ausdrückt (De mus. VI, 1, 1). Augustinus hat dafür gerne biblische Worte gebraucht, z. B. De Trin. IV, 2, 4 und De vera relig. 39, 73, wo er sich auf Joh. 1, 9 bezieht; trotzdem ist aus der Erleuchtung kein Theologumenon geworden, sondern der aus der platonischen Wiedererinnerungslehre kommende Grundsinn eines erkenntnistheoreti-

γ) Illuminations-Theorie

schen Apriorismus immer geblieben. Nur dagegen hat er sich schon in De Trin. XII, 15, 24 und dann in den Retract. I, 4, 4 und I, 8, 2 gewendet, daß man aus seinen früheren Äußerungen (Solil. II, 20, 35; De quant. an. XX, 34; Conf. X, 18, 27), die sich zur Wiedererinnerung bekannten, schließe, daß er sich auch zur Seelenwanderung bekenne. Diesen Teil des platonischen Philosophems lehnte er ab. Daß die Seele aber in ihrem Wesen intelligibilis est et connectitur non solum intelligibilibus verum etiam immutabilibus rebus und daß sie alles, quae sola intelligentia capit (wobei sie immer noch Sinneserfahrung beiziehen müsse), recordata respondet, dabei bleibt es auch noch in den Retractationes (I, 8, 2).

δ) Deutungen der Illuminations-Theorie

αα) Ontologistische

Die Deutung der göttlichen Einstrahlung ist aber ziemlich umstritten. Manche Äußerungen Augustins, z. B. die soeben aus De mus. VI, 1, 1 genannte, legen den Ontologismus nahe, d. h. die Lehre, daß unsere Vernunft die Ideen im Geiste Gottes unmittelbar schaue und wir eben damit zu einer notwendigen, unwandelbaren und ewigen Wahrheit kämen (Malebranche, Gioberti, Ubaghs u. a.). Dagegen spricht, daß dann keine Gottesbeweise mehr nötig wären, die aber Augustin ausdrücklich vorträgt; daß auch die Sinneserkenntnis überflüssig wäre, während wir sie nach Augustinus brauchen: „Auch ist unser Geist nicht fähig, diese Dinge bei Gott zu schauen in den ewigen Urgründen: in ipsis rationibus quibus facta sunt“ (De Gen. ad litt. V, 16, 34); daß die unmittelbare Gottesschau für Augustinus nicht diesseitiges, sondern jenseitiges Ziel ist; im Diesseits begegne sie nur in den seltenen Fällen mystischer Gottesschau wie bei Moses oder Paulus. Darum sehen namhafte Augustinuskenner, wie Grabmann, Gilson, Boyer, Jolivet, Cayré, in den ontologistisch klingenden Äußerungen nur Bilder, nicht aber wörtlich zu nehmende Festlegungen.

ββ) Konkordistische

Eine andere Interpretation ist die konkordistische. Sie reduziert die göttliche Erleuchtung auf den intellectus agens, schwächt sie also ab (Zigliara, Lepidi, Ch. Boyer, F. Cayré). Begründet wurde sie durch Thomas von Aquin (S. th. I, 84, 5), der im lumen intellectuale Augustins nur eine andere Formulierung für den intellectus agens sehen wollte, von dem er zu sagen pflegte, daß er die Phantasmen „durchleuchte“ und so zur Quelle der geistigen Wahrheit werde. Dieser intellectus agens habe auch teil am ungeschaffenen Lichte, allerdings so, wie alles Geschaffene teilhat an der alles erhaltenden und überall mitwirkenden ersten Urache. Gegen diese Theorie spricht, wie Portalié richtig bemerkt, daß dann, will man Augustinus gerecht werden, Gott und nicht der Mensch die Rolle des intellectus agens zu übernehmen hat. Die historische Deutung will Augustinus aus sich selbst heraus in geschichtlicher Treue verstehen und geht darum davon aus, daß Augustinus mit dem Begriff der Erleuchtung das Abbild vom Urbild her erklären will, nicht umgekehrt das Höhere vom Niederen aus, wie jede Abstraktionstheorie das tun muß, auch die Lehre vom intellectus agens, wenigstens in der herkömmlichen neuscholastischen Auffassung. Die historische Deutung vertreten u. a. Grabmann, Gilson und Jolivet. Letzterer spricht von einem gemäßigten Intuitionismus bei Augustin. Darum wird man als das Wesentliche festhalten können, daß Augustinus mit der Rede von der göttlichen Erleuchtung einen erkenntnistheoretischen Apriorismus lehren wollte. Er dürfte sich freilich nicht bloß auf die obersten Prinzipien beziehen; denn die ewigen Gründe im Geiste Gottes sind allumfassend. So liegt es in der Richtung seiner allgemeinen platonisierenden Geisteshaltung. In der schriftstellerischen Formulierung aber hat dann Augustinus, immer der temperamentvolle Redner bleibend, etwas stärkere Bilder gewählt, plus dicens et minus volens intelligi, wie Bonaventura von ihm sagte.

γγ) Historische

d) Wesen der Wahrheit

Damit können wir nun auch sagen, was nach Augustinus das Wesen der Wahrheit ist. Im allgemeinen hält man die Wahrheit für eine Urteilseigenschaft und erblickt ihr Wesen in der Übereinstimmung unserer Aussagen mit dem gegenständlichen Sachverhalt (logische Wahrheit). Sie hat Aristoteles im Auge, wenn er, um die mittelalterliche Wiedergabe seiner Anschauung zu zitieren, sagt: „Verum definientes dicimus esse quod est, aut non esse quod non est.“ Augustin kennt diese logische Wahrheit auch, geht in seinen Überlegungen sogar zunächst davon aus. Sie tritt aber dann zurück, um das sichtbar werden zu lassen, was der Grund der Wahrheit ist, die ewigen Ideen im Geiste Gottes. Mit ihnen fällt ihm die Wahrheit zusammen, und sie, die rationes, ideae, species aeternae, machen das eigentliche Wesen der

Wahrheit aus. Und weil diese Ideen Gottes sind, darum kann er auch sagen, Gott ist die Wahrheit. Damit ist aber die Wahrheit etwas Ontologisches geworden: „Die Wahrheit ist das, was ist" (verum est id quod est), wobei das „was ist" nicht mehr die Übereinstimmung des Urteils mit dem Sachverhalt meint, sondern die Urbilder im Geiste Gottes. In ihnen erblickt Augustinus ebenso wie Platon das „in Wahrheit Seiende".

### Literatur

Ch. Boyer, L'idée de la vérité dans la philosophie de St. Augustin (Paris 1920). B. Kählin, Die Erkenntnislehre des hl. Augustinus (Sarnen 1920). M. Grabmann, Der göttliche Grund menschlicher Wahrheitserkenntnis nach Augustinus und Thomas von Aquin (1924). É. Gilson, Pourquoi St. Thomas a critiqué St. Augustin (Paris 1926). J. Hessen, Augustins Metaphysik der Erkenntnis (1931, [2]1960). R. Jolivet, Dieu, Soleil des esprits (Paris 1934). J. Ritter, Mundus intelligibilis. Untersuchungen zur Aufnahme und Umwandlung der neuplatonischen Ontologie bei Augustinus (1937). A. Dahl, Augustin und Plotin. Philos. Unters. zum Trinitätsproblem und zur Nuslehre (Lund 1945). R. Schneider, Seele u. Sein. Ontologie bei Augustin u. Aristoteles (1957). R. Berlinger, Dialogische Metaphysik im Denken Augustins (1961). K. A. Wohlfarth, Der metaphysische Ansatz bei Augustinus (1969).

## B. GOTT

Nach dem Gesagten hängt mit dem Wahrheitsproblem unmittelbar zusammen das Gottesproblem. Gibt es einen Gott und was ist er?

### a) Existenz Gottes

Die Existenz Gottes steht Augustinus wie den übrigen Vätern einfach dadurch schon fest, daß sein Begriff zu den Grundbegriffen des Geistes gehört, wie die Stoiker und auch Röm. 1, 20 das annehmen. Trotzdem führt er noch eigene Gottesbeweise durch. Davon ist der noologische der für ihn am meisten bezeichnende. Das Wesentliche dazu steht De lib. arb. II, 3—13 und De vera rel. 29—31. Die Überlegung ist folgende: Der Mensch findet in den Akten seines seelisch-

α) Noologischer Gottesbeweis

αα) Die absolute Wahrheit

geistigen Lebens, im Denken, Fühlen und Wollen, die ewigen, unveränderlichen und notwendigen Wahrheiten. Man kann sie da und dort übersehen, sich dagegen verfehlen, sich auch dagegen auflehnen, trotzdem bleiben sie unberührt von allem die iudices und moderatores des menschlichen Geistes. Sie stehen nicht in Raum und Zeit, sind überhaupt nichts vom vergänglichen Menschen, sondern es ragt hier noch ein anderes, übermenschliches und überzeitliches Sein in den Menschen hinein. Mitten in allem Unvollkommenen berühren wir das Vollkommene, mitten im Relativen das Absolute, mitten im nur Menschlichen das Transzendente. Eben damit aber stoßen wir auf Gott: Nec iam illud ambigendum est, incommutabilem naturam, quae supra animam rationalem sit, Deum esse; et ibi esse primam vitam et primam essentiam, ubi est prima sapientia (De vera rel. 31, 57). „Wie solche, die eine besonders starke, lebhafte und gesunde Sehkraft haben, am liebsten die Sonne selbst anschauen, welche all das, woran schwächere Augen sich erfreuen, mit ihren Strahlen übergießt, so richtet sich der starke und lebenskräftige Blick des menschlichen Geistes, nachdem er viele unveränderliche Wahrheiten mit sicherer Erkenntnis geschaut hat, empor zur Wahrheit selbst, durch welche alle Wahrheiten uns gezeigt werden. Indem unser Geist dieser Wahrheit anhängt, vergißt er gleichsam die andere Wahrheit und erfreut sich in der höchsten göttlichen Wahrheit zugleich des Genusses und Besitzes der anderen Wahrheiten" (De lib. arb. II, 13, 36). Man sieht sofort, daß Augustinus Platons Symposion (210 ff.) vor Augen hat, und damit haben wir auch schon den ideengeschichtlichen Standort, von dem eine richtige Deutung des noologischen Gottesbeweises ausgehen muß: Gott wird erkannt als das Vollkommene, ohne das das Unvollkommene nicht gedacht werden kann; er ist als die Urwahrheit und das Urgute der Urgrund aller Wahrheiten und Werte, ihre Grundlegung (ὑπόθεσις), wie Platon das nannte. Gott wird nicht erschlossen durch einen Kausalschluß in dem Sinne, daß er etwa als erste Ursache die Wahrheiten gesetzt hätte, nein, in den Wahrheiten selbst ergreifen wir ihn schon, so wie wir in dem einzelnen Guten das an sich Gute in der Hand halten, wenn auch nicht in seiner omnitudo realitatis, so doch sicher als ein dieses und nicht anderes.

ββ) Aufstieg zum Intelligiblen

Augustinus bedient sich dabei der im Neuplatonismus bewußt ausgebildeten Methode des „Aufstieges zum Intelligiblen". Der Ausdruck Gottesbeweis ist darum nicht recht passend. Er impliziert anderweitige Vorstellungen. Bei Augustin handelt es sich vielmehr um eine Sichtbarmachung oberster Seinsgründe, die in dem sinnlich gegebenen Seienden zwar anwesen, in ihrem An-sich aber von eigener Seinsmodalität sind. Sie in dieser eigenen Modalität, die immer auch eine eigene Wertigkeit ist, sehen zu können, erforderte eine eigene Schulung des Geistes, die das Auge öffnete für „Gegebenes", das anders und mehr ist als sinnlich Gegebenes. Typisch dafür sind Plotin, Enn. I, 6 und V, 1, die Augustin gekannt haben dürfte, und wo neben Enn. VI, 9 das Aufstiegsdenken am ausführlichsten behandelt wird. Im Hintergrund steht aber immer die platonische Idee des an sich Guten, „an der der Himmel und die ganze Natur hängt", indem sie die Hypothesis bildet für immer neue modi der Abbilder, die aus ihr fließen und die wir das Seiende und die Zeit heißen, die die Vernunft aber immer reduzieren muß auf das, was „eigentlich" ist. Solche Aufstiege bei Augustinus finden sich De civ. Dei VIII, 6 (Plotin, Enn. I, 6, 7); De vera relig. 52 ff. (Enn. I, 6, 1); De quant. an. XXXIII, 70 ff.; De doctr. christ. I, 8 ff. u. II, 9 ff.; En. in Ps. XLI, 7 ff. (Plotin, Enn. I, 6, 9); Conf. VII, 10, 16 ff. (Plotin, Enn. I, 6, 9; I, 6, 7); Conf. IX, 10, 24 ff. (cf. Proklos, Platon. theol. 129 f. Portus); Conf. X, 6, 9 ff.; De gen. c. Manich. I, 24, 43. Grundformel: De Trin. XII, 15, 25: relinquentibus ... cognitio rationalis occurrit.

γγ) Der lebendige Geist

Wenn aber dabei Augustinus auch noch einem lebendigen, persönlichen Gott begegnet, so bedeutet das deswegen keinen Sprung, weil sein Ausgangspunkt ja die lebendige persönliche Seele war. Geist ist ihm nicht nur unpersönliche logische Geltung. Das gehört wohl auch zum Geist, ist aber nur e i n Sachverhalt an ihm. Der g a n z e und wirkliche Geist ist immer lebendiger Geist. Andererseits sieht Augustinus im Leben, wie überhaupt die ganze Antike, nicht bloß lauter geistfremde Irrationalität, sondern erkennt seine Nähe zum Logos, der es durchformt, besonders aber das Leben der Seele aufbaut. Und gerade hier entdeckt er die Teilhabe dieses seelischen Lebens und seiner Akte an der notwendigen, ewigen, unwandelbaren Wahrheit Gottes. Wenn er deswegen in den Confessiones zu Gott spricht: „Du aber warst mir innerlicher als mein eigenes Inneres“ (III, 6, 11); oder „Spät habe ich dich geliebt, o Schönheit, o alte und neue Schönheit, spät habe ich dich geliebt; und siehe, du warst in meinem Innern, ich aber war draußen und suchte dich dort“ (X, 27, 38); oder wenn er Gott das Leben unseres Lebens nennt: Deus autem tuus etiam tibi vitae vita est (X, 6, 10), dann sind das nicht rhetorische Wendungen, sondern Platonismen und müssen als solche verstanden werden, wie sich besonders aus seiner Gedächtnislehre ergibt (X, 18, 27), und erhalten von dorther ihr Gewicht. Eben damit ist die lebendige Seele ein Weg zum lebendigen Gott. Wir haben hier die christliche Fortbildung des platonischen dialektischen Weges zu Gott vor uns.

**β) Andere Gottesbeweise**

Neben diesem noetischen Gottesbeweis kennt Augustinus auch noch den teleologischen, psychologischen und moralischen. Vgl. dazu Grabmann. Grundgedanken des hl. Augustinus über Seele und Gott.

## b) Wesen Gottes

Wenn Augustinus vom Wesen Gottes spricht, weiß und betont er, daß der unendliche Gott für unseren endlichen Verstand unbegreiflich ist: Si comprehendis, non est Deus.

**α) Eigenschaften Gottes**

Eben darum können unsere Begriffe auf Gott nur analog angewendet werden. „Wir müssen, so gut wir können, uns Gott denken als gut ohne die Kategorie der Qualität, als groß ohne die Quantität, als den Schöpfer ohne Bedürftigkeit, als über allem stehend ohne örtliche Situation, als alles fassend ohne Verfassung, als überall ganz ohne ein Wo, als ewig ohne die Zeit, als Schöpfer der wandelbaren Dinge ohne Wandlung seiner selbst, als bar jedes Erleidens“ (De Trin. V, 1, 2). Augustinus scheint hier an Plotin anzuknüpfen, direkt oder über Porphyrius (vgl. oben S. 304). Das vorausgeschickt, kann man aber dennoch sagen, daß Gott die Einheit und Einzigkeit zukomme, daß er unendlich vollkommen ist und ewig, und vor allem, daß er das Sein ist. „Alles, was in Gott ist, ist nichts anderes als Sein“ (In Ps. 101, serm. 2, n. 10). Ferner ist Gott das Gute, dem gegenüber es nichts Besseres und Höheres gibt: id quo nihil melius est atque sublimius (De doctr. christ. I, 7, 7). Er ist also das Urgute, das bonum omnis boni (De Trin. VIII, 3, 4; vgl. De div. quaest. 83, qu. 51, 2), durch das alles gut ist, was immer gut ist. Und schließlich, β) Ideen im göttlichen Geiste er ist der Urgrund der Welt. Alles Sein außer Gott ist nur Abbild der Urbilder (exemplaria, formae, ideae, species, rationes) in seinem Geiste. Nur durch Teilhabe (participatio) am göttlichen Sein kommt anderes Sein zustande. Augustin ist Anhänger der Ideenlehre, aber er hat nach dem Vorgange Philons die Ideen in den Geist Gottes hineinverlegt. Sie bilden nicht mehr eine unpersönliche logische Welt wie bei Platon, sondern sind jetzt Gottes, was eine doppelte Vertiefung des philosophischen Gedankens bedeutet: Einerseits haben die Ideen nun einen Grund; und welchen Grund! Andererseits erschließt sich uns durch sie ein Zugang zur Fülle und zum Reichtum der göttlichen Natur. Ohne dem manchmal alles identifizierenden Emanationspantheismus der Neuplatoniker zu verfallen, weiß alle Welt nun von Gott zu erzählen; denn sie ist Spiegelung seines Gehaltes, Abbild der göttlichen Urbilder (Exemplarismus), und wer nur ihre Symbole zu lesen versteht, kann überall die göttliche Weisheit finden, ein Gedanke, der für die Mystik von einer ungeheueren Fruchtbarkeit geworden ist.

Literatur

H. Weinand, Die Gottesidee, der Grundzug der Weltanschauung des hl. Augustinus (1910). M. Grabmann, Die Grundgedanken des hl. Augustinus über Seele und Gott (1916, ²1929). F. Cayré, La contemplation Augustinienne (Paris 1927). Ders., Les sources de l'amour divin (Paris 1933). W. Schulten, Augustins Lehre vom summum esse und esse creatum (1935). H. J. E. Hendrikx, Augustins Verhältnis zur Mystik (1936). F. Cayré, Dieu présent dans la vie de l'esprit (1951).

### C. SCHÖPFUNG

Die Schöpfung ist sonach eine Realisierung von Ideen aus der an sich noch viel reicheren Fülle Gottes.

a) Warum?

Warum erfolgte sie? „Man kann keinen besseren Grund angeben als den, daß das Gute durch den guten Gott geschaffen werden sollte, was auch Platon für die beste Antwort auf die Frage nach dem Warum der Schöpfung gehalten hat" (De civ. Dei XI, 21).

b) Woraus?

Woraus erfolgte sie? Hier entscheidet sich Augustinus anders als Platon. Für den christlichen Denker gibt es keine ewige Materie mehr. Nur zwei Möglichkeiten überlegt er noch, die neuplatonische Emanation oder die Schöpfung aus dem Nichts. Da nach ersterer auch das Endliche und Veränderliche in die Natur Gottes hineingenommen werden müßte, bleibt nur die Schöpfung aus dem Nichts. Mit diesem Begriff ist jede Emanation abgebrochen und damit auch die Verbindung mit dem Neuplatonismus in einem Punkt, wo das christliche Denken sie nicht verträgt.

c) Wann?

Das Wann der Schöpfung liegt in der Ewigkeit, d. h. außerhalb der Zeit. Zeit gibt es erst mit der Erschaffung der Körperwelt. Die Frage, warum die Welt nicht früher oder später wurde, ist darum sinnlos. Sie setzt mit den Begriffen von früher und später die Zeit bereits voraus, die es doch, ebenso wie auch den Raum, erst mit der Schöpfung gibt. Es soll einmal einer, erzählt Augustinus, auf die Frage, was Gott vor der Schöpfung getan hätte, geantwortet haben, er habe eine Hölle hergerichtet für jene, die zu viel wissen wollen. Unser Kirchenvater möchte jedoch lieber sagen: was man nicht weiß, weiß man eben nicht (Conf. XI, 12, 14). Jedenfalls: Gott steht außerhalb jeder Zeit. Er geht nicht in der Zeit den Zeiten voraus, denn sonst ginge er nicht aller Zeit voraus. Er geht vielmehr „allem Vergangenen voraus in der Hoheit einer immer gegenwärtigen Ewigkeit" und überragt alles Zukünftige, weil es auch vergehen wird, während er immer derselbe bleibt und seine Jahre nicht mehr werden. Gottes „Jahre" und „Tage" sind nicht unsere Zeit. Sein „heute" ist die Ewigkeit. „Alle Zeiten hast du erschaffen und vor aller Zeit bist du, und vor der Zeit hat es nie eine Zeit gegeben" (Conf. XI, 13, 16). Man erkennt hier wieder die im Zusammenhang mit Augustins Gotteslehre besprochene ontologische Modalitätsanalyse. Gottes Sein ist anders als das unsere. Es ist nicht Zeit.

d) Weltprozeß

Den mit der Schöpfung einsetzenden Gang des Weltprozesses legt sich Augustinus mit Hilfe von drei Faktoren zurecht: Materie, Zeit und ewige Formen. Die Materie (Conf. XII, 6—8) ist das Substrat für alles geschaffene Sein. Dem geschaffenen Sein soll nicht die Realität abgestritten werden, so daß nur die Idee allein wirklich wäre. Hier denkt der christliche Philosoph anders als Platon, wenngleich auch er der Ansicht ist, daß nur die Urbilder im Geiste Gottes die eigentliche und volle Wahrheit und Wirklichkeit sind. Die Abbilder sind eben nur Abbilder, aber Wirklichkeit sind sie auch, wenn auch geminderte. Trotzdem scheint auch ihm die Materie „fast nichts" zu sein (prope nihil). Man sieht deutlich, wie der Platonismus nachwirkt, aber unter den Händen des christlichen Philosophen, der das Schöpfungswerk Gottes voll würdigen will, eine bezeichnende Umbildung erfährt, ein Umstand, der neben dem schon erwähnten neuen Realitätsbegriff des Aristoteles und Peripatos (S. 190, 294) sowie dem Wirklichkeitsbegriff der Stoa wesentlich zur Formung des mittelalterlichen Realitätsbegriffes beitrug, abgesehen davon, daß dieser auch die Auffassung des „gesunden Menschenverstandes" war. Die Materie ist das Formlose, aber es ist ihre Aufgabe, die Form darzustellen. Selbst aus dem Nichts geschaffen und nahe dem Nichts stehend, geschehen in ihr doch Gottes Wunderwerke (fecisti mundum de materia informi, quam fecisti de nulla re paene nullam rem, unde faceres magna quae miramur). Sie ist entweder geistige Materie wie bei den Engeln oder körperliche wie bei den Naturdingen. Wie soll man sich eine solche Materie denken? Das Ausgedehnte wie bei Platon kann sie nicht mehr sein, sonst könnte es keine Materie der Engel geben. Die aristotelische reine Möglichkeit würde besser passen; denn sie ist das, woraus alles geformt werden kann.

α) Materie

Es dürfte aber richtiger sein, sie bei Augustinus von der Zeitlichkeit her zu verstehen. Sie ist zwar vor aller Zeit (ante omnem diem); denn wo es weder Arten gibt noch Ordnung, gibt es auch keinen Wechsel und darum keine Zeit. Trotzdem geschieht es in ihr, daß die Zeit erscheinen, erlebt und gemessen werden kann, weil durch den Wechsel der Dinge die Zeit wird und dieser Wechsel ein Wechsel der Formen in der Materie ist (Conf. XII, 8, 8). Alles in der Materie Geschaf-

β) Zeit

αα) Zeit und Schöpfung

fene steht also unter der Kategorie der Veränderlichkeit, des Prozesses, und damit der Zeit. Und so kann Augustin auch den Engeln Materie zuschreiben. Zeit und Kreatur sind zwei Seiten derselben Sache. Darum ist die Ewigkeit etwas ganz anderes als Zeit. Ewigkeit kennt keinen Wechsel, Zeit aber ist nur Wechsel (De civ. Dei XI, 6; De Trin. IV, 18, 24. Vgl. Plotin, Enn. III, 7, 3: ἀδιαστάτως). Ewiges Sein besitzt sich in einem und auf einmal, zeitliches Sein ist zerstückt, holt sich erst ein, wird erst. In welchem Verhältnis zur Ewigkeit die zeitliche Schöpfung steht, ist uns rätselhaft. Aber auch die Zeit selbst ist etwas Rätselhaftes. Erleben können wir sie doch nur im Augenblick. Der aber ist ohne Dauer: „praesens autem nullum habet spatium", urteilt Augustin ganz ähnlich wie Klages. Erstreckte er sich nämlich auf eine Zeitspanne, so wäre diese teilbar, müßte durchlaufen werden, es gäbe Vergangenheit und Zukunft und der Augenblick wäre gar kein ganz gegenwärtiger Augenblick (Conf. XI, 15, 18—20). Aber warum haben wir dann doch ein Zeitbewußtsein im Sinne einer Erstreckung? Ist es vielleicht die Seele, die mit ihrem Gedächtnis und ihrer Vorausschau sich erstreckt? So muß es wohl sein, meint Augustinus, und wenn er dann die Zeitwahrnehmung ein geistig sich Ausdehnen (distentio ipsius animi) nennt und erklärt, daß durch den Geist selbst die Zeit gemessen wird (XI, 26, 33), kommt er wieder nahe an einen modernen Begriff heran, diesmal an die kantische Anschauungsform der Zeit.

ββ) Zeit und Ewigkeit

γγ) Zeit und Mensch

Der wichtigste Faktor jedoch im Weltprozeß ist die Form. Sie steht nicht nur im Mittelpunkt der augustinischen Erkenntnislehre, sondern auch im Mittelpunkt seiner Metaphysik. „Es gibt Ideen, und sie sind bestimmte Grundformen und bleibende, unveränderliche Wesenheiten der Dinge; sie sind selbst nicht gebildet worden und verhalten sich darum ewig in derselben Weise und befinden sich im Geiste Gottes. Während aber sie selbst nicht entstehen noch vergehen, wird alles nach ihnen gebildet, was entstehen und vergehen kann und tatsächlich entsteht und vergeht" (De div. quaest. 83, qu. 46, 2). Der Form bedarf alles Geschaffene, auch die Materie. Wir müssen diese zwar als formlos denken, sie hat aber tatsächlich nie ohne die Form existiert. Daß die Arten und Gattungen des geschaf-

γ) Form

αα) Primat der Idee

fenen Seins Formen sind, ist klar. Augustinus scheint aber auch der Ansicht zuzuneigen, daß auch das Individuelle, jedenfalls aber jedes menschliche Individuum, auf einer praeconceptio divina beruhe. Man müsse doch auch, überlegt Augustinus, Ideen für bestimmte menschliche Gruppenbildungen in Raum und Zeit annehmen und nicht nur für die allgemeine Species Mensch überhaupt. Diese Gruppen bezögen sich aber als Ganzheiten auf ihre Teile und setzten darum die Kenntnis des Individuellen voraus. Augustinus war aber in der Annahme von Ideen für das menschliche Individuum nicht so sicher wie Plotin (Enn. V, 7, 1), sondern meinte, die Frage, ob es in der ewigen Wahrheit, d. i. im Sohne Gottes, auch Ideen des Individuums gebe, sei schwierig. Vielleicht genüge es, sich auf die Gruppen-Ideen zu beschränken; aber man müsse zugeben, daß diese sich auf Einzelne beziehen (Ep. 14; Migne lat. 33, 80).

ββ) Simultanschöpfung

Die Formung der Materie in der Schöpfung geschah, als noch außerhalb der Zeit stehend, auf einmal (Simultanschöpfung), weil ein Nacheinander ja erst möglich wird, wenn mit der Schöpfung auch die Zeit entstanden ist. Darum wird der biblische Schöpfungsbericht mit seinem Sechstagewerk von Augustinus bildlich verstanden. Es liegt aber in der Formwerdung insofern ein Unterschied vor, als manches, wie der Tag, das Firmament, die Erde, das Meer, die Luft, das Feuer und die Menschenseele in ihrer endgültigen Form sofort in die Erscheinung traten, während anderes Geformtes, wie z. B. die Lebewesen und auch der Leib des Menschen, erst allmählich und im Laufe einer Entwicklung hervortraten.

γγ) Keimkräfte

Die Formen sind also nunmehr Keimkräfte (rationes seminales oder causales), die erst mit der Zeit zur Entfaltung gebracht werden. Augustinus übernimmt die stoischen λόγοι σπερματικοί und führt damit den Entwicklungsgedanken in den Weltprozeß ein. Es ist aber nicht der moderne Entwicklungsbegriff, der die Arten aus der zufälligen Entwicklung, sondern der antike, der die Entwicklung aus den wesenhaften Arten hervorgehen läßt. Über die Stoiker und Aristoteles geht dieser Entwicklungsbegriff zurück auf die Dialektik Platons und lebt in der Neuzeit wieder auf in der Dialektik Hegels. Was Augustinus für den Weltprozeß zur Geltung bringen will, ist die Form und ihre Kraft. Er bringt damit zugleich zur Geltung die Weisheit und Allmacht Gottes. Raum und Zeit können im Weltprozeß nur aufnehmen und nähren, was er gezeugt mit dem Wort seines Geistes. Sie sind wie bei Platon nur die Amme, die Stätte des Werdens. Er aber ist der Vater, und von ihm kommt Sein und Leben.

Literatur

E. S. Thamiry, De rationibus seminalibus et immanentia (Insulis 1905). M. McKeough, The Meaning of the Rationes Seminales in St. Augustine (Washington 1926). J. Guitton, Le temps et l'éternité chez Plotin et St-Augustin (Paris 1933). J. Ritter, Mundus intelligibilis (1937). A. Mitterer, Die Entwicklungslehre Augustins im Vergleich mit dem Weltbild des hl. Thomas von Aquin und dem der Gegenwart (1956).

## D. SEELE

Zu den Hauptanliegen Augustins gehört sein Interesse an der Seele. „Gott und die Seele verlange ich zu erkennen. Sonst nichts? Nein, sonst nichts" (Solil. I, 2, 7). Die Art und Weise, wie er sich mit der Seele befaßt, seine Innenschau, seine Kunst des Beschreibens und Zergliederns seelischer Regungen und sein einfühlendes Verstehen erweisen Augustinus als einen Menschen von einem seltenen psychologischen Vermögen. Was man von vielen modernen Lehrbüchern der Psychologie nicht sagen kann, kann man von seinen Bekenntnissen zweifellos sagen, daß sie echte Menschenkenntnis enthalten. Dabei bleibt er nicht im Psychologischen stehen, sondern darüber hinaus interessieren ihn immer die damit zusammenhängenden großen philosophischen Fragen: Was ist das Verhältnis von Leib und Seele, was die Seele selbst, was ihr Ursprung, was ihre Dauer?

### a) Leib und Seele

α) Der Mensch als Seele

Auch für Augustinus bildet der Mensch eine Einheit, wie dies vor ihm schon in der patristischen Philosophie ausdrücklich immer betont wurde. Aber er ist nicht eine aus zwei Substanzen zusammengeschmolzene neue Substanz (unio substantialis), wie das später im Mittelalter im Anschluß an die aristotelische Terminologie gelehrt wird, sondern die Einheit besteht darin, daß die Seele den Körper besitzt, gebraucht und regiert. „Die Seele ist eine gewisse vernunftbegabte Substanz, die dazu da ist, den Leib zu beherrschen“ (De quant. animae XIII, 22). Der Mensch ist darum eigentlich Seele; der Leib ist an ihm kein Konstituens von gleicher Bedeutung: „So ist also der Mensch eine vernünftige Seele, die einen sterblichen und irdischen Leib in Gebrauch hat“ (De mor. eccl. XXVII, 52). Wenn Augustinus die Seele nicht nur in einem Teil, sondern im ganzen Körper sein läßt wie eine „lebendige Spannung“ (intensio vitalis), so erkennt man daran wieder stoische Terminologie (τόνος). Grundlegender aber ist für die eigentliche Einstellung seiner Psychologie der allgemeine Platonismus der Väter. Die pessimistische Note, die er bei Origenes noch hatte — die Seele lebt im Leib wie in einem Gefängnis —, lehnt Augustinus ebenso ab wie schon andere vor ihm, aber die in dieser Epoche ausgebildete Betrachtung des Menschen als wesentlich Seele hält sich und wird durch Augustinus Gemeingut der christlichen Einstellung zum Menschen überhaupt. Wie

β) Der Leib im Christentum

Georg v. Hertling gezeigt hat, bleibt sie praktisch und in der Sache auch dann noch vorherrschend, wenn nach der Aristotelesrezeption des 13. Jahrhunderts die Sprache des Aristoteles gesprochen und die Einheit von Leib und Seele in einer Weise verstanden wird, nach der man auch im Leib ein echtes und gleichberechtigtes Konstituens des Menschen erblicken müßte. Es mag an diesem Umstand liegen, daß im Bereich des christlichen Denkens zwar breit ausgebaute Wertlehren (Tugendlehren) entwickelt wurden, aber nicht auch eine gleich detaillierte entsprechende Güterlehre des Leiblichen und Materiellen, wie es z. B. der historische Materialismus im Soziologischen als eine Notwendigkeit betrachtet oder die moderne Körperkultur in ihrer Bewertung von Sport, Eros und Sexus für das individuelle Leben. Oder hätte es Aristoteles im Grunde auch nicht anders gemeint? Wir dürfen heute nach W. Jaegers Buch über Aristoteles auch in dieser Problematik die Antithese Platonismus-Aristotelismus nicht mehr als exklusive Antithese betrachten.

b) Substanzialität

Bei der Stellung, die Augustinus der Seele einräumt, kommt alles darauf an, zu zeigen, daß sie wirklich eine Substanz ist. Wir sahen bereits, daß in dieser Hinsicht die christliche Philosophie gegenüber der griechischen eine neue Haltung einnimmt (S. 342). Wieder wird durch Augustinus diese Auffassung von Substanzialität der Seele maßgebend für die Folgezeit. Er begründet sie durch eine Analyse des Ichbewußtseins, die dreierlei aufzeigt: die Realität des Ich, seine Selbständigkeit und seine Dauer. Das Ichbewußtsein enthält nichts Geträumtes, sondern Wirklichkeit, eine Wirklichkeit, die unmittelbare Bewußtseinsgegebenheit ist, wie im „si enim fallor, sum". Die Selbständigkeit aber ergibt sich aus einem Vergleich des Ich mit seinen Akten. Das Ich ist etwas anderes als seine Akte. Es besitzt sie, ist aber nicht diese Akte selbst, etwa ihre Summe, steht es doch als das führende und in ihnen handelnde Prinzip über den Akten: „Diese drei, nämlich Gedächtnis, Denkkraft und Liebe, gehören mir, nicht sich an; sie tun, was sie tun, nicht für sich, sondern für mich, ja vielmehr ich bin durch sie tätig ... Kurz gesagt, ich bin es, der durch das Gedächtnis sich erinnert, ich bin es, der durch den Intellekt denkt, ich bin es, der durch die Liebe liebt. Ich bin nämlich nicht das Gedächtnis, ich bin nicht der Verstand, ich bin nicht die Liebe, sondern ich habe sie" (De Trin. XV, 22, 42). Eben dieses Ich aber, das sich von seinen Akten abhebt, beharrt durch alle seine Akte hindurch als ein und dasselbe. In den Kapiteln über das Gedächtnis (Conf. X, 8, 12 ff.), in denen Augustinus mit psychologischem Feinsinn die Vielgestaltigkeit des Bewußtseinsstromes schildert, hebt er die Dauer des Ich bei allem Wechsel der Bewußtseinsinhalte klar hervor. Damit aber hat er die Substanzialität der Seele gesichert; denn selbständiges, beharrendes, reales Sein heißen wir Substanz.

α) Realität des Ich

β) Selbstand des Ich

γ) Dauer des Ich

c) Immaterialität

Die phänomenologische Betrachtungs- und Darstellungskunst seiner Seelenforschung verhilft ihm auch zur Erkenntnis der Immaterialität der Seele. Alle unsere seelischen Akte sind ohne räumliche Ausdehnung. Alles Körperliche aber hat Höhe, Breite und Tiefe. Also muß, so schließt er, die Seele unkörperlicher Art sein.

d) Unsterblichkeit

Gerade eine solche Seele muß aber unsterblich sein. Die Hauptsache darüber steht im 2. Buch der Soliloquien und in der kleinen Schrift De immortalitate animae. Der Grundgedanke seines Unsterblichkeitsbeweises ist folgender: Nachdem die Wahrheit unveränderlich und ewig, der menschliche Geist aber mit ihr unzertrennlich verbunden ist, muß der menschliche Geist auch ewig sein. Der Nerv des Beweises ist die unzertrennliche Verbindung mit der Wahrheit. Nicht daß die Seele Träger der Wahrheit ist oder sich in ihr überhaupt Wahrheiten finden lassen, bildet die Grundlage der Überlegung. Das würde nichts beweisen; denn es finden sich in der Seele auch Irrtümer. Der Irrtum aber ist nichts Letztes, er kann ausgeschieden werden. Auch einzelne Wahrheiten können wieder verlorengehen. Aber über allem Hin und Her des Suchens steht die Macht der Wahrheitsfindung als solche, das Gesetz der Wahrheit überhaupt, und das bleibt als etwas naturhaft mit dem Geist Verbundenes. Darin tut sich etwas Zeitloses und Absolutes kund. Die Seele, in ihren Akten in der Zeit stehend, ragt in ihren Inhalten in eine zeitlose Welt hinein, in die Welt der Wahrheit. Und es ist die lebendige Seele, der dies wesenhaft zukommt, nicht nur ein transzendentales Bewußtsein. Augustinus versteift sich nicht auf ein Abstraktum, um nur an ihm die zeitlose Geltung zu entdecken. Er sieht, daß das lebendige Ich es ist, was so sich erinnern, denken, wollen und lieben muß, daß darin eine unzertrennliche Verbindung mit der Wahrheit und den Werten sich kundtut. In die Substanz des lebendigen Ich also reicht diese unzertrennliche Verbindung hinein, und darum ist die Seele unsterblich.

α) Ewige Wahrheit

β) In der lebendigen Seele

e) Ursprung

Schwierigkeiten hat Augustinus immer gefunden in der Frage nach dem Ursprung der Seele. Fest steht ihm, daß die Seele nicht im Sinne des neuplatonischen Pantheismus aus Gott emanieren kann, weil sie dann irgendwie ein Teil Gottes sein müßte. Er korrigiert auch Origenes, dessen Präexistenzlehre den alten Platonismus noch nicht genügend an das christliche Denken angepaßt hat. Die Seele muß vielmehr geschaffen sein. Hier bestehen dann allerdings mehrere Möglichkeiten. Entweder gehen die Seelen aus der Seele

Adams hervor (Generatianismus), oder jede Seele wird jeweils eigens geschaffen (Kreatianismus), oder die Seelen existieren in Gott und werden in die Leiber geschickt, oder sie existieren in Gott und gehen freiwillig in einen Körper ein (christliche Präexistenzlehre). Der Kreatianismus bereitet der Theologie Augustins Schwierigkeiten, weil dann die Erbsünde nicht gut erklärt werden kann. Der Generatianismus wäre dazu geeigneter, läuft aber Gefahr, den Materialismus zu streifen. Noch der späte Augustinus gesteht, in diesem Punkte keine Klarheit gefunden zu haben (Retr. I, 1, 3). Die Aporien liegen schon vor bei Platon, wo die Seele einerseits etwas am Körper sein soll, nämlich Prinzip seines sinnlichen Lebens, andererseits aber doch grundsätzlich davon verschieden ist (S. 120), tauchen wieder auf bei Aristoteles und im Peripatos (S. 214, 294) und werden verstärkt mit der schärferen Betonung der Substanzialität der Seele im christlichen Denken.

Literatur

M. Grabmann, Die Grundgedanken des hl. Augustinus über Seele und Gott (1916, [2]1929). M. Schmaus, Die psychologische Trinitätslehre des hl. Augustinus (1927). A. Gardeil, La structure de l'âme et l'expérience mystique (Paris 1927). J. Goldbrunner, Das Leib-Seele-Problem bei Augustinus (1934). R. Schwarz, Die leib-seelische Existenz bei Aur. Augustinus. Philos. Jahrb. 63 (1955). R. Schneider, (1957) s. o. S. 354.

## E. DAS GUTE

### a) Prinzip des Sittlichen

Die rationes aeternae im Geiste Gottes sind für Augustinus Grundlagen des Erkennens und des Seins. Sie sind, wie sich nunmehr zeigen wird, auch Grundlage der Sittlichkeit. In diesem Zusammenhang heißen sie besonders gern „ewiges Gesetz". An sich ist der Begriff des ewigen Gesetzes weiter. Ewiges Gesetz ist der Weltplan oder Wille Gottes, der die Naturordnung einzuhalten gebietet und zu stören verbietet: Lex aeterna est ratio divina vel voluntas Dei ordinem naturalem conservari iubens et perturbari vetans (Contra Faust. 22, 27). Oder, wie es De lib. arb. I, 6, 15 heißt: „Der Begriff des ewigen Gesetzes, der uns eingeprägt ist, meint, soweit

α) Ewiges Gesetz

ich es in Worten darzulegen vermag, das, wodurch eine vollkommene Ordnung von allem richtig ist und recht." Das ewige Gesetz begreift darum die gesamte Seinsordnung in sich, wobei Sein im weitesten Sinne verstanden wird, so daß das Sein der Natur als Körperwelt (lex naturalis), das ideale Sein logischer Geltungen (lex rationis) und das Sein sittlicher Sollensvorschriften (lex voluntatis, ordo amoris) als Teilausschnitte darunter fallen. Augustin bezeichnet aber gerade das sittliche Gesetz mit Vorliebe als ewiges Gesetz, indem er das Ganze für den Teil setzt und damit zugleich das letzte und allgemeinste Prinzip sittlicher Geltung angibt. Er gebraucht dafür allerdings auch den Ausdruck „Naturgesetz" (lex naturalis), wobei Natur im antiken Sinne wieder die gesamte Seinsordnung meint; so z. B. in dem Satz: „Auf Grund des ewigen Gesetzes, durch das die Naturordnung gewahrt wird, können wir gerecht leben" (C. Faust. a. a. O.). Das ist stoische Terminologie, wie sie Augustinus bei Cicero vorfand Im Hintergrund stehen Aristoteles, Platon und das Weltgesetz Heraklits. Jedenfalls ist für Augustinus das ewige Gesetz als ideale Gesamtordnung Prinzip der Sittlichkeit. Und da es inhaltlich mit dem Wesen Gottes, genauer mit der göttlichen Weisheit, zusammenfällt (als ratio), kann Augustinus auch sagen, daß Gott das letzte Prinzip des sittlich Guten sei. Alles Gute ist nur gut durch ihn, wie alles Wahre nur durch ihn wahr ist und alles Seiende nur durch ihn Sein hat. Er ist das bonum omnis boni im Sinne der platonischen Methexis.

β) Wille Gottes

Augustin ergänzt aber auch das antike Sittlichkeitsprinzip, das im Grunde immer als eine Vernunftordnung betrachtet wurde, und dabei ersieht man wieder den Einfluß seiner christlichen Religiosität. Neben der Weisheit Gottes wird auch der göttliche Wille noch als Prinzip angenommen. Es ist der Wille Gottes, der den Dekalog festsetzt. Zum richtigen Verständnis ist zu beachten, daß dieser Wille Gottes kein Willkürwille ist, sondern sachlich zusammenfällt mit der göttlichen Weisheit — divina sapientia vel voluntas Dei, heißt es in der angeführten Definition — und mit dem Wesen Gottes selbst, das sich weder ändern kann, noch eine uns vergewaltigende fremde Macht darstellt, da ja unser eigenes Sein dadurch erst entsteht, was in der Ethik Kants übersehen wird und dann zu ihrem Mißverständnis der theonomen Moral führt. Die Erkenntnis eines Willensmomentes in der sittlichen Sollensvorschrift ist grundlegend für den Aufbau einer religiösen Moral, besonders für die Metaphysik der Pflicht.

b) Freiheit

Ob es aber dann noch echte, menschliche Freiheit gibt? Wenn doch durch die Ideen im Geiste Gottes unser Lebensweg von Ewigkeit her „kategorial determiniert" ist? Augustinus hält sie nicht für gefährdet, weil das ewige Gesetz nur in der vernunftlosen Natur eine kausale Determination ausmache, im Bereich der Geistwesen aber eine ideale Sollensvorschrift bildet, die gerade umgekehrt die Freiheit voraussetzt, wenn sie einen Sinn haben soll.

c) Die sittliche Handlung

α) Primat des Willens

Weit mehr als die Antike das tat, stellt Augustin auch die Bedeutung des Willens für das Wesen des konkreten sittlichen Handelns und Lebens heraus. Er spricht nicht mehr die Sprache des Intellektualismus, die auch in der Stoa noch gesprochen wurde, obwohl man dort um die Bedeutung des Willens wußte. Augustinus hat ja nun auch Plotin hinter sich. Für Plotin ist der Mensch Seele (Enn. IV, 7, 1, 20 bis 25). Die Seele aber orientiert sich am Intelligiblen und hierbei denkt sie nicht nur, sondern — und das ist das Neue bei Plotin — sie will auch. In der Person Augustins wurde letzteres noch besonders ausgeprägt und ins Existentielle gewendet. Das Sittliche ist für ihn Wille oder, wie er gerne sagt, Liebe. Der Wille ist der ganze Mensch: „Wille ist immer da, ja die seelischen Regungen (motus) sind nichts anderes als Wille" (De civ. Dei XIV, 6). Obwohl dieses Wort zunächst nur in Hinsicht auf menschliche Affekte wie Freude oder Furcht gesprochen wurde, kann man es doch auf die Gesamtauffassung Augustins vom sittlichen Menschen beziehen, der eben tatsächlich Wille, Liebe ist. Die sittliche Handlung wird bei Augustinus nicht auf einen Syllogismus reduziert, wie es eine bekannte Theorie will, sondern ergibt sich als Funktion einer Tiefenschicht des menschlichen Herzens, die Wille und Liebe heißt. So sehr wird die Seele des Sittlichen in der Liebe gesehen, daß die starke Formulierung fällt: „Dilige, et quod vis fac" (Tract. in 1. Joh. 7, 8). Man hat mit Recht von einem Primat des Willens bei Augustinus gesprochen, und nicht umsonst stellt ihn die Kunst dar als den Heiligen mit dem flammenden Herzen.

β) Logik des Herzens

Aber auch hier wird wieder nicht an einen individualistischen Willkür- oder gar Machtwillen gedacht, überhaupt nicht an irgendeinen reinen Emotionalismus. Das Herz hat nämlich nach Augustinus auch sein Gesetz (De civ. Dei XV, 22; Epist. 140, 2, 4; De doctr. christ. I, 27, 28). Dem menschlichen Willen sind die Gesetze des Guten unauslöschlich eingeschrieben. Das Herz gravitiert zum Wert wie der Körper zum „natürlichen Ort".

αα) „Natürlicher Ort"

Augustinus bezieht sich auf diesen antiken Begriff und schreibt vom menschlichen Herzen: „Meine Schwerkraft ist mein Lieben; sie zieht an mir, wenn immer mich etwas anzieht; deine Werte entflammen uns und tragen uns weg; wir entbrennen und machen uns auf" (Conf. XIII, 9, 10; Enarr. in ps. 29, 2, 10). Nicht also das Lieben und Wollen ohne weiteres ist entscheidend, sondern die in allem Lieben wirksame verborgene Ortung, das richtige Lieben und rechte Wollen. „Liebe, aber achte darauf, was Liebe verdient" (Enarr. in ps. 31, 2, 5). Alles strebt ja zu einem natürlichen Ort, das Feuer nach oben, der Stein nach unten, immer getragen von seinem inneren Gewicht, und „solange diese Ordnung nicht hergestellt ist, ist alles unruhig; gib ihnen die rechte Ordnung, und alles ruht" (Conf. a. a. O.). So versteht sich Augustins Satz: „Du hast uns für dich geschaffen, o Gott, und unruhig ist unser Herz, bis es ruht in dir." Gott ist die Urliebe, von der alles Lieben lebt.

ββ) Wert-Apriori

Man sieht, es handelt sich beim augustinischen Lieben um eine apriorische Wertantwort. „So wie unser Geist, bevor wir die Glückseligkeit erreichten, schon einen Begriff davon eingeprägt in sich trug, so daß wir um unsere Glückseligkeit wissen und gläubig und ohne Zweifel sagen, daß wir selig sein wollen, so haben wir auch, bevor wir die Weisheit erreichten, schon ein Wissen um die Weisheit in unserem Geiste, kraft dessen jeder auf die Frage, ob er weise sein will oder nicht, ohne jede zweifelnde Unklarheit mit ja antwortet" (De lib. arb. II, 9, 26). Auch der Begriff des Guten ist uns eingeprägt (De trin. VIII, 3, 4). Augustinus hat auch damit wieder eine Reihe von modernen Begriffen vorweggenommen. Pascal etwa konnte hier anknüpfen mit seiner

Logik des Herzens, Brentano mit seinem Begriff des „richtigen Liebens“ und Scheler mit seinem Wert-Apriori. Im Hintergrund steht wieder der Platonismus mit seinem Eros, von dem das Symposion auch ausführt, daß er den Menschen unruhig werden läßt, bis er aus der Fremde, dem ἀλλότριον, heimfindet zum an sich Guten als seinem οἰκεῖον, wo er auch glücklich ist und ruhig wird, eine Idee, die dann, wenn auch in naturalistischer Umprägung, weiterlebt in der stoischen Oikeiosis. In dieser Beziehung zum platonischen Eros und οἰκεῖον zeigt sich aber auch zugleich, daß das augustinische Lieben nicht rein irrational gemeint ist. Wie das Symposion die Parallele ist zum Phaidon, der Eros die Parallele zur Phronesis, so ist auch für Augustinus die caritas die Parallele zur sapientia. Es sind zwei Wege zum nämlichen Ziel. Das Ausschlaggebende aber ist jenes oberste Ziel selbst, das an sich Gute und seine objektive Ordnung. Diese manifestiert sich uns bald rational, bald emotional. Der antike Mensch verschreibt sich noch nicht so gern einem extremen Entweder-Oder. Er kann das Verschiedene noch als verschiedene Seiten an einem einheitlichen Ganzen sehen. Und so ist auch bei Augustinus weder das Lieben ohne kognitive Elemente, noch die Ratio ohne emotionale Bezüge: „Wer um die Wahrheit weiß, weiß um das unveränderliche Licht, und wer darum weiß, weiß um die Ewigkeit. Die Liebe weiß darum. O aeterna veritas et vera caritas et cara aeternitas! (Conf. VII, 10, 16).

γγ) Caritas und sapientia

d) Glückseligkeit

α) Erfüllung der Liebe

Wenn die Seele sittlichen Lebens die Liebe ist, dann ergibt sich daraus auch die Aufhellung seines Endzieles und seiner Krönung. Augustinus sieht sie gegeben in der Glückseligkeit. Die ganze Lehre der Antike über die Eudämonie, die Gedanken eines Platon, Aristoteles, der Stoa, des Cicero, Philon und Plotin liegen ihm vor, und er weiß sie zu nützen. Aber wieder zeichnet er eine neue typische Linie ein, und sie ergibt sich aus seiner Schau der Sittlichkeit als Wille und Liebe. Wenn unser Leben Liebe und Sehnsucht ist — vita nostra dilectio est —, dann ist die Vollendung ein Ausruhen und ein Genießen des Glücks. Glückseligkeit ist nicht mehr Denken des Denkens, sondern Erfüllung der Liebe im

Einswerden des Willens mit seinem Ziel. Augustinus ge-
β) Uti—frui braucht hierfür den Ausdruck frui (De civ. Dei XI, 25). Er besagt aber nicht nur einen Primat der Liebe gegenüber dem Intellekt, sondern zugleich die absolute Werthaftigkeit dieses Zustandes. Wie schon Aristoteles in der Eudämonie einen absoluten Eigenwert erblickt hatte, so stellt auch Augustinus dem frui das uti (gebrauchen) gegenüber und sieht in letzterem die Relationswerte zusammengefaßt, die immer über sich hinausweisen, und bei denen wir darum noch nicht zur Ruhe gekommen sind. Dazu zählt alles Irdische. Es darf nicht auf sich selbst gestellt werden. Schon daraus erkennt man den objektiven Charakter dieses „Eudämonismus". Strenggenommen ist er darum gar kein Eudämonismus. Denn das Gute hängt in keiner Weise ab von einer Neigung, sondern die Neigung gravitiert zum Guten: Inde beatus unde bonus: Nur eine vom Guten geleitete Neigung führt zum Glück; ein aus subjektiver Neigung allein gesuchtes Glück jedoch ist mehr Unglück als Glück, mehr desolatio als consolatio (Epist. 130, 2); oder, um nochmals Conf. XIII, 9, 10 zu zitieren: Minus ordinata inquieta sunt, ordinantur et quiescunt. Man hat die christliche Glückseligkeitslehre und die davon ausgehende Ethik oft gröblich mißdeutet als subjektive Wohlfahrtsmoral. Sie ist in Wirklichkeit so normativ wie die Ethik Kants. Und doch vermeidet sie allen Rigorismus, weil sie nicht einzelne Züge am Sittlichen verabsolutiert, sondern in ihnen nur Bezüge an einem Ganzen erblickt. Augustinus, in dem das ganze antike Nomosdenken und die darauf aufbauende Güterlehre der Antike fortlebt, dem aber auch nichts Menschliches fremd ist, hat ihr diese ausgeglichene Haltung mit auf den Weg gegeben.

γ) Friede Von hier aus versteht sich auch eine Lieblingsidee Augustins, auf die er immer wieder zurückkommt, die Friedensidee. Friede ist das große Ziel des Gottesstaates und auch das Ziel des Einzellebens. Wenn der Mensch seine regellose Begierlichkeit überwunden und zum wahren Leben, zum Guten gefunden hat, dann erfüllt sich, was der Herr ihm versprochen hat: Friede über Friede (Epist. 130, 2). Hinter diesem Ideal verbirgt sich kein müder Quietismus, dem man faustische Aktivität zur Besserung anbieten müßte, sondern der Friedensbegriff besagt die Erfüllung jener objektivistisch-teleologischen Ethik, nach der alles Leben und Streben einem Endziel entgegeneilt, das die Vollkommenheit und das Glück zugleich ist, so ähnlich wie es auch Goethe gemeint hat: Und alles Ringen, alles Streben ist ewge Ruh' in Gott, dem Herrn.

Literatur

J. Mausbach, Die Ethik des hl. Augustinus (1909, [2]1929). A. Schubert, Augustins Lex-aeterna-Lehre (1924). B. Roland-Gosselin, La morale de St-Augustin (Paris 1925). R. Jolivet, Le problème du mal d'après St-Augustin (Paris 1936). B. Switalski, Plotinus and the Ethics of St. Augustine (New York 1946). J. Stelzenberger, Conscientia bei Aug. (1959).

## F. GOTTESSTAAT

Augustinus hat die Ideen seiner Wert- und Glücksphilosophie dem konkreten Leben praktisch nutzbar gemacht in seiner Sozial- und Geschichtsphilosophie, die er in seinem Gottesstaat vorträgt.

### a) Ursprung des Staates

Er weiß um die Naturhaftigkeit des Staates, kennt ausgezeichnet die Psychologie der Massen und trägt schon in seiner Definition des Volkes aber auch den „gewillkürten" Faktoren in aller sozialen Entwicklung Rechnung. „Volk ist die Masse vernünftiger Wesen, die zusammengehalten wird durch die einträchtige Einheit im Wollen seiner Ziele" (De civ. Dei XIX, 24). Aber auch hier ist er wieder gegen den subjektiven Willkür- oder Machtwillen und baut seine Sozial- und Geschichtsphilosophie auf auf dem Ordnungsgedanken. Der Machtstaat, der der Gerechtigkeit den Abschied gegeben hat, ist von einer Räuberbande nicht mehr verschieden (a. a. O. IV, 4). Menschen und Staaten sind für Augustin Wille, aber sie müssen genormter Wille werden.

### b) Gottesstaat und Erdenstaat

Diesen Gesichtspunkt dehnt Augustinus auf das Gesamt der Weltgeschichte überhaupt aus. Ihre Sozialgebilde können sein: Gottesstaat oder Erdenstaat. Diese Gegenüberstellung fällt nicht zusammen mit Kirche und weltlichen Staaten, sondern meint die Gemeinschaften nach dem Willen Gottes oder gegen ihn, Gemeinschaften der Ordnung oder des Chaos, der Idealität oder der Begierlichkeit. Die Kirche kann auf dieser oder jener Seite stehen, je nachdem; ebenso der weltliche Staat. Der Erdenstaat (civitas terrena) mag also vielleicht auf irgendeiner menschlichen Ordnung aufgebaut sein, er mag eine großartige Organisation darstellen, mag vieles leisten, wenn aber sein ganzes Wesen bei den Gütern dieser Erde stehenbleibt und sie selbst schon genießt (frui), statt sie nur zu gebrauchen (uti) zu einem höheren Ziel jenseits nur menschlicher Begehrlichkeiten, zu einem Ziel, das in Gott liegt, dann ist er auch nur von dieser Erde, ist im Grunde Unordnung — cupiditas naturalis wird Thomas Hobbes später dafür sagen —, und seine Werte sind in Wirklichkeit nur Blendwerk. Der Gottesstaat dagegen besteht aus Menschen, die sich der ewigen Ordnung Gottes fügen. Sie liefern sich nicht den äußeren Dingen aus, um sie oder sich selbst zu genießen, sondern leben in und aus Gott eine ideale Ordnung, durch die die Welt und der Mensch zum Frieden findet und zur Sabbatruhe Gottes.

### c) Sinn der Weltgeschichte

Es ist der Sinn der Weltgeschichte, daß diese beiden Staaten miteinander in Widerstreit liegen. In geistreichen Ausführungen zeigt Augustinus an den ihm bekannten Beispielen der Weltgeschichte des alten Bundes und des griechischen und römischen Reiches, wie die Macht des Guten ständig kämpfen muß mit den Mächten des Bösen. Er betätigt dabei eine hellsichtige Kritik, die sich nicht blenden läßt von dem äußeren Schein vieler Werke der alten Kultur, sondern sie häufig als glänzende Laster zu enthüllen weiß. Wie immer aber auch die Stadien der Auseinandersetzung zwischen Licht und Dunkel in der Weltgeschichte sich im einzelnen gestalten mögen, die societas terrena oder diaboli wird untergehen und siegen wird die civitas Dei. „Denn unsterblich ist das Gute und der Sieg muß Gottes bleiben."

### Literatur

O. Schilling, Die Staats- und Soziallehre des hl. Augustinus (1910). H. Scholz, Glaube und Unglaube in der Weltgeschichte. Ein Kommentar zu De civ. Dei (1911). O. Schilling, Naturrecht und Staat nach der Lehre der alten Kirche (1914). B. Wendorff,

Die Staatslehre des Aur. Augustinus nach De civ. Dei (1926). G. Combès, La doctrine politique de St. Augustin (Paris 1927). H. Eibl, Vom Götterreich zum Gottesstaat (1951). H.-X. Arquillière, L'augustinisme politique (Paris [2]1955). É. Gilson, Les métamorphoses de la Cité de Dieu (Paris 1952).

## 4. BOETHIUS

### Der letzte Römer

An Bedeutung für das Mittelalter folgt hinter Augustinus sofort Boethius.

Leben und Werke

Manlius Severinus Boethius, aus dem alten Römergeschlecht der Ancier, ist 480 geboren. Unter Theoderich bekleidet er hohe Staatsämter, ist Konsul und magister palatii. Einer politischen Intrige Glauben schenkend, läßt ihn der König 524 nach langer Haft in Pavia grausam hinrichten.

Boethius wollte alle Schriften Platons und Aristoteles' ins Lateinische übertragen und gleichzeitig zeigen, daß die beiden Philosophen in den wesentlichen Lehren übereinstimmen. Wir besitzen aber nur seine Übersetzungen der Kategorien und von Peri hermeneias. Die in den Ausgaben stehenden Übersetzungen der Analytiken, der Topik und Sophistischen Widerlegungen sind wohl unecht. Ihre Zuteilung an Jakob von Venedig wird neuestens mit guten Gründen bestritten. Zu seinen Übersetzungen schrieb er Kommentare; ebenso zur Isagoge des Porphyrios, und zwar einen zu deren Übertragung durch Marius Victorinus und einen zu seiner eigenen Übersetzung. Dazu kommen eine Reihe kleinerer logischer Schriften, besonders zum Syllogismus, auch zum hypothetischen, woraus man sofort seine Vertrautheit auch mit der stoischen Philosophie ersieht; ferner Schriften zur Musik und Arithmetik. Unecht sind der Liber de definitione (von Marius Victorinus); De unitate (von Dominicus Gundissalinus); De disciplina scholarium (Anonymus des 12. Jahrh.); De quadratura circuli. Sein bekanntestes Werk sind die im Gefängnis entstandenen „Tröstungen der Philosophie" (De consolatione philosophiae) in 5 Büchern, eine weitausholende Theodizee, in der die Probleme um Welt, Gott, das Glück, die Vorsehung, das Schicksal, den freien Willen zur Sprache kommen, besonders aber die Frage des Übels und der Gerechtigkeit Gottes. Wir besitzen von Boethius auch theologische Werke. Durch den Nachweis ihrer Echtheit ist die alte Streitfrage, ob Boethius Heide oder Christ gewesen sei, entschieden.

### Ausgaben und Literatur

Migne, Patr. lat. 63 u. 64. C. Meiser, A. M. S., Boetii Commentarii in librum Aristotelis Peri Hermeneias. 2 Bde. (1877/80). S. Brandt, A. M. S. Boethii in Isagogen Porphyrii commenta (Vindobonae 1906 = Corp. Script. Eccl. Lat. vol. 48). R. Peiper, A. M. S. Boethii Philosophiae consolationis libri quinque. Accedunt eiusdem ac incertorum opuscula sacra (Lipsiae 1871). H. F. Stewart — E. K. Rand, Boethius. The Theological Tractates. The Consolation of Philosophy. Mit engl. Übersetzung (London 1926: The Loeb class. Library). E. Gothein, Trost der Philosophie. Lateinisch und deutsch (1932). G. Weinberger, Boethii Philosophiae consolationis libri quinque (Wien 1934 = Corp. Script. Eccl. Lat. vol. 67). K. Büchner, Boethius. Trost der Philosophie. Deutsch mit Einführung von Fr. Klingner (o. J. = Sammlung Dieterich, Band 33). L. Bieler, A. M. S. Boethii Philosophiae consolatio (Turnholti 1957 = Corp. Christianorum, Ser. lat., vol. 94). J. Gruber, Kommentar zu De consolatione philos. (1978).

A. Engelbrecht, Die Consolatio philosophiae des Boethius (1902). F. Klingner, De Boethii consolatione philosophiae (1921). L. Cooper, A Concordance of Boethius (Cambridge, Mass. 1928). K. Bruder, Die philosophischen Elemente in den Opuscula sacra (1931). H. J. Brosch, Der Seinsbegriff des Boethius (1931); P. Courcelle, Boèce et l'école d'Alexandrie. Mélanges d'archéologie et d'histoire 52 (Paris 1935). M. Cappuyns, Boèce. Dict. d'histoire et de géogr. eccl. 9 (1937). P. Courcelle, Les lettres grecques en occident de Macrobe à Cassiodore (Paris $^{2}$1948).

### Boethius und das Mittelalter

Boethius lieferte dem Mittelalter eine Fülle von Gedanken und Problemen. Er hatte sich zur Aufgabe gestellt, seine Zeit mit dem ganzen Platon und Aristoteles vertraut zu machen. Es kommt aber auch die Stoa nicht zu kurz. Vor allem war er es, der grundlegende Begriffe der aristote-

α) Aristotelisches lischen Logik und Metaphysik in die Scholastik einführte, so die Termini actus (ἐνέργεια), potentia (δύναμις), species (εἶδος, ἰδέα), principium (ἀρχή), universale (καθόλου), accidens (συμβεβηκός), contingens (ἐνδεχόμενον), subiectum (ὑποκείμενον) u. a. Er ist die fast ausschließliche Quelle für den mittelalterlichen Aristotelismus vor dem 13. Jahrhundert. Vor allem ist er bis dahin der Lehrmeister der Logik (Dialektik).

β) Platonisches Aber auch grundlegende platonische Begriffe und Philosopheme hat er weitergegeben. Platonisch ist sein Gottesbegriff, seine Auffassung der Glückseligkeit, der Teilhabegedanke, eine bestimmte Fassung des Universale, und De cons. phil. III, 9 enthält dazu noch eine Wiedergabe des platonischen Timaios. Aber auch viel stoisches Material nimmt über ihn seinen Weg in die Scholastik, so die Begriffe der Natur, des Naturgesetzes, der Ursachenreihe, die stoische Problematik über Schicksal und Vorsehung, und besonders ihr Realitätsbegriff, der wesentlich mit dazu beiträgt, daß man in der Folgezeit die Realität in erster Linie gegeben sieht in der körperhaften Außenwelt. Man hätte, obwohl Aristoteles gegenüber Platon einen neuen Realitätsbegriff eingeführt hatte, ihn trotzdem noch im Sinne der platonischen Metaphysik deuten können, weil für Aristoteles das Allgemeine und die Form immer ein der Natur nach Früheres geblieben war. Es war die spätere naturalistische Aristotelesdeutung des Peripatos und der Realitätsbegriff der Stoa, was ihn im Mittelalter anders auslegen und zum Vertreter einer „empirischen“ und Gegner einer idealistischen Metaphysik werden ließ (S. 294). Indem Boethius auch die Sprache der Stoa spricht, war er daran nicht unbeteiligt. Aber eben dieser Boethius war, abgesehen davon, daß er ohnehin platonische Einstellungen suggerierte, andererseits auch wieder der Überzeugung, daß zwischen Platon und Aristoteles im Grunde Einklang bestünde, legte diese Überzeugung in seine Übersetzungen und Kommentare hinein und wurde so nun wieder zum Anlaß dafür, daß im Umgang mit den Problemen der Erkenntnis und Metaphysik auch die Intentionen jenes anderen Aristoteles, oft unbewußt, aber doch wirklich und wirksam zur Geltung kamen, von dem wir seit Jaeger wissen, daß er der erste Grieche war, der uns gelehrt hat, die Welt mit den Augen Platons zu sehen. Und so ist Boethius ziemlich vieldeutig und nach allen Seiten offen. Boethius ist eine der ersten Autoritäten der Scholastik, aber er hat ihr mindestens ebenso viele Ansätze und Anregungen aufgegeben, als er ihr Marschrouten vorgezeichnet hat.

γ) Stoisches Gut

Literatur

M. Grabmann, Geschichte der scholastischen Methode I (1909) 148—177. Ders., Die theologische Erkenntnis- und Einleitungslehre des hl. Thomas von Aquin auf Grund seiner Schrift „In

Boethium de Trinitate" (1948) 1—13. P. Courcelle, Étude critique sur les commentaires de la consolation de Boèce (IXe—XVe siècle) (Paris 1939). H. R. Patch, The Tradition of Boethius. A Study of his Importance in Medieval Culture (New York 1935).

a) Gott

Eines der ersten Kernprobleme bei Boethius ist der Gottesgedanke. Aber, obwohl er in seiner Gotteslehre viel antikes Gedankengut verarbeitet, fällt doch sofort auf, daß Gott für ihn zuvörderst ein persönliches Wesen ist. Mit diesem Theismus unterscheidet sich der christliche Denker grundlegend von allem, was er hier sonst von Platon, Aristoteles und Plotin übernimmt. Die Kontinuität des augustinischen Gedankengutes ist bereits eine fertige historische Größe, und Boethius schreibt darum auch sein Werk „De sancta Trinitate", denkt also auch als christlicher Theologe.

α) Persönlicher Gott

Wenn er aber nur als Philosoph über das Wesen Gottes befragt wird, lautet seine Auskunft zunächst, Gott ist das Sein selbst (ipsum esse) oder Gott ist die Form: „Die göttliche Substanz ist Form ohne jede Materie, ist darum ein Eines und ist das, was sie ist; alles andere ist nicht, was es ist" (De Trin. II; Migne lat. 64, 1250). Diese Unterscheidung hat auf das Mittelalter ungeheuer nachhaltig gewirkt. Man versteht sie, wenn man die weitere philosophische Aussage über das Wesen Gottes ins Auge faßt, die Angabe, daß Gott das Gute ist.

β) Gott als das Sein

Gott ist, wie Boethius im Anschluß an Augustinus sagt (vgl. oben S. 357) jenes höchste Gut, das schlechthin alle anderen Güter in sich enthält: Omnium summum bonorum cunctaque intra se bona continens (De cons. phil. III, 2), dem gegenüber nichts Besseres ausgedacht werden kann. Darum muß es auch so sein, daß Gott mit dem Guten identisch ist: Cum nihil Deo melius excogitari queat, id, quo melius nihil est, bonum esse, quis dubitet? (a.a.O. III, 10). Das ist kein monistischer Emanationismus, gegen den sich Boethius ausdrücklich wehrt (a. a. O. III, 12); sondern wir haben es mit jenem Platonismus zu tun, den wir schon bei Augustinus antrafen und dem wir wieder begegnen werden im ontologischen Argument Anselms von Canterbury: Wie bei Platon das an sich Gute Urgrund und Fülle des Seins zugleich ist, so daß alles aus ihm dialektisch abgeleitet werden kann,

γ) Gott als das Gute

so ist auch hier alles in Gott beschlossen; wie dort die Idee selbst schon Wirklichkeit ist, so ist auch bei Boethius mit der Idee Gottes schon seine Realität gegeben. Darum eben ist Gott das Sein, während alles andere nicht ist, was es ist; d. h., alles andere muß erst abgeleitet, begründet werden und empfängt so erst das Sein; Gott aber ist dies eh und je selbst schon; er ist der Grund, und der ist das Sein. Bei Plotin (Enn. I, 7, 1, 9—11 Bréhier) stand schon: Das Beste von allem Seienden ist das Gute, alles andere hat nur Gutes, und zwar durch Teilhabe. Bei Boethius heißt es jetzt: „Gott ist die Form selbst und schlechthin (ipsa... vere forma), ist kein Abbild (imago), und diese Form ist das Sein selbst. Davon stammt das Seiende; denn alles Sein ist aus der Form (quae, sc. forma, esse ipsum est, ex qua esse est; omne namque esse ex forma est). Eine Statue ist, was sie ist, durch die Form ... Und auch die Erde wird nicht nach einer formlosen Masse benannt, sondern nach dem Trockenen und Schweren, und das ist „Form". Nichts wird also nach der Materie ein Seiendes geheißen, sondern nach der ihm eigentümlichen Form. Die göttliche Substanz nun ist ohne alle Materie und nur Form; ist darum ein Eines und ist das, was sie ist; alles andere ist nicht, was es ist: divina substantia sine materia forma est atque ideo unum et est id quod est. Reliqua non sunt id quod sunt" (De Trin. II). Auch Augustinus hatte das Sein schon so gedeutet; auch als Dasein; denn gerade das „Ich bin der Seiende" einer sogenannten Philosophie des Exodus interpretiert er ausdrücklich im Sinne der platonischen Philosophie (De civ. Dei VIII, 11 und De nat. boni 19). Hier bedarf die Wesenheit nicht eines Daseins, das dazuträte, noch der Begriff einer eigenen Setzung, um zur Realität zu kommen. Bei dieser Ontologie ist die Form oder Idee immer schon die Realität, im eigentlichen Sinn in Gott, im abgewandelten Sinn auch in der Welt, insofern ihr Seiendes an der Form teil„hat". Der Satz von Gott als dem ipsum esse kann nur vom Platonismus her sinnvoll verstanden werden.

δ) Gott als das Vollkommene

Dabei liegt kein unberechtigter Schritt vom Logischen in das Ontische vor; denn, und damit wird nun der Platonismus noch offenkundiger, alles Unvollkommene lebt vom Vollkommenen, „da ja der Weltprozeß seinen Ausgang nicht vom Geringeren und Unvollendeten nimmt, sondern vom Vollkommenen“, so daß „alles Unvollkommene eine Minderung des Vollkommenen ist“ und „offenkundig alles Vollkommene gegenüber dem Unvollkommenen eine Priorität besitzt“ (De cons. phil. III, 10). Wir können also das Unvollkommene gar nicht denken, wenn wir nicht das Vollkommene als Voraussetzung zugrunde legen (a. a. O.). Da aber das Unvollkommene eine Realität ist, ist das Vollkommene als seine Voraussetzung erst recht eine solche, ja die Realität, wird doch damit das Unvollkommene als das Abbild (imago) des Vollkommenen erst ermöglicht. Darum eben haben wir es hier nicht mit einer μετάβασις εἰς ἄλλο γένος zu tun. Der Nerv des ganzen Beweisganges aus den Vollkommenheitsstufen liegt vielmehr in jener platonischen Grundannahme, daß die Idee des Unvollkommenen die Idee des Vollkommenen zur Voraussetzung habe.

ε) Gott als Wille

Wenn Gott das bonum omnis boni ist, könnte die Meinung entstehen, daß Seiendes Gott ähnlich ist (eigentlich denkt aber Boethius an Identität) und damit von sich aus, rein als Seiendes, auch schon gut ist. In der für Boethius sehr wichtigen Schrift Quomodo substantiae, in eo quod sint, bonae sint, cum non sint substantialia bona wird aber ausdrücklich gelehrt, und wir haben damit einen bedeutsamen Kommentar zum Sinn des Axioms Omne ens est bonum, daß Seiendes rein als solches eben Seiendes ist, wie weiß weiß ist, und nicht auch schon gut ist. Es sei vielmehr erst der Wille Gottes, der Seiendes zu Seiendem und zu Gutem macht. Es gibt außer Gott keine substantialia bona. Er ist das erste Sein, das erste Gute und das erste Gut-Sein. Alles andere Gute, das aus ihm erfließt, hat nur deswegen Sein und ist nur deswegen gut, weil es aus ihm erfließt und, wie mehrfach gesagt wird, weil er es so wollte (quia vero voluit ea esse bona qui erat bonus, sunt bona in eo quod sunt). Abstrahieren wir von ihm, dann ist Sein Sein, weiß weiß, rund rund, aber nicht gut. Dem entsprechend werden die mittelalterlichen Denker eine notwendige Emanation ohne einen freien göttlichen Willen ablehnen. Es hatte zwar schon Plotin den Willen des Einen und seine Bedeutung für den Processus gesehen, aber es scheint, daß Boethius Veranlassung hatte, eine pantheistische Fassung des Neuplatonismus auszuschalten, und deswegen auf den göttlichen Willen verwies.

Damit zeigt sich nun aber wieder, daß der Seinsbegriff der alten Philosophie ein selegiertes Sein meint. Er meint „wahres" Sein. Und das ist jenes Sein, das aus dem Ersten hervorgeht und so hervorgeht, wie es von ihm gedacht und gewollt war, nicht aber ist damit alles, was es überhaupt „gibt" gemeint, gleich als gäbe es im Sein keine Wertunterschiede. Nur in Hinsicht auf das „wahre" Sein hatte schon Augustinus gesagt: omne quod naturaliter est, bonum est (De nat. boni 19). So entsprach es auch der Konzeption dieses Gedankens durch Platon (vgl. S. 83). ζ) Gott und Seinsbegriff

b) Universale

Wir stoßen noch einmal auf diese platonische Einstellung beim Universalienproblem. In seinem Kommentar zur Isagoge des Porphyrios hatte Boethius sich die Lösung des Alexander von Aphrodisias zu eigen gemacht: Das Universale — der Mensch, die Tugend, das Gute — ist in dieser Form der Allgemeinheit keine Realität, sondern ein Gedankending, das allerdings in der Realität fundiert ist. Das eigentlich Reale und der Natur nach Frühere ist das Einzelding. Daraus abstrahiere unser Denken das Allgemeine, indem es die überall gleichen Züge heraushebt in der Überzeugung, damit das Wesentliche getroffen zu haben. Dieses Wesentliche und Allgemeine heißt Boethius die Form, das Gedankenbild (species intelligibilis), die unkörperliche Natur (natura incorporea), und er hält dafür, daß in diesen geistigen Gehalten Ideen vorliegen, die in den Körperdingen konkrete Gestalt angenommen hätten. Das klingt nun schon so, als ob das Allgemeine doch wieder ein der Natur nach Früheres wäre; denn es nimmt ja konkrete Gestalt an. De cons. philos. V, 4 bestätigt diese Vermutung. Dort wird erklärt, daß die allgemeinen Formen nicht abstrahiert werden aus den Einzeldingen, sondern daß unser Geist sich an apriorische Formen erinnert und die Sinneserkenntnis nur die Aufgabe habe, die Wiedererinnerung auszulösen. Damit sind die Universalien offenkundig wieder ein der Natur nach Früheres, um mit Aristoteles zu sprechen. Hat Boethius eine zwiespältige Haltung eingenommen? Er war einen Augenblick der naturalistisch-empiristischen Aristotelesdeutung Alexanders erlegen und hatte dessen Sprache gesprochen. In der Sache aber behielt er das rechte Gefühl für den

α) Gedankending

β) „Natura incorporea"

γ) Zwiespältiger Boethius?

echten Aristoteles, der zwar in seiner Polemik gegen Platon auch oft auf Seiten Alexanders zu stehen scheint, in den entscheidenden Augenblicken seiner Metaphysik jedoch, wie wir heute wieder wissen, zu platonisieren pflegt. So auch Boethius. Er hat damit dem Mittelalter nicht nur den Weg gewiesen zum geistigen Mutterboden des Aristoteles, sondern hat ihm vor allem die Möglichkeit eröffnet für eine Synthese zwischen aristotelischer und platonisch-augustinischer Philosophie, hat allerdings auch, besonders in seinen Kommentaren zur Isagoge, den Geistern, die mehr an den Worten als an der Sache haften, noch die Versuchungen Alexanders suggeriert.

c) Das Individuelle

Real ist ihm nämlich auch das Individuelle, was natürlich Wasser auf die Mühle der empirischen Aristotelesauffassung ist. Man erkennt diese Wertung des Individuellen in einigen Sätzen, die er in seiner Schrift Quomodo substantiae etc. geradezu programmatisch herausstellt; z. B. in Satz II: Diversum est esse et id quod est, ipsum enim esse nondum est, at vero quod est, accepta essendi forma est atque consistit; oder in Satz VI: Omne quod est participat eo quod est esse ut sit (das id quod est esse ist mindestens Form, vielleicht aber auch das oberste τὸ τί ἦν εἶναι aus Aristoteles, Met. Λ, 8; 1074 a 35; dann also oberste Form. Vgl. oben S. 201); oder im Satz VIII: Omni composito aliud est esse, aliud ipsum est. Das quod est bzw. ipsum est meint in diesen Sätzen immer das Konkrete, Individuelle; das esse bzw. forma (= quo est) bedeutet Form und allgemeine Wesenheit. Thomas hat den Sinn dieser Termini umgedeutet, indem er im quod est seine allgemeine essentia, und im esse (quo est) seine existentia finden zu können glaubte (S. theol. I, 50, 2 ad 3 und öfter), weshalb manche Thomisten in Boethius schon die reale Unterscheidung von Wesenheit und Dasein entdecken wollten. Das ist sicher nicht möglich. Im Gegenteil, die Form ist selbst schon Sein, auch im Sinne von Dasein. Allein wenn hier auch nicht, wie im echten Platonismus, nur das Allgemeine als das wirklich Seiende betrachtet wird, sondern Boethius dem neuen Realitätsbegriff des Aristoteles seinen Tribut zollt, so erkennt man doch gerade in der Verweisung dessen, was konkret ist (id quod est), auf die Wesenheit (esse, forma), daß hier die Idee wiederkehrt (Teilhabe!) und sie das Grundlegende ist für das konkret Existierende, also immer mehr bedeutet als nur ein Abstraktionsprodukt. Tatsächlich ist jedoch in diesen Sätzen die ganze mittelalterliche Problematik um Allgemeines und Besonderes, Wesenheit und Dasein, Idealismus und Realismus, Augustinismus und Aristotelismus angelegt. Boethius ist Aristoteliker, aber wenn er die aristotelische Form-Metaphysik vertritt, kann er dies nur dadurch, daß er platonisiert und im Allgemeinen ein der Natur nach Früheres erblickt, genau wie Aristoteles das auch tut, wenn er die erste Substanz von der zweiten her erklärt (S. 194), und jeder tun muß, der in seinem Geiste Metaphysik treiben und in der Form mehr sehen will als ein Abstraktionsprodukt.

### d) Vorsehung, Fatum, Freiheit

Wir begegnen unserem Problem nochmal im Bereich des menschlichen Handelns. Die ewigen Formen bestimmen schlechthin alles Geschehen in der Welt oder „der Natur", wie Boethius gerne im Anschluß an die Terminologie der Stoa sagt. Die Eigenschaften der Dinge, die ihr Tun (agere) darstellen, kommen nicht von der Materie. Die Form ist es darum auch, was den natürlichen Ort bestimmt (De Trin. II). Auch die Erde hat z. B. ihre Eigentümlichkeiten der Trockenheit und Schwere von der Form, nicht von der Materie. Ein ewiger, bis ins Einzelne sich erstreckender Plan beherrscht darin das ganze Sein, die Vorsehung Gottes, denn die Formen sind nichts anderes als die Gedanken im Geiste Gottes, von denen Augustinus immer gesprochen hatte. „Vorsehung ist jener göttliche, beim Herrn der Welt existierende Plan, der alles ordnet" (De cons. phil. IV, 6).

Und wieder müssen wir fragen, wie schon bei Augustinus: Gibt es dann noch Freiheit für den Menschen? Boethius schafft für sie dadurch Raum, daß er zwei Seinsschichten unterscheidet: Die vernunftlose Welt und die Welt der vernunftbegabten Wesen. In ersterer geschieht alles notwendig durch die kategoriale Kausaldetermination seitens der Form; auf diesen Bezirk der raum-zeitlichen Welt wird jetzt aber auch der Kausalnexus beschränkt und nur noch dort gibt es Fatum, während bei den Stoikern das Schicksal absolut alles ergriffen hatte. In der Welt des Geistes und der Vernunft dagegen, also in der Welt des Menschen, wirken die ewigen Formen nur wie Ideale, die man zwar befolgen soll, denen man sich aber auch versagen kann. Überhaupt, und hier spricht jetzt der Neuplatonismus, je mehr Geist, desto mehr Freiheit. Die Willensfreiheit wird damit zu einer Funktion der Vernunft, näherhin der urteilenden Vernunft. Der Geist des Menschen sieht nämlich im Unterschied zum Tier auf Grund seiner Erkenntnis des Allgemeinen immer eine Vielheit von Möglichkeiten und kann dazwischen wählen, indem er über seinen Willen reflektierend urteilt. „Nicht im Willen, sondern in der Beurteilung des Willens besteht die Freiheit" (In De interpret., editio secunda, l. III. Migne lat. 64, 493 a). Während die aristotelische Wahlfreiheit — electio heißen sie die Lateiner — eine Sache des Willens ist, faßt Boethius die Willensfreiheit — er heißt sie liberum arbitrium — intellektualistisch auf, anders als Augustinus, hier offenbar beeinflußt von der Stoa und Alexander von Aphrodisias. Manche Äußerungen über das Schicksal klingen so, als ob auch die Handlungen des Menschen miteinbezogen seien, z. B. Consol. IV, 6. Allein, das sind nur Nachwirkungen des stoischen Sprachstiles. In Wirklichkeit steht für Boethius die Freiheit des Menschen fest: manet intemerata mortalibus arbitrii libertas heißt es feierlich zum Schluß der Consolatio (V, 6).

e) Zeit und Ewigkeit

Wird aber, wenn der Mensch frei ist, nicht die Vorsehung illusorisch? Eine freie Handlung muß doch unberechenbar sein und kann darum auch nicht vorausgewußt werden. Diese Frage behebt sich mit der Einsicht in die Ewigkeit Gottes (De cons. phil. V, 6). Gott kommt die Zeit nicht zu wie uns Menschen, lehrt Boethius im Anschluß an Augustinus. Für uns ist die Zeit ausgespannt auf das Nacheinander von Vergangenheit, Gegenwart und Zukunft. Das geschöpfliche Sein vermag nicht die ganze Fülle des Seins in einem und auf einmal darzustellen und durchläuft darum einen, wie Aristoteles glaubte, endlosen Weg, die Zeit. Gott dagegen besitzt das ganze Sein in einem einzigen, zeitlosen, simultanen Jetzt. Und darin besteht seine Ewigkeit. „Ewigkeit ist der ganze, gleichzeitige und vollendete Besitz unendlichen Lebens: Aeternitas est interminabilis vitae tota simul et perfecta possessio (a. a. O.). Der menschliche Augenblick mit seiner Winzigkeit und Flüchtigkeit ist nur ein Bild und eine schwache Nachahmung jenes zeitlosen ewigen Jetzt, und er gewährt dem Menschen, der ihn erlebt, nur so viel, daß er zu leben scheint, so daß man grundsätzlich zu unterscheiden hat zwischen echter Ewigkeit im Sinne von Zeitlosigkeit (aeternum) und einer unechten Ewigkeit im Sinne von einem endlosen Fluß der Zeit (perpetuum), was vielleicht der Welt zukommen mag. Darum gibt es für Gott kein „Voraus"-Wissen; denn alles, was dem Menschen Zukunft ist, ist ihm Gegenwart. Und selbst wenn wir schnell unsere Vorsätze änderten, wie um unsere Freiheit zu erproben und der Vorsehung einen Streich zu spielen, geschähe auch das alles für Gott im gleichen ewigen Jetzt, und es ist, was wir planen, in seinem intuitiven, simultanen Wissen gleichsam schon geschehen. Darum weiß Gott auch die freien Handlungen mit sicherer Notwendigkeit, nicht weil sie aus Notwendigkeit geschehen müßten, sondern weil, was faktisch und frei sich ereignet, auch in seiner Kontingenz im Augenblick des faktischen Geschehens, wenn es nur recht gesehen ist, notwendig nur so und nicht anders gewußt werden kann (a. a. O.).

### f) Das Übel

**α) Die Theorie des Boethius**

Was angesichts der Vorsehung immer Schwierigkeiten bereitet, ist die Tatsache des Übels in der Welt. Daß es überhaupt Böses gibt, daß es vielleicht ungestraft bleiben kann, daß die Nichtswürdigkeit herrschen und die Tugend nicht nur ohne Lohn bleiben, sondern von den Frevlern sogar noch geknechtet werden kann, wenn es doch einen gerechten Gott geben soll, das fragt sich Boethius im Kerker, und man fühlt deutlich, wie seine eigene Situation ihn erregter fragen läßt, als dies sonst geschieht. Seine Antwort lautet: Die Macht der Bösen ist nur eine Scheinmacht, die Guten sind in Wahrheit immer stärker; das Glück der Bösen ist gleichfalls nur ein Scheinglück, das Glück der Tugendhaften dagegen ist echt, und sie verhalten sich hierin zu jenen wie solche, die auf Füßen gehen, zu solchen, die nur auf Händen vorwärts zu kommen versuchen. Und die Vorsehung bleibt eine durch nichts zu erschütternde Tatsache; alles

Geschehen innerhalb der die ganze Natur beherrschenden Ursachenreihe ist geordnet durch das göttliche Wissen, und „so kommt es, daß alle Dinge durch ihre eigene Natur zum Besten bestimmt und gelenkt werden, wenngleich euch alles voller Regellosigkeit und Unordnung erscheint, da ihr diese Ordnung ganz und gar nicht zu erkennen vermögt; es gibt ja nichts, was des Übels wegen getan würde, nicht einmal von den Bösen selbst" (De cons. phil. IV, 6). So ist es also nur unser Unvermögen, die Zusammenhänge zu durchschauen — ein stoischer (Arnim II 280, 41), letztlich auf Platon (vgl. oben S. 148) zurückgehender Gedanke —, was uns zweifeln läßt. In Wirklichkeit aber ist alles auf die Bedürfnisse des Einzelnen zugeschnitten, was immer auch geschieht, und nur der Unwissende begehrt manchmal Süßes, wo der Arzt weiß, daß Bitteres besser ist. „Der alles wissenden Vorsehung erscheint der, den du für den Gerechtesten und Gewissenhaftesten hältst, in einem anderen Licht ... Den einen beschert die Vorsehung je nach ihrem Charakter ein aus Freuden und Leiden gemischtes Geschick, anderen schickt sie Leiden, damit sie sich nicht infolge langen Glückes einem üppigen Leben hingeben, wieder andere läßt sie von harten Schicksalsschlägen getroffen werden, damit durch Geduld und Übung ihre Tugenden gefestigt werden ... Es kann kein Zweifel darüber bestehen, daß dies alles nach Recht und Regel geschieht und den Betroffenen zum Heile gereicht." Kurz: „Die göttliche Kraft vermag aus Bösem Gutes hervorgehen zu lassen" (a. a. O.).

**β) Ihre Voraussetzungen**

Das Ganze ist eine Variation zu dem Thema, das Augustinus angeschlagen hat, wenn er (in Ps. 54, 1) sagt, daß das Böse deshalb in der Welt sei, um die Bösen zu strafen und zu bessern, die Guten aber zu erproben, worauf sich Boethius denn auch bezieht (a. a. O. IV, 7). Im Hintergrund steht die stoische und neuplatonische Reflexion über das Thema mit ihrer Überzeugung, daß es eine Harmonie im All gebe (Arnim I 24, 31), daß nur die Tugend glücklich mache und daß auch nur das Gute eigentliches Sein habe, das Böse aber einen Mangel, ein Nichtsein (privatio) darstelle (Augustinus, De civ. Dei XI, 9; XII, 3; De natura boni 19ff; Plotin, Enn. I, 8, 3). Unter der Voraussetzung dieses Glücks-, Wert- und Seinsbegriffes hat die ganze Überlegung ihren Sinn; sie verliert ihn, wenn diese idealistische Gesamtkonzeption nicht mehr gesehen wird. Boethius wird immer wieder zum Träger großer philosophischer Traditionen. Hier sehen wir, wie er das Band knüpft zwischen den zahlreichen Theodizee-Erörterungen von Platon bis Leibniz.

g) Individuelle Verantwortung

Weder das Böse noch das Schicksal vermögen darum die Idee des Guten zu entkräften. Gott ist gut und der Mensch kann gut sein. Darin besteht der Sinn unseres Lebens. Vor dieser Aufgabe haben wir uns zu verantworten, je und je in individueller Selbständigkeit; denn trotz aller Wertung des Allgemeinen im Weltgeschehen erkennt Boethius auch die Stellung des Individuellen, wie wir bereits sahen; nicht umsonst stammt von ihm die berühmte Definition der menschlichen Individualität: Persona est rationalis naturae individua substantia (De pers. et duab nat. c. 3). In Freiheit und Verantwortung steht sie vor Gott und dem Guten. Und das ist das letzte Wort, das der Philosoph angesichts des Todes den Menschen noch sagen muß, von denen er erfahren hat, daß sie zu Tieren werden können, wenn sie die Rechtschaffenheit preisgeben (De cons. phil. IV, 3). In unerschütterlicher Sicherheit und klassisch schöner Klarheit fallen diese Sätze: „Ungeschmälert bleibt den Sterblichen ihre Freiheit, und die Gesetze, die für unseren über allen Zwang erhabenen Willen Lohn oder Strafe in Aussicht stellen, sind nicht ungerecht. Es bleibt auch Gott, der alles überschaut und alles vorherweiß, und dieser sein Blick ist in einem ewigen Jetzt ständig bei uns, was immer wir auch tun, Lohn den Guten, Strafe den Bösen zuteilend. Und die Hoffnung, die wir auf Gott setzen, wird nicht zuschanden werden, noch werden es unsere Gebete. Wenn sie nur sind, wie sie sein sollen, werden sie nicht umsonst sein. Darum kehrt euch ab von den Lastern, pflegt die Tugend, erhebt euere Herzen zur rechten Hoffnung und sendet in Demut euer Gebet zum Himmel! Groß ist, wenn ihr euch nur nichts verheimlichen wollt, die euch zur Pflicht gemachte Rechtschaffenheit. Ihr handelt vor den Augen eines allwissenden Richters!“ (De cons. phil. V, 6).

## 5. DIONYSIUS PSEUDO-AREOPAGITA

Der Ps.-Areopagite und die Folgezeit

Zu den großen Autoritäten des Mittelalters zählen eine Reihe von Schriften, die man fälschlicherweise dem Dionysius Areopagita zuschrieb, der Act. 17, 34 erwähnt wird. Es sind dies: Περὶ τῆς οὐρανίας ἱεραρχίας (De caelesti hierarchia); Περὶ τῆς ἐκκλησιαστικῆς ἱεραρχίας (De ecclesiastica hierarchia); Περὶ θείων ὀνομάτων (De divinis nominibus); Περὶ μυστικῆς θεολογίας (De mystica theologia); und noch 11 Briefe. Die Autorschaft ist sehr umstritten. Aber die Schriften dürften von Proklos abhängig sein und an den Anfang des 6. Jahrhunderts gehören. Da sie vielfach übersetzt und kommentiert wurden — so von Abt Hilduin von St-Denis (um 830), Johannes Scotus Eriugena (um 860), Johannes Sarazenus (um 1167), Robert Grosseteste (13. Jahrh.) und Ambrosius Traversari (15. Jahrh.); bzw. von Eriugena, Hugo von St. Victor, Johannes Sarazenus, Thomas Gallus, Robert Grosseteste, Albertus Magnus, Thomas von Aquin, Petrus Olivi, Franz von Mayronis, Dionys dem Kartäuser —, wurden sie zu einer hervorragenden Quelle neuplatonischer Ideen in der Folgezeit, besonders für die Mystik. Bei Cusanus z. B. spürt man geradezu noch den Stil des Ps.-Areopagiten.

Werke und Literatur

Migne, Patrol. graeca 3—4. Ph. Chevallier, Dionysiaca. 2 Bde. (Brügge 1937/50) (Text mit allen lateinischen Übersetzungen und verschiedene Indices; ohne kritischen Apparat). Erste kritische Ausgabe von De caelesti hierarchia durch G. Heil in den „Sources chrétiennes“ (Paris 1958). — Deutsche Übersetzung durch J. Stiglmayr in der Bibliothek der Kirchenväter (Kösel). E. Turolla, Dionigi Areopagita. Le opere. Versione e interpretazione (Padua 1956) A. van den Daele, Indices Pseudo-Dionysiani (Louvain 1941).

R. Roques, L'univers dionysien (Paris 1954). J.-M. Hornus, Les recherches récents sur le Pseudo-Denys l'Aréopagite (depuis 1932). Revue d'Histoire et de Philosophie Religieuses (Strasbourg 1955) 408—448. J. Koch, Augustinischer und dionysischer Neuplatonismus und das Mittelalter. Kant-Studien 48 (1956/57) 117 bis 133. J. Pepin, Univers dionysien et univers augustinien. Aspects de la dialectique (Paris 1956) 179—224. H. Engberding, Zur neuesten Identifizierung des Pseudo-Dionysius Areopagita. Philos. Jahrb. 64 (1956) 218—227. W. Völker, Kontemplation und Ekstase bei Ps.-Dionysius (1958). J. Vanneste, Le Mystère de Dieu. Essai sur la structure rationelle de la doctrine du Ps.-D. (Brüssel 1959).

a) Wege zu Gott

Der Zentralgedanke des Ps.-Areopagiten ist die Gottesidee. Gott ist, wie im Neuplatonismus, der Überseiende, Übergute, Übervollkommene, Übereine. Es gibt wohl positive Aussagen über Gott, und diese positive Theologie (καταφατικὴ θεολογία) bildet einen ersten Weg zu ihm. Da aber Gott der Überseiende ist, muß sie stets durch die höhere negative Theologie (ἀποφατικὴ θεολογία) korrigiert werden, die alles nur Geschöpfliche streicht, um nur noch das darüber Hinausliegende gelten zu lassen. Einen dritten Weg kann man einschlagen, wenn man die Augen schließt, im Schweigen und Dunkel versinkt und im überwesentlichen Licht ohne Bild, ohne Laut, ohne Begriff in mystischer Versunkenheit und in Ekstase mit Gott eins wird. Es sind lauter bekannte Gedanken aus dem Neuplatonismus, nur daß hier die Stimmung noch exaltierter, die Terminologie noch mehr schematisiert und typisiert ist und diese stereotypen Gedanken in „tausend Wiederholungen", wie De div. nom. XI, 6 es selbst sagt, verkündet werden. Wenn man aber die Themen ins Auge faßt, über die De divinis nominibus handelt, das Gute, das Licht, das Schöne, der Eros, die Ekstase, das Sein, das Leben, die Weisheit, der Geist, Wahrheit, Macht, Gerechtigkeit, das Große und Kleine, das Nämliche und Verschiedene, Ähnliche und Unähnliche, Ruhe und Bewegung, Gleichheit, Ewigkeit und Zeit, der Friede, das Vollkommene und Eine, und die Diskussion dieser Begriffe in ihrer Anwendung auf Gott, dann sieht man sofort, daß in diesem Werk eine große Tradition weiterlebt und Probleme fortgeführt werden, um die sich Platon und Aristoteles (Metaphys. Δ), Plotin und Augustin bemüht haben.

b) Seinsergründung

α) Die Welt in Gott

Weil Gott der Übergute ist, schenkt er das ganze Sein. Und er gibt es aus sich. In ihm sind alle Prinzipien enthalten, das Sein selbst, alles Seiende, alle Qualitäten; und alles ist in ihm eingestaltig als Eines in einem. Wie in der Eins jede Zahl, im Kreiszentrum alle möglichen Kreislinien, im Punkt alle Geraden beschlossen liegen, so sieht ein höherer Blick alles in der Ursache von Allem. Es ist nicht so, daß Gott nur dieses wäre, jenes aber nicht, nein, als Urheber von allem enthält er in sich antizipierend alle Ursprünge und alle Grenzen zugleich: πάντα ἐστὶ ὡς πάντων αἴτιος, καὶ ἐν αὐτῷ πάσας ἀρχάς, πάντα συμπεράσματα, πάντων τῶν ὄντων συνέχων καὶ προέχων (De div. nom. V, 8), so wie die Sonne mit ihrem einen und einzigen Licht alles in sich schließt, was an Vielheit dann aufleuchten und durch sie leben kann. Wie an der Sonne alles Licht und Leben teilhat, so an Gott alles Sein und Leben, aller Wert und alle Schönheit. Dieses Enthaltensein ist das Enthaltensein der Ideen im Geiste Gottes; denn in der obersten Ursache „präexistieren zufolge einer überwesentlichen Einheit die Urbilder alles Seienden“. Wir erhalten eine genaue Definition der Urbilder und sie ist in ihrer Art charakteristisch für das ganze Werk: „Paradeigmata heißen wir jene in Gott geeint präexistierenden wesenbildenden Logoi der Dinge, die die Theologie Vorbegriffe nennt, sowie göttliche und gute Willensäußerungen; sie bestimmen das Seiende und schaffen es; durch sie hat der Überwesentliche alles Seiende vorherbestimmt und ins Dasein geführt“ (a. a. O.). Daß hier die Ideen nicht nur als Gedanken, sondern auch als Willensäußerungen erscheinen, liegt an der mit Plotin einsetzenden und dem christlichen Denken von Anfang an gemäßen Voluntarisierung der Gottesidee. Thomas wird diese Seite der Ideen ausdrücklich hervorheben (De verit. III, 1 corp. und In De div. nom. IV, 1; 271 Pera).

β) Der Hervorgang der Welt aus Gott

Gott läßt also die Dinge aus sich hervorgehen und dadurch entsteht die Welt. „Es ist nämlich der Ursache von allem als dem obersten Guten eigentümlich, daß es die Dinge ruft, an ihm teilzuhaben, je nachdem sie dazu fähig sind. Darum haben alle Dinge teil an der Vorsehung, die aus der überwesentlichen Ursache erfließt. Sie wären nämlich nicht, wenn sie nicht teilnähmen an dem Wesen und Urgrund aller Dinge“ (De cael. hier. IV, 1). Es handelt sich bei diesem Hervorgang um eine Emanation: οὐσίας παράγει κατὰ τὴν ἀπὸ οὐσίας ἔκβασιν (De div. nom. V, 8). Sie soll jedoch keinen pantheistischen Sinn haben. Um dieser Gefahr zu steuern, betont Dionysius, daß die Dinge, selbst wenn sie ewig wären im Sinne der Summe aller Zeiten, doch nicht gleich ewig wären wie Gott, weil er vor und über aller endlosen Zeit ist (De div. nom. X, 3); ferner seien zwar die Dinge Gott ähnlich, nicht aber er ihnen (De div. nom. IX, 6), ein Gedanke Plotins, der Enn. V, 5, 10 sagt, daß die Dinge an Gott teilhaben, nicht aber er an ihnen, weil er ein „Reines", „an und für sich Bestehendes", „mit nichts anderem Vermischtes" ist; außerdem wird unaufhörlich versichert, daß Gott überwesentlich ist, übergut, überseiend, so daß er, wie es im Schlußsatz von Div. nom. in einer kurzen Zusammenfassung des Ganzen heißt (XIII, 4), trotz der wesenhaften Emanation immer ἐπέκεινα bliebe. Bedenkt man aber, daß die Emanation eben eine wesenhafte ist und so notwendig erfolgt, wie die Ausstrahlung des Lichtes durch die Sonne (IV, 1), dann könnte man, verführt durch das schlechte Beispiel, das es in dieser Problematik gelegentlich gibt — Denifle etwa gegen seinen Ordensbruder Eckhart —, fragen, ob denn jetzt die Grenzen des geschöpflichen und des göttlichen Seins noch gesehen werden? Ob keine pantheistischen Tendenzen vorliegen? Allein man muß nuancierter fragen, nämlich nach dem Seinsmodus des Emanierten. Und der ist, obwohl die Emanation eine wesenhafte ist und sein muß, jener der Folge gegenüber dem Grunde, des Abbildes gegenüber dem Urbild. Damit ist wieder der Unterschied des ens a se und des ens ab alio da und der Pantheismus vermieden.

**γ) Hierarchie der Seinsschichten**

Der Hervorgang der Dinge aus Gott vollzieht sich also in einer Stufenfolge, und dadurch kommt es zu einer hierarchischen Ordnung des Seins, zu einer Schichtungsontologie. Die Dinge haben nämlich in verschiedener Weise an Gott teil. Je näher zu Gott Seiendes steht, um so mehr hat es an ihm teil, um so größer ist auch seine innere Einheit; je weiter es sich entfernt, um so geringer ist seine Teilhabe, und um so mehr zerstreut es sich in das Viele, wie man an den konzentrischen Kreisen um den Kreismittelpunkt sehen kann (De div. nom. V, 6). „Alles Leblose hat darum teil einfach dadurch, daß es nur ist... Die lebenden Dinge jedoch haben auch teil an seiner überlebendigen, lebenschaffenden Macht. Und was Geist und Seele besitzt, hat wiederum teil an seiner vollkommenen, übervollendeten Weisheit" (De cael. hier. IV, 1). Noch mehr natürlich steigert sich die Teilhabe bei den körperlosen Geistwesen, den reinen Intelligenzen der Sphäre der Engel, die übrigens auch wieder hierarchisch, in 9 Chöre nämlich, gegliedert ist.

**δ) Areopagitische Scholastik**

Der Schichtungsgedanke ist nichts Neues. Aber bei Dionysius schon in den Titeln seiner Werke einprägsam formuliert

αα) Schichtungsontologie

und in den Kommentaren des Maximus Confessor noch breit ausgeführt, wird er jetzt über diesen Weg zu einem Grundgedanken der scholastischen Ontologie. Die schematische Aufgliederung des Seins, die Maximus Confessor zu De cael. hier. IV, 1 gibt:

- Seiendes
  - Lebloses (Steine)
  - Belebtes
    - Ohne Sinne (Pflanzen)
    - Mit Sinnen
      - Vernunftloses (Tiere)
      - Vernunftbegabtes
        - Ohne Körper (Intelligenzen)
        - Mit Körper (Menschen)

ββ) Teilhabegedanke, das Gute und der Kausalbegriff

wird unzählige Male wiederholt. Ebenso ist es mit dem Teilhabegedanken, dem Satz, daß das Gute sich ausbreiten wolle — Pachymeres führt ihn in seiner Paraphrase zu De cael. hier. IV, 1 auf Gregor den Theologen zurück —, und vor allem mit jener Fassung des Kausalbegriffes, bei der in der Wirkursache mehr das Eidetische als das Mechanisch-Dynamische durchschlägt. Dionysius identifiziert förmlich die Wirkursache mit der Exemplarursache: „In jeder Ursache handelt es sich um ein Streben nach dem Schönen und Guten" (De div. nom. IV, 7); oder „Jede Ruhe und Bewegung ist aus dem Schönen und Guten, ist in ihm, zu ihm, ist seinetwillen... auch jede Dynamis und Energeia... auch jede Berührung (ἐπαφή)... was ist und was wird, ist und wird deswegen und ist immer darauf bezogen, wird davon bewegt und zusammengehalten, und darum besteht in ihm jede Exemplar-, Ziel-, Wirk-, Form- und Materialsuche" (a. a. O. § 10). Nicht nur Gott kann somit, als erste Wirkursache, zugleich letzte Endursache sein, nicht nur er bewegt natürlich auch hier die Welt durch den Eros, indem alle Bewegung als ein Streben nach ihm gedeutet wird, sondern auch in allen Einzelursachen ist die Wirkung im wesentlichen Formung. Die scholastische Wirkursache darf darum nie verwechselt werden mit der modernen mechanischen Ursache. Diese ist dem Zufall überantwortet, und darum muß z. B. Darwin erst nach neuen Gesetzen suchen, die das Werden der Arten erklären könnten. Jene aber ist immer schon formgesteuert. Sie ist das auch schon bei Aristoteles. Entscheidend ist, daß man erkennt, wie bei dieser Einstellung der Platonismus den Ton angibt. Er war es ja auch, der Aristoteles die zunächst gegen Platon eingeführte Bewegungsursache in bestimmten Fällen doch wieder auf die Formursache reduzieren ließ. Indem durch Ps.-Dionysius und seinen starken Einfluß auf die Scholastik die platonisierende Kausalitätsauffassung in tausend Wendungen in den Vordergrund gerückt wurde, kam es wie durch einen glücklichen Zufall, daß das platonische Erbe im aristotelischen Kausalitätsbegriff nicht verlorenging, obgleich die Scholastik auf Grund ihrer unhistorischen Haltung die wahren Zusammenhänge zwischen aristotelischem und platonischem Denken nicht sehen konnte, sondern eher veranlaßt war, den Gegensatz, der in der äußeren Tradition schroff bestand, auch als einen unüberbrückbaren inneren zu verstehen und weiterzuspinnen. Auf diesem Hintergrund entsteht der vielverwendete Satz, daß die Ursache vornehmer sei und mehr Sein enthalte als die Wirkung (De div. nom. IX, 6; II, 8). Noch Descartes wird ihn gebrauchen. Der Satz hat nur in diesem platonisierenden Zusammenhang mit dem Teilhabe- und Emanationsgedanken einen Sinn. Bei Plotin, Enn. III, 3, 3, 32, wird dieser ideengeschichtliche Ort sofort ersichtlich. Unmittelbare Quelle dürfte für Ps.-Dionysius aber wahrscheinlich Propositio 7 bzw. 14 der Elementatio theologica des Proklos gewesen sein.

ε) Rückkehr der Welt in Gott

Getreu seinem Vorbild Proklos läßt auch Dionysius die Welt wieder in Gott zurückkehren. So liegt es ja schon im Sinn des Teilhabegedankens: Alles strebt nach der Form und damit nach der Form der Formen, um diesen platonischen Gedanken einmal mit aristotelischen Begriffen auszudrücken. Wenn alle Bewegung ein Sehnen nach dem Schönen und Guten ist, muß der ganze Weltprozeß eine Hinbewegung zu Gott sein. Der Weg ist ein dreifacher: Reinigung, Erleuchtung, Vollendung. Diese meist aus Askese und Mystik bekannten Begriffe sind hier ontologische Faktoren auf dem Wege der Seinsrückentwicklung von unten nach oben. In der Menschenseele vollzieht sich die Rückkehr über den Glauben und das betrachtende Gebet bis zur ekstatischen Einigung mit dem Einen.

## 6. DER AUSKLANG DER PATRISTIK

Am Ausgang der Patristik steht eine Reihe von Männern, die alle auch irgendwie für die Scholastik von Bedeutung sein werden.

α) Prosper

So der treue Schüler Augustins Prosper von Aquitanien († um 463), der 392 Sentenzen seines Lehrers sammelt und damit die Literaturgattung der Sentenzenbücher begründet. —

β) Cassiodor

Ferner der Schüler des Boethius Cassiodorus Senator († 583). Er schrieb neben seinen berühmten geschichtlichen und exegetischen Werken ein Kompendium der sieben freien Künste (artes liberales), das im Mittelalter viel benützt wurde: De artibus ac disciplinis liberalium litterarum (Migne, Patr. lat. 70, 1105—1218). Cassiodor hat hier die Leistungen des Boethius für die Logik, Arithmetik, Geometrie und Musik für das Mittelalter erschlossen und für Jahrhunderte den Weg vorgezeichnet. —

γ) Maximus Confessor

Auch Ps.-Dionysius hatte einen getreuen Interpreten: Maximus Confessor († 662). Mit seinen Kommentaren zu den pseudo-areopagitischen Schriften wird er zu einem Bahnbrecher neuplatonischer Strömungen. — Eine wichtige Fundgrube für das Mittelalter war

δ) Isidor

auch die reiche literarische Arbeit des Isidor von Sevilla († 636). Von ihm stammt ein Sentenzenbuch, das aus Augustin und Gregor dem Großen schöpft. Noch einflußreicher sind seine „Etymologien" oder „Origines", eine Art Realenzyklopädie, die alles überliefert, was von der Antike und Patristik noch greifbar war, und wichtigste Grundbegriffe der Logik, der Philosophie überhaupt, aber auch des Rechts, der Staatsphilosophie, der Geschichte, des kirchlichen Lebens bis zu den alltäglichen Dingen des Lesens, Schreibens, Rechnens, der Medizin, Hauswirtschaft usw. bereitstellte (Kritische Ausgabe: W. M. Lindsay, Isidori Hispalensis Etymologiarum sive Originum libri. 2 Bde. Oxford 1911; Neudruck 1957). — Für die angelsächsische Welt war von

ε) Beda

besonderer Bedeutung Beda Venerabilis († 735). Er hat namentlich die mittelalterliche Naturlehre befruchtet. — Zu-

ζ) Damascenus

letzt sei noch Johannes Damascenus († 749) erwähnt. Er gehört der griechischen Patristik an, wird aber ebenso wie der Areopagite von den Lateinern adoptiert, seit Burgundio von Pisa im 12. Jahrhundert den dritten Teil seines Hauptwerkes „Quelle der Erkenntnis" (Πηγὴ γνώσεως) unter dem Titel „De fide orthodoxa" ins Lateinische übertragen hat (Ausgabe: Saint John Damascen, De Fide Orthodoxa, Versions of Burgundio and Cerbanus. Ed. by E. M. Buytaert 1955. In: Franc. Instit. Publ. Text Ser. Nr. 8. Siehe oben S. 324.). Es sind viele neuplatonische Ideen in seinem Werke enthalten, aber auch viele aristotelische; letztere aus der syrischen Aristoteles-Tradition. Wie in einer Rekapitulation sind in ihm nochmals die Hauptströmungen vereint, die die Patristik bewegen, das christliche Gedankengut der Bibel und der Väter, der Platonismus und Neuplatonismus, die aristotelische Philosophie. Letztere war in der Patristik stark im Hintergrund gestanden. Jetzt schiebt sie sich mehr und mehr in den Vordergrund, um dann in der Hochscholastik das ganze Bild zu beherrschen.

Literatur

J. de Ghellinck, Le mouvement théologique du XIIe siècle (Bruxelles-Paris [2]1948) 374—415. J. Nasrallah, Saint Jean de Damas, son époque, sa vie, son œuvre (Harissa 1950). J. Fontaine, Isidore de Séville et la culture classique dans l'Espagne Wisigothique (Paris 1959). E. L. Fortin, Christianisme et culture philosophique au cinquième siècle (Paris 1959). H. Pohl, Isidor von Sevilla. Sein Leben, sein Werk und seine Zeit (1962). — Andrés Segovia, Informe sobre Bibliografía isidoriana (1936—60). In: Estudios Eclesiásticos (Madrid 1961).

*ZWEITES KAPITEL*

# DIE PHILOSOPHIE DER SCHOLASTIK

## Allgemeines

### a) Begriff der Scholastik

Unter Scholastik im engeren Sinn versteht man die in den Schulen des eigentlichen Mittelalters, also von Karl dem Großen bis zur Renaissance ausgeprägte philosophisch-theologische Spekulation, wie sie uns vor allem in der Summen- und Quaestionenliteratur entgegentritt. Jene Schulen waren ursprünglich die Dom- und Klosterschulen, später die Universitäten. In einem etwas weiteren Sinn bezeichnet Scholastik auch das Denken dieses Zeitraumes, das zwar nicht die schulmäßige, begrifflich-rationale Methode aufweist, aber doch auch auf demselben metaphysischen und religiösen Grund steht, wie z. B. die Mystik. Und auch die arabisch-jüdische Philosophie kann noch darunter verstanden werden, soweit sie in dieser Periode mit der eigentlichen Scholastik in Berührung kommt.

### b) Scholastische Methode

α) Lehrbetrieb

αα) Artes liberales

Grundlage der mittelalterlichen Schule war der Unterricht in den „Sieben freien Künsten“ (artes liberales). Sie teilten sich in das Trivium (Grammatik, Dialektik, Rhetorik) und Quadrivium (Arithmetik, Geometrie, Musik, Astronomie). Ihr Gefüge war aufgelockert, und wie die Wissenschaftseinteilungen zeigen, konnte unter dem Titel Dialektik nicht nur die Logik, sondern praktisch die ganze Philosophie gelehrt werden. In der Rhetorik war gewöhnlich, der antiken Tradition entsprechend, auch die Ethik untergebracht. Bei Alkuin ist bezeichnenderweise dem Dialog über die Rhetorik auch noch ein solcher De virtutibus hinzugefügt (Migne, Patr. lat. 101, 943—950). Inhaltlich orientierte man sich an dem platonischen Schema der vier Kardinaltugenden, wie es durch Apuleius, De Platone et dogmate eius, durch Macrobius, In somnium Scipionis I, 8, durch Ciceros De inventione II, durch Augustinus (De div. qu. 83, c. 31 ff.) und Isidor überliefert war. Dazu kamen die Rhetorik-Kommentare, z. B. Fortunatianus, Laurentius Victorinus u. a. Typisch für die in den Artes gelehrte Ethik ist das 1955/56 von Ph. Delhaye und C. H. Talbot edierte Florilegium morale Oxoniense. Die christliche Substanz dieser Moral wurde aus den Vätern geschöpft, vor allem aber aus Sentenzensammlungen wie etwa dem Liber scintillarum des Defensor (Kritische Edition 1957 durch H. M. Rochais im Corpus Christianorum) u. ä. Obwohl die Lehrer der Artes Geistliche waren, fallen die Artes nicht unter die Theologie. Es ist eine weit verbreitete, aber nichtsdestoweniger falsche Anschauung, daß alle Scholastik Theologie ist. Cassiodor bezeichnet in seinem Kompendium die Artes ausdrücklich als scientiae saeculares (Migne, Patr. lat. 70, 1142, 1151, 1160, 1204). Da die Dom- und Klosterschulen auch eine Äußere Abteilung (schola exterior) hatten, die auch Laien besuchen konnten, wurden die Artes übrigens bedeutsam auch für das ritterliche Tugendsystem und waren nicht nur darauf beschränkt, in der schola interior Vorschule für den Nachwuchs des Klerus und der Orden zu sein.

ββ) Hohe Schulen

Der Lehrbetrieb an den hohen Schulen des Mittelalters beruhte auf zwei Grundformen, der lectio und der disputatio. In der lectio, unserer heutigen Vorlesung, kam der akademische Lehrer allein zu Worte. Sie schloß sich gewöhnlich an ein Sentenzenwerk an und hatte die Aufgabe, die „Meinungen" (sententiae) anerkannter Autoren zu kommentieren. In der Theologie legte man meistens die Sentenzen des Petrus Lombardus zugrunde, in der Philosophie Werke des Boethius oder des Aristoteles. Die disputatio war eine freie Aussprache zwischen Lehrer und Schülern, in der die Argumente für und gegen eine These vorgebracht und durchgesprochen wurden.

β) Literaturformen

Aus diesen Formen des Lehrbetriebes ergaben sich von selbst die entsprechenden scholastischen Literaturformen. Aus der lectio erwuchsen die Kommentare, von denen das Mittelalter eine Unzahl besaß; so zum Lombarden, zu Boethius, Pseudo-Dionysius und besonders zu Aristoteles. — Aus den Kommentaren wiederum entwickelten sich die Summen, indem man sich vom Gängelband des Textbuches mehr und mehr befreite und den systematisch-sachlichen Gesichtspunkten

αα) Kommentare

ββ) Summen

in der Darstellung des Lehrstoffes die Führung überließ. —
γγ) Quaestionen Aus der Disputatio entstand die Quaestionenliteratur, die wieder in zwei Unterformen zerfällt, in die der Quaestiones disputatae und der Quodlibetalia. Erstere enthalten den Ertrag der regelmäßig, alle 14 Tage etwa, abgehaltenen disputatio ordinaria, die auf einen längeren Zeitraum hinaus ein einzelnes Thema (z. B. de veritate, de potentia, de malo) verfolgen; letztere bilden den Niederschlag aus den jährlich zweimal, vor Weihnachten und Ostern, stattfindenden Disputationsübungen, die bald über dies, bald über das gingen (quaestiones de quolibet) und mehr der Repräsentation
δδ) Technik der Summen dienten. — Die Disputationstechnik des Pro und Contra und der dem Widerstreit folgenden Lösung bestimmte weithin den Bau auch der mittelalterlichen Summen. So werden z. B. bei Thomas v. A. in seiner theologischen Summe zunächst einige Argumente vorgebracht, die der geplanten Lösung entgegenstehen (obiectiones); mit der Wendung sed contra kündet sich dann, gewöhnlich mit dem Ausspruch einer Autorität, die gegenteilige Ansicht an; sie wird darauf im eigentlichen Hauptteil des Artikels (corpus articuli) thetisch dargelegt; woraus dann schließlich die Antworten erfolgen auf
εε) Opuscula die zu Beginn vorgetragenen Gegenargumente. — Die Scholastik kannte aber auch schon die freie thematische Bearbeitung eines Problems. Die kleinen Einzelwerke, die das besorgen, heißen Opuscula.

### c) Geist der Scholastik

α) Auctoritas und Ratio Nach dem Gesagten muß der Geist der Scholastik sich in zwei Elementen entfalten, der Auctoritas und der Ratio, der Tradition und dem sie durchdringenden Denken. Die Auctoritas ist die eine Triebfeder der scholastischen Methode. Solche Autoritäten waren Aussprüche der Bibel, der Kirchenväter, der Konzilien, auch in der Philosophie; vor allem aber Aussprüche des Aristoteles, der „der Philosoph“ schlechthin war, sowie des Averroes, der „der Kommentator“ schlechthin war. Gesammelt wurden die Meinungen dieser Art in den Sentenzenbüchern und daher deren große Bedeutung. Da aber die Sentenzen anerkannter Autoritäten nicht immer übereinstimmten, Augustinus doch vielfach etwas anderes sagt als Aristoteles, ergab sich von selbst die zweite Triebfeder der scholastischen Methode, das rationale Denken, das den überlieferten Lehrsätzen in begrifflicher Analyse ihren Sinn abzuringen, sie in ihrer Geltung näher zu bestimmen und womöglich in Einklang zu bringen sich bemühte.

β) Ihre Stärke und Schwäche

Die denkerische Energie, die bei dieser Aufgabe entfaltet wurde, ist imposant. Zwei Dinge zeichnen sie aus, Objektivität und logische Schärfe. Der scholastische Denker produzierte nicht seine Subjektivität; Philosophie ist ihm weder Dichtung noch Gefühl noch Standpunktsache. Man will nur der objektiven Wahrheit als solcher dienen. Diese Menschen konnten glauben und eine Sache um ihrer selbst willen tun. Und sie taten es mit einem Aufwand von Logik, der erst heute wieder recht gewürdigt wird, nachdem man lange Zeit darin nur Dialektik im üblen Sinn sehen wollte. Dieser Tadel war freilich nicht ganz unberechtigt. Man klebte vielfach zu sehr am Wort. Man glaubte an die überkommenen Termini und wollte sie hören. Und um sie nicht preisgeben zu müssen, gab man ihnen häufig einen Sinn, der ihnen weder historisch noch sachlich zukam. Man war zu rezeptiv, zu unhistorisch und zu unkritisch. Und so überdecken und vermischen sich in Begriffen und Problemen die verschiedensten Denkrichtungen und werden so wenig mehr auseinandergehalten wie die Übermalungen alter Gemälde, und es bedarf des sorgfältigsten Präparators, um die einzelnen Schichten wieder voneinander abzuheben, wenn man es überhaupt noch vermag. Aber die Schichten sind da und das ist wieder der Vorteil dieser Ehrfurcht vor dem Überkommenen. Die Scholastik wird so zu einem großen Museum des Geistes. Dieselbe Zeit, die die Handschriften der Antike treu bewahrte, hat auch in ihrem Denken dafür gesorgt, daß nichts verlorengehe, was die Großen der Geistesgeschichte geschaffen haben. Hat die Scholastik auch ihre auctoritates vielfach umgedeutet, so hat sie uns die Meinungen der Alten doch überliefert und uns nicht den Weg verbaut, sie nun über die gut konservierten Worte wieder in ihrem ursprünglichen historischen Sinn zu verstehen. Die Scholastik gehört zu den dankbarsten Gebieten ideengeschichtlicher Forschung und birgt noch viele ungehobene Schätze.

Literatur

M. Manitius, Geschichte der lateinischen Literatur des Mittelalters. 3 Bde. (1911 ff.). M. Grabmann, Die Geschichte der scholastischen Methode, 2 Bde. (1909/11, Neudruck 1957). Ders., Mittelalterliches Geistesleben. 3 Bde. (1926—56). R. L. Poole, Illustrations of the History of Medieval Thought and Learning (London [2]1920, Nachdr. 1963). P. Glorieux, La Littérature Quodlibétique de 1260—1320. I (Kain 1925), II (Paris 1935) (= Bibliothèque thomiste 5 bzw. 21). É. Gilson-R. Schmücker, Geist der mittelalterlichen Philosophie (1950). J. de Ghellinck, L'essor de la littérature latine au XIIe siècle. 2 Bde. (Bruxelles-Paris 1946). Ders., Le mouvement théologique du XIIe siècle (Bruxelles-Paris [2]1948). E. R. Curtius, Europäische Literatur und lateinisches Mittelalter (1948, [2]1954). Ph. Delhaye, L'organisation scolaire au XIIe siècle. Traditio 5 (New York 1947). Artes liberales. Von der antiken Bildung zur Wissenschaft des Mittelalters. Hrsg. von J. Koch (Leiden 1959). J. Pieper, Scholastik (1960).

## I. DIE FRÜHSCHOLASTIK

### 1. DIE ANFÄNGE

a) Karolingische Renaissance

Die ersten Anfänge der Scholastik liegen im Werke Karls des Großen. Mit ihm hebt nicht nur neues politisches, sondern auch neues geistiges Leben an. Man hat mit Recht von einer karolingischen Renaissance gesprochen. In den Schulen, die in seinem Reiche entstehen, wirken eine Reihe von bahnbrechenden Männern. Der angelsächsische Mönch Alkuin kommt 781 von York an die Hofschule von Aachen. An der Klosterschule von Fulda lehrt Hrabanus Maurus († 856). Paschasius Radbertus († 860) und Ratramnus machen das Kloster Corbie an der Somme berühmt. Es sind nicht große philosophische Leistungen, was hier zu verzeichnen ist, aber es ist ein neuer Frühling, der sich regt, und man darf von ihm hoffen, daß er Früchte tragen wird.

b) Eriugena

Wir erleben dies auch sofort an Johannes Scotus Eriugena († ca. 877), einem Iren (Irland = Scotia maior; Eriugena ist darum ein Pleonasmus). Auf Veranlassung Karls des Kahlen übersetzte er die Werke des Areopagiten, die von Konstantinopel an den Hof Ludwigs des Frommen gesandt worden waren, und wird schon allein damit zu einer Eingangspforte des Neuplatonismus in die Scholastik. Sein Hauptwerk führt den Titel: De divisione naturae. Es handelt von Gott als der höchsten Ursache, von den Ideen, von den geschaffenen Dingen und von der Rückkehr der Dinge zu Gott.

α) Sein Neuplatonismus

αα) Seinsstufen

Man erahnt schon aus diesen Themen die neuplatonische Haltung, und die Philosophie des Eriugena ist in der Tat Neuplatonismus. Das Sein wird wieder abgestuft gedacht, und in der Stufung liegt eine Werthöhe. Zuoberst steht Gott als der ungeschaffene, alles schaffende Urgrund (natura creans increata). Indem Gott sich selbst schaut, entstehen von Ewigkeit her in reiner Zeitlosigkeit die Ideen. In ihnen legt Gott sich selbst auseinander und schafft damit die Prinzipien des Werdens; denn diese Ideen sind die eigentlichen Ursachen des Seins der Dinge, die causae primordiales oder prototypae. Und das ist jetzt die zweite Stufe, das geschaffene schöpferische Sein (natura creata creans). Daß in reiner Zeitlosigkeit Ideen „geschaffen" werden sollen, begegnet gedanklichen Schwierigkeiten, weil mit dem Schöpfungsbegriff gewöhnlich die Zeit verbunden wird. Aber man wird den Begriff, den noch Cusanus so gebrauchen wird, nicht pressen dürfen. Es soll damit eben gesagt werden, daß Ideen als Gedanken im Geiste Gottes, weil sie eben „gedacht" werden, wohl in einem anderen Sinn ewig sein müssen als Gott selbst. Wenn nun, dritte Stufe, die raum-zeitliche Welt geschaffen wird, dann sind es diese Ideen, die ihr das Sein leihen. Kraft ihrer besteht auch alle Wirksamkeit; denn das Sein der dritten Stufe kann selbst nicht wieder schöpferisch werden (natura creata nec creans). Darum ist Gott alles in allem und die Welt eine Erscheinung Gottes. „Wir dürfen nicht Zweierlei, unter sich Verschiedenes denken, den Schöpfer und das Geschöpf, sondern nur eines und dasselbe." Die sinnliche Welt stellt freilich die Idee nie rein dar; sie will es aber, und es liegt in der ganzen Tendenz dieser Seinsbetrachtung, eine letzte Stufe anzunehmen, auf der die Annäherung an das Reine und Übernatürliche wieder gelingt und die „Vollendung" erreicht wird, wo also das Sein wieder heimgekehrt ist zu seinem Prinzip (natura nec creata nec creans). Damit scheint diese Seinsmetaphysik zur Identitätsphilosophie zu werden. Man hat auch häufig von einem Pantheismus bei

ββ) Pantheismus?

Eriugena gesprochen, und schon 1225 hat Honorius III., nachdem Amalrich von Bènes seinen Pantheismus auf Eriugena stützen wollte, in der Tat das Werk unseres Philosophen deswegen verurteilt. Man darf aber nicht übersehen, daß der eigentliche Pantheismus, besonders der moderne, und von hier aus verstehen wir heute diesen Begriff, Gott beseitigen will. Das Werk des Eriugena aber will gerade umgekehrt zur Erkenntnis der Größe Gottes führen. Eriugena hatte nichts anderes gesagt als Gregor von Nyssa, der Areopagite und Maximus Confessor, von denen er stärkstens angeregt ist. Er hat vielleicht den Unterschied zwischen Gott und Welt etwas weniger betont. Aber im Grunde ist er da, weil für Eriugena genauso wie für den Areopagiten die Ideen im Geiste Gottes nicht gleich ewig sind wie Gott, weil sie geschaffen sind und weil die sinnliche Welt mit der Idee ebensowenig identisch ist wie im genuinen Platonismus; sie ist auch nur ähnlich. Und so wird es immer sein beim mittelalterlichen Neuplatonismus, wenn er Identitätserklärungen abgibt. Sie sind weniger eine logische Gleichung als vielmehr „Ähnlichkeit", denn es ist nur die Gleichheit zwischen Urbild und Abbild gemeint. Und dazu sind diese Termini zugleich ein religiöses Symbol für ein schlechthinniges Abhängigkeitsgefühl; denn der Neuplatonismus ist im Christentum noch mehr als schon in seinen antiken Ursprüngen eine ebenso starke religiöse wie philosophische Erscheinung. Er pflegt sich dann auch regelmäßig mit der Mystik zu verbinden, und seine Terminologie ist offenkundig beladen mit religiösen Gefühlen und Tendenzen.

β) Glaube und Wissen

Aus dem Geist des Neuplatonismus versteht sich auch die These Eriugenas, daß Philosophie und Religion sich decken: Wahre Philosophie ist Religion und umgekehrt. In diesem Sinn ist die Vernunfteinsicht Ziel des Glaubens. Das besagt keinen Vorrang der Vernunft vor dem Glauben, keinen Rationalismus, sondern meint, was später oft wiederholt wird, wenn man gegen die Lehre von der doppelten Wahrheit auf den gemeinsamen Ursprung der philosophischen und theologischen Wahrheit hinweist, aus dem hervorgehe, daß Vernunft und Glaube sich nie widersprechen können. Nur gegenüber der menschlichen Autorität, die nicht die Offenbarung selbst ist, sondern nur ihre Deutung, hat Eriugena sich eingesetzt für das Vorrecht der Vernunfteinsicht: „Alle und jede Autorität, die nicht durch Vernunfteinsicht gestützt wird, scheint schwach zu sein, während ein wahrer Vernunftgrund durch seine eigene Kraft unantastbar bleibt.“

c) Dialektiker und Antidialektiker

Das 9. Jahrhundert hat außer Eriugena keine wesentlichen philosophischen Leistungen mehr hervorgebracht. Das 10. noch weniger. Dagegen fällt der Beginn des 11. Jahrhunderts zunächst einmal auf durch einen müßigen Streit zwischen den sog. Dialektikern und Antidialektikern. Die dialektische Kunst, wie man sie im Trivium lernte, scheint manchen in den Kopf gestiegen zu sein und wurde zu Spleen und Sport. Man bereiste die Welt mit seinen Syllogismen und löste ohne Einblick in tiefere und größere Zusammenhänge rein mechanisch mit Worten die Probleme. Anselm von Besate, der „Peripatetiker“, war von dieser Art, und ebenso Berengar von Tours. Als dieser die philosophische Betrachtungsweise rein mechanisch auch auf die Glaubenslehre anwandte, tat die Gegenpartei ebenso absolut und lehnte die Philosophie radikal ab. Ihr Führer war Petrus Damiani (1007–72). Wie die anderen alles der Philosophie unterwarfen, unterwarf er alles der Theologie. Vor Gott wären die Gesetze der Logik ungültig; er könne Geschehenes ungeschehen machen; um seine Seele zu retten, brauche man keine Philosophie, und im Grunde wäre sie doch eine Erfindung des Teufels; höchstens als Magd der Theologie könne sie Verwendung finden. Es war kein sehr tiefgründiger Anlaß, der zu dem viel zitierten Wort führte: Philosophia ancilla theologiae, und, genauer besehen, bildet es kein Motto für den Geist der Scholastik. Es wurde an der Peripherie der Scholastik gesprochen. Auch die Astronomie hieß gelegentlich eine ancilla theologiae, einfach deswegen, weil sie ein Weg zu Gott werden konnte.

Werke und Literatur

J. Scotus Erigena, De divisione naturae (Oxford 1681, Nachdr. 1964). J. P. Sheldon-Williams, Johannis Scoti Eriguenae Periphyseon (De divisione naturae) I—II (Dublin 1968 ff.). A. M. Landgraf, Einführung in die Geschichte der theologischen

Literatur der Frühscholastik (1948). M. Cappuyns, Jean Scot Erigène. Sa vie, son œuvre, sa pensée (Louvain 1933). J. J. O' Meara, Eriugena (Dublin 1969). Ders. u. L. Bieler, The mind of Eriugena (Dublin 1972).

## 2. ANSELM VON CANTERBURY

### Der Vater der Scholastik

Anselm von Canterbury (1033–1109) stammt aus Aosta, war Abt des Klosters Bec in der Normandie und wurde später Erzbischof von Canterbury. Erst mit ihm findet die Frühscholastik zu sich selbst. Was vor ihm liegt, sollte man eigentlich, wie Grabmann vorschlägt, Vorscholastik heißen. Seine zwei berühmtesten Werke sind das Monologium, das von der Weisheit Gottes, und das Proslogion, das von der Existenz Gottes handelt.

Ausgaben und Literatur

Migne, Patr. lat. 158—159. — Kritische Ausgabe: Fr. S. Schmitt, S. Anselmi Opera omnia. 5 Bde. (Edinburgh 1946 ff.). Ders., S. Anselmi Monologion et Proslogion. Accedunt Gaunilonis pro insipiente et Anselmi responsio (Padua 1951). J. Alameda, Obras completas de San Anselmo. 2 Bde. (Madrid 1952. — Text von Schmitt mit spanischer Übersetzung). Fr. S. Schmitt, Anselm von Canterbury Cur Deus homo. Lateinisch und deutsch (1956). Auswahl in deutscher Übersetzung bringen: R. Allers, Anselm von Canterbury. Leben, Lehre, Werke, übers., eingeleitet und erläutert (1936) und A. Stolz, Anselm von Canterbury. Sein Leben, seine Bedeutung, seine Hauptwerke (1937).

K. Barth, Fides quaerens intellectum (1931). A. Kolping, Anselms Proslogion-Beweis der Existenz Gottes im Zusammenhang seines spekulativen Programms Fides quaerens intellectum (1939). S. Vanni Rovighi, S. Anselmo e la filosofia del secolo XI (Milano 1949). J. Kopper, Reflexion u. Raisonnement im ontologischen Gottesbeweis (1962). K. Flasch, Zum Begriff der Wahrheit bei A. v. C. In: Philos. Jahrb. 72 (1965) 322—352. Lit. speziell zum „Ontologischen Beweis" bei F. van Steenberghen in Bocheńskis bibliographischen Einführungen, Heft 17 S. 24. — F. S. Schmitt (Hrsg.), Analecta Anselmiana (1969 ff.).

a) Fides quaerens intellectum

Anselm ist ein ganz an Augustinus groß gewordener Denker. Aus dessen Geist ist auch das Motto geprägt, das er der Scholastik nun mit auf den Weg gibt, fides quaerens intellectum. Was aber dort mehr eine große Idee gewesen ist, wird hier nun in einer Weise im Detail ausgeführt und vorgeführt, die jetzt Schule macht. Die Glaubenssätze werden rational, nach logischen Gesichtspunkten in ihrem Inhalt und ihrem Zusammenhang durchleuchtet und so in ein System gebracht, das es gestattet, eines aus dem anderen zu deduzieren und damit aus tieferen Gründen zu verstehen. Dieser Rationalismus löst die Glaubensgeheimnisse nicht auf, sondern sucht nur, soweit als möglich, das Glaubensgut logisch zu durchformen. Man kann darum füglich fragen, ob Anselm ein Philosoph sei, weil seine Prämissen letztlich immer religiöse Themen sind. „Ich will nicht wissen, um glauben, sondern glauben, um wissen zu können", erklärt er. Allein, es hebt sich ja die ganze Scholastik auf diesem Hintergrund ab, und außerdem reicht Anselms Spekulation so weit, daß sie die philosophischen Probleme mit erörtert. Wenn auch in theologischem Gewande, tatsächlich liegt die philosophische Problematik dennoch vor.

b) Anselmianischer Gottesbeweis

Man sieht es sofort an dem Problem, das Anselm einen markanten Platz in der Philosophiegeschichte eingetragen hat, an seinem Gottesbeweis, wie er im Proslogion entwickelt wird. Kant hat diesen Beweisgang den ontologischen geheißen. Er hat dabei allerdings unmittelbar nur die Form im Auge, die ihm Descartes und Leibniz gegeben haben. Der Gedanke taucht aber schon bei Anselm auf und hat hier folgenden Inhalt. Die Vernunft findet in sich selbst die Idee des denkbar höchstens Wesens vor (id quo maius cogitari non potest). Existierte nun dieses Wesen bloß in den Gedanken der Vernunft, so wäre es nicht das höchste Wesen, weil dann noch ein höheres Wesen gedacht werden könnte, ein Wesen nämlich, das nicht nur im Denken, sondern auch in der Wirklichkeit existiert. Darum verlangt die Idee des höchsten Wesens, daß dieses nicht nur in der Vernunft, sondern auch in der Wirklichkeit existiere. α) Gedankengang

β) Kritik und Gegenkritik

Schon der Mönch Gaunilo hatte darauf erwidert: Wenn ich mir eine vollkommene Insel denke, so folgt daraus noch nicht, daß sie existiert. Es ist das Gleiche, was später Kant sagen wird: Mit dem Begriff einer Sache ist ihre Existenz noch nicht gegeben. Wenn ich mir 100 Taler denke, sind sie noch nicht da. Allein, das hatte Anselm auch gewußt. Wenn ein Maler sich ein Werk ausdenkt, existiert es noch nicht, sagt er. Darum hielt er an seinem Gottesbeweis fest und erwidert in der Gegenschrift gegen Gaunilo, daß mit dem Beispiel von der vollkommenen Insel der wahre Sachverhalt nicht getroffen werde; denn in der Idee Gottes liegt ein einzigartiger, unvergleichlicher Fall vor, weil wir hier ein Wesen denken, das alle Vollkommenheiten notwendig und von Ewigkeit her einschließt, während eine Insel immer nur ein begrenztes Sein ist. Und damit zeigt sich der Nerv des Beweises. Er liegt in dem Begriff „Wesen, das alle Vollkommenheit in sich enthält“.

γ) Unzulängliche Interpretationen

αα) Trugschluß?

Die Überlegung Anselms kann leicht unzulänglich interpretiert werden. So kann man in ihr einen Trugschluß finden wollen, der von etwas nur Logischem in das Ontologische überspringt; denn der „Begriff“ vollkommenstes Wesen sei ja nicht aus der Erfahrung als berechtigt ausgewiesen. Dieser Einwand setzt jedoch die moderne Erkenntnislehre voraus, wonach Begriffe nur Gedanken sind, die allein aus der Sinneserfahrung ihre Berechtigung erhalten. Das ist aber nicht die Situation Anselms. Er unterscheidet in Kap. 2 des Proslogions zwar auch zwischen dem, was nur Gedanke (in intellectu esse), und dem, was real (in re esse) ist; und in der Erwiderung an Gaunilo spricht er auch zur Genüge von falschen Begriffen (§ 4). Aber der Gottesgedanke sei eben nicht ein Begriff dieser Art des alltäglichen Denkens, sondern sei eine ganz besondere Idee; welche, wird sich sofort zeigen.

ββ) Didaktik?

Zuvor muß noch eine zweite unzulängliche Interpretation erwähnt werden, die Meinung, Anselm habe vom religiösen Glauben her gewußt, daß zum Wesen Gottes seine Existenz gehöre und daß deswegen sein „ontologisches“ Argument nur didaktische Explikation seines Glaubens ist; nicht mehr. Dafür scheint zu sprechen, daß Anselm sich für seinen Gottesbegriff mehrfach auch auf den Glauben beruft (Proslog. Kap. 2; Erwiderung an Gaunilo §§ 1 u. 10). Dagegen spricht, daß diese Berufung nicht primär sein muß und daß hinter dieser Interpretation die etwas billige Anschauung steht, daß ein Scholastiker in seinem ganzen Denken nur vom Glauben her operieren könne; oder, wenn es höher geht, vom Glauben her operieren müsse, weil das Wissen grundsätzlich in diesen Dingen aufzuheben sei; was man dann noch damit zu stützen sucht, daß man an Anselm besonders von Cur Deus homo aus herangeht. Aber es ist anders gewesen in der Scholastik. Für Anselm bestätigt Johannes von Salisbury ausdrücklich, daß er, was der Glaube lehrt, ratione convincere wollte (Vita S. Anselmi Kap. 5; Migne lat. 199, 1017). Unmittelbar ist das zwar in Hinsicht auf das Monologium gesagt, gilt aber vom Proslogion nicht weniger. Im übrigen entscheidet über die ganze Interpretation der ideengeschichtliche Ort, an den die Überlegung hingehört und der ihr ihren eigentümlichen Sinn gibt.

δ) Ideengeschichtlicher Ort

Was ist das für eine Gottesidee, die Anselm im Kopf hat? Nun, das quo maius cogitari non potest wird in der Erwiderung an Gaunilo erläutert mit dem Satz: „Illud vero solum non potest cogitari non esse, in quo nec initium nec finem nec partium coniunctionem, et quod non nisi semper et ubique totum ulla invenit cogitatio" (§ 4; auch 1 und 8). Das ist also das vollkommenste Wesen, was weder Anfang noch Ende noch Teile hat, was das Ganze ist; das Ganze des Seins und des Denkens. Hier allein fallen Wesen und Existenz, Denken und Sein zusammen. Auch Anselm könnte schon von einer Omnitudo realitatis sprechen; auch er schon sagen: Alles Vernünftige ist wirklich. Was er mit seinem vollkommensten Wesen im Auge hat, ist nämlich nichts anderes als die Gottesidee des Boethius vom summum omnium bonorum cunctaque bona intra se continens; als die Gottesidee Augustins vom bonum omnis boni; als die platonische Idee des Guten, sein ἀνυπόθετον und ἱκανόν. Aus seinem anderen großen Werk, dem Monologium, geht das noch klarer hervor. Dort werden zwei typisch platonisierende Gottesbeweise geführt: aus den Stufen der Vollkommenheit und aus der Idee des höchsten Seins. Aber dieser Aufstieg zum Vollkommensten ist auch im Proslogion mitgemeint. In der Erwiderung an Gaunilo wird er übrigens erwähnt (§ 8). Anselm hat nicht eine μετάβασις εἰς ἄλλο γένος vollzogen, sondern hat den apriorischen Gedankengang im Auge, daß alles Unvollkommene ein Vollkommenes voraussetze, das dem ganzen Sein nach früher ist. Da das Unvollkommene eine Realität ist, ist es das Vollkommene erst recht, ja es ist die Realität, dergegenüber das Unvollkommene nur Abbild ist.

ε) Wahrheitsbegriff

Zieht man noch den Wahrheitsbegriff Anselms heran, dann wird sein Gottesbeweis ganz durchsichtig. Wahrheit meint nach Anselm die „Richtigkeit" der Wesenheiten, die damit gegeben ist, daß sie mit ihrem Urbild im Geiste Gottes übereinstimmen. Sie wird im Geist und nur hier erfaßt (veritas est rectitudo mente sola perceptibilis: De verit. Kap. 11); und zwar immer dann, wenn er notwendige Beziehungen entdeckt. Erblickt nun unser Denken in der Idee Gottes einen notwendigen Zusammenhang von Wesen und Existenz, dann offenbart sich uns eben darin die Urwahrheit; denn nur deswegen können wir eine Wahrheit im Abbild denken, weil sie im Urbild existiert. Quod sit una veritas in omnibus veris lautet die Überschrift von Kap. 13 in De veritate. Darum kann man eben nicht sagen, daß Anselm unberechtigterweise von der Welt des Begriffes auf die Welt der Realität überspringe. Für ihn ist Denken und Sein noch nicht so aufgespalten wie in der Neuzeit. Dazu ist es noch zu früh. Anselm ist ganz vom Geiste Augustins erfüllt, und für diesen platonisierenden Denker sind das Urwahre und das Urgute, das Urbild und die Idee die eigentliche Wirklichkeit, von der alles Sein und Erkennen lebt, so daß man jederzeit von verschiedenen Seiten her zu Gott aufsteigen kann.

ζ) Nachwirkung

Der anselmianische Gottesbeweis hat nachgewirkt bis weit in die Hochscholastik und Neuzeit hinein. Während ihn Thomas von Aquin ablehnt (S. th. I, 2, 1 ad 2; S. c. g. I, 10 f.; De ver. 10, 12), haben Wilhelm von Auxerre, Alexander von Hales, Bonaventura, Albert der Große und Ägidius von Rom ihn angenommen; wie man sieht, alles Denker, bei denen mehr oder weniger stark augustinisch-platonisierende Tendenzen vorliegen, woran man nochmals den ideengeschichtlichen Charakter dieses Beweises und seines Autors zu erkennen vermag.

### c) Moralprinzip

Weniger bekannt, aber nicht weniger wichtig ist, weil bezeichnend für den tieferen Geist der Scholastik, was Anselm zum Prinzip der Sittlichkeit gesagt hat. Unmittelbar nach der Definition der Wahrheit erfolgt in De veritate auch eine Definition der Gerechtigkeit (Kap. 12). Gemeint ist mit dieser iustitia das sittlich Gute in seinem Prinzip. Was ist erforderlich, damit eine Handlung sittlich gut sei, wird gefragt. Antwort: Nicht nur das äußere sachlich richtige Werk, sondern auch das bewußte und freie Bejahen und Wollen des Gesollten. Aber auch das genügt noch nicht. Zu dem Was und Wie muß noch ein bestimmtes Warum (cur) kommen. Würde jemand aus Eitelkeit oder um äußeren Lohnes willen das sachlich Richtige tun, so wäre er kein iustus. Er muß es vielmehr tun, wissend und frei wollend, einzig und allein um der Richtigkeit als solcher willen. Darum lautet die Definition der sittlichen Gutheit: „Gerechtigkeit ist die Richtigkeit des Willens, die um ihrer selbst willen gewollt ist" (iustitia est rectitudo voluntatis propter se servata). Anselm hat das Moralprinzip auch in der Gesetzlichkeit als solcher gesehen, nicht nur Kant.

## 3. PETER ABAELARD

### Mittelalterliche Subjektivität

Persönlichkeit und Werk

Das Programm Anselms, die Glaubenswahrheiten rational zu durchdringen, fand eine wesentliche technische Förderung durch das Werk Peter Abaelards (1079—1142), eines Mannes, der ebenso hervorsticht durch seine Persönlichkeit und sein bewegtes Leben wie durch sein Schaffen und eigenwilliges Denken. Um das Fragen aufzurütteln und zum vertieften Studium eines Problems anzuregen, bildet er die von Kanonisten (Bernold von Konstanz) begründete, aber auch schon von Anselm von Laon geübte Methode, jeweils sich widersprechende „Autoritäten" einander gegenüberzustellen, dialektisch weiter. Das ist der Grundgedanke seines Werkes „Sic et Non" (Ja und Nein). Es war auf die Ausbildung der scholastischen Methode von größtem Einfluß, speziell auf die Disputationstechnik, die ja, wie wir sahen, auch in den Summen das Gerüst ausmachte. Sein ethisches Hauptwerk führt den Titel: Ethica seu scito teipsum. Seine von Geyer und Grabmann neu entdeckten logischen Schriften reihen ihn „in die erste Linie der philosophischen Köpfe des Mittelalters" ein (Grabmann). Es gibt vier Logiken von Abaelard: die Introductiones parvulorum, die Logica ingredientibus, die Logica nostrorum petitioni (letztere beide von Bernh. Geyer herausgegeben) und schließlich sein logisches Hauptwerk, die 1956 erstmals vollständig von L. M. De Rijk edierte Dialectica. Mit ihr wird sich nicht nur die Logik überhaupt, sondern speziell auch noch die moderne Logistik zu befassen haben.

Ausgaben und Literatur

Migne, Patr. lat. 178. V. Cousin, Ouvrages inédits d'Abélard (Paris 1836). Ders., Petri Abaelardi opera. 2 Bde. (Paris 1849/59). B. Geyer, P. Abaelards Philosophische Schriften (1919/33). M. Grabmann, Ein neu aufgefundenes Bruchstück der Apologia Abaelards (1930). H. Ostlender, P. Abaelards Theologia summi boni (1939). M. de Gandillac, Œuvres choisies d'Abélard. Textes présentés et traduits (Paris 1945). Die Introductiones parvulorum sind ediert in: Pietro Abelardo. Scritti Filosofici; Editio super Porphyrium, Glossae in Categorias, Editio super Aristotelem De Interpretatione, De Divisionibus, Super Topica Glossae, editi per la prima volta da M. Dal Pra (Roma 1954). L. M. De Rijk, Petrus Abaelardus Dialectica (Assen 1956).

J. G. Sikes, Peter Abailard (Cambridge 1932). M. Grabmann, Bearbeitungen und Auslegungen der aristotelischen Logik aus der Zeit von Peter Abaelard bis Petrus Hispanus (1937). Ders., Kommentare zur aristotelischen Logik aus dem 12. und 13. Jahrhundert. Ein Beitrag zur Abaelardforschung (1938). J. Isaac, Le Peri Herméneias en Occident de Boèce à St. Thomas. Histoire littéraire d'un traité d'Aristote (Paris 1953). É. Gilson, Héloise et Abélard. Études sur le moyen-âge et l'humanisme (Paris ²1953). Deutsch von S. und K. Thieme-Paetow (1955). Wichtige Untersuchungen auch in den Ausgaben von Geyer und De Rijk.

a) Universalienfrage

α) Anlaß Abaelards Bedeutung für die Philosophiegeschichte hebt an mit seiner Stellungnahme zu der in seiner Zeit viel erörterten Universalienfrage. Boethius, die große Autorität des Mittelalters, hatte hier ein Problem offengelassen. Er hatte aristotelisch angefangen und platonisch aufgehört (siehe oben S. 381). Da man seine Schriften immer wieder in die Hand nahm, stieß man immer wieder auch auf diese offene Frage. Dazu kam ihre Aktualität in theologischen Zusammenhängen. Die Trinitätslehre z. B. sagt von den drei Personen die Gottheit aus; und die Erlösungslehre spricht davon, daß die Erbsünde dem Menschen als solchem anhafte. Wie soll der allgemeine Begriff Gottheit oder Menschheit dabei verstanden werden?

Die Meinungen gingen seit langem auseinander. Die zwei Extreme waren der Realismus und der Nominalismus. Der Realismus, auch Ultrarealismus genannt im Unterschied zum kritischen Realismus, war die ältere Richtung (antiqui doctores). Platon hatte einst Universalien angenommen, die unabhängig für sich schon vor allen Dingen existieren — um in der Sprache seiner Gegner zu reden (universalia ante res). Die mittelalterlichen Realisten waren keine Anhänger seiner Ideenlehre, sondern verlegten das Allgemeine in die existierenden Dinge — wir fühlen hier wieder den neuen Realitätsbegriff —, sind aber des Glaubens, daß alles Individuelle der Art gegenüber nichts Neues besage, sondern mit dem Allgemeinen selbst schon gegeben sei. Die Seele des einzelnen Menschen z. B. wäre, wenn Gott sie schafft, nicht eine eigene Substanz, sondern nur eine Eigentümlichkeit der immer schon existierenden „Menschheit". Die Erbsünde, als Schuld jedes einzelnen Menschen, wäre dann natürlich leichter zu verstehen. So Odo von Tournai (vor 1092) und anscheinend auch Gerbert von Reims, der spätere Papst Silvester II. († 1003). Der bekannteste Vertreter aber war Wilhelm von Champeaux (1070—1120). Die allgemeine Wesenheit der Art macht nach ihm die ganze Einzelsubstanz aus, so daß das Individuum nichts Eigenes mehr ist, höchstens deren Modifikation. Ähnlich ist die Art nur ein Akzidens der Gattung, also auch keine eigene Substanzialität.

β) Herkömmliche Theorien

αα) Realismus

ββ) Nominalismus

Die jüngere Richtung, die aber auch schon im 9. Jahrhundert hervortritt, z. B. bei Heiric von Auxerre, will in den Universalien keine allgemeinen realen Entitäten (res) erblicken, sondern nur Gedankendinge (nuda intellecta). Was existiert, müsse immer individuell sein. Im 11. Jahrhundert behauptet eine Gruppe von antirealistischen Meistern, daß die Universalien überhaupt nur Namen (voces, nomina) wären; also nichts weniger als Dinge (res). Ihr Hauptvertreter ist Roscellin von Compiègne (ca. 1050 bis ca. 1120). Für ihn sind die Universalien nur Laute (flatus vocis); ein etwas schärferer Ausdruck, der aber auch nur die Namen den Sachen gegenüberstellen will. Es muß auch nicht sein, daß dieser frühe Nominalismus schon von der Skepsis des 14. Jahrhunderts genährt ist, oder vom modernen Konzeptualismus, wonach unsere Begriffe an das Sein selbst nicht mehr herankommen und sich im „Nur-Begrifflichen" verlaufen; sondern Roscellin war vielleicht rein äußerlich beeinflußt von der Auffassung der Logik bei Boethius, die, ähnlich wie Aristoteles, stark grammatikalisch eingestellt war und vor allem die nomina und ihre Verhältnisse betrachtet, wobei er aber immer voraussetzen konnte, daß die voces die dazugehörigen Seinsverhalte adäquat wiedergeben (assumere). Immerhin, seine These, daß alles Wirkliche notwendig individuell sein müsse, führte in theologischen Dingen zum Tritheismus; denn eine Gottheit, die in gleicher allgemeiner Weise den drei Personen zukomme, konnte danach nicht existieren.

γ) Abaelard

Anders steht es jedoch mit seinem Schüler Abaelard. Er ist kritischer und subjektivistischer. Hinter seiner Gegnerschaft zum Realismus und seinem scharfen Kampf mit Wilhelm von Champeaux steckt mehr als ein gewöhnlicher Scholastikerstreit. Hier meldet sich eine erste leise Skepsis gegenüber der Metaphysik an. Zunächst treibt er ein böses

αα) Streit mit Wilhelm von Champeaux

Spiel mit Wilhelm von Champeaux. Wenn die spezifische Wesenheit allein schon alles stellen soll, was zum Individuum gehört, dann gibt es gar nicht mehr verschiedene Menschen, sondern immer nur einen Menschen, den Menschen; ja es gibt dann eigentlich nur noch die zehn Kategorien. In ihnen ist das ganze Sein erschöpft. Wie sollen da Unterschiede zustande kommen, die wir doch offenkundig sehen, fragt Abaelard seinen Gegner. Außerdem: Sind wir denn nicht genötigt, anzunehmen, daß ein und dieselbe Wesenheit Träger sich widersprechender Eigenschaften wäre, die Substanz z. B. tot und lebendig, gut und schlecht zugleich sei? Ist das nicht gegen das Widerspruchsprinzip? Und wenn die Art alles in allem ist, warum dann nicht schon die Gattung oder die obersten Gattungen, die zehn Kategorien oder gleich Gott, wie Eriugena gesagt hatte? Wir sind eigentlich nicht weitergekommen. Unter dem Eindruck dieser Argumente änderte Wilhelm seine Anschauungen und lehrte nunmehr, jedes einzelne Ding ist tatsächlich etwas Eigenes; die Individualität liegt außerhalb der spezifischen Wesenheit; daß man aber Gemeinsames aussagen könne, käme davon her, daß die Dinge eine gewisse Ähnlichkeit besitzen und sich insofern nicht unterscheiden. Abaelard fragte wieder: Wie sollten die einzelnen Dinge einander ähnlich sein, wenn ihre Individualität je und je etwas eigenes ist? Zuerst kam Wilhelm mit dem Einzelnen, jetzt kommt er mit dem Allgemeinen nicht mehr zurecht. Die Diskussionen über diese Probleme wurden ziemlich erregt geführt, und bald mußte der eine, bald der andere der beiden Kampfhähne Paris verlassen. Abaelard verwickelte sich zwischenhinein in ein Liebesabenteuer, das an Heftigkeiten noch reicher war. Schließlich blieb aber trotzdem er der Sieger. Er war der „Meister der Dialektik".

Seine eigene Lösung der ganzen Frage ist beachtenswert. ββ) Seine Lösung Was wirklich ist, müsse immer individuell sein. Und es gibt ein echtes Wissen auch nur vom Einzelding. Die Allgemeinbegriffe sind nur Meinungen (opiniones). Oft haben wir von einer Stadt eine bestimmte Vorstellung. Sehen wir die Stadt selbst, dann zeigt sich, daß unsere Vorstellung blaß ist und ungenau. „So glaube ich, daß es sich auch verhält mit den inneren Formen, die sinnlich nicht wahrgenommen werden können." Die Allgemeinbegriffe begründen darum kein wirkliches Wissen; sie sind vielmehr verworrene Vorstellungen (imagines confusae). Man kann sie zwar nicht als bloße Worte bezeichnen, aber auch nicht als ein Wissen um das Innere der Dinge. Das besitzt nur Gott. Der Mensch hängt am Äußeren, an den Akzidentien und kann mit deren Hilfe versuchen, etwas über die Dinge zu sagen; aber was er sagt, geht über subjektive Bedeutungsgehalte nicht hinaus (sermones). Subjektiv sind diese Bedeutungsgehalte, weil es immer an unserer Einstellung und Aufmerksamkeit liegt, was wir an den Dingen festhalten (abstrahieren) und in den Allgemeinbegriff eingehen lassen. Darum könnte man ruhig das Universale auch eine res ficta heißen. Die Allgemeinbegriffe sind in intellectu solo et nudo et puro. Das „Wesen", das mit dem Allgemeinbegriff gegeben ist, ist eine Sache des menschlichen Geistes, nicht aber eine Sache des Seins (ad attentionem refertur, non ad modum subsistendi). Man meint, einen neuzeitlichen Engländer zu hören. Das Revolutionierende dieser Theorien leuchtet auf, wenn man bedenkt, daß für Platon und Augustinus die allgemeine Idee das Genaueste war und die Grundlage des Wissens und der Wahrheit; daß aber auch für Aristoteles und Boethius die Abstraktion nicht auf Konto der subjektiven Einstellung ging, sondern gerade die „inneren Formen“ der Gegenstände wiedergab, und daß wieder diese allgemeine Form den Gegenstand des Wissens bildete; und auch Thomas v. A. wird noch so denken, obgleich er den Grundsatz festhält, daß wir alles, was wir erkennen, entsprechend den eigentümlichen Formen unseres Geistes erkennen; wir lesen nach ihm den Text des Seins zwar in der Übersetzung in unsere Sprache, aber der Text bleibt, in welche Sprache man ihn auch übersetzen mag; wir hören nicht nur unsere Worte oder unsere Konstruktionen, sondern lesen den objektiven Text. Anders bei Abaelard. Bei ihm spricht nicht mehr die Natur zu uns, sondern wir sprechen über die Natur und sprechen je nach unserer subjektiven Einstellung. Immerhin, was wir sprechen, sind Meinungen über das wirklich bestehende Sein; wir schaffen das Sein noch nicht, wie es in der Neuzeit heißt, sondern interpretieren. Abaelard denkt darum realistisch. Nominalistisch klingende Äußerungen bedeuten noch nicht, was sie im 14. Jahrhundert oder gar später bedeuten. Man muß bei solchen Wendungen immer bedenken, daß Abaelard als Logiker qua Logiker (ars sermocinalis) spricht. Und insofern ist Abaelard doch noch ein mittelalterlicher Mensch, wenn er auch mit seiner Erkenntnis des subjektiven Elementes in diesen „Meinungen“ seiner Zeit weit vorausgeeilt ist. Aber im Grundsätzlichen bleibt auch der „Dialektiker“ dem christlichen Geist der Zeit treu. Der Glaube wird nicht „rationalisiert“: Nolo sic esse philosophus ut recalcitrem Paulo; non sic esse Aristoteles ut secludar a Christo, schreibt er in einer fidei confessio an Heloissa (Ep. 17; Migne, Patr. lat. 178, 375).

### b) Ethik

α) Seine Lehre

In seinen ethischen Gedankengängen war Abaelard nicht weniger markant. Was schon in der Patristik eine Selbstverständlichkeit gewesen war, daß man die sittliche Handlung in ihrer Wertqualität aus Wissen und Willen, Gesinnung und Freiheit hervorgehen läßt, war in den Zeiten vor Abaelard vielfach verlorengegangen. Die Stürme der Völkerwanderung, die Volkwerdung der deutschen Stämme, die angelsächsische Invasion hatten ein handfestes Recht gebraucht und diese Rechtspraxis hatte dann auf die Moral abgefärbt. In den Bußbüchern (libri poenitentiales), die als eine Art Moralkatechismus galten, war der Wert der sittlichen Handlung einfach nach dem äußeren Tatbestand allein beurteilt worden. Man hatte die juristische Zurechnung bestimmend werden lassen, statt der moralischen; denn der Grundsatz „die Tat tötet den Mann" war ein Rechtsgrundsatz, und zwar der germanischen Völker. Aber auch vom Alten Testament her wirkte diese materielle Talion noch nach. Die Kirche hatte in den Synoden von Paris (829), Worms (868) und Tribur (895) sich gegen diese Praxis gewendet; aber sie spukte immer noch in den Köpfen. Dagegen steht nun Abaelard auf, um die Moral wieder zu einer Sache der Gesinnung zu machen. Er unterscheidet klar zwischen Wille (intentio, consensus) und Werk (opus). „Der Richter, der einen Menschen tötet, den er von Rechts wegen töten zu müssen glaubt, der Schütze, der im Wald einen Pfeil auf ein Tier abschießt und dabei einen Menschen tötet, der Mann, der bei einer fremden Frau schläft, die er für seine eigene hält, und wer seine Schwester heiratet, ohne sie als solche zu erkennen, die Mutter, die im Schlaf ihr Kind erdrückt: sie alle haben darum keine Sünde begangen." Die angeführten Beispiele sind sämtlich aus den Bußbüchern genommen, und man sieht daraus, worum es Abaelard ging. In seiner impulsiven Art schoß er dann freilich über das Ziel hinaus. Wenn es bei gut und bös auf Gesinnung und Zustimmung ankommt, dann ist, so erklärt er nun weiter, die sündige Handlung „substanzlos" (nullam esse substantiam peccati). Damit wird ein Wort Augustins (Conf. VII, 16, 22), das einen anderen Sinn hat (das Böse ist nicht substantia, sondern privatio) interessant, aber bedenklich umgedeutet; denn der nächste Schritt besagt: Wenn nur die Absicht gut ist, muß auch das Werk gut sein. „Wir heißen eine Handlung nicht deswegen gut, weil sie in sich selbst etwas Gutes enthält, sondern weil sie aus einer guten Absicht hervorgeht."

Das ist nun mindestens ungenau. Daß zum sittlich Guten die Gesinnung eine notwendige Voraussetzung bildet, ist klar; daß sie alles ausmacht, kann nicht zugegeben werden. Könnte denn eine Moral genügen, die ein Leben lang immer nur die Absicht allein betätigt, ohne zu einem entsprechenden Lebenswerk zu kommen? Die Absicht hat überhaupt nicht Selbstwert, sondern ist der Weg zum Werk und versteht sich von dort her. Wir haben eine Absicht, weil ein be- β) Ihre Grenzen stimmtes Werk getan werden soll; das ist der tatsächliche und natürliche Zusammenhang. Ohne ein Werk wäre die Absicht leer. Von sich aus vermag sie kein gutes Werk zu erzeugen. Wenn wir in vielen Fällen den Willen doch für das Werk gelten lassen, im Guten wie im Bösen, dann nicht deswegen, weil es auf das Werk überhaupt nicht ankäme, sondern weil es aus irgendeinem Grund nicht vollbracht werden konnte. Dann gilt ausnahmsweise der Wille für das Werk. Gerade in dem „ausnahmsweise" aber erkennt man, daß es der Moral normalerweise auf das Werk ankommt. Und läuft eine Moral, die immer nur die Gesinnung betont, nicht Gefahr, sich im Subjektivismus und Individualismus zu verlieren? Abaelard hat diese Gefahr gesehen und wollte sie vermeiden. „Nicht deswegen ist die Absicht gut, weil sie gut erscheint, sondern wenn sie tatsächlich das ist, wofür man sie hält." Damit wird der Subjektivismus abgebremst. Es gibt objektive Normen, an denen wir uns auszurichten haben. Wie in der Erkenntnislehre, so existiert für Abaelard auch in der Ethik eine metaphysische Ordnung, die wir zu erfassen trachten. Er sieht den Einfluß des Subjektiven in diesen Versuchen, wird aber darüber nicht zum reinen Subjektivisten. Es ist ebenso konsequent wie bezeichnend, daß er seine Sätze, die Juden hätten nicht gesündigt, als sie Christus kreuzigten und Stephanus steinigten, zurücknahm. Der mittelalterliche Subjektivismus ist noch kein moderner Perspektivismus oder Relativismus, für den es überhaupt keine Wahrheit mehr gibt und der, was als wahr bezeichnet wird, „erzeugen" läßt, bald durch den Menschen, bald durch ein Volk, bald durch einen Einzelnen.

Im übrigen ist Abaelard trotz der neuen Wertung der Subjektivität der Tradition verbunden wie alle Scholastiker. Der kleine Abriß der Ethik, der in dem Dialog zwischen einem Juden, einem Philosophen und einem Christen steht (Migne, Patr. lat. 178, 1644 ff.), hält sich an das übliche Schema: Summum bonum und beatitudo; Tugend im allgemeinen; und die Tugenden im einzelnen, wobei man sich an den vier Kardinaltugenden orientiert und sie dann unterteilt, wie das auch geschieht, ungefähr gleichzeitig mit Abaelard, im Moralium dogma philosophorum (Migne, Patr. lat. 171, 1007 ff.) oder bei Hugo von St. Victor in De fructibus carnis et spiritus (Migne, Patr. lat. 176, 1002 f.) oder im Florilegium morale Oxoniense. Über die Herkunft dieses Schemas s. o. S. 396 f.

c) Nachwirkung

Abaelard hat begeisterte Schüler gefunden, und sein Einfluß auf die Entwicklung der Scholastik ist groß. Die späteren Päpste Alexander III. und Cölestin II. saßen zu seinen Füßen. Ebenso Johannes von Salisbury und Petrus Lombardus. Auch Gratian ist von ihm abhängig. Vor allem aber war es seine Sic-et-non-Methode, die Schule gemacht hat. Sie ist in die scholastische Methode schlechthin eingegangen. Abaelard hat ja nicht nur die theologische Sentenzenliteratur stark beeinflußt, sondern hat besonders auch noch in den ungedruckten Kommentaren der aristotelisch-boethianischen Logik des 12. Jahrhunderts eine überaus starke Nachwirkung gehabt.

## 4. DIE SCHULE VON CHARTRES

### Mittelalterlicher Humanismus

a) Schulcharakter

Die Gründung der Schule erfolgte durch Fulbert von Chartres schon gegen Ende des 10. Jahrhunderts. Ihre Blütezeit fällt in das 12. Jahrhundert, in die Jahre vor der Erbauung des großen Domes von Chartres. Wir stehen hier unmittelbar vor den Toren der Hochscholastik; denn jetzt fühlen wir schon deutlich das Nahen neuer Ideen. Angesichts des umfassenden und feinsinnigen Studiums der antiken Literatur, das man hier pflegt, hat man von einem Humanismus der Schule von Chartres gesprochen. Es war in dieser Schule, wo die „neue Logik" (logica nova), d. h. die bisher unbekannten Schriften des aristotelischen Organon (die zwei Analytiken, die Topik und Elenktik), erstmals Aufnahme fand. Sie wird für den Wissenschaftsbetrieb der Scholastik von größter Bedeutung werden. Hier zeigen sich aber auch die ersten Spuren einer Bekanntschaft mit Gedanken der physischen Schriften des Aristoteles. Ebenso werden die naturwissenschaftlichen und medizinischen Schriften des Hippokrates und Galen ausgewertet. Dazu kommen dann noch jüdische und arabische naturwissenschaftliche und medizinische Werke in der Übersetzung des Constantinus Africanus bzw. des Hermann von Carinthia. Die Schule ist überhaupt stark naturwissenschaftlich orientiert. Die philosophische Grundhaltung ist eine platonisierende. Man schließt sich überall an den Timaios an (in der Übersetzung des Chalcidius) sowie an Boethius, der seinerseits ja auch wieder den Timaios verarbeitet hatte.

b) Die Männer von Chartres

α) Bernhard

In der Blütezeit stand an der Spitze Bernhard von Chartres (1114—24). Johannes von Salisbury nennt ihn den „Ersten unter den Platonikern unseres Jahrhunderts". Die Ideen sind nach ihm nicht selbst in den Dingen, sondern nur die Abbilder der Ideen, die „formae nativae", die die Materie gestalten, aber auch wieder von der Materie gestaltet werden. Die Ideen selbst sind ewig (aeternae) wie Gott, aber nicht gleich ewig (coaeternae), wie die göttlichen Personen es einander sind. So weit erhebt sich die Gleichheit (paritas) bei den Ideen nicht (Johannes von Salisbury, Metalog. IV, 35; Migne, Patr. lat. 199, 938). Das ist eine interessante Reflexion, die der Tatsache gerecht werden will, daß „Ideen im Geiste Gottes", als mit dem Wesen Gottes identisch, ewig sein müssen; als etwas Gedachtes, also im Prozeß Stehendes, aber wieder nicht ganz zeitlos sein können. Das Problem ergibt sich in dem Augenblick, wo die Ideen in den Geist eines lebendigen Gottes verlegt werden. Durch Ps.-Dionysius und Scotus Eriugena wurde es dem Mittelalter aufgegeben. Auch bei Cusanus (De ven. sap. 3) wird eine solche Unterscheidung gemacht. Bernhard schätzt aber auch Aristoteles und bemüht sich um einen Ausgleich zwischen den beiden großen Philosophen. Er ist nicht identisch mit Bernhard Silvestris, dem Verfasser von De mundi universitate (Edd. Barach-Wrobel, 1876, Nachdr. 1964). —

β) Thierry

Sein jüngerer Bruder Thierry von Chartres führt die Schule von 1140 an. In seinem Genesis-Kommentar (De sex dierum operibus) stellt er eine Verbindung her zwischen Platon-Chalcidius und der Bibel. Sein Heptateuchon, ein Lehrbuch der sieben freien Künste, enthält Auszüge aus über 40 verschiedenen Schriften und bildet darum eine hervorragende Fundgrube für unsere Kenntnis des literarischen Lebens in der ersten Hälfte des 12. Jahrhunderts. Diese beiden Schriften sowie auch sein Kommentar zu Boethius De Trinitate sind aber nur teilweise erhalten und, soweit erhalten, auch nur teilweise gedruckt. Im Heptateuchon zeigt sich die Kenntnis der neuen Logik: der ersten Analytiken, der Topik und der sophistischen Widerlegungen des Aristoteles. Wahrscheinlich stammt von Thierry auch ein Kommentar zu Boethius De Trinitate, der mit den Worten beginnt „Librum hunc" (ediert von W. Jansen zusammen mit dem Kommentar des Clarenbaldus von Arras). Auch Thierry pflegt eine platonische Philosophie. Die Elemente seiner Metaphysik sind das Eine und die Zahl. Das Eine ist das Ewige und Unwandelbare; es ist identisch mit Gott. Die Zahl ist das Veränderliche; denn gezählt wird der Wechsel; und darum ist mit der Zahl das geschaffene Sein gegeben. Wie nun alle Zahlen aus der Eins hervorgehen, so geht auch die Welt aus Gott hervor. Aber wenn auch die Formen von allen Dingen im Geiste Gottes sind und die Gottheit so die Form der einzelnen Dinge bildet (divinitas singulis rebus forma essendi est), wird doch der Unterschied zwischen Schöpfer und Geschöpf nicht verwischt, weil Gott nicht zur Materie werden kann (divinitas immateriari non potest). Thierry versteht also seine Sätze im Sinn des augustinischen Exemplarismus. Man wird sofort auch an den Areopagiten erinnert und noch an die pythagoreisierenden Spekulationen des alten Platon über Idee und Zahl; und in der Neuzeit an Cusanus. Die Schule von Chartres bildet denn auch ein wichtiges Glied in der großen idealistischen Linie, die von Platon bis Hegel reicht. — Andere bedeutende Männer dieser Schule waren: Clarenbaldus von Arras, Schüler Thierrys und Hugos von St. Victor († nach 1170). Von ihm stammt ein erstmals von W. Jansen 1926 edierter Kommentar zu Boethius De Trinitate und ein 1955 von N. Haring erstmals edierter Kommentar zu Boethius De hebdomadibus; Gilbert von Poitiers (Pictaviensis; auch Porretanus) († 1154), der den geschichtlich wirksamsten Kommentar zu den Opuscula sacra I—III und V des Boethius verfaßt hat und dem auch ein Traktat über die sechs letzten Kategorien des Aristoteles (liber sex principiorum) zugeschrieben wird, der im 13. Jahrhundert an der Universität zu Paris dem Lehrplan der Logik zugrunde lag; Wilhelm von Conches († 1145), der einen

γ) Gilbert von Poitiers

δ) Wilhelm von Conches

Kommentar zum platonischen Timaios, Glossen zur Consolatio philosophiae und drei Darstellungen der Philosophie (philosophia mundi) geschrieben hat und dem vielleicht auch das Moralium dogma philosophorum zugehört, das bei Migne 171 dem Hildebert von Lavardin zugeteilt ist (unter dem Titel Moralis philosophia de honesto et utili); und Johannes von Salisbury († 1180), der in seinem Metalogicus uns vorzüglichen Aufschluß gibt über die Logik der Zeit und die verschiedenen Richtungen im Universalienstreit und der mit seinem Policraticus von Einfluß war auf die staatsphilosophischen Theorien des Mittelalters, besonders was die Stellung des Volkes zu einem tyrannischen Herrscher anlangt, dessen gewaltsame Beseitigung er für erlaubt hielt. — Der Schule stand nahe Bischof Otto von Freising († 1158). Er hat zum erstenmal die Kenntnis der ganzen aristotelischen Logik nach Deutschland gebracht. – Im pantheistischen Sinn entwickelt wurden in der zweiten Hälfte des 12. Jahrhunderts die Tendenzen der Schule von Chartres durch Amalrich von Bènes und David von Dinant. Ersterer erklärte Gott für die Form, letzterer für die materia prima aller Dinge.

ε) Johannes von Salisbury

ζ) Otto von Freising

Texte und Literatur

W. Jansen, Der Kommentar des Clarenbaldus von Arras zu Boethius De Trinitate. Ein Werk aus der Schule von Chartres im 12. Jahrhundert (1926). (Dort S. 3*—25* auch Thierry von Chartres, In librum hunc, und S. 106*—112* De sex dierum operibus.) N. M. Haring, A Commentary on Boethius De hebdomadibus by Clarenbaldus of Arras. Pontifical Institute of Medieval Studies. Studies and Texts I (Toronto 1955) 1—21. — Die Kommentare des Gilbert von Poitiers zu den Opuscula sacra sind unter den Werken des Boethius gedruckt: Migne, Patr. lat. 64, 1255 bis 1301, 1301—1310, 1313—1339, 1353—1412. Liber de sex principiis Gilberto Porretae adscriptus, ed. A. Heysse, rec. D. van den Eynde, editio altera (1953). N. M. Haring, The Commentaries on Boethius by Gilbert of Poitiers. Studies and texts 13. (Toronto 1966). — Ders., Commentaries on Boethius by Thierry of Chartres and his school (ebendort 1971). — Die Philosophia mundi des Wilhelm von Conches ist bei Migne, Patr. lat. 172, 39—102 unter dem Namen des Honorius Augustodunensis, und Bd. 90, 1127—78 unter dem Namen des Beda Venerabilis gedruckt. C. Ottaviano, Un brano inedito della „Philosophia“ di Guglielmo di Conches (Napoli 1935). — J. Holmberg, Moralium dogma philosophorum (Uppsala 1929). — Joh. von Salisbury, Opera bei Migne, Patr. lat. 199. Policraticus, ed. C. C. Webb (Oxford 1909). Metalogicon, ed. C. C. Webb (Oxford 1929). The Metalogicon of J. of Salisbury. A Twelfth Century Defense of the Logical Arts of the Trivium. Transl. with an Introduction and Notes by D. D. McGarry (Berkeley 1955). Letters. Text by W. J. Miller; transl. by H. Butler (London 1958 ff.).

A. Clerval, Les écoles de Chartres (Paris 1895, Nachdr. 1965). R. L. Poole, s. o. S. 400. H. Liebeschütz, Kosmologische Motive in der Bildungswelt der Frühscholastik. Vorträge der Bibliothek Warburg 1923/24. C. H. Haskins, The Renaissance of the Twelfth Century (Cambridge, Mass. 1927). J.-M. Parent, La doctrine de la création dans l'école de Chartres. Étude et textes (Paris 1938). R. Klibansky, The Continuity of the Platonic Tradition during the Middle Ages (London 1950). — É. Gilson, Le platonisme de Bernard de Chartres. Revue néoscolastique de philos. 25 (Louvain 1923). — N. M. Haring, Life and works of Clarenbaldus of Arras (Toronto 1965). — S. Vanni Rovighi, La filosofia di Gilberto Porret. In Misc. del Centro di Studi Medievali I (Milano 1956). — H. Flatten, Die Philosophie des Wilhelm von Conches (1929). M. Grabmann, Handschriftliche Forschungen und Mitteilungen zum Schrifttum des Wilhelm von Conches (1935). Ph. Delhaye s. o. S. 400. T. Gregory, Anima mundi. La filosofia di Guglielmo di Conches e la scuola di Chartres (Firenze 1955). — C. C. Webb, John of Salisbury (London 1932). H. Daniels, Die Wissenschaftslehre des J. v. S. (1932). G. Mazzantini, Il pensiero filosofico di Giovanni di Salisbury (Torino 1957).

## 5. DIE MYSTIK

Unser Bild der Frühscholastik wäre nicht vollständig, wollten wir nicht auch noch der Mystik gedenken. Man darf nämlich nicht glauben, daß die Scholastik nur die Sprache der ratio kenne und nicht auch die Wärme des Gefühls, wie man andererseits auch nicht denken darf, daß die Mystik in ihrem religiösen Elan sich außerhalb des Rahmens der scholastischen Theorien gestellt hätte, wenn sie auch manchmal, wie z. B. bei Joachim von Fiore, bis hart an die Grenze des Möglichen ging; nicht aus bösem Willen, sondern aus einem übertriebenen Idealismus, denn hie und da ist im Leben das Bessere der Feind des Guten.

### a) Bernhard von Clairvaux

An erster Stelle ist der Zisterzienser Bernhard von Clairvaux (1091—1153) zu nennen. Er gibt dem 12. Jahrhundert ebenso das Gepräge wie Abaelard. Bernhard wendet sich gegen die „windige Geschwätzigkeit der Philosophen", aber nicht, weil er das Wissen verachtete, sondern weil er es auf eine andere Grundlage stellen wollte. Der Anfang aller Wahrheitserkenntnis liegt nicht im Intellekt, sondern in der Demut. In ihr sind alle Interessen des Ich zum Schweigen gebracht und wird der Mensch erst offen und empfänglich für die wahre Welt. Glaube und Hingabe sind wichtiger als alle Dialektik. Darum ist die wahre Philosophie für Bernhard die Liebe zu Christus dem Gekreuzigten. In ihm ist er mit der göttlichen Weisheit aufs innigste verbunden. Auf diesem Weg unterscheidet Bernhard drei Stufen, die consideratio, wo der Mensch sammelt und sucht; die contemplatio, in der man in vertrauender Hingabe und Schauung das Wahre ergreift; und die Ekstase, in der wir aus unserem Ich heraustreten und in mystischer Vereinigung uns in Gott verlieren wie ein Tropfen Wasser im Wein. Bernhard ist wie Augustin ein religiöses Genie, das uns Möglichkeiten des Menschlichen ersichtlich machen kann, die dem Philosophen viele, sonst nicht gesehene Perspektiven darbieten. So weiß Bernhard aus der Weisheit des Heiligen um das notwendige Zusammen von Liebe, Demut, Wahrheit, Mensch und Gott: „Ich bin mit Gott nicht eins und bin dadurch auch mit mir selbst nicht eins. Mit ihm aber kann ich nur vereint werden in der Liebe, mich ihm nur unterwerfen in der Demut, und demütig kann man nur sein, wenn man wahr ist" (Medit. de cognit. hum. condit. cap. 9). Besonders interessant ist, was Bernhard zur Gebrochenheit der menschlichen Natur sagt (Serm. in Cant. Cant. 80, 1—5). Der Mensch ist „nach dem Bilde" Gottes geschaffen (ad imaginem), er ist nicht selbst das Bild. Nur das „Wort" ist das ewige Bild der Gerechtigkeit, Weisheit, Wahrheit, weil nur der Sohn Gott von Gott und Licht vom Lichte ist. Aber der Mensch hat die Möglichkeit, jenes Ewige zu fassen. Tut die Seele das nicht, dann ist sie krumm (anima curva); reckt sie sich danach aus, wird sie gerade. In dieser Fähigkeit für das Göttliche besteht die Größe der Seele (celsitudo). Und selbst wenn die Seele tatsächlich nicht ihre Möglichkeit nützte, ihre Offenheit für die superna bleibt, und schon das ist Größe. Obwohl der Abfall gesehen wird, erscheint der Mensch hier doch nicht einfach schlechthin als „krummes Holz" (Kant), sondern bleibt immer magna creatura; ganz im Geiste Augustins, der auch um die „Welt der Unähnlichkeit" (regio dissimilitudinis: Conf. VII, 10, 16; Enarr. in Ps. 42, 6; 94, 2; De vera relig. 55, 113; vgl. Plotin, Enn. I, 8, 13, 16 Bréhier) wußte, aber auch um das Göttliche im Menschen.

b) Viktoriner

Wie irrig es wäre, zu glauben, daß die Mystik gegen die Scholastik andere weltanschauliche Wege gehe, zeigt sich uns bei den Augustinerchorherren des Klosters St. Viktor vor den Toren von Paris. — Hugo von St. Viktor († 1141), ein deutscher Graf von Blankenburg, will alle weltlichen Wissenschaften gepflegt wissen, und während die Antidialektiker sagen: „Nutzlos ist das Studium der Philosophie", fordert er: „Lerne alles, du wirst bald sehen, daß nichts umsonst ist". Während die Mystik Bernhards mehr paulinisch und johanneisch fundiert ist, lebt hier wieder die neuplatonische Einstellung auf. Hugo hat denn auch zur Hierarchia caelestis einen schönen Kommentar geschrieben, bei dem sich religiöses Durchdenken und mystische Gemütstiefe gegenseitig durchdringen. Aber wie bei Bernhard sind auch für ihn Liebe und Demut Leitgedanken. Sie bilden den Rahmen für die mittelalterliche Werttafel, die er mit seinem Baum der Tugenden gegeben hat (De fructibus carnis et spiritus. ML 176, 997 ff. unter Hugos Namen gedruckt, nach Hauréau aber unecht). Die platonischen vier Kardinaltugenden, lange Zeit das Strukturschema auch noch für das mittelalterliche ethische Menschenbild, bilden jetzt nur noch die vier unteren Äste dieses Baumes und werden überhöht durch die zwei oberen Äste: Glaube und Hoffnung. Die Krone aber ist die Liebe. Und während alle anderen Äste je sieben Früchte tragen, trägt sie deren zehn. Die Wurzel des Baumes aber ist die Demut. Die knappen Definitionen (definitiunculae), die Hugo dabei für diese 52 Wertbilder gibt, sind manchmal etwas gezwungen — jeder Ast muß eben gerade sieben Früchte tragen und ähnlich auch bei der arbor vitiorum —, aber in der Hauptsache großartig. Diese und andere Werttafeln des Mittelalters können für wertphänomenologische Analysen

α) Hugo

gut benutzt werden. Hugos Einfluß auf die spätere Philosophie und Theologie ist beträchtlich. So hat z. B. Bonifaz VIII. die Hauptsätze seiner Bulle „Unam sanctam" den Schriften

β) Richard

Hugos entnommen. — Richard von St. Viktor († 1173) bewegt sich in den gleichen Linien. Ein besonders teurer Gedanke ist ihm die Lehre vom Seelenfünklein, die in der späteren Mystik eine so große Rolle spielen wird. Aber auch bei Hugo steht schon das ganze in der caritas gipfelnde Wertleben unter dem Motto „scintillet et exardescat" (Migne, Patr. lat. 176, 1005 B).

c) Joachim von Fiore (ca. 1132—1202)

Der fromme Gründer des Klosters S. Giovanni in Fiore (Kalabrien), das Ausgangspunkt der Floriazenser wurde, ist ein Beispiel dafür, daß überschäumender Idealismus mehr schaden als nützen kann. Er trug eine von den vielen Geschichtsphilosophien vor, die dem Fortschrittsgedanken huldigen und die Zeiten einem neuen Paradies entgegeneilen sehen. Da gibt es dann nur Entwicklungsstufen. Nach Joachim hätten wir, entsprechend den drei göttlichen Personen, einmal das vorchristliche Reich des Vaters im Alten Testament als die Zeit der Knechtschaft des Gesetzes und des Buchstabens: Zeit der Verheirateten und Laien; sodann das christliche Reich des Sohnes im Neuen Testament, das ein Mittleres ist zwischen Fleisch und Geist: Zeit der Kleriker; und schließlich die Fülle der Zeiten, vorbereitet durch den hl. Benedikt und voll einsetzend mit dem Jahre 1260, die Periode der Freiheit und des Geistes: Zeit der Mönche, das „ewige Evangelium", entsprechend Apokal. 14, 6. Hier sei fast die ganze Welt zu Gott bekehrt und die Kirche werde zur vollkommenen Geistkirche anstelle der bisherigen unvollkommenen Form einer Rechtskirche. Die Gedanken Joachims implizieren faktisch, daß die Kirche als Institution aufhören müßte. Zu Ende gedacht, müßten dann allerdings auch alle anderen Institutionen aufhören, in denen ideales menschliches Wollen das gesteckte Ideal nicht erreicht, der Staat, das Recht, die Wissenschaft, die Gesellschaft. Die Realität spricht dagegen. Man muß mit ihren Mängeln anders fertig werden als durch einen utopischen Idealismus. Trotzdem werden solche Gedanken immer zünden, weil der Mensch den Stachel der Utopie braucht. Der Mißbrauch steht freilich sogleich daneben. Es ist so leicht, mit diesen Waffen gegen den Großinquisitor aufzustehen, auch wenn man selbst kein Idealist ist, sondern recht handfesten Tendenzen dient. Der lautere Abt von S. Giovanni, der gegen Ende seines Lebens sein Werk dem Urteil der Kirche unterstellte, hat das nicht gewollt. Er war ein reiner Tor gewesen.

### Texte und Literatur

Bernhard von Cl.: Migne, Patrol. lat. 182—85. Kritische Ausgabe: Opera, rec. J. Leclercq, C. H. Talbot, H. M. Rochais (Rom 1957 ff.). Deutsche Übersetzung (unvollständig) von A. Wolters, herausgeg. von E. Friedrichs. 6 Bde. (1934—38). — Hugo von St. Viktor: Migne, Patrol. lat. 175—76. C. H. Buttimer, Hugonis de St. Victore Didascalicon. De studio legendi. A Critical Text (Washington 1939). Deutsche Übers. (Auswahl): P. Wolf, Die Viktoriner. Mystische Schriften (Wien 1936). — Richard von St. Viktor: Les quatres degrés de la violente charité. Texte critique avec introduction, traduction et notes par G. Dumeige (Paris 1955); deutsch-lat. von M. Schmidt (1969). Richard de Saint-Victor, De Trinitate. Texte critique avec introd., notes et tables, publié par J. Ribaillier (Paris 1958). Liber exceptionum. Texte critique avec introd., notes et tables par J. Chatillon (Paris 1958). — Joachim von Fiore: E. Buonaiutti, Joachim de Fiore. Tractatus super quatuor Evangelia (Roma 1930). Ders., Joachim de Fiore. Scritti minori. De articulis fidei (Roma 1936).

J. Bernhart, Die philosophische Mystik des Mittelalters (1922). — É. Gilson, La théologie mystique de St. Bernard (Paris 1934); dtsch. von Ph. Böhner unter dem Titel Die Mystik des hl. Bernhard von Clairvaux (1936). J. Lortz (Herausgeber), Bernhard von Clairvaux, Mönch und Mystiker. Internationaler Bernhard-Kongreß Mainz (1953). Mélanges St. Bernard (Dijon 1953). Ph. Delhaye, Le problème de la conscience morale chez St. Bernard (Louvain 1957). J. de la Cr. Bouton, Bibliographie Bernardine 1891—1957 (Paris 1958). — H. Ostler, Die Psychologie des Hugo von St. Victor (1906). H. Weisweiler, Die Arbeitsmethode Hugos von St. V. Scholastik 20—24 (1949). D. van den Eynde, Essai sur la succession et la date des écrits de Hugues de St.-V. (Rom 1960). — P. Fournier, Études sur Joachim de Flore et ses doctrines (Paris 1909, Nachdr. 1963). J. Ch. Huck, Joachim von Floris und die joachitische Literatur (1938).

# II. DIE HOCHSCHOLASTIK

## EINLEITUNG

### Die neuen Antriebe

Die geistige Aufwärtsbewegung des 12. Jahrhunderts wurde verstärkt durch drei neu hinzukommende Momente, die sich etwa gleichzeitig geltend machten und als neue Antriebe wirkten. Es sind dies die Aristoteles-Rezeption, der Aufschwung der Universitäten und die wissenschaftliche Tätigkeit der großen Orden. Damit kam es zu jener Blüte mittelalterlichen Denkens, die wir als Hochscholastik zu bezeichnen pflegen.

## A. ARISTOTELES-REZEPTION

Die Aristoteles-Rezeption setzt mit dem 12. Jahrhundert ein und ist im 13. Jahrhundert vollendet. Sie erfolgt auf zwei Wegen, einem indirekten über die arabisch-jüdische Philosophie und einem direkten durch Übersetzungen aus dem Griechischen selbst.

### a) Indirekte über die arabisch-jüdische Philosophie

Was von der arabisch-jüdischen Philosophie her auf das Mittelalter eingewirkt hat, war also nicht eigentlich Gedankengut des Islam oder des Judentums, sondern ein gewöhnlich im Lichte neuplatonischer Kommentare gesehener Aristotelismus.

α) Arabische Philosophie

αα) Aristoteles bei den Syrern

Der Weg der Araber zu Aristoteles führt über die Syrer. Vom 5. bis zum 10. Jahrhundert hatten christliche Gelehrte (die Nestorianische Schule von Edessa mit Theodor von Mopsvestia und Theodoret von Cyrus sowie die Monophysitische Schule von Resaina und Chalcis) aristotelische Werke, besonders das Organon, dann die Einleitung des Porphyrios und auch Schriften des Pseudo-Dionysius in das Syrische übertragen und mit Kommentaren versehen. Als die Araber Persien und Syrien eroberten, eigneten sie sich diese Philosophie an. Die Abbasiden luden die syrischen Gelehrten an den Hof von Bagdad und ließen sich die Werke der Griechen ins Arabische übersetzen, teils aus dem Syrischen, teils aus dem Griechischen. Der Kalif El-Mamoun errichtete 832 in Bagdad ein eigenes Übersetzungsbüro. Außer den aristotelischen Werken kamen die Araber damit auch zu einer Menge anderer syrischer Literatur, zu Theophrast, Galen, Hippokrates, Euklid, Archimedes, und vor allem auch zu einer Reihe von Aristoteles-Kommentaren, wie jene des Alexander von Aphrodisias, Porphyrios, Themistios und Ammonios. Man sieht, außer Alexander sind es lauter Neuplatoniker, die hier Aristoteles erklären. Und die arabische Philosophie wurde in der Tat zu einem Kanal, auf dem erneut der Neuplatonismus in das Mittelalter einströmte, nachdem es ihn im Erbe der Patristik ohnehin schon mit auf den Weg bekommen hatte. Es sind jetzt vor allem die Lehren von den Intelligenzen und ihrer Emanation, die Idee der Gradabstufungen des Seins, der Einheit des Intellektes aller Menschen, der Ewigkeit der Materie, der mystischen Einigung, was durch die Araber propagiert wird. Die neuplatonische Aristotelesauffassung wurde noch verstärkt durch zwei Werke, die das Mittelalter ebenfalls über die Araber kennenlernte und die man für aristotelisch hielt: die sogenannte „Theologie des Aristoteles“, die in Wirklichkeit ein Auszug aus Plotins 4. und 6. Enneade ist, und den Liber de causis, der einen Auszug aus der Elementatio theologica (Στοιχείωσις θεολογική) des Proklos darstellt, was übrigens Thomas v. A. schon gesehen hat. Es handelt sich um insgesamt 32 Propositiones der Elementatio des Proklos, denen jeweils ein Commentum folgt. Man schreibt die Arbeit Alfarabi zu. Die Übersetzung in das Lateinische besorgte Gerhard von Cremona († 1187). Die Elementatio selbst las Thomas in der Übersetzung, die Wilhelm von Moerbeke 1268 für ihn gemacht hatte. Sie wurde erst 1951 durch C. Vansteenkiste in der Tijdschrift voor Philosophie (Bd. 13, S. 263 bis 302 und 491—531) erstmals ediert.

ββ) Neuplatonische Aristoteleskommentare

γγ) Theologie des Aristoteles und Liber de causis

Diese aristotelische und neuplatonische Ideenkreuzung durchzieht nun das Denken der arabischen Philosophie. Für Alfarabi († 950) z. B. emaniert in verschiedenen Gradabstufungen das Sein aus dem einen göttlichen Sein. Unter den ersten dieser Stufen befinden sich die geistigen Substanzen oder Intelligenzen, die als Seelen die Sphären bewegen und von denen eine auch der aristotelische intellectus agens ist. — Ähnlich denkt der von den Scholastikern viel zitierte

δδ) Alfarabi

εε) Avicenna Avicenna [Ibn Sina] († 1037). Die Welt ist nach ihm eine ewige Wirkung eines ewigen Gottes, wobei wieder der Emanationsgedanke Verwendung findet. Aus Gott geht die oberste der Intelligenzen hervor. Aus ihr emanieren nacheinander die nachgeordneten Sphärengeister, die durch ihre Vorsehung (Denken und Wollen) die Welt in allen Einzelheiten regieren, während Gott selbst sich um das Individuelle nicht kümmert, sondern nur das Allgemeine erkennt. Daneben steht eine ewige Materie. Sie ist Prinzip der Individuation. —
ζζ) Averroes Etwas aristotelischer erscheint Averroes aus Cordova [Ibn Roschd] († 1198); denn die Intelligenzen verdanken bei ihm ihr Dasein einem schöpferischen Akt. Auch die Welt stammt von Gott, aber sie ist ewig. Wieder bewegen die Intelligenzen die Sphären, und wieder bildet die letzte den intellectus agens, der als kosmische Kraft zugleich den Mond bewegt. Und er ist wieder nur einer in allen Menschen, so daß der einzelne Mensch weder eine eigene substantielle Seele besitzt noch persönliche Unsterblichkeit. Nur die eine Menschheitsseele ist unsterblich. Die Materie ist gleichfalls ewig und sie enthält in sich eine Fülle von Anlagen und Formen. Ihre Aktuierung (extractio) macht das eigentliche Geschehen im Natur- und Weltprozeß aus. Diese Thesen, besonders der Monopsychismus, haben in der Scholastik zu ausgedehnten Polemiken geführt. Thomas schrieb dagegen De unitate intellectus contra Averroistas. Averroes stand in größtem Ansehen und galt als der Kommentator des Aristoteles schlechthin. Von seinen Kommentaren gab es drei Fassungen, die großen, die kleinen und die Paraphrasen. — Interessant ist
ηη) Algazel sein Streit mit Algazel [= Ghazali] († 1111), weil er eine Parallele darstellt zum gelegentlichen Widerstreit zwischen Religion und Philosophie innerhalb der christlichen Scholastik. Um des religiösen Gehaltes des Islams willen hatte Algazel sich gegen das Eindringen der Philosophie gewehrt mit der Schrift „Destructio philosophiae". Averroes verteidigt dagegen das Recht der ratio in seiner „Destructio destructionis". Sein Grundgedanke war dabei: Die Philosophie will die Religion nicht verdrängen; beide suchen und sehen die Wahrheit, nur jede in ihrer Weise. Das ist noch nicht die Lehre der späteren Averroisten von der doppelten Wahrheit; denn nach Averroes differieren nur die Worte, nicht aber die Sache, während für die Averroisten Religion und

Philosophie inkommensurable Ziele zum Gegenstand haben.

Die jüdische Philosophie, die auf die Scholastik wirkt, ist wesentlich beeinflußt von der arabischen, und darum ist es wieder der neuplatonisch gesehene Aristoteles, der darin zur Geltung kommt. — Avencebrol [= Avicebron = Salomon ibn Gebirol] († 1070) vertritt einen Emanationspantheismus. In seinem Hauptwerk „Fons vitae" legt er dar, daß Gott die Lebensquelle ist, aus der alles Sein erfließt, wieder natürlich in Wertstufen. Unmittelbar aus Gott geht der Weltgeist hervor. Er ist zusammengesetzt aus Materie und Form, zwei Prinzipien, die das Sein in allen Stadien charakterisieren. Sie verschmelzen jeweils zu einer einheitlichen Substanz, sind aber zwei wirkliche Prinzipien. Vom Weltgeist abwärts spaltet sich die Emanation in zwei Linien, in die körperliche und geistige Welt, wobei aber hier wie dort Materie und Form Seinsprinzipien bleiben und außerdem sich in den einzelnen Substanzen jeweils eine Mehrheit von Formen finden kann. Mit beiden Thesen hat Avencebrol die philosophische Diskussion stark angeregt, und auch Thomas v. A. setzt sich damit auseinander. — Ein guter Kenner des Aristoteles ist Moses Maimonides († 1204), den Thomas v. A. schätzt und dem er in seiner Schöpfungslehre und in seinen Gottesbeweisen mehrfach gefolgt ist. In seinen Gottesbeweisen ist Maimonides von Alfarabi und Avicenna, besonders aber von Aristoteles abhängig. Er bestreitet aber ihm gegenüber die Ewigkeit der Welt und tritt für eine Schöpfung aus dem Nichts ein. Seinem Hauptwerk „Führer der Unschlüssigen" hat er 25 Leitsätze vorausgeschickt, „deren wir zum Beweis des Daseins Gottes sowie zum Beweis, daß er weder ein Körper noch eine in einem Körper befindliche Kraft ist, ferner, daß er einzig ist, bedürfen". Sie bieten zugleich eine ausgezeichnete Darstellung der Grundgedanken der aristotelischen Physik und Metaphysik, wie das Mittelalter sie sah. Wie Averroes hatten auch die jüdischen Philosophen ihre Heimat in Spanien.

β) Jüdische Philosophie

αα) Avencebrol

ββ) Maimonides

Spanien war auch der große Umschlagplatz, über den die arabisch-jüdische Philosophie in das Mittelalter Eingang fand. In Toledo bestand eine förmliche Übersetzerschule. In der Mitte des 12. Jahrhunderts wurden dort die Werke des Alfarabi, Avicenna, Algazel, Avencebrol ins Lateinische

γ) Toledo

übertragen durch Dominicus Gundissalinus, Johannes Hispanus und Gerhard von Cremona. Anfang des 13. Jahrhunderts kamen die Kommentare des Averroes dazu, und zwar in der Übersetzung des Michael Scotus und Hermanns des Deutschen. Um 1250 war das meiste bekannt und man merkte nun überall die neuen Antriebe.

### Texte und Literatur

F. Dieterici, Die sogenannte Theologie des Aristoteles, herausgegeben (1882); übersetzt (1883). — O. Bardenhewer, Die pseudo-aristotelische Schrift über das reine Gute, bekannt unter dem Namen Liber de causis (1882, Nachdruck 1956). [Bringt den arabischen Text mit deutscher Übersetzung und dazu die lateinische Übersetzung des Mittelalters. Von Prop. 5 an stimmt die Zählung bei B. nicht mehr mit der mittelalterlichen Überlieferung überein, weil B. die ursprüngliche Prop. 5 noch unter Prop. 4 eingereiht hat, so daß alle folgenden Ziffern um 1 zu erhöhen sind.] Der lat. Text des Liber de causis jetzt auch noch bei R. Steele, Opera hactenus inedita Rogeri Baconi. Fasc. 12 (Oxford 1935) und bei Saffrey und Pera (s. unten). — F. Dieterici, Al Farabis philosophische Abhandlungen aus dem Arabischen übersetzt (Leiden 1892). — Avicenna, Opera philosophica (Venetiis 1508, Nachdr. Ffm. 1961). Die Metaphysik (Philosophia prima) allein auch Venetiis 1495 (Nachdr. Louvain 1961). M. Horten, Avicennas Buch der Genesung der Seele: Die Metaphysik Avicennas (1907). Avicenne, Le Livre des directives et remarques. Trad., introd. et notes par A. M. Goichon (Paris 1951). Avicenne, Le Livre de Science. Trad. par M. Achena et H. Massé. Tome I: Logique, Métaphysique (Paris 1955). Tome II: Physique, Mathématiques (Paris 1958). — Averroes: Die mittelalterliche Übersetzung seiner Aristoteleskommentare in: Aristotelis opera latine cum commento Averrois ed. Nicoletus Vernia (Venetiis 1483) und: Aristotelis opera omnia, Averrois in ea opera Commentarii. 9 Bde. (Venetiis 1562; Nachdr. Ffm. 1962 samt 3 Ergänzungsbänden). [Darin die Einteilung des Aristoteles-Textes in kleine Abschnitte („textus"). Danach zitieren die Scholastiker den Aristoteles.] Averrois Cordubensis Compendia librorum Aristotelis qui Parva Naturalia vocantur, ed. by E. L. Shields and H. Blumberg (Cambridge, Mass. 1949); Commentarium magnum in Aristotelis De Anima libros, ed. by F. S. Crawford (ebd. 1953); Comment. medium in De Gener. et Corr. libros, ed. by F. H. Fobes and S. Kurland (ebd. 1956). Averroes' Commentary on Plato's Republic. Ed. with Introd., Transl. and

Notes by E. I. Rosenthal (Cambridge 1956). M. Horten, Die Metaphysik des Averroes nach dem Arabischen übersetzt (1912). S. van den Bergh, Die Epitome der Metaphysik des Averroes (1924). Die gegen Algazels „Destructio philosophiae" gerichtete „Destructio destructionis" jetzt in: Averroes' Tahafut Al-Tahafut (The Incoherence of the Incoherence). Translated from the Arabic with Introduction and Notes by S. van den Bergh. 2 vols. (Oxford 1954). — Algazels „Destructio philosophiae" (Tahafot al falasifat) wurde zusammen mit der „Destructio destructionis" des Averroes in der lat. Übersetzung des Augustinus Niphus gedruckt (Padua 1497, Venedig und Lyon 1497—1576). Algazel's Metaphysica, a Mediaeval Translation, ed. J. T. Muckle (Toronto 1953). M. Asin Palacios, La espiritualidad de Algazel y su sentido cristiano. 4 Bde. (Madrid 1934—1941). — Avencebrolis (Ibn Gebirol) Fons vitae ex Arabico in Latinum translatus ab Johanne Hispano et Dominico Gundissalino. Herausgeg. von Cl. Baeumker (1892—1895). — Der „Führer der Unschlüssigen" („Dux neutrorum") des Moses Maimonides wurde nach einer Übersetzung des 13. Jahrhunderts hrsg. von A. Giustiniani (Venedig 1520, Nachdr. 1964). Mit französischer Übersetzung hrsg. von S. Munk, Le Guide des Egaré. 3 Bde. (Paris 1856—1866). Deutsche Übersetzung in Meiners Philos. Bibliothek von A. Weiss, Mose Ben Maimon, Führer der Unschlüssigen. 3 Bde. (1923).

Zum Liber de causis vgl. außer Bardenhewer (oben) jetzt die Einleitungen zu H. D. Saffrey, S. Thomae de A. super librum de causis expositio (Fribourg 1954) und S. Thomae A. in librum de causis expositio, cura et studio C. Pera (Turin 1955). — Zur arabischen Philosophie im allgemeinen: M. Horten, Die Philosophie des Islams (1923). — Zu Alfarabi: M. Steinschneider, Al Farabi. Des arabischen Philosophen Leben und Schriften (Petersburg 1869). R. Hammond, The Philosophy of al-Farabi and its Influence on Mediaeval Thought (Leiden 1947). — Zu Avicenna: A.-M. Goichon, La philosophie d'Avicenne et son influence en Europe médiévale (Paris [2]1944). É. Gilson, Les sources greco-arabes de l'augustinisme avicennisant. Arch. d'hist. doctr. et litt. du moyen âge 4 (1929). — Zu Averroes: E. Renan, Averroès et l'averroisme (Paris 1852). M. Grabmann, Der lateinische Averroismus des 13. Jahrhunderts und seine Stellung zur christlichen Weltanschauung (1931). H. A. Wolfson, The Double Faith Theory in Clement, Saadia, Averroes and St. Thomas and its Origin in Aristotle and the Stoics. Jewish Quarterly Review 33 (1942). L. Gauthier, Ibn Roschd (Paris 1948). — Zum Ganzen: Ph. Merlan, Monopsychism etc. (1963) u. S. 535 (mit Bibliogr. arabischer Übersetzungen). — Zur jüdischen Philosophie im allgemeinen: J. Guttmann, Die Philosophie des Judentums (1933). G. Vajda, Introduction à la pensée juive du moyen âge (Paris 1925). — Zu Avencebrol: M. Wittmann, Die Stellung Avencebrols im Entwicklungsgang der arabischen Philosophie (1905). — Zu Maimonides: A. Rohner, Das Schöpfungsproblem bei Moses Maimonides, Albertus Magnus und Thomas von Aquin (1913). F. Bamberger, Das System des Maimonides, eine Analyse des More Newuchim vom Gottesbegriff aus (1935). L. Roth, The Guide for the Perplexed, Moses Maimonides (London 1948). — Zu Toledo: G. Thery, Tolède, ville de la renaissance médiévale, point de jonction entre la philosophie muselmane et la pensée chrétienne (Oran 1944).

b) Direkte Übersetzungen aus dem Griechischen

Die neuen Antriebe erstarkten, als man mit Aristoteles durch Übersetzungen aus dem Griechischen direkt und im ganzen bekannt wurde. Bis Mitte des 12. Jahrhunderts hatten die Scholastiker Aristoteles nur indirekt gekannt durch die Einleitung des Porphyrios, die Boethius übersetzt und kommentiert hatte (auch die Übersetzung der Isagoge des Porphyrios durch Marius Victorinus hatte er kommentiert) und die eigenen Traktate des Boethius (De divisione, De differentiis topicis, Introductio ad syllogismos categoricos, De syllogismo categorico, De syllogismo hypothetico) sowie seine Kommentare zu den Kategorien und seine zwei Kommentare zu Perihermeneias; einzig die zwei letztgenannten aristotelischen Schriften waren in einer Übersetzung des Boethius direkt zugänglich. Das war die sogenannte Logica vetus, und das war alles, so daß es aussah, als ob der Stagirite nur ein Logiker gewesen wäre. Nur ein indirekter Zugang zu Aristoteles waren aber auch die arabisch-jüdischen Philosophen gewesen; denn hier wurde Aristoteles durch ein vielfaches Prisma gebrochen: Vom Griechischen in das Syrische, vom Syrischen in das Arabische, vom Arabischen — womöglich noch über das Altspanische — in das Lateinische, und man kann sich denken, wie schwierig es war nach diesen Umwegen, den Geist des Stagiriten zu erraten, zumal die neuplatonischen Kommentare bereits eine ganz bestimmte Aristoteles-Interpretation bedeuteten. So war es ein ungeheurer Fortschritt, als Aristoteles aus dem Griechischen direkt übersetzt wurde, zunächst in den bisher noch fehlenden logischen

Schriften: Erste und zweite Analytiken, Topik und Sophistische Widerlegungen, was jetzt Logica nova hieß, aber bald nicht nur in seinen logischen, sondern in allen seinen Werken. Dieses Unternehmen setzt bereits in der Mitte des 12. Jahrhunderts ein. Wir kennen zwar hierfür nur einen Namen, den des Henricus Aristippus von Catania († 1162), der das vierte Buch der Meteorologik und De generatione et corruptione übersetzt hat, wissen aber, daß vor 1200 unter anderem auch schon die Physik, De anima und Metaphysik *A* bis *Γ*, 4 (Metaphysica vetus) aus dem Griechischen bekannt waren. Zum Abschluß gebracht wird das ganze Werk erst mit dem 13. Jahrhundert. Und hier sind die großen Übersetzer Bartholomäus von Messina, Robert Grosseteste und Wilhelm von Moerbeke. Letzterer hat besonders für Thomas von Aquin gearbeitet und u. a. die ganze Metaphysik übersetzt; von den Scholastikern zitiert unter „translatio nova" (zu unterscheiden von der „Metaphysica nova", die eine Übersetzung aus dem Arabischen ist). Auch in der Ethik gab es eine Ethica vetus bzw. nova. Erstere umfaßte Buch 2 und 3, letztere Buch 1 der Nikomachischen Ethik des Aristoteles. Dazu kamen jetzt auch die Übersetzungen von Kommentaren des Alexander von Aphrodisias, Themistios, Simplikios, Eustratios, Aspasios, Ammonios, Michael und Johannes Philoponos. Die literar-historische Forschung über die Infiltration des griechischen Aristoteles in das Mittelalter ist immer noch im Gang. Für das Detail sei hier verwiesen auf die maßgeblichen Forschungen von M. Grabmann, A. Pelzer, F. Pelster, A. Mansion, G. Lacombe u. a. (Übersicht von A. Pelzer bei M. De Wulf, Histoire de phil. méd. I⁶, 64 ff.; II⁶, 25 ff.). Das Standardwerk für den Aristoteles des Mittelalters ist der „Aristoteles latinus" (s. oben S. 322). Der erste Band mit 1370 Seiten (Pars I 1939, II 1954) beschreibt die Aristoteles-Codices des Mittelalters; die anderen Bände, jetzt bei Brill, Leiden, bringen die Editionen der lat. Übersetzungen.

Literatur

M. Grabmann, Forschungen über die lateinischen Aristoteles-Übersetzungen des 12. Jahrhunderts (1916). J. T. Muckle, Greek Works Translated Directly into Latin Before 1350. Medieval Studies 4 (Toronto 1942). M. Grabmann, Guglielmo di Moerbeke, il traduttore delle opere di Aristotele (Roma 1946). L. Minio-

Paluello, Henri Aristippe, Guillaume de Moerbeke et les traductions latines médiévales des „Météorologiques“ et du „De gen. et corr.“ d'Aristote. Revue philos. de Louvain 45 (1947). F. Pelster, Neuere Forschungen über die Aristotelesübersetzungen des 12. und 13. Jahrhunderts. Gregorianum 30 (1949). M. Grabmann, Aristoteles im 12. Jahrhundert. Medieval Studies 12 (Toronto 1950) (= Mittelalterl. Geistesleben III 64—127). Vgl. auch die Einleitungen zu den bis jetzt erschienenen Werken des Aristoteles latinus: IV, 2 Analytica post., translatio anonyma; IV, 3 Anal. post., translatio Gerardi; VII, 2 Physica, translatio Vaticana; XI, 2 De mundo, translatio anonyma et translatio Nicolai; XXXIII De arte poet., interprete Guillelmo de Moerbeke; sowie zu: Thémistius Commentaire sur le traité de l'âme d'Aristote. Trad. de Guillaume de Moerbeke. Par G. Verbeke (Louvain 1957).

c) Der scholastische „Aristotelismus“

Die ideengeschichtlich-sachliche Betrachtung muß noch weiter vertieft werden. Sie muß insbesondere zeigen, wieweit die Aristoteles-Rezeption der Scholastik nur die Sprache des Aristoteles spricht und wieweit sie mehr ist. Die Tatsache, daß Albert trotz seines Aristotelismus auch noch neuplatonisch denken kann oder daß Thomas in seiner Lehre vom Menschen, von der Glückseligkeit, vom Erkennen, um nur dies zu nennen, trotz der aristotelischen Termini sich mehr oder weniger weit noch mit Augustinus zusammenfindet, muß uns zu denken geben. Ein so gründlicher Kenner des Platonismus und Aristotelismus wie A. E. Taylor meint, daß in den entscheidenden Punkten der mittelalterlichen Weltanschauung der Platonismus nie verdrängt wurde, und nennt den scholastischen Aristotelismus gelegentlich sogar ein bloß äußeres Beiwerk (Platonism and its Influence, [2]1927, S. 28). Mag das auch etwas zuviel gesagt sein — E. Hoffmann hat in seiner Abhandlung über Platonismus und Mittelalter die genau gegenteilige These vertreten: Der genuine Platonismus hat zum Aufbau der kirchlichen Philosophie keinen systembildenden Faktor beigesteuert —, jedenfalls wird die Erörterung des Verhältnisses der alten platonisch-augustinischen Tradition zum neuen Aristotelismus in der Hochscholastik in Zukunft immer zu beachten haben, daß durch W. Jaegers Buch über Aristoteles auch für den scholastischen Aristoteles eine ganz neue Situation geschaffen wurde. Bislang hat die literar-historische Forschung, wenn sie in den scholastischen Texten auf den Namen und die Gedanken des Aristoteles stieß, dies in der Voraussetzung eines Aristotelesbegriffes gelesen, der in den beiden großen griechischen Philosophen nur den Gegensatz sah. Es war das Aristotelesbild des 19. Jahrhunderts: Aristoteles, der „Realist", gegen Platon, den „Idealisten". Und die Streitigkeiten zwischen den zwei großen mittelalterlichen Schulrichtungen konnten das ja nur bestätigen. Seitdem aber Jaegers Buch gezeigt hat: „Aristoteles ist sich bewußt, der erste Grieche zu sein, der die reale Welt mit Platons Augen sieht", ist jene Voraussetzung zum Problem geworden. Bedenken wir ferner, daß sie dies für Boethius, die große Autorität des Mittelalters, immer schon war und daß der erste Scholastiker die Überzeugung vertrat, daß zwischen Platon und Aristoteles Einklang besteht; und nehmen wir schließlich noch dazu, daß auch die Araber einen neuplatonisch gesehenen Aristoteles suggerierten und ferner noch die Mehrzahl der Aristoteles-Kommentare ebenso; und denken wir endlich noch daran, daß der Liber de causis das Textbuch des Metaphysikunterrichts bildete (s. unten S. 529) und damit von vorneherein die Aristotelesauffassung in seinem Geiste modifizierte, dann legt sich sehr die Vermutung nahe, daß die Interpretation des scholastischen Aristotelismus in Hinsicht auf das platonische Denken mehr die Linie der Konkordanz als der Diskrepanz zu verfolgen haben wird. Nicht zuletzt deswegen, um die Aristoteles-Platon-Problematik, die häufig nur von den Worten und äußeren Schulgegensätzen her gesehen und geglaubt wird, aufzulockern und eine sachlich weiterführende Diskussion anzuregen, wurde in diesem Buch schon bei der Darstellung der aristotelischen Philosophie das Platonische an ihr mehr als sonst üblich herausgestellt. Für die nähere Dokumentation des mittelalterlichen Platonismus gewinnt wachsende Bedeutung das im Erscheinen begriffene Corpus Platonicum Medii Aevi (s. oben S. 322) mit den lateinischen Platonübersetzungen aus dem Griechischen (Plato latinus; bis jetzt: I Menon, II Phaidon, III Parmenides, IV Timaeus a Calcidio translatus) und dem Plato arabus (bis jetzt: I Galeni Compendium Timaei, II Alfarabius de Platonis philosophia, III Alfarabius Compendium Legum Platonis).

Literatur

M. Grabmann, Methoden und Hilfsmittel des Aristotelesstudiums im Mittelalter (1939). F. van Steenberghen, Aristote en Occident (Louvain 1946). R. Klibansky, The Continuity of the Platonic Tradition During the Middle Ages (London 1950). J. Hirschberger, Platonismus und Mittelalter. Philosophisches Jahrbuch 63 (1955). T. Gregory, Platonismo medievale. Studi e ricerche (Roma 1958). E. Hoffmann, Platonismus u. christl. Philosophie (1960). W. Beierwaltes (Hrsg.), Platonismus in der Philosophie des Mittelalters (1969).

d) Aristoteles-Verbote

Der Verlauf der historischen Entwicklung sah freilich in dem Neuen, wie es so zu gehen pflegt, zunächst nur das Verschiedene, und die Einbürgerung vollzog sich darum nicht ohne Schwierigkeiten. Bereits 1210 untersagte ein Pariser Provinzialkonzil, die Schriften des Aristoteles über Naturphilosophie und ihre Kommentare zu lesen. Die Ordnung des Studiums zu Paris durch den päpstlichen Legaten Kardinal Robert von Courçon von 1215 im Auftrag von Innozenz III. bestätigte dies und bezog auch noch die Metaphysik mit ein. Aber das herkömmliche logische und ethische Aristotelesstudium wurde belassen. Das Verbot scheint zusammenzuhängen mit der kirchlichen Stellungnahme gegen den neuplatonisch inspirierten Pantheismus des Amalrich von Bènes und David von Dinant. Da man in dem arabischen Aristoteles die Verwandtschaft mit dem Neuplatonismus handgreiflich sah, kam Aristoteles selbst auch in Mißkredit. In Toulouse, wo keine pantheistischen Professoren lehrten — Amalrich war in Paris —, gab es auch keine Aristoteles-Verbote. Dort ging, ähnlich wie auch bei den Engländern, das Studium der physischen Werke des Aristoteles weiter. Es zeitigte die Erkenntnis, daß Aristoteles nicht bloß kein Pantheist war, sondern daß umgekehrt seine Philosophie dem scholastischen Denken geradezu entgegenkam. Das Wissen darum drang auch nach Paris vor, und obwohl 1231, 1245 und 1263 noch drei Aristoteles-Verbote erfolgten, konnte der Siegeszug des Stagiriten nicht mehr aufgehalten werden. Die Verbote kamen in Vergessenheit. Gregor IX. hatte übrigens 1231 schon davon gesprochen, daß die philosophischen Schriften nur so lange verboten seien, bis ihr Wert von sachverständigen Theologen geprüft wäre. Damit war in der Sache der Weg freigegeben. Und 1366 ist es so weit, daß die Legaten des Papstes für das Lizenziat in der Artistenfakultät das Studium des ganzen Aristoteles als unerläßliche Bedingung fordern.

Literatur

M. Grabmann, I divieti di Aristotele sotto Innocenzo III e Gregorio IX (Roma 1941).

## B. DIE UNIVERSITÄTEN

Ein zweiter Grund für die Blütezeit der Scholastik liegt in dem Erstarken der Universitäten, besonders jener zu Paris. Diese Stadt war schon lange ein Zentrum der Wissenschaft, und Lehrer wie Abaelard und die Viktoriner lockten Studenten von allen Ländern an. Die losen Schulverbände der Stadt schlossen sich allmählich zusammen, und so entstand um die Wende des 12. zum 13. Jahrhundert die „Universitas magistrorum et scholarium“, die zunächst nichts anderes war, als was die Zünfte auch waren, eine gemeinsame Interessenvertretung. Durch die Könige von Frankreich und noch mehr durch die Päpste wurde die neue Schulgemeinschaft mit reichlichen Dotationen begünstigt und konnte sich darum mehr und mehr ausbauen. Schließlich haben wir die vier Fakultäten der Mediziner, Juristen, Artisten und Theologen. Mit dem Bekanntwerden des ganzen Aristoteles stieg die Bedeutung der Artistenfakultät gewaltig; denn nun hatte sie nicht mehr die bloß propädeutische Arbeit der sieben freien Künste zu bewältigen, sondern hatte die ganze Fachphilosophie in Besitz genommen. Andere Universitäten sind die sogar älteren von Bologna und Salerno, die aber zunächst nur eine juristische bzw. medizinische Fakultät waren. Etwas jünger ist das nicht viel weniger als Paris berühmte Oxford. Paris allerdings nannte man die civitas philosophorum schlechthin. Und nun entstanden in rascher Folge: Orléans (nach 1200), Cambridge (1209), Padua (1222), Neapel (1224), Toulouse (1229), Salamanca (ca. 1220), Prag (1347), Wien (1365), Heidelberg (1386), Erfurt (1389), Köln (1388).

Literatur

H. Denifle, Die Entstehung der Universitäten des Mittelalters bis 1400 (1885, Nachdruck 1956). H. Rashdall, The Universities of Europe in the Middle Ages. New Edition in 3 vols. by F. M. Powicke and A. B. Emden (Oxford 1936; Nachdruck 1951). P. Glorieux, Répertoire des Maîtres en Théologie de Paris au XIII^e siècle. 2 Bde. (Paris 1933). (= Études de philos. médiévale 17—18).

### C. DIE ORDEN

Von größter Tragweite war ferner das wissenschaftliche Leben in den beiden Orden der Franziskaner und Dominikaner. Sie hatten ihre großen Ordensstudien, so zu Oxford, Rom, Neapel, Köln, und bilden dort einen hervorragenden Gelehrtennachwuchs heran. Dazu verschafften ihnen die Päpste auch noch Lehrstühle an den Universitäten. Bonaventura sowohl wie Thomas waren Professoren zu Paris gewesen. Das ging freilich nicht ohne Widerstand. Aber in diesem Widerstreit mit dem Weltklerus, der anscheinend die Konkurrenz fürchtete, wie auch im Widerstreit der Orden untereinander — die Dominikaner waren für den Aristotelismus, die Franziskaner für die alte platonisch-augustinische Tradition — war, wie so häufig, der Krieg der Vater vieler Dinge.

## 1. PARIS IM FRÜHEN 13. JAHRHUNDERT

### Theologen und Artisten

Wenn wir uns an die großen Leistungen der Hochscholastik verstehend heranarbeiten wollen, müssen wir zuvor einiger Meister der hohen Schulen zu Paris aus der ersten Hälfte des 13. Jahrhunderts gedenken.

#### a) Die Theologen und ihre Philosophie

Da wären zunächst drei Theologen zu nennen: Wilhelm von Auxerre, Philipp der Kanzler und Wilhelm von Auvergne. Sie sind Summisten und Sententiarier, die in der Tradition stehen, die Petrus Lombardus – einst Schüler zu St.

Viktor, dann (von 1140 an) Magister an der Domschule, zuletzt (1159) Bischof von Paris († 1160) — für alle Scholastiker mit seinem Sentenzenwerk geschaffen hatte. Aber mitten in den theologischen Abhandlungen finden sich bedeutende philosophische Gedankengänge, die die Philosophiegeschichte nicht unbeachtet lassen kann.

α) Wilhelm von Auxerre

Wilhelm von Auxerre († 1231), der Verfasser der Summa aurea, die von Stephan Langton († 1228) und Praepositinus von Cremona († ca. 1210) abhängig ist und ihrerseits wieder weiterwirkt auf Alexander von Hales und Albertus Magnus, schreibt über den freien Willen (liberum arbitrium), über das Naturrecht, über Tugend und Tugenden. Auf Geheiß von Gregor IX. vom Jahre 1231 sollte er den neuen Aristoteles purgieren, starb aber noch im selben Jahre.

β) Philipp der Kanzler

Auch Philipp der Kanzler († 1236) behandelt das große aus der Antike heraufkommende Thema: Das Gute und das höchste Gut, die Tugend als solche und die einzelnen Tugenden, insbesondere die vier Kardinaltugenden, was wir schon innerhalb der sieben freien Künste angetroffen haben (oben S. 396). Sein Hauptwerk führt den Titel Summa de bono. Philipp zitiert darin bereits Aristoteles, besonders die Nikomachische Ethik, soweit sie damals bekannt war. Das Werk hat stark nachgewirkt auf die Summa de virtutibus, die Summa de anima und die Summa de vitiis des Johannes von Rupella, auf die theologische Summe Alexanders von Hales, auf die Summa de creaturis und die Summa de bono Alberts des Großen wie auch auf Odo Rigaldi.

γ) Wilhelm von Auvergne

Ein dritter Theologe zu Paris in dieser Zeit, Wilhelm von Auvergne († 1249), von 1228 bis zu seinem Tode zugleich Bischof von Paris, gilt trotz des theologischen Titels seines Hauptwerkes „Magisterium divinale“ als der größte Philosoph dieser Epoche. Seine Themen sind tatsächlich schwerwiegende philosophische Probleme: De primo principio, De anima, De universo creaturarum, De virtutibus et moribus u. a. Wilhelm kennt die arabische und jüdische Philosophie, Alfarabi, Averroes, Maimonides und Avencebrol; insbesondere aber Avicenna.

αα) Die Lehre

Von ihm übernimmt er die für die Scholastik so wichtige Unterscheidung von Wesenheit und Dasein, die er im Sinne der Realdistinktion versteht. In allem geschöpflichen Seienden könne die Wesenheit ohne das Dasein gedacht werden.

Nur in Gott ist die Wesenheit selbst schon das Dasein. Darum ist Gott notwendig da, die Geschöpfe aber nur kontingent; ist Gott das wahre Sein, die Geschöpfe aber nur Schein; ist Gott das Sein substantiell, die Geschöpfe nur akzidentell und per participationem. Im Grunde steht aber Wilhelm gegen die Araber und ihre drei Thesen von der Ewigkeit der Welt, der notwendigen Emanation und der Einheit des Intellektes. Die Dinge erfließen nicht aus Gott wie das Wasser aus der Quelle; eine solche Auffassung wäre eine Verwischung der Transzendenz Gottes. Und die Teilhabe solle auch nicht irgendeine Identität bedeuten. Ihre Formel: „Die Dinge sind in Gott" heiße nur: Gott ist ihre Wirkursache (causa efficiens), er gibt ihnen das Dasein und erhält sie im Dasein. Es soll der Teilhabegedanke offenbar auf den Schöpfungsgedanken reduziert werden, nicht umgekehrt; wie überhaupt der Teilhabegedanke so gefaßt wird, daß zwischen Gott und Welt mehr das Trennende als das Gemeinsame betont wird. Gott ist das primum esse per se ipsum solum und er ist auch für das Seiende das Sein: primo et principaliter est esse omnium, cuius participatione esse dicuntur. Aber sofort wird versichert: Gleich und einsinnig (aequaliter et univoce) könne das Sein von Gott und Welt nicht ausgesagt werden, sondern es bestehe eine Analogie. Was für eine Analogie das sein soll, wird durch das alte Beispiel des Aristoteles erläutert, welches besagt, daß das Wort Gesundheit einen anderen Sinn hat, wenn man es aussagt vom Menschen und wenn man es anwendet auf eine Speise oder eine Medizin.

ββ) Würdigung

An sich liegt hier ein Mißverständnis des Teilhabegedankens vor. Teilhabe braucht keine Sicherung gegenüber einer Identitätssetzung von Gott und Welt. Sie ist gerade eine solche Sicherung und die Analogie kann da nichts weiter leisten, denn sie ist in ihrem genuinen Sinn selbst nichts anderes als Teilhabedenken. Aber, was Wilhelm gesagt hat, wird man nun immer wieder so hören. Auch Thomas wird es nachsprechen. Ähnlich ist es mit anderen Positionen Wilhelms bestellt: Gott ist die einzige „wahre" Ursache, trotzdem haben auch die Einzeldinge Kausalität; Gott ist das Sein aller Dinge, trotzdem sind die Dinge in sich selbst eigenständig und unter sich different; Gott ist der intellectus purus et verus, und nur dank göttlicher Einwirkung erzeugt auch der Geist in sich selbst die ewigen species rein und unverfälscht, ohne einen intellectus agens und auch ohne eigene, von der Seele als solcher verschiedene Potenzen, sondern unmittelbar, und trotzdem soll der Geist selbständig und selbsttätig sein. Es ist die Rede von einer Abstraktion, aber die ewigen species sind, sofern sie exakt sind, was sie sind, gerade nicht ihr Produkt. Sie stammen aus einer anderen, der intelligiblen Welt, sind apriori und erst über sie erkennen wir die sinnliche Welt, die ihnen gegenüber nur occasio, nicht causa ist. Die Seele wird da, typisch neuplatonisch, als Grenze zwischen zwei Welten aufgefaßt. Wilhelm bewegt sich auch in der Erkenntnislehre in augustinischen Bahnen mit avicennistischen Anflügen. Der intellectus agens sei ein figmentum und eine vanissima positio. In diesem Punkt wird sich Thomas anders entscheiden, wenigstens nach den Versicherungen, die er abgibt. Aber Bonaventura wird daraus Nutzen ziehen, wie überhaupt sein Augustinismus und Exemplarismus bei Wilhelm von Auvergne schon weithin da ist.

δ) Adam de Puteorumvilla

Man wird in diesem Zusammenhang auch noch die Schrift „De intelligentiis" erwähnen müssen, die dem Adam de Puteorumvilla zugehört, der auch Adam pulchrae mulieris heißt und um 1230 als ein Pariser Meister aufgeführt wird. Die Schrift ist von der Lichtmetaphysik des Grosseteste beeinflußt. Sie wurde einst von Baeumker dem schlesischen Naturphilosophen Witelo zugeschrieben. Ein Neuplatonismus arabischer Herkunft, aristotelische Elemente, Nachwirkungen des Liber de causis und die alte scholastische Tradition sind für sie charakteristisch. Die Metaphysik hebt nicht an mit der Lehre vom Sein als solchem, sondern mit dem Begriff des Unendlichen. Dieses Unendliche ist das Eine, an dem alles Viele teilhat, um so zum Sein zu kommen. Je nach seiner Nähe zum Einen steht das Seiende wertmäßig höher oder tiefer. Die Naturwissenschaft von Oxford findet sich in der Schrift nicht. Für die ideengeschichtliche Zugehörigkeit ist bezeichnend die Berufung auf Aristoteles, Augustin, Avicenna, den Liber de causis, Boethius, Gilbertus Porretanus. Robert Grosseteste wird, als noch lebend, nicht erwähnt. Vielen Gedanken aus De intelligentiis werden wir wieder bei Albertus Magnus begegnen.

Texte und Literatur

Petri Lombardi Libri IV Sententiarum. 2 Bde. (Quaracchi ²1916). Fr. Stegmüller, Repertorium commentariorum in sententias Petri Lombardi. 2 Bde. (1947). V. Doucet, Commentaires sur les sentences. Supplément au Répertoire de M. Fr. Stegmüller (Quaracchi 1954). Ph. Delhaye, Pierre Lombard. Sa vie, ses œuvres, sa morale (Montreal-Paris 1961). — L. W. Keeler, Ex Summa Philippi cancellarii quaestiones de anima (1937) (= Opusc. et textus. Ser. scholast. 20). — Guilielmi Alverni Opera omnia. 2 Bde. (Paris 1674, Nachdr. 1963). J. R. O'Donnell, Tractatus magistri Guillelmi Alvernensis De bono et malo. Medieval Studies 8 (Toronto 1946). A. Masnovo, Da Guglielmo d'Auvergne a S. Tommaso d'Aquino. 3 Bde. (Milano ²1945/46). — Cl. Baeumker, Witelo (1908) (auch Text). Ders., nochmals zu Witelo: Miscellanea Ehrle I (1924).

b) Die Artisten und die Logik

Wie es in der Artistenfakultät zu Paris in der ersten Hälfte des 13. Jahrhunderts zuging, ergibt sich aus einer Quaestionensammlung, die M. Grabmann in einer Handschrift zu Barcelona entdeckt hat und über die er in dem Aufsatz „Eine für Examenszwecke abgefaßte Quaestionensammlung der Pariser Artistenfakultät aus der 1. Hälfte des 13. Jahrhunderts" (Mittelalterl. Geistesleben II 183—195) ausführlich berichtete (vgl. unten S. 529). Allein schon aus der Anzahl der auf die Logik bezüglichen Quaestionen ergibt sich, daß die Fakultät den Schwerpunkt ihrer Arbeit in der Logik gesehen hat. Wie Oxford damals durch seine Naturwissenschaft, so war Paris durch seine Logik berühmt. In seinem allegorischen Gedicht La bataille des sept Arts läßt im Jahre 1256 der Troubadour Henri d'Andely die Grammatik, die noch im alten Stil mit den klassischen Schriftstellern der Antike arbeitete, von Orléans aus zum Kampfe nach Paris ziehen, wo sich die Logik eingenistet hatte und den herkömmlichen Grammatikunterricht mit ihrem Rationalismus zu verderben drohte. Die Logik war tatsächlich groß geworden. Abaelard, der Meister der Dialektik, war vorausgegangen, die Logica nova war aufgekommen.

α) Wilhelm von Shyreswood

Und jetzt entsteht in Paris das erste Logiklehrbuch des 13. Jahrhunderts, die Introductiones in logicam des Wilhelm von Shyreswood († nach 1267), die Grabmann 1937 erstmals ediert hat. Sie bestimmen die Aufgabe der Logik mit dem Begriff des vere loqui, im Unterschied zum recte loqui der Grammatik und zum ornate loqui der Rhetorik. Die Wahrheit werde aber vorzüglich mit Hilfe des Syllogismus gefunden. Der wieder bestehe aus Urteilen, diese wieder aus termini und dazu aus gewissen Regeln, womit man Aussagen treffen und Schlüsse ziehen könne. Darum habe die Logik zu handeln De propositione, De praedicabili, De syllogismis (Figuren), De locis dialecticis, De proprietatibus terminorum, De fallaciis. In dem kleinen Kompendium des Shyreswood treten zum ersten Male die bekannten logischen Merkverse Barbara Celarent etc. auf. Ein Schüler des Wilhelm von Shyreswood war Petrus Hispanus, der spätere Papst Johannes XXII. († 1277). Seine Summulae logicales sind überaus häufig gedruckt und kommentiert worden. Sie werden noch heute verwendet und sind wohl das einflußreichste Logiklehrbuch, das je geschrieben wurde. Ein drittes Lehrbuch aus dieser Zeit sind die noch ungedruckten Summulae logicales des Lambert von Auxerre.

β) Petrus Hispanus

γ) Lambert von Auxerre

Da alle späteren Magistri, Juristen und Mediziner ebenso wie die Theologen, durch die Artistenfakultät gegangen waren, wurde die Wissenschaft der Logik für den Ausbau der übrigen Wissenschaften zu einer nachhaltig formenden Kraft. Alles und jedes wollte nun eine ars und eine scientia argumentativa sein. Man sieht es deutlich, wenn man die Einleitungen zu den theologischen Summen bei Albert oder Thomas mit früheren Traktaten vergleicht, etwa Hugo von St. Viktor, und beachtet, wie jetzt der Wissenschaftscharakter, die scientia „argumentativa“ — die Apodeixis des Aristoteles — herausgekehrt wird. Und noch mehr sieht man die neue logische Kunst in der Technik der Summen und der Quaestiones disputatae, in der argumentatio, responsio, distinctio und in der ganzen Methode des procedere. Schon Prantl hat auf den Einfluß des Wilhelm von Shyreswood auf Albert und Thomas hingewiesen. Die Verwendung solcher logischer Denkmittel kann in der Theologie sehr weit gehen, kann auch zu einem schwierigen Problem werden.

δ) „Sprachlogik“

Obwohl diese Logik stark formalistisch ausgerichtet ist, die Künste der Dialektik pflegt und ihre Freude hat an der ars opponendi et respondendi und an den insolubilia, fallaciae und sophismata, ist sie durchaus nicht nur Gebrauchslogik, sondern erhebt sich zu einer Sprachlogik und Sprachphilosophie, wie besonders M. Grabmann, der sich auf diesem Felde der Erforschung des Mittelalters die größten Verdienste erworben hat, immer zu betonen pflegte. Diese sprachlogische Arbeit wurde geleistet in den Tractatus de modis significandi. Martinus von Dacien und viele andere haben solche Summen geschrieben. Wie die Stoiker nomen, ratio und res unterschieden, so unterschied man auch jetzt wieder die modi significandi, modi intelligendi und modi essendi. Davon interessierten am meisten die modi significandi. Worte können in ihrem Bedeutungsgehalt für sich genommen werden, aber auch in ihrem Zusammenhang mit anderen Worten, einem Zusammenhang, den jede Rede mit sich bringt. Dann handelt es sich zugleich um eine consignificatio. Gerade darauf hatten es jene Traktate abgesehen. Jene Zusammenhänge beruhen nämlich auf gewissen gleichbleibenden und notwendigen Konfigurationen (Wortklassen), die typisch sind und etwa auftreten im Nomen, Pronomen, Verbum, Adverbium, Participium etc. Die Modisten schlossen sich an die alten Grammatiklehrer Donatus und Priscianus an. Aber was jetzt geschah, war eine Logisierung der Grammatik, fast so etwas wie die Entwicklung einer für jeden menschlichen Geist verbindlichen Grammatik, eine Grammatik überhaupt, also eine Rationalisierung der Sprache, und zwar in Richtung auf eine Ideenlehre, wie sie der Universalien-Realismus im Kopfe hatte. Das Einmalige, mit Raum, Zeit, Geschichte, Volk, Subjekt Gegebene trat zurück. Damit ging etwas an der Sprache verloren. Man mag es das Historisch-Gewachsene oder Künstlerisch-Ästhetische nennen. Aber es wurde auch etwas gewonnen: Klarheit der Begriffe, Unterscheidungsfähigkeit, Interpretationskunst für Wort- und Aussagebedeutungen, Bestimmtheit der Positionen, Stringenz der Gedankenführung, Durchsichtigkeit der Darstellung. Diese Logisierung der Grammatik bildet einen charakteristischen Zug im Antlitz des mittelalterlichen Geisteslebens (Grabmann). Es gibt bei uns immer noch die Rede von scholastischen Spitzfindigkeiten. Die Fachleute der Logik urteilen heute anders, anders auch als die sonst so verdienstvolle große Geschichte der Logik von Prantl, der sich durch seine nun endgültig widerlegte Theorie von der Abhängigkeit der mittelalterlichen Logik von Psellos von vorneherein eine objektive Wertung verbaut hatte. Heute schreibt H. Scholz von den Summulae logicales des Petrus Hispanus: „Hier stößt man zum ersten Male auf eine zusammenhängende, planmäßige logische Analysis der Sprache, auf eine Analysis von der Art, wie sie erst nach Jahrhunderten, und nun zum ersten Male auf der Stufe, die den Anteil der Mathematiker hervorzurufen vermag, in Bolzanos Wissenschaftslehre anzutreffen ist."

Texte und Literatur

M. Grabmann, Die Introductiones in logicam des Wilhelm von Shyreswood. Literarhistorische Einleitung und Textausgabe (1937). J. M. Bocheński, Petri Hispani Summulae logicales (Torino 1947). H. Roos, Die modi significandi des Martinus von Dacien (1952). C. Prantl, Geschichte der Logik im Abendlande. 4 Bde. (1855/85, Nachdruck 1926, 1955). H. Roos, Martin von Dacien und seine Schrift De modis significandi. Classica et Mediaevalia 8 (1946). M. Grabmann, Die geschichtliche Entwicklung der mittelalterlichen Sprachphilosophie und Sprachlogik. In: Mittelalterl. Geistesleben III (1956) 243—53. Ph. Boehner, Medieval Logic. An Outline of Its Development from 1250 to c. 1400 (Chicago 1952). Die Auseinandersetzungen an der Pariser Universität im XIII. Jahrh. (1975) (= Miscellanea Mediaevalia Bd. 10).

## 2. DIE SCHULE VON OXFORD

### Mathematik und Naturwissenschaft

Oxford und seine Schule ist neben Paris das andere Tor zur Hochscholastik. Hier ist die alte Tradition noch besonders stark. Man muß darum wissen, um dem allenthalben nachgesprochenen Vorurteil begegnen zu können, als wäre die ganze Hochscholastik nur sklavisches Nachbeten der Lehren des Aristoteles. In Oxford kennt man Aristoteles; der Gründer dieser Schule war einer der großen Übersetzer; aber man bleibt hier auch Aristoteles gegenüber kritisch. Dafür ist man um so aufgeschlossener für die naturwissenschaftlichen Erkenntnisse der Araber, pflegt das Erbe von Chartres und treibt Mathematik und Physik, wofür man in Paris noch wenig Interesse hatte. Vor allem, man ist, wie es immer die Eigenart der englischen Philosophie sein wird, empirisch eingestellt, obwohl man in der Grundhaltung dem augustinischen Platonismus treu bleibt. Die Anfänge von Oxford gehen denn auch auf die Lehensträger dieser Geisteshaltung zurück, auf die Franziskaner, die durch den Gründer der Schule, Robert Grosseteste, dorthin gerufen worden waren.

### a) Grosseteste

Robert Grosseteste (1175—1253) war „ein Wissenschaftler wie sonst keiner; ... denn er verstand Mathematik und Optik und dazu so viel von den Sprachen, daß er die Väter lesen konnte und die Philosophen und die Weisen der Vergangenheit" (Roger Bacon). Er dozierte am Oxforder Minoritenstudium, war nach 1208 Kanzler der Universität und wurde 1235 Bischof von Lincoln. Seine besondere Verehrung galt Augustin und Anselm. Er übersetzte aber auch, neben anderem, erstmals die Nikomachische Ethik aus dem Griechischen zusammen mit verschiedenen Kommentaren. Aus ihr haben Albert und Thomas ihre Kenntnis einzelner griechischer Wörter. Seine Opuscula philosophica verraten schon in den Titeln die wissenschaftliche Einstellung des Mannes: Über das Licht und die Entstehung der Formen; Über Linien, Winkel, Figuren oder über die Brechung und Reflexion der Strahlen; Über den Regenbogen; Über die Farben; Über die Wärme der Sonne; Über Körperbewegung und Licht; Über die Grenzen der Bewegung und der Zeit u. a.

#### Texte und Literatur

L. Baur, Die philos. Werke des Robert Grosseteste, Bischofs von Lincoln (1912) (Kritische Ausgabe). U. Gambia, Il Commento di R. Grossetesta al „De mystica theologia" del Ps.-Dionigi Areopagita (Milano 1942) (Kritische Ausgabe). — L. Baur, Die Philosophie des Robert Grosseteste (1917). S. H. Thomson, The Writings of R. Grosseteste, Bishop of Lincoln (Cambridge 1940). D. A. Callus, Introduction of Aristotelian Learning to Oxford (London 1944). A. C. Crombie, R. Grosseteste (Oxford 1962).

α) Lichtmetaphysik

Besonders charakteristisch für Grosseteste ist seine Lichtmetaphysik. Es war ein altes Thema von den Neuplatonikern her. Was Grosseteste damit bestreiten will, ist eine Metaphysik des Seins und des Werdens überhaupt. Das Licht ist zwar Körper, aber doch so feine Substanz, daß sie zwischen Idealität und Realität steht. Es bildet das Prinzip der Körperlichkeit, ihre Form. „Das Licht breitet sich nämlich, seiner Natur nach, nach allen Seiten aus, so daß von einem Punkt aus eine beliebig große Lichtkugel entsteht, soweit nicht das Dunkel hinderlich ist ... denn das ist Licht: Jene Kraft, die von sich aus sich vervielfältigt und ausstrahlt." Indem nun dieses Licht als die Urform der Körperlichkeit sich ausbreitet, zieht es die „geschaffene erste Materie, von der es nicht lassen kann", mit sich herein in die immer weiter fortschreitende Vervielfältigung der Strahlen, und so entstehen Körper, Welt und Welten. — Es wäre leicht, angesichts der ganzen Versuche der neuplatonischen Lichtmetaphysik, mit einer Art Deszendenztheorie die Realität von der Idealität her abzuleiten, an das Wort Kants von den Unwissenden zu erinnern, die in Metaphysik pfuschen, indem sie sich die Materie so fein und überfein denken, daß es einem schwindelig wird, und dann glauben, ein geistiges und doch ausgedehntes Wesen erdacht zu haben. Aber vielleicht ist das Ganze nur ein Bild und wäre es richtiger, an den Dynamismus von Boscovich zu denken, wenn man den Gedanken aufgreifen und weiterspinnen wollte. Jedenfalls aber hat Grosseteste in seiner Lichtmetaphysik über den mittelalterlichen Aristotelismus hinaus einen modernen Gedanken vorweggenommen, den Versuch nämlich, statt immer nur von inneren Wesenheiten zu sprechen, die Natur nach mathematisch-quantitativen Methoden zu messen und zu beschreiben; denn das war es, was mit seiner durch die Lichttheorie gegebenen „Optik" (perspectiva) schließlich herauskommt. Und das ist denn auch die Bedeutung von Oxford, daß es lange vor Galilei und Descartes für die Naturbetrachtung Physik und Mathematik reklamierte und nicht stehenblieb bei einer immer nur spekulativ konstruierenden Naturphilosophie.

β) Erkenntnislehre

Bei Galilei, so werden wir sehen, verbindet sich die empirisch-mathematische Methode mit der idealistischen Annahme, daß der Gang der Welt, den wir messen und zählen, in ewigen idealen Geltungen festgelegt sei. Auch bei Grosseteste gibt es für alle Dinge eine innere Richtigkeit, die nur durch den Geist erfaßt werden kann, und das ist ihre „Wahrheit", eine ontologische Wahrheit natürlich. Sie bildet die eigentliche Grundlage aller Erkenntnis. Und nur, weil s i e durch unseren Geist erreicht werden kann, gibt es Wissenschaft. Wir sehen, Anselms Wahrheitsbegriff lebt wieder auf und wird zu einem erkenntnistheoretischen Apriorismus ausgebaut, der zusammen mit der Forderung auftritt, überall die Erfahrung zu befragen.

Das Ganze wird gekrönt oder fundiert, wie man will, durch die Gotteslehre. Gott ist Form und die Form der Formen, ein in Chartres beliebter Gedanke (Joh. von Salisbury, Entheticus. Migne 199, 987 c). Nicht so natürlich, daß diese Form ein wesensgleicher, in die geschaffenen Dinge eingehender Teil wäre (pars earum substantialis completiva). Schon Bernhard von Chartres hatte da eine Zäsur gesetzt: Nicht die Ideen selbst sind in den Dingen, sondern Abbilder der Ideen (s. o. S. 418). Auch Grosseteste drückt sich genauer aus als Amalrich. Gott ist Form im Sinne des Urbildes, wie Augustinus, der Areopagite und Anselm das gedacht haben. In der Lichtmetaphysik kommt oft der Ausdruck Emanation vor. Allein von Pantheismus ist keine Rede. Die Lichtsubstanz wird von Gott geschaffen. Die Transzendenz Gottes steht fest. Sie wird besonders gesichert durch die Ewigkeit Gottes, durch die er sich von den geschaffenen Dingen, die in der Zeit stehen, grundsätzlich unterscheidet. Grosseteste greift hier die augustinischen Gedanken über Zeit und Ewigkeit wieder auf und kritisiert besonders die Lehre des Aristoteles von einer ewigen Schöpfung. Ein Platoniker aus echtester Wahlverwandtschaft, verkennt er doch nie die Welt des Zeitlichen und ihre Rechte. Die Verbindung von Idealität und Realität in dieser ersten Gestalt der englischen Philosophie ist erstaunlich.

### b) Bacon

Das Erbe Grossetestes lebt weiter in seinem Schüler Roger Bacon (ca. 1210—1292), einer Persönlichkeit von ausgesprochener Originalität. Er durchbricht den üblichen Rahmen und hält mit seiner Kritik bestehender Zustände nicht zurück. Auch hervorragende Männer an hervorragender Stelle werden nicht geschont. Alexander von Hales und Albertus Magnus heißt er kurzweg Ignoranten. Man nahm ihn 1271 in Klosterhaft bis kurz vor seinem Tod. Sein Hauptwerk „Opus maius" handelt in sieben Teilen: von den vier Ursachen der menschlichen Unwissenheit, von dem Verhältnis zwischen Theologie und Philosophie, von dem Nutzen der Grammatik und Sprachwissenschaft, von der Bedeutung der Mathematik für Physik und Theologie, von der Optik, von der scientia experimentalis und von der Moralphilosophie.

Texte und Literatur

J. S. Brewer, Fr. Rogeri Baconis opera quaedam hactenus inedita (London 1859). J. H. Bridges, The opus maius of R. B. 3 Bde. (Oxford 1897/1900, Nachdr. 1964). R. Steele, Opera hactenus indita. 16 Fasc. (Oxford 1905/40). R. Baconi Moralis philosophia. Post F. Delorme critice instruxit et edidit E. Massa (Turici 1953). — Cl. Baeumker, R. Bacons Naturphilosophie. Franziskan. Studien 3 (1916). Th. Crowley, Roger Bacon. The Problem of the Soul in his Philosophical Commentaries (Louvain-Dublin 1950). F. Alassio, Mito e scienza in R. Bacone (Milano 1957). E. Heck, Roger Bacon. Ein mittelalterlicher Versuch einer historischen und systematischen Religionswissenschaft (1957).

Was Bacon besonders am Herzen liegt, ist die Wissenschaftstheorie. Sein späterer Namensvetter Francis Bacon wird für die Aufgabe der Wissenschaft das Motto ausgeben „Wissen ist Macht!" Auch der mittelalterliche Bacon fordert schon, daß die Wissenschaft dem praktischen Leben dienstbar gemacht werden solle; eine gänzlich unaristotelische, geradezu „unfreie" Haltung in den Augen des antiken und auch des bisherigen mittelalterlichen Menschen. Ebenso revolutionierend ist eine die Methode betreffende Forderung, die nämlich auf Einführung des Experimentes. Auctoritas und deductio fühlen sich damit zugleich betroffen. Und noch mehr brachte die Gemüter in Erregung, was er seiner Zeit als die Sünden des Studiums vorgehalten hat: das Idol einer gebrechlichen und unwürdigen Autorität, die dauernde Gewohnheit, die Vorurteile der unerfahrenen Menge, das Verbergen der eigenen Unkenntnis und das Zur-Schau-Stellen scheinbarer Weisheit. Wieder wird man an Francis Bacon erinnert und seine vier Idole. α) „Methode"

Trotzdem ist Roger Bacon ein Gefolgsmann der alten augustinischen Tradition. Er übernimmt aus dem überall in Mode gekommenen Aristoteles das Wort vom intellectus agens, versteht es aber in einem augustinischen Sinn: „Gott ist der Intellekt, der in jeder Erkenntnis auf unsere Seele wirkt." So hatte ja auch schon sein Lehrer gedacht. Womit sich wieder zeigt, daß der Idealismus kein Gegensatz zum Erfahrungswissen sein muß. β) Augustinismus

Und um noch deutlicher zu sehen, daß bei diesem Mann die Empirie in einem selten unmittelalterlichen Ausmaß sich findet, sei noch kurz erwähnt, daß er Gedanken hegte, wie nur ein moderner Techniker sie hegen kann, Träume nämlich von Autos, Flugzeugen und Apparaten, „mit denen man sich ohne jede Leibesgefahr auf dem Grunde des Meeres und der Flüsse bewegen kann".

c) Thomas von York

Eine interessante Gestalt aus Oxford war auch Thomas von York († 1260), der dort 1253 Magister geworden war. Von ihm stammt eine Metaphysik, die Aristoteles, Avicenna, Averroes, Algazel, Avencebrol und Maimonides verwertet und so einen überzeugenden Eindruck vermittelt von der Aufgeschlossenheit der Oxforder für den Zustrom der neuen Ideen. Die Philosophie wird hier selbständiger als sonst behandelt, und die metaphysischen Probleme erfahren eine ganz sachgerechte und weit ausholende Diskussion. Um nur ein paar Themen zu nennen: das Sein als solches und seine Zuständlichkeiten, die Formen des Seins, die Prinzipien und Ursachen, die Transzendentalien.

Literatur

M. Grabmann, Die Metaphysik des Thomas von York (1913).
E. Longpré, Thomas d'York et Matthieu d'Aquasparta. Archives d'hist. doctr. et litt. du moyen âge 1 (1926).

## 3. DIE ÄLTERE FRANZISKANERSCHULE

### Die Männer des Augustinismus

Die herkömmliche augustinische Tradition überwiegt auch bei der älteren Franziskanerschule. Es ist zwar nicht so, daß nur die Franziskaner den Augustinismus hochgehalten hätten; das taten vor Albert und Thomas auch die frühere Dominikanerschule und Meister aus dem Weltklerus. Allein die Franziskaner sind doch die erklärten Anhänger Augustins, und sie vertreten am zähesten und längsten eine Reihe von Lehren, die für sie besonders charakteristisch sind und sie von den Dominikanern und ihrem Aristotelismus scharf unterscheiden. Es sind dies die Lehren von dem Primat des Willens vor dem Intellekt, vom Angewiesensein aller Erkenntnis auf die ewigen Gründe im Geiste Gottes, von der Erleuchtung durch das ungeschaffene Licht, den Keimkräften der Materie, der Vielheit der Formen, der Unmöglichkeit einer ewigen Weltschöpfung, der geistigen Materie, der relativen Selbständigkeit der Seele gegenüber dem Leib, der Identität der Seelenpotenzen mit der Seelensubstanz, der unmittelbaren Erkenntnis der Seele durch ihre Wesenheit und insbesondere die gesamte Auffassung der Philosophie als einer christlichen Philosophie, womit das philosophische Denken der Religion und Theologie viel stärker verbunden wurde als auf der Gegenseite. Es sind Gedanken, die wir zum Teil schon bei den theologischen Meistern des frühen 13. Jahrhunderts zu Paris antrafen (oben S. 438 ff).

### a) Alexander von Hales

Die ältere Franziskanerschule wird eröffnet durch Alexander von Hales (ca. 1170—1245) mit seinem erst 1946 von P. Henquinet O. F. M. entdeckten Sentenzenkommentar und seiner „Summe der gesamten Theologie", die auch philosophisch wichtig ist. Alexander kennt bereits den ganzen Aristoteles, nicht nur seine Logik, aber im Widerstreit der Theorien gibt er immer dem platonisch-augustinischen Denken den Vorzug, das er bei den Viktorinern kennengelernt hat. Von den Arabern zitiert er besonders Avicenna. Wichtige Quellen sind für Alexander in seiner Summa Philipp der Kanzler, Johannes von Rupella und Odo Rigaldi. Schwierige Probleme gibt die Echtheitsfrage der theologischen Summe auf. Ganze Partien sind anderen Autoren zuzuweisen, z. B. Odo Rigaldi, Wilhelm von Militona und Johannes Rupella. Der beherrschende Grundgedanke seiner Weltanschauung ist der Begriff des summum bonum. Er wird auch der Seinserklärung zugrunde gelegt: Das Sein existiert durch Teilhabe am Guten.

### Texte und Literatur

Alexandri de Hales Summa theologica. 4 Bde. (Quaracchi 1924/48). Magistri Alexandri de Hales Glossa in Quatuor Libros Sententiarum Petri Lombardi. 4 Bde. (Quaracchi 1951/57). — Zur Echtheits- und Quellenfrage: Joh. Auer, Textkritische Studien zur Gnadenlehre des Alex. von H. Scholastik 15 (1940), V. Doucet,

Prolegomena zum 4. Band der Summa theologica und die Editores in den Prolegomena zu den einzelnen Bänden der Glossa.

b) Johannes de Rupella

Schüler Alexanders und sein Nachfolger auf dem Lehrstuhl zu Paris ist Johannes de Rupella (ca. 1200—1245). Er schreibt eine Summe „Über die Seele", die wenig aristotelische, aber viel arabische (Avicenna), neuplatonische und augustinische Einflüsse aufweist. Ein besonderes Interesse widmet er der Erkenntnistheorie und lehrt hier, daß wir die Wahrheiten über die Erfahrungsdinge durch Abstraktion gewinnen könnten, wie Aristoteles das behauptet; die Wahrheiten jedoch der höheren Erkenntnis, so über Gott und die ersten Prinzipien des Wissens, könnten nur durch göttliche Einstrahlung zustande kommen. Hier ist Gott selbst der intellectus agens.

Literatur

P. Minges, Zur Erkenntnislehre des Franziskaners Joh. de Rupella. Philosophisches Jahrbuch 27 (1914). Ders., Die psychologische Summe des J. v. Rupella. Franziskanische Studien 3 (1916). C. Fabro, La distinzione tra „quod est" e „quo est" nella Summa de Anima di Giov. de la Rochelle. Divus Thomas 41 (Piacenza 1938).

c) Bonaventura

Der Größte in dieser Gruppe ist Bonaventura (1221—74), neben Thomas v. A. die führende Gestalt der Hochscholastik. Er war auch gleichzeitig mit Thomas Professor zu Paris und stritt zusammen mit ihm um die Rechte der Ordensleute auf ihre Lehrstühle an der Universität. Von 1257 ab widmet er sich ganz den Aufgaben des Ordens und der Kirche; 1273 wird er Kardinal und leitet das Konzil von Lyon. Nach Vollendung seines Auftrages ereilt ihn der Tod. Die Nachwelt hat ihm den Beinamen Doctor Seraphicus gegeben.

Von seinen Werken sind für die Philosophie von besonderem Belang: Der Sentenzenkommentar, die Quaestiones disputatae, das Breviloquium und das Itinerarium mentis in Deum. Die Collationes in Hexaëmeron, für die Schöpfungslehre wichtig, sind Nachschrift.

Texte und Literatur

Kritische Ausgabe: S. Bonaventurae opera omnia. 10 Bde. (Quaracchi 1882/1902). Davon der Sentenzenkommentar als Handausg. (Editio minor) unter dem Titel: S. Bonaventurae opera theologica selecta. 4 Bde. (ebd. 1934/49). Ph. Boehner, Itin. mentis in Deum. With an Introduction, Transl. and Comment. (S. Bonaventure, N. Y. 1956). Lat.-Deutsch bei der Wissenschaftl. Buchgesellschaft Darmstadt: Soliloquium von J. Hosse (1958); Itinerarium — De reductione artium in theologiam von J. Kaup (1961); Hexaemeron von W. Nyssen (1964).

É. Gilson, La philosophie de S. B. (Paris 1924, [3]1953), deutsch von Ph. Boehner (1929). E. Longpré, „Bonav." in: Dict. d'Histoire et de Géogr. eccl. 9 (Paris 1937). K. Ruh, Bonaventura deutsch. Ein Beitrag zur deutschen Franziskaner-Mystik und -Scholastik (Bern 1956). J. F. Quinn, The Historical Constution of St. Bonaventura's Philosophy (Toronto 1974).

α) Bonaventura und die Tradition

In seinem Denken ist Bonaventura betont konservativ: „So wie ich mich im ersten Buch an die Sentenzen anschloß und an die gemeinsamen Ansichten der Meister, vor allem des Meisters und Vaters ehrwürdigen Andenkens, des Bruders Alexander, so auch in den folgenden Büchern, ... denn ich habe nicht die Absicht, neue Anschauungen aufzubringen, sondern die üblichen und bewährten weiter zu verwerten." Mit dieser Einstellung wird er zum klassischen Vertreter der alten augustinischen Tradition. Wir kennen sie bereits und beschränken uns darum auf die Grundzüge des Bildes, in dem sie sich bei Bonaventura spiegelt.

β) Gott

αα) Das Erst-Erkannte

Wie für Augustinus ist auch für Bonaventura Gott der Angelpunkt seiner Philosophie. Thomas sagt, daß das Sein der allgemeinste Begriff und das Erst-Erkannte ist, Bonaventura sagt, Gott ist das primum cognitum. Wir begegnen ihm in unserer Seele und erkennen ihn darum schon dort; denn er ist der Seele gegenwärtig wie sonst nichts: Ergo inserta est ipsi animae notitia Dei sui. Besonders ist es die Wahrheit, die uns Gott in uns selbst finden läßt, und zwar die Wahrheit in ihrer Unveränderlichkeit. Das gleiche gilt vom Wert-Erleben, das immer ein höchstes Gut voraussetzt und dieses damit offenbart. Auch den anselmianischen Gottesbeweis nimmt Bonaventura an; ebenso die aposteriorischen Gedankengänge, die aus der Natur auf Gott schließen. Aber am liebsten ist ihm die apriorisch-intuitive Erkenntnis Gottes in der Selbsterfahrung der Seele und ihrer Akte. Die Natur Gottes ist Sein, Leben, Macht, Wahrheit, ββ) Ideen Fülle ewiger Ideen. Die Idee spielt bei Bonaventura eine bedeutend stärkere Rolle als bei Thomas, obwohl dieser auch an den Ideen festhält. Bonaventura tadelt den Aristoteles, weil er in Metaphysik und Ethik die platonischen Ideen abgelehnt habe. Seine Gründe dagegen taugten nichts: nihil valent rationes suae (In Hexaëm. 6, 2). Des Aristoteles Rede sei eben nur die der Wissenschaft (sermo scientiae), nicht aber die der Weisheit (sermo sapientiae). Natürlich sind die Ideen, wie seit Augustinus immer, Gedanken im Geiste Gottes. Bei Bonaventura kommt aber dabei etwas heraus, was den ursprünglichen Sinn der platonischen Idee sehr gut trifft. Sie sind nämlich nicht nur etwas Logisches, sondern etwas Aktives, Schöpferisches: ratio foecunditatis ad concipiendum, producendum et pariendum (In Hexaëm. 20, 5). Auch die platonische Idee war Bewegungsprinzip. Entsprechend der theologischen Logosspekulation werden die Ideen im Sohn Gottes, dem ewigen Wort, zusammengefaßt. In ihm denkt Gott sich selbst von Ewigkeit her. Er ist darum die similitudo Gottes, die alles ausdrückt, was Gott ist, weiß und kann (will). Also auch die Welt. Der Sohn ist die ars aeterna. Durch ihn ist alles geschaffen worden. Damit ist γγ) Das Sein alles Weitere gegeben. Zunächst für das Sein. Es ist nicht mehr etwas Absolutes, sondern wird von Gott her verstanden. Man kann es gar nicht anders denken als unter Voraussetzung Gottes. Seiendes ist immer hoc oder non hoc. Das bedeutet eingeschränktes Sein: finitum et arctatum; et tali posito, ponitur ens summum (Opera, tom. I, 153). Dieses Unendliche aber, heißt es im 5. Kapitel des Itinerarium, ist der actus purus, das esse divinum, um dann fortzufahren mit dem Satz: „Man muß staunen über die Blindheit eines Verstandes, der das nicht betrachtet, was er zuvörderst sieht und ohne das er nicht erkennen kann.“ Auch Bonaventura sagt wie Thomas, daß das Sein das Erst-Erkannte ist; aber dieses primum cognitum ist nicht ein ens commune im Sinne des allerallgemeinsten leeren Etwas, sondern ist das ens des actus purus. Das Unendliche ist als ein ontologisches prius mitgegeben im Endlichen. Noch Descartes wird so denken.

γ) Welt Damit ergibt sich auch, was von der Welt zu sagen ist. Sie geht aus Gott hervor; ist emanatio, processus; keine automa-

αα) Schöpfung — Materie — Form

tische, notwendige Emanation, sondern: Gott schafft das Sein; aber nicht in einer ewigen Schöpfung. Der Begriff einer ewigen Schöpfung erscheint Bonaventura als ein Widerspruch in sich. Bezeichnend für das geschaffene Sein ist die Zusammensetzung aus Wesenheit und Dasein, Materie und Form. Alles Geschaffene hat „Materie"; auch die Seele. Es gibt eine „geistige Materie". Materie besagt hier einfach Möglichkeit. In der Terminologie dieser Lehre ist Bonaventura offenkundig von Avencebrol beeinflußt, wenn er sie auch als augustinisch anspricht. Bei allem Seienden nimmt Bonaventura eine Mehrheit von Formen an (pluralitas formarum). Es gibt zwar eine jedes einzelne Seiende als solches vollendende Form, allein mit dieser Form der Ganzheit vertrügen sich durchaus noch andere Unterformen beim Menschen sowohl wie überhaupt im Reiche des Lebens und auch des Anorganischen. Der Begriff der ersten Materie besagt bei Bonaventura nicht gänzliche Unbestimmtheit und reine Möglichkeit, sondern schließt die Keimkräfte (rationes seminales) ein, die eine gewisse innere Kausalität bedeuten, so daß nicht alles, was aus der Materie gebildet wird, nur der äußerlich hinzutretenden Ursache und ihrer Form zuzuschreiben sei. Die Form der Körperlichkeit sucht Bonaventura im Licht. Er bedient sich hier also der aristotelischen Terminologie, versteht sie aber im Sinne der Lichtmetaphysik, wie wir sie schon bei Grosseteste kennenlernten. Das wichtigste im Umgang mit der Welt ist aber die Einsicht, daß das Sehen der Weltdinge zu einem Wanderweg zu Gott werden kann. Die Dinge sind Symbole für die Ideen, die dahinterstehen: Abbilder ewiger Urbilder (Exemplarismus).

ββ) Wanderweg zu Gott

Die Urbilder werden nicht unmittelbar geschaut; so wenig wie das esse divinum. Es stellt sich hier wieder das Problem aller Ideenlehren. Einerseits heißt es, daß wir um sie wissen, andererseits aber wird eingeschärft, daß des dialektischen Weges kein Ende ist. Wir schauen sie also nicht. Was ist das für ein merkwürdiges Erkennen, dieses Ideenwissen? Bonaventura hat darüber reflektiert. Es gibt Stufen des Erkennens: Inhalte, die nur eine entfernte Wiedergabe sind; bloß „Schatten" (umbra) sind. Es gibt Erkenntnisinhalte, die schon näher herankommen, „Spuren" (vestigia) sind. Und es gibt solche, die „Bilder" (imagines) sind. Sie entsprechen dem An-sich des Gegenstandes mehr oder weniger. Aber in allem

γγ) Analogie liegt eine „Analogie“ zum Urbild vor, das irgendwie repräsentiert wird. Eben darum ist der Weg durch die Welt ein Wanderweg zu Gott. Die Analogie kann bis in die Details der Trinitätslehre gehen und so die rein philosophische Betrachtung scheinbar hinter sich lassen. In Wirklichkeit ist gerade das Suchen nach dem tieferen Logos der Dinge, der jeder Analogie zugrunde liegt, aber nie ganz gefaßt wird, eine kritische Befreiung von Vorstellungen, die bald von der Naturwissenschaft, bald von einer vordergründigen Philosophie als das letzte An-sich der Dinge empfohlen werden, dann aber die Gefahr mit sich bringen, es mit der Oberfläche der Welt genug sein zu lassen. Bonaventura hat also der aristotelischen Materie-Form-Lehre wieder ihre großartige Tiefe gegeben, die sie von Platon her hatte. Von den drei Strukturformen der Analogie will Bonaventura für das Verhältnis von Gott und Welt nur die letzte, die Ähnlichkeitsanalogie, verwenden. Ihre Stufen sind Schatten, Spur, Bild (vgl. I Sent. d. III, p. I, art. unic., q. II = WW I, 73).

Auch in der Seelenlehre findet sich ein Zugeständnis an Aristoteles. αα) Erkenntnis Soweit nämlich das Erkennen der Körperwelt in Frage kommt, räumt ihm Bonaventura ein, daß wir unser Wissen durch Abstraktion aus der Sinneserfahrung gewinnen. Freilich nur zunächst und sozusagen für den ersten Anfang; denn wenn es gilt, echte Wahrheiten zu erfassen, und das jedenfalls in der Metaphysik Gottes und der Seele, aber wohl auch für die reinen Wahrheiten in der Naturerfahrung, braucht der Geist die Verbindung mit den ewigen Ideen. „Die Dinge haben nämlich ein dreifaches Sein: das im erkennenden Geist, das in ihrer eigenen Wirklichkeit und das im ewigen Geist. Darum genügt unserer Seele zum sicheren Wissen nicht die Wahrheit der Dinge in ihr selbst, noch ihre Wahrheit in der eigenen Wirklichkeit, weil sie hier beidemal veränderlich sind, vielmehr muß sie an dieselben irgendwie nach ihrem Sein im göttlichen Wissen heranreichen“ (De scientia Christi, q. 4; concl.: Opera omnia tom. 5, 23). Man sieht ohne weiteres den Zusammenhang mit der augustinischen Illuminationslehre. Nur ist es nicht recht klar, ob Bonaventura an eine funktionale Beeinflussung des Erkenntnisaktes durch Gott denkt oder ob er nur sagen will, daß jede sichere Wahrheit in eben ihrem notwendigen Wahrheitsgehalt auf Grund einer Wesensschau dem Geist in einer

Art Analysis letztlich unmittelbar einleuchtet. Wie dem auch sei, in jedem Falle ruht für Bonaventura die Wahrheit in apriorischen Gründen; denn die Sinnlichkeit ist nur ein Anfang. So erfordert es auch sein Exemplarismus. Die wahre Welt ist für Bonaventura wie für Augustinus und Platon die Welt der ewigen Urbilder. Das kommt bei Bonaventura ganz klar heraus. Seine Erkenntnislehre führt unseren Geist zurück zu den reinen, ewigen Wahrheiten. Darum ist sie reductio und wird zur sapientia. Wobei man beachten muß, daß für Bonaventura sapientia nicht nur eine intellektuelle Leistung ist, sondern auch ein sapere, ein Schmecken, Wittern, Wertfühlen meint. Die ganze Existenz des Menschen strebt zu Gott. — In der Frage des Verhältnisses der Seelenvermögen zur Seelensubstanz ist Bonaventura vorsichtig. Die reale Unterscheidung der Thomisten nimmt er nicht an, spricht sich aber auch nicht für eine formale Identität aus, sondern sieht in ihnen so etwas wie integrierende Konstituentien. — In der Frage des Verhältnisses von Seele und Leib gravitiert Bonaventura in die Richtung einer größeren Selbständigkeit und Unabhängigkeit der Seele. Er ist nicht für die Lehre von der unio substantialis, die Thomas vertritt; der Leib hat seine eigene Form (Licht), der Mensch weist aber auch sonst noch eine Reihe von Formen auf, und auch die Seele selbst ist aus Materie und Form zusammengesetzt. Dennoch wirkt sich die Seele gegenüber dem Leib als eine alles überformende ganzheitliche Determinante aus.

ββ) Seelenvermögen

γγ) Seele und Leib

Das Denken Bonaventuras ist „christliche Philosophie"; es fußt auf Basissätzen, die mit dem Glauben gegeben sind. Er sagt zwar auch wie alle Scholastiker, daß Philosophie auf dem „natürlichen" Erkennen aufbaue; praktisch nimmt er aber die Offenbarung zu Hilfe. Begründung: Der durch die Erbsünde verdorbene Verstand kommt, auf sich allein gestellt, nicht sehr weit. Aber das ist nun schon wieder ein Glaubenssatz. Immerhin, auch Locke hat gesagt, daß der menschliche Verstand allein nicht genüge und die Offenbarung brauchen könne.

ε) Christliche Philosophie

Die Schule Bonaventuras weist bedeutende Namen auf: Matthaeus von Aquasparta († 1302), Roger von Marston († 1303), John Peckham († 1292), Petrus Johannis Olivi († 1298) u. a. (vgl. S. 536).

ζ) Schule Bonaventuras

## 4. ALBERT DER GROSSE

### Der Doctor universalis

Mit Albert dem Großen rückt der um das mittelalterliche Geistesleben hochverdiente Dominikanerorden in den Vordergrund, und mit ihm kommt nun auch die große Neuerung des Mittelalters zum Durchbruch, der Aristotelismus. Schon Boethius hatte den Plan gehabt, seiner Zeit den ganzen Platon und den ganzen Aristoteles zu überliefern, konnte ihn aber nicht durchführen. Und als Gregor IX. 1231 mehreren Gelehrten, darunter Wilhelm von Auxerre, den Auftrag gab, die Verwendungsmöglichkeit des Aristoteles und seiner Philosophie für die Glaubenswissenschaft zu studieren, blieb es wieder bei dem Versuch. Albert hat neuerdings die Absicht, „alle Teile der aristotelischen Philosophie den Lateinern verständlich zu machen", und diesmal glückt das Unternehmen. Nicht nur die Logik, auch die Physik, Metaphysik, Psychologie, Ethik und Politik des Stagiriten werden nunmehr in das Gedankengut der Scholastik hineingetragen, zusammen mit den Ideen der arabisch-jüdischen Wissenschaft und Philosophie und noch vieler anderer, besonders neuplatonischer Quellen. Albert trägt den Titel Doctor universalis, und er ist in der Tat ein universeller Enzyklopädist großen Stils und hat mit seiner Arbeit der Scholastik einen unschätzbaren Dienst erwiesen. 60 Jahre nach seinem Tod schreibt von ihm ein anonymer Chronist: „In dieser Zeit blühte Bischof Albert aus dem Dominikanerorden, der ausgezeichnetste Theologe und gelehrteste aller Magister, mit dem verglichen nach Salomon in der ganzen Philosophie kein größerer oder ähnlicher erstand, . . . aber weil er von Nation ein Deutscher war, deswegen wird er von vielen gehaßt und sein Name wird verschrien, obwohl seine Werke benützt werden."

#### Leben

Albert wird um 1193 zu Lauingen in Schwaben geboren sein, vielleicht aus der Familie der Grafen von Bollstädt. Er studiert in Padua, wird mit 30 Jahren Dominikaner, ist 1233 Lektor zu Hildesheim und später in Freiburg, Regensburg, Straßburg, Köln. 1243—48 treffen wir ihn an der Universität Paris, spätestens ab

1247 als Magister in sacra pagina. Hier wird vielleicht Thomas schon sein Schüler gewesen sein. Sicher aber war er das 1248 bis 1252 in Köln, wohin Albert von Paris aus wieder zurückgegangen war. Auch Ulrich von Straßburg war dort Schüler von Albert. 1254 ist er Provinzial der deutschen Dominikaner. Zwei Jahre später befindet er sich am päpstlichen Hof zu Anagni, wieder zwei Jahre später zu Florenz und 1259 arbeitet er auf dem Generalkapitel in Valenciennes mit Thomas, Petrus von Tarantasia u. a. eine neue Studienordnung aus. 1261 wird er Bischof von Regensburg, läßt sich aber, nachdem er die Verhältnisse dort in der Hauptsache geordnet hatte, von diesem Amt wieder entbinden und lebt nunmehr der Kreuzzugspredigt. Wir hören wieder von ihm in Köln, Würzburg, Straßburg, 1274 auf dem Konzil von Lyon und 1277 nochmals in Paris. Am 15. November 1280 ist er zu Köln gestorben, das ihm schon lange seine zweite Heimat geworden war. Wenn man bedenkt, daß Albert alle Reisen, den Vorschriften seines Ordens entsprechend, zu Fuß gemacht hat, dann ist es wahrhaft erstaunlich, wie er zu seinen vielen Geschäften hinzu Zeit und geistige Konzentration gefunden hat, ein Schrifttum herauszubringen, das in der Ausgabe von Borgnet 38 große Quartbände füllt. „Nostri temporis stupor et miraculum“ hat ihn sein Schüler Ulrich von Straßburg genannt.

Werke

1. Paraphrasen zu den Werken des Aristoteles unter den gleichen Titeln; also zu den logischen Werken, zur Physik, zur Metaphysik, Psychologie, Ethik, Politik, den naturwissenschaftlichen Schriften. Ungedruckt ist ein Ethikkommentar in Quaestionenform (ca. 1250, von Thomas redigiert). — 2. Sentenzenkommentar (um 1245). — 3. Summa de creaturis (um 1245). — 4. Summa theologica (nach 1270), unvollendet. — Kommentare zum Liber de causis und zu den areopagitischen Schriften. — 6. Viel Ungedrucktes. — Vollständiges Verzeichnis der Werke bei Glorieux, Maîtres I 62 bis 77 (s. o. S. 438). — W. Eckert - A. Fries, Ausgewählte Schriften, lat.-dt. (1980).

Ausgaben und Literatur

Die alte Ausgabe von Jammy (Lyon 1651) wurde wieder gedruckt von A. Borgnet, Alberti Magni opera omnia. 38 Bde. (Paris, Vivès 1890/99). Kritische Ausgabe mit Prolog, Apparat, Anmerk., Indices: Alberti Magni opera omnia ... curavit Institutum Alberti Magni Coloniense B. Geyer praeside (1951 ff.).

P. H. Wilms, Albert d. Gr. (1930). P. G. Meersseman, Introductio in opera omnia B. Alberti Magni (Bruges 1931). H. Laurent — I. Congar, Essai de bibliographie albertienne. Revue Thomiste 36 (1931). — A. Schneider, Die Psychologie Alberts d. Gr. (1903). M. Grabmann, Der Einfluß A.s d. Gr. auf das mittelalterliche Geistesleben (1928), jetzt in Mittelalterl. Geistesl. II 324—412. K. Schmider, Alberts d. Gr. Lehre vom natürl. Gotteswissen (1932). U. Dähnert, Die Erkenntnislehre des Albertus M. gemessen an den Stufen der „abstractio" (1933). A. Hufnagel, Die Wahrheit als phil.-theol. Problem bei Albert dem Deutschen (1940). Serta Albertina (22 Studien über A. als Naturforscher). Angelicum 21 (Roma 1944). H. Balss, Albertus Magnus als Biologe (1947). Studia Albertina. Festschrift für B. Geyer mit 23 Studien über A. [= Baeumker-Beiträge, Suppl. IV (1952)]. G. Wieland, Untersuchungen zum Seinsbegriff im Metaphysikkommentar Alberts d. Gr. (1972).

a) Gesamtcharakter seiner Philosophie

Das Werk Alberts ist in seiner Gesamtheit wie auch in vielen Details noch nicht zur Genüge erforscht. Die Fülle des Stoffes, den er beischafft, bringt es mit sich, daß die Einheitlichkeit manchmal leidet. Doch müßten viele Differenzen schwinden, wenn es besser gelänge, zu unterscheiden zwischen dem, was er nur referiert, und dem, was seine eigene Anschauung ist. In seiner philosophischen Summe (De creaturis) jedenfalls, wo er von sich aus spricht, ist sein Denken durchkonstruiert. Man kann ihn aber nicht einfach als einen Aristoteliker schlechthin bezeichnen, noch auch einfach als einen Neuplatoniker. Er strebt vielmehr eine Verbindung platonischen und aristotelischen Denkens an: „Et scias quod non perficitur homo in philosophia nisi ex scientia duarum philosophiarum Aristotelis et Platonis" (Met. l. I, tr. 5, c. 15). Eine nähere Untersuchung des Aristotelismus Alberts müßte zur Charakterisierung des Sinnes der aristotelischen Terminologie auch bei Thomas und damit in der Scholastik überhaupt von großer Wichtigkeit sein. Wir müssen uns ja, wenn in den scholastischen Texten Aristoteles und seine Begriffe genannt werden, immer wieder fragen, was das für ein Aristoteles ist und welchen Sinn seine Termini jetzt angenommen haben. Wir heben aus den philosophischen Gedanken Alberts drei besonders markante hervor, seine Gedanken zur Seinsergründung, zur Universalienfrage und zur Substanzialität der Seele.

b) Seinsergründung

Die Seinsergründung führt Albert ähnlich durch, wie das schon in der Lichtmetaphysik bei Grosseteste zu sehen war. Gott ist das ungeschaffene Licht und erzeugt als der intellectus universaliter agens die erste Intelligenz. Von ihr erfließt dann (emanatio) das Sein über die Weltseele in Stufen bis herab zum körperlichen Sein im Stil des Liber de causis und Avicennas. Albert lehnt aber den neuplatonischen Monismus der Araber ab. Das Sein der ersten Intelligenz ist nicht mehr Gott selbst, sondern etwas Eigenes, vielleicht „verdunkeltes Licht". Quidam dixerunt, omnia esse unum et quod diffusio primi in omnibus est esse eorum (De Wulf II[6], 138), berichtet er, sich distanzierend, von der gegenteiligen Ansicht.

c) Universale

In der Universalienfrage bringt Albert eine Lösung, die die Antwort des Aquinaten schon vorwegnimmt. Er kennt die Unterscheidung eines universale ante rem, in re, post rem. Dementsprechend teilt er auf: Die spezifische Wesenheit der Dinge ist unabhängig von ihrer Realisierung in der raumzeitlichen Welt und geht ihr voraus. Unsere Allgemeinbegriffe sind in der Form der Allgemeinheit ein Gedankending und insofern post res. Das Individuelle ist eine Konkretisierung der spezifischen Wesenheit, und so gibt es ein universale in re. Damit haben wir im Kern die scholastische Synthese zwischen Platonismus und Aristotelismus, die Idee und die Welt des Konkreten. Und wir sehen hier auch, wieso die Metaphysik der Scholastiker immer platonisieren muß; denn die Ideenlehre in dieser Zusammenstellung gibt ja auch Thomas v. A. nicht auf.

d) Seelensubstanz

Die gleiche Synthese treffen wir nochmals an in der Lehre von der Seelensubstanz. Alle geschaffenen Substanzen sind zusammengesetzt aus Wesenheit und Dasein, wobei es manchmal so aussieht, als habe Albert damit eine reale Unterscheidung gemeint wie Avicenna, manchmal aber auch so, als hätte er nur an eine begriffliche gedacht wie Averroes. Die Körpersubstanzen entstehen durch die Energie des Sonnenlichtes zusammen mit Einwirkungen der ersten Intelligenz. Die Begriffe Materie und Form werden dabei verwendet, doch nicht in einem echt aristotelischen Sinn; denn die Form der Körperlichkeit bildet das Licht. Bei den geistigen Substanzen will Albert aber weder eine Zusammensetzung aus Wesenheit und Dasein noch eine solche aus Materie und Form annehmen. Zusammengesetzt sollen sie aber auch sein, und so greift er zurück auf die schon durch Boethius gebrauchte Unterscheidung des quo est und quod est. Indem letzteres von der Seele ausgesagt werden kann, zeigte sich, daß sie etwas Konkretes und darum eine individuelle Substanz ist; indem auch ersteres, die spezifische Washeit, sich in ihr findet, können wir von einer allgemeinen Form der Seele reden. Die Seele schlechtweg Entelechie des Leibes zu nennen, dazu will sich Albert nicht entschließen. Er fürchtet wie Nemesius, dem er beipflichtet, für ihre Substanzialität (vgl. o. S. 342). Nur soweit sie dem Körper das Leben gibt, ist sie Form des Leibes, „in sich selbst aber ist sie, wie Platon sagt, unkörperlicher Geist und immer Leben" (S. theol. II, tr. 12, q. 69, m. 2, a. 2 ad 1). Er neigt darum auch dazu, wie Platon die Seele als den Steuermann des Leibes aufzufassen, um diese ihre Selbständigkeit ja zu retten; wobei man sich erinnern mag, daß auch Aristoteles im achten Buch der Physik noch dieses Bild gebraucht hat. Um der Substanzialität der Seele willen wendet sich Albert auch gegen Averroes. Jede Seele, hält er ihm entgegen, hat ihren eigenen tätigen Intellekt und ihren eigenen leidenden Intellekt (De unitate intellectus contra Averroem).

#### e) Der Naturforscher

Es soll durch das Bisherige nicht der Eindruck entstehen, als hätte Albert vorwiegend spekulative Philosophie getrieben. Er kannte hier die ganze Tradition und konnte mitsprechen. Aber darüber hinaus hatte er eine besondere Vorliebe für die unmittelbare Beobachtung und Beschreibung der Natur. Es ist nicht übertrieben, ihn einen Zoologen und Botaniker zu nennen. Die unmittelbare Beobachtung der Natur (experimentum) hat er in aller Form gefordert. Der Herausgeber seiner tierkundlichen Werke (De animalibus), H. J. Stadler, in den Baeumker-Beiträgen (16 u. 17) schreibt: „Wäre die Entwicklung der Naturwissenschaften auf der von Albert eingeschlagenen Bahn weitergegangen, so wäre ihr ein Umweg von drei Jahrhunderten erspart geblieben."

f) Albert und die Mystik

Zum Abschluß sei noch hingewiesen auf die Bedeutung Alberts für die deutsche Mystik. Es war das von ihm, teils aus der Patristik, teils aus den areopagitischen Schriften, teils aus der arabischen Philosophie geschöpfte neuplatonische Gedankengut, was in dieser Hinsicht fruchtbar geworden ist. Eckhart vor allem, Tauler, Seuse, Johannes von Tambach und Nikolaus von Cues werden davon Nutzen ziehen.

g) Schule Alberts

Zu der Schule Alberts gehören Hugo Ripelin von Straßburg, Ulrich von Straßburg († ca. 1278), Dietrich von Freiberg († 1310) und Berthold von Mosburg († nach 1350). Nach Grabmann eignen dieser Schule die Hinneigung zum Neuplatonismus, die Vorliebe für naturwissenschaftliche Fragen, Selbständigkeit des Denkens und jene Universalität des Geistes, die für den Meister schon bezeichnend war. — Dietrichs Opera omnia (1977 ff. bei Meiner).

Literatur

M. Grabmann, Studien über Ulrich von Straßburg (1905); jetzt Mittelalterliches Geistesleben I (1926) 147—221. S. 174—185 auch über Hugo Ripelin von Straßburg. Über edierte Stücke aus der Summa de Bono Ulrichs vgl. É. Gilson, History of Christian Philosophy in the Middle Ages (London 1953) S. 751. Dazu noch Fr. Collingwood, Summa De Bono of Ulrich of Str. Liber II, tr. 2, cap. 1—3; tr. 3, cap. 1—2 in Pontifical Institute of Mediaeval Studies. Studies and Texts I (Toronto 1955) S. 293—307. E. Krebs, Meister Dietrich (Theodoricus Teutonicus de Vriberg). Sein Leben, seine Werke, seine Wissenschaft (1906). M. Grabmann, Die Proklosübersetzungen des Wilhelm von Moerbeke und ihre Verwertung in der lateinischen Literatur des Mittelalters (1929), jetzt Mittelalterl. Geistesleben II (1936) 413—423. W. Eckert, Berthold von Moosburg. Philosophisches Jahrbuch 65 (1957) 120—133. K. Flasch, Kennt die mittelalterliche Philosophie die konstitutive Funktion des menschlichen Denkens? Eine Unters. zu Dietrich von Freiberg. In: Kant-Studien 63 (1972).

## 5. THOMAS VON AQUIN

### Christlicher Aristotelismus

Man hat Thomas von Aquin den Fürsten der Scholastik geheißen. Das hat einen guten Sinn; denn er ist ein wirklicher Gründer. Was in der Zeit vor ihm an neuem Material in die Scholastik hereingekommen war, vor allem an Ideen des Aristoteles auf dem Weg über die Araber oder durch direkte Übersetzungen aus dem Griechischen, fügt er nunmehr zusammen zu einem einheitlichen Bau. Und die Synthese, die er aus dem Alten und Neuen kunstvoll schafft, ist streng durchkonstruiert, und vor allem ist sie von einer einmaligen Klarheit, obwohl seine Begriffe durchaus nicht immer eindeutig sind. Aber gerade dadurch werden sie für eine Analyse seines Denkens interessant und erhellend. É. Gilson hat über die Stellung des Aquinaten innerhalb der Scholastik den Satz geschrieben: „Nicht das Originale, sondern die Kühnheit und Geschlossenheit der Konstruktion zeichnet den heiligen Thomas vor allen Scholastikern aus. An Universalität des Wissens übertraf ihn St. Albert der Große, an Glut und Innigkeit des Gefühls St. Bonaventura, an logischer Subtilität ein Duns Scotus — sie alle überragt St. Thomas in der Kunst des didaktischen Stils und als Meister und Klassiker einer Synthese lichtvoller Klarheit."

#### Leben

Thomas v. A. ist Ende 1224 zu Roccasecca im Neapolitanischen aus adeliger Familie geboren. Mit fünf Jahren kam er in das Kloster Monte Cassino. Als 14jähriger geht er nach Neapel zum Studium. Sein Lehrer im Quadrivium war Petrus von Hibernia, der selbst Aristoteles-Kommentare geschrieben hat und dem Thomas wohl seine erste Einführung in den griechischen Philosophen verdankt. Von 1239—43 studiert Thomas an der Universität Neapel. Als 20jähriger tritt er in den Dominikanerorden ein und kommt ein Jahr darauf nach Paris, um dort und dann 1248 bis 1252 auch in Köln bei Albert dem Großen seine Studien fortzuführen. Von 1252—1255 ist er Baccalaureus biblicus und Sententiarius, und 1256 wird er gleichzeitig mit Bonaventura Magister an der Universität Paris. Nach dreijähriger Lehrtätigkeit als Magister ist er wieder in Italien und hält Vorlesungen als lector curiae bei Urban IV. in Orvieto, am Ordensstudium S. Sabina zu Rom und wieder bei Clemens IV. in Viterbo. Am päpstlichen Hof lernte er seinen Ordensbruder Wilhelm von Moerbeke kennen, der ihm zuverlässige Übersetzungen der aristotelischen Schriften lieferte und dazu auch noch Werke des Proklos, Archimedes, der Aristoteles-Kommentatoren Alexander von Aphrodisias, Themistios, Ammonios, Johannes Philoponos und Simplikios ins Lateinische übertrug, was für Thomas und seine Philosophie von außerordentlicher Bedeutung wurde. Von 1269 bis 1272 ist Thomas zum zweitenmal in Paris. In diesen Jahren erreicht er den Höhepunkt seines wissenschaftlichen Lebens. Sie sind allerdings auch angefüllt mit lästigen Kämpfen gegen die Professoren aus dem Weltklerus, die wie bei seinem ersten Pariser Aufenthalt auch jetzt wieder sich der Lehrtätigkeit der Ordensleute widersetzten; mit Kämpfen ferner gegen den lateinischen Averroismus oder besser den radikalen Aristotelismus des Siger von Brabant und Boetius von Dacien und gegen die Widerstände seitens der Franziskanerschule, besonders des John Peckham; Thomas war nämlich durch die kirchliche Verurteilung des lateinischen Averroismus hier und gelegentlich sogar im eigenen Orden in Mißkredit gekommen, weil man nicht unterscheiden konnte zwischen seinem und dem Aristotelismus Sigers. Er hat seinen Standpunkt mit einer Ruhe und Sachlichkeit verteidigt, die auch die Gegner achten mußten. Von 1272 ab ist Thomas wieder in Italien und wirkt nun am Ordensstudium und an der Universität zu Neapel. Durch Gregor X. auf das Konzil von Lyon berufen, stirbt er auf der Reise dorthin am 7. März 1274 im Zisterzienserkloster zu Fossanuova.

### Werke

1. Kommentare: a) zu Aristoteles (1260/72), und zwar zur Metaphysik, Physik, Nik. Ethik, Politik, De anima, Peri hermeneias, den zweiten Analytiken u. a.; — b) zum Liber de causis (nach 1268); — c) zu De divinis nominibus (vor 1268); — d) zu Boethius, De Trinitate (1257/58) und De Hebdomadibus (Schrift über die Axiome). — 2. Kleinere philosophische Werke (Opuscula); De principiis naturae (1252/54); De ente et essentia (1254/56); De aeternitate mundi (1270); De unitate intellectus contra Averroistas (1270) u. a. — 3. Philosophisch wichtige theologische Werke: Sentenzenkommentar (1254/56); Summa theologiae (I u. II: 1266/72; III: 1272/73; blieb unvollendet). — 4. Quaestiones disputatae: De veritate (1256/59); De potentia (1265/1266); De anima (1266); De malo (1269) u. a. — 5. Apologetische Werke: Summa contra gentiles, auch Summa philo-

sophica genannt (1259/64) u. a. — 6. Schriften zur praktischen Philosophie: De regimine principum (echt nur bis II, 4); De regimine Judaeorum ad ducissam Brabantiae; u. a. Vollständiges chronologisches Schriftenverzeichnis bei Glorieux, Maîtres I 86—104 (s. o. S. 438); ohne die rein theologischen Werke auch bei P. Wyser, Thomas von A. (1950) (= Bocheński, Bibliogr. Einf. Heft 13/14, S. 18—20).

Ausgaben

Opera omnia. 25 Bde. (Parmae 1852/72). Opera omnia. Ed. E. Fretté et P. Maré. 34 Bde. (Paris, Vivès 1871/80). Opera omnia iussu Leonis XIII edita cura et studio Fratrum Praedicatorum. Bis jetzt 16 Bde. (Roma 1882 ff.). Aus den zahllosen Einzelausgaben seien herausgehoben: die Editionen bei Marietti in Turin mit den meisten Aristoteles-Kommentaren, so zur Metaphysik (Cathala-Spiazzi), Nikom. Ethik (Spiazzi), De anima (Pirotta) etc., den Kommentaren zu De divinis nominibus (Pera) und zum Liber de causis (Pera) sowie der Philosophischen und Theologischen Summe in einer Editio manualis der Leonina samt Index. Ferner die kritischen Ausgaben: L. W. Keeler, Tractatus de unitate intellectus contra Averroistas (Romae 1936). J. M. Bocheński, De modalibus opusculum et doctrina (Romae 1945). M. D. Roland-Gosselin, Le „De ente et essentia". Texte établi ... Introd., Notes et Études historiques (Paris 1926, ²1948). J. Perrier, Opuscula omnia I (Paris 1949). J.-J. Pauson, De principiis naturae. Introd. and Critical Text (Fribourg 1950). H. D. Saffrey, S. Thomae de Aquino super librum de causis expositio (Fribourg 1954; mit wichtiger historischer und ideengeschichtlicher Einleitung). B. Decker, S. Thomae de Aquino Expositio super librum Boethii de Trinitate (Leiden 1955).

Deutsche Übersetzungen: E. Stein, Des hl. Thomas von Aquin Untersuchungen über die Wahrheit. 2 Bde. (1932/34). Die deutsche Thomas-Ausgabe. Vollst., ungekürzte deutsch-lateinische Ausgabe der Summa theologica. Übersetzt und kommentiert von Dominikanern und Benediktinern Deutschlands und Österreichs. Herausgegeben von der Albertus-Magnus-Akademie Walberberg bei Köln. Hauptschriftleiter H. Christmann (Salzburg-Heidelberg-Graz-Wien 1934 ff.). H. Nachod und P. Stern, Die Summa wider die Heiden. Mit Erläuterungen von A. Brunner. 3 Bde. (1935/37). Summa contra gentiles oder die Verteidigung der höchsten Wahrheiten. Aus dem Lateinischen übersetzt und mit Übersichten, Erläuterungen und Aristoteles-Texten versehen. Herausgegeben von H. Fahsel (Zürich 1942 ff.).

Lexika: Petrus a Bergamo, Tabula aurea. Index universalis in omnia opera D. Thomae (Bologna 1475; in den Ausgaben von Parma und Vivès). L. Schütz, Thomas-Lexikon ([2]1895; Nachdruck 1959). Der Band 16 der Leonina enthält die Indices zur S. theol. und S. c. g.; auch in der Editio manualis bei Marietti. Deferrari-Barry, A Complete Index of the S. Theol. (Washington 1956).
Bibliographie: Heft 13/14 bei Bocheński, Bibliogr. Einführungen (s. o. S. 324).

Literatur
A.-D. Sertillanges, La philosophie de S. Th. d'A. 2 Bde. (Paris 1910). Nach der 4. Aufl. von 1925 ins Deutsche übersetzt von R. Grosche unter dem Titel „Der hl. Thomas von Aquin" (1928, [2]1954). M. Grabmann, Th. v. A. Eine Einführung in seine Persönlichkeit und Gedankenwelt (1912, [8]1949). Ders., Die Werke des hl. Th. v. A. (1920, [3]1949). É. Gilson, Le thomisme. Introd. à la philosophie de S. Th. d'A. (Paris 1922, [6]1948). G. Manser u. P. Wyser, Das Wesen des Thomismus (1932, [3]1949). H. Meyer, Th. v. A. (1938, [2]1961). M.-D. Chenu, Introduction à l'étude de S. Th. d'A. (Paris 1950, dt. 1960). A. Hayen, Der hl. Th. v. A. gestern und heute. Mit zwei Beiträgen von É. Gilson (1953). R. Markovics, Grundsätzliche Vorfragen einer methodischen Thomasdeutung (Rom 1956). A. Mitterer, Formen und Mißformen des heutigen Thomismus. Philos. Jahrb. 65 (1957). Aristote et S. Thomas d'Aquin. Journées d'études internationales. Rapports présentés par P. Moraux, S. Mansion, D. A. Callus, L.-B. Geiger, E. v. Ivánka, A. Thiry (Louvain 1957). H. Meyer, M. Heidegger und Thomas von Aquin (1964). Zu Thomas von Aquin: Band 188 (1978) „Wege der Forschung" (Wissenschaftl. Buchges. Darmstadt).

## A. DAS ERKENNEN

### a) Das natürliche Licht

Den Einfluß des Aristoteles bei Thomas v. A. fühlt man sofort in der neuen Wertung des natürlichen Wissens gegenüber dem Glauben. Das Wissen wird nicht bloß als Hilfsmittel der Theologie gewertet, sondern es ist etwas Selbständiges und hat sein eigenes Recht. Jeder Mensch begehrt von Natur aus zu wissen, sagt Aristoteles, und Thomas macht sich dieses Wort zu eigen. Wie der Staat für ihn „von Natur aus“ da ist und sein Recht nicht erst von der Kirche erhält, so auch die Philosophie. Es ist bezeichnend, daß Thomas sowohl in der Einleitung zu seiner philosophischen wie auch zu seiner theologischen Summe den Nachweis für notwendig hielt, daß es neben dem natürlichen Licht auch noch das übernatürliche Licht geben kann, die Offenbarung. In der Zeit vor ihm mußte man umgekehrt die Berechtigung auch der ratio beweisen. Die Begeisterung des Aquinaten für Wissen und Wissenschaft ist eine vollkommene. Von Albert hat De Wulf geschrieben, daß er seiner Zeit die Begierde, alles zu wissen, von der er selbst beseelt war, beigebracht habe. Ganz in diesem Geist sieht Thomas die Aufgabe der natürlichen Wissenschaft darin, daß „in der Seele des Menschen die ganze Ordnung des Universums und aller seiner Gründe und Ursachen beschrieben werde“. Thomas wäre aber kein mittelalterlicher Mensch gewesen, wenn er nicht trotzdem dem Glauben und der Glaubenswissenschaft das Recht eingeräumt hätte, den allgemeinen weltanschaulichen Rahmen zu entwerfen, dem sich das ganze philosophische Wissen einzufügen hat: „Was in den sonstigen Wissenschaften sich als im Widerspruch mit der Theologie befindlich erweist, muß als falsch verworfen werden“ (S. th. I, 1, 6 ad 2).

b) Ursprung des Erkennens

α) Gegen Augustin und für Aristoteles

Auch in der Frage nach dem Ursprung unserer Erkenntnis schließt sich Thomas an Aristoteles an. Bisher hatte Augustin auch in dieser Hinsicht die größte Gefolgschaft gefunden. Thomas setzt sich mehrfach mit ihm und seiner Lehre, daß wir alles in den ewigen Gründen erkennen, auseinander, z.B. S. th. I, 84, 5; 88, 3; De ver. VIII, 7. Er nimmt auch das Wort von der Erleuchtung auf, schwächt es aber schon im Ausdruck ab durch ein vorsichtiges: eine „gewisse“ Erleuchtung, oder durch die Bemerkung: das natürliche Licht der Vernunft ist eine „gewisse Teilhabe am göttlichen Licht“, deutet dann den augustinischen Begriff der Erleuchtung um in den Begriff des allgemeinen concursus divinus, so daß er nichts Besonderes mehr besagt (S. c. g. I, 11), um schließlich dann einen grundsätzlich anderen Weg zu gehen, nämlich den Weg des Aristoteles. Mit ihm erklärt er: „Es ist dem

Menschen natürlich, daß er durch das Sinnliche zum Übersinnlichen kommt, weil alle unsere Erkenntnis bei den Sinnen anhebt“ (S. th. I, 1, 9). Der Satz, daß Gott das Ersterkannte sei, wie es die Lehre von der Erkenntnis in den ewigen Gründen voraussetzt, wird ausdrücklich abgelehnt: „Das erste, was von uns in diesem Leben erkannt wird, ist die Wesenheit der materiellen Dinge, die das Objekt unseres Erkennens bilden, wie oben schon oft gesagt wurde“ (S. th. I, 88, 3). Es habe einen gewissen Sinn, zu sagen, daß wir alles im göttlichen Licht erkennen, so wie es einen Sinn hat, wenn wir sagen, daß wir alles im Sonnenlicht erkennen. Aber sowenig wir die Welt erkennen, wenn wir nur in die Sonne schauen und nicht auch die materiellen Dinge selbst ansehen, so wenig kommt es zu einem Wissen, wenn wir nur an den ewigen Ideen teilhaben, wie die Platoniker glaubten, und darum brauchen wir die Sinneserkenntnis, wenn wir zu einem wahren Wissen gelangen wollen (S. th. I, 84, 5).

Thomas kennt drei Stufen der Entstehung unseres gesamten Wissens. Zunächst erfahren wir in der Sinneswahrnehmung die konkrete Sinnenwelt in ihrer individuellen Ausdehnung: dieses Fleisch, dieses Bein. Es ist die Welt der Realphilosophie (philosophia naturalis), wozu auch die Psychologie gehört. Sie hat zum eigentlichen Gegenstand das ens mobile. Indem wir von den individuellen Bestimmtheiten absehen und die allgemeine Ausdehnung als solche ins Auge fassen, rein nach ihren quantitativen Beziehungen, entsteht vor unserem geistigen Auge die Welt der mathematischen Wissenschaft. Ihr Gegenstand ist das ens quantum. Indem wir nun nochmal abstrahieren und die gesamte Ausdehnung überhaupt außer acht lassen, nur noch die rein ideellen Bestimmtheiten denkend, entsteht die Welt der metaphysischen Wissenschaft. Ihr Gegenstand ist das Sein als Sein und seine allgemeinsten Bestimmtheiten wie Einheit, Akt, Potenz u. dgl. (S. th. I, 85, 1). β) Abstraktionsstufen

Auf diese Weise entstehen auch die obersten Prinzipien sowohl des Wissens überhaupt (logische Gesetze) wie auch die allgemeinsten Seinsgrundlagen der einzelnen Wissenschaften. Die allgemeinsten Prinzipien alles Wissens überhaupt leuchten unmittelbar, intuitiv, ein aus der Erkenntnis des Seinsbegriffes. Sie sind iudicia per se nota. Der Seinsbegriff ist der allgemeinste Begriff und das zuerst Erkannte. „Was γ) Prinzipien der Mensch zuerst erfaßt, ist das Sein; wir müssen es in allem denken, was immer wir erkennen. Und darum ist das erste und unbeweisbare Prinzip dies, daß man nicht zugleich bejahen und verneinen kann, ein Satz, der sich aus dem Begriff des Seienden und Nichtseienden ergibt. Und darauf beruhen alle anderen Prinzipien, wie Aristoteles sagt. Und wie das Sein das erste ist, was mit der erkennenden Vernunft schlechthin gegeben ist, so ist das Gute das erste, was in der tätigen Vernunft begegnet" (S. th. 1. II, 94, 2). Die Prinzipien der Detail-Wissenschaften aber sind damit gegeben, daß die entsprechenden Gattungs- oder Artbegriffe (Ausdehnung, Körper, Leben, Pflanze, Tier, Seele usw.) zugrunde gelegt werden, die im Verlauf der Abstraktion aus der Erfahrung sich ergeben.

δ) Gründe für das Aposteriori

Thomas hat sich (S. th. I, 84, 7) auch die Gründe überlegt, warum es so sein muß, daß menschliches Erkennen nur möglich ist durch einen Rückgriff auf die Phantasmen der Sinneserkenntnis (convertendo se ad phantasmata). Einmal stellen wir fest, daß, wenn bestimmte Sinnesorgane ausfallen, dann auch die dazugehörigen Erkenntnisse ausfallen. Und dann erfahren wir in der Selbstbeobachtung immer wieder, wie wir, um uns oder anderen etwas Geistiges klarzumachen, anschauliche Bilder zu Hilfe nehmen. Der Grund hierfür liegt darin, daß die Erkenntniskräfte immer dem Erkenntnisgegenstand angepaßt sind. „Für den menschlichen Intellekt aber, der doch mit dem Leib verbunden ist, besteht das eigentümliche Objekt in Wesenheiten, die in materiellen Dingen existieren; durch die Natur dieser Sinnesdinge steigen wir dann zu einer gewissen Erkenntnis der unsinnlichen Dinge auf." Die Natur des Steines betrachten wir immer an diesem einzelnen Stein; die Natur des Pferdes überhaupt an einzelnen Pferden. Und so betrachtet unser Denken das Allgemeine immer vom Einzelnen her. Das Einzelne aber ist nur durch die Sinneserkenntnis erfaßbar. Immer also brauchen wir die Sinneserfahrung. Thomas fragt die Idealisten, die alles aus dem Geiste selbst erkennen wollen, warum sie denn aus ihrer Ideenschau heraus nicht apriorisch sagen können, wie viele Gattungen der Lebewesen es gibt und was deren Ursprünge sind. Das alles sei nur erforschbar in Raum und Zeit (S. th. I, 84, 5).

ε) Das Apriorische bei Thomas

Das sieht nun alles sehr nach Empirismus aus, ist aber doch kein Empirismus. Auf die Frage, ob das geistige Erkennen durch die Sinnendinge allein bestritten wird (S. th. I, 84, 6), antwortet er: „Es kann nicht gesagt werden, daß die sinnliche Erkenntnis die ganze und vollendete Ursache der geistigen Erkenntnis bilde"; sie muß vielmehr nur als das Material für die Ursache dieser Erkenntnis betrachtet werden; und darum sei es „nicht zu verwundern, wenn die geistige Erkenntnis die Sinneserfahrung überschreitet" (si intellectualis cognitio ultra sensitivam se extendit: a. a. O., ad. 3). Wir überschreiten die Sinneserfahrung! Mit dieser Erklärung ist der Empirismus ausgeschlossen, aber auch der sogenannte kritische Realismus, der, wenn er ernst macht mit dem „Realismus", auch nicht über die Sinneserfahrung hinauskommt und von unten nach oben voranschreitend auch keine wirklich allgemeine Seinsaussage machen kann (Beispiel: N. Hartmann). Wir fragen: In welchem Sinn wird die Erfahrung transzendiert und mit welchem Recht? Der Schritt darüber hinaus wird vollzogen durch den „tätigen Verstand". Er ist die eigentliche Wirkursache unserer geistigen Erkenntnis. Was er aus den Phantasmen der Sinneserfahrung heraushebt, sind echte Universalien, allgemeingültige und notwendige Erkenntnisse. Thomas zweifelt keinen Augenblick daran. Und die Skepsis der Modernen, daß unsere Allgemeinvorstellungen, die wir aus der Sinneserfahrung abstrahieren, vielleicht doch nur so weit gelten, als die Erfahrungsunterlage reicht, so daß niemand sicher weiß, was morgen sein wird, wie auch niemand weiß, ob es immer so war, kommt ihm nicht in den Sinn. Man hat seinen intellectus agens darum mit Recht als ein apriorisches Moment in seiner Erkenntnislehre angesprochen. Es ist bei Thomas in dieser Hinsicht genauso wie bei Kant. Er sagt auch: „Wenngleich alle unsere Erkenntnis mit der Erfahrung anhebt, so entspringt darum doch nicht eben alle aus der Erfahrung." Nur ist sein Apriori anderer Art. Es ist kein funktionales, die Gegenstände erst setzendes, sondern beruht genau umgekehrt auf der metaphysischen Überzeugung, daß es Gegenstände schon gibt, daß sie ihre innere Wahrheit haben, ihre Form und Idee, ihre „ewigen Gründe", und daß diese in unserer Seele sich widerspiegeln, wie S. th. I, 16, 6 ausdrücklich versichert wird. Nur weil der intellectus agens selbst schon ein dem Geist inhaerierendes Prinzip ist, das am göttlichen Licht, der einen ewigen Wahrheit, die alle Wahrheiten und Wesenheiten in sich enthält, teilhat, kann er auch wieder aktuieren, was in den Dingen latent an ewigen Formen eingeschlossen ist, entsprechend dem aristotelischen Grundsatz: Der Mensch zeugt den Menschen (S. th. I, 79, 4). Man lese dazu, was in De ver. XI, 1 gesagt ist über insita semina, die in uns „präexistieren" als eine potentia non pure passiva, ja sogar als quaedam incohationes der Werte und des Wissens (man glaubt Leibniz zu hören), und De ver. VIII, 7 ad 3, wo es heißt impressio quaedam rationum aeternarum est in mente nostra, sicut sunt principia naturaliter cognita, per quae de omnibus iudicat. Thomas legt sich nicht ganz eindeutig fest, wie man sieht. Trotzdem ist eines klar: Abstraktion bei Thomas ist keine Abstraktion im modernen Sinn, sondern Wesensschau, „intuition abstractive" (Garrigou-Lagrange), was sie auch bei Aristoteles schon war. Und in dieser metaphysischen Voraussetzung liegt für Thomas das Recht seiner These. Dem steht nicht entgegen, daß wir nach Thomas die Wesenheiten nicht unmittelbar und sozusagen prima vista schauen, sondern auf dem Weg über Akzidentien und aus ihnen heraus.

ζ) Thomas und Bonaventura

Und damit zeigt sich, daß Thomas doch wieder auf Augustinus zurückkommt. Er hat die Linie, die Abaelard mit seinem frühen Zweifel an der metaphysischen Erkenntnis einschlug, nicht weiter verfolgt, sondern die Entwicklung wieder zurückgebogen. Man darf sich mit Recht fragen, ob der Unterschied seiner Erkenntnislehre zu der Bonaventuras ein wesentlicher ist. Psychologisch gesehen, liegt ein Unterschied vor: Nach Bonaventura stehen die ewigen Gründe schon am Anfang des Erkenntnisvorganges, nach Thomas erst am Ende. Logisch gesehen, liegt keiner vor, weil die „Wahrheit", die wir erfassen, nach beiden Denkern ihren Grund nicht in der Erfahrung als solcher hat — die Erfahrung ist in beiden Fällen nur Materialursache —, sondern in den Wesenszusammenhängen, die durch die ewigen Formen gesetzt sind, die sich uns erschließen.

η) Urteil und Urteilswahrheit

αα) Wesen des Urteils

Vollendet aber wird für Thomas, der sich auch hier wieder Aristoteles anschließt, die Erkenntnis nicht mit der Wesenserfassung, sondern mit dem Urteil. Das Urteil ist eine Verbindung oder Trennung von Begriffen (intellectus componens vel dividens). Verbindet ein Urteil die Wesensbegriffe so oder trennt sie so, wie die Sachverhalte in der Wirklichkeit verbunden oder getrennt sind, dann ist es wahr. Und in dieser Wahrheit als einer Urteilseigenschaft hätten wir die Wahrheit im eigentlichen Sinn vor uns (S. th. I, 16, 1 u. 2); denn „Wahrheit heißt sagen, daß das ist, was ist, und nicht ist, was nicht ist", definiert Thomas mit Aristoteles (De ver. I, 1); oder kürzer: „Wahrheit ist die Übereinstimmung zwischen Denken und Sein" (veritas est adaequatio rei et intellectus. S. th. I, 16, 1), eine Definition, die nach Thomas aber auch auf die ontologische Wahrheit, die veritas rei, passe. (Er spricht sie S. th. I, 16, 2, arg. 2 und De verit. I, 1 corp. irrtümlich dem Isaac Israeli zu, einem neuplatonischen Philosophen des frühen 10. Jahrhunderts. Sie wurde in Wirklichkeit aus Avicenna abgeleitet und wird anonym zitiert bei Wilhelm von Auxerre, Philipp dem Kanzler, Alexander von Hales u. a.) Allein Thomas nimmt trotzdem auch eine Wahrheit der Sinneswahrnehmungen und der definitorischen Washeiten und Wesensbegriffe an; ja er ist der Ansicht, daß die Sinnesinhalte und die Wesenheiten immer wahr seien (circa quod quid est intellectus non decipitur), weil Sinn und Geist von den Gegenständen selbst unmittelbar informiert werden (S. th. I, 17, 3). Damit entscheiden nun doch die Wesenheiten über die möglichen und nicht möglichen Urteilsverbindungen; denn das Urteil stützt sich auf die Wiedergabe der Wirklichkeit in der sinnlichen und geistigen Gegenstandserfassung. Das heißt nun aber, es entscheidet letztlich die innere oder die ontologische Wahrheit der Dinge; denn „die realen Dinge, von denen unser Geist sein Wissen empfängt, bestimmen (mensurant) unser Denken, wie es im zehnten Buch der Metaphysik des Aristoteles heißt; aber sie sind wieder bestimmt durch den Geist Gottes, in dem alles geschaffen ist, so wie die Kunstdinge im Geist des Künstlers geschaffen werden. So ist also der göttliche Geist bestimmend, aber nicht bestimmt; das reale Ding aber ist bestimmend und bestimmt (mensurans et mensurata); unser menschlicher Geist jedoch ist immer bestimmt und nicht wieder bestimmend, es sei denn, was die Kunstdinge anlangt" (De ver. I, 2).

**ββ) Urteilswahrheit und ontologische Wahrheit**

Darum gibt es für Thomas noch nicht das Problem der synthetischen Urteile a priori, womit Kant seine Erkenntnis-

**γγ) Synthetische Urteile apriori?**

lehre eröffnet. Er ist noch nicht in der fatalen Lage, Wahrnehmungsinhalte verbinden zu müssen, ohne zu wissen, nach welchen Regeln das geschehen soll. Die Dinge sind noch verbunden; es gibt Wesenheiten, und wir wissen um sie; der tätige Verstand läßt sie aufleuchten als etwas ewig je schon Fertiges und Geltendes. Hinter der Lehre von der Sinneswahrnehmung und den Wesenheiten steckt der antike Idealrealismus, für den die Welt und ihre Dinge dem sinnlichen und geistigen Schauen in ihrem Ansich offenliegen, mag letzteres sich nun vollziehen in einer Ideenschau oder durch den Nous oder durch die ewigen Gründe oder mit dem intellectus agens. Letztlich ist hier alles Erkennen ein θεωρεῖν und der königliche Weg des Wissens die Dialektik. H. Meyer hat recht, wenn er sagt, daß die Lehre von der Vollendung unserer Erkenntnis im Urteil nicht ganz in das aristotelisch-scholastische System paßt, „insofern als bei Aristoteles die intuitive Kraft des intellectus agens eine gewisse Gottähnlichkeit aufweist und insofern auch nach Thomas Gott nicht verbindet und trennt, sondern schlechthin erkennt" (Thomas v. A. 393).

δδ) „Weiterbildungen" Darum muß man, will man mit dem wirklichen Thomas philosophieren und nicht nur mit seinem Namen, daran gehen, ihn aus sich selbst und seinen geistigen Voraussetzungen heraus zu verstehen. Die aber liegen in der Linie, die auf Augustinus, Plotin und Platon zurückführt. Man hat die Einschränkungen, die Thomas tatsächlich gegenüber den Formeln Augustins vorgenommen hat, überbetont. Daß man so interpretierte, war zeitgebunden. Damals mußte eben Thomas ein Realist sein. Seine Erkenntnislehre hat aber ein Apriori, nicht ein neuzeitliches, sondern das Apriori des Platonismus und Idealismus der Väter. Dazu steht der Aristotelismus, das wissen wir heute, nicht im Widerspruch, sondern nur eine bestimmte Auslegung des Aristoteles. Wie sich dazu die Lehre vom Urteil verhält, wo wahrscheinlich stoische Einflüsse vorliegen, wäre zu prüfen, bei Thomas und auch bei Aristoteles. Dann hat man die wirklichen Grundlagen in der Hand: die Verwurzelung der Prädikation in der Methexis (s. o. S. 168) und damit im Sein, entsprechend der antiken Auffassung, daß Geist nicht ohne Sein und Sein nicht ohne Geist ist, wie es klassisch klar Plotin (Enn. V, 1, 4, 25ff.) formuliert hat. Ob man Thomas besser versteht, wenn man ihn „weiterbildet“, ist eine Frage für sich. Es hat immer Versuche gegeben, ihn aufzubessern; mit Suarez, Descartes, dem kritischen Realismus, Hegel, Heidegger, Kant. Man hat dann Begriffe beigezogen wie Abstraktion, Erfahrung, die Dynamik in Denken und Sein, das anwesende und sich lichtende Sein, Entäußerung und Zu-sich-selbst-Finden von Begriff oder Wahrheit des Seins, das Urteil und das Sein u. s. w. Im einzelnen wirken solche Versuche oft attraktiv und manchmal auch überzeugend. Auf die Reihe im ganzen gesehen, wird der Zeitkoeffizient evident und es erhebt sich die Gefahr des Epigonentums, der man bei Thomas entgehen wollte, jetzt an anderer Stelle. Man kann ja auch Hegel oder Heidegger gegenüber ein Epigone sein. Man sollte es aber weder hier noch dort werden, sondern stets darüber stehen und die Grundpositionen kritisch durchschauen. Darum müssen diese zunächst einmal ideengeschichtlich klar und wahr herausgestellt werden. Geschieht das nicht, dann werden die Begriffe von vorneherein verwischt, manchmal so sehr, daß man statt Thomas oder Eckhart oder Scotus auch einen anderen Namen einsetzen kann. Geschieht es, dann können die „Weiterbildungen“ höchst anregend werden, weil sie die alte Philosophie in eine Auseinandersetzung mit der Zeit bringen und sie zwingen, sich selbst zu bewähren. Ist man dann auch dem Neuen gegenüber kritisch genug, bereit, die Aufklärer über sie selbst aufzuklären, dann wäre das eine gute Leistung, weil es ein Beitrag wäre zur Aufhebung der Unterscheidung alte, mittelalterliche und neue Philosophie, die in weiten Kreisen immer noch das Vorurteil „veraltet“ bzw. „Fortschritt“ impliziert.

Literatur

M. Grabmann, Der göttliche Grund menschlicher Wahrheitserkenntnis nach Augustinus und Thomas v. A. (1924). É. Gilson, Pourquoi S. Thomas a critiqué S. Augustin. Archives d'histoire doctr. et littér. du moyen-âge I (1926). J. Maréchal, Le point de départ de la métaphysique (Louvain 1926, ²1949). A. Hufnagel, Intuition und Erkenntnis nach Th. v. A. (1932). G. Siewerth, Der Thomismus als Identitätssystem (1939). K. Rahner, Geist in Welt. Zur Metaphysik der endlichen Erkenntnis bei Th. v. A. (Innsbruck 1939, ²1957). M. Müller, Sein und Geist. Systematische Untersuchungen über Grundprobleme der mittelalterl. Ontologie (1940). G. Siewerth, Die Apriorität der menschlichen

Erkenntnis nach Th. v. A. Symposion I (1948). J. Maréchal, Abstraction ou Intuition? Mélanges Maréchal I (Bruxelles 1950) 102—180. J. Lotz, Zum Problem des Apriori (Ebd. II 62—75). J. de Vries, Kantische und thomistische Erkenntnisform. Kant und die Scholastik heute, hrsg. von J. Lotz (1955) 1—34. B. Lakebrink, Hegels dialektische Ontologie u. die thomistische Analektik (1955). J. Lotz, Das Urteil und das Sein. Eine Grundlegung der Metaphysik (1957). — Zu der bekannten Definition Veritas est adaequatio rei et intellectus vgl. Isaac Israeli. His Works Transl. with Comments and an Outline of his Philosophy by A. Altmann and S. M. Stern (Oxford 1958) S. 58 f.

## B. DAS SEIN

Das eigentliche Denken des Aquinaten erschließt sich uns in seiner Metaphysik. Und hier zeigt sich auch besonders stark der Einfluß der aristotelischen Terminologie, Problematik und philosophischen Grundhaltung. Daneben stehen aber auch noch augustinische und neuplatonische Ideen, und es wäre falsch, bei Thomas eine rein aristotelische Metaphysik suchen zu wollen.

### a) „Realität"

α) Vorfindbarkeit

Etwas Vorgängiges und geradezu selbstverständlich ist der mit dem Seinsbegriff immer verbundene Realitätsbegriff. Sein ist einfach das Reale. Für diese Realitätsauffassung sind zunächst zwei Momente charakteristisch: Die Vorfindbarkeit und eine ursprüngliche Nähe zur raum-zeitlichen Wirklichkeit. Daß Sein vom Geist nicht geschaffen, sondern vorgefunden wird, ist die antike und mittelalterliche Auffassung überhaupt. Hierfür ist besonders aufschlußreich ein Artikel der S. th. (I, 85, 2), in dem sich Thomas fragt, ob nicht vielleicht die ganze Gegenstandswelt, die der Mensch sieht und denkt, nur subjektiv sei, ein Schauen und Denken des eigenen Geistes und seiner Erzeugnisse. „Es haben manche die Ansicht vertreten, daß unsere Erkenntniskräfte nur ihre eigenen Modifikationen erkennen; z. B. die sensitive Potenz nichts weiter als die Alteration ihres eigenen Organs wahrnimmt. Darnach erkennt auch der Intellekt nur seine eigenen subjektiven Modifikationen." Folglich ist Objekt und

Inhalt der geistigen Erkenntnis nur eine subjektive Bestimmtheit des Intellektes. Man könnte auf den Gedanken kommen, daß damit vielleicht schon die moderne, seit Kant diskutierte Frage aufgeworfen ist, ob nicht das Sein überhaupt Bewußtseinsdasein hat, weil der Gegenstand der Erkenntnis letztlich eine Setzung unseres Geistes wäre. Wenn man jedoch die Antwort hört, die Thomas auf diese Frage erteilt: dann gibt es überhaupt keine Wissenschaft mehr, weil dann „das Wissen sich nicht mehr auf die Dinge bezöge, die außerhalb unserer Seele sind", so daß der Unterschied zwischen wahr und falsch überhaupt aufgehoben würde, sieht man sofort die Voraussetzung: Das Sein muß unter allen Umständen transsubjektiv sein; es wird von uns vorgefunden. Darin besteht die Realität und die Objektivität; darin auch die Wahrheit. Die Dinge bestimmen (mensurant) unseren Geist. Daß wir die Gegenstände bestimmen könnten, vielleicht nach transzendentalen Gesetzen des Geistes, diese Anschauung liegt noch fern.

Die Eigenart des thomistischen Realitätsbegriffs erkennt man zweitens daran, daß das konkrete, individuell Seiende, das in Raum und Zeit Stehende, die erste Substanz, für Thomas das Sein im eigentlichen und Ursinn darstellt. Schon in seiner Frühschrift De ente et essentia erklärt er mit aller Deutlichkeit, Wesenheit ist nicht bloß Idee oder Form, sondern die aus Form und Materie entstehende erste Substanz (cap. 2); oder wie es S. th. I, 84, 7 heißt: Der Gegenstand des menschlichen Erkennens ist eine Washeit, die in der Materie in individueller Realisierung existiert. Das ist das eigentliche und reale Sein. Das gleiche hatte auch Aristoteles gegenüber Platon als Realität angesehen. Durch Einflüsse der Stoa sowie der christlichen Schöpfungslehre hatte sich diese Auffassung von Realität noch mehr verfestigt. **β) Raumzeitliche Wirklichkeit**

Wenn aber Thomas das Formalobjekt der Metaphysik definiert, spricht er von der transphysischen Welt der insensibilia (die Neuscholastiker gebrauchen hierfür den Begriff ens intelligibile), von den allgemeinen Wesenheiten, Formen und Ideen, in denen Gott das Sein und das Seiende entworfen hat, in denen es geschaffen ist und existiert, ihn nachahmt und so an ihm teilhat, weswegen die Metaphysik immer auch Theologik ist (In Boethium, De Trinitate qu. 5, a. 1; **γ) Metaphysische Realität**

S. th. I, 15, 2). Nachdem aber die Metaphysik die Wissenschaft vom Sein des Daseienden ist, zeigt sich, daß Thomas in diesem Zusammenhang doch noch einen anderen Realitätsbegriff hat, den platonisch-augustinischen Begriff der „eigentlichen" Wirklichkeit. Man braucht diese Wirklichkeit nur mit der Wirklichkeit der modernen Lebensphilosophie, etwa bei Klages, zu vergleichen, wo Wirklichkeit gerade das Arationale ist im Gegensatz zur geistigen Welt der Gegenstände, um zu sehen, wie die Realitätsauffassung bei Thomas letztlich doch wieder von der Idee her gesehen und davon im wesentlichen bestimmt wird: Metaphysik als Wissenschaft vom Sein im Grunde, ist Wissenschaft von den insensibilia! Kann man dann aber noch sagen, daß die konkret-sinnliche Einzelsubstanz Sein im Ursinn ist? Um womöglich festzustellen, daß die scholastische Philosophie auch das unter „real" und „objektiv" versteht, was der Marxismus darunter versteht? Was ist für Thomas das „wahre" Sein? Wenn es nicht zum Wesen der raumzeitlichen Dinge gehörte, materiell zu sein, wenn die Weltdinge nur Form wären, dann, so meint er (S. theol. I, 18, 4), hätten sie ihr „wahreres" Sein in Gott, als Ideen in seinem Geiste. Da aber die Materie zum Wesen dieser Dinge gehört, sind sie als esse hoc doch „wahrer" in ihrer konkret-sinnlichen Gestalt. Hat sich damit Thomas durch eine Distinktion um die Entscheidung zwischen Realismus und Idealismus gedrückt, die Metaphysik in ein Feiertagsgewand gesteckt, sonst aber die Realität im Materiellen gesehen? Manche möchten ihn am liebsten so auslegen. Mit dem Begriff der rerum natura, der ein stoischer Begriff ist, und die Stoiker waren Materialisten, schiebt sich tatsächlich ein Realitätsbegriff vor, der mißdeutet werden könnte. Aber da ist eine Reihe von Kernbegriffen, wie Schöpfung, Teilhabe, Analogie, die den endgültigen Akzent anders setzen. Wir haben sie nunmehr ins Auge zu fassen.

b) Zuständlichkeiten des Seins

Der Begriff „Zuständlichkeiten des Seins" kommt von Aristoteles, der in seiner Metaphysik das Sein und das, was ihm als solchem zukommt, studieren wollte. Davon ist Thomas angeregt. Aber nicht nur von Aristoteles übernimmt er in dieser Frage seine Grundbegriffe, sondern auch aus der platonischen Philosophie und aus der Offenbarung. Es sind folgende: geschaffenes Sein, Teilhabe, Analogie, Transzendentale, Kategorie, Seinsstufen.

Aus der Offenbarung stammt der Begriff der Schöpfung. Er prägt die ganze Ontologie des Aquinaten. „Geschaffenes Sein" ist stehender Terminus. Mitten in philosophischen Abhandlungen wird er gebraucht. Der Begriff der Kontingenz besagt weithin nichts anderes. Man kann diesen Begriff der Kontingenz zwar auch philosophisch, gewöhnlich von Aristoteles und seinem Ursacheprinzip her, auf eigene Füße stellen; im allgemeinen aber ist er trotzdem von theologischer Provenienz und oft genug wird darum in der Neuscholastik die Kontingenz aus der Schöpfung und dann wieder die Schöpfung aus der Kontingenz erklärt, wenn auch mit einigen Zwischengliedern. Das Daß der Schöpfung hängt nun wesentlich ab von dem, was man unter Schöpfung überhaupt versteht. Was für Thomas Schöpfung bedeutet, definiert er S. theol. I, 45, 1, wo es heißt, daß es eine emanatio totius entis a causa universali gebe: et hanc quidem emanationem designemus nomine creationis. α) „Geschaffenes" Sein

Was ist das für eine Emanation? Jedenfalls, so wird S. theol. I, 47, 1 (vgl. auch S. c. gent. II, 42) gegenüber einer arabischen Variante der Emanationslehre (Avicenna) erklärt, keine solche, in der alles automatisch und notwendig in gewissen Abstufungen aus Gott hervorgehe. Die Emanation komme Gott als einer causa „agens" zu, die Absicht und freien Willen besitze. Also scheint die Emanation doch wohl durch den Begriff der causa efficiens erhellt werden zu sollen. Wir werden aber gleich im Zusammenhang mit dem Teilhabebegriff noch Näheres darüber hören. Jedenfalls, auch wenn Emanation soviel wie causa efficiens sein soll, auch dann besteht zwischen Ursache und Wirkung noch eine sehr interessante Beziehung. Die Ursache schafft nämlich nicht irgend etwas, sondern es gilt auch für sie das Axiom agere sequitur esse, d. h. zwischen dem Schöpfer und dem Geschöpf besteht eine gewisse Verwandtschaft. Das sieht man sofort in der Lehre über die Aussage unserer Begriffe von Gott. Wir gewinnen unsere Begriffe in unserer erfahrbaren Wirklichkeit. Sie sagt uns das Nötige über das Wesen der Dinge. Sie sagt aber nicht das Letzte und Eigentliche darüber aus. Das eigentliche Wesen der Dinge findet sich nach Thomas per prius, nämlich in Gott (S. c. gent. I, 34). Was wir z. B. in den Dingen bonitas heißen,

„praeexistiert in Gott" (S. theol. I, 13, 2), und ebendem, was in Gott praeexistiert, „kommen unsere Begriffswörter eigentlicher zu als den Weltdingen": nomina proprie competunt Deo, et magis proprie quam ipsis creaturis (S. theol. I, 13, 3). Daß der Sinn der Begriffswörter in Gott eigentlich erfüllt ist, in den Weltdingen aber uneigentlich, nur im Abbild gegenüber der göttlichen Wirklichkeit, ist nun auch in seinem theologischen Gewand noch ein klar erkennbares platonisches Motiv. Die Ideen sind dort die eigentliche Wirklichkeit; nach ihnen wird in dieser unserer sichtbaren Welt benannt, was ihnen gleicht oder an ihnen teilhat (Republ. 596 a und oft). Damit sind wir in der Frage, um welche Emanation es sich bei der Schöpfung handelt, auf die Partizipation verwiesen. Soll vielleicht damit die Emanation einsichtig werden?

β) Teilhabe

Der Teilhabebegriff spielt in der Metaphysik bei Thomas keine geringere Rolle als der Schöpfungsbegriff. Er wurde erst in jüngster Zeit eingehender, wenn auch noch lange nicht genügend, beachtet. Das Verhältnis von Teilhabe und Schöpfung sowie von Teilhabe und Wirkursache bedarf noch einer grundsätzlichen Untersuchung, in erster Linie hinsichtlich der Frage, was davon das jeweils logisch Frühere ist und vor allem, was die wirklichen philosophischen Grundlagen des Teilhabedenkens sind. Dazu ist es nützlich, zu wissen, in welchem Rahmen der Teilhabebegriff steht, und was er besagt.

αα) Ideengeschichtlicher Ort

Dieser Gesamtrahmen ist gegeben mit der oben berührten platonischen Lehre, daß wir gewisse Dinge benennen und verstehen von etwas logisch und ontologisch Früherem her. Das ist die Idee gegenüber ihren Ideaten. Sie ist immer ganz sie selbst; was daran teilhat, ist nicht es selbst, sondern hat eben nur teil, d. h. — und das ist die platonische Erklärung der Teilhabe —, es ist Abbild gegenüber dem Urbild. Das Urbild ist wahres, selbständiges, vollkommenes Sein; das Abbild will sein wie das Urbild, bleibt aber dahinter zurück, ist also gegenüber dem Urbild seinem ganzen Wesen, nicht nur seinem Dasein nach (diese Auffassung wäre ein totales Mißverständnis) abhängiges Sein. Die Scholastiker nennen diese Urbilder formae separatae, wissen aber nicht mehr, daß die Trennung keine schlechthinnige ist, sondern nur in Hinsicht auf einen bestimmten Seinsmodus gemeint ist, nämlich in Hinsicht auf das in se esse. Schlechthin ist die Idee vom Ideat so wenig getrennt wie das Urbild vom Abbild; dann gäbe es gar keine Abbilder. Es ist genau umgekehrt: das Urbild ist das Herz aller Dinge, in ihm leben und sind sie. Aber diese feinere Nuance von Trennung ist im Laufe der Geschichte verlorengegangen und auch Thomas mißversteht den Begriff formae separatae, indem er ihn schlechthin nimmt und nicht secundum quid. Beziehen wir nun, was hier in Hinsicht auf einzelnes Seiendes gesagt wurde, auf das Sein im ganzen, dann gibt es ein Sein, das es selbst ist, sein Sein selbst ist, ein ipsum esse per se, wie es später heißen wird; während ihm gegenüber Seiendes existiert, das dahinter zurückbleibt, obwohl es ganz von dem Sein selbst lebt, an ihm teilhat und auch in ihm lebt, sich bewegt und ist.

ββ) Begriff

Damit nun haben wir den Sinn von Teilhabe vor uns. Teilhabedenken ist ein Denken, das Welt und Weltdinge von einem Früheren her versteht, das als das Ganze, Vollkommene, Uranfängliche, Wahre und Eigentliche auf dem Grunde der Dinge ruht, sie ermöglichend, so daß die Dinge Spur und Antlitz des Grundes an sich tragen und anzeigen, von der dunklen Symbolisierung bis zur klareren Repräsentation; wobei trotzdem dieser Grund irgendwie verborgen bleibt und erst in einer Transzendierung des Seienden zu gewinnen ist, ohne daß man dabei dieses Seiende total übersteigen und verlassen müßte; sondern es soll gerade in seinem innersten Grunde erfaßt werden. Insofern ist die Welt auch Emanation; eine Emanation, wie sie vorliegt im Abbild gegenüber dem Urbild oder im Gegründeten gegenüber seinem Grunde, wie dann die allgemeinere und ontologisch präzisere Formulierung lautet.

γγ) Ursprung

Zwei Stellen sind die loci classici für die Uranschauung, die zum Teilhabedenken führt: Phaid. 73 e 9—10 (Urbild-Abbild) und Republ. 508 b 13 (Sprößling der Idee des an sich Guten als ein „Analogon zum Guten“). Die ontologische Ausführung wird gegeben in dem, was Phaid. 99 d—102 a in der Lehre von der Zweiten Fahrt über die Parusie der Idee in den Ideaten bzw. umgekehrt über die Methexis der Ideate in der Idee gesagt wird; ferner in dem, was dort steht über den Aufstieg von Grund zu Grund (Hypothesis) bis zum obersten ἱκανόν, dem Grund aller Gründe (101 d, e), und was vom Sonnengleichnis des Staates an (Republ. 508 ff.) sich dann ausweitet zur platonischen Dialektik. Das dem Ganzen zugrunde liegende Transzendentale aller Transzendentalien ist die „Ähnlichkeit", ein ontologisches Faktum erster Ordnung, nicht weiter reduzierbar und Ursprung aller Philosophie der Seinsverwandtschaft.

δδ) Thomas Wie sich dieses Teilhabedenken bei Thomas, und hier gerade in der Schöpfungslehre, findet, sieht man S. theol. I, 44, 1. Die Frage heißt dort, ob notwendigerweise alles Seiende von Gott geschaffen sein müsse. Antwort: „Man muß unbedingt sagen, daß alles Seiende, in welcher Form es auch ist, von Gott ist. Wenn nämlich irgendwo etwas durch Teilhabe ist, dann muß es dort notwendigerweise verursacht sein von demjenigen, dem es wesenhaft zukommt, so, wie das Eisen feurig wird durch Feuer. Es wurde aber bereits gezeigt ... daß Gott das ipsum esse per se subsistens ist; und ebenso auch, daß ein esse subsistens immer nur eines sein kann, so, wie z. B. das Weißsein (albedo), wenn es durch sich existieren könnte, nur eines sein könnte, da ja die einzelnen Fälle von Weißsein sich in ihrer Vielheit ergeben aus den das Weißsein rezipierenden Dingen. Es bleibt also nichts anderes übrig, als daß alle Dinge außer Gott nicht ihr eigenes Sein sind, sondern am Sein teilhaben. Notwendigerweise muß daher alles, was je nach der verschiedenen Teilhabe verschiedenes Seiendes wird, so daß es mehr oder weniger vollkommen ist, von einem ersten Sein verursacht werden, das am vollkommensten ist. Weswegen Platon gesagt hat, man muß unbedingt vor der Vielheit die Einheit setzen. Et Aristoteles dicit, quod id, quod est maxime ens et maxime verum, est causa omnis entis et omnis veri, sicut id, quod maxime calidus est, est causa omnis caliditatis."

Daß Thomas hier in seiner Schöpfungslehre mit platonischen Denkmitteln arbeitet, liegt auf der Hand. Von einem maxime ens sprechen, und das noch in Zusammenhang mit dem am meisten Wahren, zeigt das allein schon an, auch wenn Thomas nicht ausdrücklich den Parmenides zitiert und sich noch auf Aristoteles, Metaph. α, das bekanntlich auch platonisiert, berufen hätte. Am interessantesten aber daran ist, daß Thomas mit der Rede, daß das am meisten Warme Ursache alles Warmen ist, den Phaidon und seine Lehre von der Zweiten Fahrt zitiert (103 c und 105 c). Alles Weiße ist weiß durch die albedo, alles Warme warm durch das Warme an sich: unzählige Male wird das im Mittelalter nachgesprochen, besonders bei Eckhart.

Es hat nicht viel Wert, über Teilhabe zu sprechen, ohne die platonischen Grundlagen dieses Begriffes klar mitzudenken. Er hat nur von dort her seinen genuinen Sinn. Insbesondere ist dabei der Apriorismus der Anamnesislehre impliziert. Nur deswegen weiß man von dem Warmen, Weißen, Gerechten, Guten usw. an sich und nur so kann man von dort her das, was danach gebildet ist, „verstehen" und „benennen". Sein wird hier nicht auf dem Wege von unten nach oben gewonnen, sondern in Wirklichkeit geht die Bewegung von oben nach unten. Wie oft auch von einer Abstraktion die Rede ist und von der via analogiae, negationis, eminentiae: nie wird so das am meisten Wahre wirklich gewonnen. Diese Wege sind immer nur der Anfang, der dann plötzlich in einem Umschwung durch die Spontaneität des Geistes von oben her überformt wird. Würde jemand glauben, daß Kant, wo auch die Erkenntnis in der Sinnlichkeit anhebt, das Sein von unten her gewinnen läßt? Heidegger hat einmal gesagt, daß das platonische Höhlengleichnis der ganzen abendländischen Metaphysik zugrunde liegt. Es liegt auch dem Teilhabedenken bei Thomas und seiner Schöpfungslehre noch zugrunde. Auch sie und die damit verbundene Seinslehre hat den Sinn, uns aus der Höhle hinaus und zum wahren Sein zu führen und damit zu der Idee des an sich Guten überhaupt. Das ergibt sich aus dem Sinn der participatio, wie sie für die Deutung der Schöpfung als emanatio Verwendung gefunden hat.

Damit soll nicht gesagt werden, daß Thomas in seiner Schöpfungslehre ohne Einschränkung platonisch gedacht hätte. Er hat sich in Wirklichkeit nicht eindeutig festgelegt. Er knüpft an die verschiedenen Strömungen an, die von der Tradition auf ihn zukamen. Man erkennt gerade an S. theol. I, 44, 1, wie über das Teilhabedenken sich noch ein anderes Denken lagert, das mit der causa efficiens arbeitet. Aber was nun insgesamt das erste ist, ob Teilhabe oder Wirkursache, oder ob die Dinge überhaupt nicht zum Austrag kamen, müßte eigens untersucht werden.

Die Analogie, ein weiterer Kernbegriff der thomistischen Ontologie, enthüllt sich, wenn man sich einmal freigemacht hat von den historischen Überlagerungen und zu den Ur- **γ) Analogie** sprüngen vorgestoßen ist, als eine Variante des Teilhabedenkens. Aber das ist nicht sofort einsichtig. Schon Sylvester Ferrariensis sagt, daß es auf diesem Gebiet eine große Konfusion gebe (In S. c. gent. I, 34). Darum seien die wesentlichen Zusammenhänge und Entwicklungsstadien herausgehoben.

αα) Tendenz Der Gesamtzusammenhang ist gegeben mit der Frage, wie man das Sein differenzieren und zugleich wieder als Einheit sehen könne. Man fing mit Aristoteles an. Nach ihm ist das Sein kein Gattungsbegriff. Man kann Sein nämlich nicht so differenzieren, wie man einen Gattungsbegriff zum Artbegriff differenziert, indem man ihm etwas hinzufügt, das noch nicht mit ihm selbst gesagt ist, nämlich die spezifische Differenz. Denn was zum Sein hinzugefügt werden müßte, wäre ja selbst wieder Sein. So muß man also das Sein anders differenzieren. Man tut es durch eine Unterscheidung, die man später Analogie heißen wird. Sie vermeidet Zweierlei, wie man immer gesagt hat: das Sein wird von verschiedenen Gegenständen nicht im ganz selbigen und identischen Wortsinn (univok, συνωνύμως) ausgesagt; aber auch nicht so, daß nur der Name noch der gleiche wäre, der damit verbundene Sinn aber etwas gänzlich anderes bedeutete (aequivok, ὁμωνύμως), sondern so, daß beides verbunden wird, Gleichheit und Verschiedenheit, aber nicht in summarischer Zusammensetzung, sondern in einer eigenen, ontologisch ursprünglichen Weise, die man eben die Analogie heißt. Sie geht in der Seinsbetrachtung einen Mittelweg, indem sie mit dem Identischen zugleich das Verschiedene und mit dem Verschiedenen das Identische sieht und damit zwei extreme Haltungen vermeidet, die alles Seiende entweder als schlechthin identisch betrachten oder als vollkommen inkommensurabel (Thomas, De ver. II, 11 corp.). Es gibt nur ein einziges Eines, eine einzige Substanz, alles andere ist kein Anderes, hat keinen Selbstand und keine eigene Kausalität, sondern ist höchstens Modifikation des Einen, sagen Parmenides, die Okkasionalisten, Spinoza. Hume dagegen: In der Natur liegen alle Dinge grundsätzlich zusammenhanglos nebeneinander. Vor allem aber wird die Analogie in der Gotteslehre wichtig. Sie gestattet, Gott doch noch in Beziehung zur Welt zu setzen und so seine Unerkennbarkeit zu vermeiden, ohne ihn in pantheistischer Weise damit zu identifizieren. Das wäre der allgemeine philosophisch-systematische Zusammenhang, in den das Analogieproblem hinein gehört.

ββ) Historische Entwicklung

Bei Aristoteles heißt nun aber nicht Analogie, was bei Thomas so genannt wird. Bei ihm steht im 1. Kapitel der Kategorienschrift neben Synonymie und Homonymie nicht Analogie, sondern Paronymie. Trotzdem hat sich die Tradition mit ihrer Zusammenstellung von Synonymie, Homonymie und Analogie immer wieder auf Aristoteles berufen. Die ideengeschichtliche Entwicklung ist also komplizierter verlaufen, und ihre Stadien sind die folgenden.

Platon

Es gibt eine Analogie bei Platon, und hier ist sie nichts anderes als Methexis. Die Idee ist anwesend im Ideat, dieses hat an ihr teil und wird darum auch danach benannt. Nach der Idee benannt zu werden ist platonisches Urmotiv, wie wir oben aus Republ. 596 a ersehen konnten. Darum ist der „Sprößling" (ἔκγονος) der Idee des an sich Guten ein ἀνάλογον zum Guten (Republ. 508 b 13). Er ist ἀνὰ τὸν λόγον = τὴν ἰδέαν geworden. Er ist also Bild und Gleichnis des Guten. Man sieht, Analogie ist bei Platon Ähnlichkeitsdenken, Teilhabedenken.

Aristoteles

Aristoteles hat den Teilhabebegriff abgelehnt. Er gibt dem Terminus Analogie einen anderen Sinn, den er aus der Mathematik bezieht, um damit sein Ideal der juristischen Gleichheit zu begründen. Analogie heißt jetzt eine Gleichheit die zwischen dem Verhältnis zweier Begriffe und dem Verhältnis zweier anderer Begriffe besteht: das Auge verhält sich zum Leib wie der Verstand zur Seele. Einfachste Form dafür ist $6 : 3 = 4 : 2$. Man hat diese viergliedrige Analogie Proportionalitätsanalogie geheißen, und sie wurde vielfach als Analogie schlechthin angesprochen. So auch von Thomas De ver. II, 11. Faktisch ist sie gar keine Analogie, sondern eine synonyme Aussage, denn $6 : 3 = 4 : 2$ bedeutet $2 = 2$, wenn man dabei „Gleichheit" im Sinne von identisch nimmt. Hat sie diesen Sinn nicht, dann haben wir es eben nicht mit Gleichheit, sondern mit Ähnlichkeit zu tun und sind damit auf die Ähnlichkeitsanalogie zurückgeworfen. Aristoteles hat aber auch die alte platonische Ähnlichkeitsanalogie nicht aufgegeben, sondern nur, wie er es häufig tat, unter einem anderen Namen beibehalten. Sie verbirgt sich unter der Pros-hen-Aussage, die man bezogene Vieldeutigkeit heißen kann oder besser denominative Prädikation. Unter ihr behandelt Aristoteles die Seinsanalogie. Metaph. *Γ*, 1 steht das in der Scholastik für die Seinsanalogie ständig zitierte Beispiel: Sein wird so ausgesagt wie etwa gesund. Gesund heißt die Medizin, die Speise, die Hautfarbe. Diese drei Dinge sind jeweils, in sich und ihrer ganzen Konkretion gesehen, etwas Verschiedenes, sind aber auch etwas Einheitliches, weil sie bezogen sind von einem Ursinn von Gesundheit, nämlich der Gesundheit, die eine bestimmte Verfassung in einem Lebewesen ist. Dieses Erste, woraufhin ein anderes bezogen und benannt wird, ist übrigens auch für Aristoteles das φανερώτατον und ἀληθέστατον, und diese Termini — auch das Beispiel mit dem Warmen und dem Feuer sind prompt wieder da — verraten eindeutig Herkunft und Sinn des Gedankenganges (Metaph. α, 1). Wann die Umbenennung der aristotelischen Pros-hen-Aussage in analogia erfolgte, läßt sich noch nicht sagen. Lyttkens vermutet, daß dies bei einem arabischen Übersetzer geschehen sei. Jedenfalls heißt diese Analogia jetzt häufig Proportionsanalogie, weil die nach etwas benannten Dinge daraufhin einen Bezug haben; umgekehrt gesehen, kann man von Attributionsanalogie sprechen, weil der Name der Idee den Ideaten beigelegt wird. Das ist alles Ähnlichkeitsanalogie und Teilhabedenken. Alle Metaphern, Bilder, Symbole sind von dieser Art. Diese denominative Analogie ist nun auch nichts anderes als was im 1. Kapitel der Kategorienschrift Paronymie heißt. Daß der Grammatiker nach der Grammatik und der Tapfere nach der Tapferkeit benannt wird, geschieht wieder nach dem platonischen Urmotiv der Sinn- und Namengebung vom wahren Sein her. So war es kein historischer Zufall, daß statt der Paronymie in den mittelalterlichen Texten neben der Synonymie und Homonymie immer die Analogie rangierte.

Thomas

Thomas übernimmt wieder, was die Tradition aufweist, und kennt darum in Sachen der Analogie keinen einheitlichen Sprachgebrauch und hat wahrscheinlich auch keine einheitliche Lehre. Er legt sich verschiedentlich auf die viergliedrige Proportionalitätsanalogie fest; so z. B. in De ver. II, 11 und XXIII, 7 ad 9 und noch öfter. Durch Cajetan und die Thomisten wurde dieser Form der Analogie der Vorrang eingeräumt. Noch Kant erblickt in ihr die Analogie schlechthin (Proleg. § 58). Thomas bleibt aber nicht bei dieser einen

Auffassung. Er kennt auch ein Verhältnis zwischen Gott und Welt im Sinn der Teilhabe und Ähnlichkeit. So heißt z. B. Gott ens, weil er sein esse ist, die Kreatur aber nur, weil sie daran teilhat. Und als Beispiel fügt er hinzu: ut si poneremus calorem esse sine materia et ignem convenire cum eo ex hoc, quod aliquid caloris participaret (II Sent. 16, 1, 1 ad 3), unser Beispiel aus dem Phaidon! Damit haben wir die Ähnlichkeitsanalogie vor uns. Im Sentenzenkommentar findet sich die Ähnlichkeitsanalogie noch öfter, so z. B. I Sent. 35, 1, 4: alia analogia est, secundum quod unum imitatur aliud quantum potest, nec perfecte ipsum assequitur et haec analogia est creaturae ad Deum. Das ist nun sogar die platonische Formel für die Idee. Oder I Sent. 3, 1, 3: cum creatura exemplariter procedat ab ipso Deo sicut a causa quodammodo simili per analogiam, ex creaturis potest devenire in Deum. Und in dem von Grabmann für echt gehaltenen Opusc. De nat. accidentis steht in Kapitel 1 eine Definition, die jeden Zweifel ausschließt: haec est natura omnis analogi, quod illud, de quo primo dicitur, erit in ratione omnium quae sunt post, sicut sanum, quod prius dicitur de animali quam de urina vel medicina. Es ist das aber nicht nur in dem frühen Sentenzenwerk so, sondern auch die theologische Summe spricht von einer analogia alicuius imitationis (I, 44, 3). Ähnlich ist in der philosophischen Summe die Rede von einer Analogie der principiata zu ihrem principium (III, 34) und S. theol. I, 4, 3 ad 3 wird ganz selbstverständlich, ohne weitere Begründung, die Analogie mit der participatio und similitudo gleichgestellt.

Wie sich die einzelnen Analogiearten bei Thomas verhalten, welche schließlich die entscheidende und ausschlaggebende ist, ist nicht ganz leicht festzustellen. Aber man hat den Eindruck, daß vielleicht doch die Ähnlichkeitsanalogie wie auch bei Bonaventura das Grundlegende sein könnte. Möglich, daß Thomas aus Achtung vor dem historisch Überkommenen sich gescheut hat, einen Ausgleich vorzunehmen, um jedem Gedanken gerecht werden zu können.

δ) Transzendentalien

Eine allgemeinste, dem Sein als solchem zukommende Zuständlichkeit ist auch das Transzendentale, ein typischer Begriff der alten Philosophie, der zu unterscheiden ist von dem, was bei Kant „transzendental“ heißt. Als transzendentale Bestimmtheiten des Seins zählt Thomas mit Albert und anderen auf unum, verum, bonum, res und aliquid. Es sind alles Bestimmtheiten, die sich an jedem Seienden schlechthin finden. Thomas betont, daß keines der Transzendentalien zum Sein etwas Neues hinzufüge, sondern es nur unter besonderen Gesichtspunkten betrachte. Die Entwicklung dieser Modi des Geistes bei der Seinsbetrachtung in De ver. I, 1 ist klassisch. Sie zeigt, wie Thomas in seinem Denken bei aller Ontik doch offen ist für die Erörterung eines Ursprungs unserer Seinserkenntnis auch im Geiste selbst; denn die Festsetzung der „Gesichtspunkte" ist nicht möglich ohne eine wenigstens teilweise Spontaneität des Geistes. Diese Frage wäre es wert, weiter verfolgt zu werden.

ε) Kategorien

Das gleiche liegt vor in seiner Kategorienlehre. Wir erwähnten schon bei Aristoteles, wie dort die Substanzidee auch aus dem menschlichen Denken und Sprechen abgeleitet wird. Auch Thomas hat dies nicht übersehen. Er nimmt aber auch mit Aristoteles an, daß die Kategorien nicht nur Aussageweisen sind, sondern zugleich, ja sogar zuvörderst Seinsmodi oder Seinsstufen (gradus), wie es interessanterweise in der Ableitung De ver. I, 1, offenbar in Erinnerung an neuplatonische Termini, heißt. Nur die Praedikabilien (Gattung, Art, Unterschied, Eigentümlichkeiten, Zufälliges) sind im Unterschied zu den Praedikamenten (Kategorien) bloß zweite Intentionen oder Verstandesformen und gehören als solche der Logik an. Von Aristoteles übernimmt Thomas auch die Zahl der Kategorien und ihre Einteilung in die zwei großen Gruppen der Substanz einerseits und der neun Akzidentien andererseits. (Über die einzelnen Kategorien bei Thomas vgl. H. Meyer, Thomas v. A. 131 ff.)

ζ) Wertstufen

Thomas kennt neben dieser aristotelischen Gliederung des Seins auch noch eine platonische Seinsbetrachtung nach Wertstufen, die tief in die Metaphysik des Aquinaten eingreift, was man allein schon aus seinem Gottesbeweis aus den Vollkommenheitsstufen sehen kann, sowie aus der Lehre, daß unsere Begriffe dem Sein nach ursprünglich zuerst in Gott realisiert sind und nur in der Erkenntnisordnung zunächst von der Welt her bekannt und benannt werden (S. c. g. I, 34). Es gibt also Wertunterschiede im Sein. „Der Baumeister eines Hauses macht nicht alle Räume gleich wertvoll, sondern mehr oder weniger gut, je nach dem Erfordernis des Ganzen ... So hat auch Gott nicht alles gleich geschaffen; denn ein Universum, das nicht über viele Seinsstufen verfügt, wäre unvollkommen" (De an. 7). Es ist gerade die Vielheit der Formen, die den Stufungsgedanken notwendig macht. „Man sieht es sofort, wenn man die Natur der Dinge ins Auge faßt. Bei genauer Betrachtung wird man hier finden, daß die Verschiedenheit der Dinge stufenweise sich vollzieht: Über den leblosen Körpern finden wir die Pflanzen, darüber die vernunftlosen Lebewesen, über diesen wieder die vernunftbegabten Wesen. Und überall gibt es wieder eine Verschiedenheit, je nachdem diese oder jene vollkommener sind" (S. c. g. III, 97). Bei diesen Überlegungen handelt es sich nicht um das Axiom von der Konvertierbarkeit von ens und bonum, sondern um neuplatonische Ideen, die Thomas besonders von Pseudo-Dionysius her bekannt wurden, der denn in diesen Zusammenhängen auch ständig zitiert wird. Hier wie dort wird auch das Wertmaß hergenommen von der mehr oder weniger großen Nähe zum Einen; und hier wie dort wird, echt neuplatonisch, besonders die Abstufung der Intelligenzen, als deren letzte die Menschenseele erscheint, hervorgehoben. Im Grunde handelt es sich aber um eine Abwandlung der platonischen Ideenlehre und Dialektik, ihres Methexisgedankens und ihrer Ideenpyramide. Obwohl hier zunächst die Emanationsidee im Hintergrund steht und statt der Seinsformen mehr die Seinsfülle gesehen wird, die um so stärker ist, je näher wir uns beim Ursprung befinden, ist dieser Zusammenhang doch deswegen nicht zu verkennen, weil die Abstufung letztlich in der mehr oder weniger großen Abbildhaftigkeit gegenüber dem Urbild liegt. Und damit zeigt sich wieder, wie sehr die thomistische Metaphysik auch von platonischen Motiven her verstanden werden muß.

η) Ideengeschichtliche Aufgabe

Der Herausgeber der ersten kritischen Edition des Kommentars zum Liber de causis, H. D. Saffrey O. P., schreibt in seiner Einleitung, daß Thomas bei der Abfassung seines Kommentars drei Bücher vor sich liegen hatte: den Text des Liber, die Elementatio des Proklos und ein Corpus Ps.-Dionysiacum. Dabei hätte er seine eigentliche Aufgabe darin gesehen, die Texte und ihre Begriffe zu vergleichen und sich klar zu werden über den Zusammenhang der verschiedenen Lehren. Der Liber de causis hatte ja bis dahin als aristotelisch gegolten. Wie paßt das alles zusammen? Die letzten philosophischen Positionen in diesen verschiedenen Ansätzen bei Thomas zu suchen, nicht mehr nur literarhistorisch, sondern ideengeschichtlich und systematisch, ist auch unsere Aufgabe. Es hat keinen Sinn mehr, nur den Aristotelismus bei Thomas zu rufen oder den Neuplatonismus, sondern es fragt sich immer: welcher Aristoteles und welcher Neuplatonismus? Der philosophische Gedanke in seinem An-sich und seinem prinzipiellen Ansatz soll herausgestellt werden, um nicht nur an die Geschichte, sondern an die Wahrheit heranzukommen. Darum müssen wir die Seinslehre und ihre Grundbegriffe bei Thomas aufgliedern nach den letzten entscheidenden Ansätzen.

c) Aristotelische Seinsprinzipien

Für die weitere Ergründung des Seins übernimmt Thomas die vier aristotelischen Prinzipien der Substanz mit den Begriffen der Materie und der Form, der Kausalität und der Finalität. Dazu kommt noch, wieder von dem platonisch-augustinischen Denken her, der Urbildbegriff (Exemplarursache).

α) Substanz

Die Metaphysik bei Thomas ist Substanzmetaphysik. Der Substanzbegriff hat eine lange Geschichte und kann darum Verschiedenes heißen, bald soviel wie Materie, bald ist er die Form, bald das Kompositum aus beiden. Bei Aristoteles steht letztere Deutung im Mittelpunkt der Metaphysik. Es ist seine erste Substanz, und sie ist nicht nur die Substanz schlechthin, sondern stellt zugleich den Ursinn von Sein dar. Ebenso ist es bei Thomas, wie er sofort zu Beginn von De ente et essentia auseinandersetzt: „Sein wird schlechthin und ursprünglich von den Substanzen ausgesagt" (cap. 2). Ihr Begriff wird mit seinen verschiedenen Nuancen (substantia, suppositum, hypostasis, natura rei, persona) S. th. I, 29, 2 sowie De pot. IX, 1 u. 2 und öfter genau auseinandergelegt. Das Wesentliche an der Substanz ist ihr Für-sich-sein (per se esse). Die Substanz ist nicht Selbstursächlichkeit oder Ursachlosigkeit, ein Von-sich-sein (a se); denn jede Substanz außer der göttlichen, die allein a se ist, ist geschaffen. Auch das Verflochtensein der Substanz in die Ursachenreihe ist mit ihrem Begriff nicht ausgeschlossen. Gemeint ist vielmehr mit dem Substanzbegriff eine Weise des

αα) Erste Substanz

Existierens, die als eine gewisse Selbständigkeit sich augenscheinlich abhebt von jener vollkommenen Unselbständigkeit der Akzidentien, die immer in einem anderen sind (ens in alio). Wie Aristoteles ist auch Thomas der Ansicht, daß dieser Unterschied sich dem natürlichen Schauen in der Erfahrung unmittelbar aufdrängt. Und ebenso nimmt er mit ihm an, daß unser Denken und Sprechen den Substanzbegriff fordert, weil wir alle Aussagen immer von einem „Subjekt", einem Darunterliegenden (substratum) machen; und schließlich, weil sonst das Werden nicht erklärt werden kann; denn es muß sich an etwas vollziehen, soll nicht alles sich in Zusammenhanglosigkeit auflösen. Neben dieser ersten Substanz im Sinne des Konkreten und Individuellen kennt aber Thomas auch noch eine zweite Substanz, die das meint, was in vielen Individuen als Identisches sich findet, die gemeinsame Natur (natura communis). Sie fällt zusammen mit der Art oder Gattung, und Thomas will sie lieber Wesenheit (essentia, quidditas) heißen. Sie wird durch die Definition ausgesprochen. Zur ersten Substanz verhält sie sich wie ihre pars formalis, so wie die Menschheit sich zu Sokrates verhält (De pot. IX, 1). Die zweite Substanz ist für Thomas kein bloßer allgemeiner „Begriff", sondern ein „der Natur nach Früheres", wie wir sogleich sehen werden. Auch hier geht er wieder ganz mit Aristoteles einig, und damit lebt, wie bei diesem so auch bei Thomas, ein Stück Platonismus fort (vgl. oben S. 191).

ββ) Zweite Substanz

Hinter diesen ganzen Anschauungen steckt der Hylemorphismus mit seinen zwei Prinzipien von Materie und Form. „Das, was sich in der Einzelsubstanz neben der gemeinsamen Natur noch vorfindet, ist die individuelle Materie, die das Prinzip der Individuation bildet, zusammen mit den individuellen Akzidentien, die diese Materie determinieren" (De pot. IX, 1 corp.). In dieser und ähnlichen Erklärungen treten die beiden Prinzipien klar auseinander. Zu ihrem Verständnis muß man sich vor Augen halten, was bei Aristoteles schon zu ihrer Ausbildung geführt hat (vgl. oben S. 192). Die gleichen Voraussetzungen liegen auch bei Thomas noch vor. Der Begriff der Materie tritt in einer zweifachen Fassung auf, als erste Materie, die das gänzlich Unbestimmte, aber in vieler Hinsicht Bestimmbare ist, und als zweite Materie, die bereits irgendwie geformt ist, mindestens durch

γγ) Materie und Form

Materie

quantitative Bestimmungen, aber auch noch weiterer Formung fähig ist. Nur die zweite Materie kann als Individuationsprinzip in Frage kommen (materia quantitate signata). Die Materie ist als solche nicht wirklich, sondern immer nur als geformte. Schon damit zeigt sich, daß die Form das prinzipiellere Prinzip ist. Unter der Form versteht Thomas die Begrenzung der Materie zu einem bestimmten Sein (In IV Phys. l. 3, n. 424). Und zwar bedarf es nicht mehrerer, sondern immer nur einer Form, um ein Ding in seiner Totalität und allen seinen Teilen in seinem ganzen Sosein zu bestimmen. Thomas legt, hier echt aristotelisch empfindend, größten Nachdruck darauf, daß die erste Substanz die Materie einschließt und nicht bloß in der Form besteht; trotzdem erklärt er schon in De ente et ess. cap. 2, daß es nur die Form ist, die in ihrer Weise die Ursache wird für die Entstehung einer Substanz (suo modo sola forma est causa). Die Bedeutung der Materie steht nur auf dem Papier; denn selbst wenn sie etwas zu bestimmen hätte, dann nur insofern sie selbst auch schon formhaft bestimmt ist. Nehmen wir nun noch die Erklärung hinzu, „daß die Form nichts anderes ist als eine abbildhafte Teilhabe der Dinge an Gott" (divina similitudo participata in rebus), dessen unendliche Vollkommenheit durch die Formen nur auseinandergelegt wird, so wie wir ein und denselben Sachverhalt mit vielen Worten erklären müssen (S. c. g. III, 97), so daß in ihm alles enthalten ist, was immer an Sein existieren wird, auch das Gegensätzliche in einem echten Zusammenfallen der Opposita (S. th. I, 4, 2 ad 1), dann zeigt sich in dieser Identifizierung der aristotelischen Formen mit den augustinischen Ideen im Geiste Gottes (S. th. I, 84, 1 u. 5), daß bei Thomas in der Tat die Form ein der Natur nach Früheres bedeutet und so der Platonismus mitten im Herzen seiner Metaphysik sitzt — nicht im Widerspruch mit Aristoteles, sondern in einer zwar nicht historisch durchschauten, dafür aber kongenial erschauten Wiedergabe und Erneuerung seiner platonischen Grundmotive. Von diesem Zusammenhang her empfängt auch die Stellung des Aquinaten zum Universalienproblem ihren Sinn. Wenn Thomas, der die in der Scholastik allgemein bekannte Dreiteilung in universalia ante rem, in re und post rem ebenfalls aufgreift, auch erklärt, daß die Universalien als solche, in ihrer Form der Allge-

Universalien

meinheit, nur im Geiste seien (also post res), in der Wirklichkeit jedoch nur in individuellen Realisierungen auftreten (so das in re deutend), so liegt das Schwergewicht tatsächlich doch bei den universalia ante rem, weil sie die eigentliche intrinseca natura rei bedeuten, die alles andere determiniert und absorbiert; denn nur die Form ist es, was die Substanz schafft. Es wäre des Versuches wert, Thomas im Sinne Augustins zu deuten; denn nicht nur in seiner Psychologie absorbiert trotz einer anderen Terminologie die Seele den ganzen Menschen, auch das Leibliche, sondern auch in seiner Metaphysik löst sich das Materielle letztlich im Ideellen auf; nur die Worte klingen anders. Und nur wir lesen ihn anders, weil, wenn wir auf Aristoteles bei Thomas stoßen, wir seinen Namen immer lesen unter der Voraussetzung des Aristotelesbildes des 19. Jahrhunderts.

Materie als das Bestimmbare und Form als das Bestimmende enthalten schon in ihrem Begriffssinn etwas Passives bzw. Aktives, so daß es schon dadurch verständlich wäre, daß mit diesem Begriffspaar bei Aristoteles das andere Begriffspaar von Potenz und Akt zur Deckung gebracht wird. Es gibt hierfür aber noch einen tieferen Grund. Aristoteles hatte gegenüber Platon eingewendet: Mit Ideen allein baut man keine Häuser. Die Welt wird nicht erklärt bloß durch das statische Moment der determinierenden Gestalten und Grenzen des Seins, sondern wir brauchen dafür noch ein weiteres Moment, den Gesichtspunkt des Dynamischen. Aristoteles will ihm gerecht werden mit seiner Wirkursache, dem sog. Prinzip der Bewegung. Und ihr entspricht jenes Schema seines Denkens, das mit den beiden Begriffen von Potenz und Akt gegeben ist. Sie sind etwas Letztes. Man könne sie nicht ableiten, sondern könne nur auf sie hinführen durch Hinweise wie etwa auf den Unterschied von Schlafen und Wachen, Ruhe und Tätigsein, geschlossenen Augen und wirklichem Sehen. Auch Thomas billigt die Überlegungen, die Aristoteles zu der Entwicklung der Begriffe von Potenz und Akt führten. Die Voraussetzungen sind hier wie dort noch die gleichen (In I Phys. l. 9 und 14). Und dementsprechend faßt er auch die Begriffe. Potenz meint das mögliche Sein; nicht im Sinne der logischen Widerspruchslosigkeit, sondern im Sinne einer Seinsmodalität. Potenz ist auch Sein; aber von einer unvollendeten Art; es hat sein Ziel noch 88) Akt und Potenz nicht erreicht; es ist noch gestaltungsfähig, bedarf der Einwirkung; dann erst ist es wirklich, vorher aber nur Möglichkeit. Diese Möglichkeit kann eine absolute sein (passive Potenz, der ersten Materie entsprechend) und eine relative im Sinn einer möglichen weiteren Realisierung von etwas schon Realisiertem, z.B. der Keimanlagen (aktive Potenz, der zweiten Materie entsprechend). Der Akt ist Wirklichkeit und Verwirklichung, darum die Vollendung der Potenz und insofern ihr bonum. Das so vollendete Sein heißt erster Akt (die πρώτη ἐντελέχεια des Aristoteles); das tätige Sein (agere) dieses esse bildet den zweiten Akt. Immer ist der Akt früher als die Potenz, und zwar dem Begriff, der Zeit, der Natur (das πρότερον τῇ φύσει des Aristoteles) und dem Zweck nach. Damit ist ein grundlegendes Axiom gegeben, das die ganze Metaphysik des Aquinaten trägt und sie zu ihrer höchsten Leistung befähigt, dem Nachweis nämlich von Anfang und Ende des Seins in Gott. Gott ist die absolute Aktualität, der actus purus. Auf der anderen Seite steht die absolute Potenzialität. Dazwischen ist das ganze Sein eingespannt als eine Mischung von Potenzialität und Aktualität, als ein Prozeß ständiger Verwirklichung von der Grenze des Nichts bis zur Grenze des unendlich Vollkommenen. Es ist geschaffenes Sein und Gott ist sein Anfang und muß es sein, wenn es überhaupt ein Sein geben soll, weil der Akt früher ist als die Potenz; und er ist sein Ende, weil der Akt die Vollendung der Potenz ist, nach dem sie sich sehnt und dem sie entgegeneilt.

εε) Wesenheit und Dasein

Der für die scholastische Metaphysik grundlegende Unterschied zwischen dem geschaffenen und dem ungeschaffenen Sein wird bei Thomas noch vertreten durch die nicht von Aristoteles, sondern von Avicenna übernommene Lehre über Wesenheit und Dasein. Gott ist reiner Akt, die Geschöpfe aber eine Mischung von Aktualität und Potenzialität, hieß es soeben; jetzt heißt es: Gott ist sein Sein, die Geschöpfe aber haben Sein (Deus est suum esse ... nulla creatura est suum esse sed habens esse); in Gott fallen Wesenheit und Dasein zusammen, bei allen Geschöpfen fallen sie auseinander (S. c. g. II, 22 u. 52). Die Begründung lautet: „Was nicht zum Wesensbegriff eines Dinges gehört, kommt von außen hinzu und bedingt eine Zusammensetzung mit der Wesenheit, da ja eine Wesenheit ohne dasjenige, was irgendwie ein

Teil der Wesenheit wäre, nicht gedacht werden könnte. Nun kann aber im Bereich der geschöpflichen Dinge jede Wesenheit gedacht werden, ohne daß damit zugleich das Dasein gedacht werden müßte. Ich kann gut denken, was der Mensch oder der Phönix ist, ohne zu wissen, ob der Mensch oder der Phönix ein reales Dasein hat. Deshalb ist es klar, daß das Dasein etwas anderes ist als die Wesenheit" (De ente et ess. cap. 5). Damit kann Thomas, um jeden Pantheismus zu vermeiden, auch in die reinen Geistsubstanzen noch eine Zusammensetzung hineintragen. Er lehnt nämlich die Lehre des Avencebrol, daß auch die Geistwesen aus Materie und Form bestünden, ab; nur die Körpersubstanzen weisen diese Zusammensetzung auf, während die Geistsubstanzen reine Formen sind, weswegen sich dann die Engel nach Thomas spezifisch und nicht numerisch voneinander unterscheiden (quot sunt ibi individua, tot sunt ibi species: l. c.), aber eine Zusammensetzung aus Wesenheit und Dasein liegt auch hier noch vor. „Obwohl diese Geistsubstanzen nur Form ohne Materie sind, sind sie doch nicht schlechthin einfach, so daß sie reiner Akt sein müßten, sondern sind noch mit Potenzialität durchsetzt" (l. c.). „Selbst angenommen, daß die Form nicht in der Materie subsistiert, bleibt doch noch eine Beziehung zwischen der Form und dem Dasein selbst im Sinne der Möglichkeit zur Wirklichkeit" (S. th. I, 50, 2 ad 3). — Thomas scheint die Unterscheidung von essentia und existentia als Realdistinktion, und nicht nur als eine begriffliche, verstanden zu haben. So wenigstens haben es die Vertreter der Artistenfakultät aufgefaßt, die unter Berufung auf Aristoteles und Averroes den realen Unterschied leugneten. An Schärfe hat die ganze Problematik freilich erst zugenommen, als Heinrich von Gent die Realdistinktion heftig angriff und der Thomasanhänger Ägidius von Rom sie ebenso energisch verteidigte. — Dreierlei läßt sich ideengeschichtlich an der Lehre von Wesenheit und Dasein feststellen: Einmal die soeben berührte Fortführung der Akt-Potenz-Lehre; ferner das Nachleben des neuplatonischen Teilhabegedankens in einer dem Aristotelismus angeglichenen Terminologie (vgl. S. c. g. II, 52); und schließlich, besonders interessant, das geradezu modern anmutende Auseinandertreten von Denken und Sein, worin sich der neue unplatonische Realitätsbegriff auswirkt, der von Aristoteles, der Stoa und dem Christentum herkommt; hier ist nämlich nicht mehr die im Denken erfaßte Idee schon die Wirklichkeit, wie es Anselm noch ohne weiteres in seinem ontologischen Beweis annimmt, sondern das Dasein hat mit dem Begriff nichts mehr zu tun. Wir können den Phönix denken, ohne damit zu wissen, ob er existiert. Das Ganze ist merkwürdig, nachdem forma ursprünglich actus ist. Noch bei Boethius ist das quo est gegeben mit der Form; hier ist sie nur das quod est, zu der die Existenz (das quo est, das also jetzt einen anderen Sinn hat) erst hinzukommen müsse.

β) Kausalität

In einem weiteren Sinn versteht Thomas mit Aristoteles unter Kausalität die vier aristotelischen Prinzipien Materie, Form, das Woher der Bewegung und den Zweck. Im engeren Sinn ist ihm Ursache nur das Woher der Bewegung. Sie heißt insofern auch Wirkursache (causa efficiens). Und diese Kausalität haben wir nunmehr zu betrachten. Daß es Wirkursächlichkeit gibt, ist für Thomas so wenig ein Problem wie für Aristoteles. Die Kausalität sei offenkundig (manifestum: S. th. I, 46, 1 ad 6). Die Formeln für diese Annahme sind entweder die platonische aus dem Timaios (28 a): Alles, was wird, muß notwendig durch eine Ursache entstehen; denn ohne sie gibt es kein Werden; oder die aristotelische: Alles, was in Bewegung ist, wird von einem anderen bewegt; oder das auch aristotelische Axiom: Der Akt ist früher als die Potenz. Bewiesen wird der Kausalsatz nicht, auch wo es so aussieht, als ob ein Beweis versucht würde, z. B. S. th. I, 2, 3 oder S. c. g. I, 13, sondern er wird immer vorausgesetzt.

αα) Der Kausalsatz

ββ) Wesen der Wirkursache

Zum Wesen der Wirkursache bei Thomas gehört der mechanische Anstoß. Für die Einleitung einer Körperbewegung ist darum eine Berührung notwendig (S. c. g. II, 20). Das entspricht der aristotelischen Auffassung von der Bewegungsursache, womit er gegen den Idealismus Platons die „Realität" zur Geltung bringen wollte. Trotzdem ist diese Wirkursache nicht die moderne mechanische Kausalität, sondern mehr, wie sich sofort aus den Kausalgrundsätzen ergeben wird. Wenn wir Axiome hören wie: agere sequitur esse, actiones sunt suppositorum, modus operandi sequitur modum essendi, omne ens agit sibi simile, nihil agit ultra suam speciem, oder wie es S. c. g. II, 22 heißt, „jedes Agens ist tätig nach Maßgabe seiner Wirklichkeit ... denn der Mensch zeugt den Menschen und das Feuer das Feuer", so sieht man sofort, wie alle Wirksamkeit im Wesen Formung ist, Seinsübertragung, ein sich Darleben der Substanz (ein Gesichtspunkt, der übrigens grundsätzlich jener oberflächlichen Substanzauffassung widerstreitet, die in diesem Begriff nur etwas Starres, das Wirklichkeitsklötzchen, sehen möchte). So sehr wird das Formprinzip betont, daß in aller körperlichen Dynamik nicht, wie das Bonaventura annahm und ähnlich auch Albert, die Materie ihre Keimkräfte „eduziert", sondern Thomas die Formen in die Materie „induziert" werden läßt (De malo I, 3). Thomas hat denn auch mit Aristoteles die Wirkursache auf die Formursache zurückgeführt (De ver. XXVIII, 7), und insofern wirkt auch bei ihm noch jener Platonismus nach, der bei Aristoteles den Grund für diese Identifizierung bildete (vgl. o. S. 200). Nehmen wir dazu, daß er von Pseudo-Dionysius her die Anschauung Plotins übernimmt, daß die Ursache immer vornehmer ist als die Wirkung und mehr Sein enthält als diese, weil sie die Wirkungen eminentiore modo einschließt, so daß in der höchsten Ursache, in Gott, schlechthin alles enthalten ist (S. th. I, 4, 2), dann zeigt sich, wie auch im Kausalitätsprinzip bei Thomas Aristotelismus und Platonismus auf einen gemeinsamen Nenner gebracht sind.

γγ) Arten der Wirkursache

Wie immer, weiß Thomas auch unter den Wirkursachen vielerlei Arten zu unterscheiden. Es gibt z. B. die causa per se und die causa per accidens. Für erstere ist bezeichnend, daß sie ihr Ziel direkt intendiert, daß die Wirkung eine bestimmte Ähnlichkeit mit ihrer Ursache aufweist und daß die Ursache sich in einer festgelegten Ordnung in Richtung auf die Wirkung entfaltet. Bei der akzidentellen Ursache lägen diese drei Momente nicht vor. Eine andere wichtige Unterscheidung ist die zwischen der Erstursache und den Sekundärursachen. Die Erstursache ist Gott; von ihm hängt alle Ursächlichkeit insofern ab, als er den Dingen alles Sein und alle Tätigkeit gibt. Nichts handelt außer in Kraft der ersten Ursache (S. c. g. III, 66 f.). Ob die Erstursache dabei auf die Tätigkeit der Zweitursachen unmittelbar je und je einwirke (praemotio physica der Thomisten) oder ob Thomas die Mitwirkung Gottes nur darin gesehen habe, daß die Formen der Dinge eben von ihm geschaffen sind, nach denen sich dann das Tätigsein notwendig entwickelt (mittelbarer Concursus), ist bei den Auslegern umstritten. Sicher ist, daß Thomas eine selbständige Kausalität auch in den Sekundärursachen sehen wollte, so wie er auch neben der einen Substanz, die a se ist, noch andere Substanzen annahm, die echte Substanzen (entia per se) sind, obgleich sie entia ab alio bilden.

γ) Teleologie Die Bedeutung des Formgedankens bei aller Wirkursächlichkeit ergibt sich nochmal aus dem, was Thomas über die Zweckursache zu sagen hat. In dem Opusculum über die

αα) Der Zweck Naturprinzipien heißt es: „Der Zweck ist die Ursache für die Wirkursächlichkeit, denn er macht es, daß ein Wirkendes wirken kann. Er auch läßt die Materie zur Materie werden und die Form zur Form; denn die Materie nimmt die Form nur an als ihr Ziel, und die Form vollendet die Materie auch nur um eines Zweckes willen. Darum heißt der Zweck die Ursache der Ursachen, denn er ist die Ursache der Ursächlichkeit in allen Ursachen." Nimmt man diese erste aller Ursachen weg, heißt es (S. theol. 1. II, 1, 2), dann sind auch alle andern Ursachen nichts mehr. Auch Aristoteles hatte Wirk-, Form- und Zweckursache identifiziert. Wenn Thomas der Zweckursache eine Priorität zuerkennt, dann liegt das in der Intention des Aristoteles, der erklärt, daß die Materie sich nach der Form sehne, womit auch die Finalität besonders herausgestellt wird. Der Zweck ist ursprünglich zu Hause im Techne-Denken. Aus dieser Denkform wird bei Platon und Aristoteles auch das Materie-Form-Schema entwickelt und sowohl in die Ideenlehre hineingetragen wie in den aristotelischen Hylemorphismus (vgl. o. S. 207). Von dort her ist auch die Teleologie der Substanz-Form-Metaphysik bei Thomas zu verstehen. Wenn dazu noch gesagt wird, daß Gott alles so gefügt habe, wie etwa ein guter Hausvater allen, die unter seinem Dach wohnen, eine Ordnung gibt (vgl. In XII Metaph. lect. 12, n. 2634 Cathala), oder wenn immer mit Augustinus und den Weisheitsbüchern zitiert wird: „Du hast alles nach Maß, Zahl und Gewicht geordnet", so ist das eine nachträgliche theologische Erklärung, aber nicht der eigentliche philosophische Ursprung der Zweckidee. Der liegt früher; er liegt in dem antiken Formdenken.

ββ) Das Urbild In diesem Zusammenhang ist auch die Exemplarursache ursprünglich zu Hause. Der Zweck erscheint als ein Vorbild, im Hinblick auf welches der Künstler schafft und das darum dem Werk seiner Hände Sein und Werden verleiht. Im Hinblick auf solche Urbilder schafft im platonischen Timaios der göttliche Weltbaumeister, und ganz so läßt auch Thomas die Welt entstehen. Auch bei ihm wird das Tun des Schöpfers ständig am Tun des artifex erläutert. Darum sind die Zweckursachen immer auch Exemplarursachen, und sie werden dann nach dem Vorgang Augustins gesucht in den ewigen Ideen im Geiste Gottes (S. th. I, 15, 1 u. 2; 16, 1). Im göttlichen Sein (ipsum esse) haben wir die actualitas aller Wirklichkeit und auch aller Formen vor uns (S. th. I, 4, 1 ad 3), so daß die ganze Welt ein Abbild Gottes ist (l. c. art. 3).

γγ) Ordnung des Ganzen

Daraus ergibt sich dann natürlich eine vollständige Ordnung allen Seins. Der Ordo-Gedanke beherrscht die ganze Philosophie des Aquinaten. Kein Seiendes steht planlos im Universum. Es gibt ein oberstes Ziel, auf das alles hingeordnet ist, das mit Gott gegebene summum bonum. In dieser Hinordnung haben wir ein Näher und Ferner, Höher und Niedriger im Verhältnis zum obersten Ziel. Dadurch kommen Gradstufen und Maße, Gattungen und Arten, Formen und Substanzen im Sein und Werden zustande (S. th. I, 5, 5). „Du hast alles nach Maß, Zahl und Gewicht geordnet", zitiert Thomas (S. c. g. III, 97) aus Sap. 11, 21 und fügt erklärend bei: „Maß" meint den Grad der Vollkommenheit, „Zahl" die daraus sich ergebende Vielheit und Verschiedenheit der Arten, „Gewicht" die daraus wieder resultierenden natürlichen Kräfte, Anlagen und Triebe im gesamten Geschehen des Weltprozesses. So haben wir eine vollständige Teleologie des Seins und Werdens vor uns (S. th. I, 65, 2).

δδ) Ideengeschichtliche Würdigung

Die philosophische Würdigung muß sich immer vor Augen halten, wie diese Teleologie zustande kommt: Nicht auf Grund einer umfassenden Induktion des Gesamtgeschehens und seiner tatsächlichen Zuordnungen, die mühsam in der Erfahrung festgestellt werden sollen, nachdem man grundsätzlich die Ordnungslosigkeit vorausgesetzt hat (das moderne Teleologieproblem), sondern auf Grund einer apriorischen Eidologie, die Gestalten und Gestaltzusammenhänge, Ziele und Tendenzen zunächst im Planen und Schaffen des homo faber (τεχνικός, δημιουργός) unmittelbar schaut und dann, in Übertragung dieser technischen Denkformen auf das Weltganze, auch dort zu schauen glaubt und so zu jener Aitiologie (zweite Fahrt des Phaidon und Form als Ursache bei Aristoteles!) und Axiologie (der Zweck auch bei Aristoteles noch ein ἀγαθόν!) wird, die wir in den Denktypen der platonischen Dialektik, der aristotelischen Formenlehre, des neuplatonischen Emanationismus, der augustinischen lex-aeterna-Lehre und der areopagitischen Seins-Hierarchie vor uns haben. All diese Stationen eines langen ideengeschichtlichen Weges sind in die Teleologie des Aquinaten eingegangen und zu einer umfassenden Synthese geworden. Die Wiederaufnahme und das systematische Weiterdenken der thomistischen Philosophie kann darum nicht einfach von einem Aristotelismus bei Thomas sprechen und nur, rein historisch referierend, so nebenbei auch auf neuplatonische und augustinische Elemente verweisen, sondern müßte sich schlüssig werden über die Frage, was für ein Aristotelismus das ist. Nachdem uns der historische Aristoteles selbst problematisch geworden ist, ist es dieser mittelalterliche Aristoteles noch viel mehr. Wo liegt der Ausgangspunkt dieser Metaphysik? Im platonischen Erbe des Aristotelismus oder im Empirismus Alexanders oder in den Prinzipien des Neuplatonismus?

Literatur

Th. Steinbüchel, Der Zweckgedanke in der Philos. des Th. v. A. (1912). G. Schulemann, Das Kausalprinzip in der Philos. des hl. Th. v. A. (1915). P. Brunner, Das Problem der Teleologie bei Maimonides, Th. v. A. und Spinoza (1928). F. Sladeczek, Die verschiedenen Bedeutungen des Seins nach dem hl. Th. v. A. Scholastik 5 (1930). C. Feckes, Die Harmonie des Seins. Ein Blick in das metaphysische Weltgebäude des Th. v. A. mittels seiner Seinsstufen (1937). C. Fabro, La nozione metafisica di partecipazione secondo S. T. d'A. (Milano 1939, ²1950). G. Siewerth, Thomismus, und M. Müller, Sein und Geist, s. o. S. 475. H. Krings, Ordo. Philos. und histor. Grundlegung einer abendländischen Idee (1941). L.-B. Geiger, La participation dans la philosophie de S. Th. d'A. (Paris 1942, ²1953). P. Grenet s. o. S. 115. H. Lyttkens, The Analogy between God and the World. An Investigation of its Background and Interpretation of its Use by Th. of A. (Uppsala 1952). A. Krempel, La doctrine de la relation chez S. Th. d'A. (Paris 1952). L. Oeing-Hanhoff, Ens et unum convertuntur. Stellung und Gehalt des Grundsatzes in der Philos. des hl. Th. v. A. (1953). B. Lakebrink s. o. S. 476. G. Girardi, Metafisica della causa esemplara in S. T. d'A. (Torino 1956). G. Klubertanz, St. Thomas Aquinas on Analogy (Chicago 1960). C. Fabro, Participation et causalité selon S.

Thomas (Paris-Louvain 1961). B. Mondin, The Principle of Analogy in Protestant and Catholic Theology (The Hague 1963). B. Montagnes, La doctrine de l'analogie de l'être d'après S. Thomas (Louvain 1963). J. C. Doig, Aquinas on metaphysics (The Hague 1972).

## C. GOTT

Wenn Thomas den letzten Gründen nachgeht auf den verschiedensten Gebieten der Philosophie, immer wieder findet er sie in Gott. Gott ist seiner Philosophie nicht äußerlich angehängt. Er bildet die erste Grundlage seiner gesamten Seinslehre. Die Metaphysik von Gott ist wie bei Aristoteles nur eine Weiterführung der Ontologie.

### a) Gottesbeweise

Die Frage, ob es einen Gott gibt, löst Thomas mit seinen berühmt gewordenen und in ihrer Klarheit und Kürze zweifellos klassischen „fünf Wegen zu Gott" (S. th. I, 2, 3; S. c. g. I, 13). Der erste Beweis (ex parte motus), der von Aristoteles stammt und von Thomas erstmals in der Scholastik verwertet wird, geht von der Erfahrungstatsache der Bewegung aus; sagt sich, daß alles, was in Bewegung ist, von einem anderen bewegt werden muß, da nichts sich selbst bewegen kann; und weil man in der Abhängigkeit des Bewegten von den Bewegern nicht ins Unendliche zurückgehen kann (wenn es keinen ersten Beweger gibt, gibt es auch keinen zweiten, denn alle Zweitursachen hängen von ihrer ersten ab), muß man schließlich einen ersten Beweger annehmen, der nicht mehr von einem anderen bewegt wird, sondern von sich selbst aus Bewegung ist; das aber heißen alle Gott. Wenn man, an Worten klebend, meint, nur der platonische Erstbeweger aus dem Phaidros und den Gesetzen sei von sich selbst aus Bewegung, nicht aber der aristotelische Erstbeweger (und ebenso bei Thomas), so lese man in der S. c. gent. I, 13, was Thomas selbst dazu sagt: nihil enim differt devenire ad aliquod primum quod moveat se, secundum Platonem, et devenire ad primum quod omnino sit immobile, secundum Aristotelem. Der zweite Beweisgang (ex ratione causae efficientis) betrachtet die Wirkursache; sieht, daß jede Ursache wieder verursacht ist; diese auch

α) Aus der Bewegung

β) Aus der Wirkursache

wieder und so immer zu; denn nichts kann Ursache seiner selbst sein; wobei wieder betont wird, daß ein Rückgriff auf eine unendliche Ursachenreihe nichts erklärt (wenn es keine erste Ursache gibt, gibt es auch keine mittlere und keine letzte; das heißt, eine unendliche Ursachenreihe kann nicht durchlaufen werden) und man daher eine letzte Ursache ansetzen muß, die alle Gott heißen. Daß eine unendliche Ursachenreihe nicht durchlaufen werden kann, sagt Thomas In Boethium, De Trin. qu. VI, art. 4 corp. Er steht damit in Einklang mit Aristoteles, z. B. Phys. $\Theta$, 9; 265 a 19, wo der Satz ja Gemeinplatz ist. Auch diesen Gedankengang hat Thomas erstmals in die Scholastik eingeführt, wobei er Anregungen von Avicenna erhalten hatte, während die Grundgedanken auch hier wieder aristotelisch sind. Der dritte Beweisgang (ex possibili et necessario) arbeitet mit dem Kontingenzbegriff. Er erklärt, daß alles Sein auch nicht sein könnte; nichts ist notwendig; alles ist sonach mit Potenzialität durchsetzt. Daraus folgt, daß dieses nur mögliche Sein einmal auch nicht war. Gäbe es darum nur kontingentes Sein, dann wäre jetzt überhaupt nichts. Also gibt es auch ein Seiendes, das notwendig ist; notwendig entweder aus sich oder von außen her. Und da diese Abhängigkeit von einem anderen auch wieder nicht in einer unendlichen Reihe liegen kann, kommen wir neuerdings zu einem Seienden, das von sich aus notwendig ist. Auch hier hat Thomas aus Aristoteles geschöpft, dazu noch aus Moses Maimonides. — Im Grunde bilden die drei genannten Beweisgänge nur einen Beweis. Seine beiden entscheidenden Gedanken sind der Kausalsatz und der Satz von der Unmöglichkeit des Regressus in infinitum. Später heißt man diese Überlegungen den kosmologischen Beweis. Die Argumente, die Thomas zugrunde legt, stehen im wesentlichen im siebten und achten Buch der Physik des Aristoteles. Durch den Nachweis, daß die darin vorgetragene Metaphysik von Materie und Form, Akt und Potenz, dem Prinzip der Bewegung und die damit gegebene teleologische Naturerklärung „auf dem Boden der Akademie noch unter den Augen Platons entstanden ist" (Jaeger) und sonach aus der Spätzeit des Aristoteles in seine früheste Periode verlegt werden muß, wo er noch Platoniker war, ist für die kritische Würdigung des kosmologischen Beweises wenigstens bei Thomas (auch in Hinsicht auf

γ) Aus der Kontingenz

die Kritik Kants) eine neue Situation geschaffen. Es zeigt sich also auch an dieser Stelle wieder der von uns mehrfach herausgehobene platonische Untergrund in der Philosophie des Aquinaten. Darum betrachten wir auch den folgenden Beweisgang nicht als einen Fremdkörper, d. h. als einen Platonismus neben dem „Aristotelismus". Dieser vierte Beweis (ex gradibus perfectionum) erblickt hinter der mehr oder minder großen Vollkommenheit ein höchstes Vollkommenes, das den vorausgesetzten Maßstab dafür abgibt, daß wir von einem Mehr oder Weniger reden können. Dieses höchste Vollkommene ist aber zugleich auch der Grund für alles, was überhaupt wertvoll ist, weil die Werte an ihm teilhaben (causa ist hier soviel wie „Grund" im Sinn von hypothesis, nicht Wirkursache). Damit kommen platonisch-augustinisch-anselmianische Anschauungen zu Worte. Der fünfte Weg (ex gubernatione mundi) ist der teleologische Gottesbeweis. Er war durch die Stoa, besonders aber durch Cicero und Seneca bekannt geworden. Seine Überlegung: Es gibt Ordnung und Zielstrebigkeit in der Welt; also muß eine höchste Intelligenz da sein, durch die diese Zweckmäßigkeit erklärt werden kann. — Abgelehnt hat Thomas die Anschauung, daß der Gottesbegriff ein angeborener Begriff sei, daß Gott unmittelbar geschaut werden könne, sowie den anselmianischen Beweis (vgl. o. S. 408). Zeitgeschichtlich interessant ist, daß er nicht einen Augenblick zweifelt, mit seinen philosophischen Überlegungen den religiösen Gott gefunden zu haben. Sein ens a se „heißen alle Gott". Auf die neuzeitlichen Einwände, daß der Gott der Religion etwas anderes sei, das Majestätische, Erschreckende, Bezaubernde, Geheimnisvolle, hätte er wohl geantwortet: nur die Denkmittel sind verschieden, die Sache ist die gleiche.

δ) Aus den Vollkommenheitsstufen

ε) Aus der Weltordnung

b) Wesen Gottes

α) Eigenschaften Gottes

Aus den Beweisen für das Dasein Gottes ergibt sich, wenn man ihren Sinn weiterdenkt, zugleich Aufschluß über das Wesen Gottes. Gott muß danach ein ens a se sein, muß insofern als erstes Prinzip über allem anderen Sein stehen, muß ungeworden sein und ewig, absolut notwendig und vollkommen und muß lebendiger Geist sein. Daß es nur einen Gott geben kann, ergibt sich aus dem durch die Gottesbeweise gefundenen Begriff Gottes (S. th. I, 11, 3 u. 4).

β) Gott das ipsum esse

Die Kennzeichnung, die Thomas am liebsten auf die Natur Gottes anwendet, ist der Begriff des ipsum esse subsistens. „Das Wesen Gottes ist nichts anderes als sein Sein“ (De ente et ess. c. 6). „In Gott ist das Sein selbst seine Wesenheit“ (In I Sent. 8, 1, 1). Ebendarum heiße es von Gott in der Schrift: „Ich bin, der ich bin.“ Das ipsum esse fällt, wie De ente et ess. (l. c.) eigens auseinandersetzt, nicht zusammen mit dem ens universale. Das allerallgemeinste Sein ist das Leerste und Ärmste, was man denken kann, es fällt zusammen mit dem rein formalen Begriff des bloßen Etwas. Gott aber ist die Fülle des Seins, der Inbegriff schlechthin aller Vollkommenheit, die so unendlich ist, daß nichts Neues mehr ihm zugefügt werden könnte. Gott, das Sein selbst im Sinne der Fülle des Seins, das ist klarer Neuplatonismus. Die beste Erklärung für diese Auffassung steht S. th. I, 4, 1 ad 3, wo es heißt, daß ipsum esse einmal die actualitas omnium rerum ist, also die Kraft aller Kräfte, Leben allen Lebens, Dasein allen Daseins, was aristotelisch ist; dann aber auch actualitas omnium formarum ist, also die Form der Formen, die in all ihrer Verschiedenheit in ihr, dem Unendlichen, koinzidieren (S. th. I, 4, 2), was jetzt platonische Philosophie ist. Da bei Aristoteles alles Dynamische geformt ist und bei Platon alle Ideen auch Wirkkraft haben, weswegen ja bei Aristoteles die Form Energeia sein kann, ist diese Synthese nicht nur kein Widerspruch, sondern eine geniale Zusammenschau der letzten Intentionen der beiden großen Griechen.

γ) Prädikation der Begriffe von Gott

Thomas legt sich eigens Rechenschaft ab, in welchem Sinn wir unsere Begriffe von Gott aussagen, wenn wir seine Eigenschaften und seine Natur damit beschreiben wollen.

αα) Negation und Steigerung

Wie es schon seit der Patristik Tradition ist, lehrt auch Thomas, daß wir von Gott immer eher sagen sollen, was er nicht ist, als was er ist (via negationis), und daß, wo wir positive Aussagen machen, die Inhalte unserer Begriffe bei Gott immer in einem alles überragenden Sinn anzusetzen sind (via eminentiae). Dabei handelt es sich nicht nur um eine graduelle Steigerung, z. B. des Begriffes gut oder Geist oder Leben oder Sein, bei an sich gleichbleibender Wesenheit der geschöpflichen und der göttlichen Güte, des Geistes, Lebens und Seins. Das wäre dann immer noch eine univoke Praedikation, die Göttliches und Irdisches im Grunde doch wieder auf denselben Nenner brächte und so dem Pantheismus Vorschub leistete. Wir können freilich mit diesen Begriffsnamen auch nicht einen völlig anderen Begriffssinn verbinden (aequivoke Aussage), weil sonst von Gott überhaupt nichts erkannt würde (Agnostizimus). Darum müssen unsere Begriffe einen analogen Sinn haben, d. h. Identität und Verschiedenheit miteinander verbinden. Trotz aller Verschiedenheit besteht zwischen Gott und Welt doch noch ein Gemeinsames, so wie das Platon gesehen hat mit seinem Methexis-Begriff, wodurch gesagt wird, daß alles sein will wie die Idee, aber doch stets dahinter zurückbleibt; immerhin aber ist das Zurückbleibende nur durch die Idee, die in ihm anwesend ist, an der alles teilhat und nach der alles auch benannt wird. Die Analogie ist ein Stück Ideenlehre, wie wir gesehen haben.

ββ) Analoge Gotteserkenntnis

c) Gott und Welt

Aus dem Gottesbegriff vom ipsum esse im Sinn der schlechthinnigen Aktualität ergeben sich die Hauptsätze für eine Metaphysik der Welt. Es sind die folgenden: Wenn Gott actus purus ist und als solcher die Allursache, muß die Welt aus dem Nichts geschaffen sein; denn wäre außer Gott schon etwas da, etwa eine ewige Materie, dann wäre Gott nicht mehr Allursache (S. th. I, 1 und 2). Zweitens folgt aus dem rechten Gottesbegriff der Satz von der Erhaltung der Welt. Die Welt ist nicht nur anfänglich, sondern immer von Gott abhängig. Weil das geschaffene Sein seinem Wesen nach nur durch Teilhabe existiert, muß es eben wegen dieser wesenhaften, also bleibenden Kontingenz seine Aktualität dauernd von der ewigen Fülle allen Seins erhalten. Diese Erhaltung ist aber nicht ständige Neuschöpfung, sondern Fortführung der Erschaffung (creatio continua), eine Tätigkeit, die eine rein metaphysische Seinsbeziehung darstellt „ohne Bewegung und Zeit" (S. th. I, 104, 1 ad 4). Und drittens folgt aus dem Gottesbegriff der Satz von der Regierung und Ordnung der Welt. Gott als actus purus ist Form, Form aber ist Idee und Idee ist lebendiger Geist. Gott ist das Denken des Denkens, sagt Thomas mit Aristoteles, und darum steht er über der Welt nicht nur als die Tat, sondern auch als der Logos. In Gott sind darum Ideen, sogar

α) Schöpfung aus dem Nichts

β) Erhaltung der Welt

γ) Weltregierung

des Einzelnen, wie Thomas mit Augustinus und gegen die Averroisten annimmt (S. th. I, 15; I, 14, 11), und er ist allwissend und allweise (S. th. I, 14), und die Weltregierung durch seine Vorsehung gehört darum zur innersten Natur Gottes (S. th. I, 22). Die damit zusammenhängenden Probleme der Freiheit und des Schicksals werden im Anschluß an Boethius und seinen Trost der Philosophie gelöst.

δ) Ewigkeit der Weltschöpfung

Eine Sonderstellung nahm Thomas ein in der Frage der Ewigkeit der Welt. Der lateinische Averroismus hatte sich im Anschluß an Aristoteles für eine Ewigkeit der Welt eingesetzt. Thomas bestritt diese Ewigkeit, wenn sie besagen sollte, daß es einer Schöpfung überhaupt nicht bedürfe, auch mit philosophischen Gründen. Wenn sie aber besagen sollte, daß die Schöpfung eine ewige sei, dann unterschied er: Vom Standpunkt des Glaubens aus wissen wir, daß die Weltschöpfung nicht ewig ist; vom Standpunkt der reinen Philosophie aus seien die Gründe des Aristoteles für eine ewige Bewegung und ewige Welt weder endgültig zu beweisen noch endgültig zu widerlegen (S. th. I, 46, 1; In VIII Phys. l. 2).

Literatur

G. Grunwald, Geschichte der Gottesbeweise im Mittelalter (1907). C. Baeumker, Witelo (1908) 302 ff. E. Rolfes, Die Gottesbeweise bei Thomas von Aquin und Aristoteles (1927). R. Arnou, Quinque viae S. Thomae ad demonstrandam existentiam Dei apud antiquos graecos, philosophos arabes et iudaeos praeformatae vel adumbratae (Romae 1932; = Textus et doc., Ser. philos. 4). F. P. Sladek, Gott und die Welt nach dem Sentenzenkommentar des hl. Th. v. A. (1941). E. G. Jay, The Existence of God. A Commentary on St. Th. A.'s Five Ways (New York 1946). C. Libertini, Il πρῶτον κινοῦν ἀκίνητον nella dottrina aristotelico-tomista (Napoli 1953). Sulle „cinque vie" di S. Tommaso. Presentazioni di C. Boyer. Scritti di E. Winance, R. Garrigou-Lagrange, U. degli Innocenti, C. Fabro, P. Parente (Roma 1954). J. S. Dunne, St. Thomas' Theology of Participation. Theological Studies 18 (1957). A. Kenny, The Five Ways. St. Thomas Aquinas' Proofs of Gods Existence (London 1969).

## D. SEELE

Die Seele mußte Thomas als Philosophen und als christlichen Theologen besonders interessieren. Er hat sich mit dem Problem verschiedentlich befaßt. Die Hauptsache seiner Psychologie steht S. th. I, 75—90; 1. II, 22—48; S. c. g. II, 46—90. Sie ist nicht, wie man vielleicht erwarten möchte, rein deduktiv, sondern bringt, besonders in der Affektenlehre, eine Fülle empirischer Beiträge aus der Eigen- und Fremdbeobachtung. Aristoteles wird auch in diesem Kapitel wieder mit seinen Begriffen, Problemen, Angaben, Hinweisen und grundsätzlichen Einstellungen ausgewertet.

### a) Existenz der Seele

Warum müssen wir eine Seele annehmen? Thomas sagt sich folgendes: Wir beobachten, daß es Körpersubstanzen gibt, die sich von anderen Körpern dadurch unterscheiden, daß sie Selbstbewegung, Ernährung, Fortpflanzung, Sinnesempfindung und Strebevermögen haben. Man heißt sie lebende Körper. Diese ihre Eigenart muß auch aus einem eigenen Prinzip erfließen; denn agere sequitur esse. Aus dem Körpersein als solchem kann sich dieses Leben nicht erklären lassen, sonst wären alle Körper lebendig. Da dies nicht zutrifft, muß es beim lebenden Körper noch mehr geben als nur das Körpersein. Und dieses weitere Prinzip heißen wir Seele. Thomas greift damit den antiken Seelenbegriff auf, der zunächst nur Leben besagt im Sinn von Selbstbewegung, bei Platon wie bei Aristoteles. Eine Seele dieser Art haben auch die Pflanzen und Tiere. Es ist die anima vegetativa (Pflanzenseele) und die anima sensitiva (Tierseele).

### b) Natur der Menschenseele

Beim Menschen haben wir einen Sonderfall. Er ist nicht bloß Lebewesen, sondern denkendes, vernunftbegabtes Lebewesen (animal rationale). Und nun geht Thomas wieder genauso vor, wie eben gezeigt. Die Eigenart des Menschen, Denken und vernunftgemäßes freies Wollen, erfordert wieder ein besonderes Prinzip. Welcher Art ist also die Seele des Menschen? Thomas antwortet: Da Denken und vernunftgemäßes Wollen etwas wesentlich Geistiges sind, also im- α) Immaterialität materieller Natur (die Phantasievorstellungen begleiten das Denken nur, machen aber nicht das Wesen der Begriffe, des Urteilens und des Schließens aus; denn die Seele wäre sonst nie in der Lage, alle Körper in allgemeinen Begriffen zu denken, sondern würde am Individuellen hängenbleiben, da alles Körperliche individuell ist), muß auch die Seele des Menschen immateriell sein (anima rationalis = intellectiva).

β) Substanzialität

Aus der Unsinnlichkeit des Denkens folgt auch die Substanzialität der Seele. Wenn nämlich das Denken von der Sinnlichkeit nur den Stoff bezieht und die Phantasievorstellungen es nur helfend begleiten, während es selbst in seinem eigentlichen Akt etwas wesentlich anderes, Unsinnliches, ist, so zeigt sich darin eine wesenhafte Selbständigkeit, und dann muß, wieder nach dem Grundsatz agere sequitur esse, auch das Prinzip dieser höheren Geistigkeit, die menschliche Geistseele, etwas selbständig Existierendes, muß eine Substanz sein (S. th. I, 75, 2). Da wir in der Aktivität der Pflanzen- und Tierseele eine solche wesenhafte, unsinnliche Selbständigkeit nicht feststellen, haben wir auch keinen Grund, diese Seelen als subsistent zu betrachten und müssen annehmen, daß sie mit der Vernichtung des Körpers auch zu Grunde gehen (S. th. I, 75, 3). Damit haben wir nun auch

γ) Unsterblichkeit

den Grund für die Unsterblichkeit der Menschenseele schon in der Hand. Wegen ihrer wesenhaften Subsistenz bleibt die menschliche Seele vom Tod des Leibes unberührt (S. th. I, 75, 6). Voraussetzung ist hier immer die These von der wesenhaften Unsinnlichkeit des Denkens, die Thomas von Aristoteles übernimmt, der im tätigen Verstand etwas Ungemischtes, Göttliches und Unsterbliches erblickt. Thomas faßt aber die seelische Subsistenz, die der Ableitung nach zunächst nur die Wesenseigentümlichkeit der immateriellen Aktivität der Geistseele meint, dann sofort als individuelle Substanzialität, was bei Aristoteles nicht so klar ist, weswegen denn auch der averroistische Monopsychismus hier ansetzen konnte. Es ist die christliche Auffassung von der individuell unsterblichen Seele, die wir schon früh in der Patristik festgestellt haben, was sich auch hier bei Thomas auswirkt. Angesichts einer so stark betonten individuellen Subsistenz der Seele taucht natürlich die Frage auf, wie-

δ) Form des Leibes

so dann die Seele noch Form des Leibes sein kann, wie das die ursprüngliche Ableitung für die Existenz der Seele vorausgesetzt hatte. Thomas spricht in diesem Punkt durchaus die Sprache des Aristoteles und will die Seele tatsächlich als Form des Leibes betrachtet wissen (Aristoteles hatte allerdings in der Vital-Seele die Form des Leibes gesehen, und auch Platon sah nur darin das Lebensprinzip), so daß entsprechend seinem Hylemorphismus aus beiden eine unio substantialis entsteht (S. th. I, 76, 1). Es läßt sich jedoch nicht übersehen, daß der Begriff der individuellen Subsistenz der Seele mehr in die Richtung des platonisch-augustinischen Parapositums von Leib und Seele weist als in die des aristotelischen Compositums. Trotzdem will er seinen Hylemorphismus durchhalten, weil es sonst unerklärlich wäre, daß wir sagen können: dieser Mensch denkt; wäre die Seele nicht Form dieses bestimmten Körpers, des Sokrates z. B., dann würde nicht Sokrates selbst denken, sondern ein unpersönliches Es würde in Sokrates denken. „Darum bleibt nichts anderes übrig als die Lösung, die Aristoteles aufstellt" (l. c.). Und was dann die Subsistenz der Seele angeht, so läge eben hier ein einzigartiger Fall vor: „Die Seele teilt das Sein, mit dem sie subsistiert, der körperlichen Materie mit, so daß daraus und aus der Geistseele eine Einheit entsteht; und dies in der Weise, daß das Sein des ganzen Compositums zugleich das Sein der Seele selbst ist, was in anderen, nicht subsistenten Formen allerdings nicht der Fall ist" (S. th. I, 76, 1 ad 5). Obwohl er kurz vorher (75, 4) in Einklang mit der aristotelischen Begriffssprache gesagt hatte, daß Mensch und Seele nicht identisch sind, siegt mit der These, daß das Sein der Seele zum Sein des ganzen Compositums wird, doch die Sache Augustins über die Sprache des Aristoteles auch bei Thomas, worauf Hertling schon früh hingewiesen hat.

**αα) Compositum oder Parapositum?**

Thomas ist strenger Anhänger der Einheit der Seele; es gibt keine Seelenteile und auch nicht mehrere Formen, wie es andere, augustinisch eingestellte Scholastiker lehrten. Ein und dieselbe Form verleiht einem bestimmten Menschen zugleich und in einem die Körperlichkeit, das Leben und die Vernunftbegabung. Die Geistseele übernimmt auch die Leistungen und Fähigkeiten der vitalen Seele. Diese sind in ihr virtuell aufgehoben. „Es gibt keine andere substantielle Form des Menschen als nur die Geistseele, und wie sie selbst virtuell die sensitive und vegetative Seele enthält, so enthält sie virtuell auch andere nie-

**ββ) Geistseele und vitale Seelenkräfte**

dere Formen“ (S. th. I, 76, 4). Man könne diese Annahme leicht aus der Erfahrung belegen. Beim Vergleich der unbelebten Körper mit der Pflanzen- und der Tierwelt zeige sich eine aufsteigende Stufenleiter der Vollkommenheit, wobei die höheren Formen immer die niederen und deren Tätigkeiten einschließen und ersetzen; ohne selbst niedere Form zu sein, vermögen sie doch auch zu leisten, was jene an Kraft besitzen, denn „je höher (nobilior) eine Form ist, desto mehr herrscht sie über die körperliche Materie und desto weniger geht sie in ihr unter“ (S. th. I, 76, 1). Thomas nimmt hier den ganz modernen Gedanken der Überformung vorweg; nur daß er, anders als Scheler und N. Hartmann, in den höheren Kategorien nicht das schwächere, sondern das stärkere Sein sieht, worin bei ihm wieder unmittelbar der Neuplatonismus, mittelbar aber der platonische Idealismus durchschlägt; denn nur unter dieser Voraussetzung hat die Lehre von der größeren Stärke der höheren Kategorie Sinn und Kraft.

c) Seelenvermögen

α) Realdistinktion

Bei aller Betonung der Einheit der Seele entscheidet sich Thomas doch auch wieder für eine gewisse Differenzierung, indem er die Seelenpotenzen von der Seelensubstanz real verschieden sein läßt. Während Augustinus immer rasch bereit ist, die Seele selbst in unmittelbaren Kontakt treten zu lassen, teils mit ihren erkannten oder erstrebten Gegenständen, teils mit fremdseelischem Leben, ist Thomas vorsichtiger und schiebt die Seelenvermögen dazwischen. Sie nur sind es, was erkennend und strebend mit der außerseelischen Welt in Berührung treten und die Verbindung mit der Seele herstellen kann. Das entspricht seiner Lehre, daß wir auch die Substanzen erst über ihre Akzidentien zu

β) Arten

erkennen vermögen. Thomas unterscheidet mit Aristoteles und Avicenna fünf Grundarten der Seelenpotenzen (S. th. I, 78, 1): die vegetativen, die das nackte Leben betreffen, wie es schon in der Pflanze vorliegt; die sensitiven, die in der Sinnesempfindung bestehen, die mit den schon höheren Formen des Lebens auftreten, nach Thomas erstmals bei den Tieren, wozu die fünf äußeren Sinne gehören (Gesicht, Gehör, Geruch, Geschmack, Getast) und die vier inneren Sinne (Gemeinsinn, Phantasie, sinnliche Urteilskraft und sinnliches Gedächtnis); die appetitiven, die instinktiv-triebhaftes Streben bei Tier und Mensch meinen; die motiblen (genus motivum secundum locum), womit die willkürliche Ortsbewegung bei höheren Tieren und beim Menschen gemeint ist; und die intellektiven, das rein geistige Vermögen des Denkens und freien Wollens nur beim Menschen.

d) Erkenntnispsychologie

Ein besonderes Augenmerk hat Thomas der Psychologie des Erkennens gewidmet. Er ist mit Aristoteles der Ansicht, daß die Vernunft die vollkommenste der menschlichen Seelenkräfte ist, und räumt darum dem Intellekt gegenüber dem Willen einen Primat ein. Man kann von einem gewissen Intellektualismus bei Thomas sprechen (S. th. I, 82, 3). Das allerdings nur psychologisch gesehen, insofern der Erkenntnisgegenstand durch sein abstraktes ideelles Sein einfacher ist und darum nach neuplatonischem Empfinden höher steht; denn in ethischen Zusammenhängen, wo es darum geht, einen auch dem menschlichen Geist gegenüber noch höheren Wert zu ergreifen, z. B. Gott, wird eben dadurch der Wille höherwertig. Infolge dieser besonderen Schätzung des Erkennens verstehen wir, daß Thomas den Erkenntnisvorgang psychologisch eingehend analysiert (S. th. I, 79; 84—88). Wir können beim vollständig durchgeführten Erkenntnisakt vier Stufen unterscheiden. Der Anfang liegt in der Sinneswahrnehmung. Über deren einzelne Vermögen wurde soeben berichtet. Was immer der Mensch erkennt, auch alles Unsinnliche (und sogar die Selbsterkenntnis der Seele, die nur über deren Akte möglich ist, die wieder über die Außenwelt sich ergeben), wovon es an sich keine Sinnesbilder gibt, erkennen wir nur auf dem Weg über die Sinne. Thomas führt den Satz des Aristoteles, daß die Seele niemals ohne Phantasma etwas erkenne, vollständig durch und zeigt an Einzelbeispielen, wie wir immer wieder von Phantasievorstellungen ausgehen oder sinnliche Veranschaulichungen beim Denken zu Hilfe nehmen, selbst beim Denken der höchsten Gegenstände wie Gottes und der reinen Geister (S. th. I, 84, 6 u. 7). Daß die Phantasievorstellungen trotzdem nur Begleiterscheinungen sind und nicht das eigentliche Wesen des Denkens selbst ausmachen, wurde schon erwähnt. Die Ansicht, daß das eigentümliche Objekt unseres Geistes die materiell realisierte

α) Primat des Erkennens

β) Erkenntnis-Akte

αα) Species sensibilis

Wesenheit sei (S. th. I, 84, 7), ist mehr stoisch als aristotelisch; denn es waren die Stoiker, die die Gleichungen aufstellten: Wirklichkeit = res naturae = materielle Dinge. Das Ergebnis der Sinnesanschauung, das Sinnesbild (species sensibilis), wird in einer zweiten Stufe „durchleuchtet" (illuminantur) durch den tätigen Verstand (intellectus agens). Dadurch ergeben sich die allgemeinen Inhalte der verschiedenen Einzelvorstellungen der gleichen Art, die Universalien, der allgemeine Begriff, die Wesenheiten. Sie sind „geistiger", das heißt unsinnlicher Natur (species intelligibiles). Thomas spricht von einem Herausheben dieser ideellen Wesensgestalten, einer „Abstraktion". Da aber das Durchleuchten im Sinne des aristotelischen Lichtbegriffes aus De anima *Γ*, 5 genommen ist, wo von dem Sichtbarwerden der Farben durch das Licht die Rede ist, von einem Gegenstand also, der schon fertig ist und nur aufleuchten muß, versteht es sich, daß diese mittelalterliche Abstraktion eine Wesensschau und nicht eine Wesensbildung ist; d. h. bei Thomas werden latente ewige Formen nur aktuell sichtbar gemacht durch den intellectus agens, bei Locke dagegen werden in der Abstraktion aus den Sinnesempfindungen Allgemeinvorstellungen neu erzeugt, die nichts weniger als ewige Formen enthalten, sondern je nach der Erfahrung so oder so ausfallen können und deren Beziehung zur transzendenten Wirklichkeit sehr zweifelhaft ist, so daß schließlich die Vorstellungen und nicht das Vorgestellte erkannt werden, während bei Thomas die Gefahr, daß der Geist nur sich selbst erkenne, nicht besteht. Es ist eben bei ihm die Sinneswahrnehmung nicht wie bei Locke Wirkursache, sondern nur Materialursache, und er räumt ihr trotz aller Verteidigung der Sinneswahrnehmung gegenüber Platon auch nicht mehr Bedeutung ein als dieser und Augustinus. (Die Angabe S. th. I, 84, 6, daß nach Platon die körperlichen Sinnesorgane nicht benützt werden müßten, ist historisch falsch, denn Platon versichert ausdrücklich, daß wir die Sinne brauchen.) Die ganze Entscheidung liegt beim intellectus agens und muß es auch, weil nach dem thomistischen Ursachenbegriff die Ursache, als der Akt, früher ist als die Potenz und insofern schon enthalten muß, was in der Wirkung aktualisiert werden soll. Mit dem intellectus agens hat Thomas sonach seiner Erkenntnislehre ein apriorisches Element eingefügt, und

ββ) Species intelligibilis

wenn er in der Erleuchtung seitens des aristotelischen intellectus agens eine gewisse Teilhabe am ungeschaffenen Licht Augustins und seiner Erleuchtung erblickt, dann sind das nicht nur Worte oder literarische Freundlichkeiten, sondern es ist in der Tiefe der Sache wohl fundiert. Trotz der zunächst erfolgten Umdeutung der augustinischen Illuminationslehre kommt Thomas dem Kirchenvater doch wieder nahe. Der nächste Schritt im Erkenntnisprozeß besteht darin, daß die species intelligibilis vom Geist rezipiert wird. Thomas unterscheidet eigens real den tätigen Verstand und den möglichen Verstand (intellectus possibilis), der sich passiv verhalte und beschrieben werden müsse, wie eine leere Tafel beschrieben wird. Auch Aristoteles kennt einen leidenden Verstand und läßt ihm die Wahrheiten eingeprägt werden. Insofern sind auch bei Thomas die geistigen Bilder species impressae. Damit ist aber der Erkenntnisprozeß noch nicht abgeschlossen. Eine gewisse Aktivität entfaltet nämlich doch auch der mögliche Verstand noch; dadurch nämlich, daß er die eingedrückten geistigen Bilder auf deren reale Objekte intentional bezieht. Er faßt sie sozusagen als die Ausdrucksmittel und Worte auf, mit denen er, der Verstand, nun die Welt wiedergibt. Insofern heißt dann die species intelligibilis verbum mentis (S. c. g. IV, 11 u. 13) oder species expressa, der später so beliebte Schulausdruck.

γγ) Species impressa

δδ) Species expressa

e) Ursprung der Seele

Was den Ursprung der Seele betrifft, so ist Thomas gegen den Traduzianismus und Generatianismus. Um der Subsistenz der Seele willen müßten diese Anschauungen abgelehnt werden. Wenn die Seele in ihrem Wesen vom Körper prinzipiell unabhängig ist, kann sie nicht einen körperlichen Ursprung haben. Bleibt nur die andere Alternative, daß Gott sie schafft, je in ihrer Individualität; denn eine Präexistenz kommt nicht mehr in Frage (S. c. g. II, 83, 86 f.). Die einzelnen Stadien der Entstehung eines menschlichen Individuums sind folgende: Ausgangspunkt ist das Gebärmutterblut; es ist unlebendig, aber lebensfähig. Durch die Einwirkung einer Reihe von Faktoren: Gottes, der Himmelsgeister, der Himmelskörper, besonders der Sonne, des Vaters und des väterlichen Spermas wird das Mutterblut zu einem Lebewesen, einem Lebewesen aber nur dem Sein und noch

α) Kreatianismus

β) Embryonale Entwicklung

nicht der Tätigkeit nach (vivum actu primo), das auf der Stufe vegetativen Lebens steht, ohne aber einer bestimmten Pflanzenspecies anzugehören (aber auch nicht der des Menschen) und ohne zunächst lebenstätig (vivum actu secundo) zu sein. Erst später übt es Lebensfunktionen aus, wie die Ernährung und das Wachstum. Hat dieses Lebewesen die äußere Gestalt erreicht, die erforderlich ist, um ein animalisches Leben werden zu können, so wird das bisherige Lebensprinzip durch ein höheres, das animalische, ersetzt, zunächst auch nur dem Sein nach, erst später folgt die entsprechende Tätigkeit (Sinneswahrnehmung und Bewegung). Und wieder gehört es nicht einer bestimmten animalischen species an und ist auch noch nicht menschlich, sondern allgemein animalisch. Schließlich, wenn auf diese Weise der Embryo unter dem Einfluß des Spermas, das nach Thomas sich im Mutterschoß erhalte und die ganze Entwicklung des Embryos kausal bestimme, zur menschlichen Gestalt herangewachsen ist, muß die animalische Seele der menschlichen Vernunftseele weichen, die dazu eigens geschaffen und ihm mitgeteilt wird. Jetzt erst gehört der Foetus der species Mensch an, zuerst auch wieder nur dem Sein nach (homo actu primo), so daß er zunächst nur Tätigkeiten vegetativer und sensitiver Art ausübt. Erst wenn das Kind zum Gebrauch der Vernunft gelangt ist, ist es auch lebenstätiger Mensch (homo actu secundo) (S. c. g. II, 89). Thomas ist auf Grund seiner Theorie jedenfalls in der Lage,
γ) Vererbung den Tatsachen der Vererbung gerecht zu werden, die für den Kreatianismus eine Schwierigkeit zu sein scheinen. Denn wir sehen, daß die Seele, die hier Form des Leibes wird, nicht eine erste, gänzlich ungeformte Materie informiert, sondern eine schon prädisponierte, nämlich durch das Mutterblut einerseits und das Sperma des Mannes andererseits. Gott schafft die Seele auf einen bestimmten Körper hin (In Rom. 15, 2). Auch Aristoteles lehrte, daß, wie jede Kunst ihre bestimmten Werkzeuge habe, so auch jede Seele einen bestimmten Leib (De anima *A*, 3; 407 b 25).

Literatur

A. C. Pegis, St. Thomas and the Problem of the Soul in the Thirteenth Century (Toronto 1934). J. Auer, Die menschliche Willensfreiheit im Lehrsystem des Th. v. A. und Joh. Duns Scotus (1938). O. Lottin, Psychologie et morale aux XIIe siècle. 5 Bde. (Louvain 1942 ff.). A. Mitterer, Die Zeugung der Organismen nach dem biologischen Weltbild des Th. v. A. und dem der Gegenwart (Wien 1947). G. Siewerth, Die menschliche Willensfreiheit. Texte zur thomistischen Freiheitslehre. Ausgewählt und eingeleitet (1954). G. Trapp, Seelenvermögen und Schichten des beseelten Leibes. Über Ansätze zu einer Schichtenlehre in der Darstellung der Seelenvermögen bei Th. v. A. Scholastik 30 (1955). R. E. Brennan, Thomistische Psychologie. Eine philos. Analyse der menschlichen Natur. Aus dem Amerikanischen ins Deutsche übertragen von Th. K. Lieven und J. Rehme. Deutsche Thomas-Ausgabe. Ergänzungsband 1 (1957). E. v. Ivánka, Aristotelische und Thomistische Sittenlehre. Aristote et St. Thomas (s. oben S. 467).

## E. SITTLICHKEIT

„Nirgends hat Thomas seine Begabung für Systematik in so glänzendem Licht gezeigt wie auf dem Gebiet der Ethik" (M. Baumgartner). Hier konnte der Aquinate ein besonders reiches Material verarbeiten. Es gibt fast keinen Gedanken der Nikomachischen Ethik, den er nicht verwertet hätte. Und trotzdem „stellt die Ethik des Scholastikers eine durchaus neue Erscheinung dar" (M. Wittmann). Es werden nämlich auch noch die Ideen der Stoa, Augustins und der Patristik, überhaupt des Christentums und auch der Scholastik vor ihm, so der Summa de virtutibus et vitiis, oder die Summa de bono des Kanzlers Philipp und die Ethik seines Meisters Albert verwertet.

Die Ethik kreist um den Begriff des bonum. Das bonum weist einen doppelten Bezug auf, einen ontischen und einen personalen. In beiden Hinsichten ist es ethisches Prinzip.

### a) Sein und Wert

**α) Ens et bonum convertuntur**

Zunächst taucht das bonum zusammen mit dem Sein auf. Es ist sachlich damit identisch; ens et bonum convertuntur. Nur fügt es dem Sein noch eine besondere Nuance hinzu, die Beziehung des Zieles und der damit gegebenen Erstrebbarkeit (De ver. XXI, 1). Von Aristoteles und Platon her ist durch die ganze Scholastik hindurch, besonders aber bei Thomas, jene vollständig teleologisch konzipierte Ontologie herrschend, für die jedes Eidos ein Verband von Zweckbeziehungen ist (φύσις=πεφυκέναι τινί), so daß die Form zur Entelechie und die Aktivierung der Form zur Vollendung (perfectio) und so zum bonum wird. Das ontologisch Gute ist immer perfectio (De ver. XXI, 1 u. 2). Darum ist bei Platon die Idee der Ideen zugleich die Idee des Guten; gibt es bei Aristoteles, wie er sofort im ersten Kapitel der Nikomachischen Ethik entwickelt, eine systematische Unterordnung aller Tätigkeiten und Handlungen unter ein oberstes Ziel als dem höchsten Gut; ist bei Augustinus, nach dem alle Formen und Zwecke mit den Ideen im Geiste Gottes identifiziert werden, Gott das bonum omnis boni; und ebenso bei Boethius und erst recht bei Pseudo-Dionysius. Und so sieht auch Thomas, sich dabei aristotelischer Formeln bedienend, in der Erreichung der eigentümlichen Natur und ihres Werkes die spezifischen Tugenden und den Wert jedes Seienden. „Darin besteht das Gutsein eines jeden Dinges, daß es sich entsprechend verhält nach Maßgabe seiner Natur" (S. th. 1. II, 71, 1; S. c. g. I, 37; De virt. in com. I, 9).

β) Ἀνθρώπινον ἀγαθόν

Da nun auch der Mensch eine spezifische Natur besitzt und das zu diesem esse gehörige agere, liegt menschliches Gut (das ἀνθρώπινον ἀγαθόν des Aristoteles) darin, daß jeder einzelne Mensch so ist und so handelt, wie es dem Wesen und der Idee des Menschen entspricht. Die allgemeine Menschennatur ist sonach das ontische Prinzip der Moral. Das ist kein Materialismus oder Naturalismus oder bloße Gütermoral; denn gemeint ist schon in der Antike die ideale Menschennatur, und bei Thomas, der die Ideen aus dem Geiste Gottes entnimmt genauso wie Augustinus, ist sie dies erst recht. „Von Gott haben die Naturen, was sie als Naturen sind, und sie sind darum insoweit fehlerhaft, als sie vom Planen des Meisters, der sie erdacht hat, abweichen", zitiert Thomas aus Augustinus (S. th. 1. II, 71, 2 ad 4). Und wenn er immer wieder betont, daß die menschliche Natur vernunftgemäß sein soll, meint er das gleiche; denn durch die Vernunft überwinden wir das Sinnliche in uns und erfüllen eine ideale Ordnung. Die ratio recta ist hier nichts anderes als das Gewissen, wie das bei den Stoikern schon so empfunden wurde. Darum fällt die lex naturalis als Prinzip der menschlichen Sittlichkeit unter das noch höhere Prinzip der lex aeterna. An ihr hat unsere menschliche Natur als eine vernünftige teil (S. th. 1. II, 91, 2). Das ist theonome Moral, doch nicht im Sinne einer Heteronomie, sowenig wie die platonische Idee des Guten heteronom ist. Wie darum Platon die Gesetze der Sittlichkeit unter den Begriff der Verähnlichung mit Gott stellen konnte, kann auch Thomas in der Ethik die Bewegung der vernünftigen Kreatur zu Gott hin sehen. Gott ist hier weder ein fremder Willkürgott, noch ist er den Werten nur als eine neuzeitlich-kantische Idee aufgesetzt, wobei man ja gewöhnlich nicht weiß wieso und warum, sondern er ist das Sein, durch das wir werden, was wir sind, unser Sein und unser Gut.

γ) Gott und das Gute

b) Personales bonum

Seit Kant den sittlichen Wert als etwas ursprünglich Personales, als das Achtunggebietende im Unterschied zum Zweckmäßigen und Lustvollen, und den kategorischen Imperativ als etwas Unableitbares dargetan hat, ist man vielfach geneigt, in der scholastischen Begründung der Ethik im Sein und in Gott als dem letzten Seinsgrund ein Verfehlen des spezifisch Sittlichen zu erblicken. Damit würde man allerdings den wahren Sachverhalt verkennen. Die Begründung der Sittlichkeit im Sein und in Gott ist Metaphysik und betrifft die ratio essendi, nicht aber die Phänomenologie des Sittlichen und dessen erstes Innewerden in der ratio cognoscendi. Diese Seite wird in einem anderen Zusammenhang behandelt, nämlich in der Lehre vom habitus principiorum. Und damit trifft Thomas genau das, was Kant mit der Unableitbarkeit des kategorischen Imperatives und was die Wertphilosophie mit ihrer Apriorität der Werte will. Wie es auf theoretischem Gebiet erste, von selbst einleuchtende Axiome gibt, die obersten Denkgesetze, so gibt es auch im sittlichen Gebiet solche „Prinzipien"; es sind echte Prinzipien, d. h. etwas Ursprüngliches und nicht weiter Ableitbares. Sie liegen in der menschlichen Natur, genauer in ihrer Vernunft und deren Richtigkeit, sind ihr mitgegeben (impressae), sind allen Menschen bekannt und stellen eine Teilhabe dar an Wert und Wahrheit Gottes (S. th. 1. II, 94, 2; 93, 2; 91, 2). Platon, Aristoteles, die Stoa und besonders Augustinus leben in der Ideologie und Terminologie dieses „natürlichen Sittengesetzes" weiter, das Thomas definiert

α) Habitus principiorum

αα) Ethischer Apriorismus

ββ) „Natürliches Sittengesetz"

als „die Teilhabe am göttlichen Gesetz von seiten der vernünftigen Kreatur" (S. th. 1. II, 91, 2). Ein anderer Ausdruck für das prinzipielle natürliche Wertbewußtsein ist der Begriff der von den Scholastikern, besonders dem Kanzler Philipp, viel behandelten Synteresis sowie der den Mystikern geläufige Begriff des „Seelenfünkleins" (scintilla animae). Das oberste Axiom der Ethik heißt: „Das Gute ist zu tun, das Böse ist zu meiden." Werden die Prinzipien auf konkrete Fälle angewendet, dann wird die Synteresis zum Gewissen (ratio recta). Philosophisch gesehen, ist das Gewissen immer ethischer Apriorismus gewesen. Leitende Fingerzeige zur Auffindung des menschlichen bonum bilden die ursprünglichen, wesenhaften Tendenzen der menschlichen Natur (naturales inclinationes), die teils vitale, teils geistig-sittliche Gerichtetheiten sind. So in der Theorie. Praktisch ging es anders. Es ist evident, daß Thomas, für den die Inhalte des natürlichen Sittengesetzes mit dem Dekalog zusammenfallen, was er diesem Sittengesetz an Inhalten zuteilte, aufgefunden hat durch einen Seitenblick auf die Offenbarung. Auf diesem Weg also entsteht jetzt die

β) Das ideale Menschenbild

„ideale Menschennatur". Wir wissen, philosophisch betrachtet, nicht von vorneherein, was dazugehört. Nur dem Sein nach ist die ideale Menschennatur ein Früheres und unser entsprechendes Handeln davon „abgeleitet". In der Erkenntnisordnung dagegen sind wir stets unterwegs und finden die Inhalte des idealen Menschenbildes erst nach und nach, realisieren sie auch nur nach und nach. Aber wir sind nicht planlos unterwegs, sondern besitzen in unserem Geist ein iudicatorium von gut und bös, das in allen Situationen jedem Menschen „prinzipiell", d. h. mit einer in der Erkenntnisordnung letzten, nicht mehr „ableitbaren" und somit kategorischen Unmittelbarkeit stets von neuem sagt, was dem Naturgesetz entspricht und was nicht (S. th. 1. II, 94, 2 und 3); und damit auch, was die eigene Idealgestalt ist, die sich in unserem Leben erfüllen soll; denn nachdem es Ideen auch von allem Individuellen gibt, gibt es auch solche von allen Individuen (S. th. I, 14, 11; 15, 3 ad 4; De ver. III, 8). Hier konnte Eckhart ansetzen mit seiner Lehre vom ego arche-typus. Thomas hat

γ) Tugendlehre als Wertlehre

in seiner Tugendlehre, der die Secunda Secundae gewidmet ist, das Idealbild des Menschen in einer Weise gezeichnet, in der ebenso der Gelehrte wie der Heilige die Feder geführt hat. Wir können heute aus dieser Tugendlehre eine auch phänomenologisch hervorragend dargelegte Wertlehre herauslesen. Die Tugenden des Menschenherzens, die dort aufscheinen, lassen ebenso Berufung und Größe des Menschen überhaupt sichtbar werden, wie sie jedem einzelnen den Weg dazu öffnen, eine Persönlichkeit zu werden, die „Achtung" verdient. Auch hier wieder wird Aristoteles verwertet, seine Tugendlehre nämlich aus der Nikomachischen Ethik. — Eine grundlegende Voraussetzung der ganzen Ethik des Aquinaten bildet, wie nicht anders zu erwarten, die Lehre von der Willensfreiheit. Er sieht sie durch das ewige Gesetz oder die Vorsehung Gottes sowenig gefährdet wie Augustinus und Boethius. Die Lösung der Frage, wie neben dem Gesetz noch Freiheit bestehen kann, erfolgt wie bei Boethius: Nur in der untermenschlichen Natur wirken die ewigen Gründe als innere Beweggründe der Dinge, also notwendig und immer gleich; dem Menschen gegenüber aber nimmt das ewige Gesetz den Charakter einer Regel oder eines Gebotes an, das bei unbedingter ethischer Geltung doch keine physische Nötigung mit sich führt (S. th. 1. II, 93, 5 u. 6; S. c. g. III, 73). — Über die Abstufung der Freiheit im konkreten praktischen Leben, über den Einfluß der Umstände, über Motive und Motivation, Verlangen und Genießen, Absicht, Gesinnung und Zustimmung, über die Wahl der Mittel und Wege, über Durchführung und Vollendung, Willensschulung und Willensbeherrschung (der Satz aus 1. II, 17, 5: „Imperium nihil aliud est, quam actus rationis ordinantis cum quadam motione ad aliquid agendum" gibt den Inhalt einer ganzen bekannten Willensschule aus unserer Zeit wieder), über die subjektiven und objektiven Elemente im Aufbau der sittlichen Handlung spricht Thomas in seiner Lehre von den personalen Akten: S. th. 1. II, 6–48. Dieser Abschnitt bietet eine tiefgehende psychologische und moralpädagogische Analyse konkreten sittlichen Lebens. Besonders ausführlich werden dabei auch die Affekte behandelt (1. II, 22 ff.).

δ) Willensfreiheit

ε) Actus humani

c) Glückseligkeit

Entsprechend der griechischen und christlichen Tradition besteht für Thomas der Abschluß der Ethik in der Glückseligkeitslehre (1. II, 1—5). Antike und Mittelalter verstehen das Leben des Menschen teleologisch. Es eilt einem Ziele zu, und im Wissen des Zieles und der Hinordnung des gesamten Tuns auf dieses Ziel besteht die Weisheit für den Akademiker wie den Peripatetiker, für den Stoiker wie für den Christen. Das Erreichen des Zieles ist dann immer ein Ausruhen und Genießen. „Wir sind unmüßig um der Muße willen", sagt Aristoteles, und wir üben das uti um des frui willen, sagt Augustinus. Thomas benützt auch in der Darstellung der Glückseligkeit die aristotelische Terminologie und erblickt sie darum in der vollendeten θεωρία, in der

α) Gottesschau

Schau Gottes. Wie Aristoteles in der Schau der Wahrheit, im Denken des Denkens, die höchste Beseligung des Menschen gesehen hat, so erklärt auch Thomas: „Das Wesen der Glückseligkeit besteht in intellektuellen Akten"; denn nur durch den Intellekt wird uns das höchste Ziel unseres Lebens gegenwärtig, und außerdem ist der Intellekt das Edelste am Menschen (S. th. 1. II, 3, 4 und 5). Das ist wieder der thomistische Intellektualismus. Während aber für Aristoteles die Glückseligkeit sich in dieser Welt vollendet, überträgt sie Thomas als Christ in die Welt des Jenseits. Auch Au-

β) Fruitio

gustinus kommt wieder zu Wort. Obwohl in der Identifizierung der Glückseligkeit mit der θεωρία τῆς ἀληθείας eine Absage an Augustinus liegt, der sie sich in der Liebe vollenden sah, ist es doch augustinisch empfunden, wenn die Anschauung Gottes als vollendete delectatio bezeichnet wird; ist das auch nur ein sekundäres Moment (S. th. 1. II, 4, 1), so wird doch damit das augustinische frui wieder aufgegriffen

γ) Eudämonismus?

(S. th. 1. II, 4, 3). Damit hört die Moral des Aquinaten eudämonistisch auf, wie sie eudämonistisch angefangen hatte (Zweckidee!). Und doch ist sie kein Eudämonismus, sowenig wie die Ethik des Platon oder Aristoteles. Nirgends nämlich spielt in ihr die subjektive Neigung eine entscheidende Rolle. Alle Prinzipien sind vorgegebener, objektiver Art. Wie häufig in der antiken Moral sind auch hier die eudämonistischen Termini nur Vehikel für andere, unvergleichlich höhere Werte, die ethischen Werte an sich.

Literatur

O. Renz, Die Synteresis nach dem hl. Th. v. A. (1911). M. Winkler, Die Tugendlehre des hl. Th. v. A. nach ihren aristotelischen, plotinischen und christlichen Bestandteilen (1913). J. Mausbach,

Th. v. A. als Meister christlicher Sittenlehre (1925). H. van Lieshout, La théorie plotinienne de la vertu. Essai sur la genèse d'un article de la Somme théologique de S. Th. [1. II, 61, 5] (Fribourg 1926). J. Pieper, Die ontische Grundlage des Sittlichen nach Th. v. A. (1929). Ders., Die Wirklichkeit und das Gute nach Th. v. A. (³1934). M. Wittmann, Die Ethik des hl. Th. v. A. in ihrem systematischen Aufbau dargestellt und in ihren geschichtlichen, besonders in den antiken Quellen erforscht (1933). O. Lottin, Psychologie et morale aux XIIᵉ et XIIIᵉ siècle, II u. III (Louvain 1948/49). E. Dobler, Nemesius von Emesa und die Psychologie des menschlichen Aktes bei Th. v. A. [1. II, 6—17]. Eine quellenanalytische Studie (Werthenstein/Luzern 1950). J. Leclercq, La philosophie morale de S. Th. (Louvain 1955). R. Guindon, Béatitude et théologie morale chez St. Th. d'A. (Ottawa 1957). St. Pfürtner, Triebleben und sittliche Vollendung nach Th. v. A. (1958). W. Kluxen, Philosophische Ethik bei Th. v. A. (1964).

## F. RECHT UND STAAT

Im Anschluß an seine Lehre vom Naturgesetz und vom ewigen Gesetz handelt Thomas über das menschliche Gesetz (Sinn, Ursprung, Eigenschaften, Einteilung), über seine Macht und Verbindlichkeit und über seinen Wandel (1. II, 95—97).

### a) Recht

α) Sinn des Rechts

Warum braucht der Mensch Gesetze? Thomas überlegt so: In der menschlichen Natur steckt sehr viel an Kraft. Sie muß in die rechten Bahnen geleitet werden, und es bedarf dazu der Zucht; denn der Mensch ist leicht geneigt zu Willkür und Begierde. Bei der Jugend genügt noch die elterliche Gewalt; bei den Frecheren aber, den Rücksichtslosen und Lasterhaften muß durch die Furcht vor Strafe ein äußerer Zwang ausgeübt werden, um sie auf den richtigen Weg zu führen, damit sie schließlich wieder freiwillig und durch Gewöhnung tun, was sie zunächst nur durch die Macht des Staates zu tun gezwungen werden; denn mit Gesetz, zitiert Thomas aus Aristoteles, ist der Mensch das edelste Wesen, ohne Gesetz das wildeste Tier. Thomas sieht also ganz klar, daß zwischen Recht und Macht eine Beziehung obwaltet, identifiziert aber nicht das Recht einfach mit der Macht. Dagegen steht sein Ordnungsdenken. Darum bringt er auch sofort den Hinweis auf die menschliche Vernunft. In ihr hätten wir die Waffen gegen Begehrlichkeit und Wildheit. Damit sehen wir aber auch gleich, in welchem

β) Ursprung des Rechts

Ursprung alles Recht verankert ist. Die Vernunft führt schon seit der Antike, wenn sie rechte Vernunft ist, zum Weltgesetz und zur Naturordnung; besonders bei den Stoikern, von denen das römische Rechtsdenken so weitgehend beeinflußt wurde. So auch hier. Alles menschliche Recht muß, wenn es wirklich gerecht und nicht bloß Zwangsmaßnahme sein will, vom Naturgesetz abgeleitet werden, lautet die These des Aquinaten; denn das Naturgesetz ist die erste Regel der Vernunft (1. II, 95, 2). Das positive menschliche Gesetz ist also nach Thomas die Interpretation des Naturrechts. Die ewigen Gesetze, die für den Menschen in der metaphysischen Ordnung der Welt eingeschlossen liegen, sollen damit zur Darstellung und Entfaltung gebracht und der Mensch so zu seinem wahren Wesen und edlen Leben geführt werden.

γ) Naturgesetz und Naturrecht

Was Naturgesetz ist, haben wir soeben besprochen. Es offenbart sich durch die naturales inclinationes des Menschen, die teils vitale Anlagen, teils geistig-sittliche Werthaltungen sind, und wird durch den habitus principiorum und das konkrete Gewissen (ratio practica) herausgestellt und zum Bewußtsein gebracht. Die wichtigsten Grundforderungen, die sich so ergeben, bilden das „Naturrecht“. Thomas hat seinen Inhalt in den Hauptzügen umrissen in 1. II, 94, 2 (vgl. die umfassende Darstellung bei H. Meyer, Thomas v. A. 525 ff.). Er ist sich darüber klar, daß das Naturrecht in seinen allgemeinsten Prinzipien für uns Menschen feststeht, nicht aber in seinen konkreten Einzelforderungen. Hier gibt es immer wieder infolge der besonderen Lebensumstände Verwicklungen und schwierige Probleme (S. th. 1. II, 94, 4). Sosehr das Naturrecht auch seinsmäßig eine fertige ideelle Ordnung von zeitloser allgemeiner Gültigkeit ist, sosehr ist es erkenntnismäßig eine immer neue Aufgabe, die die Menschheit auf ihrem ganzen Wege begleitet. Es ist auch nach Thomas trotz all seiner Ontologie weniger eine Kodifizierung fertiger Paragraphen als vielmehr ein über allen bestimmten Formulierungen stehendes Korrektiv, das als eine Teilnahme am ungeschaffenen Licht die in der Zeit stehenden Rechtsschöpfungen der Menschen beurteilen und so nach ihrer Fassungskraft teilhaben läßt an der ewigen Wahrheit des ewigen Gesetzes. Wichtiger als die jeweils gefundenen Rechtssatzungen, in denen man sich irren kann, und auch Thomas hat sich darin gelegentlich geirrt, so in seiner Minderbewertung der Frau, ist der in uns lebende göttliche Funke, durch den wir uns stets wieder über unser eigenes Werk erheben können, der habitus principiorum. Wie wenig Thomas das Recht ungeschichtlich erstarren lassen will und wie sehr er bereit ist, geschichtlich zu empfinden, zeigen seine Gedanken über die Eigenschaften des Gesetzes, die er im Anschluß an Isidor von Sevilla vorträgt (1. II, 95, 3). Das positive Gesetz muß danach sein: gerecht (dem Naturgesetz entsprechend), sittlich, physisch möglich, den Traditionen des Volkes getreu, Raum und Zeit angepaßt, notwendig, zweckmäßig, promulgiert und dem Gemeinwohl zuträglich. Darum lautet die Definition des Gesetzes: „Gesetz ist eine bestimmte Vernunftordnung um des Gemeinwohles willen, die vom Sachwalter der Gemeinschaft bekanntgegeben ist" (1. II, 90, 4).

δ) Eigenschaften des Rechts

b) Staat

In der Staatsphilosophie hat Thomas erstmals die von Wilhelm von Moerbeke übersetzte aristotelische Politik der Scholastik bekanntgemacht und also auch hier wieder die bislang herrschende augustinische Soziallehre ergänzt. „Niemand hat einen solchen Einfluß auf die Rezeption der aristotelischen Gesellschaftslehre gehabt wie Thomas" (Baeumker). Die Hauptsache steht in seinem Politikkommentar und in De regimine principum (echt nur bis II, 4). Der Ursprung des Staates liegt nach Thomas in der Natur des Menschen. Der Mensch ist, wie Aristoteles formuliert habe, von Natur aus ein soziales Wesen. In der Vereinzelung wäre er dem Leben gar nicht gewachsen; denn die Natur hat ihn nicht mit so reichen und sicheren Instinkten ausgestattet wie die Tiere. Er muß sich durch seine Vernunft behelfen. Das aber geschieht am besten in der Gemeinschaft, wo alle zusammenstehen im Erdenken und Erfinden des zum Leben Notwendigen und Förderlichen und jeder sein Teil zur größtmöglichen Vollendung des Ganzen beiträgt. Bei einem gemeinsamen Ziel bedarf es aber auch einer gemeinsamen Ord-

α) Ursprung des Staates

nung, und das sind die gemeinschaftlichen Bindungen, angefangen bei der Familie über die Gemeinde, die Sippe bis zum Staate. Auch die Sprache weise, wie wieder schon Aristoteles gesagt habe, auf die naturhafte Zusammengehörigkeit des Menschen hin. — 

β) Staatsformen

Thomas nimmt natürlich auch die herkömmliche Thematik der Staatsformen auf. Er selbst sieht die beste Staatsform in der Monarchie, hält aber mit Aristoteles dafür, daß eine gewisse Mischung mit anderen Formen zur Vermeidung von Einseitigkeiten gut wäre, so z. B. mit aristokratischen und demokratischen Elementen. Die schlechteste Staatsform ist die Tyrannis. Den Tyrannen zu töten, hält Thomas jedoch nicht für erlaubt (De reg. princ. I, 6). Die Mittel, die er dafür angibt, um diesem Übel zu steuern, zeigen allerdings, daß er noch in einem goldenen Zeitalter gelebt hat, in dem ein Tyrann zwar ein Quälgeist war, die Menschen aber noch Menschen sein konnten. Die Verhältnisse, die die modernen Zeiten auf diesem Gebiet hervorgebracht haben, hat Thomas noch nicht geahnt und darum in seine Überlegungen auch nicht einrechnen können. — 

γ) Staatszweck

Der Zweck des Staates ist ihm der antike: Die Bürger sollen durch den Staat zu einem glücklichen und tugendhaften Leben geführt werden. Dazu ist vor allem der Friede notwendig, jenes Ideal also, das schon Augustinus zu den Hauptaufgaben des Staates gezählt hatte. Der höchste Zweck des Staates ist freilich, und hier spricht nun der Christ und Theologe aus Thomas, die Förderung des ewigen Zieles des Menschen, seiner Glückseligkeit bei Gott. Der Staat hat nicht nur irdische, sondern auch überirdische Zwecke und darf die Bürger nicht nur nicht daran hindern, sie für sich zu verfolgen, sondern sollte ihnen direkt dienen durch Förderung des religiösen Lebens. — 

δ) Staat und Kirche

Da Thomas nur eine Religion anerkennt, die christliche, erkennt er auch nur einen höchsten Herrn an, Christus. Daraus leitet er die Überordnung der Kirche über den Staat ab. Er denkt eben überall teleologisch, und nachdem einmal der letzte Zweck des Menschen feststeht und aus seinem Glauben heraus weiter klar ist, daß die Sachwalter der großen Heilsordnung die Kirche und deren Oberhaupt, der Papst, sind, letzterer als Stellvertreter Christi, muß so entschieden werden. Aber gerade weil er aus dieser teleologischen Überlegung heraus urteilt, ergibt sich, daß er nicht eine absolute Herrschaft der

Kirche über den Staat, etwa auch in weltlichen Dingen, im Auge hat, sondern eine sogenannte indirekte Herrschaft (potestas indirecta in temporalibus), d. h. nur soweit die zeitliche Ordnung in Beziehung steht zur ewigen übernatürlichen Ordnung, muß sie sich von hier aus Richtlinien und Ideen geben lassen. So hat schon sein Schüler Remigio de Girolami, der Lehrer Dantes, Thomas aufgefaßt und am Ausgang des Mittelalters auch der Kardinal Juan de Torquemada. — Das Ordnungsdenken des Aquinaten offenbart sich noch einmal, und zwar in seinen Beiträgen zum Völkerrecht. Thomas kennt ein ius gentium. Es gibt Grundsätze, welche unserer Vernunft für das Zusammenleben der Staaten und Völker als notwendig erscheinen und welche auch bei allen Völkern beobachtet zu werden pflegen. So gelten überall die Gesandten als unverletzlich, setzt man ferner voraus, daß Verträge gehalten werden müssen oder daß man im Kriege Frauen und Kinder und Unschuldige zu schonen hat. Es ist im Grunde das Naturrecht, was auch wieder den Aufriß des Völkerrechtes abgibt. Und da nach Thomas das Recht nicht bloß Machtsache ist, sondern wesentlich Vernunftordnung (1. II, 91, 2 ad 3; 90, 4), scheidet für ihn einerseits die sonst oft vorgebrachte Schwierigkeit aus, daß hinter dem Völkerrecht keine Macht stünde und es darum auch gar kein Recht sei, wie auch die andere Schwierigkeit, daß es formlos wäre. Die Grundgedanken zum Völkerrecht bei Thomas wurden aufgegriffen und weitergesponnen von Franz von Vitoria und Suarez und haben über diese beiden Autoren weiter gewirkt auch bei dem Klassiker des Völkerrechtes Hugo Grotius.

ε) Völkerrecht

Literatur

M. Grabmann, Das Naturrecht der Scholastik von Gratian bis Th. v. A. Mittelalterl. Geistesleben I (1926). O. Schilling, Die Staats- und Soziallehre des hl. Th. v. A. ([2]1930). R. Linhardt, Die Sozialprinzipien des hl. Th. v. A. Versuch einer Darstellung der speziellen Soziallehren des Aquinaten (1932). M. Grabmann, Studien über den Einfluß der aristotel. Philosophie auf die mittelalterl. Theorien über das Verhältnis von Kirche und Staat (1934). L. Berg, Der Mensch, Herr seiner Rechte. Die Metaphysik der Gottesebenbildlichkeit im Personsein des Menschen hinsichtlich der Rechtsherrschaft nach Th. v. A. (1940). E. Welty, Von Sinn und Wert der menschlichen Arbeit. Aus der Gedankenwelt des hl. Th. v. A. (1946). A. P. Verpaalen, Der Begriff des Gemeinwohls bei Th. v. A. (1954).

## G. DIE REAKTION AUF DEN THOMISTISCHEN ARISTOTELISMUS

### a) Die Franziskaner

Die Eigenlehren des thomistischen Aristotelismus: Einheit der substantialen Form, Identität der geistigen Substanzen mit der Form allein ohne Materie, Individuation durch die Materie, Möglichkeit einer ewigen Weltschöpfung, realer Unterschied von Wesenheit und Dasein in den geschaffenen Dingen, Primat des Intellekts, Abhängigkeit der ganzen intellektuellen Erkenntnis von der Sinneswahrnehmung, haben schon zu Zeiten des Aquinaten selbst und noch nach seinem Tod heftigen Widerspruch hervorgerufen. Dies vor allem in der Franziskanerschule. Der Bonaventuraschüler Kardinal Matthäus von Aquasparta († 1302) schrieb seine Erkenntnistheorie mit einer deutlichen Spitze gegen Thomas. Schärfer noch griff ihn John Peckham († 1292) an. Als er Erzbischof geworden war, verurteilte er mehrere Sätze von Thomas auch öffentlich. Wilhelm de la Mare schrieb 1278 ein Correctorium fratris Thomae, und 1282 erließen die Franziskaner ein Verbot, Thomas zu lesen, ohne dieses Purgatorium neben seinen Werken liegen zu haben.

### b) Heinrich von Gent

Aber auch in den Reihen der Professoren aus dem Weltklerus an der Pariser Universität gab es Widerstände. Heinrich von Gent († 1293), einer der bedeutendsten Theologen der Zeit, hat in verschiedener Hinsicht an Thomas Kritik geübt, so an seiner Unterscheidung von Wesenheit und Dasein, seinem Materiebegriff, seiner Anschauung über eine mögliche ewige Schöpfung, seiner Erkenntnislehre, seinem Gewissensbegriff und seinem ganzen Intellektualismus.

c) Kirchliche Stellen

Besonders schwer schien ins Gewicht zu fallen, daß auch kirchliche Amtsstellen sich gegen Thomas und seine Neuerung wendeten. Unter den von Erzbischof Stephan Tempier 1277 verurteilten Sätzen des lateinischen Averroismus befanden sich auch 9 Sätze des hl. Thomas. Und fast gleichzeitig reihte auch der Erzbischof von Canterbury Robert Kilwardby, der selbst Dominikaner und Provinzial des Ordens war, Anschauungen seines Ordensbruders unter kirchlich verurteilte Lehren ein.

d) Das Mißverständnis

Allein, wenn man von dieser Seite den thomistischen Aristotelismus für unchristlich hielt und ebendeswegen bekämpfte, so waren das Mißverständnisse. Dieser Aristotelismus war etwas anderes als der der Averroisten. Wir werden sogleich sehen, wie diese auf Thomas reagierten; umgekehrt nämlich. Sie hielten entgegen: Dieser Aristotelismus ist nicht aristotelisch genug! Man hatte im Kampf gegen die Neuerung sich zuviel an den Worten gestört, wie es oft in Polemiken, auch in wissenschaftlichen, zu gehen pflegt. Ein über den Aktualitäten stehendes, etwas zeitloseres und vor allem sachlicheres und tiefer schauendes Studium, das sich nicht hätte beirren lassen durch die vielen neuen Worte und Zitate, hätte entdecken können, daß bei Thomas Augustinus stärker nachwirkt als Aristoteles, nicht immer in den Formeln und Worten, aber in der Sache und in der Grundhaltung. É. Gilson hat einmal das Wort geschrieben, daß der thomistische Aristotelismus die einzige Modernisierung gewesen sei, die in der Geschichte der Kirche gelungen wäre. Wir haben Grund, anzunehmen, daß auch diese nicht gelungen ist, weil sie nicht — zu gelingen brauchte. Der Gegensatz zwischen Thomas und der älteren platonisch-augustinischen Tradition wurde aufgerichtet — und noch heute wirkt jene Entgegensetzung nach —, weil man das „Neue" nicht differenziert genug sehen konnte. Man sprach immer nur von Aristoteles. Aber was heißt das schon? Ist es der Aristoteles des Alexander von Aphrodisias oder des Avicenna oder des Averroes, oder ist es jener Aristoteles, der sein großes platonisches Erbe nie vergessen konnte; trotz allem? Aristoteles war im Mittelalter zu einem undifferenzierten Schlagwort geworden. Für viele, die von aristotelisch-thomistischer Philosophie reden, ist er es heute noch. Aber nicht für Thomas. Er war ein viel zu tiefer Geist, als daß er, wenn er sich mit dem aristotelischen „Realismus" einer total anderen philosophischen Einstellung zugekehrt hätte, die idealistischen Elemente des Neuplatonismus und Augustinismus, deren es wahrhaftig nicht wenige sind, nur so nebenbei und unverbunden hätte mitlaufen lassen. Was wir uns erst auf Grund langwieriger historisch-kritischer Untersuchungen erarbeiten mußten, die Erkenntnis, daß Aristoteles der erste Grieche war, der uns gelehrt hat, die Welt mit den Augen Platons zu sehen, muß sein Geist intuitiv geschaut haben. Und er hat ja wohl auch den Liber de causis, das Textbuch des Metaphysikunterrichts, nicht umsonst gelesen. Sein Einfluß auf Thomas ist zwar merkwürdigerweise noch gar nicht untersucht worden, aber er ist da und bestimmt das Aristotelesverständnis grundlegend. Darum konnte Thomas ohne weiteres die Sprache der neuen Philosophie sprechen, die zu sprechen als ein Gebot der Zeit erscheinen mochte, und doch noch auf dem alten Boden des christlichen Platonismus stehen. Er konnte auch gegen Platon polemisieren; Aristoteles hat das auch getan und blieb trotzdem der erste — Platoniker. Jedenfalls, die Zeit tat, was sie zum Glück oft tut: sie ließ die Verbote in Vergessenheit geraten. Die Sache des Aquinaten war stärker als die Irrtümer der Geschichte. Er fand noch mehr begeisterte Schüler und Verteidiger, als er Gegner gehabt hatte. Schon in den nächsten 50 Jahren sieht ihn Dante im Paradiso, Ende des 13. Jahrhunderts erklärt ihn ein Generalkapitel des Dominikanerordens zum Doctor ordinis, 1323 wird er heiliggesprochen und 1879 hat Leo XIII. angeregt, daß seine Philosophie zur Philosophie der Kirche werden möchte.

### e) Thomistenschule

Zu seiner Schule zählen viele Namen, so Reginald von Piperno, der Hüter seines literarischen Erbes; Johannes Quidort von Paris († 1306); Johannes Regina von Neapel († nach 1336); Tolomeo de Lucca († 1327); Herveus Natalis († 1323); Thomas Sutton († nach 1350);

Johannes Capreolus († 1444), der princeps Thomistarum; Franz von Vitoria († 1546); Dominikus Soto († 1560); Melchior Cano († 1560); Kardinal Cajetan († 1534) u. a.

Literatur

F. Ehrle, Der Kampf um die Lehre des hl. Thomas in den ersten fünfzig Jahren nach seinem Tode. Zeitschrift für katholische Theologie 37 (Innsbruck 1913). A. Masnovo, S. Agostino e S. Tommaso (Milano 1942). — M. Grabmann, Die italienische Thomistenschule des 13. und beginnenden 14. Jahrhunderts. Mittelalterl. Geistesleben I (1926) 332—391. A. Zimmermann, Ontologie oder Metaphysik? Die Diskussion über den Gegenstand der Metaphysik im 13. und 14. Jahrhundert (Leiden 1965).

## 6. ARTISTEN UND AVERROISTEN

### Der andere Aristoteles

a) Charakter der Artistenfakultät

In der Artistenfakultät haben wir die Stelle vor uns, an der die Philosophie ex professo zu Hause sein konnte. Man wollte hier auch bloß Philosoph sein und streifte theologische Probleme nur nebenbei. Man konnte auch die Eigenständigkeit der „natürlichen“ Philosophie ziemlich forciert herausstellen. Vor allem verlegte man sich darauf, Aristoteles zu erläutern und auch weiterzuführen. Wie das wissenschaftliche Leben in der Artistenfakultät in der ersten Hälfte des 13. Jahrhunderts sich gestaltete, hat Grabmann an dem Anonymus einer aragonensischen Handschrift aufgezeigt (siehe oben S. 442). Man gliederte danach die Philosophie auf in Philosophia naturalis, moralis und rationalis. Erstere umfaßte die Metaphysik, Mathematik und Physik, entsprechend der herkömmlichen Lehre von den Abstraktionsstufen (Clarenbaldus bezeugt sie schon für Boethius, De Trinitate). Die Metaphysik betrachte die Naturdinge, sofern sie dem Sein und dem Begriffe nach von Materie und Bewegung getrennt sind: meta = trans naturam. Textbücher waren die Metaphysica vetus, Metaphysica nova und der Liber de causis. Die Mathematik pflegte die Fächer des Quadriviums. Ihr

Gegenstand, das Quantum, ist nur dem Begriffe, nicht aber dem Sein nach von den res naturae getrennt. Textbücher waren der Almagest (für die Astronomie), die Elementa des Euklid, Boethius' Institutio arithmetica und musica. Die Physik (scientia naturalis inferior, also im engeren Sinn) betrachtet die Naturdinge als materielle und bewegliche Körper. Zur Physica zählte gemäß der antiken Tradition auch die Seelenlehre. Textbücher der Physica waren u. a. Aristoteles, De gen. et corr., die Meteorologica und Parva naturalia. Aber auch der Timaios wird beigezogen und die Consolatio philosophiae. Die Moralphilosophie orientierte sich an der Ethica vetus und nova des Aristoteles und an Ciceros De Officiis. Die Philosophia rationalis war das Trivium mit dem Hauptgewicht auf der Logik (siehe oben S. 396).

b) Die ersten Logiker

Über die ersten Logiker zu Paris: Wilhelm von Shyreswood, Petrus Hispanus, Lambert von Auxerre, wurde schon berichtet (oben S. 442). Hier hielt man sich an die Schriften des Organon, die Isagoge des Porphyrius, an den Gilbert von Poitiers zugeschriebenen Liber sex principiorum und Boethius, De divisione, De categoricis syllogismis und De hypotheticis syllogismis. (Eine Übersicht über den Stand der Logik um die Mitte des 13. Jahrhunderts gibt an Hand der Logik Alberts d. Gr.: Ph. Boehner, Medieval Logic [Chicago 1952] S. 1—5.) In der zweiten Hälfte des 13. Jahrhunderts entwickelte sich immer mehr die Sprachlogik. M. Grabmann hat eine lange Reihe von Verfassern von Traktaten und Summen De modis significandi nachgewiesen, so Martinus von Dacien, Boetius von Dacien, Simon von Dacien, Siger von Courtrai, Thomas von Erfurt und andere. Der Tractatus de modis significandi des letzteren wurde als Grammatica speculativa unter dem Namen des Duns Scotus gedruckt und kam dadurch zu einer Untersuchung durch K. Werner und M. Heidegger. Die weitere Entwicklung der mittelalterlichen Logik ist gekennzeichnet durch die Namen Walter Burleigh (ca 1275—1345), Wilhelm Ockham (1300—49), Johannes Buridanus (ca. 1300—58), Richard von Campsall (ca. 1306—26 in Oxford) und Albert von Sachsen († nach 1390). Campsall hat sich gegen Ockham gewendet. Eine

Handschrift nennt seine Logica „valde utilis et realis contra Ockham". All diese Logiker finden heute das Interesse gerade der modernen Logik und es erweist sich nun, daß die mißgünstigen Urteile der älteren und neueren Aufklärer, darunter auch Prantl, über die dialektischen Spitzfindigkeiten der Scholastiker auf Unverstand beruhten.

Literatur

K. Werner, Die Sprachlogik des Johannes Duns Scotus (Wien 1877). M. Heidegger, Die Kategorien- und Bedeutungslehre des Duns Scotus (1916). M. Grabmann, Die Entwicklung der mittelalterl. Sprachlogik. Mittelalterl. Geistesleben I (1926) 104 bis 146. H. Roos, Sprachdenken im Mittelalter. Classica et mediaevalia 9 (1948). Ph. Boehner, Medieval Logic. An Outline of Its Development from 1250 to c. 1400 (Chicago 1952). Walter Burleigh, De Puritate Artis Logicae Tractatus Longior, With a Revised Edition of the Tractatus Brevior, by Ph. Boehner (1955) (= Franciscan Inst. Publ. Text Ser. 9). Für Ockham s. unten S. 561. E. A. Synan, The Universal and Supposition in a Logica Attributed to Richard of Campsall, in: Nine Mediaeval Thinkers. A Collection of Hitherto Unedited Texts (Toronto 1955) (= Pontif. Institute of Mediaeval Studies, Studies and Texts I).

c) Averroisten

Die Bedeutung der Artistenfakultät wird vorwärts getrieben, als Mitte des 13. Jahrhunderts die Averroisten auf den Plan treten. Die alten Meister hatten in der Hauptsache doch noch philosophische Propädeutik getrieben; jetzt aber wird die ganze Sachphilosophie gepflegt und wieder die des Aristoteles, und zwar des reinen und nicht mehr theologisch gesehenen Aristoteles, wie man ausdrücklich betont. Es war freilich auch nicht der reine, sondern der averroistische Aristoteles, was man vortrug; denn Averroes ist inzwischen geworden, was bislang Avicenna war, der Kommentator schlechthin. Das philosophische Bekenntnis zu ihm hatte sich in Paris zu einer lebendigen Bewegung entwickelt, dem sogenannten lateinischen Averroismus (radikaler oder heterodoxer Aristotelismus). Drei Dinge stechen in dieser neuen Geistesrichtung besonders hervor: Die Lehre von der Ewigkeit der Welt, der Satz von der doppelten Wahrheit und der Monopsychismus.

x) Siger von Brabant

Die Seele der Bewegung war Siger von Brabant (1235—1284). Seine von Grabmann in München neu aufgefundenen Aristoteleskommentare zeigen, daß er einer der bedeutendsten Aristoteleserklärer gewesen ist, ein Mann von selbständigem Urteil und kühnem Weiterdenken. Auch seine schon früher bekannten Werke, z. B. die Schrift De anima intellectiva, sind nicht einfach nur referierende Paraphrasen, sondern bieten sachlich weiterführende Problementwicklungen. Die Forschung über Siger ist noch im Gang, besonders seit durch die Arbeiten von Van Steenberghen die Frage der Chronologie seiner Werke akut geworden ist. Es sieht jetzt so aus, als hätte sich im Denken Sigers später eine grundlegende Wandlung vollzogen von einer radikalen und rebellierenden averroistischen Aristotelesauffassung zu einer gemäßigten und schließlich sogar mit Thomas einiggehenden Aristotelesinterpretation.

αα) Frühere Periode

In seiner früheren Periode geht Siger einen ziemlich eigenwilligen Weg. Gott ist zwar das primum ens; sein Dasein wird auch mit dem aristotelischen Bewegungsargument, dem Kausalsatz und auch noch den neuplatonischen Überlegungen über die Vollkommenheitsstufen erwiesen; Gott ist auch Schöpfer der Welt; aber es handelt sich um eine ewige Schöpfung, und Gott erschafft nicht alles, sondern nur, was ihm, dem Einen, innerlich nahesteht. Bei der Materie ist das nicht der Fall, sie ist darum seinem Einfluß entzogen und damit auch seiner Vorsehung. Die Sphären sind ewig und werden ewig bewegt durch die Sphärengeister, die getrennt und subsistent existieren (die aristotelischen relativen Selbstbeweger!). Auch die Lebewesen auf Erden sind ewig. Es gibt keine Urzeugung. Sie werden auch ewig existieren. Auch das rücklaufende antike Weltenjahr ist wieder da. Und weil alles von Natur aus und immer ist, hat es keinen Sinn, Wesenheit und Dasein zu unterscheiden. Die Realdistinktion von Albert und Thomas wird zurückgewiesen. Noch mehr fiel Siger auf durch seinen Monopsychismus. Mit Averroes lehrt er, daß es nur einen einzigen Intellekt für alle Menschen gibt. Der Mensch ist ein sinnliches Lebewesen durch die Vitalseele. Nur sie ist Form des Leibes. Die Allgemeinbegriffe, die dem „Geist" eigentümlich sind, gehen auf Konto des einen, einheitlichen Menschheitsintellektes, der dem Individuum und seiner Sinnlichkeit gegenüber „getrennt, ewig und unsterblich" ist. Als getrennt kann die Seele durch keine Materie individuiert und vervielfältigt werden und muß notwendig nur eine sein. Es gibt darum keine Individualseele und auch keine individuelle Unsterblichkeit, sondern nur eine Unsterblichkeit der Menschheitsseele. Man sieht, die paar Angaben bei Aristoteles in De an. *Γ*, 5 werden hier sehr bestimmt und weit ausgebaut. Erinnert man sich an Klages und seine Behauptungen über Sinnlichkeit und Geist beim Menschen, dann erscheinen diese mittelalterlichen Lehren recht modern. Das Ganze führte zu tief einschneidenden Konsequenzen. Der Mensch lebt jetzt nicht mehr auf ein jenseitiges Ziel hin, sondern muß das höchste Gut im Diesseits suchen, und zwar im Wohl der Gesamtheit. Die Theorien Sigers waren für seine Zeit schockierend, und sowohl Albert wie Thomas schrieben dagegen; Albert (ca. 1273—76): De quindecim problematibus (in Mandonnet, Siger de Br. II, 29—52); Thomas (1270): De unitate intellectus contra Averroistas. Aegidius Romanus wendet sich dagegen mit seinen Errores philosophorum [sc. Aristoteles, Averroes, Avicenna, Algazel, Alkindi, Maimonides] (bei Mandonnet II, 1—25). Bonaventura erklärt, daß diese Lehren die ganze Welt- und Lebensordnung verwirren. Man versteht, daß es darüber zum Konflikt mit der Kirche kam. Sigers Lehre wurde 1277 feierlich durch den Bischof von Paris St. Tempier im Auftrage des Papstes Johannes XXI. (Petrus Hispanus) verurteilt, indem der Artistenfakultät eine Liste von 219 irrigen Sätzen überreicht wurde. Die Hauptthesen des Averroismus waren übrigens schon 1270 vom Bischof verurteilt worden.

**ββ) Die Umkehr**

In einer späteren Periode tritt Siger einen Rückzug an. In seinem Kommentar zur aristotelischen Schrift über die Seele verhält er sich zur averroistischen Lehre reserviert und gibt schließlich zu, daß bei der Annahme nur einer einzigen Geistseele der Einzelmensch nicht mehr selbständig denkt. Man müßte dann konsequent sagen: Es denkt in ihm (homo non intelligit, sed intelligitur). Hat er damit dem Argument, das Thomas gegen ihn vorgebracht hatte, recht gegeben? Jetzt darf auch die Geistseele Form des Leibes sein, ist individuell und unsterblich. Und auch die Bewegung muß nicht mehr ewig sein, sondern kann einen Anfang genommen haben. Rein philosophisch sei weder das eine noch das andere sicher zu beweisen. Auch damit wird der Standpunkt von Thomas bejaht. Ferner kann Gott jetzt das Viele erkennen und darauf einwirken. Und während er vorher einen Determinismus vertreten hat, ist er nunmehr für die Willensfreiheit. Die Umkehr ist fast zu gründlich. Man könnte auf die Vermutung kommen, daß in der ganzen „Umkehr“ nur seine alte Theorie von der doppelten Wahrheit praktisch angewendet worden ist: Philosophie und Theologie haben beide ihr Recht, aber was hier gilt, muß nicht auch dort gelten. Zwei Welten leben für sich, beide sind ohne innere Beziehung zueinander, aber in beiden kann man sich häuslich einrichten. Hätte er den Theologen den Gefallen getan, bei ihnen einen Besuch zu machen und zu sagen, was sie gerne hören, weil man eben mit ihnen nicht anders reden kann, sich dabei aber „philosophisch“ sein Teil gedacht? De Wulf nennt Siger einen komplizierten Charakter, hält aber dafür, daß ihm seine Umkehr ernst war.

β) Boetius von Dacien

Ein anderer vielgenannter Magister ist Boetius von Dacien. Seine Lehren wurden gemeinsam mit denen Sigers 1277 verurteilt. „Es gibt keine höhere Lebensform als die philosophische“, lautet eine seiner Thesen; und eine andere: „Die Philosophen allein sind die Weisen dieser Welt“; weitere klangen ähnlich. Man hörte den aristotelischen, rein diesseitigen Paganismus klar heraus.

γ) Gemäßigtere Meister

Gemäßigtere, an Thomas und Albert sich anschließende Magistri waren Jakob von Douai, Raoul von Bretone, Peter von Auvergne, Heinrich von Brüssel und in England Simon von Faversham († 1306).

Die averroistische Tradition hat sich lange in Paris behauptet. Im 14. Jahrhundert wird sie vertreten von Johannes von Janduno und Marsilius von Padua, dem Verfasser des Defensor pacis, der im Anschluß an die Lehre des Aristoteles von der Naturhaftigkeit des Staates die Selbständigkeit der Staatsmacht gegenüber jeder kirchlichen Bevormundung verteidigt und die Volkssouveränität proklamiert als alleinige Quelle der Staatsmacht und ihrer Gesetze.

δ) Von Paris nach Padua

Dann verpflanzt sich die averroistische Tradition nach Bologna (Taddeo da Parma, Angelo d'Arezzo, nach 1300) und vor allem nach Padua, wo sie bis in das 17. Jahrhundert hinein anhält, Aristoteles und seine Physik gegen alle Neuerungen zunächst zäh und stur verteidigend, aber in der Renaissance dann voll werden kann, was sie immer schon sein wollte, rein natürliche Philosophie im Stil der Neuzeit.

## Quellen und Literatur

Cl. Baeumker, Die Impossibilia des Siger von Brabant (1898). P. Mandonnet, Siger de Brabant et l'Averroisme latin au 13e siècle. I: Étude critique (Louvain [2]1911); II: Textes inédits (Louvain [2]1908). M. Grabmann, Neuaufgefundene Werke des S. v. B. und Boetius von Dacien (1924). Ders., Der lateinische Averroismus des 13. Jahrhunderts und seine Stellung zur christlichen Weltanschauung (1931). Ders., Die opuscula De summo bono sive de vita philosophi und De sompniis des Boetius von Dacien (1932; jetzt Mittelalterl. Geistesleben II, 1936, S. 200—224). Ders., Die Aristoteleskommentare des Simon von Faversham (1933). Ders., Die Lehre des hl. Albertus Magnus vom Grunde der Vielheit der Dinge und der lateinische Averroismus. Mittelalterliches Geistesleben II (1936). F. Stegmüller, Neugefundene Quästionen des S. v. B. Recherches de Théol. anc. et méd. 3 (1931). F. van Steenberghen, Siger de Brabant d'après ses œuvres inédites. I: Les œuvres inédites (Louvain 1931); II: Siger dans l'histoire de l'Aristotelisme (ebd. 1942). Ders., Les œuvres et la doctrine de S. de B. (Louvain 1938). Ph. Delhay, Siger de Brabant. Quéstions sur la Physique d'Aristote (Louvain 1941). J. Koch, Giles of Rome, Errores philosophorum. Critical Text with Notes and Introductions. Transl. by J. O. Riedl (Milwaukee 1944). C. A. Graiff, S. de Br. Quéstions sur la métaphysique. Texte inédit (Louvain 1948). J. J. Duin, La doctrine de la providence dans les écrits de S. de B. Textes et étude (Louvain 1954). A. Zimmermann, Dante hatte doch recht. Neue Ergebnisse der Forschung über Siger von Br. In: Philosoph. Jhrb. 75 (1967). H. Schrödter, Boetius von Dacien und die Autonomie des Wissens. In: Theologie und Philosophie 47 (1972). — A. Monahan, Quaestiones in Metaphysicam Petri de Alvernia. Nine Mediaeval Thinkers (Toronto 1955) (= Pontifical Institute of Mediaeval Studies. Studies and Texts I). Marsilius von Padua, Defensor pacis. Der Verteidiger des Friedens. Übers. von W. Kunzmann, bearb. und eingeleitet von H. Kusch. 2 Bde. (1958). — Ph. Merlan, Monopsychism Mysticism Metaconsciousness. Problems of the Soul in the Neoaristotelian and Neoplatonic Tradition (The Hague 1963). — R. Paqué, Das Pariser Nominalistenstatut. Zur Entstehung des Realitätsbegriffs der neuzeitlichen Naturwissenschaft (1970).

## 7. DIE JÜNGERE FRANZISKANERSCHULE

### Altes und Neues

Neben dem Aristotelismus von Albert und Thomas und ihren Schulen lebt die alte augustinische Tradition als eigene Denkrichtung immer noch weiter. Nach wie vor sind die Franziskaner ihre Hauptvertreter.

a) Von Bonaventura bis Scotus

Bis Duns Scotus, der einen neuen Höhepunkt darstellt, wird das alte Erbe überliefert durch Matthäus von Aquasparta († 1302), dessen Erkenntnislehre besondere Beachtung verdient, Wilhelm de la Mare († 1298), dessen Streitschrift gegen Thomas wir bereits erwähnten, Richard von Mediavilla († nach 1300), Roger von Marston († ca. 1303), bei dem sich der für Oxford typische Ausgleichsversuch zwischen Augustinismus und Aristotelismus schon deutlich zeigt, Petrus Johannis Olivi († 1298), der in der Menschenseele drei Formen eingeschlossen sein läßt, die vegetative, sensitive und intellektive, von denen nur die ersteren zwei Wesensformen des Leibes wären, eine Theorie, die das Konzil von Vienne 1312 ausdrücklich zurückgewiesen hat. Franziskaner war auch Raymundus Lullus († 1316), der durch seine Ars generalis et ultima (1308) eine Art Begriffsmechanik ausbilden wollte, die es gestattete, alle möglichen Gedankenkombinationen künstlich zu errechnen, ein Versuch, den Leibniz wieder aufgegriffen hat mit seiner Ars combinatoria.

Texte und Literatur

Matthaeus von Aquasparta: Bibliotheca Franciscana Scholast. Med. Aevi, Bde. 1, 2, 11. M. Grabmann, Die philosoph. und theolog. Erkenntnislehre des Kardinals M. ab A. (Wien 1906). E. Longpré, Dict. Théol. cath. 10 (1928). J. Auer, Die Entwicklung der Gnadenlehre in der Hochscholastik unter besond. Berücksichtigung des Kardinals Matteo d'Aquasparta I (1942). — R. Zavalloni, Richard de Mediavilla et la controverse sur la pluralité des formes. Textes inédits et étude critique (Louvain 1951). — Petrus Joh. Olivi: Bibl. Franc. Schol. Med. Aevi, Bde. 4,

5, 6. J. Seidel, Natur und Person. Metaphysische Probleme bei Petrus Joh. Olivi (1938). — J. Salzinger, B. Raymundi Lulli opera. 8 Bde. (Mainz 1721/42, Nachdr. Ffm. 1964). Raimundi Lulli opera latina curante Fr. Stegmüller (Palmae Maioricarum 1959 ff.). — E. W. Platzeck, R. Lull. 2 Bde. (1962).

### b) Duns Scotus

Der Begründer der jüngeren Franziskanerschule ist Johannes Duns Scotus (1266—1308). Er gehört zweifellos zu den ersten Geistern der Scholastik, wenn es auch etwas zu viel gesagt ist, daß er eine neue Synthese geschaffen hätte. Aber er führt überall weiter. Seine Begriffe sind schärfer, seine Unterscheidungen genauer, seine Beweise zwingender, seine Problematik reicher als bisher. Wer mit Thomas philosophieren will, würde gut tun, zu den jeweiligen Fragen auch die Gedanken des Scotus noch hinzuzunehmen und zu durchdenken. Er ist ein kritischer Kopf und verdient seinen Beinamen doctor subtilis mit Recht. Immer aber sucht er die Kritik um der besser gesicherten Wahrheit willen, nicht bloß, um zu kritisieren. Grundsätzlich augustinisch orientiert, kennt er auch Aristoteles sehr gut, doch ohne ihm zu verfallen. Es liegt ihm daran, zwischen den entstandenen Gegensätzen des Augustinismus und Aristotelismus wieder zu vermitteln. Er weiß sich selbständig mit der wissenschaftlichen Überlieferung auseinanderzusetzen, besonders auch mit Thomas.

#### Leben und Werke

Scotus war Professor in Oxford, Cambridge und Paris. 1307 wurde er nach Köln berufen, wo er, erst 42jährig, im Jahre darauf stirbt. Sein literarisches Werk ist für die Kürze seiner Lebenszeit erstaunlich groß. Das Wichtigste von seinen Schriften: Opus Oxoniense, die Vorlesungen über die Sentenzen zu Oxford; Reportata Parisiensia, Nachschriften der Pariser Vorlesungen über die Sentenzen; Quaestiones quodlibetales, meistens endgültige Entscheidungen der behandelten Fragen; Quaestiones subtilissimae super libros Metaph. Aristotelis; Tractatus de primo principio (nicht zu verwechseln mit dem Scotus nicht zugehörigen De rerum principio).

Ausgaben und Literatur

I. D. Scoti ... Opera omnia. Editio nova juxta editionem Waddingi ... recognita. 26 Bde. (Paris, Vivès 1891/95). — B. I. D. Scoti ... Commentaria Oxoniensia ad IV libros Magistri sententiarum novis curis edidit P. Marianus Fernández García (Quaracchi 1912/14). — Doctoris subtilis et mariani I. D. Scoti ... Opera omnia. Studio et cura Commissionis scotistae ad fidem codicum edita praeside P. C. Balić (Civitas Vaticana 1950 ff.). — The De Primo Principio of J. D. Scotus. A Revised Text and a Translation by E. Roche (St. Bonaventure, N. Y. 1949).

Lexikon: F. García, Lexicon scholasticum philosophico-theologicum in quo termini, definitiones, distinctiones a beato I. D. Scoto declarantur (Quaracchi 1910).

P. Minges, J. D. Scoti doctrina philosophica et theologica. 2 Bde. (Quaracchi 1908, [2]1930). E. Longpré, La philosophie du b. Duns Scot (Paris 1924). W. Betzendörfer, Glauben und Wissen bei den großen Denkern des Mittelalters (1931). R. Messner, Das Individuationsprinzip in skotistischer Schau. Wissensch. u. Weisheit 1 (1934). J. Assenmacher, Die Geschichte des Individuationsprinzips in der Scholastik (1936). J. Auer, Die menschliche Willensfreiheit im Lehrsystem des Thomas v. A. und J. D. Scotus (1938). R. Messner, Schauendes und begriffliches Erkennen nach D. Scotus mit kritischer Gegenüberstellung zur Erkenntnislehre von Kant und Aristoteles (1942). A. B. Wolter, The Transcendentals and their Function in the Metaphysics of D. Scotus (St. Bonaventure, N. Y. 1946). S. J. Day, Intuitive Cognition. A Key to the Significance of the Later Scholastics (ebd. 1947). P. C. Vier, Evidence and its Function According to J. D. Scotus (ebd. 1951). G. Stratenwerth, Die Naturrechtslehre des J. D. Scotus (1951). É. Gilson, J. D. Scot. Introduction à ses positions fondamentales (Paris 1952); deutsch von W. Dettloff unter dem Titel: J. D. Scotus. Einführung in die Grundgedanken seiner Lehre (1959). M. Schmaus, Zur Diskussion des Problems der Univozität im Umkreis des D. Scotus (1957). J. Owens, Common Nature. A Point of Comparison between Thomistic and Scotistic Metaphysics. Mediaeval Studies 19 (1957). E. Stadter, Psychologie und Metaphysik der menschlichen Freiheit. Die ideengeschichtliche Entwicklung zwischen Bonaventura und Duns Scotus (1971). L. Honnefelder, Ens inquantum ens (1979).

Bibliographie: O. Schäfer, Heft 22 bei Bocheński (oben S. 324). Ders., Bibliographia de Vita, Operibus et Doctrina J. D. Scoti saec. XIX—XX (Romae 1955).

Wir heben die Hauptgedanken heraus, mit denen Duns Scotus die Problematik bereichert und weiterführt.

α) Wissen und Glauben

Die augustinische Grundhaltung bei Duns Scotus zeigt sich sofort, wenn wir seine Stellung zur herkömmlichen Problematik um Wissen und Glauben ins Auge fassen. Das philosophische Wissen um Gott wird eingeschränkt, und die wichtigsten Aufschlüsse werden jetzt vom Glauben erwartet. Gegenstand der Metaphysik sei nicht Gott, wie Averroes meinte, sondern das Sein als solches, wie Avicenna gesagt habe. Das natürliche Wissen ist nur dort sicher, wo es auf sinnliche Anschauungen zurückgreifen kann. Die Welt der unsinnlichen Dinge aber ist uns entrückt und nur durch Rückschlüsse faßbar, und diese seien allemal unscharf und sehr allgemein. Darum bleibt der natürlichen Vernunft z. B. ein eigentlicher Wesensbegriff Gottes verborgen. Wir können Gott zwar bestimmen als das höchste Sein, als das Erste und Unendliche; aber das ist immer noch ein „konfuser Begriff". In Wirklichkeit ist Gott mehr, ist allmächtig, allweise. All das kann jedoch nur durch den Glauben und die Theologie ausfindig gemacht werden. Eine „christliche Metaphysik" dagegen sei möglich. In ihr würden die Wahrheiten über Gott und Unsterblichkeit, nachdem sie uns durch den Glauben geoffenbart sind, jetzt philosophisch analysiert und durchdacht werden, so wie das Anselm schon getan habe. Das gleiche versucht jetzt auch Scotus in seinem Tractatus de primo principio. Wie sehr Scotus die Reichweite der natürlichen Vernunft in Dingen der Metaphysik einschränkt, sieht man besonders aus seiner Stellung zum natürlichen Sittengesetz. Während Thomas seinen ganzen Gehalt für rational einsichtig und erweisbar hielt, erklärt Scotus, daß dies nur für die Inhalte der drei ersten Gebote des Dekaloges zutreffe, nicht aber auch für die übrigen Gebote. Es wäre z. B. eine Weltordnung wohl denkbar, in der es die Tötung gäbe, die Polygamie und kein Privateigentum. Thomas hielt wegen der Vernunftnotwendigkeit alle Gebote des Dekaloges für unabänderlich, Scotus nur die ersten drei; denn ihre Änderung schlösse einen inneren Widerspruch ein, die der übrigen aber nicht. Damit werden von selbst diese letzteren Sittengesetze zu einer Sache des göttlichen Willens und sind nicht mehr, wie bei Thomas, Vernunftinhalte.

Scotus ist nicht so vernunftgläubig, er ist kritischer und zieht darum die Grenzen der reinen Vernunft enger. Vielleicht auch wollte er damit die philosophischen Totalitätsansprüche der Averroisten in die Schranken weisen.

β) Primat des Willens

Wir verstehen nunmehr, wie Scotus zu einem Primat des Willens kommen konnte. Er wollte damit nicht einem Irrationalismus das Wort reden, noch behaupten, daß der reine Wille aus sich selbst und allein schon praktisch sein könne. Auch Scotus sieht im Willen an sich ein „blindes Vermögen", wie Thomas immer sagt, und weiß, daß nur gewollt werden kann, wenn vorher der Verstand ein Ziel gezeigt hat. Aber Scotus schlägt beim Menschen den Wert des Willens höher an als den des Erkennens, weil uns die Liebe inniger mit Gott vereine als der Glaube, was man ohne weiteres daraus sehe, daß der Gotteshaß schlimmer sei als die Unwissenheit über Gott. Ferner soll der Wille unter allen Umständen frei sein. Nichts vermag ihn nach Scotus zu determinieren, auch nicht das höchste Gut. Er allein ist Ursache seiner Handlungen. In etwa wird die besondere Bewertung des Willens, die für Scotus bezeichnend ist, auch auf Gott übertragen. Es ist nämlich der göttliche Wille, der die Vielheit der einzelnen Ideen, nach denen Gott die Welt gebildet hat, positiv erschafft. Wenn Gott die Dinge auch in seiner eigenen Wesenheit erkennt, so werden doch die Urbilder der Dinge von Ewigkeit her in ihm gezeugt. Sie werden allerdings nicht willkürlich erzeugt, sowenig wie die positiven Moralgesetze, weil der Wille Gottes schafft, was die Weisheit Gottes präkonzipiert hat, und weil hierüber wieder, ob also eine Idee möglich ist oder nicht, das Wesen Gottes, und zwar nach dem Gesetz des Widerspruches, entscheidet. Auch Scotus baut den christlichen Platonismus in sein System ein. Man hört aus seinem Denken das ἀποβλέπειν πρός τι (die Ideen, womit Platon das Schaffen des Kosmos durch den göttlichen Demiurgen stereotyp wiedergibt), noch genauso heraus wie aus Augustinus oder Thomas oder Bonaventura.

γ) Individuation

In der Nähe dieser Bewertung des Willens und seiner positiven jeweiligen Entscheidung liegt auch die Stellung des Scotus zum Individuationsproblem. Auch das Individuelle ist eine „positive" Entität und hat als solche eine „haecceitas". Die Erkenntnis des Individuellen ist auch die vollkommenste Erkenntnis. Damit wird gegenüber der Überbewertung des Allgemeinen bei Platon, Aristoteles und Thomas eine neue Haltung begründet, die von jetzt an Schule machen wird und sich mit dem Voranschreiten der Neuzeit immer mehr verstärkt. Wenn auch der Terminus haecceitas das Problem nur anschneidet, aber nicht löst, so scheint in ihm eben doch erstmalig typisch auf, was nunmehr zu einem Hauptanliegen der neuzeitlichen Philosophie werden wird, der Individualismus.

δ) Das Erkennen

Es ist nur konsequent, wenn Scotus in seiner Erkenntnislehre die konkreten individuellen Dinge in ihrer Gänze erkennbar sein läßt. Es gibt keinen irrationalen Rest, noch braucht man sich ihnen erst zu nähern auf dem Umweg über das Allgemeine. In einer sinnlich-geistigen Intuition erfassen wir unmittelbar das existierende Ding. Das Erkennen bleibt aber dann nicht dabei stehen, sondern auch Scotus strebt nach allgemeinen Begriffen. Sie werden „abstrahiert", und es ist wieder ein intellectus agens, der dies besorgt. Er setzt aber an bei der „Allgemeinnatur" (natura communis), die ein Mittleres ist zwischen dem Individuellen und dem Universale. Erst daraus wird die species intelligibilis gewonnen, der Allgemeinbegriff, mit dem alle wissenschaftliche Erkenntnis arbeiten müsse. Die Aktivität des intellectus agens im Erkenntnisprozeß wird besonders hervorgehoben. Ihm gegenüber ist die sinnliche Anschauung nur Teilursache; er aber ist ex se causa integra factiva obiecti in intellectu possibili. Seine Leistung besteht darin, ein gewisses konstantes Verhältnis unserer Denkmittel zum Erkenntnisgegenstand herzustellen. Darum kann Scotus noch mehr als Thomas, der auch schon den Grundsatz vertrat, daß alles, was erkannt wird, nach dem Modus des Erkennenden erkannt wird, die Eigengesetzlichkeit des menschlichen Erkennens unterstreichen. Die Subjektseite schiebt sich weiter vor. Darum ist für Scotus Wahrheit nicht mehr wie in der naiven Abbildtheorie einfach Adaequation, sondern „wahr ist, was seiner Proportion angemessen ist". Hier sieht man deutlich seine kritisch-vorsichtige Art. Scotus weiß auch, daß die Sinneserfahrung nur Tatsachenurteile abwirft. Wenn er aber die Prinzipien durch den Verstand und seine Beziehungserfassungen allein einsichtig werden läßt, auch bei irrigen Unterlagen aus der Sinneserfahrung, weil die Sinne dem Verstand gegenüber keine Wirkursache sind (intellectus non habet sensus pro causa, sed tantum pro occasione), und wenn er mit Hilfe der Verstandesprinzipien letztlich über Wahrheit und Nichtwahrheit unserer Urteile entscheidet, dann meldet sich darin — wie übrigens auch schon in der Gemeinnatur, die eben doch ein verkapptes Universale ist — wieder das alte Eidosdenken zu Worte, und es bleibt bei Scotus das Verhältnis von Sinnlichkeit und Geistigkeit genauso ungeklärt wie in der bisherigen Scholastik. Mit der Sinnlichkeit wird erst in der neuzeitlichen englischen Philosophie Ernst gemacht werden. Aber wir sehen aus Scotus und dann noch mehr aus Ockham, wie man sich dieser Entwicklung nur langsam und allmählich nähert, aber doch wirklich nähert, und erkennen aus solchen Beobachtungen, wie die Neuzeit sich kontinuierlich aus dem Mittelalter herausbildete und nicht, wie man manchmal naiv glaubt, plötzlich wie Athena aus dem Haupt des Zeus als das ganz Neue und Andere hervorgetreten ist.

**ε) Univoker Seinsbegriff**

Scotus hat viel von sich reden gemacht durch seine Lehre von der Univozität des Seinsbegriffes in unseren Aussagen von Gott. Er denkt dabei nicht daran, irgendwelche Kategorien im univoken Sinn von Gott und Welt zugleich auszusagen. Hierin gibt er der alten Theorie von der nur analogen Prädikation recht. Aber jenes allerallgemeinste Sein, das in allem auftaucht, was immer wir erkennen und aussprechen, wie sehr sich die Dinge auch unterscheiden, muß einen gleichen Namen und Begriff haben, wenn es überhaupt einen Sinn haben soll, von Sein zu reden. Bei aller Analogie muß immer noch ein Gemeinsames und Gleiches da sein. Das ist ein Gedanke, den die Früheren so nicht ausgesprochen haben. Dieses allgemeinste Sein ist das maxime scibile und als solches jetzt Gegenstand der Metaphysik. Es ist ein Transzendentale und wird durch Bestimmungen wie unendlich-endlich, notwendig-möglich und ähnliche modal näher bestimmt. Durch eben diese Modalitäten kehrt dabei die Zäsur wieder, die man vor Scotus durch Begriffe wie überwesentliches Sein, Teilhabesein, notwendiges und kontingentes Sein gelegt hatte. Damit wird das Anliegen der Analogieproblematik gerettet und zugleich auch der Analogiegedanke selbst; denn ein Vergleichen ist nur möglich an einem Gemeinsamen und schon Bekannten, sei das nun eine Idee oder ein modal abwandelbares Sein allerallgemeinster Art, was ja das gleiche besagt.

Die ganze Schärfe seines Geistes hat Scotus an die Problematik der Gottesbeweise gewendet. Den aristotelischen Bewegungsbeweis lehnt er schon früh ab, weil der Bewegungssatz zu viel Ausnahmen hat. Aber den Beweis aus der Wirkursächlichkeit vertritt er, den aus der Zielursächlichkeit und den aus dem Vorrang. Die philosophische Klärung des Ursachenbegriffes überhaupt, des Kausalprinzips im besonderen und der Unmöglichkeit eines regressus in infinitum, die Scotus hier vornimmt, müßte in jeder systematischen Darlegung der Gottesbeweise beigezogen werden. (Für das nähere Detail vgl. die ausgezeichnete Analyse bei Gilson-Böhner!) In diesem Zusammenhang greift Scotus auch den anselmianischen Beweis wieder auf, ergänzt ihn durch den Nachweis der Möglichkeit des Begriffes eines unendlichen Wesens und nimmt damit den Gedanken von Leibniz vorweg. ζ) Gottesbeweise

### c) Scotistenschule

Scotus hat auf Jahrhunderte hinaus anregend gewirkt. So zählen zu seiner Schule Antonius Andreae († 1320), der Verfasser der lange Zeit dem Scotus selbst zugeschriebenen Expositio in Metaphysicam; Franz von Mayronis († 1325); Walter Burlaeus († nach 1343); Thomas Bradwardinus († 1349), der typisch ist für die Oxforder mathematische Tradition; Petrus Tartaretus, 1490 Rektor der Universität Paris; Franz Lychetus († 1520); Mauritius a Portu († 1520) u. a.

## 8. MEISTER ECKHART

### Mystik und Scholastik

Auch in der Hochscholastik steht neben der Geistigkeit des Verstandes die Geistigkeit des Herzens, die Mystik, und das nicht, wie manchmal geglaubt wird, als ein ganz anderer Weg, sondern als etwas Zugehöriges und Verwandtes. Wenn nämlich in den Summen die rationale Methode auf weite Strecken allein verfolgt wird, so geschah dies aus didaktischen Gründen und heißt nicht, daß nicht in der Wirklichkeit eine lebendige Einheit von begrifflichem Denken und religiösem Fühlen möglich gewesen wäre. Gerade bei Eckhart, dem Mystiker schlechthin, kann man sehen, wie „Scholastik und Mystik in der Substanz übereinkommen" (E. Seeberg). Um des Verständnisses der Scholastik willen muß man um Eckhart wissen und um des Verständnisses Eckharts willen um die Scholastik.

#### Leben

Meister Eckhart (1260—1327) aus dem Geschlecht derer von Hochheim, war Mitglied des Dominikanerordens, hatte in Paris studiert, wird selbst Magister der Theologie, ist später an leitender Stelle in seinem Orden tätig und visitiert dabei viele Klöster. Bei dieser Gelegenheit hielt er jene Predigten, die ihn berühmt machten und die eine neue mystische Bewegung mitentfachen halfen. Kurze Zeit lehrt er auch in Paris und gegen Ende seines Lebens noch in Köln. In den letzten Jahren mehrten sich die Bedenken gegen die Rechtgläubigkeit seiner Lehre. Sie kamen teils von den Franziskanern, teils aus seinem eigenen Orden. Der Erzbischof von Köln leitete darauf den kirchlichen Prozeß gegen ihn ein. Eckhart verteidigte sich (die Verteidigungsschrift wurde wieder aufgefunden und ist für die Haltung des Meisters sehr aufschlußreich) und appellierte an den Papst. Zwei Jahre nach seinem Tode erfolgte trotzdem noch die Verurteilung von 28 Sätzen seiner Lehre. Die Kirche hat in ihrem Richterspruch ausdrücklich anerkannt, daß der Meister bona fide gewesen sei. Von einer Auflehnung Eckharts gegen die Kirche kann keine Rede sein. In der Verteidigungsschrift steht der Satz: „Alles, was in meinen Schriften und Worten falsch ist ohne mein besseres Wissen: allezeit bin ich bereit, dem besseren Sinn zu weichen...

Denn irren kann ich, aber ein Ketzer sein, nein, das kann ich nicht; denn das erste geht den Intellekt an, das zweite aber den Willen."

Werke

Die Mehrzahl der Werke Eckharts ist lateinisch geschrieben. Man kannte lange Zeit nur die deutschen Schriften und kam darüber zu kühnen Fehldeutungen. Man wollte in dem Meister nur den Gegensatz zu seiner Zeit sehen. Seit H. Denifle in der Amploniana zu Erfurt (1880) und im St.-Nikolaus-Hospital zu Cues (1885) die lateinischen Schriften Eckharts wieder aufgefunden hatte, wandelte sich das Bild, und man sah, daß Eckhart im Grunde auch ein Scholastiker war, wenn auch lebendiger und eigener geprägt als viele andere. „In keinem Punkt geht Eckhart von Augustinus und Thomas ab oder gestattet sich den beiden gegenüber auch nur die leiseste Kritik" (Karrer). Wer die deutschen Schriften Eckharts wirklich lesen kann, d. h., wer sie auf ihrem ideengeschichtlichen Hintergrund liest und die Transparenz der lateinischen Termini bemerkt, wird zwischen dem Eckhart der deutschen und der lateinischen Schriften aber gar keinen wesentlichen Unterschied feststellen.

Von den Werken des Meisters sind für uns wichtig: Reden der Unterweisung (1298); Die Quaestiones Parisienses (erster [1300/03] und zweiter [1312/14] Pariser Aufenthalt); Das Buch der göttlichen Tröstungen (ca. 1308), Liber benedictus genannt, zu dem auch der Sermon vom edlen Menschen gehört; Das Opus tripartitum (vor und nach 1314), das Hauptwerk des Meisters, das nicht vollendet wurde und uns darum nur stückweise erhalten ist. Es zerfiel in drei Teile: das Opus propositionum, das Opus quaestionum und das Opus expositionum. Letzteres, wir besitzen davon ziemlich viel, umfaßte Schriftauslegungen (opus expositionum im engeren Sinn) zu Genesis (hier deren zwei), Exodus, Ecclesiasticus 24, Liber sapientiae, Johannes-Evangelium sowie lateinische Predigten (opus sermonum). Erhalten ist auch der Prolog zum Opus tripartitum. Er gibt den Aufriß des Werkes und je eine Probe für die drei Teile, für eine Propositio: Esse est Deus; für eine Quaestio: Utrum Deus sit; für eine Expositio: In principio creavit Deus caelum et terram. Sehr wertvoll für die Kenntnis Eckharts ist auch die Verteidigungsschrift. Die deutschen Predigten sind nur als Nachschriften erhalten.

Texte und Literatur

Fr. Pfeiffer, Deutsche Mystiker des 14. Jahrhunderts. II: Meister Eckhart (1857; Nachdruck 1924). H. Denifle, Meister Eckharts lateinische Schriften und die Grundanschauung seiner Lehre. Archiv für Literatur und Kirchengeschichte des Mittelalters II (1886) 417—532. A. Daniels, Eine lateinische Rechtfertigungsschrift des Meisters Eckhart (1923). O. Karrer, Meister Eckhart. Das System seiner religiösen Lehre und Lebensweisheit. Textbuch aus den gedruckten und ungedruckten Quellen, mit Einführung (1926). Karrer-Piesch, Meister Eckharts Rechtfertigungsschrift (1927). G. Théry, Le commentaire de maître Eckhart sur le livre de la Sagesse: Archives d'Histoire doctrinale et littéraire du Moyen-Age III (1928), IV (1929). Kritische Gesamtausgabe: Meister Eckhart. Die lateinischen und deutschen Werke. Herausgegeben im Auftrag der deutschen Forschungsgemeinschaft (1936 ff.). [Hier zitiert mit LW bzw. DW] — Statt der unzulänglichen älteren Übersetzungen der deutschen Schriften (Büttner und Schulze-Maizier) jetzt: J. Quint, Meister Eckehart. Deutsche Predigten und Traktate (1955).

J. Bach, Meister Eckhart, der Vater der deutschen Spekulation (1864, Nachdr. 1964). W. Preger, Geschichte der deutschen Mystik I (1874). Denifle (1886) s. o. 545. M. Grabmann, Neu aufgefundene Pariser Quaestionen Meister Eckharts und ihre Stellung in seinem geistigen Entwicklungsgange (1927). O. Karrer, Das Göttliche in der Seele bei Meister Eckhart (1928). J. Koch, Meister Eckhart und die jüdische Religionsphilosophie des Mittelalters. Jahresbericht der Schlesischen Gesellschaft für vaterländische Kultur (1928). J. Quint, Die Überlieferung der deutschen Predigten Meister Eckharts (1932). A. Dempf, Meister Eckhart. Eine Einführung in sein Werk (1934). H. Piesch, Meister Eckharts Ethik (Luzern 1935). W. Bange, M. E.s Lehre vom göttlichen und geschöpflichen Sein (1937). H. Ebeling, Meister Eckharts Mystik. Studien zu den Geisteskämpfen um die Wende des 13. Jahrhunderts (1941). H. Hof, Scintilla animae (1952). K. Heussi-K. Weiß, Meister Eckharts Stellung innerhalb der theologischen Entwicklung des Spätmittelalters (1953). B. Schmoldt, Die deutsche Begriffssprache Meister Eckharts (1954). J. Kopper, Die Metaphysik Meister Eckharts (1955). J. Ancelet-Hustache, Maître Eckhart et la mystique rhénane (Paris 1956). J. Koch, Kritische Studien zum Leben M. E. In: Arch. Fratr. Praed. 29 (1959) und 30 (1960). Ders., Zur Analogie-Lehre M. E. In: Mélanges Gilson (Paris 1959). V. Lossky, Théologie négative et connaissance de Dieu chez Maître Eckhart (Paris 1960). Nix-Oechslin (Hrsg.), M. E. der Prediger. Festschrift zum E.-Gedenkjahr (1960). La Mystique Rhénane. Colloque de Strasbourg mai 1961 (Paris 1963). I. Degenhardt, Studien zum Wandel des Eckhartbildes (Leiden 1967).

### a) Geistige Hintergründe

Es ist notwendig, bei Eckhart zunächst auf die Hintergründe zu verweisen, die auf ihn abfärben. Das ist einmal der Neuplatonismus und sein Ideenkreis, so wie er Eckhart durch die Väter, besonders durch Augustin, Ps.-Dionysius, M. Confessor und dann durch Eriugena, die Schule von Chartres, die arabischen Philosophen, den Liber de causis, durch De intelligentiis und vor allem durch Albert und seine Schule übermittelt wurde. Mindestens ebenso entscheidend für das Denken Eckharts ist die scholastische Theologie, besonders Thomas von Aquin. Man braucht nur einen Blick auf den Stellennachweis im Textbuch von Karrer zu werfen, um an den vielen Zitaten aus Thomas diesen Einfluß sofort zu erkennen. Auch der von J. Koch dem Meister zugeschriebene Sentenzenkommentar läge in dieser Linie. Vieles, was schlecht unterrichtete Eckhartausleger als Pantheismus und nordisches Selbstbewußtsein empfanden, ist Gedankengut der scholastischen Trinitäts- und Gnadenlehre und ihrer über die Väter bis auf Philon Judäus zurückgehenden Logosspekulation. Und schließlich zehrt Eckhart von der Mystik, den Viktorinern, Rupert von Deutz, Bernhard von Clairvaux und jenem mystischen Strom, der in den deutschen Klöstern des 12. und 13. Jahrhunderts lebendigste geistige Bewegung war und für den Hildegard von Bingen, Gertrud die Große, Mechthild von Magdeburg, Mechthild von Hackeborn und andere bezeichnend sind. Wie das franziskanische Reformgutachten zum Lyoner Konzil von 1274 zeigt, hat man in diesen Mystikerkreisen sich immer schon mit der scholastischen Spekulation befaßt. Die Tätigkeit Eckharts in den Frauenklöstern hat nicht zuletzt den Zweck verfolgt, diesen Bestrebungen zu dienen. Wir wissen auf Grund der von Grabmann neu aufgefundenen Werke deutscher Mystiker, daß auch Johannes von Sterngassen, Gerhard von Sterngassen, Nikolaus von Straßburg und ihre Mystik auf Thomas v. A. fußen. Hier ist die durchgeführte Scholastik nicht, wie man gemeint hat, eine „Auswalzung des religiösen Grundvorgangs, die ihn selbst zugleich plattwalzen und austreiben" muß. Dazu standen Eckhart natürlich die allgemeinen Quellen des Mittelalters zur Verfügung, Aristoteles vor allem, den er gut kennt, die arabischen und jüdischen Philosophen, wie Averroes, Avicenna, Algazel, Maimonides, sodann die Väter, allen

α) Neuplatonismus

β) Scholastik

γ) Mystik

δ) Allgemeine Quellen

voran Augustin, und hier wieder waren ihm besonders lieb die Confessiones, De vera religione, De Trinitate; und schließlich die christlichen Schriftsteller des Mittelalters. Bei der Abfassung z. B. des Kommentars zum Johannes-Evangelium lagen ständig vor ihm eine glossierte Bibel, die Kommentare Augustins, Alberts und Thomas' und von letzterem noch die Catena aurea. Man muß das sehen, um die Gedanken Eckharts in ihrem wahren Ursprung zu fassen und ihm nicht irgendeinen Sinn zu unterschieben. Die neue Gesamtausgabe bietet in ihrem Apparat für ein genaues Verstehen Eckharts einzigartige Möglichkeiten. Näheres dazu bei J. Koch in der Einführung zu seiner Edition des Johannes-Kommentars (LW III, S. XXVI ff.).

b) Der Ontologe

α) Die Zielrichtung

Mehr noch als den Prediger, Mystiker, Scholastiker, Dialektiker muß man in Eckhart den Ontologen sehen. Das Interesse am Sein durchzieht sein ganzes Werk, und es ist ein brennendes Interesse; aber nicht am Sein überhaupt, sondern am „wahren" Sein. Es ist die alte Frage Platons und der Neuplatoniker, was bei Eckhart geradezu eine neue Aufgipfelung erfährt. Der Gute ist gut durch die Gutheit, der Gerechte durch die Gerechtigkeit, jedes weiße Ding ist weiß durch die Weiße (albedo), hören wir wieder und wieder. Es ist eine Ontologie, die im raum-zeitlich Gegebenen nicht ein Letztgegebenes erblickt, sondern nur die Erscheinung eines Erstgegebenen, der Natur nach Früheren, nicht mehr Raum-Zeitlichen, sondern „Ewigen", wie er gern sagt. Dadurch wird Seiendes erklärt; richtiger: „verstanden", denn der Geist bringt für seine Begegnung mit der Welt schon etwas mit, von dem her er das ihm Begegnende ordnet, deutet, beurteilt; wenigstens dann, wenn er die Kraft hat, das Vordergründige zu durchstoßen und zum Wesentlichen zu kommen, vom Hier und Jetzt, vom Dies und Das abzusehen, „abzuscheiden" und das immer Bleibende, Ewige, zu schauen. Es ist eine Philosophie, die das Sein nicht von unten nach oben gewinnt, sondern es in seinem Grunde immer schon hat und von hier aus, von oben nach unten, wie man zu sagen pflegt, Seiendes sieht und liest.

β) Vorbemerkungen zum Opus tripartitum

Typisch dafür die Vorbemerkungen im Prologus generalis zum Opus tripartitum (LW I, S. 152—56). In ihnen legt sich

Eckhart für sein ganzes Werk grundsätzlich auf das wahre Sein fest als auf das Prinzip und Herz aller Dinge. In der ersten Vorbemerkung heißt es: „Das, was die allgemeinen Termini, z. B. Sein, Einheit, Wahrheit, Weisheit, Güte und dergleichen meinen, darf man sich nicht vorstellen und beurteilen nach der Seinsweise der Akzidentien. Denn diese empfangen ihr Sein durch einen Träger und in einem Träger ... sind also der Natur nach später als er ... Völlig anders verhält es sich mit dem von den genannten allgemeinen Begriffen Gemeinten. Denn das Sein selbst und was mit ihm vertauschbar und identisch ist, kommt nicht wie ein Späteres zu den Dingen hinzu, sondern ist früher als alles andere in den Dingen ... Denn das Sein als solches verhält sich zu allem andern wie dessen Verwirklichung und Vollendung, ja es ist die Wirklichkeit aller Dinge, auch der Formen. Deshalb sagt Avicenna in seiner Metaphysik: ‚Das, was jedes Ding verlangt, ist das Sein und die Vollkommenheit des Seins, insofern es Sein ist', und fügt hinzu: ‚Das also, was wahrhaft (vere) verlangt wird, ist das Sein. Darum unterliegt jedes Ding, mag es auch beweglich oder veränderlich sein, der Betrachtung des Philosophen, sogar die Materie, die Wurzel der veränderlichen Dinge.' Und darum hat das Sein der Dinge als solches sein Maß in der Ewigkeit, keineswegs in der Zeit. Denn der Geist, dessen Gegenstand das Sein ist und der dies nach Avicenna zuerst von allem erfaßt, sieht vom Hier und Jetzt und folglich von der Zeit ab. Augustin, der im 1. Kapitel des 7. Buches von der Dreifaltigkeit auf das Gesagte anspielt, sagt: ‚Die Weisheit ist weise und durch sich selbst weise. Und welche Seele immer durch Teilhabe an der Weisheit weise wird: wenn sie wieder unweise wird, bleibt doch die Weisheit in sich.'" Die zweite Vorbemerkung spricht diesen Apriorismus des Seins ganz generell aus: „Ganz allgemein empfängt das Frühere und Obere durchaus nichts von dem Späteren; ja es wird überhaupt nicht berührt von dem, was später ist. Umgekehrt, das Frühere und Obere berührt das Niedere und Spätere und steigt mit seinen Eigentümlichkeiten in es herab und gleicht sich, und zwar als Ursache und Tätiges, jenes als das Verursachte und Leidende an." Der Mensch behielte darum sein eidetisches Wesen, auch wenn seine physische Gestalt sich so veränderte, daß sein Haupt den nördlichen und seine Füße den

αα) Wahres Sein

ββ) Apriorität des Seins

südlichen Pol des Himmels berührten (LW I, S. 155). Entsprechend dieser Gesamteinstellung wird dann auch das Opus tripartitum aufgebaut. Auch die didaktische Darstellung verfährt nämlich so, daß es ein Früheres, Apriorisches, gibt, wodurch alles Spätere grundgelegt wird. Die

γγ) Seins-Axiomatik

dritte Vorbemerkung sagt nämlich: „Drittens und letztens ist zu bemerken, daß das zweite Werk und ebenso das dritte so von dem ersten Werk, dem der Thesen, abhängen, daß sie ohne es nur von geringem Nutzen sind, weil sich die Erklärungen der Probleme und die Auslegungen der Schriftworte meistens auf eine der Thesen stützen." Aber das ist beileibe nicht nur didaktische Methode, sondern ist jene Erkenntnismetaphysik, die allen axiomatischen Propositions-Systemen zugrunde liegt, seit Platon in seiner Dialektik die Idee des an sich Guten sich von oben nach unten, von Genus zu Genus entfalten ließ, Systemen also, wie sie vorliegen in den Propositionen der Sententiae ad intelligibilia ducentes des Porphyrios, der Elementatio theologica des Proklos, des Liber de causis, der Maximae theologiae des Alanus ab Insulis, des Liber de intelligentiis und des Buches der 24 Meister. Es handelt sich hier nie um letzte Elemente, in die sich wie in letzte Bausteine eine Philosophie zerlegen ließe, um sie dann wieder zusammenzusetzen, sondern um eine Grundlegung; nicht um Stoicheia, sondern um eine Stoicheiosis; nicht elementa, sondern elementatio; also um einen tätigen, gründenden, schöpferisch-dynamischen Vorgang, in dem vom Sein her etwas zum Entstehen gebracht wird, um eine Grundlegung im Stil der platonischen Hypothesis. Eckhart hatte auch sein Hauptwerk ganz dem tragenden Grundprinzip seiner Philosophie entsprechend konstruiert.

γ) Eckharts Besonderheit

Nun hat aber auch Thomas gesagt, daß alles Weiße weiß ist durch die albedo. Der Satz ist überhaupt Gemeinplatz, und auch das Beispiel von dem Menschen, dessen Körper so ge-

αα) Die Vorzeit und Eckharts Neuerung

waltig ist, daß er den Himmel durchmißt, ist nicht neu. Es steht auch bei Thomas, und zwar im Anschluß an ein Aristoteles-Wort (In Arist. De caelo et mundo *B*, 2; 285 b 1—3), was angesichts des gemeinsamen Untergrundes der mittelalterlichen Metaphysik nicht zu verwundern ist. Trotzdem liegt hier bei Eckhart etwas Besonderes, ja Einmaliges vor: Eckhart hat den Geist der neuplatonischen Philosophie erfaßt wie sonst niemand mehr. Die Begriffe und Formeln dieser

Philosophie finden sich überall. Sie werden auch von anderen Denkern konsequent eingebaut, aber so und so oft mehr unbewußt als bewußt; auch bei Thomas. Jedenfalls, sie werden weithin nicht mehr in ihrer Eigentümlichkeit und ihrem letzten Ernst erlebt. Es gibt kein Staunen mehr darüber. Eckhart aber weiß um das Spezifische, er versteht zutiefst, kommt aus dem Staunen nicht mehr heraus, ist erregt und aufgewühlt. Darum kommt er in seinem Reden und Schreiben immer wieder auf das wahre, geistige, ewige Sein zurück und kreist leidenschaftlich um den Kern seiner Botschaft. Er hatte seiner Zeit etwas Neues zu sagen. Er weiß wirklich um den Unterschied von Zeitlichem und Ewigem. Die Dinge dieser Zeitlichkeit sind ihm „nichts". Natürlich heißt das nicht, daß sie nicht existierten; es heißt, daß sie aus der Gnade des wahren Seins leben und nicht aus sich selbst; daß in jenes Frühere und Höhere nichts von dem Nachgeordneten als ein Konstituens eingeht, und sie also nicht einer Abstraktion ihr Sein verdanken. Im Grunde denkt Thomas nicht anders. Aber wenn man aus seiner These, daß die materiellen Dinge das zunächst Erkannte sind, in manchen Kreisen der Neuscholastiker einen „Realismus" entwickeln konnte, der mehr englischer Empirismus war als Thomas von Aquin, aus Eckhart konnte man eine solche Philosophie nicht ableiten. Das für seine Ontologie Bezeichnende liegt darin, daß Eckhart das Verhältnis von „wahrem" und zeitlichem Sein wieder in genuin platonischem Sinn richtig und lebendig zugleich gesehen hat. Viele Metaphysiker haben das metaphysische Sein nur auf dem Papier traktiert oder haben es bestenfalls konserviert wie Museumsverwalter ihre Kunstschätze. Für Eckhart ist es Wirklichkeit, Leben und Existenz. Und viele Metaphysiker haben dazu noch das Verhältnis von metaphysischem und realem Sein so schief und unzulänglich bestimmt, daß die „metaphysische Welt" zu der „realen Welt" in Raum und Zeit in Gegensatz treten konnte als eine s c h l e c h t h i n andere Welt. Man hatte es nicht so gewollt, aber man hat es so gesagt. Die Scholastiker haben damit den Mißdeutungen der Metaphysik in der Philosophie der Neuzeit als einer Art „Hinterwelt", die „ganz anders" sei und mit dieser zeitlichen Welt gar nichts zu tun habe, ungewollt Vorschub geleistet. Schuld ist der schlechthin und als ein totaler verstandene Chorismos. Die feinere Zeichnung

**ββ) Transzendenz und Immanenz**

des Verhältnisses der Ideen und Universalien zu ihren Erscheinungen, eines Verhältnisses, das Einheit und Verschiedenheit zugleich ist, wurde vergröbert, und es ging gerade das verloren, worauf es ankam, die Benennung der besonderen modi des Seins, in denen Einheit bzw. Trennung obwaltet. Eckhart aber sah genau, daß in einer Hinsicht, nämlich in der Idee, Einheit besteht, in anderer aber, nämlich was die Abhängigkeit, die Gründung angeht, Verschiedenheit. Sehr klar kommt das schon im Liber benedictus zum Ausdruck: „Zum ersten muß man wissen, daß der Weise und die Weisheit, der Wahre und die Wahrheit, der Gerechte und die Gerechtigkeit, der Gute und die Gutheit aufeinander Bezug nehmen und sich wie folgt zueinander verhalten: Die Gutheit ist weder geschaffen noch gemacht, noch geboren; jedoch ist sie gebärend und gebiert den Guten; und der Gute, insoweit er gut ist, ist ungemacht und ungeschaffen und doch geborenes Kind und Sohn der Gutheit. Die Gutheit gebiert sich und alles, was sie ist, in dem Guten: Sein, Wissen, Leben und Wirken gießt sie allzumal in den Guten, und der Gute empfängt sein ganzes Sein, Wissen, Leben und Wirken aus dem Herzen und Innersten der Gutheit und von ihr allein. Der Gute und die Gutheit sind nichts anderes als eine Gutheit, völlig eins in allem, abgesehen vom Gebären (einerseits) und dem Geboren-Werden (andererseits); indessen ist das Gebären der Gutheit und das Geboren-Werden in dem Guten völlig ein Sein, ein Leben. Alles, was zum Guten gehört, empfängt er von der Gutheit in der Gutheit. Dort ist er und lebt er und wohnt er. Dort erkennt er sich selbst und alles, was er erkennt, und er liebt alles, was er liebt, und er wirkt mit der Gutheit und in der Gutheit" (Buch d. göttl. Tröstung 1. Bei Quint, Meister Eckhart. Deutsche Predigten und Traktate, S. 102). Das Ineinander und Auseinander von Zeitlichem und Ewigem, Menschlichem und Göttlichem ist Eckhart, dem Lebemeister, besonders in der Ethik aufgegangen. Die Verhältnisse liegen aber nicht anders hinsichtlich des Seins überhaupt. Eckhart weiß genau, daß Gott als Ursache der Welt als dem Verursachten gegenüber „anders", transzendent, ist. Er weiß aber auch um das Wort des Apostels, daß wir in Gott leben, uns bewegen und sind; und das nicht in einem bildlichen, sondern wirklichen Sinn. Möglich, daß ihm dabei Augustins Wort, daß Gott uns

γγ) Göttliches und geschöpfliches Sein

näher ist als unser eigenes Innerstes es uns ist, Leitbild gewesen ist. Jedenfalls aber, er kannte das Problem in seiner ganzen Nuanciertheit. Er hat göttliches und geschöpfliches Sein nicht konfundiert, wie Denifle gemeint hat.

δ) Sein und Mensch

Eckhart ist ein Ontologe im Geiste Plotins. Er ist wohl der größte aller Neuplatoniker. Und er hat die Lehre vom eigentlichen und wahren Sein, in dem der Mensch seine Heimat besitzt, jene Ontologie, die im letzten Kern Selbstverwirklichung des Menschen ist, so wie sie umgekehrt auch wieder eine personale Ontologie ist, weil Sein und Geist sich gegenseitig bedingen, mit der gleichen Inbrunst verkündet, wie Plotin es getan hat, der auch stets um den einen großen Gedanken vom wahren Sein kreiste. Eckhart ist in seiner Ontologie aber auch einer der größten Platoniker gewesen. Sein ganzes Denken und Sprechen bemüht sich darum, den Menschen aus der Höhle herauszuführen. Und es ist ihm auch begegnet, was Platon vorausgesehen hat, daß es dem begegnen wird, der es unternimmt, die Menschen zu lehren, das zeitliche Sein zu transzendieren.

### c) Der Theologe

α) Gott als reines Denken

In der Gotteslehre legt Eckhart größten Nachdruck darauf, daß wir immer eher sagen müssen, was Gott nicht ist, als was er ist. Darum will er Gott nicht einmal den Seinsbegriff beilegen, sondern erklärt, Gott ist Gedanke und Denken (intellectus et intelligere). Damit wäre er als rein von allem Geschöpflichen bezeichnet. Etwas für absolute Idealisten? Man hat zur Zeit Eckharts und dann wieder nach der Entdeckung der Pariser Quaestionen daran gedacht, daß Eckhart mit dieser These, die Gott das Sein zu nehmen schien, aus der Reihe tanze. Aber auch Aristoteles schon hat Gott so bestimmt; ebenso sagt Thomas v. A., daß in Gott Intellekt und Wesenheit identisch seien; und bei Albert ist Gott der intellectus universaliter agens und erzeugt als solcher die erste Intelligenz. Darum kann Eckhart mit dem Prolog des Johannesevangeliums sagen, daß durch das „Wort", das ja ein verbum mentis ist, alles gemacht wurde.

β) Gott als Fülle des Seins

Und jetzt zeigt sich, daß die Aussagen der negativen Theologie, wie das schon Ps.-Dionysius gesehen habe, doch einen positiven Erkenntniswert hätten. Eckhart kann nun auch wieder sagen, es ist die erste These des Prologus generalis, das Sein ist Gott: esse est Deus (LW I, S. 156). Er will sagen: Gott ist das Sein, nämlich die Fülle des Seins. Alles Sein stammt von ihm. „Es steht ferner fest, daß alles das Sein vom Sein selbst hat, so wie alles Weiße durch die Weiße weiß ist" (a. a. O. 157); oder „Gott hat alles geschaffen, doch nicht so, daß es außerhalb seiner stünde oder neben ihm, so wie es sonst die Werkleute tun, sondern er rief es aus dem Nichts, aus dem Nichtsein, zum Sein, daß sie dies fänden, erhielten und hätten in ihm" (a. a. O. 161 f.).

**αα) Sein als Idee**

Jetzt sehen wir, in welchem Sinne Gott die Fülle des Seins ist: Er enthält die Ideen alles Seins in sich; indem er diese schafft, schafft er das Sein, und insofern ist er dem Sein immanent. Wieder also lebt die alte Ideenlehre fort. Und weil es darum geht, hat die Immanenz keinen pantheistischen Sinn. Die Ideen existieren durch Teilhabe, und erst recht ist das Sein in Raum und Zeit nur Teilhabesein. Darum bleibt es bei dem zunächst Gesagten, daß Gott Gedanke ist und Denken und nicht Sein: weil er Logos ist und die Ideen ausspricht, das „Sein" aber das Geschaffene bezeichnen soll. Nimmt man aber „Sein" für das metaphysische Wesen, für die Idee der Dinge, dann ist Gott als der Ursprung und die Fülle der Ideen das Sein schlechthin, und insofern will Eckhart auch Gott das Sein heißen. In der Predigt Quasi stella matutina (Quint, Meister Eckhart. Deutsche Predigten und Traktate, S. 196) erklärt er: „Wenn ich gesagt habe, Gott sei kein Sein und sei *über* dem Sein, so habe ich ihm damit nicht das Sein abgesprochen, vielmehr habe ich es ihm erhöht. Nehme ich Kupfer im Golde, so ist es dort (vorhanden) und ist da in einer höheren Weise, als es in sich selbst ist. Sankt Augustin sagt: Gott ist weise ohne Weisheit, gut ohne Gutheit, gewaltig ohne Gewalt ... In Gott sind aller Dinge Vorbilder *gleich*, aber sie sind *ungleicher Dinge* Urbilder. Der höchste Engel und die Seele und die Mücke haben ein gleiches Vorbild in Gott."

**ββ) Die Ideen und der Sohn Gottes**

Ein Lieblingsgedanke Eckharts ist seine Identifizierung der Ideen mit dem Sohne Gottes. „Er ist ein Wort des Vaters. In demselben Worte spricht der Vater sich selbst und alle göttliche Natur und alles, was Gott ist, so wie er es erkennt, und er erkennt es, wie es ist ... Indem er das Wort spricht, spricht er sich und alle Dinge in einer anderen Person und gibt ihr dieselbe

Natur, die er selber hat, und spricht alle vernunftbegabten Geistwesen in diesem Wort als demselben Worte [wesens-] gleich [aus] nach dem ‚Bild', insofern es innenbleibend ist — nicht gleich jedoch demselben Worte in jeder Weise, insofern es ausleuchtet, insofern also jedes für sich gesondert Sein hat" (Predigt Intravit Jesus; bei Quint, a. a. O. S. 157. Vgl. auch S. 161, 163, 172). Hier liegt nun ein gewisses Schwanken vor; denn Eckhart betont, wenn er weiterfährt, stark das Geschaffensein der Idee, ihr „Ausleuchten", also ihre Teilhabe. (Auch beim Areopagiten ist der Teilhabegedanke Ausdruck für das ens ab alio.) Der Sohn kann aber nach der Theologie Eckharts nicht geschaffen sein. Nimmt man also die Sohnschaft der Ideen wörtlich, wie der scholastische Theologe zu tun gewohnt war, dann taucht damit sofort die Gefahr auf, den Unterschied von Welt und Gott zu verwischen. Aber vielleicht soll man nicht pressen, was als ein Bild gedacht war und dazu bestimmt, gewisse Seiten und Teilsachverhalte in der lebendigen Rede besonders sichtbar werden zu lassen (vgl. auch oben S. 418).

γ) Existenz Gottes

Mit Händen greifen kann man den christlichen Platonismus unseres Meisters, wenn er sich fragt, ob Gott existiert. Seine Antwort lautet nämlich: „Das Sein ist das Sein Gottes" (esse est essentia Dei sive Deus; igitur Deum esse, verum aeternum est; igitur Deus est: Prolog. gen. LW I, S. 159). So wie die weißen Dinge nicht weiß sind ohne die Weiße, so sind die seienden Dinge nicht ohne Gott (a. a. O. 158). Ohne ihn wäre das Sein ein Nichts. Das ist auch wieder nicht Pantheismus, sondern die Anwendung des Methexisgedankens auf die existierende Welt. Aber wie ist das nun? Auf der einen Seite betont Eckhart mit Hilfe der Ideenlehre, daß die Dinge nur in ihrem „wesenhaften", d. h. ideellen, urbildlichen Sein in Gott sind und Gott in ihnen, jetzt aber hören wir, daß auch das raum-zeitliche Sein an Gott teilhat; denn wenn er von Existenz redet, meint er doch dies. Davon geht er tatsächlich aus; aber dann hebt er in den Dingen wieder das wesenhafte, ideelle oder eigentliche Sein heraus, und in dieser Hinsicht ist ihnen Gott immanent. Er sieht die Welt mit den Augen Platons an. Meint er nur das in Raum und Zeit Stehende als solches, dann heißt er es klar die Kreatur, und diese ist „tödlich".

d) Der Lebemeister

α) Ziel der Ethik

Eckhart wird ganz er selbst, wenn er auf ethische Fragen zu sprechen kommt. Was er hier bietet, ist eine christliche Vollkommenheitslehre, wobei es ihm in erster Linie darauf ankommt, dieses Ideal so in das Leben hineinzustellen, daß es selbst wieder Leben zeugt. Er will nicht Lese-, sondern Lebemeister sein. Die Praxis ist ihm wichtiger als die Theorie. „So ist es besser, einem Hungrigen Speise zu reichen, als sich derweilen in innerer Betrachtung zu ergehen. Und wäre der Mensch in Verzückung wie St. Paulus und wüßte einen Kranken, der eines Süppleins von ihm bedürfte, ich hielte es für viel besser, du ließest aus Liebe die Verzückung fahren und dientest dem Bedürftigen in um so größerer Liebe." Er weiß sich dabei einig mit seinem großen Ordensbruder Thomas v. A.: „St. Thomas lehrt, überall sei die wirkende Liebe größer als die beschauliche, wo die Liebe in Tätigkeit ausströmen läßt, was sie in der Beschauung aufgenommen hat" (Karrer, Textbuch S. 190 f.). Die Ethik Eckharts steht unter dem Motto „Einheit mit dem Einen". Erkennend-liebende Anteilschaft an dem höchsten Gute und seiner Vollkommenheit soll das heißen. Praktisch bedeutet es den Gleichklang unseres Denkens und Wollens mit Gott. Selbstverständlich um des höchsten Gutes und der objektiven Vollkommenheit als solcher willen. Eckhart ist normativer Gesinnungsethiker und braucht von keiner Lohnmoral gereinigt zu werden.

β) Weg zur Vollkommenheit

αα) Gottesgeburt als Einwohnung des Heiligen Geistes

Der Weg zu dieser Einheit ist der Weg der Gottesgeburt im Menschen. Dieser vielbesprochene Begriff ist ein Zentralbegriff in der ganzen Philosophie des Meisters. Man kann eine doppelte Gottesgeburt unterscheiden. — Einmal ist sie nichts anderes, als was die scholastische Theologie immer schon über die Einwohnung des Heiligen Geistes in der Seele des Gerechten gesagt hat. Die Gnadenlehre hatte ja im Anschluß an die Bibel von jeher betont, daß wir durch die Gnade Christi Kinder Gottes werden, Tempel des Hl. Geistes, in denen Gott Wohnung nimmt; „geboren" wird, sagt Eckhart jetzt. Da diese Gottesgeburt durch Schenkung und Gnade geschieht, kann hier von Pantheismus keine Rede sein. — Eckhart kennt aber noch eine zweite Gottesgeburt.

ββ) Gottesgeburt als innertrinitarische Zeugung

Sie steht in Frage, wenn er davon spricht, daß die Seele die

Stätte jener Gottesgeburt sei, die sich von Ewigkeit her in Gott selbst vollziehe. „Der Vater gebiert den Sohn als seinesgleichen ... Ich sage aber noch mehr: Er hat ihn geboren in meiner Seele ... In dieser Geburt geisten der Vater und der Sohn den heiligen Geist ... Alles, was der Vater zu leisten vermag, gebiert er in den Sohn, daß der Sohn es in die Seele gebäre ... So wird die Seele eine himmlische Wohnung der ewigen Gottheit“ (Pfeiffer, 205, 165, 215). Wenn aber diese innertrinitarische Gottesgeburt in meiner Seele sich vollzieht, dann ist es konsequent, wenn Eckhart fortfährt: „Daß Gott eben Gott ist, des bin ich eine Ursache. Wäre ich nicht, so wäre Gott nicht“ (Pfeiffer, 284, 9. Verbessert nach Quint). Eine Stelle, wie geschaffen für eine pantheistische Fehlinterpretation! Aber Eckhart denkt wieder an die Idee von uns selbst, an die „ungeborene Weise, nach der wir ewiglich gewesen sind und ewig währen sollen“ (a. a. O.). „Denn als die Kreatur nicht war in sich selber, wie nunmehr, da war sie doch vor der Welt Beginn in Gott und seiner Vernunft“ (Pfeiffer, 488). In dieser ideellen Seinsform sind alle Dinge in Gott; näherhin in Gottvater: „In den kernen der Veterlichkeit ... hie sindt alliu grâsbletelîn und holz unde stein und alliu dinc ein“ (Pfeiffer, 332). Das sind also wieder die praeconceptiones divinae, das „vorgewürket dinc“, wie Eckhart sie im Anschluß an Ps.-Dionysius heißt, kurz, der ganze mundus intelligibilis. Und wenn Gott nun den Sohn zeugt als das Wort, in dem er mit all diesen Inhalten sich ausspricht, oder als „daz bilde, alsô als ez êwiclich ist gewesen in ime, daz ist sîn forme belîbende in im selber“ (a. a. O.), dann sind „wir“ freilich Ursache Gottes, aber nicht unser geschaffenes Wir, sondern die Idee unseres Ich im Geiste Gottes, nicht mehr und nicht weniger als eben alle Ideen, die Gottes Wesenheit ausmachen. Das ist alles nichts Überraschendes, sondern nur eine Anwendung der von Philon her traditionellen Logosspekulation. Für die Ethik Eckharts werden diese Gedanken allerdings insofern wichtig, als sich hieraus für jeden Menschen ein Urbild in Gott ergibt, ein ewiges besseres Ich, ein ego arche-typus, das unser Maß ist und unser ewiges Gesetz, mit dem für den Strom der Akte unseres personalen Seins und Lebens ein Bett vorgezeichnet ist, das ihn wieder in das Meer der Gottheit führt, von dem γγ) „Seelenfünklein" er letztlich einmal kam. — Wie aber geht uns jene Welt der Ideen und des idealen Ich im ewigen Wort auf? Eckhart sagt, wir haben einen unmittelbaren Zugang zu ihm, nämlich im sogenannten Seelenfünklein (scintilla animae). Es wurde sehr viel darüber geschrieben, vielleicht unnötig viel; denn auch das ist nichts Überraschendes. Das Entscheidende daran ist der Teilhabegedanke. Eckhart weiß um das Göttliche im Menschen. Er ist mit Augustinus des Glaubens, daß Gott uns näher ist als wir uns selbst. Dieses Augustinuswort dürfte die beste Deutung des Seelenfünkleins geben. Aber Eckhart weiß ebenso um den Unterschied des Menschlichen und Göttlichen. Darum erklärt er in der Verteidigungsschrift: Wäre die Seele nur das, dann wäre sie ungeschaffen. Darin also, daß die Seele teilhat an Gott, liegt das Göttliche in ihr, der Seelenfunke; darin, daß sie teilhat und also nicht ganz göttlich ist, das Geschaffene. In der Sprache des Aquinaten wäre das etwas nüchterner die Synteresis oder der habitus principiorum (vgl. oben S. 517 f.); in der Sprache der modernen Wertphilosophie das Wertgefühl. Es ist der Punkt, an dem der Mensch, der ein Mittleres ist zwischen zwei Welten, sich als dem Göttlichen zugehörig weiß in echter

δδ) Christus Teilhabe. — Einen zweiten, anschaulicheren Weg zu unserem besseren Ich findet Eckhart in Christus, in dem das Wort Fleisch geworden ist. Beide Wege wird auch Cusanus beschreiten, der hier von Eckhart gelernt hat.

e) Nachleben

Eckhart ist tatsächlich geworden, was er werden wollte, ein Lebemeister. Seine Gedanken haben in weitesten Volkskreisen Aufnahme gefunden. Sein Orden hat, die zensurierten Sätze meidend, mit vielen seiner Mitglieder in seinem Geiste weitergearbeitet. Die zwei bedeutendsten davon sind Johannes Tauler († 1361), um den sich die Gottesfreunde scharten, mystisch gestimmte Welt- und Ordensleute, besonders in den rheinischen Frauenklöstern, und dessen Willenskraft und Innigkeit auch auf Luther Eindruck gemacht haben; und dann Heinrich Seuse († 1366), der Minnesänger der ewigen Weisheit, bei dem auch Spekulation und Gemüt sich gegenseitig befruchten, wie es eben typisch ist für die scholastische Mystik. In der geistigen Linie Eckharts liegen ferner die von Luther herausgegebene „Deutsche Theologie" und die Werke Johannes' von Ruysbroek (†1381), dessen Schüler Geert Groote die Kongregation der Brüder vom gemeinsamen Leben gegründet hat. In einem ihrer Konvente, dem zu Deventer, wird der junge Nikolaus von Cues erzogen werden. Im 19. Jahrhundert hat Franz v. Baader wieder auf Eckhart als den Zentralgeist der Mystik des Mittelalters aufmerksam gemacht. Hegel pries ihn dann als den „Heroen der Spekulation".

Texte und Literatur

Tauler, Opera omnia (Paris 1623). Fr. Jostes, Meister Eckhart und seine Jünger. Ungedruckte Texte zur Geschichte der deutschen Mystik (1895). H. Seuse, Deutsche Schriften. Herausgegeben von K. Bihlmeyer. 2 Bde. (1907). Die Predigten Taulers. Herausgegeben von F. Vetter (1910). Predigten. Vollständige Ausgabe. Übertragen u. hrsg. von G. Hofmann (1961). A. Spamer, Texte aus der deutschen Mystik des 14. und 15. Jahrhunderts (1912). Paradisus animae intelligentis. Herausgegeben von Ph. Strauch (1919). Der Frankfurter. Eine deutsche Theologie. Übertragen und eingeleitet von J. Bernhart (1920). J. van Ruysbroeck, Zierde der geistlichen Hochzeit. Herausgegeben und übersetzt von Fr. Huebner (1924). H. Denifle, Das geistliche Leben. Deutsche Mystiker des 14. Jahrhunderts (Salzburg [9]1936). J. Quint, Textbuch zur Mystik des deutschen Mittelalters (1952). H. Kunisch, Eckhart, Tauler, Seuse. Ein Textbuch aus der altdeutschen Mystik (1958).

W. Preger, Geschichte der deutschen Mystik III (1893). J. Bernhart, Die philosophische Mystik des Mittelalters (1922). H. de Hornstein, Les grands mystiques allemands du XIVe siècle: Eckhart, Tauler, Suso (Luzern 1929). Wentzlaff-Eggebrecht, Deutsche Mystik zwischen Mittelalter und Neuzeit (1944). J. M. Clark, The Great German Mystics Eckhart, Tauler and Seuse (Oxford 1949). J.-A. Bizet, Suso et le Minnesang (Paris 1947). E. v. Bracken, Meister Eckhart, Legende u. Wirklichkeit (1972).

## III. DIE SPÄTSCHOLASTIK

Die Spätscholastik gilt gemeinhin als Zeit des Verfalls. Das 14. und 15. Jahrhundert hätten nichts Schöpferisches mehr geleistet, sondern nur noch mit ernsten Problemen gespielt und um Nebensächliches gestritten. Das trifft für viele Erscheinungen dieser Zeit tatsächlich zu. Immerhin muß man bedenken, daß die Erforschung dieser Epoche erst anläuft und nicht wenig dafür spricht, daß sie Ergebnisse zeitigen wird, die uns berechtigen, diese beiden Jahrhunderte in Zukunft positiver zu bewerten, als es bisher der Fall war. Es sind eine Reihe von philosophisch höchst wichtigen Problemen, die in dieser Ära gründlich und kritisch studiert werden: die Frage nach der intuitiven Erkenntnis, zusammenhängend damit das Individuationsprinzip, der Grund der Ideen in Gott, die Bedeutung der Mathematik und die formale Logik. Am Anfang und am Ende stehen zwei Männer, von denen der eine, Wilhelm von Ockham, sofort Schule gemacht und zwei Jahrhunderten ihr Gepräge gegeben hat, und der andere, Nikolaus von Cues, das beste Erbe der Scholastik in einer Weise erneuert hat, die man als den Ansatz der Philosophie der Neuzeit und speziell der deutschen Philosophie betrachten kann.

### 1. OCKHAM UND DER OCKHAMISMUS

Leben und Werke

Wilhelm von Ockham, der Inceptor venerabilis, ist um 1285 südlich von London geboren, wird Franziskaner, studiert zu Oxford, doziert ebendort, wird wegen unkirchlicher Lehren angeklagt und nach Avignon zitiert, flieht und schlägt sich auf die Seite Ludwigs des Bayern. „Kaiser, verteidige mich mit dem Schwert, ich verteidige dich mit der Feder“, soll er zu ihm gesagt haben. Seit 1329 lebt er in München und vertritt die kirchenpolitischen Interessen seines Herrn. Nach dessen Tod sucht er sich mit dem Papst wieder zu versöhnen und widerruft seine frühere Haltung. 1349 ist Wilhelm in München, wahrscheinlich an der Pest, gestorben und dort begraben worden.

Die philosophisch wichtigsten Werke: Sentenzenkommentar; Quodlibeta septem; Expositio aurea in librum Porphyrii, in l. Praedicamentorum, in l. Peri hermeneias, in l. Elenchorum; Summulae in libros Physicorum (= Philosophia naturalis); Summa totius logicae.

### Texte und Literatur

Die Werke Ockhams müssen immer noch in den alten Inkunabeldrucken gelesen werden. Verstreute moderne Teildrucke sind verzeichnet bei É. Gilson, History of Christ. Philos. in the Middle Ages (1955) S. 783. Leichter greifbar sind aus den Franc. Inst. Publ. (s. oben S. 322): The Tractatus de Successivis Attributed to William Ockham. Ed. by Ph. Boehner (1944). The Tractatus de Praedestinatione et Praescientia Dei et de Futuris Contingentibus of William Ockham. Ed. by Ph. Boehner (1945). William Ockham, Summa Logicae. Pars prima; Pars secunda et Tertiae prima. Ed. by Ph. Boehner, Vol. I (ebendort 1951), Vol. II (1954). W. Ockham, Philosophical Writings. A Selection Edited and Translated by Ph. Boehner (Edinburgh 1957). Kritische Gesamtausgabe in Angriff genommen bei F. Schöningh, Paderborn: Wilhelm von Ockham, Opera philosophica et theologica. Herausgegeben von E. M. Buytaert unter Mitarbeit von G. Mohan, E. Moody und I. Dam.

G. Ritter, Studien zur Spätscholastik (1927). E. Hochstetter, Studien zur Metaphysik und Erkenntnislehre Wilhelms von Ockham (1927). P. Vignaux, Artikel „Occam" und „Nominalisme" Dict. Théol. Cathol. 11 (1931). S. Moser, Grundbegriffe der Naturphilosophie bei W. v. O. (Innsbruck 1932). E. Moody, The Logic of William of Ockham (New York 1935). S. U. Zuidema, De Philosophie van Occam in zijn Commentaar op de Sententien. 2 Bde. (der 2. Band ist Textauswahl) (Hilversum 1936). C. Giacon, Guglielmo di Occam. 2 Bde. (Milano 1941). Ders., Occam (Brescia [2]1945). Ph. Boehner, The Realistic Conceptualism of W. O. Traditio 4 (1946). R. Guelluy, Philosophie et Théologie chez Guillaume d'Ockham (Louvain 1947). G. Martin, W. v. O., Untersuchungen zur Ontologie der Ordnungen (1949). L. Baudry, Guillaume d'Occam. Sa vie, ses œuvres, ses idées sociales et politiques. I (Paris 1950). J. Salamucha, Die Aussagelogik bei W. O. Franzisk. Studien 32 (1950). O. Fuchs, The Psychology of Habit According to W. O. (Francisc. Inst. Publ. 1952). M. C. Menges, The Concept of Univocity Regarding the Predication of God and Creature According to W. O. (ebd. 1952). H. Shapiro, Motion, Time and Place According to W. O. Franciscan Studies 16 (1956).

H. A. Klocker, Ockham and the Cognoscibility of God. The Modern Schoolman 35 (1957/58). Ph. Boehner, Collected Articles on O. Edited by E. M. Buytaert (1958). L. Baudry, Lexique philosophique de Guillaume d'Ockham. Étude des notions fondamentales (Paris 1958).

Bibliographie: Franzisk. Studien 32 (1950) 1—183, 34 (1952) 12—31.

a) Das Erkennen

α) Der neue Erfahrungsbegriff

Schon gleich bei der Lehre vom Ursprung und der Geltung unseres Erkennens spricht aus Ockham eine andere Zeit. Auch Scotus hatte auf die Erfahrung verwiesen, aber sofort wurde wieder die Aktivität des Verstandes betont. In ihr allein lag die ganze Wirkursache für unser geistiges Erkennen. Das war noch der Geist des alten intellectus agens der vorausgehenden Scholastik, wo bei Thomas v. A. die Erfahrung auch nur Materialursache war. Und in der natura communis bei Scotus war das die Erfahrung überschreitende Universale wiedergekehrt, wenn auch verkappt. Bei Ockham aber ist die Sinneserfahrung nun echte Wirkursache. Wir brauchten weiter nichts, meint er, als das sinnlich-intuitive Schauen auf die Gegenstände der Außenwelt oder die geistig-reflexive Anschauung unserer inneren seelischen Akte, und wir haben den Ursprung unserer Erkenntnis einer realen Welt! Von hier aus bilden wir dann durch Abstraktion die allgemeinen Begriffe und Sätze, und wir haben die Elemente, mit denen die Wissenschaft arbeitet. Die alten species sind unnötig. „Ein aktives und ein passives Element, Gegenstand nämlich und Erkennen, beide vereinigt und der Erfolg ist da, ohne alles Weitere" (II Sent. q. 15 O). Es ist interessant, daß Ockham gar nicht daran denkt, daß die species aus der Erfahrung stamme. Er hält sie für ein metaphysisches Requisit, das man künstlich einschob, und zwar aus Gründen, die Ockham für nicht stichhaltig ansieht (I Sent. d. 27, q. 2 K). Ein wertvolles Urteil aus der Zeit selbst heraus! Es sagt nicht weniger, als daß die „Erfahrung", die zur species führte, gar keine Erfahrung war. In der Tat, so viel Erfahrung, wie Aristoteles und Thomas annahmen, haben Platon und Augustinus auch angenommen!

β) Gegen die Universalien

Ockham lehnt darum die species, die Gemeinnatur und überhaupt jedes Universale vor und in den Dingen ab. Das

Universale ist ein Gedankending, aber keine ontologische Größe. „Es ist nur in der Seele und darum nicht in der Sache" (I Sent. d. 2, q. 7 G).

Und was ist es nun in der Seele? Ein Zeichen (signum), meint er, ein Bedeutungsgehalt (intentio), wodurch wir etwas charakterisieren und so festhalten. Als Zeichen aber ist es immer etwas Konventionelles (tantum ex institutione: I Sent. d. 2, q. 8 E), ja eine Fiktion (quoddam fictum); kurz, es ist nichts anderes als der Name, mit dem wir das Bezeichnete rufen: Non plus quam vox est sui significati (I Sent. d. 2, q. 7 T). Ist Ockham ein Nominalist? Es ist richtig, daß er mit den Begriffen etwas erkennen will und darum zwischen wahr und falsch unterscheidet. Aber er ist skeptisch und zweifelt, ob die abstraktiv gewonnenen Allgemeinbegriffe das zu leisten vermögen, was die Früheren von ihnen erwarteten: Ins Innere der Dinge zu leuchten und die intrinseca natura wiederzugeben. Das vermag nur Gott, dem Menschen ist dies verwehrt, er hat nur Zeichen, die zwar etwas bedeuten, in denen aber nicht ein intellectus agens das innere Bild der Dinge erzeugt. „Das Universale wird nicht erzeugt (gegen Scotus!), sondern entsteht durch Abstraktion, die nichts anderes ist als eine gewisse Fiktion" (I Sent. d. 2, q. 8 E). In diesem Gegensatz zu einer Auffassung unserer Begriffe, die in ihnen noch einen möglichen Zugang zur metaphysischen Transzendenz sah, liegt das Neue bei Ockham, und darin liegt, verglichen mit dem, was früher war, ein gewisser „Nominalismus". Man kann nach den neueren Forschungen aber heute Ockham nicht mehr schlechthin als Nominalisten bezeichnen. Erstens will er auch eine objektive Wahrheit erkennen, und zweitens läßt er die Substanz- und Qualitätskategorie noch in ihrer Transzendenz stehen. Den übrigen Kategorien allerdings schreibt er nur transzendentales, d. h. subjektives Sein zu, insbesondere der Quantität und Relation. Da Raum und Zeit zur Quantität gehören, ist damit dem modernen Subjektivismus vorgearbeitet. Über Gabriel Biel, Gregor von Rimini und Suarez wirkt das auf Leibniz. Raum und Zeit sind für ihn subjektive Ordnungs-Relationen. Von hier aus wirkt das auf Kant, wo nunmehr alle Kategorien transzendentale Subjektivität sind. So weit ist es bei Ockham noch lange nicht. Es gibt für ihn eine objektive Welt und eine objektive Wahrheit, aber er zieht die Grenzen des

**γ) Der Nominalist**

Erkennens anders als die Vorzeit, er zieht sie ungleich enger. Ihm gegenüber gehört auch Scotus noch zu den Alten. Im Skeptizismus vieler Nominalisten, der bis zum Zweifel am Widerspruchsprinzip führt, werden die bei Ockham noch vorsichtig gefaßten ersten Ansätze radikalisiert. Und da sieht man dann, um was es ging. In Ockham wird Abaelard wieder lebendig. Die Entwicklung nach Abaelard war eine rückläufige gewesen. Voll wird sich dieser Zweifel aber erst auswirken, wenn die neuzeitlichen Engländer zu philosophieren anfangen werden über Ursprung und Grenzen unseres Erkennens.

δ) Primat des Individuellen

Das Ganze wird noch dadurch klarer, daß nach Ockham immer nur Individuelles erkannt wird. Das Individuelle ist das Ersterkannte und einzig echt Erkannte (Quodl. I, q. 13). Ja, er meint sogar gelegentlich, ähnlich wie Antisthenes, wir könnten den Begriff Mensch nicht von Sokrates und anderen Menschen im univoken Sinn aussagen; nur von Sokrates allein gilt immer im gleichen Sinn, daß er Mensch ist, und ganz sicher wäre eigentlich nur der Satz „Sokrates ist Sokrates" (I Sent. d. 2, q. 7 X). Es gibt darum auch keine allgemeinen Ideen in Gott. Gott schafft nur Individuelles, und das wären die Ideen. Das hatte schon Scotus gesagt; aber jetzt wird es noch radikaler gesagt; denn Scotus hatte immer noch eine Gemeinnatur angenommen, die Ockham energisch bekämpft. Auch Aristoteles hatte sich einst für die erste Substanz entschieden und gesagt, sie hätte mehr Sein und größeren Erkenntniswert als die zweite Substanz. Allein er hat seine These nicht durchgehalten, weil er die zweite Substanz wieder zum metaphysischen Prinzip und Wesen der ersten machte. Nur die naturalistische Aristotelesdeutung hat seine ursprüngliche Erklärung ernst genommen und darum konsequenterweise das „der Natur nach Frühere" gestrichen. Auch Thomas spricht die Erklärung des Aristoteles nach, hält sich dann aber auch wieder nicht daran, dem Aristoteles genau folgend. Je einfacher etwas ist und je abstrakter, um so höher steht es im Kurs, wie im — Platonismus! Der Neuplatonismus hat ihn hier wieder zu Platon zurückgeführt. Ockham aber hält wirklich zum Individuellen und bleibt sich treu. Er bewegt sich damit in der Richtung der naturalistischen Aristotelesdeutung.

b) Gott

Der Individualismus Ockhams greift auch auf seine Gotteslehre über, und auch hier hat er eine markante Haltung eingenommen.

α) Allmacht Gottes

Wenn es keine allgemeinen Ideen in Gott gibt, dann ist der Wille Gottes, etwas einfach gesagt, frei. Er braucht nicht mehr auszuführen, was ihm vorgezeichnet ist. Er kann sich allmächtig entfalten. Der allmächtige Wille Gottes ist freilich auch nach Ockham kein Willkürwille. Dies deswegen nicht, weil auch für Gott das Widerspruchsgesetz noch gilt und er darum nicht tun kann, was innerlich sinnlos wäre.

αα) Potentia Dei absoluta

Dies ausgenommen, ist dann aber die Macht Gottes eine absolute (potentia Dei absoluta). Aber es gibt trotzdem noch eine weitere Schranke, jene nämlich, die Gott sich selbst gesetzt hat, indem er eine bestimmte Ordnung einmal positiv errichtete. An sie ist Gott nun auch gebunden

ββ) Potentia Dei ordinata

(potentia Dei ordinata). Allerdings, Gott hätte eine andere Ordnung erlassen können. Ockham ist hier offenkundig von theologischen Gedanken beeinflußt. Es schwebt ihm die positive Offenbarung und ihr Gesetz vor, wie er ja überhaupt der Ansicht ist, daß die Lehre von der Macht Gottes Glaubens- und nicht Vernunftsatz ist. Damit haben wir auch den Grund in der Hand, der ihn zu seiner Lehre geführt hat. Der kritische Sinn Ockhams konnte ebensowenig wie Scotus all das als Vernunftnotwendigkeit einsehen, was man vor ihm dafür ausgegeben hatte. So z. B. das ganze Naturgesetz. Dieser vernunftgläubige Rationalismus sollte ausgeschaltet und dafür wieder mehr der Glaube mit seinen positiven Offenbarungen göttlichen Willens und auch göttlicher Gnade in den Vordergrund gerückt werden, was ja dem Augustinismus der Franziskaner von jeher schon vertraut war. — Wenn wir aber bedenken, daß auch Thomas die Weisheit Gottes seinem Willen nicht zeitlich vorausgehen ließ, sondern Intellekt und Wille für sachlich identisch ansah, erübrigt sich allerdings die Polemik. Ein Grund zur Kritik lag dann nur in den Formulierungen, die freilich manchmal so klingen, als würde durch den Intellekt dem Willen der Weg vorgezeichnet, nicht nur beim Menschen, sondern auch in Gott. Allein, das waren doch nur vereinfachende, menschliche Redewendungen. Auch bei Ockham klingen die Formulierungen manchmal so, daß sie zum

Widerspruch reizen, so wenn er z. B. meint, die absolute Allmacht Gottes hätte auch anordnen können, daß der Sohn Gottes in Gestalt eines Esels Fleisch geworden wäre.

β) Gottes Wille Die Lehre von der Allmacht Gottes löst bei Ockham auch die ethische Prinzipienfrage. Gott will das Gute, nicht weil es gut ist, sondern weil er es will, ist es gut. Es wäre denkbar, daß Gott die ganze jetzt geltende Sittenordnung und nicht nur die Gebote der zweiten Tafel, wie Scotus noch gesagt hatte, durch eine andere ersetzte. Thomas hielt das Naturgesetz für unabänderlich, weil es vernunftnotwendig sei. Ockham folgt den Spuren des Scotus und ist noch individualistischer und voluntaristischer eingestellt. Ob es berechtigt war oder nicht — man kann darüber streiten, weil auch bei Ockham Intellekt und Wille in Gott identisch sind —, jedenfalls, man hängte ihm deswegen den Moralpositivismus an, und durch seine etwas starken Beispiele und Formulierungen hat er dieser Belastung selbst Vorschub geleistet. Auch die schiefe Auffassung, die Kant von der „theonomen" Moral hat, geht, indirekt wenigstens, auf ihn zurück. Gabriel Biel, Luther („Ich bin von Ockhams Schule"), Descartes sind die Stationen auf dem Wege dorthin.

### c) Die Nominalisten

Die Kreise um Ockham hießen im Gegensatz zu den Alten (antiqui) und ihrem Ideenrealismus (reales) die Neuzeitlichen (moderni) und wegen ihrer Ablehnung der Realität der Universalien die „nominales". Die einen davon betonen mehr den erkenntnistheoretischen Kritizismus Ockhams, die anderen seine Forderung der Erfahrungswissenschaft und sind darum vor allem naturwissenschaftlich orientiert.

α) Die Kritiker Der kritische Geist der Nominalisten geht freilich nicht bloß auf Ockham zurück. Schon bei Heinrich von Gent († 1293), bei Durandus († 1334) und Petrus Aureoli († 1322) weht eine kritische Luft, speziell in Fragen der metaphysischen Tragweite unserer Begriffe. Aber erst bei den Nominalisten wird der Bruch mit der Vergangenheit ein offenkundiger, weil jetzt grundlegende herkömmliche Überzeugungen preisgegeben werden. Nikolaus von Autrecourt († 1350) bestreitet die Evidenz des Kausalprinzips und der Finalität, die Substanzidee und bekennt sich zum Atomismus; Pierre d'Ailly († 1420) kritisiert heftig den Aristotelismus und teilt in den erkenntnistheoretischen Grundfragen die Skepsis des Nikolaus von Autrecourt. Gemäßigter, aber ebenfalls Anhänger der nominalistischen Kritik sind der englische Franziskaner Adam Wodham († 1358); der Dominikaner Robert Holkot († 1349); Johannes Mirecourt, von dem 1347 eine Anzahl von Sätzen zur Verurteilung kam; der Augustinergeneral Gregor von Rimini († 1358); der erste Rektor von Heidelberg Marsilius von Inghen († 1396); Johannes Gerson († 1429) und der „letzte Scholastiker" Gabriel Biel († 1495), Professor in Tübingen. Hauptsitz der Nominalisten war Paris. In Deutschland fanden sie sich besonders in Wien, Erfurt, Prag und Heidelberg.

β) Die Naturwissenschaftler

Zur naturwissenschaftlichen Richtung zählen Johannes Buridanus († nach 1358), der die Herrschaft der aristotelischen Physik bricht und die Bewegung statt auf das Streben nach dem natürlichen Ort nun auf einen „Impetus" zurückführt, Albert von Sachsen († 1390), der erste Rektor der Universität Wien, der sich mit der Gravitation beschäftigt, und Nikolaus von Oresme († 1382), der mit seiner Scientia oder Mathematica de latitudinibus formarum zum Begründer der ganzen Literaturgattung von den Formlatituden wird, die die Zuordnung der verschiedenen Uniformitäten und Difformitäten von Geschwindigkeiten und Qualitäten zu geometrischen Figuren zum Gegenstand hat, und der, wenn er damit auch nicht die analytische Geometrie Descartes' vorweggenommen hat, doch der genialste Naturphilosoph des 14. Jahrhunderts ist, und wir haben allen Grund, anzunehmen, daß seine Lehre wenigstens einer von den Keimen gewesen ist, aus denen diese analytische Geometrie hervorwuchs. Man hat seit Duhems Forschungen über Lionardo da Vinci in den naturwissenschaftlichen Ockhamisten vielfach Vorläufer der Physik von Galilei und der Erkenntnisse des Kopernikus gesehen. Nach den neuen und eingehenderen Untersuchungen von A. Maier „mit Recht und mit Unrecht. Es ist nicht so gewesen, wie man es gern verstanden hat, daß einzelne Denker des 14. Jahrhunderts, den Rahmen der Zeit sprengend und zunächst ohne tiefere Wirkung, zum Teil ohne Verständnis bleibend, wichtige und grundlegende Erkenntnisse der späteren klassischen Physik vorweggenommen hätten, die dann drei Jahrhunderte später wieder aufgenommen und weitergedacht worden wären, so daß man den Anfang der modernen Naturwissenschaft vom 17. Jahrhundert in das 14. zurückverlegen müßte ... Das tatsächliche Verhältnis ist vielmehr dies gewesen, daß auf der einen Seite der Wissenschaft Galileis der volle Ruhm bleibt, als erste grundsätzlich neue und richtige Wege gegangen zu sein, und auf der anderen Seite die Spätscholastik sehr viel mehr aufzuweisen hat als ein paar vereinzelte und unklare Vorahnungen künftiger Gedanken" (A. Maier, An der Grenze von Scholastik und Naturwissenschaft, S. 5). Zu diesen naturwissenschaftlichen Interessen gehören die drei Themen: Struktur der materiellen Substanz, Gravitation und Fall, die Mathematik der Formlatituden. Der Begriff der Formlatituden (latitudines formarum) bildet eine der Brücken vom Mittelalter zur Neuzeit. Er ist an sich schon angelegt in dem platonischen Terminus der γένεσις εἰς οὐσίαν, denn „Formwerdung" ist Formbewegung. Bei Aristoteles kommt das klar heraus in seiner Bewegungsdefinition. Sieht man bei ihr genau zu, dann zeigt sich, daß die Bewegung als solche gar nicht gefaßt wird; nur ihr Anfang und ihr Ende wird gefaßt, und zwar mit Hilfe des Formbegriffes. Was dazwischen liegt, hat er als ein Problem benannt, aber nicht gelöst. Bei seinen neuplatonischen Kommentatoren wird das eingesehen, und sie sprechen jetzt erstmals von Formlatituden (πλάτος), also einer Variationsbreite der Form und unterscheiden sie von der Tiefe (βάθος) der Form, womit die Aszendenz der Gründung im dialektischen Stammbaum der genera gemeint ist. Im Hochmittelalter wurde Bewegung immer noch vom Ziel her verstanden, also eidetisch, entsprechend der platonischen γένεσις εἰς οὐσίαν und dem aristotelischen Satz, daß der Stoff sich nach der Form sehne. Aber im 14. Jahrhundert kümmert man sich um das, was zwischen dem terminus a quo und dem terminus ad quem geschieht. Bei Buridanus wird dieser fluxus einfach beschrieben und nicht mehr in eidetisch-ontologische Zusammenhänge eingespannt. Damit fiel die Bewegung unter die Kategorie der Quantität und war die Bahn frei für eine quantitativ-messende Naturanschauung.

Literatur

J. Koch, Durandus de S. Porciano. Forschungen zum Streit um Thomas von Aquin zu Beginn des 14. Jahrhunderts (1927). G. Ritter s. oben S. 561. P. Vignaux, Artikel Nicolas d'Autrecourt, in: Dict. Théologie Cathol. 11 (1931). E. Borchert, Die Lehre von der Bewegung bei Nicolaus von Oresme (1934). A. Maier, Die Vorläufer Galileis im 14. Jahrhundert (Rom 1949). Dies., Metaphysische Hintergründe der spätscholast. Naturphilosophen (Rom 1955). M. Dal Pra, Nicola di Autrecourt (Milano 1951). B. Meller, Studien zur Erkenntnislehre des Peter von Ailly (1954). V. Rüfner, Forma fluens. In: Konkrete Vernunft (Bonn 1958) 39—59. H. A. Obermann, The Harvest of Mediaeval Theology. G. Biel and the Late Mediaev. Nominalism (Cambridge, Mass. 1963). F. Hoffmann, Die theolog. Methode des Oxforder Dominikanerlehrers Robert Holkot (1972). H. A. Obermann (Hrsg.), Spätmittelalter und Reformation. Texte und Untersuchungen. Dort A. D. Trapp, Gregors von Rimini Lectura super I. und II. Sent. (1979 ff.).

## 2. NIKOLAUS VON CUES

### Mittelalter und Neuzeit

Wenn wir Nikolaus von Cues unter die Spätscholastiker einreihen, wollen wir damit nicht sagen, daß seine Philosophie eine Nachblüte der Scholastik gewesen wäre. Die spezifisch scholastische Technik der Quaestionen und Responsionen, die Syllogistik und der Autoritätenkult der Schulwissenschaft sind ihm fremd, ja, er will die Philosophie von diesem Zwang der Methode befreien. Aber er lebt auch im Herbst des Mittelalters und zehrt von seinen großen Gedankenschätzen, in denen sich der Geist der Antike und der Patristik konserviert hatte, er versteht die zukunftsfähigen Gedanken, zu denen es sich in den mathematischen und naturwissenschaftlichen Ansätzen des 14. Jahrhunderts durchgerungen hat, und er will eben dieses Mittelalter nun zu sich selbst bringen. Er weiß sich nicht im Gegensatz dazu wie Bacon oder Descartes, sondern geht in der Substanz mit ihm einig. Christentum, Platonismus und Naturwissenschaft sind die drei großen Komponenten seines Denkens. Er findet sie im Mittelalter, aber teilweise überdeckt und in Mißverständnissen erstarrt. Er will sie zu ihren Ursprüngen zurückführen, tiefer verstehen und in einer neuen Synthese zu neuem Leben bringen, ähnlich wie Eckhart, dem er wahlverwandt ist und dessen Geist und Werk ihn stärkstens angeregt haben. Er grübelt darum nicht mehr mit der ratio über die Offenbarung, sondern macht die Vernunft selbst zum Problem und will eben damit zum Allerersten vorstoßen. Die Ideen, die er dabei entwickelte, waren von einer Tragweite, die sich erst viel später voll auswirkte, in der Philosophie des deutschen Idealismus, so daß man in Cusanus den „eigentlichen Begründer der deutschen Philosophie" (E. Hoffmann) sehen muß. Und was noch viel wichtiger ist: Cusanus verbindet damit Mittelalter und Neuzeit, deutsche Philosophie und christliche Philosophie zu einer inneren Kontinuität im abendländischen Geiste.

Im St.-Nikolaus-Hospital zu Cues steht noch die Bibliothek des Kardinals, intakt bis auf wenige Bände, als ob er sie soeben erst verlassen hätte. Sie ist eine der ehrwürdigsten Stätten der deutschen Geistesgeschichte; nicht nur, weil hier einer ihrer Großen gelebt hat, sondern weil diese Bibliothek selbst geistige Weite und Größe repräsentiert: die Verbindung des deutschen Geistes mit den ersten Gestalten des Abendlandes. Alle sind sie hier vertreten und immer wieder finden sich am Rande der vielen und schönen Handschriften die Notizen des Cusaners und erzählen von dem intensiven Studium, das er ihnen gewidmet hat. Man sieht an den Handschriftenbeständen aber auch, was ihn besonders interessierte und kann daraus seine geistige Herkunft erkennen: P r o k l o s mit seiner Elementatio theologica u. a., P s e u d o - D i o n y s i u s  A r e o p a g i t a, A l b e r t u s  M a g n u s mit seinem Kommentar zu De Divinis nominibus (mit besonders vielen Randnotizen), E c k h a r t in einer Prachthandschrift (Cod. Cus. 21) und alle wichtigen Werke des H e i m e r i c u s  d e  C a m p o, des Lehrers und Freundes des Cusaners, der in Köln der Meister der dortigen Albertistenschule war, die eine Geisteshaltung vertrat, die man den deutschen Neuplatonismus geheißen hat (s. oben S. 463). Nicht äußerlich, wohl aber innerlich gehört hierher auch R a i m u n d u s  L u l l u s (s. oben S. 536), dessen Bedeutung für Cusanus immer mehr erkannt wird. Nicht weniger als 8 Codices der Werke des Spaniers standen in der Bibliothek des Cusaners.

Leben

Nikolaus Chrypffs (Krebs) wurde 1401 zu Cues an der Mosel geboren. Er wird bei den Brüdern vom gemeinsamen Leben zu Deventer erzogen und empfängt von ihren Bestrebungen nachhaltige Einwirkungen: die Liebe zu den Büchern und den alten Sprachen, die Idee eines erlebten und lebenformenden Christentums und besonders das Erlebnis der Mystik. Er studiert in Heidelberg (1416), aber die via Marsiliana, wie man dort den Ockhamismus nennt, sagt ihm nicht zu; denn schon nach einem Jahr zieht er nach Padua, wo er kanonisches Recht studiert und dazu Naturwissenschaft, Mathematik und Philosophie. Durch die in Padua wirkenden, zum Teil aus Griechenland selbst kommenden Lehrer wird ihm die antike griechische und römische Welt erschlossen. Nach sechs Jahren kehrt er, erfüllt vom Geist eines klassischen Bodens und einer klassischen Bildung, in die Heimat zurück und geht über Mainz nach Köln, wird dort zum Priester geweiht und verbreitert damit die Möglichkeiten seines Wirkens. 1432 treffen wir ihn bereits auf dem Konzil zu Basel, wo er zunächst auf seiten der Konzilspartei steht, dann aber, als man hier zu keiner Einigung kommen konnte, auf seiten des Papstes. Seine Stellungnahme war kein Umfall, sondern ergab sich aus der ganzen Art seines Denkens. Ganz abgesehen davon, daß seine gesunde Entschlußfähigkeit das ergebnislose Gerede nicht vertrug, fühlte er, wie immer so auch hier, als Platoniker, der darum wußte, daß das Viele nicht sein kann ohne das Eine, wie auch das Eine nichts ist ohne das Viele. Darum trat er ebenso ein für eine einigende kirchliche Obergewalt, wie er auch eintrat für eine einheitliche Reichsgewalt, obwohl er grundsätzlich in geistlichen wie in weltlichen Dingen an der Volkssouveränität festhielt. Das war praktische Anwendung des Methexisdenkens. Die gleiche Haltung beseelt ihn auch, wenn er 1438 an einer Gesandtschaft zum griechischen Kaiserhof beteiligt ist, die die Vereinigung mit der Westkirche herbeiführen soll. Una religio in rituum diversitate lautet hier sein Grundsatz, und er ist wieder ein Bekenntnis zur dialektischen Einheit zwischen dem Einen und dem Vielen, wodurch beide Teile zu ihrem Rechte kommen sollen. Auf der Rückreise geht ihm die Idee seiner Docta ignorantia auf, der Gedanke vom Zusammenfallen der Gegensätze im Unendlichen, und sie ist ihm wie eine Erleuchtung. In den nächsten Jahren sehen wir ihn als päpstlichen Legaten auf den Reichstagen zu Mainz, Nürnberg, Frankfurt. 1448 wird er Kardinal zum Dank für sein Eintreten für die Rechte der Kirche, 1450 Bischof von Brixen und zugleich Visitator und Reformator der deutschen Klöster. Die Verwirklichung seiner Ideale stößt auf den Widerstand des zur Gewohnheit und zum „Recht“ gewordenen Nichtidealen. So gerät er in heftige Auseinandersetzungen mit dem Herzog Sigismund von Tirol, in deren Verlauf ihn der Herzog zeitweilig gefangenhält. Cusanus starb 1464 zu Todi in Umbrien. Sein Leib wurde begraben in Rom zu St. Peter in Vincoli, sein Herz aber kam, wie er angeordnet hatte, nach Deutschland zurück und wurde in Cues beigesetzt.

### Werke

Das Wichtigste von seinen Werken: De docta ignorantia (1440), drei Bücher vom „Wissenden Nichtwissen" über Gott, die Welt und den Menschen, „das erste klassische philosophische Werk der Deutschen, das tatsächlich die ganze neuere Philosophie begründet hat" (E. Hoffmann). Nur wenig später: De coniecturis, „Über das Mutmaßen", das das Thema vom wissenden Nichtwissen weiterbehandelt. Eine Verteidigung seiner Gedanken gegen die Angriffe des Heidelberger Rektors Johannes Wenck ist die Apologia doctae ignorantiae (1449). Unter dem gemeinsamen Titel Idiota (der Laie) kommen 1450 drei Abhandlungen heraus: De sapientia, De mente, De staticis experimentis (Von der Weisheit, Vom Erkennen, Versuche mit der Waage). Wie man schauend und betrachtend in Verbindung mit Gott kommen und bleiben kann, behandelt in schlichter, gemeinverständlicher Sprache De visione Dei (1453). Das Verhältnis des Seienden zum Möglichen ist Thema in De possest: „Vom Können-Sein" (1460). De venatione sapientiae (1463) spiegelt die Stellung des Cusaners innerhalb der philosophischen Entwicklung und ist sozusagen sein philosophisches Testament.

### Texte und Literatur

Gesamtausgaben (nicht vollständig) erschienen 1488 zu Straßburg (Editio princeps), 1514 zu Paris (Nachdruck Ffm. 1962) und 1565 zu Basel. — Kritische Ausgabe: Nicolai de Cusa opera omnia, iussu et auctoritate Academiae Litterarum Heidelbergensis (1932 ff.). — Übersetzungen: Fr. A. Scharpff, Des Kardinals und Bischofs Nicolaus von Cusa wichtigste Schriften in deutscher Übersetzung (1862, Nachdr. Ffm. 1965). Parallel zu der Gesamtausgabe der Heidelberger Akademie: Schriften des Nikolaus von Cues. Hrsg. von E. Hoffmann (1936 ff.) mit guten Einführungen und Erläuterungen; ab 1964 lat.-deutsch, hrsg. v. P. Wilpert. Philosophisch-theologische Schriften. Lat.-deutsch. Hrsg. von L. Gabriel, übers. u. komment. von D. und W. Dupré. 3 Bde. (Wien 1964 ff.). — Wichtig sind auch die Predigten: Cusanus-Texte I, Predigten: 1. Dies sanctificatus vom Jahre 1439. Lat. u. deutsch mit Erläuterungen hrsg. von E. Hoffmann und R. Kli-

bansky (1929). 2.—5. Vier Predigten im Geiste Eckharts, von J. Koch (1937). 6. Die Auslegung des Vaterunsers in vier Predigten, von J. Koch und H. Teske (1940). Gesamtausg. der Sermones in Opera omnia XVI ff. (1970 ff.) von R. Haubst.
Fr. A. Scharpff, Der Cardinal und Bischof Nicolaus von Cusa. I (1843), II (1871). (Nachdr. 1965). J. Uebinger, Die Gotteslehre des Nikolaus von Cues (1888). Ders., Der Begriff docta ignorantia in seiner geschichtl. Entwicklung. In: Arch. f. Gesch. d. Phil. 8 (1895) 1—32. E. Vansteenberghe, Le cardinal Nicolas de Cues (Paris 1920, Nachdr. Ffm. 1963). E. Hoffmann, Nikolaus von Cues. Zwei Vorträge (1947). R. Haubst, Das Bild des Einen und Dreieinen Gottes in der Welt nach Nikolaus von Cues (1952). J. Koch, Die Ars coniecturalis des Nikolaus von Kues (1956). K. H. Volkmann-Schluck, Nicolaus Cusanus (1957). E. Zellinger, Cusanus-Konkordanz (1960). E. Colomer, N. v. K. und Raimund Lull (1961). H. Wackerzapp, Der Einfluß M. Eckharts auf die frühen Schriften des N. v. K. (1963). E. Meuthen, N. v. K. Skizze einer Biographie (1964). Miscellanea mediaevalia 4 (1965). G. Santinello (Hrsg.), Nicolo' Cusano agli inizi del mondo moderno (Akten des Brixener Kongresses von 1964) (Florenz 1970). Ders., Introduzione a N. Cusano (Bibliographie!) (Florenz 1971). K. Flasch, Die Metaphysik des Einen bei N. v. K. (Leiden 1973). — Mitteilungen u. Forschungsbeiträge der Cusanus-Gesellschaft. Hrsg. v. R. Haubst (1961 ff.). (Mit Bibliographie.)

### a) Geist

Eingangspforte in die Philosophie des Cusaners ist seine Erkenntnislehre. Über ihre Grundgedanken kann man sich rasch orientieren in der sehr anschaulichen Unterhaltung, die ein „kleiner Laie" und ein „großer Redner" in einer römischen Barbierstube führen angesichts des Markttreibens auf dem Forum Romanum, das sie von dort aus beobachten und worüber sie dann zu philosophieren anfangen (Idiota de sap. I, pag. 6 ss.). Sie sehen, wie da gezählt, gemessen und gewogen wird. Und nun fragen sie: Wie geht das Zählen und Messen und Wägen vor sich? Durch Unterscheiden, sagt der Redner. Aber wodurch geschieht das Unterscheiden? Wird nicht durch das Eine gezählt (per unum numeratur), indem man es einmal, zweimal, dreimal nimmt, so daß die Eins das Eine einmal, die Zwei zweimal, die Drei das Eine dreimal ist, usw.? Daraus ergibt sich, so schließt nun Cusanus, daß alle Zahlen sich aus dem Einen ableiten lassen:

Per unum ergo fit omnis numerus. Genauso sei es auch mit der Gewichts- und Maßeinheit. Alles Zählen, Messen und Wägen geschieht in, durch und aus dem Einen. Wie aber könnte nun diese letzte Einheit, das Prinzip des Zählens, Messens und Wägens wieder erfaßt und verstanden werden? Das weiß ich nicht, meint der Redner; ich weiß nur, daß die Unitas nicht durch die Zahl erfaßt wird, weil die Zahl später ist als das Eine (quia numerus est post unum). Und so sei es auch wieder bei Gewicht und Maß. Das Zusammengesetzte ist eben immer später, ergänzt der Laie, und darum kann das Zusammengesetzte nicht das Einfache zählen, messen und wägen, sondern umgekehrt nur geht es. Das also, wodurch, in dem und aus dem gezählt, gemessen und gewogen wird, ist durch Zahl, Maß und Gewicht nicht zu greifen (numero, pondere, mensura inattingibile). Das war aber bis jetzt nur ein anschauliches Beispiel. Worauf Cusanus hinaus will, ist das Prinzip des ganzen Seins. Hier lägen die Verhältnisse genauso. Das Prinzip aller Dinge ist auch das, wodurch, woraus, worin alles Abgeleitete abgeleitet ist, das aber selbst durch nichts Späteres zu greifen ist, sondern umgekehrt alles andere erst erfassen läßt, wie wir das bei den Zahlen sahen: Ipsum est, per quod, in quo et ex quo omne intelligibile intelligitur, et tamen intellectu inattingibile. Wir haben in diesen Überlegungen die wesentlichen Elemente der cusanischen Philosophie im Kern vor uns.

α) Docta ignorantia

Als Erstes bemerken wir sofort seine Idee vom Wissenden Nichtwissen (docta ignorantia). In diesen Begriff geht Verschiedenes ein. Einmal verbindet er damit die gleichen Tendenzen, die einst Sokrates verfolgte mit seiner ständigen Rede: „Ich weiß, daß ich nichts weiß." Es gibt Menschen,

αα) Als sokratische Erweckung

will auch der Cusaner sagen, die zu früh stehenbleiben und nicht merken, daß sie vieles nicht wissen, was sie zu wissen glauben. Sie sollen aus ihrer Erstarrung erweckt werden, damit sie tiefer bohren und zu echtem Wissen kommen können. Cusanus hat das überlieferte, in Traditionen festgefahrene Schulwissen für auflockerungsbedürftig gehalten und sich mit seiner Forderung, sich seines eigenen Nichtwissens bewußt und dadurch wissend zu werden, an diese

ββ) Als negative Theologie

Adresse gewendet. Seine Lehre hat freilich noch einen tieferen Grund als diese Aktualität. Cusanus ist, wie wir gerade aus dem zitierten Gedankengang sehen, der Ansicht, daß das Prinzip von allem, Gott, nicht bloß tatsächlich nicht gewußt wird, sondern auch grundsätzlich nicht gewußt werden kann. Gott ist in seinem Wesen unfaßbar (inattingibilis). Und nicht nur Gott! Auch das Wesen der Dinge ist uns in seinem Ansich nicht auf einmal sofort genau wiedergebbar. „Nichts ist in dieser Welt so genau, daß es nicht noch genauer werden könnte, nichts so gerade, daß es nicht noch gerader, nichts so wahr, daß es nicht noch wahrer sein könnte", heißt es Idiota de sap. II, pag. 32. Und De staticis exper. geht gleich mit diesem Gedanken an und De coniecturis ist als Ganzes darüber geschrieben. Cusanus geht nicht so bereitwillig um mit dem Begriff einer „adäquaten" Erkenntnis, wie es die Stoa und das Mittelalter vor ihm getan haben. Der Erkenntnisprozeß ist für ihn ein unendlicher Weg, ein Weg der Mutmaßungen, und darum die Schrift De coniecturis. Er führt darin aus, daß unser Denken das Seiende von immer neuen Seiten aus zu bestimmen versucht. Der Nachdruck liegt auf dem „Versuchen". Die Wahrheit offenbart sich nicht auf einmal, sondern wir tasten uns Stück für Stück an das Wesen der Dinge heran. Nur die mathematischen und die Kunstgegenstände, die unser Geist selbst erzeugt, sind in ihm wahrer als in der Wirklichkeit (De beryllo, c. 32). Der ganze Gedanke ist an sich nicht neu; denn schon die negative Theologie — und Cusanus ist von Ps.-Dionysius und seinen Lehren über Gott als das Überwesentliche und Überbegriffliche auf das stärkste beeinflußt, bis in die Sprache und den Stil hinein — hatte von unserer Gotteserkenntnis das von jeher vorgetragen, und der Nominalismus sodann hatte die Abbildtheorie aufgegeben und die Grenzen für eine Wesenserkenntnis sehr eng gezogen. Allein Cusanus fügt zum Negativen immer das Positive. Um unser Nichtwissen von Gott wissen wir, weil wir auch um das Unendliche wissen. Wollten wir sagen, wir wissen das Unendliche, dann wäre das zuviel gesagt, aber ein „Wissen um" das Unendliche ist möglich, und in ihm ist beides enthalten, das Zurückbleiben und das Haben. Ebenso räumt Cusanus, was das Wesenswissen anlangt, der kritischen Haltung der Nominalisten ihr Recht ein, steuert aber sofort einem absoluten Relativismus, indem er die Erkenntnis der Mutmaßungen aufgehen läßt an

γγ) Als unendlicher Weg des Erkennens

einem Wissen um die Urbilder. Im gleichen Satz, wo er davon spricht, daß nichts in dieser Welt ganz genau ist, setzt er die Urbilder der „absoluten" Richtigkeit, Wahrheit, Gerechtigkeit, Güte voraus. Sie sind nicht von dieser Welt, aber wir messen an ihnen diese Welt, und darum sind sie etwas Positives (Idiota de sap. II, pag. 32 s.). In beiden Fällen, was unser Wissen um Gott und das um die Wesenheiten der Dinge angeht, ist es die Ideenlehre und ihr Teilhabegedanke, was es Cusanus ermöglicht, eine Kritik der Grenzen unseres Erkennens zu geben, ohne dem Skeptizismus zu verfallen. Denn hinter der Idee bleibt alles zurück und hat doch daran teil! Cusanus denkt fortschrittlicher als die rasch die species ergreifende Scholastik, er weiß, daß im Nominalismus etwas Richtiges gesehen wurde, weiß aber auch um das Positive der Scholastik und rettet die Wesenserkenntnis, indem er sie zur Aufgabe eines unendlichen Weges macht. Er hat gegenüber dem Nominalismus das Steuer ähnlich herumgerissen wie Thomas gegenüber Abaelard und hat trotzdem das Denken der Neuzeit angebahnt, indem er die falschen Hoffnungen zerstreute. So ist er eine Vereinigung des Besten aus zwei Zeitaltern, die er beide so verbindet, daß jedes durch ihn vom anderen zu lernen vermag. — Wie sehr das Erbe der Vergangenheit in Cusanus nachlebt, erkennt man auch daran, daß das wissende Nichtwissen bei ihm auch noch einen mystischen Sinn hat. Er spricht auch von einem Schauen des unsichtbaren Gottes, bei dem wir uns aller Begriffe entschlagen und aller Bilder und alles schweigen lassen, was sonst in uns spricht: Mystica theologia ducit ad vacationem et silentium, ubi est visio ... invisibilis Dei (Apol. d. ign., pag. 7). Man geht dabei unter in der Dunkelheit, aber die Dunkelheit ist Licht und dieses Nichtwissen ist der Weg, „den alle Weisen vor und nach Dionysius gegangen sind" (l. c. pag. 20). Wie sehr Cusanus aber auch in diesem Punkt wieder dem neuzeitlichen Empfinden gerecht wird, zeigt ein Vergleich etwa mit dem Kapitel „Les sources" in der Logik von Gratry.

δδ) Als mystischer Weg

β) Apriorismus

αα) Das unum

Das zweite Element in der Erkenntnislehre des Cusaners ist sein Apriorismus. Das unum ist etwas Vorgegebenes, das aller Erkenntnis vorausgeht. Das hebt die Unterhaltung auf dem Forum Romanum, die wir dieser Darstellung zugrunde legen, in aller Deutlichkeit hervor. Wie Augustinus (De lib. arb. II, 8, 22), dem Cusanus hier unmittelbar folgt, läßt auch er das Eine nicht aus der Erfahrung durch Abstraktion abgeleitet werden, sondern es ist umgekehrt alles durch, aus und in dem Einen und wird dadurch erkannt. Wie er sich das näher vorstellt, zeigt das 4. Kapitel im Idiota de mente. Unser Geist, heißt es da, ist ein Abbild und Gleichnis des göttlichen Geistes. Wie nun dieser als der absolute Begriff der Begriff aller Begriffe, die Form aller Formen ist und wie er in dieser absoluten Einheit alles enthält, so daß man von ihm als der complicatio alle Explikationen ableiten kann und so die Welt des Vielen gewinnt (vgl. dazu Idiota de sap. II, pag. 30 s.), so enthält auch unser Geist, wenn auch im Abbild, so doch tatsächlich alles in sich eingefaltet und vermag es aus sich auszufalten, so wie die Zahl die Entfaltung der Einheit ist, die Bewegung die Entfaltung der Ruhe, die Zeit die Entfaltung des Augenblicks und der Ewigkeit, die Zusammensetzung die Entfaltung der Einfachheit, die Ausdehnung die Entfaltung des Punktes, die Ungleichheit die Entfaltung der Gleichheit, die Verschiedenheit die Entfaltung der Identität usw. Cusanus pflichtet zwar Aristoteles bei, wenn er gegenüber Platon die Seele eine unbeschriebene Tafel sein läßt, die erst durch die Sinne beschrieben werden muß, nimmt aber an, daß der Geist ein ursprüngliches Kriterium besitzt, ohne das er nicht voranschreiten könnte (concreatum iudicium), ein Kriterium, durch das er von sich aus (per se) über alles urteilt, ob es sich z. B. um ein echtes bonum, iustum, verum oder eine sonstige Wesenheit (quidditas) handelt, wenn uns die Sinne etwas Derartiges melden. Der Geist wird eindeutig über die Sinnlichkeit gestellt. Die Erkenntnis hebt zwar in ihr an, aber der Geist (mens) ist ihre Beurteilung (iudicium), und erst damit vollendet sich die Erkenntnis. Cusanus bezieht sich an dieser Stelle offenkundig auf den Phaidon (75 b—e und 100 b) (vgl. oben S. 92) und bemerkt, wenn man unter den platonischen Ideen diese ursprüngliche Urteilskraft des Geistes verstehen will, dann „hat Platon sich nicht gänzlich geirrt“. Darin liegt nun auch der tiefste Grund für das cusanische wissende Nichtwissen. Er hat sich den platonischen Teilhabegedanken zu eigen gemacht und konsequent zu Ende gedacht. Der Apriorismus der Idee beherrscht seine ganze Philosophie. Damit aber ist von selbst gegeben, daß

ββ) Die Sinnlichkeit

sowohl das Sein wie das Erkennen durch Begriffe immer hinter der ganzen Wahrheit des Ideals zurückbleibt, weil alles zwar sein will wie die Idee, es aber nicht vermag, wie es Phaidon 75 b heißt. Weil wir aber doch daran teilhaben und die Idee irgendwie in Sein und Geist immer „anwesend" ist, bleibt das Erkennen nicht im nur Negativen stecken, überwinden wir den absoluten Skeptizismus und Relativismus und haben echtes Erkennen.

γ) Coincidentia oppositorum

Wenn aus dem unum alles abgeleitet werden kann, wie die Zahlen aus der Monas, dann fallen im Unendlichen die Gegensätze, die erst mit dem Vielen auftauchen, offenbar noch zusammen. Das ist denn auch die Ansicht des Cusaners und in diesem Gedanken der „Coincidentia oppositorum" hat er den großen Wurf seiner Philosophie gesehen, jene Erleuchtung, die ihm auf der Heimreise von Byzanz aufgegangen war. Die Koinzidenz ist zunächst ein ontologisches Prinzip.

αα) Ontologisch

Als solches besagt es, daß im Unendlichen die Grenzen sich aufheben und zusammenfallen. Wenn wir z. B. ein Quadrat zum 5-Eck, 6-Eck usw. werden lassen, bis zum n-Eck, so daß n immer größer wird, dann nähert sich das n-Eck immer mehr dem Kreis, und wenn n unendlich ist, fällt es damit zusammen. So wäre es aber mit allen Gegensätzen. Und im unendlichen Urgrund des Seins, in Gott, ist alles in Einheit zusammengefaltet, was in dieser Welt in Vielheit und Verschiedenheit auseinandergefaltet ist. In ihm ist alles noch Eines und eins, erst nach dem Hervorgang aus ihm treten die Dinge auseinander und zueinander in Gegensatz. —

ββ) Logisch

Aus diesen ontologischen Überlegungen heraus ging dem Cusanus dann die erkenntnistheoretische Einsicht auf, daß auch unser Verstand mit der Vielheit seiner Regeln und Begriffssetzungen aus einer unendlichen Einheit, jener der Vernunft, sich ausfaltet. Die Regeln der Logik mit ihrem Grundgesetz vom Widerspruch gelten nur für das Denken des Verstandes; in der Vernunft selbst dagegen sind sie aufgehoben, weil die Vernunft Ursprung alles geistigen Lebens sei, jene letzte Einheit, von deren schöpferischer Kraft alle Fülle des Vielen sich herleitet und erst Gestalt annimmt. Man hat in dieser Auffassung der Vernunft den eigentlichen Beginn der neuzeitlichen deutschen Philosophie gesehen; denn das wäre schon die Lehre von der synthetischen Einheit als dem pro-

duktiven Element unserer ganzen Erkenntnis, worauf Kants Vernunftkritik beruhe, was auch Leibniz gewollt hätte, was Fichte zur Lehre vom reinen Ich ausgebildet habe und womit Schelling und Schleiermacher das individuelle Ich und die Unendlichkeit des Universums und Gottes vereinen wollten. Wenn man den Begriff des Schöpferischen nicht überspannt, der in der neuzeitlichen Philosophie einen Gegensatz zur alten Metaphysik besagt, die bei Cusanus noch vorausgesetzt wird — im göttlichen Geist präexistiert die ganze urbildliche Welt (Idiota de sap. II, p. 30), und unser Geist bildet sie ab in einer Tätigkeit, die ausdrücklich als assimilatio bezeichnet wird (De mente, cap. 4) —, ist diese Deutung möglich und wird sogar von besonderem Wert für die Erkenntnis des Zusammenhanges der neuzeitlichen Philosophie mit dem Denken der Antike und des Mittelalters. Der Antike sagen wir, weil — und damit kommen γγ) In der Antike
wir wieder zur Grundlage der Lehre vom Zusammenfallen der Gegensätze — es die platonische Dialektik ist, die aus der Idee des an sich Guten mit Hilfe der Diairesis alles Viele abzuleiten weiß, wo die coincidentia oppositorum ihre Heimat hat, was man besonders aus den Spekulationen des alten Platon über Idee und Zahl ersieht. Und des Mittel- δδ) Im Mittelalter
alters sagen wir, weil diese ganze Epoche in ihren neuplatonischen Denkzügen diese Einstellungen mehr oder weniger bewußt konserviert hat. Nicht nur Ps.-Dionysius, der den Vergleich des Hervorganges der Dinge aus dem Einen mit dem Hervorgang der Zahlen aus der Einheit dem Mittelalter mit auf den Weg gegeben hat und von dem ihn auch Cusanus übernommen hat, und nicht nur Eriugena und Thierry von Chartres! Auch De intelligentiis beginnt die Metaphysik mit dem Unendlichen; Albert der Große läßt das Sein aus Gott als dem intellectus universaliter agens in immer größerer Vielheit sich erzeugen, und auch bei Thomas v. A. enthält das Absolute in seiner transzendenten Unendlichkeit in aller Form komplizit, was in der Explizitheit Universum heißt. S. th. I, 4, 2 ad 1 lesen wir den geradezu cusanisch klingenden Satz: In causa omnium necesse est praeexistere omnia secundum naturalem unionem; et sic quae sunt diversa et opposita in se ipsis, in Deo praeexistunt ut unum. Den Zusammenhang dieses Gedankens mit Ps.-Dio-

nysius hat Thomas dort selbst angemerkt. Der Gedanke, daß alles Viele aus einem ursprünglichen Einen expliziert werden könne, hat also eine lange Vorgeschichte. Unmittelbar dürfte es allerdings Raimundus Lullus gewesen sein, der ihn dem Cusaner suggerierte.

b) Gott

α) Als complicatio

Im 1. Buch der Docta ignorantia zeigt Cusanus, daß Gott das Maximum ist, die Fülle schlechthin, der nichts abgeht, die nicht größer und nicht kleiner sein kann. Darum enthält Gott alles in sich, was sonst an Verschiedenem durch unseren Verstand gesehen und gedacht wird. Er ist die complicatio aller Dinge und, weil sie in ihm nicht mehr verschieden sind, die coincidentia oppositorum. „Gott ist die schlechthin einfache Wesenheit aller Wesenheiten; in ihm sind alle Wesenheiten, die es gibt, gab und geben wird, wirklich und von Ewigkeit her enthalten" (Docta ign. I, p. 32). Der Mensch unterscheidet sich hier nicht vom Löwen und der Himmel nicht von der Erde, und es gibt hier überhaupt kein Anderes und Verschiedenes (l. c. 49). Nach der soeben gegebenen Entwicklung dieses Gedankens erübrigt sich ein Weiteres. Cusanus versucht mit Hilfe mathematischer Meditationen seine Idee verständlich zu machen. Er zeigt z. B., wie nur im Endlichen Kreislinie und Gerade Gegensätze darstellen, im unendlichen Kreis aber die Krümmung so unendlich klein ist, daß sie als Null betrachtet werden kann und dann Kreislinie und Gerade zusammenfallen. Ähnliche Überlegungen stellt er an mit Dreieck und Kugel.

β) Welt als explicatio

Die Welt begreift sich nunmehr natürlich als eine explicatio Gottes. Darüber handelt das 2. Buch der Docta ignorantia. Die Welt ist durch Gott, aus ihm und in ihm. Wie die Zahlen

αα) Vielheit

sich aus der Monas entwickeln, so die Welt in ihrer Vielheit aus Gott. Gerade an diesem Gedanken, den Cusanus aus Ps.-Dionysius entnimmt, erkennt man wieder den Platonismus

ββ) Ganzheit

unseres Denkers. Eben deswegen ist die Welt aber auch eine Ganzheit und besteht aus Ganzheiten; jedes ist in jedem (quodlibet in quolibet), weil ja Gott alles in allem ist. Dieser Gedanke wird in der Renaissance aufgegriffen werden. Bei Cusanus ist er aber nicht so gemeint, daß darüber das Einzelne in seiner Einzelheit absorbiert würde und nichts mehr bedeutete, wie spätere Pantheismen das annehmen. Im Gegenteil, das Individuelle muß sein, und ohne es wäre auch das Ganze nicht. Es stellt in seiner Art und in selbständiger Wirklichkeit den Geist und das Wesen des Ganzen dar, und eben damit wird das Universum zum Unum gewendet, erhält Zusammenhang, Form, Wahrheit und Wißbarkeit. Wieder ist es der Teilhabegedanke, der beides rettet, das Individuelle und das Ganze!

**γ) Pantheismus?**

Man hat manchmal geglaubt, daß Cusanus doch einen Pantheismus vertrete. Das ist sicher nicht der Fall. Der Pantheismus will das Universum als Gott verstehen, Cusanus will es aus Gott verstehen (E. Hoffmann). Die Lösung der Frage ergibt sich wieder aus dem Teilhabegedanken. Er negiert ja gerade die Identifizierung und behauptet die Verschiedenheit, wenn er auch die Geschiedenheit von Gott und Welt verneint. Wenn die Welt Bild und Gleichnis Gottes ist, ist sie ihm zwar ähnlich, aber nicht mit ihm identisch. Cusanus unterscheidet Ähnlichkeit und Identität. Die Scholastik hatte von Analogie gesprochen. Cusanus greift auf den Gedanken zurück, auf dem alle Analogie beruht, den Teilhabegedanken. Darin hält er den einzigen Gegensatz fest, den er nicht aufheben, sondern neu befestigen will, den Gegensatz zwischen Ursprung und Folge, Maß und Gemessenem, Schöpfer und Geschöpf.

**δ) Spekulation und Naturwissenschaft**

Die philosophische Spekulation des Cusaners über das Unendliche, das Nichtwissen, das Eine und Viele führte zu einer ganz konkreten Bereicherung auch der Naturwissenschaft und ihrer Methoden. Wenn alles Wirkliche individuell ist und einmalig, und wenn das Universum auch ein Unendliches ist, wenn auch ein „kontrahiertes“, dann gibt es nicht zweimal etwas ganz Gleiches, dann steht die Erde nicht im Mittelpunkt der Welt, gibt es überhaupt keinen Mittelpunkt, ist die Fixsternsphäre auch nicht Grenze des Alls, ist unsere Erde ein Stern unter Sternen und ist jeder Punkt „Mittelpunkt“, weil überall in gleicher Weise die unendliche Ganzheit lebt und webt. So wird Cusanus zu einem Vorläufer von Kopernikus, und seine mathematische Methode des Zählens, Messens und Wägens, die er in die Naturwissenschaft einführt, verrät den Geist Keplers. Seine „Versuche mit der Waage“ fallen nämlich nicht aus dem Rahmen seiner Spekulation. Der Philosoph des mutmaßenden Erkennens weiß, daß nichts in dieser Welt vollkommene Genauigkeit erreichen kann, „aber das Ergebnis der Waage kommt der Wahrheit näher“ (De stat. exp., p. 119). Auch Platon hatte in der Mathematik den geraden Weg zur Wahrheit des Ideellen gesehen. Und nachdem Cusanus die Welt grundsätzlich messen läßt von der Idee her, muß für ihn alles proportional sein. Und so fordert er, den Puls mit der Uhr zu messen, die Ausscheidungen von Gesunden und Kranken auf der Waage zu untersuchen und das spezifische Gewicht der Metalle festzulegen. Er hat die Erfolge solcher Methoden in der Naturwissenschaft nicht mehr erlebt, aber er war sich ihrer Möglichkeit bewußt.

### c) Der Mensch

Im 3. Buch der Docta ignorantia handelt Cusanus vom Menschen. Er soll den Weg zum Absoluten finden. Dieser

α) Christus als Weg

Weg führt über Christus. In ihm ist die Idee der Menschheit Mensch geworden, damit der Mensch durch ihn das Göttliche wiederfinden kann, zu dem er berufen ist und wodurch er allein ganzer Mensch wird. Hier bewährt sich wieder die Grundeinstellung des cusanischen Denkens. Im Unendlichen aufzugehen ist ein altes Anliegen der Mystik.

β) Individualität als Aufgabe

Auch die deutsche Mystik vor ihm teilt dieses Streben. Aber bereits Eckhart hatte zur Idee des Allgemeinen noch die Kultur des Individuellen hinzugenommen. Er kennt ein ego arche-typus im Geiste Gottes, das wir im Auge behalten müssen, weil wir dadurch zu unserer Idealgestalt und so zur „Selbigkeit“ kommen. Bei Cusanus wird das betont aufgegriffen und weiterentwickelt. Damit hat er auch wieder einen besonderen Beitrag gegeben zum Werdegang der deutschen Philosophie. Das Individuum steht bei ihm als der Mikrokosmos dem Makrokosmos gegenüber. In ihm liegen Schöpferkraft, Freiheit und Spontaneität, und insofern wird es zu einem substantiellen Subjekt in Einmaligkeit und Selbständigkeit. Eine wirkliche Welt im kleinen! Aber wie die Vielheit der Kräfte im Makrokosmos zusammengehalten wird durch die einheitliche Idee des Ganzen, so steht auch über der Individualität des Einzelnen die Idee seines besseren Ich, damit das Leben in Raum und Zeit nicht zerflattere in Zufall, Schicksal, Sinnlosigkeit und Willkür. Damit wird der Mensch über die Welt und ihre Materie hinausgehoben und jetzt erst zu sich selbst geführt. So lebt der Mensch aus gottgeschenkter Freiheit von einer überzeitlichen Idee geleitet sein Leben in dieser Welt, aber er ist nicht von ihr. Er will sie gestalten, jedoch von einer höheren Ebene her. Sein Ich ist hier mehr als das Bewußtsein des höchst entwickelten Gehirntieres. Es ist etwas ganz anderes. „Das reine entbildete Ich ‚ist' nicht mehr Teil der natürlichen Welt, sondern ‚hat' teil an der Ideenwelt. Ist aber gerade die Idee das wahrhaft Unaufteilbare und Ewige, so ist jetzt zum erstenmal dem Gedanken Bahn gebrochen, daß unsere wirkliche Individualität auf Erden nur im Ich selber gegeben ist" (E. Hoffmann). Wenn Kant sich später bemühen wird, die sittliche Tat der praktischen Vernunft als von allem „Materiale" frei zu erweisen, damit der Mensch sich aus sich selbst gestalte, so hat ihm Cusanus dabei schon vorgegriffen. γ) Der reine Mensch

d) Nachwirkungen

Cusanus hat zunächst in Frankreich und Italien mehr gewirkt als in Deutschland. In Frankreich wird die Idee der wissenden Unwissenheit von Bovillus bis Sanchez und Gassendi weiterentwickelt, bei letzterem aber schon in der Richtung des negativen Skeptizismus im Stil des Montaigne und Charron. Da Descartes sich auf dem gleichen Hintergrund bewegt, sterben die positiven Elemente aus dem Denken des Cusaners hier aus. In Italien dürften Ficinus und Mirandola von ihm Anregungen erhalten haben. Auch Mirandola spricht von der unendlichen Würde des Menschen, die mit seinem Schöpfertum, seiner Freiheit und Individualität gegeben ist. Während aber bei Cusanus die Aktivität des Menschen geregelt war durch eine höchste sinngebende Idee, sieht Mirandola nur die unendliche Dynamik des menschlichen Demiurgen und läßt ihn zum Herrn seiner selbst werden. Bei Cusanus ist Christus der Herr. Bruno aber hat den Cusanus vollends paganisiert und, was schlimmer ist, popularisiert. Erst über Bruno, Paracelsus und Leibniz kommen dann die Gedanken des Cusaners auch in der deutschen Philosophie zur Auswirkung. Vorher waren ihm die Zeiten ob ihrer religiösen und poli- α) Frankreich β) Italien γ) Deutschland tischen Wirren nicht günstig. Jetzt aber entwickeln sich seine Ideen, wie wir gesehen haben, zu den eigentlichen Ansätzen der großen deutschen Philosophie. „Cusanus lebte im Herbst des Mittelalters und kann kulturgeschichtlich und geistesgeschichtlich nur aus dieser Epoche verstanden werden; aber rein problemgeschichtlich betrachtet, war dieser Herbst reifer als die auf ihn folgenden Zeiten des üppigen Frühlings der Renaissance und des satten Sommers der Aufklärung. Vielleicht mußte es erst wieder Herbst werden, bis philosophisch eine Problemlage entstehen konnte, in der prinzipielle Positionen des Cusaners sich erneuerten“ (E. Hoffmann). Es gibt Lobredner der Philosophie der Neuzeit, die in der Philosophie der Scholastik nichts als Dunkel sehen, und Anhänger der Scholastik, die in der Philosophie der Neuzeit nichts als Irrtum sehen. Das Studium der Philosophie des Cusanus könnte beide Parteien erkennen lassen, wie auf der Gegenseite das eigene beste Erbe sich findet, und so dazu führen, sich selbst und die anderen besser zu verstehen.

# NAMENREGISTER

# SACHREGISTER